북한지역의 청동기시대 묘제와 고조선 연구

오대양

단국대학교 사학과 및 대학원을 졸업하고, 중국 길림대학교 대학원 고고학 및 박물관학과에서 역사학박사 학위를 받았다.
경기도박물관과 세종대학교 박물관에서 연구원으로 근무하였고, 현재 단국대 동양학연구원의 연구전담조교수로 재직하며, 예맥역사학회 회장, 백산학회 연구위원 등으로 활동하고 있다.
저서로는 『고조선사 연구동향』(공저), 『요서지역의 청동기문화』(공저) 등이 있으며, 논문으로는 「비파형동검 등장 이전 청동기문화의 변동」, 「산동 용산 · 악석문화의 최근 연구동향과 쟁점」, 「대련지역 초기적석총유적의 현황과 특징」, 「북한지역 고인돌과 석관묘유적의 특징과 성격」, 「홍산문화 적석총유적의 형식과 발전과정」, 「한강본류유역의 고인돌 연구」, 「수원천변 고인돌 축조집단의 성격」 등이 있다.

북한지역의 청동기시대 묘제와 고조선 연구

2020년 2월 24일 초판 인쇄
2020년 2월 29일 초판 발행

지은이 _ 오대양
엮은곳 _ 단국대학교 동양학연구원
펴낸이 _ 김수복
기　획 _ 김남필
제　작 _ 성두현
마케팅 _ 김민배
펴낸곳 _ 단국대학교출판부
등　록 _ 1968.2.27 : No. 제03-00095호
주　소 _ 경기도 용인시 수지구 죽전로 152
전　화 _ 031-8005-2405
팩　스 _ 031-8021-7154
값 35,000원

ISBN 978-89-7092-738-1 93910

* 본 서에 수록된 북한지역 고인돌 관련 사진은 모두 연세대학교의 하문식 교수가 제공한 것이다.
다시 한 번 감사의 말씀을 전한다.

동양학 연구총서 ⑪

북한지역의 청동기시대 묘제와 고조선 연구

오 대 양

단국대학교출판부

책머리에

이 책은 단국대학교 동양학연구원에서 간행하는 『동양학 연구총서』 11집에 해당됩니다. 『동양학 연구총서』는 한 · 중 · 일 3국의 역사와 문화에 대한 전문적인 연구 성과를 편찬하는 사업입니다. 부족한 연구임에도 불구하고 저명한 『동양학 연구총서』의 목록에 이름 올리게 되어 더없는 영광으로 생각됩니다.

많은 분들의 도움이 없었다면 이 책은 결코 완성될 수도, 출간될 수도 없었을 것입니다. 가장 먼저 단국대학교 동양학연구원을 설립하시고, 물심양면으로 지원을 아끼지 않으시는 장충식 이사장님과 김수복 총장님께 고개 숙여 깊이 감사드립니다. 또한 어려운 여건 속에서도 연구총서 발간을 결정하시고 늘 격려해 주시는 김문식 동양학연구원장님, 그리고 편집을 맡아 주신 단국대학교 출판부 관계자분들께도 감사의 말씀 올립니다.

아울러 이 책이 나오기까지 도와주신 모든 분들께 지면을 빌려 다시 한 번 감사의 인사를 올립니다.

이 책은 필자의 박사학위논문 『朝鮮半島北部地區 青銅器時代石構墓葬研究- 兼論與中國東北地區之比較』(吉林大學 博士學位論文, 2013)의 내용을 바탕으로 학위 후, 새롭게 발견된 자료와 연구 방법론을 적용하여 새롭게 재구성한 것입니다. 또한 박사논문에서 미처 다루지 못하였던 부분들을 정리하여 국내에서 소논문 형식의 글로서 몇 편 발표한 바 있는데, 이러한 글들을 학위논문과 한데 묶어 책으로 출간하게 되었습니다.

필자는 2007년 「한강 본류유역의 고인돌 연구」를 주제로 단국대학교에서 석사학위를 수여 받았습니다. 이후 고인돌을 만든 사람과 그들의 역사 및 문화에 관심을 두고 연구를 지속하고 있습니다. 2009년 중국 길림대학 고고학과의 박사 과정 중 처음 기획하였던 연구 주제는 「요하유역의 선사시대 적석총문화 연구」였습니다. 당시 이 지역의 적석총유적은 중국의 요하문명론 주장으로 인해 한국학계에서도 많은 관심을 받던 차였습니다. 무엇보다 그것이 고인돌을 비롯한 한반도 거석문화의 기원이 될 수 있다는 지적을 접하게 되면서 연구의 필요성을 인지하게 되었습니다. 하지만 관련 연구를 지속할수록 기존의 인식이나 해석들에 상당한 오류가 있음을 발견하게 되었습니다.

특히 국내에서는 관련 연구가 이제 막 시작되는 단계였기에 참고할 만한 연구가 상당히 제한적이었습니다. 주로 중국 학계의 성과에 의지할 수밖에 없었는데 그 역시 만족할 만한 수준은 아니었습니다. 더욱더 난감한 것은 요하유역의 적석총문화를 이해하는 한 · 중 양국의 시각이 전혀 달랐음에도 불구하고, 그것을 대하는 태도는 지극히 감성적이고, 민족주의적이라는 공통점을 보인다는 점입니다.

그러한 분위기 속에서 이미 학위논문 수준으로 완성된 초고는 제출조차 하지 못하였고, 요하 이동지역의 청동기시대문화를 대상으로 주제를 전환하게 되었습니다. 하지만 아쉬운 마음에 연구 범위를 확장하여 북한지역을 중심으로 중국 동북지역과 비교하는 방식으로서 박사논문을 마무리할 수 있었습니다.

전화위복이라 표현할 수 있을지 모르겠습니다. 당시 민감하였던 한·중 두 학계의 분위기 덕에 필자 자신은 오히려 학위논문 3편 분량의 연구 성과를 마련하여 귀국할 수 있었으니까요. 관련 내용은 이 책을 시작으로 순차적인 발간을 계획하고 있습니다.

학위논문의 주요 내용은 '북한과 중국 동북지역 청동기시대 석묘문화의 비교연구'입니다. 청동기시대 북한과 중국 동북지역에 살았던 사람들은 다양한 형태의 석묘문화를 발전시켰는데, 특정 시·공간역을 중심으로 매우 독특한 형태의 석묘문화가 공유되는 현상이 존재합니다. 비록 고인돌과 석관묘, 적석(총)묘라는 서로 다른 매장방식으로써 각자의 기원과 형식학적 발전상을 보여주긴 하지만, 그 속에 안치된 각종의 부장품들은 상당한 유사성을 공유합니다. 묘제의 종류와 주요 분포권에는 차이가 있지만 그 안에 잠든 사람들은 서로 연관되었음이 분명해 보입니다.

그렇다면 그들은 과연 누구이며, 무엇에 의지해 살아왔고, 어떠한 방식으로 역사 속에 기록되었는지가 궁금합니다. 이 책의 내용은 필자 스스로가 그러한 의문에 답을 찾아가는 한 과정으로 이해해 주시면 감사하겠습니다.

솔직히 말씀드리자면, 이 책은 필자 혼자만의 저작이라 말씀

드리기 어렵습니다. 우선 박사학위 과정의 지도 교수인 중국 길림대학의 朱永剛 교수님과 공동 저작이라 표현해도 무방할 것입니다. 단순히 논문의 지도뿐 아니라, 힘든 유학생활 전반에 걸쳐 살뜰히 보살펴 주신 덕에, 여러 번의 고비를 넘길 수 있었고, 다행히 학위를 마칠 수 있었습니다. 지면을 빌려 다시 한 번 진심으로 감사의 인사를 올립니다.

아울러 여러모로 부족한 필자를 고고학에 입문할 수 있도록 제자로 받아주시고 격려해 주신 하문식 교수님과 백종오 교수님, 고조선 연구자로서의 기틀을 잡아 주신 서영수 교수님, 연구자로서의 자세와 방향성을 잃지 않도록 늘 가르침 주시는 한시준 교수님, 박경식 교수님, 김영제 교수님, 김현수 교수님, 문철영 교수님, 김연진 교수님, 이재령 교수님, 심재훈 교수님, 전덕재 교수님, 김철웅 교수님, 대학시절부터 필자가 한 길을 갈 수 있도록 이끌어 주시는 이종수 교수님과 박성순 교수님, 그리고 힘들 때 가장 많은 위로가 되어주었던 존경하는 故 정원철 박사님께도 이 자리를 빌려 깊은 감사의 말씀을 올립니다. 여러 선생님들의 살뜰한 보살핌과 엄격한 지도가 없었다면, 오늘날의 연구자 오대양은 아마 존재하지 못하였을 겁니다. 다시 한 번 머리 숙여 감사드립니다.

그리고 어려운 상황에서도 끝까지 저를 믿고 지원해주신 가족들에게 감사한 마음을 전합니다. 감히 고맙다는 말씀을 드리는 것조차 송구스러운 어머니, 아버지, 그리고 세 분의 누님들, 끝이 보이지 않는 희생과 지원을 강요하던 철없는 막내를 믿고 늘

한결같이 응원해 주신 은혜 잊지 않겠습니다. 앞으로도 잘 부탁드립니다.

끝으로 예천 어머님과 아버님, 그리고 함께 공부하는 동료이자 늘 존경하는 연구자로서 사랑하는 아내와 아들 현준 모두 모두 고맙습니다. 사랑하는 가족들에게 이 책이 작은 위안이 되길 바라봅니다.

2020년 초봄
죽전 예학연에서 오대양 拜上

목 차

제 1 장
서론

청동기시대 북한지역을 대표하는 묘제는 고인돌과 석관묘 그리고 석곽묘 등이 있다. 이들은 자연석재를 적당한 크기로 다듬어 무덤을 쓰는 방식의 석재무덤, 즉 석묘전통에 해당된다. 청동기시대 전기에는 주로 고인돌과 석관묘가 유행하였고, 후기에 이르러 소량의 석곽묘가 확인된다.

먼저 고인돌은 한반도는 물론 중국의 요동과 길림지역에서도 널리 사용된 묘제이다. 대체적으로 중국학계의 석붕(石棚)이나 대석개묘(大石蓋墓) 개념과 유사한데 그 중 석붕은 두터운 판석을 세워 묘실을 둔 형태로서 우리의 탁자형 고인돌에 해당된다. 대석개묘는 주로 땅속에 석재를 쌓아 묘실을 만들거나 혹은 토광 형태의 묘실 상부에 1장의 덮개돌을 둔 형태로서 우리의 개석형과 유사하다. 북한에서는 발굴된 표지유적의 이름을 빌려 오덕형(탁자형, 석붕), 묵방형(개석형, 대석개묘) 등으로 부르며, 다양한 종류의 고인돌이 하나의 적석묘역내에 모여 있을 경우 이를 침촌형(적석묘역식 고인돌)이라 부른다.

고인돌의 여러 형식과 그 기원문제에 관해서는 다양한 견해가 제시되어 있지만, 좀처럼 결론을 맺지 못하고 있다. 여기에는 고인돌의 분포범위가 워낙 광범위한 까닭도 있겠지만, 연구자들이 고인돌을 이해하는 시각 차이에서 비롯된 원인도 있다. 예를 들면 동일한 하나의 무덤에 대하여 누군가는 고인돌이나 석개(石蓋)석관묘 혹은 적석묘 등 서로 다른 묘제로 구분 짓거나, 다른 누군가는 단순히 석재로써 매장주체부를 구성하였다는 점만으로 석관묘라는 단일 묘제로 묶어버리는 사례가 종종 있다.

주지하다시피 고인돌에서 찾아지는 가장 대표적인 특징은 덮개돌이다. 커다란 덮개돌은 다른 종류의 묘제와 구분되는 고인돌의 표지적 상징물이다. 이러한 덮개돌의 주요 기능과 설치목적을 제대로 이해하지 못한 경우 그의 성격 역시 올바르게 이해하기 힘들다. 고인돌과 동시기성을 보이는 석관묘나 석곽묘 역시 규모가 축소되긴 하지만 덮개돌이 존재한다. 이들은 덮개돌을 제외한 묘실구조가 상당히 유사한 관계로 만약 그것이 유실되었을 경우 서로간의 구분이 쉽지 않게 된다. 따라서 고인돌을 규정짓는 덮개돌의 명확한 정의와 함께 그것이 유실되었을 때 묘제간의 구분에 지표가 될 기준점이 필요하다.

첫째, 고인돌의 덮개돌은 지상에 노출되는 것이 특징이다. 고인돌의 덮개돌은 단순히 묘실을 덮는 역할 외에도 무덤의 묘표적 기능을 하며 고인돌의 외형적인 모습을 나타내는 상징적인 의미를 갖는다.[1)] 덮개돌이 지상에 노출되어 있다는 것은 외형적

1) 하문식, 1999, 『고조선지역의 고인돌 연구』, 백산, 180~181쪽 ; 이영문, 2002,

형태의 중요성을 설명하며 사람들에게 보여 지기 위한 목적이 존재하는 것이다. 이처럼 보여 지기 위한 목적을 가진 덮개돌은 가능하면 크고 웅장하게 가공될수록 그 효과가 극대화된다.

반면 석관묘는 일반적으로 여러 장의 얇은 판석을 무덤상부에 연접해서 덮는 것이 특징이다. 간혹 1장의 판석을 덮기도 하는데 이 역시 규모가 매우 축소되어 판석의 두께가 보편적으로 10cm 내외이며 묘실을 간신히 덮을 정도의 크기이다. 즉, 여기(석관묘의 개석[2])에는 외부에 노출시킬 목적이 부여되지 않으며 단순히 묘실을 덮는 역할만이 주어진다. 따라서 고인돌과 석관묘의 그것은 지상에 노출될 목적 여부로 구분할 수 있다.

둘째, 일반적으로 고인돌의 덮개돌은 대부분 매우 두꺼운 보편성을 가진다. 평균적으로 30~50cm 전후가 가장 많으며 적어도 10cm 이상의 두께를 가진다. 또한 묘실 규모보다 크게 만들기 때문에 대부분 처마가 드리운다. 간혹 석관묘에서도 두께 10cm 전후의 판석 1장을 덮는 것이 발견되는데 이 역시 대부분 간신히 묘실만 덮을 정도이지 고인돌과 같이 처마가 형성되지는 않는다.

셋째, 덮개돌이 파괴된 경우 고인돌과 석관묘의 구분이 쉽지 않다. 지금까지의 조사에 의하면 북한지역의 석관묘는 대부분 매장주체부 외부로 적석무지를 비롯한 별다른 보강시설이 발견되지 않는다. 대부분 토광내에 크고 작은 판석을 이어 세운 후

『한국 지석묘 사회 연구』, 학연문화사, 230쪽.

2) 이하부터는 고인돌의 덮개돌과 구분하기 위하여 석관묘와 석곽묘의 경우 개석(묘실 상부를 덮는 여러 개의 얇은 판석)이란 용어로 통일하여 사용하겠다.

그 상부로 다시 여러 개의 얇은 판석을 덮어 놓는데, 만약 이러한 개석의 규모가 크고 무겁다면 묘실이 그 하중을 견디기 위한 특별한 보강시설이 필요했을 것이다. 따라서 석관외부로 적석시설 등 별도의 보강시설이 없다는 것은 개석의 규모나 무게가 묘실에 큰 영향을 주지 않을 정도의 작은 크기였음을 말해준다. 하지만 고인돌의 경우 상부에 무겁고 큰 덮개돌이 존재하기 때문에 묘실주변으로 대부분 보강시설이 존재하거나, 묘실을 구성하는 판석(받침돌)의 두께가 크고 두꺼워지는 경향을 보인다. 아울러 초대형 고인돌의 경우 덮개돌을 받치는 2개위 중심 판재(받침돌)를 안 기울임 함으로서 보다 안정감 있는 형태를 보이기도 한다.

이처럼 묘실의 구조나 규모 그리고 보강시설의 유무를 통해 덮개돌의 규모를 추론할 수 있겠는데 이 역시 고인돌과 석관묘를 구분하는 보조적 수단이 될 수 있다. 요컨대, 외부에 노출될 목적으로 조형된 덮개돌의 존재를 통해 고인돌과 석관묘의 구분이 가능하며, 덮개돌이 유실되었을 때에는 묘실의 축조방법 및 그 보강시설의 흔적을 관찰하여 보조적인 판별기준으로 삼을 수 있다.

다음은 석관묘와 석곽묘의 구분에 대한 문제이다. 이와 관련해서는 다음과 같이 두 가지 견해로 압축하여 설명할 수 있다.

첫 번째는 석재를 재료로 묘실을 조성하였다는 점에서 양자를 동일 유형의 무덤으로 파악, 축조방법에 따라 세분할 수 있다는 입장이다. 먼저 이종선[3)]은 시베리아 및 중국 동북지방과 한반도의 자료를 분석하여 석관묘를 3종으로 분류한 바 있다. 여기에서는 고인돌의 하부구조 역시 석관묘제의 한 종류로 파악되었으며, 요서지역의 목관이 부가된 석곽묘 역시 석관묘에 포함되었다. 이후 김정배[4)]와 지건길[5)] 등은 목관묘와의 상대적인 개념 및 용어의 혼란을 피하기 위하여 간단히 석관묘로 통칭할 수 있다는 견해를 제시한 바 있다.

두 번째, 두 묘제는 분명 다른 종류의 무덤으로서 당연히 구분해야 된다는 입장이다. 대표적으로 김원룡[6)]은 석관묘와 석곽묘는 무덤을 구성하는 재료상에서 차이가 존재하며, 출토유물 등의 성격 면에서도 차이가 크기에 두 묘제는 반드시 구별되어야 한다고 강조하였다. 또한 곽(槨)이라는 단어가 가지는 사전적 의미를 풀이하면서 곽에는 관(棺) 시설이 부속됨을 지적하였다. 그러나 그의 글 속에는 명확한 구조의 관시설이 확인되지 않더라도, 괴석이나 할석을 사용하여 묘실을 만든 것 역시 석곽묘에 포함시키고 있어 개념상의 혼동이 발생된다.

이에 대하여 오강원은 간략화 된 형태의 괴석조 석관묘는 석곽묘와 구조적으로 유사한 것은 사실이지만 이 역시 주요 속성에서 차이가 있기에 구분할 필요가 있음을 지적하였다. 즉, 묘광

3) 이종선, 1976, 「한국 석관묘의 연구」, 『한국고고학보』1.

4) 김정배, 1979, 「한국 청동기문화의 기원에 관한 소고」, 『고문화』17.

5) 지건길, 1986, 「석관묘」, 『한국사론』13 ; 지건길, 2014, 『한반도의 고인돌사회와 고분문화』, 사회평론, 45~69쪽.

6) 김원룡, 1974, 『한국의 고분』, 세종대왕기념사업회, 65~66쪽 ; 김원룡, 1986, 『한국고고학개설』, 일지사, 96쪽.

의 규모 및 목관과의 결합 요소 등을 석곽묘의 주요 속성으로 파악하면서 이와 차별되는 요동의 이도하자유형과 길림의 서단산문화류의 석묘만을 석관묘의 범주로 한정하였다[7].

선학들의 지적처럼 석관묘와 석곽묘는 석재를 재료로 하였다는 구조적 유사성을 제외한, 조성방식과 규모면에서 많은 차이를 보인다. 또한 출토유물을 비교해 보아도 지역별로 유행된 연대에 명확한 차이가 있다. 덧붙여 곽이라는 단어가 가지는 사전적 의미를 참고할 때에도 두 묘제는 구분될 필요가 있어 보인다. 이상의 내용을 종합하여 본서에서 주요하게 다루어 질 북한지역 고인돌과 석관묘, 석곽묘 등의 개념을 정리하면 다음과 같다.

첫째, 고인돌은 지표상으로 한 장의 거대한 덮개돌이 노출되는 것을 기본 특징으로 삼는다. 이러한 덮개돌은 묘실의 규모에 비해 훨씬 크게 제작되어 대부분 처마가 드리운다. 덮개돌의 두께는 일반적으로 30~50cm 사이가 가장 많고, 묘실 바깥으로 대략 50cm 이상 초과되어 처마가 드리우는 것이 보편적이다. 고인돌의 덮개돌은 규모와 형태적 측면에서 고려 할 때 무덤의 묘표적 기능을 강조하여 외부에 노출되는 것이 1차적인 목적으로 볼 수 있다.

둘째, 석관묘는 대부분 지표상에 아무런 표식을 두지 않는다.[8]

7) 오강원, 2006,『비파형동검문화와 요령지역의 청동기문화』, 청계, 335~341쪽 ; 오강원, 2008,『서단산문화와 길림 지역의 청동기문화』, 학연, 194~201쪽.

8) 하지만 본래부터 이러한 시설물이 존재하지 않았다고는 확언 할 수 없다. 일례로 두만강유역에서는 석관묘의 묘실 상부에 흙과 돌을 섞어 封墳(封石 · 封土)한 사례가 보고되었기 때문이다.

고인돌과의 가장 큰 차별 점은 묘실 개석의 규모와 용도이다. 석관묘의 개석은 여러 장의 판석을 덮어 놓는 것이 가장 보편적이며, 여기에는 지상에 노출될 목적으로서 묘표적 기능이 부여되지 않는다. 묘실은 주로 땅속에 토광을 마련한 후 내부에 얇은 석판을 세우거나, 석재를 쌓아서 조성한다.

셋째, 석곽묘는 석관묘와 구조적으로 유사하지만 명확하게 구분될 수 있다. 북한지역 석곽묘의 구조는 외부에 석재를 쌓아서 명확한 형태의 곽을 둔 후 그 내부에 다시 석관이나 목관을 둔 형태이다. 묘실 상부에는 여러 장의 판석을 덮고, 그 상부로 다시 흙이나 석재를 쌓아 마감하기도 한다. 일부 중에는 묘광내 개석 상부로 다량의 석재를 매우 두텁게 쌓아 적석부를 형성하기도 한다. 북한지역에서는 기원전 4세기 이후의 유물이 부장되는 것이 특징적이다.

아래에서는 이러한 정리를 바탕으로 분류되어진 북한지역 청동기시대 석묘문화의 특징과 성격을 고찰할 것이다. 이와 함께 중국 동북지역에서 조사된 유사한 성격의 묘제들과 비교함으로서 그 안에 내재된 다양한 맥락에서의 의미를 점검하고, 우리 고대사의 출발점인 고조선 및 그 문화와의 연관성을 추적할 것이다. 그러한 과정에는 단순히 고고학적 사실을 나열하는 것이 아니라 그것이 품고 있는 현상의 해석에 집중할 것이다. 그렇기에 다소 추론적인 요소가 강하겠지만, 이를 입증해나가는 것을 평생의 연구과제로 삼고자 한다.

제 2 장
조사 및 연구 동향

북한지역 청동기시대 묘제의 조사와 연구는 이미 상당한 수준에 올라 있다. 하지만 대부분 고인돌이 중심되었기에 동시기 다른 종류 무덤과의 관계나 그 계통성문제를 파악하기에는 여전히 부족한 점이 많다. 여기에는 자료의 한계가 크게 작용된 것도 사실이지만, 연구자들의 관심이 주로 그 상징성과 주목도가 높은-예를 들면 고조선의 수장무덤이라 인식되어온 고인돌에 집중되었던 측면도 무시할 수 없다. 본서 역시 그러한 면에서 자유로울 수 없겠지만 가능한 다른 종류 묘제와의 관계를 비롯하여 당시 사회의 성격과 북한학계의 고조선 관련 연구동향을 점검하는 문제에도 관심을 가지고 그간의 논의를 개략적으로 정리해 보겠다.

1. 초창기의 연구

북한지역의 고고학 조사는 19세기 말 외국인 선교사들에 의해 처음 시작되었다.[1] 당시의 조사는 외국인들이 여행을 통해 목격한 사실을 기록으로 남기거나,[2] 소수의 일인학자들에 의한 보물 탐사 수준에 불과하였다.[3]

초창기의 조사로서 조선총독부의 주관 하에 진행된 1916~1917년도 평안도 및 황해도 일대 고인돌 기초조사와 장연군 장석리, 은율군 군량리, 안악군 오리 고인돌 등의 발굴이 대표적이다.[4] 1935년에는 황해북도 봉산군 덕암리유적의 조사과정에서 청동기시대의 석관묘 3기가 발굴되었고, 자강도의 공귀리유적에서도 1기의 석관묘가 추가로 조사되었다.[5] 덕암리에서는 2줄의 혈구(血溝)가 새겨진 마제석검과 석촉 등이, 공귀리에서는 흑색의 장경호와 석촉, 청동단추 등이 석관묘 내부에서 출토되었는데, 당시까지 고인돌에서는 별다른 부장품이 발견되지 않던 것과 대비되어 연구자들의 흥미를 유발하는 계기가 되었다. 하지만 당시의 보고문에서는 조사과정의 구체적인 정보나

1) 북한지역의 고인돌 연구현황은 기본적으로 하문식(1999)과 이영문(2002), 유태용(2003) 등 선학의 기존 정리를 많이 참조하여 정리하였다. 그러한 내용은 기왕의 연구에서 이미 충분히 다루어 졌기에, 크게 새로울 것이 없겠지만, 최근 북한학계의 연구 동향이 과거와 비교하여 어떠한 변화상을 가지는 지, 나아가 그것이 함의하는 바가 무엇이며, 향후 관련 연구의 흐름과 방향성을 제고한다는 측면에서 이해해 주셨으면 한다.

2) W.R. Carles, 1883, *Life in Korea*, London ; Gowland. W, 1985, Notes on the Dolmens and other Antiquites of Korea, *The Journal of the Anthropological Institute of Great Britain and Ireland* ; Emile Bourdaret, 1904, *En Corèe, Paris*.

3) 朝鮮總督府, 1942, 『朝鮮寶物古蹟調査資料』.

4) 朝鮮總督府, 1916, 『大正四年度朝鮮古蹟調査報告』.

5) 有光教一, 1941, 「黃海道风山郡楚卧面に於けろ磨制石剑及石鏃副葬の箱式石棺」, 『考古学雑誌』31-9, 1~9쪽.

유물 사진, 실측도면 등이 누락되는 등 그 자료적 가치가 상당히 훼손되어 있는 점 등에서 아쉬움이 남는다.

이때 활동한 한국인 연구자로는 손진태와 한홍수가 대표적이다. 먼저 한홍수는 우리나라 전역에서 찾아지는 선사시대의 거석문화를 고인돌과 선돌, 칠성암, 석총 등으로 크게 분류하였다. 또한 고인돌에서 인골이 출토되는 정황과 주로 평야에 집단적으로 축조되는 특징 등에 미루어 주요기능은 무덤임을 강조하는 점이 눈에 띈다. 결론적으로 대규모로 형성된 고인돌 군락지는 정착생활의 시작과 반농반목 위주의 신석기시대 씨족 공동체의 집단묘군으로 인식하였다.[6] 반면 손진태는 한반도의 고인돌을 신석기시대에 가족공동체의 묘지로 파악하는 것은 대체로 인정하지만 고인돌의 또 다른 기능으로서 제단적 성격 역시 강조하는 것이 한홍수와의 차별점이다.[7]

이처럼 연구가 막 시작 된 초창기에는 주로 고인돌의 외형적 특징과 용도 및 그 성격에 대한 문제가 주된 논의의 대상이 되었으며, 소수의 석관묘 등이 그 상관유적으로서 언급되는 정도에 그칠 수밖에 없었다. 그리고 해방 이후부터는 일제 강점기 평양지역 역사유적과 유물에 대해 재해석의 필요성과 식민사관 극복에 많은 노력을 기울이게 된다. 당시의 연구 중에는 자료의 한계 속에서 답보상태에 머물러 있던 남한학계의 사정에 비해 현지의 이점을 충분히 활용한 당대의 역작들이 다수 확인된다.

6) 한홍수, 1935, 「조선의 거석문화연구」, 『진단학보』3, 진단학회.

7) 손진태, 1948, 「조선 Dolmen에 관한 조사연구」, 『조선민족문화의 연구』, 을유문화사.

그러나 1993년 북한에서 단군릉이 발굴조사 되면서 북한학계의 태도는 급변하게 되는데 여기에는 당시 북한내 정치상황과 국제정세가 주요하게 작용된 듯하다.[8)] 이하에서는 1993년을 기준으로 변화된 북한학계의 관련 연구동향을 크게 2단계로 나누어 정리해 보겠다.[9)]

2. 1945년부터 1990년대 초반까지

해방이후 북한 학계는 식민사관에 의해 왜곡되어 왔던 고대사 연구와 일제 강점기 일인학자들에 의해 발굴된 평양지역 역사유적과 유물에 대헌 재해석의 필요성이 강조되었다. 이러한 분위기에서 각종 역사관련 연구소가 설립되는데, 1952년 과학원이 창립되면서 그 내부에 역사연구소와 물질문화사연구소가 설립되었다. 이후 1957년에는 역사연구소와 물질문화사연구소가 고고학 및 민속학연구소로 개칭되면서 당시의 고고학조사 및 역사연구를 주도하였다.

당시 북한학계의 고인돌연구 대표자로는 정백운과 도유호, 황기덕, 석광준 등이 있다. 정백운은 고인돌을 신석기시대말에서

8) 북한학계의 고조선관련 연구현황을 정리하는 부분은 공저자인 조원진 박사의 동의를 구하여「2000년대 북한학계의 단군 · 고조선연구 현황 검토」(오대양 · 조원진, 2017,『선사와고대』54), 65~105쪽의 내용을 요약 정리하였다.

9) 이외에 본서에서 주요하게 다루어질 북한과 중국 동북지역 청동기시대 묘제의 조사 및 연구현황 검토는 해당 묘제를 다루는 부분에서 성격과 연구 주제별로 나누어 다시 한 번 검토하도록 하겠다.

금속기시대에 사용된 고대무덤의 한 종류로 정의하였고, 고인돌의 분포 · 형식 · 연대 등에 대하여 비교적 상세한 설명을 덧붙이고 있다.[10] 또한 이 시기에 봉산 지탑리 등의 팽이형토기 관련 주거유적[11]이 발굴되면서 북한지역 청동기시대 물질문화를 대표하는 팽이형토기와 고인돌 등이 동일한 문화를 가진 사람들의 소산이라는 인식이 시작된다.

도유호는 북한지역 고인돌의 기원과 확산과정을 동남아시아에서 황해도 방면의 전파로 이해하였고, 당시 사회의 성격은 원시 공동체사회라는 측면에서 설명하였다.[12] 아울러 고인돌의 형식을 전형(탁자식)과 변형(개석식)으로 나누고 전형의 것이 변형고인돌보다 선행하였음을 구체적으로 논증하였다.[13]

황기덕은 석교리[14] 및 침촌리일대[15] 고인돌 자료를 활용하여 그 형식을 1류형(탁자식), 2류형(개석식, 단독형), 3류형(개석식, 적석묘역내 군집형) 등으로 구분하였다. 그는 적석묘역내 고인돌과 다수의 석관[16]들이 함께 배치된 3류형의 것을 늦은 시기의 특징으로

10) 정백운, 1957, 「조선 고대무덤의 연구」(1), 『문화유산』2, 과학원 고고학 및 민속학연구소.

11) 과학원 고고학 및 민속학연구소, 1961, 「지탑리 원시유적 발굴보고」, 『유적발굴보고』8, 과학원출판사, 1~91쪽.

12) 도유호, 1959, 「조선 거석문화 연구」, 『문화유산』2.

13) 도유호, 1960, 『조선 원시 고고학』, 과학원출판사, 139쪽.

14) 황기덕, 1963a, 「황해남도 룡연군 석교리 원시유적 발굴보고」, 『고고학자료집』3, 35~47쪽.

15) 황기덕, 1963b, 「황해북도 황주군 심촌리 긴동 고인돌」, 『고고학자료집』3, 56~63쪽 ; 황기덕 · 리원근, 1966, 「황주군 침촌리 청동기시대유적발굴보고」, 『고고민속』3, 32~42쪽.

16) 동일한 묘역내에 배치된 고인돌과 석관묘의 관계를 뜻하며, 이 경우 석관의 상

파악하였고, 적석묘역내 묘실의 규모와 부장품(무기 혹 노동도구) 간의 차이가 발생된 원인으로 당시 남자들의 사회적 신분이 훨씬 높았음을 암시하는 근거가 된다고 이해하였다.[17)]

석광준[18)]은 당시까지의 조사성과를 종합하여 북한지역 고인돌의 형식과 발전과정에 대한 기본적인 이론체계를 수립하였다. 그의 연구는 현재 북한의 관련 연구에 있어 가장 큰 영향력을 주었다는 점에서 보다 구체적으로 살펴볼 필요가 있다.

당시의 연구에서 그는 고인돌의 종류를 침촌형(묘역식)과 오덕형(묘역이 없고 키가 큰 것)으로 분류하였는데, 침촌형은 다시 5개 유형으로 오덕형은 3개 유형으로 세분되었다. 고인돌의 발전과정은 종래의 견해와는 다르게 집단묘역형인 침촌형에서 단독형인 오덕형으로 발전되었으며, 나아가 침촌형 고인돌은 본래 석관묘에서 파생된 것이라 논증하였다. 그는 침촌형과 같은 집단형 무덤은 당시 사회에서 혈연적인 연관성을 내포하며, 이들은 부계씨족의 개별 가족무덤이 되며 부장품의 종류와 수량적 측면에서 별다른 차등성이 확인되지 않기에 평등관계가 중요시되는 공동체 사회의 일면을 볼 수 있다고 강조하였다. 그러나 집

부에는 고인돌의 상징이 되는 커다란 덮개돌이 부가되지 않는 특징을 보인다. 이러한 석관들은 고인돌에 부속된 별개의 묘실, 즉 딸린 방이거나, 고인돌 조성 후 추가장의 형태로 이해할 수 있다.

17) 황기덕, 1965, 「무덤을 통하여 본 우리나라 청동기시대의 사회관계」, 『고고민속』4, 8~23쪽.

18) 석광준, 1973, 「북창유적의 돌상자무덤과 고인돌에 대하여」, 『고고민속논문집』5, 63~78쪽 ; 1974, 「오덕리고인돌 발굴보고」, 『고고학자료집』4, 74~118쪽 ; 1979, 「우리나라 서북지방 고인돌에 관한 연구」, 『고고민속논문집』7, 109~182쪽.

단형 체계(침촌형)에서 단독무덤 형태(오덕형)로 변하는 시기에는 고인돌 사회가 국가단계로 진입하게 되는데, 이러한 단독형에서는 대부분 무덤의 규모나 부장품의 숫자 등에서 차등적 현상이 확인되기에 이를 지배계층의 무덤으로 볼 수 있다고 주장하였다. 또한 고인돌의 출현연대는 기원전 2천년기 중엽부터 이며, 기원전 2천년기 후반에 집단형에서 단독형으로 변화된다고 보았다. 그의 견해는 1990년대 말까지 북한학계의 공식적인 견해로 받아 들여 졌으며, 대동강문화론의 주창 이후부터는 여기에 약간의 수정이 가해졌을 뿐 현재까지도 줄 곳 유지되고 있다.

이 시기에는 고인돌과 함께 석관묘나 석곽묘에 관한 조사도 활발하게 이루어졌으나 그에 대한 전문적인 연구성과는 발표되지 못하였다. 다만 1973년 발표된 甲元眞之의 글 속에서 석광준의 논리와 유사한 내용을 확인할 수 있다. 그는 황해북도 침촌리 긴동에서 조사된, 이를 테면 얇은 판석 여러 개를 세워 묘실을 조성하고, 그 상부에 직접 덮개돌을 덮어 놓은 구조의 것(침촌형)을 조형으로 보았고, 추후 덮개돌의 무게로 인해 묘실이 파괴되는 현상을 막기 위하여 벽석(받침돌)이 점차 두꺼워 지거나 적석시설이 보강되는 것으로 파악하였다.[19] 이 중 전자가 발전하여 탁자형이 되며, 후자가 기반형으로 발전된다는 논리이다. 그의 견해는 1960년에 발표된 三上次男의 연구에서 많은 영감을 받은 듯 보이지만 고인돌의 변화상에 관해서는 완전히 상반된 입장을 보인다.

19) 甲元眞之, 1973,「朝鮮支石墓的編年」,『朝鮮學報』66.

三上次男은 중국 동북지역과 한반도에 분포한 고인돌 및 석관묘의 관계 및 그 계통성 문제에 주목하였다. 그는 주로 일제 강점기의 조사내용을 기초로 하여 각지의 고인돌과 석관묘유적의 분포정형, 무덤의 구조, 부장품 관계, 문화 성격 등 문제를 집중적으로 조명하였다. 이 중 해당 문화의 성격과 주체에 관련하여 고대 맥족의 문화유산임을 강조하는 점과, 이들이 적어도 기원전 10세기 무렵에는 등장하여, 동남쪽으로 확산, 최종적으로는 기원전 3~4세기 무렵에 소멸되는 것으로 설명하는 점이 눈에 띈다.[20)]

한편 이 시기에는 고인돌 사회의 성격을 분석하는 문제에 상당한 노력이 집중된다. 대체적으로 고인돌 축조집단을 고조선사회의 구성원과 동일선상에서 이해하려는 경향이 강하였는데, 그에 대한 연구는 주로 식민사관에 대한 비판을 중심으로 기존의 민족주의 사학자들이 밝혀온 견해들이 상당부분 수용된 형태로 전개되었다. 이외에도 1947년부터 낙랑 고분과 고구려 고분에 대한 발굴이 일부 행해졌으며, 1949년에는 한반도에서 발굴된 최초의 청동기 유적에 속하는 함북 나진 초도 유적의 성과가 주목된다.

하지만 1956년에 발간된 『조선통사』(상)[21)]에서 고조선에 대한 서술은 상당히 제한적으로 언급된다. 이는 아직 삼국시대사에 대해서도 실증적인 연구가 진행되지 못한 상태였기 때문에 당시로선 당연한 결과로 여겨진다.[22)] 먼저 삼국시대의 사회성격을

---

20) 三上次男, 1961, 『滿鮮原始墳墓の研究』, 吉川弘文館.

21) 과학원 역사연구소, 1956, 『조선통사』(상), 과학원출판사, 24쪽.

22) 노태돈, 2000, 「북한 학계의 고조선사 연구 동향」, 『단군과 고조선사』, 사계절, 244~245쪽.

봉건제사회로 결론 짓게 되면서 그 이전의 고조선은 노예제사회라는 인식을 바탕으로[23] 1960년대부터 고조선에 대한 본격적인 연구가 시작된다고 볼 수 있다. 1960년에서 1962년까지 지속적으로 학술토론회가 개최되었는데 가장 쟁점이 된 분야는 중심지에 대한 문제로 평양중심설, 요동중심설, 이동설로 나누어 치열한 논쟁을 벌였다.[24] 이러한 토론의 주요내용은 1963년에 발행된『고조선에 관한 토론 논문집』으로 정리되었다.

먼저 이동설을 주장한 학자는 황철산, 정찬영, 김석형이 있다. 고조선의 중심지가 요동지역(혹은 요서지역)에 있다가 말기에는 평양지역으로 이동했다고 보는 입장이다. 특히 김석형은 고조선은 본래 요서지역에 있다가 요동지역으로 밀려나 흉노에게 멸망당하고 그 자리에 위만이 들어와 평양지역의 부·준왕의 왕

23) 조선 민주주의 인민 공화국 과학원 력사 연구소, 1958,『삼국시기의 사회경제 구성에 관한 토론집』, 과학원 출판사 ; 김석형·정찬영, 1960,「우리나라 노예 소유자 사회의 특성과 봉건 사회의 성립」,『력사과학』2(부록), 18~32쪽.

24) 관련 토론회의 내용은 다음과 같다(조법종, 1999,「古朝鮮關聯研究의 現況과 課題 : 단군인식을 중심으로」,『단군학연구』1, 96~98쪽 참고).

1차 : 1959.12.23. : 〈우리나라 고대 종족과 국가발생에 관한 과학토론회〉
2차 : 1960.4.1. : 〈『고고학상으로 본 고조선』에 대한 과학토론회〉
3차 : 1961.6.21. : 〈『기자동래설』의 허황성에 대한 과학토론회〉
4차 : 1961.7.6. : 〈『고조선연구에서 제기되는 몇가지 문제』에 대한 학술토론회〉
5차 : 1961.7.18.~7.19. : 〈『고조선의 위치에 영역』에 대한 학술토론회〉
6차 : 1961.8.18. : 〈『고조선의 종족구성과 시기구분에 대하여』에 관한 학술토론회〉
7차 : 1961.8.29.~9.2. : 〈『고조선의 생산력과 국가형성』에 관한 학술토론회〉
8~11차 : 1962.7~8. : 〈『단군 건국 신화』에 관한 과학토론회〉
12~14차 : 1962.10.25., 12.17, 1964.2.14. : 〈고조선 령역에 관한 학술토론회〉

조와 병존하였다는 독특한 주장을 하였다.[25] 당시 평양중심설의 대표적인 학자 도유호는 1935년 비엔나대학에서 『*Probleme der koreanischen Geschichte in kulturellem Zusammenhang*(문화적 맥락에서 본 조선사의 문제)』란 제목으로 유럽에서 한국사에 관한 최초의 박사학위를 받았다. 1956년부터 1963년까지 7년 남짓한 기간 동안 북한 고고학에서 구석기시대부터 철기시대에 이르는 선사시대 편년의 기본체계를 마련하는 데 도유호의 학문적 역량은 큰 보탬이 되었다.[26] 특히 해방 후 북한 고고학계의 연구가 집약된 『조선 원시 고고학』(1960)을 집필하며 거석문화의 유래와 청동기시대, 국가형성 등에 대한 입장을 밝혔으며[27] 그 외에도 고조선에 대한 논문도 다수 발표하여[28] 고고학자료를 통한 평양중심설을 주장했다. 그는 조선의 청동기시대를 원시사회에 귀속시키며, 철기시대에 들어와 비로소 국가가 형성된 것으로 이해하여 기원전 2세기 초 위만 시대에 와서야 비로소 일정한 체계를 갖춘 국가가 등장했다고 주장했다. 그리고 세형동검을 '고조선식 좁은 놋단검'으로 부르며, 이보다 이른 시기에 해당하는 만주식동검은 고조선과 직접 관련이 없는 유물로 생각하였다. 따라서 고조선의 국가 형성 시기는 기원전 3세기 이전으로 올라

---

25) 김석형, 1963, 「고조선에 관한 몇 가지 문제들에 대하여」, 『고조선에 관한 토론 논문집』, 과학원출판사, 137~172쪽.

26) 한창균, 2017, 『하담 도유호 : 한국 고고학 첫 세대』, 혜안, 8~9 · 57~59쪽.

27) 도유호, 1960a, 『조선 원시 고고학』, 과학원출판사, 201~223쪽.

28) 도유호, 1960b, 「고조선에 관한 약간의 고찰」, 『문화유산』4; 1962a, 「진번성과 옥저성의 위치」, 『문화유산』4; 1962b, 「왕검성의 위치」, 『문화유산』5; 1962c, 「예맥조선에 관하여」, 『문화유산』6.

갈 수 없고 만일 그 이전에 국가를 설정한다면 그것은 한반도 내에서가 아니라 중국 동북지방인데 이것은 조선사의 취급 대상이 아니라고 논증하였다. 또한 고조선의 영역이 오늘날의 대동강을 중심으로 한 지역이며 그 북계인 패수는 청천강으로 지목하였다.[29] 이러한 도유호의 견해는 단군릉 발굴 이후의 평양중심설과 비슷한 맥락을 보이며, 한반도 안의 고고학 자료만을 우리 역사의 연구 대상으로 본 한계성을 지적할 수 있다.

다음으로 요동중심설을 주장한 학자는 림건상, 리상호, 리지린 등이 있다. 특히 북경대에서 「고조선연구」로 박사학위를 받고 귀국한 리지린은 선진문헌이나 정사만이 아니라 고조선 지리와 관련된 문헌 자료를 집대성하여 요동중심설을 입증하려 노력하였다.[30] 주요 논점을 보면 고대의 요수는 난하로서 고조선 전성기의 강역은 난하까지 도달하였으며, 패수는 대릉하에, 남계는 압록강에 비정한 것이다. 고조선의 중심은 시종일관 요동지역에 있었으며 왕험성의 위치는 요동 개평으로 보았다. 고대 조선 종족은 기원전 1천년 경에 이미 예 · 맥 · 한의 3종족을 형성하였는데, 그 이전인 기원전 2천년 전에 조이라 불리는 원주민이 있었고 예와 맥이 북방에서 남하하여 조이와 혼합하였고, 예족은 고조선과 진국을 형성, 맥족은 고리국과 부여 · 고구려를 건국했다

29) 한창균, 2017, 앞의 책, 326~399쪽.

30) 리지린의 북경대 유학 및 이후 조중고고발굴대 활동에 대해서는 다음 논문이 참고 된다. 강인욱, 2015, 「리지린의 고조선 연구 와 조중고고발굴대 -顧詰剛(고힐강)의 자료를 중심으로-」, 『先史와 古代』45, 29~58쪽; 송호정, 2015, 「리지린의 古朝鮮史 硏究와 그 影響」, 『文化史學』 44, 279~304쪽; 조법종, 2016, 「리지린의 『고조선연구』와 북경대 顧詰剛교수와의 관계」, 『新羅文化』 48, 1~28쪽.

고 추론하였다. 1963년 발행된 리지린의 단독 저서인 『고조선연구』는 요동중심설 입장에서 당시 고조선 연구가 집대성된 결과물이라 할 수 있다.[31] 당시 수차례에 걸친 토론과정에서 전반적인 분위기가 요동중심설로 기울게 되면서 고조선의 위치 문제는 리지린의 견해가 전격적으로 채택되었고 이는 곧 북한학계의 정설로 자리 잡게 된다.[32]

이 시기 단군연구에 대해서는 리상호의 연구가 주목되는데 그는 단군 기록이 고조선의 기원을 전하는 유일한 문헌자료이기 때문에 단군신화에 반영된 역사성을 찾아 고조선의 종족 · 위치 · 국가형성 · 사회경제 문제에 접근해야 한다고 보았다. 『삼국유사』가 인용한 『위서(魏書)』는 어환의 『위략(魏略)』으로 보고 '2천년 전에 단군왕검이 있었다.'는 구절을 근거로 단군의 즉위연대도 기원전 18~17세기로 파악하는 등 단군신화에 대한 세밀한 연구를 진행하였다.[33]

고조선의 종족에 대해서는 황철산의 연구가 대표적이다. 그는 고조선은 본래 요동과 서북한지역을 가리키며 그 주민은 예 · 예맥으로 불린 종족의 일부였다고 보았다. 나아가 고조선족은 맥의 일파로서 여러 갈래가 있었고, 이중 예맥의 예는 맥의 한 갈래이며, 예맥은 2개 종족이 아닌 1개 종족으로 경우에 따라 예라

31) 리지린, 1963, 『고조선연구』, 과학원출판사.
32) 권오영, 1991, 「고조선사연구의 동향과 그 내용」, 『북한의 고대사연구』, 일조각, 41~42쪽.
33) 리상호, 1963, 「단군고」, 『고조선에 관한 토론 논문집』, 과학원출판사, 173~287쪽.

고도 하고 예맥으로도 불렀다고 추론하였다.[34)]

리지린의 요동중심설이 정설로 인정받게 되면서 1963년 이후 단군릉 발굴 이전까지의 연구는 리지린의 문헌 연구를 고고적 성과를 통해 보완하는 방식으로 진행되었다. 대표적으로 김용간 · 황기덕 등은 당시까지의 발굴성과를 기초로 기원전 8~7세기 요동지역에서 비파형동검, 미송리형토기 등을 표지유물로 삼는 고조선이 성립하였으며 강상무덤 등을 순장의 흔적으로 보아 당시 사회를 노예제국가로 파악하였다.[35)] 1970년대에는『고조선 문제 연구』(1973)[36)]가 발표되는데, 이 책의 제1편에서는 고조선의 문화와 그 성격문제를 고찰함과 동시에 고조선의 후기 문화를 '세죽리－연화보 유형'으로 설정하였고, 제2편에서는 평양지역의 낙랑유적을 마한과 연관시켜 해석하였다. 최택선 · 리란우가 엮은『고조선 문제 연구 론문집』(1976)[37)]은 고조선문화의 특성, 사회성격, 영역과 중심지, 나무곽무덤 등 주로 발굴조사에서 밝혀진 연구성과를 다루고 있다.

이처럼 1970년대에는 고조선의 남계에 대한 인식이 청천강, 예성강으로 확대되는 모습을 보여주며, 1980년대에 이르면 고

34) 황철산, 1963a,「고조선의 종족에 대하여」,『고고민속』1, 1~11쪽; 1963b,「고조선의 위치와 종족에 대하여」,『고조선에 관한 토론 논문집』, 과학원출판사, 116~136쪽.

35) 김용간 · 황기덕, 1967,「기원전 천년기전반기의 고조선문화」,『고고민속』2, 1~17쪽; 사회과학원 력사연구소, 1979,「고조선사」,『조선전사』2, 과학백과사전출판사, 13~126쪽.

36) 리순진, 1973,『고조선 문제 연구』, 사회과학출판사.

37) 최택선 · 리란우, 1976,『고조선 문제 연구 론문집』, 사회과학출판.

조선과 직접 관련된 상당히 비중 있는 연구가 발표되기 시작한다. 박진욱 · 황기덕 · 강인숙의 『비파형단검문화에 관한 연구』(1987)[38]는 비파형동검에 대해 기존 연구를 한층 발전시킨 연구 결과로 볼 수 있다. 이듬해 나온 박진욱의 『조선고고학전서(고대편)』(1988)은 당시까지 고조선 고고학 연구를 집대성한 결과물이라 할 수 있다. 이후 비파형동검과 미송리형토기의 상한연대가 기원전 12세기로 소급되면서 요동지역에서 이미 이 시기에 소국이 형성되었다는 입장이 정착된다.[39] 한편 이 시기는 리상호의 견해를 더욱 확대한 강인숙의 단군 연구[40] 외에 고조선 문헌 연구는 거의 나오지 않았다.

3. 1990년대 초반부터 현재까지

1993년 단군릉 발굴은 북한학계가 완전히 새로운 시각으로 전환되는 직접적인 계기가 되었다. 단군릉에서는 별다른 유물이 출토되지 않았지만 두사람 분의 뼈가 발굴되었고 5011년 전이라는

38) 박진욱 · 황기덕 · 강인숙, 1987, 『비파형단검문화에 관한 연구』, 과학백과사전출판사.

39) 사회과학원 력사연구소, 1991, 「고조선사」, 『조선전사』2(고대편), 과학백과사전종합출판사, 20~21쪽; 박진욱, 1992, 「고조선의 성립에 대하여」, 『조선고대 및 중세초기사연구』, 교육도서출판사, 3~11쪽; 로성철, 1993, 「미송리형단지의 변천과 그 년대에 대하여」, 『조선고고연구』 4, 29~33쪽.

40) 강인숙, 1987, 「단군신화」, 『고대건국 신화와 전설(1995, 『(북한학계의) 단군신화 연구)』, 백산자료원, 431~642쪽.

연대측정 결과에 따라 단군의 유골이라 주장된다.[41] 북한학계는 1993년부터 1995년까지 매년 〈단군 및 고조선에 관한 발표회〉를 개최하여 단군릉의 발굴 내용과 연구성과를 발표하였다.[42] 주요 내용을 보면 단군은 5천년 전의 실존인물로 고조선의 건국연대는 기원전 3천년기 초이며 수도는 평양이라는 점을 강조하고 있다. 따라서 단군은 고조선 국가의 기초를 다져 놓았고 고조선의 영향 하에 부여, 구려, 진국 등의 고대국가들이 연이어 서게 되었기 때문에 단군은 우리 민족의 원시조가 된다는 것이다.[43] 이후 고인돌과 석관묘, 석곽묘 등의 청동기시대 무덤유적과 함께 그와 연관된 사람들의 취락유적 등 대동강유역의 고고학 발굴결과를 지속적으로 발표하여 평양중심설을 강조하게 된다.[44]

이때를 기점으로 북한학계에서는 대동강문화론을 주창하게 되는데, 주요내용을 보면 대동강유역에서 독자적으로 발생된 구석기 · 신석기문화를 바탕으로 청동기문화가 성립되어 기원전

41) 조선민주주의인민공화국 사회과학원, 1993, 「반만년의 유구한 력사와 민족의 단일성에 대한 확증 : 단군릉발굴보고」, 『조선고고연구』 4, 2~7쪽.

42) 3차에 걸친 학술발표회의 내용은 이형구에 의해 1995년(『단군과 단군조선』, 살림터)과 1999년(『단군과 고조선』, 살림터) 등을 통해 국내에서도 출판된 바 있다.

43) 손영종, 1995, 「조선민족은 단군을 원시조로 하는 단일민족」, 『단군과 단군조선』, 살림터, 131~135쪽.

44) 이하 본문에서 주요하게 다루어질 2000년대 이후의 연구성과는 거의 대부분 이때의 연구에 근간을 두고 있다. 새롭게 발굴된 자료들이 단순 추가 · 보완될 뿐 주요내용과 결론은 그대로 유지되고 있다. 따라서 이 시기 즉, 1990년대 연구의 주요 내용은, 2000년대의 연구성과를 분석하는 과정에서 함께 정리 · 분석되는 것이 관련 연구의 흐름을 이해하는데 도움이 될 것으로 판단된다.

30세기 전후 단군조선이 건국되었다는 논리로 귀결된다.[45] 주지하다시피 이러한 북한학계의 주장에는 1989년 김정일이 제창한 '조선민족제일주의'[46]와 김일성 민족론[47]이라는 정치적 이데올로기가 뿌리 깊게 투영되어 있으며, 1990년대 북한사회주의체제가 흔들릴 위기 상황에 놓이게 되자 이를 극복하기 위한 수단으로 적극 활용되고 있는 것이다.[48] 결론적으로 북한학계에서 주장하는 대동강문화론이란 단군릉 발굴을 시작으로 촉발된 일련의 역사인식체계로서 1998년 북한정권 창설 50주년이라는 역사적 시점에서 김일성-김정일 세습체계의 공고화를 위해 마련된 고대사인식체계로 평가할 수 있다.[49]

〈표 2-1〉 북한학계의 고조선 연구 흐름

시기	중심지	상한연대	주민	국가성격
1963년 이전	요동설, 평양설, 이동설이 모두 제시	기원전 18세기와 기원전 8 · 4~3세기 등 다양	예맥족, 예족, 조선계 · 맥계 · 한계 등 다양	노예제국가 전제 아래 토론
1963년 ~ 1992년	요동중심설	기원전 10세기 전후	예족 중심	노예제국가
1993년 이후	평양중심설	기원전 30세기	평양일대의 박달족 중심	노예제국가

45) 하문식, 2009, 「북한학계의 고조선 연구성과와 과제」, 『고조선사 연구 100년』, 학연문화사, 164~165쪽.

46) 김정일, 1989, 「조선민족제일주의정신을 높이 발양시키자」, 『친애하는 지도자 김정일동지의 문헌집』, 249쪽.

47) 조선문화보존사 편집실, 2002, 「(사설)김일성민족제일주의 정신으로 조국의 력사와 문화를 빛내여 나가자」, 『민족문화유산』 제1호(루계제5호), 7쪽.

48) 서재진, 1993, 「主體思想과 民族主義의 關係」, 『통일연구원 세미나시리즈』, 76~86쪽.

49) 조법종, 2015, 「북한의 대동강문화론과 고조선인식 검토」, 『선사와 고대』43, 64쪽.

위의 표는 지금까지 살펴본 북한학계의 고조선 연구 흐름을 정리한 것이다. 이를 통해 볼 때 1963년 이후 제기된 노예제사회라는 고조선의 국가성격 문제는 큰 변화가 없으나 중심지의 경우 요동중심설에서 평양중심설로 바뀌었으며 그 상한 연대도 큰 변화가 있었음을 알 수 있다. 특히 평양중심설을 주장하면서 고조선의 주민도 기존의 예족 중심에서 이제는 평양일대의 박달족을 중심으로 한반도와 만주지역이 하나의 민족을 형성했다는 주장으로 바뀌게 되었다. 따라서 고조선에서 부여, 구려, 진국이 분립했으며 단군은 고조선만의 시조가 아니라 민족의 시조라는 인식이 크게 부각되기 시작한다.

이처럼 현재 북한학계에서는 1993년 단군릉 발굴을 기점으로 평양을 중심으로 한 대동강유역이 고대문화의 발상지이자, 고조선문화의 중심지였음을 강조하고 있다. 아울러 단군릉에서 발굴된 인골의 연대측정결과를 절대적으로 신뢰하면서 고조선의 개국연대를 기원전 30세기까지 소급시켰다. 그에 따라 북한고고학에서 청동기시대의 명칭은 거의 확인되지 않고 있으며 신석기시대에 이어 바로 고대국가(고조선) 단계로 진입하는 시대구분론이 시작된다.[50] 따라서 평양지역에서 발견되는 청동기시대 유적과 유물은 대부분 고조선시기의 것으로 해석하며, 현재 이를 뒷받침하기 위한 학계의 노력이 지속되고 있다.

한편 2000년대 이후 북한학계의 고고학 조사자료는 주로 『조

---

50) 이기성, 2016, 「북한학계 선사고고학의 최근 연구 동향」, 『통일고고학을 위한 연구 현황과 과제진단』, 2016년도 한국고고학회 학술회의 자료집, 3쪽.

선고고연구』를 중심으로 발표되고 있다. 이외에 해방이후 북한지역 고고학성과를 집대성한 『조선고고학전서』(고대편 제10~23권, 2009)와 2010년부터 순차적으로 간행되기 시작한 『조선사회과학학술집 고고학편: 고고학연구론문집』을 통해 관련 자료 및 연구성과가 정리되었다. 특히 고인돌을 비롯한 석관묘 등의 무덤유적, 대동강유역 일대 팽이형토기문화 관련 취락과 성곽유적 및 그 상관유물 등에 대한 논문이 많은 비중을 차지한다. 이중 무덤유적은 주로 고인돌에 대한 연구성과가 많은 편이며, 석관묘와 석곽묘 등의 관련 자료가 소량 포함된다.

최근 북한학계는 평양을 중심으로 한 대동강유역 일대에서만 대략 1만 4천여 기 이상의 고인돌이 조사되었다는 주장과 함께 그에 대한 조사성과를 순차적으로 발표하고 있다. 선행연구에서 대략적인 내용이 소개된 자료들을 제외하고, 2000년대 이후 발표된 주요 논저목록을 간추리면 〈표 2-2〉와 같다.

논저목록을 통해 알 수 있듯이 최근 고인돌과 관련된 북한학계의 조사성과는 주로 『조선고고연구』를 통해 발표되고 있다. 그중에서도 새로 발굴된 자료의 소개가 많은 편인데 신흥리, 구빈리, 토성리, 지석리, 중리, 장리 왁새봉, 구서리, 성매리, 남산리, 정동리, 강남리, 로동리, 만경대 고인돌 등의 보고가 대표적이다. 이상의 조사성과는 기존의 자료들과 함께 망라되어 『각지 고인돌 무덤조사 발굴보고』(석광준, 2002), 『북부조선지역의 고인돌무덤(1 · 2)』(사회과학원 고고학연구소, 2009a) 등 종합보고서의 형태로 정리 · 발표되었다. 보고서에 수록된 내용을 살펴보면

〈표 2-2〉 북한학계의 고인돌 관련 연구논저 목록

차달만, 2000,「강남군 신흥리고인돌무덤에 대하여」,『조선고고연구』 4.
석광준 · 리선일, 2002,「구빈리고인돌무덤에 대하여」,『조선고고연구』 4.
석광준, 2002,『조선의 고인돌무덤 연구』, 중심(원저 : 1998,『조선의 고인돌무덤연구』, 사회과학출판사).
석광준, 2003,『각지고인돌무덤조사 발굴 보고』, 백산자료원(2002, 사회과학출판사).
김광명, 2003,「토성리고인돌무덤」,『조선고고연구』 3.
석광준, 2003,「평양일대 대형고인돌무덤의 성격에 대하여」,『단군학연구』 8.
로철수, 2004,「신계군 지석리고인돌무덤 발굴보고」,『조선고고연구』 2.
장철만, 2004,「상원군 중리고인돌무덤떼 발굴보고」,『조선고고연구』 3.
장철만, 2005,「장리 왁새봉고인돌무덤떼 발굴보고」,『조선고고연구』 1.
성 철, 2005,「구서리일대 고인돌무덤 발굴보고」,『조선고고연구』 4.
서국태, 2005,「평양지방 고인돌무덤의 분포상 특성」,『고조선 · 고구려 · 발해 발표 논문집』, 고구려연구재단.
남일룡, 2005,「평양일대에서 새로 발굴된 고인돌무덤과 그 의의」,『(남북 학자들이 함께 쓴) 단군과 고조선 연구』, 지식산업사.
김광철, 2007,「남산리 고인돌무덤 발굴보고」,『조선고고연구』 3.
로철수, 2007,「성매리고인돌무덤 발굴보고」,『조선고고연구』 2.
서국태, 2008,「고인돌무덤의 분류에서 제기되는 몇가지 문제」,『조선고고학연구』 4.
사회과학원 고고학연구소, 2009a,『북부조선지역의 고인돌무덤1 · 2(조선고고학총서 15 · 16-고대편6 · 7)』, 진인진.
성철 · 김남일, 2009,「황해남도 은천군 정동리일대 고인돌무덤 발굴보고」,『조선고고연구』 3.
로철수, 2011,「강남리고인돌무덤 발굴보고」,『조선고고연구』 1.
고영남, 2011,「로동리고인돌무덤 발굴보고」,『조선고고연구』 3.
석광준 외, 2013,「고조선유적발굴보고」,『조선사회과학학술집 316 고고학편 :고조선유적발굴보고고고학연구론문집31』, 사회과학출판사.
서국태, 2016,『고대조선의 고인돌무덤』, 사회과학출판사.
강영철, 2017,「온천군 금당리오덕형고인돌무덤」,『조선고고연구』 2.
김영근, 2017,「정동리일대의 고인돌무덤을 통하여 본 침촌형 고인돌무덤으로부터 오덕형 고인돌무덤에로의 변천과정」,『조선고고연구』 2.
심철 · 윤송학, 2017,「만경대구역일대의 고인돌무덤 발굴보고」,『조선고고연구』 3.

가급적 조사 당시의 현상과 발굴내용을 상세하게 기록하는 한편 그동안의 약보고형식과는 달리 도면과 사진 자료를 다수 제공하

고 있다는 점에서 앞으로의 활용성이 기대되는 측면도 있다.[51)]

이 시기 주목되는 고인돌 연구성과로는 2002년 한국에서도 출간된 바 있는 석광준의『조선의 고인돌무덤연구』(원저: 1998,『조선의 고인돌무덤연구』, 사회과학출판사)를 들 수 있다. 석광준은 앞서 간략하게 살펴본 바와 같이 1970년대 초반부터 본격적으로 활동하기 시작한 북한지역 고인돌연구의 대표자로서 2000년대 초반까지 이루어진 대부분의 고인돌 조사·연구사업을 주도해 온 인물이다.

그는 해방이후 1970년대까지 축적된 조사자료를 바탕으로 기존시기 일인학자들에 의해 제시된 북방식과 남방식의 구분법 및 그 변천관계의 오류를 지적하고 고인돌의 묘역시설을 새로운 분류의 기준으로 삼아 북한지역의 고인돌을 크게 4가지 유형으로 구분하였다.[52)] 이들간의 변천관계에 대해서는 고인돌의 축조 기술이 점차 발전함에 따라 여러 기의 고인돌이 한 개의 묘역내에 밀집된 형태인 제1유형에서 적석묘역의 형태만 남아 있는 제2유형으로 발전되며, 이후 고인돌에 부속된 묘역시설이 점차 사라지면서 묘실규모 차이에 따른 제3유형과 4유형으로의 변화·발전된 것으로 파악하였다. 이러한 석광준의 견해는 발표 당시 북한학계의 전폭적인 지지를 받으며 최근까지도 거의 정설로 인정받고 있다. 이후 그는 새롭게 추가되는 자료를 보완하는 방식으로 고인돌의 형식과 그 발전관계에 대한 자신의 논리를 발전시

51) 오대양, 2014,「북한지역 고인돌유적의 특징과 성격」,『선사와 고대』40, 71쪽.
52) 석광준, 1973, 앞의 글, 63~78쪽 ; 1974, 앞의 글, 110~118쪽.

키는 한편 북한지역 고인돌연구의 체계를 확립시켰다.

2000년대 이후 석광준이 다시 한 번 정리한 북한지역 고인돌의 유형은 크게 침촌형과 오덕형, 묵방형 등 3가지로 구분하여 설명할 수 있다. 먼저 침촌형은 자연석을 쌓아 구획한 하나의 묘역시설 내부로 여러 기의 고인돌이 모여 있는 집체형의 무덤을 말한다. 그리고 오덕형과 묵방형은 묘역시설 내부로 단 1기의 고인돌만 존재하는 단독형 무덤으로서 오덕형은 판석을 세워 묘실을 조성한 유형, 묵방형은 석재를 쌓아 만든 형태의 것으로 정리할 수 있다. 또한 이들의 발전관계에 대해서는 규모가 작은 여러 개의 고인돌이 모여 군락을 이루는 집단묘 성격의 침촌형에서 점차 개별묘역을 가지고 규모가 대형화되는 단독묘 성격의 오덕형과 묵방형으로의 변화상을 제시하였다. 최근의 연구결과 중 가장 눈에 띄는 점은 그 역시 대동강문화론이라는 한계 속에서 고인돌을 단순히 단군조선시기 지배 계급의 무덤으로 파악하거나 단군릉의 연대측정값을 받아들여 기원전 4000년기 후반 이미 평양지역을 중심으로 고인돌문화가 출현하였다는 주장을 반복하고 있다는 점이다.[53)]

현재 석광준으로 대표되는 북한학계가 제시하는 고인돌의 연대측정자료 및 1만 4천여 기의 고인돌 분포 수는 그 신빙성 문제에서 많은 의문점을 가지게 한다. 특히 단기간 내에 이루어진 지

53) 석광준, 1995,「평양일대에서 새로 발굴된 고인돌과 돌관무덤에 대하여」,『조선고고연구』 1, 18~21쪽; 1996,「평양일대 고인돌무덤의 변천에 대하여」,『조선고고연구』 3, 17~20쪽; 2003,『각지고인돌무덤조사 발굴보고』, 백산자료원; 2002,『조선의 고인돌무덤 연구』, 사회과학원.

표조사 결과를 통해 얻어진 유적의 분포 양상과 각 형식별 고인돌의 숫자를 그대로 신뢰하기란 쉽지가 않다. 일찍이 석광준 그 자신이 지적한 바와 같이 그동안 묘실이 지하에 위치한 것으로 여겨졌던 침촌형 고인돌의 경우 실제 발굴조사 결과 원지표상에 적석을 하고 그 내부에 묘실을 조성한 지상형 무덤으로 밝혀진 사례가 증가하는 만큼 단순 지표조사 결과만으로는 고인돌의 실제 여부와 정확한 형식을 판별할 수 없음이 자명하다.[54] 아울러 북한 학계에서 사용하고 있는 절대연대측정 방식에는 여러 가지 측면에서 문제점이 지적되고 있듯이 이상의 문제를 해결하기 위해서는 남북학계의 공동조사 및 지속적인 연구협력을 통해 서로 간의 의견 차이를 좁혀가는 과정이 필요하다.

최근에는 그동안 석광준에 의해 체계화되었던 북한지역 고인돌 연구의 현황과 유형분류에서 확인되는 몇 가지 문제점 등이 제기되면서 한동안 정체되었던 이 지역 고인돌연구에 새로운 분위기가 조성되고 있다.

2008년 서국태는 석광준에 의해 확립된 침촌형, 오덕형, 묵방형 등의 삼분류체계를 기준으로 2000년대 이후 새롭게 조사된 자료를 종합하여 룡악산형(기반형)과 석천산형(묘실 토광형) 등의 두 유형을 추가로 제시하였다. 이와 함께 기존시기 고인돌의 형식분류에 있어 주요한 기준으로 삼아 왔던 묘역시설은 사실상, 인접한 몇 기의 고인돌의 석관보호시설이 무너져 하나로 연결된 것처럼 오해하게 된 것으로 평가하면서, 현재까지의 제한

54) 석광준, 1974, 앞의 글, 110~118쪽.

된 발굴자료만으로서는 전체 고인돌유적에 대한 실상을 파악하기가 어렵다고 지적하였다.[55] 따라서 보다 과학적인 유형분류를 위해 무덤의 본질적 특성을 그대로 보여주는 묘실의 구조적 특징에 따라 재분류될 필요성을 제기하였다.

이후 그는 2016년에 이르러 자신이 새롭게 제시한 분류안에 따라 북한지역 고인돌의 유형과 형식을 재설정하였으며, 중국 동북지역과 남한지역 고인돌 역시 동일한 분류체계에 포함시켜 그 변천 관계를 논한『고대조선의 고인돌무덤』을 발표하였다. 하지만 이 책의 내용은 1998년 북한에서 출간된 석광준의『조선의 고인돌 무덤연구』와 구성 및 체제면에서 일부 수정되었을 뿐, 고인돌의 변천 관계를 비롯한 편년과 성격 등 기본적인 내용면에서는 별다른 차이가 없어 기존의 틀에서 크게 벗어나지 못한 한계를 보인다. 다만 대동강문화론의 영향이 여전히 작용되고 있는 현 북한 고고학계의 연구동향을 단적으로 보여주는 사례로 평가할 수 있다.

다음으로 2009년에 발간된『조선고고학 전서 17(고대편 8) -북부조선지역의 고대무덤』에서는 고인돌을 제외한 고조선 시기 무덤자료를 석관묘, 석곽묘, 적석묘, 토광묘, 옹관묘, 패총 등으로 나누어 정리하였다. 이중에서도 석관묘와 석곽묘는 고인돌과 함께 오랜 기간 병용된 고조선의 대표적인 무덤양식으로 파악하여 무덤의 유형과 그 변천관계를 종합적으로 검토한 연구가 다

55) 서국태, 2008,「고인돌무덤의 분류에서 제기되는 몇가지 문제」,『조선고고학연구』4, 5~6쪽.

수 발표되었다. 고인돌 외에 기타 다른 종류의 묘제에 대한 주요 연구논저 목록을 2000년대 이후에 발표된 것만을 추려 정리하면 아래와 같다.

〈표 2-3〉 북한학계의 기타무덤 관련 연구논저 목록

로철수, 2000, 「고조선 나무곽무덤의 금속기 갖춤새의 변천」, 『조선고고연구』 4.
2004, 「(발굴소식)순안구역 신성동에서 새로 발굴된 고조선시기의 돌곽무덤」, 『조선고고연구』 1.
2004, 「(자료)룡산리돌관무덤」, 『조선고고연구』 4.
성 철, 2004, 「우리나라 나무곽무덤의 발상지에 대하여」, 『조선고고연구』 1.
김광철, 2006, 「(발굴보고) 증산군일대의 무덤 발굴보고」, 『조선고고연구』 4.
김동일, 2007, 「평양일대 돌관무덤의 류형과 변천에 대하여」, 『조선고고연구』 1.
김동일, 2009, 『북부조선지역의 고대무덤(조선고고학전서17-고대편8)』, 진인진.
김영근, 2012, 「평양일대 고조선돌곽무덤의 류형과 변천에 대하여」, 『조선고고연구』 1.
김재용, 2012, 「신성동돌곽무덤에 대하여」, 『조선고고연구』 1.
심 철, 2016, 「평양을 중심으로 한 중서부조선일대는 우리나라 고대돌관무덤의 발상지」, 『조선고고연구』 4.
김영근, 2016, 「고대돌관무덤의 류형과 변천」, 『조선고고연구』 4.

먼저 석관묘는 고인돌과 함께 청동기시대 즉, 고조선시기 전반에 걸쳐 유행된 무덤양식으로 평가하면서 무덤의 구조적 특징에 따라 크게 3유형으로 구분하고 있다.[56)]1유형은 묘실 4벽에 작은 판석을 세워 만든 것, 2유형은 대형판석 1매씩을 세운 것, 3유형은 막돌과 작은 판석을 혼용하여 쌓은 것에 해당된다. 또한 각 유형별 석관묘에서 출토되는 유물의 조합관계를 보면 1유형에서는 주로 돌도끼와 반달돌칼, 돌돈, 팽이형토기 등이, 2유형에서는 비파형동검과 미송리형토기가, 3유형에서는 세형동검과

56) 김동일, 2007, 앞의 글, 41~45쪽.

석촉 등이 공반되는 관계로 각 유형별 석관묘의 변천관계는 1유형이 먼저 발생하여 2유형과 병존하다가 최종적으로 3유형이 파생된 것으로 풀이하였다.

그리고 석곽묘는 석곽내부에 석관이 설치된 제1유형과 목관이 설치된 제2유형으로 구분 한 후 역시 무덤의 구조형식과 출토유물 조합에 따라 1-2유형으로의 발전관계를 설명하였다.[57] 아울러 1유형의 석곽내부에 설치된 석관의 구조 및 부장품은 제2유형 석관묘와 거의 유사한 구성을 보이기 때문에 양자는 모두 고조선전기부터 병행되었음을 강조한다. 이외에 최근까지 발표된 대부분의 관련 연구에서는 이러한 견해와 논조가 거의 그대로 유지되고 있다.[58] 이상의 연구에서 제시된 표본유적의 사례는 일부를 제외하곤, 대부분 대동강문화론의 주창 이전부터 잘 알려져 있던 자료들이다.

따라서 각 종류별 묘제의 형식과 출토유물 조합 및 변천관계에 대한 기본적인 인식의 틀은 크게 변화된 바가 없다. 하지만 두 묘제간의 상관성 및 그 계승관계에 대해서는 뚜렷한 근거가 없이 고인돌과의 동시기성을 강조한다든지 혹은 지나치게 도식적인 면만을 부각시켜 개별 묘제의 상관성을 설명한다는 측면에서, 이 역시 고조선의 중심지역인 평양지역에서 축조된 다양한 종류의 무덤들이 당지의 자체적인 발생과정을 거쳐 상호 계승관계에 놓이게 됨을 증명하는 데 목적이 있어 보인다.

---

57) 김영근, 2012, 앞의 글, 13~15쪽.

58) 심철, 2016, 앞의 글; 김영근, 2016, 앞의 글.

최근 까지 북한학계에서 제공하는 고고학 분야의 많은 성과에도 불구하고 가장 큰 문제는 연대적인 문제를 들 수 있다. 기원전 4000년기에 이미 청동기시대에 진입하여 기원전 30세기 초에 고조선이 건국되었다는 주장은 절대연대의 근거가 되는 연대측정치의 수가 적다는 점과 그것을 적용하는 방식에서 논리적으로 허술하다. 이러한 북한학계의 연구가 인정받기 위해서는 유적의 발굴 정황 및 여기서 출토된 각종 유물과 인골자료를 명확하게 제시할 필요가 있다. 아울러 국·내외 학계에서 보편적으로 인정받는 연대측정법의 활용 및 그에 상응 하는 문헌자료와의 철저한 검증·대조작업이 수반되어야 할 것이다. 무엇보다 고고학적인 연구방법론과 이론을 무시한 채 이미 정해 놓은 결론에 특정 사실을 대입하여 논리를 전개시키는 방식은 현 북한학계가 직면한 가장 큰 문제점으로 볼 수 있겠다.

제 3 장

북한지역 청동기시대 묘제의 특징과 성격

이 장에서는 북한지역 청동기시대 묘제를 고인돌과 석관묘, 석곽묘 등으로 나누어 주요 특징과 성격문제를 검토할 것이다. 다만 석곽묘의 경우 분량이 적은 관계로 석관묘를 다루는 장에서 함께 다루고자 한다.

1. 고인돌유적의 특징과 성격[1)]

북한지역의 고인돌은 형식 및 구조적 측면에서 중국 요동반도의 것과 매우 닮아 있다. 더불어 출토유물의 유사성을 통해 볼 때 두 지역 고인돌문화는 매우 밀접한 연관성이 있을 것으로 보인다. 이와 관련해서는 고조선과 연계시켜 보려는 견해가 일찍부터 제기되어 왔다. 만약 고인돌을 고조선과 연관시킬 수 있다

1) 관련 내용은 필자의 2014년 발표 글(「북한지역 고인돌유적의 특징과 성격」, 『선사와 고대』40)을 약간의 수정을 거쳐 수록한 것이다.

면 일부의 초대형 고인돌은 당시 사회에서 매우 의미 있는 건축물 이거나 혹은 수장급 무덤으로 생각할 수 있다.[2)] 막대한 노동력과 비용이 요구되는 초대형 고인돌의 축조가 단순히 마을 단위의 연례행사이거나 개개인의 필요에 의해 계획될 수는 없기 때문이다. 따라서 일반 고인돌과 차별화되는 초대형 고인돌의 분포관계 및 그 단계성을 분석하는 작업은 고조선의 중심지 설정 및 이동 과정에 대한 실마리를 제공할 수 있어 중요하다.

사실상 그동안 북한지역의 고인돌연구는 여러 가지 방면에서 제약을 받아 왔다. 먼저 분단이라는 특수한 상황 속에서 자료의 접근이 용이하지 않았고 게다가 북한 학자들의 획일화된 연구경

〈그림 3-1〉 황해북도 은율 관산리의 초대형 고인돌

2) 이와 관련된 논의는 제5장의 3절 '고조선의 석묘문화권 설정과 그 의미'를 다루는 부분에서 보다 구체적으로 정리하였다.

향으로 인해 몇 안 되는 연구 성과물조차 신뢰도가 떨어진다. 그리고 북한의 경제상황 악화로 지속적인 조사가 이루어지지 못한 점 또한 하나의 이유로 볼 수 있겠다. 이 때문에 북한지역의 고인돌연구는 자료의 선별적 수용 및 신빙성 문제 등에서 그것을 받아들이는 시각 차이가 큰 편이다.

그런데 최근 북한학계에서는 그동안 축적된 고인돌 관련 조사자료를 정리하여 종합보고서 형식으로 간행하고 있다. 보고서의 내용을 보면 개인연구자들의 주관적인 견해나 해석이 최대한 배제되어 있다. 조사 당시의 현상을 소상하게 기록하였고 제시된 도면자료 또한 충실하여 앞으로 그 활용성이 기대된다. 무엇보다 북한지역 고인돌의 기초자료를 지역별로 종합정리했다는 점에서 의의가 있으며 이를 통해서는 남한지역은 물론 중국 동북지역과의 종합적인 비교연구가 가능하게 되었다. 그동안 연구의 공백지대로 남아 있던 북한지역 고인돌자료의 집대성은 한반도 고인돌의 기원과 확산과정을 살필 수 있는 중요한 계기가 될 것으로 기대된다.

1) 형식분류의 기준검토

고인돌을 지칭하는 또 다른 용어인 지석묘는 1934년 藤田亮策의 『조선고대문화』에서 처음 사용된 것으로 파악된다.[3] 이후 한

3) 藤田亮策, 1934, 『朝鮮古代文化』.

반도 남부지역의 경상북도 대봉동유적[4]이 발굴되면서 '지석을 소유하는 분묘 전반의 명칭'으로 자리 잡게 되었고 현재 한국과 일본의 연구자들에게 보편적으로 채택되고 있다. 이글에서는 지석묘 대신 고인돌로 대체하여 사용하겠는데 여기에는 '한 장의 거대한 덮개돌을 가지며, 하부에는 각종 다양한 구조의 묘실을 가진다'라는 학계의 공통된 의견이 존재한다. 아래에서는 그동안 이루어진 고인돌의 정의 및 형식분류 관련 내용을 연구가 진행된 각 나라별로 나누어 대략적인 내용을 정리해 보겠다.

(1) 일본학계의 검토

鳥居龍藏은 고인돌의 형식을 외형에 따라 제1식과 제2식으로 나누었다. 제1식은 한반도 남부지역에 많은 형식으로 기반형상이며, 제2식은 북부지방에 많은 탁자형상의 고인돌이라 설명하였다.[5] 이러한 분류는 한반도 고인돌에 대한 최초의 형식 분류로서 이후 명칭만 남방식과 북방식, 혹은 변형고인돌과 전형고인돌 등으로 바뀌면서 지속적으로 사용되고 있다.

藤田亮策은 鳥居龍藏이 각기 형상을 묘사한 기반형, 탁자형 등의 명칭을 고인돌의 형식분류에 직접 적용하여 탁자형(鳥居龍藏 2식), 기반식 혹은 영남식(鳥居龍藏 1식)으로 구분하였다.[6] 더불어 당시 각 형식들이 주로 발견되는 지역적 특징에 따라 북

4) 藤田亮策, 1936,『大邱大鳳町支石墓調査』.

5) 鳥居龍藏, 1917,「平安南道黃海道古跡調査報告」,『大正五年度古跡調査報告』, 朝鮮總督府 ; 鳥居龍藏, 1946,「中國石棚之研究」,『燕京學報』31.

6) 藤田亮策, 1942,「朝鮮的石器時代」,『東洋史講座』18, 雄山閣 .

방식, 남방식 이라는 용어가 병용되기도 하였다. 초창기 일본인 학자들에 의해 제시된 북방식 혹은 탁자형, 남방식 혹은 기반식 등의 분류체계는 현재 고인돌 형식분류의 기본적인 토대가 되고 있다.

이후 三上次男[7]은 藤田亮策의 견해를 받아들여 크게 북방식과 남방식으로 분류하고, 다시 남방식 고인돌에 대해 상석아래 특정시설이 없는 A식, 편평하고 넓은 개석 아래 네 개의 소지석이 있고, 적석시설이 있는 B식, 편평한 개석을 바로 적석 위에 놓은 C식, 塊狀의 개석을 적석위에 놓은 D식 등으로 세분하였다. 그러나 이상 4형식간의 상호관계는 언급하지 않았는데 다만 북방식이 남방식보다 선행하는 점을 강조하고 있다.

1969년 有光教一[8]은 당시까지 북한과 한국의 연구성과를 종합하여, 탁자형, 기반형, 변형(개석형, 무지석식) 등 3종류로 분류하였으며 변형 고인돌은 탁자형과 기반형의 초기형태로 보았다. 앞서 간략하게 살핀 甲元真之[9]의 글과 함께 이후 田村晃一의 연구에 많은 영감을 준 것으로 파악된다.

田村晃一[10]은 한반도의 고인돌을 크게 석관형과 탁자형, 기반형의 3유형으로 구분하였다. 제1유형은 매장의 주체인 석관이 덮개돌을 받치고, 석관 주위에 반드시 석재를 깔아 놓은 형태인데 이를 석관형 고인돌라 정의하였다. 제2유형은 기존의 탁자형

7) 三上次男, 1961, 앞의 책.
8) 有光教一, 1969,「朝鮮支石墓譜系的考察」,『古代學』1 6 卷2-4號合刊.
9) 甲元眞之, 1973, 앞의 책.
10) 田村晃一著 · 白雲翔譯, 1995,「東北亞地域的支石墓」,『博物館研究』4.

이며, 3유형은 기반형이다. 이상 3유형간의 관계에 대해서는 기본적으로 甲元眞之의 견해를 수용하는데, "제1유형인 석관의 장벽석이 점차 두꺼워지고 증대되면서, 보강역할을 하던 적석시설이 점차 사라지게 되어 제2유형으로 변하게 된다. 석관으로 덮개돌을 지탱하게 하지 않고, 적석시설의 일부분인 석재가 증대되어 덮개돌의 하중을 받치게 하면서 다시 제3유형으로 변하게 된다. 제1유형은 2유형과 3유형의 초기 형태가 된다. 그러나 2유형과 3유형간의 선후 관계는 명확하지 않다. 이러한 3가지 유형의 연대는 상호 교차되며, 소멸연대 역시 서로 비슷하다"는 의견을 제시하였다.

이러한 검토는 甲元眞之의 견해에서 좀 더 확장된 것으로서, 현재 다수의 연구자들에게 수용되는 듯하다. 그러나 여기에서 가장 아쉬운 점은 출토유물을 통한 연대편년 및 중국 동북지역과의 비교 검토가 부족한 점이다. 현재까지 연구성과에 의하면 한반도 북부지역 보다 요동지역의 고인돌 연대가 올라가는 것이 사실이다. 단순히 묘실의 건축학적인 발전관계에 주목하여 출토유물 및 유사형식이 존재하는 주변지역과의 세밀한 비교가 없는 점이 아쉽다.

(2) 한국학계의 검토

초창기 고인돌 연구에 활동한 학자는 소수에 불과하였는데 그 중 손진태와 한홍수가 대표적이다. 먼저 손진태는 한국의 거석분묘를 고인돌과 거석개분묘(巨石盖墳墓)로 구분하였다.[11] 이 중 거석개분묘는 지석이 없는(무지석식) 형태로 현재의 개석형에 해당된다. 즉 손진태는 개석형을 고인돌의 범위에 포함시키지 않은 것이다. 한흥수[12]는 고인돌의 형식을 북방식과 남방식으로 구분하였는데, 여기서 남방식은 손진태가 고인돌의 범위에 포함시키지 않은 거석개분묘에 해당된다. 동시기에 활동한 두 선학간의 이러한 견해 차이는 당시까지 고인돌에 대한 명확한 개념정의가 없었기 때문이다.

무지석식에 대한 논란에 대해 명쾌한 해답을 내린 것은 임병태이다. 그는 고인돌을 지상에 상석을 노출하고 그 밑에 종종의 매장시설을 한 분묘의 통칭으로 정의하였고, 형식은 탁자형, 기반식, 무지석식으로 분류하였다.[13]

1980년대 초 지건길[14]은 한반도를 중심으로 요령과 길림, 일본 등 동북아시아 의 고인돌을 종합적으로 비교하였다. 고인돌의 형식은 1차적으로 외형적 형태에 따라 북방식과 남방식으로 구분하며, 남방식은 묘실구조에 따라 다시 판석형, 할석형, 혼축형, 토광형, 옹관형, 제주도형(위석형) 등으로 세분하였다. 또한 이들은 다시 적석시설의 유무에 따라 적석형과 무적석형으로 구분하였는데 적석시설을 형식구분의 중요한 기준으로 삼은 것이 주목된다. 적석시설의 소멸은 지석의 발생 및 석실이나 묘곽구

11) 손진태, 1934,「조선 dolmen 考」,『개벽』1 ; 1948, 앞의 글.
12) 한흥수, 1935, 앞의 글.
13) 임병태, 1964,「한국고인돌의 형식 및 연대고찰」,『사총』9.
14) 지건길, 1982,「동북아시아 고인돌의 형식학적 고찰」,『한국고고학보』12.

조의 변천 등 역학적 요소와 관련된 것으로 해석하였다.[15)]

김원룡[16)]은 한국 고고학개설서에서 고인돌을 북방식, 남방식, 개석형(무지석식)으로 분류하였다. 북방식은 대동강 · 임진강 · 북한강 등 큰강 상류에 분포하며, 남방 한계선은 대체로 수원-용인에서 북한강을 연결한 선으로 보았다. 남방식은 북방식의 무너진 형태에서 발전된 것으로 생각하였는데 그시기를 기원전 100년경으로 보았다. 개석형은 석상분(石箱墳)이 지상화 또는 북방식화하는 중간단계로 파악하였다. 그러나 일찍이 하문식[17)] 이 지적한 바와 같이 1980년대 이후 조사자료가 증가면서 기존에 북방식이라 불리던 탁자형이 남부지역에서도 많은 수가 발견되어 북방식과 남방식으로의 분류는 점차 사라지고 있는 추세이다. 더불어 지나치게 복잡하고 세분화된 고인돌의 형식분류를 최소화하고 학계에서 공통적으로 통용될 수 있는 고인돌 관련 용어 제정에 대한 필요성이 강조되고 있다.

1980년대 이후 한반도 고인돌의 연구의 주요 쟁점 중 또 다른 하나는 적석시설이 부가된 고인돌이다.

노혁진[18)]은 고인돌의 구조는 개석과 지석 그리고 석관이나 석광의 매장부로 구성되며, 기반식과 개석형에는 따로 적석이 부가되는 경우를 지적하였다. 기존에 적석은 석관부의 보강용으로

---

15) 참고적으로 아래에서 제시된 이 책의 고인돌 형식분류는 기본적으로 지건길 선생님의 분류안을 상당부분 참고하였음을 밝혀 둔다.

16) 김원룡, 1986, 앞의 책.

17) 하문식, 1999,『고조선지역의 고인돌연구』, 백산자료원.

18) 노혁진, 1986,「적석부가고인돌의 형식과 분포」,『한림대 논문집』4.

생각되었으나, 이 연구에서는 석관 보강 이상의 기능을 주목하며 적석부가 고인돌라는 새로운 형식의 추가를 제안하였다.

이영문[19]은 지금까지 진행된 고인돌의 형식분류를 동북아에서 발견되는 모든 고인돌에 적용할 수 없으며 지역에 따라 구조적인 차이가 뚜렷하므로, 형식 분류보다는 각 속성을 통한 유형분류가 고고학적인 자료가치가 높다고 지적하였다. 먼저 대분류로 탁자식, 기반식, 개석식 등의 식을 사용하고 다음 석실 위치, 단면평태, 하부구조 등에 따라 보다 작은 개념인 형으로 세분하였다. 또한 한반도 전역에서 발견되고 있는 고인돌의 묘역시설을 고인돌 형식분류의 주요한 속성으로 파악하였고, 적석시설의 변화는 지역적 차이도 보이지만, 시간적 변화양상을 보인다고 해석하였다.

이외에 윤호필[20], 이상길[21], 김승옥[22], 한송이[23] 등은 한반도 남부지역에서 발견되는 묘역식 고인돌에 대해 보다 구체적이고 세밀한 검토를 하였는데 이는 향후 북한지역과의 비교 연구를 통해 고인돌의 기원 및 발전과정을 이해하는 주요한 성과가 될 것으로 기대된다.

---

19) 이영문, 2002,『한국 고인돌 사회 연구』, 학연문화사.

20) 尹昊弼, 2009,「청동기시대 묘역식고인돌에 대한 연구」,『慶南硏究』창간호.

21) 李相吉, 2006,「구획묘와 그사회」,『금강;송국리형문화의 형성과 발전』, 호남·호서고고학회 합동 학술대회토론문.

22) 김승옥, 2006,「묘역식(용담식) 고인돌의 전개양상에 대한 고찰」,『영남고고학』39.

23) 한송이, 2010,「남해안지역 묘역식고인돌에 대한 일고찰」,『慶南硏究』3.

(3) 북한학계의 검토

북한에서는 고인돌의 형식을 일반적으로 침촌형, 오덕형, 묵방형 등 3개 형식으로 구분하고 있다.[24] 침촌형이란 묘역시설내 여러 기의 고인돌이 밀집된 집체형의 무덤이며 오덕형과 묵방형은 적석묘역내 한기의 묘실만 있는 단독형으로 정의된다. 오덕형과 묵방형의 차이는 묘실의 축조방법으로 구분 할 수 있는데, 오덕형은 두꺼운 판석을 세워 벽석으로 삼은 것, 묵방형은 석재

침촌형 고인돌(황주 침촌리 천진동 및 긴동 4호)

묵방형 고인돌(개천 묵방리 30호 및 33호)

〈그림 3-2〉 침촌형 및 묵방형 고인돌 사진 비교

24) 최근 북한학계에서는 2000년대 이후의 발굴성과에 근거하여 룡악산형(기반형), 석천산형(토광형) 등이 추가되긴 하였지만(서국태, 2008, 앞의 글, 6쪽」,『조선고고학연구』1, 6쪽), 아직까지 그 조사자료의 보고가 충분치 못한 관계로 이글에서는 논외로 하겠다.

를 쌓아서 만든 것에 해당된다. 그런데 북한학계의 대표적인 고인돌 연구자 석광준은 침촌형을 지상식 무덤으로 규정하고 있어 보다 면밀한 검토가 필요하다.[25)]

당시까지 대부분의 연구자들은 이러한 종류의(변형 혹은 침촌형) 고인돌에 대해 묘실이 지하에 위치한 수혈식무덤으로 인식하고 있었다. 그러나 석광준의 설명에 의하면 발굴결과 많은 수의 침촌형들이 원지표상에 적석을 하고 그 내부에 석관을 둔 구조로 밝혀졌으며 기존의 인식처럼 지하식 무덤이 아니라는 것이다. 이러한 석광준의 연구는 그동안 북한학계의 정설로 인정받아 왔지만 최근에는 그동안의 연구에 문제점을 지적하고 묘실의 위치와 규모에 따라 새롭게 분류한 연구가 발표되었다.

서국태는 "대부분의 고인돌에는 석관을 보호하는 벽체보강시설이 존재하며, 지금까지 집체형무덤으로 분류해왔던 침촌형은 인접한 몇 기의 고인돌 석관보강시설이 무너져 서로 연결된 것을 묘역시설로 오해한 것"이라 지적하였다.[26)] 이에 따라 고인돌의 형식은 무덤의 본질적 특징인 묘실 구조에 의하여 재분류되어야 하며, 침촌형에 대해 판석으로 조성된 묘실둘레에 막돌을 쌓아올려 보강하고 그 위에 개석을 덮은 수혈식무덤으로 재정의하였다.

침촌형과 오덕형의 차이에 대해선 묘실의 위치, 즉 지상식(오덕형)인가 혹은 지하식(침촌형)인가에 따라 결정되며, 묵방형은

25) 석광준, 1974, 앞의 글, 110~118쪽.

26) 서국태, 2008, 앞의 글, 2~5쪽.

연탄 오덕리 고인돌

안악 로암리 고인돌

용강 석천산 고인돌

〈그림 3-3〉 오덕형 고인돌 사진 비교

구덩내에 석재를 쌓아서 묘실을 조성한 지하식무덤으로 분류하였다. 이러한 지적은 일견 합리적인 것처럼 여겨진다. 그런데 황해북도 오덕리 평촌고인돌유적[27]과 같이 몇 몇 사례 중에는 명확한 형태의 적석묘역이 분명히 존재하여 단순히 석관보호시설이 무너져 연결된 것으로 보기에도 무리가 있다.

27) 석광준, 1974, 앞의 글.

게다가 석국태가 재정의한 침촌형은 지하에 무덤방을 둔 수혈식묘실에 해당되는데, 침촌형의 가장 대표격인 침촌리 긴동유적[28]의 경우 석광준의 지적과 같이 지상에 돌을 쌓고 그 내부에 묘실을 둔 지상형무덤에 해당된다. 따라서 고인돌의 형식을 묘실위치에 따라 분류하는 방법은 재고되어야 할 듯하다.

(4) 중국학계의 검토

중국에서는 고인돌을 석붕(石棚)과 대석개묘(大石蓋墓)로 구분하여 연구하고 있다. 먼저 석붕에 대해서는 '온전한 하나의 대개석(大蓋石)과 벽석(壁石)을 인공적으로 사용한 것으로, 지상에 거석 건축물이 노출되어 있는 것, 형태는 마치 우리(棚)나 책상과 같다. 그리고 규모, 덮개돌과 벽석의 형태학적 특징, 축조방법, 유적 지세 등을 기준으로 대・중・소 석붕으로 분류할 수 있다. 이는 한국, 북한, 일본학자들이 말하는 탁자형 고인돌과 같은 개념이다'.라고 정의한 許玉林의 견해를 소개할 수 있다.[29] 그리고 대석개묘에 대해서는 '석붕과는 상대적인 개념으로 한반도의 기반식 혹은 개석형의 일종이며 자연 대석을 사용하여 지표상에 덮개로 놓고, 하부에는 석판(石板), 적석(積石), 토갱(土坑) 등 부동(不同)한 묘실(墓室)을 두는데 때론 벽감(壁龕)이 있

28) 황기덕, 1963b, 앞의 글 56~63쪽 ; 황기덕・리원근, 1966, 「황주군 침촌리 청동기시대유적발굴보고」, 『고고민속』3, 과학원출판사, 32~42쪽.

29) 許玉林, 앞의 글, 1985, 16~21쪽 ; 遼寧省文物考古研究所編, 앞의 책, 1994, 66~68쪽.

기도 하다[30]'고 정의하였다. 이와 관련하여 '묘실의 구조면에서 볼 때 일정한 상이성이 있으며, 양자는 같은 묘역 내에서 함께 묘군을 이루기도 한다. 대석개묘의 출현은 석붕보다 늦다. 이것은 석붕묘가 발전 · 변화하는 과정에서 생긴 것으로, 동시에 석붕과 대석개묘는 공존한 시기가 존재한다'고 평가하였다.[31]

한편 王洪峰에 의하면 온전한 하나의 개석(덮개돌)으로 그 상부를 덮은 것으로서 묘실이 땅 위에 위치한 것은 모두 석붕에

개주 석붕산 초대형 석붕

개주 연운채 중형 석붕

보란점 소둔 소형 석붕

보란점 벽류하 유둔 대석개묘

〈그림 3-4〉 중국의 고인돌(석붕 · 대석개묘) 비교

30) 許玉林 · 許明綱, 1981, 앞의 글, 181쪽.

31) 遼寧省文物考古硏究所編, 1994, 앞의 책, 118쪽.

포함 시킬 수 있다고 한다. 반면 묘실이 땅 위에 위치하더라도 흙이나 석재를 덮어 묘실이 외부에 노출되지 않는 것은 대석개묘로 분리할 것을 제안하였다.[32)]

王嗣洲[33)]는 대석개묘의 형식과 발전과정에 대해 비교적 구체적으로 정리하였다. 대석개묘의 분포양상에 따라 요동지역 중심의 A구 및 요동북부와 길림일대의 B구로 나누고 대석개묘의 형식을 각각 5개 형식으로 구분하였다. 그의 분류는 대석개묘에 대한 최초의 형식 분류라는 점에 의의가 있으며 이후의 관련 연구에 커다란 영향을 미치게 된다.

마지막으로 華玉冰[34)]은 석붕과 고인돌을 완전히 대체해서 사용할 수 있는 동일한 개념으로 파악하였다. 그 주요 기능에 대해서는 무덤과 제단 등으로 구분하였고, 이중 무덤으로 사용된 것들에 대하여 묘실의 위치를 기준으로 땅 위의 것은 석붕묘(石棚墓), 땅 속에 위치한 것은 개석묘(蓋石墓)로 재설정하였다. 또한 석붕묘는 구조방식에 따라 개석묘(立支型, 판석을 세워 만듬), 위체형(圍砌形, 석재를 쌓아 만듬)으로 세분 하였다. 그리고 개석묘에 대해서는 덮개돌이 묘실의 개석(蓋石)이 되는 형태를 개석형(蓋石型), 무덤을 표시하는 기능만 가진 것은 정석형(頂石型)으로 세분하였다. 요컨대 묘실을 지상에 설치한 것은 석붕묘로 분류하였으며 우리의 탁자형과 유사한 개념이다. 묘실이 지하에 있는 것은 대석개묘 혹은 개석묘 분류하여 개석형과 같다.

---

32) 王洪峰, 앞의 책, 245~255쪽.

33) 王嗣洲, 1996,「試論遼東半島石棚與大石蓋墓的關係」,『考古』2, 73~77쪽.

34) 華玉冰, 2011,『中國東北地區石棚研究』, 科學出版社, 11~18쪽.

(5) 개념정의 및 제안

현재 고인돌의 형식 분류 및 기원문제에 대해서는 학계의 공통된 의견이 마련되지 못하였다. 여기에는 고인돌의 분포범위가 매우 광범위한 까닭도 있고, 학자들간의 연구경향 및 인식차이에서 발생된 원인도 존재할 것이다. 특히 연구자들이 사용하는 고인돌 관련 용어가 대부분 개별적이어서 동일한 무덤에 대하여 각각 다른 용어를 사용하거나 혹은 아예 별도의 무덤유형으로 파악하기도 해 종합적인 비교연구에 어려움을 주고 있다.

또한 현재 대부분의 연구자들은 고인돌의 형식을 구분함에 있어 묘실의 위치를 매우 중요한 기준으로 설정하고 있다. 그런데 일찍이 석광준의 지적처럼 수혈식 무덤으로 알려져 있던 일련의 무덤들 중 발굴조사 결과 본래 원지표상에 흙과 석재를 쌓은 후 그 내부에 석관을 둔 지상식의 형태가 발견되고 있다. 또한 지상형무덤으로 인식되어오던 오덕형(탁자형) 중에는 발굴조사 결과 묘실이 지하에 위치한 형태들이 발견되기도 한다.

대표적으로 황해남도 정동리5호,[35] 어룡리7호 고인돌[36] 등이 있다. 이 무덤은 수혈을 파고 두꺼운 판석을 마주보게 세운 후 그 사이에 다시 판석을 세워 뒷벽과 문석으로 삼았다. 측벽과 수혈 사이에는 두꺼운 하천석을 덮개돌 높이까지 쌓거나 흙을 덮어 벽석을 보호하는데 이들은 사면이 완전하게 막혔기 때문에

35) 성철 · 김남일, 2009,「황해남도 은천군 정동리일대 고인돌무덤 발굴보고」,『조선고고연구』3, 33~36쪽.

36) 최웅선, 2010,「어룡리고인돌 발굴보고」,『조선고고연구』4, 36~38쪽.

지표상으로는 덮개돌만 노출되어 있었다. 만약 후대의 여러 요인으로 벽석을 보호하는 적석이나 봉토(封土)가 유실되고 지표층이 삭평되어 벽석(받침돌)들이 노출되면 이 고인돌은 전형적인 형태의 지상형 무덤으로 인식될 수 있다. 즉, 우리가 표면적으로 알고 있던 지상형 무덤들 중에는 본래 이와 같은 현상의 것들이 속해 있을 가능성이 크다. 따라서 그간 묘실의 위치를 통해 형식을 분류해 오던 방법은 제고되어야 한다.

주지하다시피 고인돌에서 찾아지는 가장 대표적인 특징은 덮개돌이다. 덮개돌은 기타 다른 종류의 묘제와 구분되는 고인돌의 표지적 상징물이다. 이러한 덮개돌의 주요 기능과 설치목적을 제대로 이해하지 못한 경우 해당 묘제의 성격 역시 올바르게 이해하기 힘들다. 고인돌과 동시기에 유행되는 석관묘와 석곽묘 역시 규모가 축소되긴 하지만 덮개돌이 존재한다. 이들은 덮개돌을 제외한 묘실구조가 상당히 유사한 관계로 만약 그것이 유실되었을 경우 상호간의 구분이 쉽지 않다. 따라서 고인돌을 규정짓는 덮개돌의 명확한 정의와 함께 그것이 유실되었을 때 묘제간의 구분에 지표가 될 기준점의 마련이 필요하다.

첫째, 고인돌의 덮개돌은 지상에 노출되는 것이 특징적이다. 고인돌의 덮개돌은 단순히 묘실을 덮는 역할 외에도 무덤의 묘표적 기능을 하며 고인돌의 외형적인 모습을 나타내는 상징적인 의미를 갖는다.[37] 덮개돌이 지상에 노출되어 있다는 것은 외

---

37) 하문식, 1999, 앞의 책, 180~181쪽 ; 이영문, 2002, 앞의 책, 230쪽.
이하의 내용은 앞의 서론부에서 한번 언급된 바 있으나, 독자들의 이해를 돕기 위하여 다시 한 번 설명하고자 한다. 그 이유는 본서의 고인돌 형식분류는 선행

형적 형태의 중요성을 설명하며 사람들에게 보여 지기 위한 목적이 존재하는 것이다. 이처럼 보여 지기 위한 목적을 가진 덮개돌은 가능하면 크고 웅장하게 가공될수록 그 효과가 극대화된다. 반면 석관묘는 일반적으로 여러 장의 얇은 판석을 무덤상부에 연접해서 덮는 것이 특징이다. 간혹 1장의 판석을 덮기도 하는데 이 역시 규모가 매우 축소되어 판석의 두께가 대부분 10cm 내외이며 묘실을 간신히 덮을 정도의 크기이다. 즉, 여기에는 외부에 노출시킬 목적이 부여되지 않으며 단순히 묘실을 덮는 역할만이 주어진다. 따라서 고인돌의 덮개돌과 석관묘의 묘실개석은 지상에 노출될 목적 여부로 구분할 수 있다.

둘째, 일반적으로 고인돌의 덮개돌은 대부분 매우 두터운 두께를 가진다. 평균적으로 30~50cm 전후가 가장 많으며 적어도 10cm 이상의 두께를 가진다. 또한 묘실 규모보다 크게 만들기 때문에 대부분 처마가 드리운다. 간혹 석관묘에서도 두께 10cm 전후의 판석 1장을 덮는 것이 발견되는데 이 역시 대부분 간신히 묘실만 덮을 정도이지 고인돌과 같이 처마가 형성되지는 않는다.

셋째, 덮개돌이 파괴된 경우 고인돌과 석관묘의 구분이 쉽지 않다. 지금까지의 조사에 의하면 북한지역의 석관묘는 대부분 묘실외부로 적석시설을 비롯한 별다른 보강시설이 발견되지 않는다. 대부분 묘광내에 크고 작은 판석을 이어 세운 후 그 상부로 다시 여러 개의 얇은 판석을 덮어 놓는데, 만약 이러한 개석[38)]

연구와 용어만 동일하게 차용할 뿐 그 의미와 개념이 많은 부분 차이가 있기 때문이다. 본서의 가장 핵심이 되는 부분이기에 반복적으로 설명되어질 것이다.

38) 이하부터는 고인돌의 덮개돌과 구분하기 위하여 석관묘와 석곽묘의 경우 묘

의 규모가 크고 무겁다면 묘실이 그 하중을 견디기 위한 특별한 보강시설이 필요했을 것이다. 따라서 석관외부로 적석시설 등 별도의 보강시설이 없다는 것은 개석의 규모나 무게가 묘실에 큰 영향을 주지 않을 정도의 작은 규모였음을 말해준다. 하지만 고인돌의 경우 상부에 무겁고 큰 덮개돌이 존재하기 때문에 묘실주변으로 반드시 보강시설이 존재하거나, 묘실을 구성하는 판석(받침돌)의 두께가 크고 두꺼워지는 경향을 보인다. 아울러 초대형 고인돌의 경우 덮개돌을 받치는 2개위 중심 판재(받침돌)를 안기울임하여 세움으로서 보다 안정감 있는 형태를 보이기도 한다.

이처럼 묘실의 구조나 규모 그리고 보강시설의 유무를 통해 덮개돌의 규모를 추론할 수 있겠는데 이 역시 고인돌과 석관묘를 구분하는 보조적 수단이 될 수 있다. 요컨대, 외부에 노출될 목적으로 조형된 덮개돌의 존재를 통해 고인돌과 석관묘의 구분이 가능하며, 덮개돌이 유실되었을 때에는 묘실의 축조방법 및 그 보강시설의 흔적을 관찰하여 보조적인 판별기준으로 삼을 수 있다.

한편 고인돌의 덮개돌 하부에서 발견되는 묘실의 구조와 형태는 매우 다양하다. 대체적으로 묘실을 축조하는 방법과 재료에 따라 크게 판석형, 토광형, 괴석형, 혼축형 등 4가지 유형으로 분류가 가능하다.[39] 고인돌에서 덮개돌을 제외하고 무덤 본연의

실 상부를 덮는 기능만이 부여된 여러 개의 얇은 판석으로 구성된 묘실개석에 대하여 '개석'이란 용어로 통일하여 사용하겠다.

39) 이처럼 묘실의 축조방식과 재료에 따라 고인돌의 형식을 분류하는 방식은 앞

성격만을 놓고 볼 때 형식분류를 위해 첫 번째로 고려될 수 있는 것이 묘실의 축조법과 재료이다. 왜냐하면 덮개돌은 고인돌을 표지하는 상징적 특징으로 인해 매우 보편성을 가지며 시·공간에 따른 변이와 형식적 다양성이 잘 반영되지 않기 때문이다.[40)]

본서에서는 북한과 요동·길림지역 고인돌의 형식분류 기준으로 이와 같이 묘실의 축조방법과 재료에 따른 4가지 유형을 제안하고자 한다. 그런데 앞서 밝힌바와 같이 그동안 우리학계에서는 고인돌의 형식분류에 있어 매우 다양한 방법을 사용해 왔다. 더불어 연구자별로 각자의 분류방식과 명칭사용으로 인해 관련 연구에 혼란을 준 것 또한 사실이다. 따라서 여기에서는 가능한 새로운 용어를 배제하고 기존에 통용되어 오던 분류방안에 맞추어 일부 개념상의 수정만을 첨가하고자 한다.

우리 학계에서 공통적으로 사용되는 고인돌의 형식은 탁자형, 개석형, 기반형 등 3분류법이다. 현재 북한과 요동지역에서는 기반형이 발견되지 않기 때문에 이 글에서는 논외로 하겠다. 본문에서 말하는 탁자형은 판석 여러 개를 세워 묘실을 조성하고 그 위에 한 장의 판돌을 덮어 덮개돌로 한 것이다. 위에서 제시한 묘실 축조방법과 재료에 따른 분류로써 판석형에 해당된다. 이 유형에는 대부분 묘실이 지상에 위치한 것이 많지만 일부는 지하에 위치하기도 한다.

서 검토한 지건길 선생님의 연구에서부터 찾을 수 있다. 본서의 분류와 명칭은 그와 조금 다른 방식을 보이긴 하지만, 기본적으로 선학의 연구에 바탕을 두며, 최근의 조사성과를 반영하여 일부 조정된 것임을 밝혀둔다.

40) 오강원, 2008, 앞의 책, 200쪽.

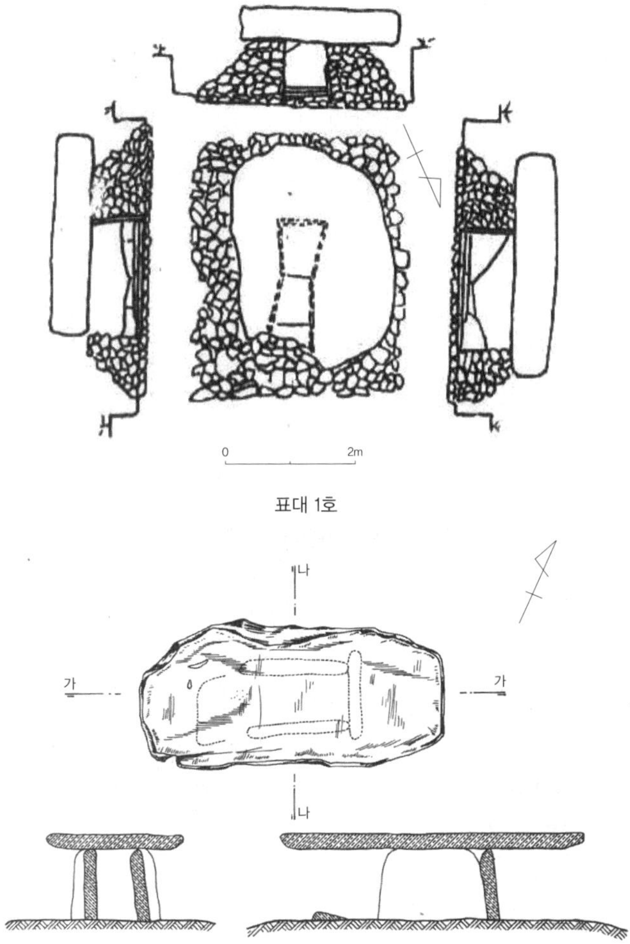

관산리 1호

〈그림 3-5〉 북한지역 고인돌 형식 비교 1 [탁자형(판석형) 고인돌]

개석형은 하부구조의 차이, 즉 묘실 조성방법에 근거하여 다시 3가지 형태의 4식으로 분류할 수 있다. 첫 번째는 덮개돌 밑으로 토광형태의 묘실만 존재하는 것(토광형)으로 토광의 세부

구조와 부장양상에 따라 초기식(개석I식)과 후기식(개석IV식) 등 2식으로 구분된다. 두 번째는 괴석재(덩이돌)를 쌓아서 조성한 것(괴석형)으로 개석II식에 분류하며, 세 번째는 석재 쌓기와 판석 세움을 혼용(혼축형)한 것으로 개석III식에 분류한다. 이상

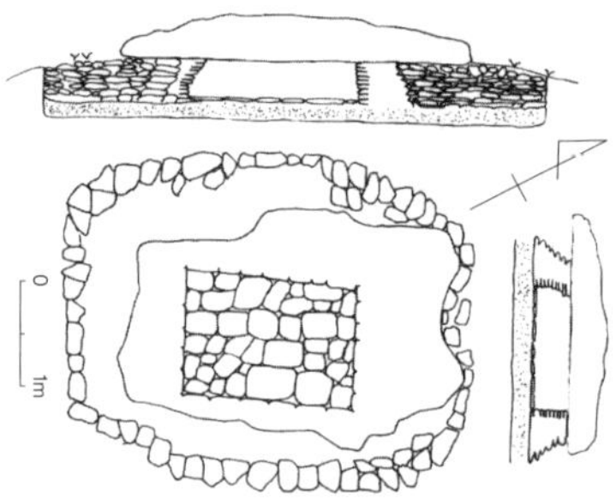

검산리 1호

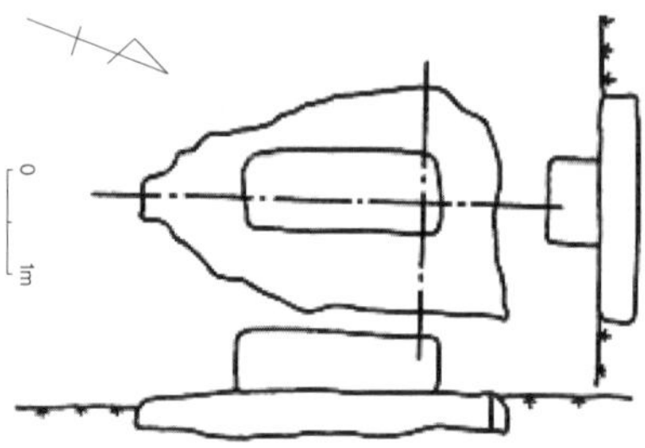

강남리 1호

1. 개석II식(괴석형) 고인돌

2. 개석IV식(토광형 후기식) 고인돌

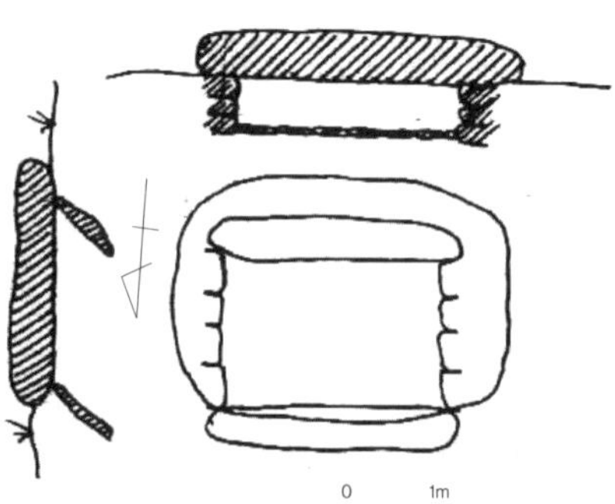

정동리 6호

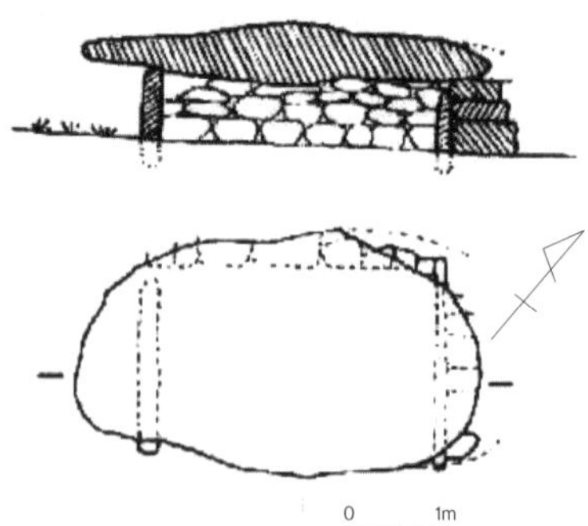

오산리 2차 2지점 8호

3. 개석III식(혼축형) 고인돌

〈그림 3-6〉 북한지역 고인돌의 형식 비교2(개석형 고인돌)

개석형의 4가지 형식은 각각 개석 I 식: 토광형 초기식[41], II 식: 괴석형, III 식: 혼축형, IV 식: 토광형 후기식으로 부르고자 한다.

요컨대 본문에서 탁자형과 개석형을 구분하는 가장 큰 특징은 묘실의 축조방법과 재료이며, 판석을 세워 묘실을 조성한 유형만을 탁자형으로 규정한다. 이처럼 고인돌의 형식을 묘실의 조성방법에 근거하여 분류한 이유는 북한지역의 고인돌은 판석을 세운 형식(탁자형)과 나머지 형식간의 지역별 분포양상 및 출토유물상에서 명확한 차이가 발견되기 때문이다.

이러한 양상은 인접한 요동지역 고인돌에서도 나타나는 현상이기 때문에 이와 같은 분류를 통해서는 각 형식별 고인돌의 출현연대 및 확산과정에 대해 보다 다각적인 검토를 가능하게 해준다.

2) 형식별 분포양상

북한지역의 고인돌은 주로 대동강을 중심으로 한 서해안지역 일대에 가장 집중되어 있다. 특히 강변에 인접한 지역보다는 강에서 뻗어 나온 소하천을 중심으로 일정한 밀집분포권을 형성한다. 이러한 특징은 남한지역에서도 찾아지는 보편적 특징으로 당시 사람들의 생활환경과 밀접한 연관이 있을 것으로 판단된다. 아마도 강의 범람으로 인한 피해가 적으면서도 수로를 자유

41) 참고로 아직까지 북한지역에서는 개석 I 식(토광형 초기식)이 발굴된 바 없다. 다음 장에서 논의될 요동지역 고인돌과 형식별 분포정형 및 그 단계성을 비교하기 통합적인 분류안을 적용하고자 한다.

롭게 이용할 수 있는 곳에 고인돌이 축조된 것으로 여겨진다.[42)]

이 지역 고인돌의 분포양상에서 찾아지는 또 다른 특징은 대동강의 하류지천인 황주천을 경계로 그 남쪽과 북쪽에 분포한 고인돌의 형식특징이 명확하게 차이가 난다는 것이다. 더불어 출토유물의 조합면에서도 일정한 차이가 발견되는데 여기에는 각 형식별 고인돌의 축조연대 및 주변지역으로의 확산과정과 관련이 있는 듯하다. 본 절에서는 최근 조사성과를 바탕으로 북한지역 고인돌의 형식별 분포양상에 대해 살펴보겠다.

최근 북한학계에서는 서북한일대에 분포한 고인돌의 숫자가 약 2만여 기에 달하며 이중 1만4천여 기가 대동강유역을 중심으로 한 평양일대에 집중된다고 주장하고 있다.[43)] 그런데 이러한 숫자는 정식조사를 통한 산출이 아니기에 그대로 받아들이기는 어렵다. 여기에서는 발굴조사를 통해 이미 자료가 발표된 약 500여 기 정도의 고인돌만을 분석대상으로 삼았다.[44)]

42) 오대양, 2007, 『한강본류유역의 고인돌연구』, 단국대학교 석사학위논문, 15쪽.

43) 석광준, 2002b, 앞의 책, 19쪽.

44) 현재 북한지역에서 발굴조사가 이루어진 고인돌유적은 대동강유역에 집중되어 있다. 임진강유역을 비롯한 함경도 일원의 동해연안지역에서도 상당수의 고인돌이 분포한 것으로 보고되었으나 대부분 지표조사 자료이며 발굴조사가 이루어졌다 하더라도 발표된 내용이 매우 소략하여 구체적인 내용을 파악하기 힘들다. 따라서 이 글에서는 비교적 많은 수의 고인돌이 발굴조사된 대동강유역 고인돌자료를 위주로 살펴보겠다.

〈표 3-1〉 북한지역 고인돌 조사목록

번호	도시	유적			기수	번호	도시	유적			기수
1	평양시	삼석구	호남리	표대	3	54	황해북도	봉산군	토성리		5
2		강동군	문흥리		20여 기	55			관정리		1
3			송석리	굴등	30여 기	56		연탄군	두무리		30여 기
4			구빈리		3	57			오덕리		20여 기
5			화강리		1	58			연탄읍		7
6			황대성		1	59			송죽리		1
7		상원군	용곡리	방울 뫼등	30여 기	60			풍답리		4
8	평양시	상원군	전산리		4	61	황해북도	연탄군	창매리		1
9			번동리		16	62			봉재리		3
10			귀일리		2	63			성매리		5
11			장리	왁새봉 지석동	12	64			신금리		7
12			중리		7	65		황주군	침촌리		36
13		순안구	석암		9	66		신계군	지석리		6
14			오산리		20	67		금천군	강남리		3
15			구서리		9	68		중화군	어룡리		7
16		강남군	신흥리	돌배기	6	69	황해남도	은천군	정동리		30여 기
17	평안남도	룡강군	석천산		4	70			남산리		2
18			석천굄돌		2	71			덕양리	약사동	1
19			와동		1	72		은률군	관산리		4
20		증산군	국녕동		2	73		안악군	로암리		1
21			룡덕리		5	74			룡산리		1
22			광제리		2	75			한월리		2
23			석다리		2	76			판륙리		1
24		평원군	룡이리		3	77		삼천군	군산리		2
25			원암리		7	78		신천군	서원리		1
26			원화리		2	79			우룡리		3
27			덕포리		2	80			근로자리		3
28		숙천군	쌍운리		3	81			복우리		1

번호	도시	유적		기수	번호	도시	유적		기수
29	평안남도	숙천군	룡덕리	1	82	황해남도	장연군	락연구	2
30			검산리	2	83		룡연군	곡정리	4
31			운정리	2	84			가평리	2
32		평성시	삼화동	1	85			구미리	2
33			자모리	1	86			평촌리	2
34		성천군	백원구	6	87			석교리	2
35			군자구	3	88		배천군	룡동리	2
36			거흥리	2	89			창포리	2
37		성천군	금평리	3	90	강원도	철원군	하식섬리	3
38		북창군	룡산리	4	91			저탄리	7
39			대평리	2	92			류대포리	2
40		신양군	문명리	6	93			문암리	1
41			백석리	3	94		이천군	성북리	2
42			창계리	4	95			신흥리	1
43			신양읍	2	96			룡정리	1
44		맹산군	수전리	1	97			우미리	28?
45			송광리	5	98		판교군	지하리	4
46			주포리	3	99		단천시	백산리	2
47			인흥리	7	100		허천군	상농구	1
48		개천시	묵방리	11	101		김책시	덕인리	2
49	평안북도 피현군 동상리			1	102		길주군	문암리	3
50	황해북도	사리원	경암동	1	103	함경도	화성군	화룡리	2
51			원주동	1	104		어랑군	수남리	1
52			해방동	1			풍서군	신명리	4
53			광성동	11					

아래의 〈그림 3-7, 3-8〉을 통해 알 수 있듯이 북한지역 고인돌의 분포양상에서 찾아지는 가장 큰 특징은 대동강하류의 황주천 유역을 경계로 그 남・북지역의 형식 차이가 뚜렷하다는 것이

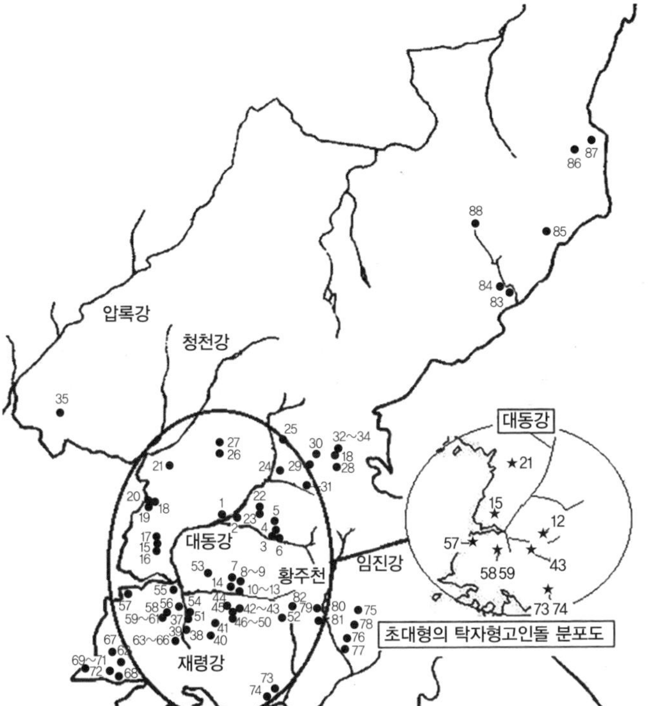

1. 평양호남리	27.평남대평리
2. 평양문흥리	28.평남문명리
3. 평양송석리	29.평남백석리
4. 평양구빈리	30.평남창계리
5. 평양화강리	31.평남신양읍
6. 평양황대성	32.평남수전리
7. 평양룡곡리	33.평남주포리
8. 평양전산리	34.평남인흥리
9. 평양번동리	35.평북동상리
10.평양귀일리	36.황북경암동
11.평양장리	37.황북원주동
12.평양지석동	38.황북해방동
13.평양중리	39.황북광성동
14.평양로동리	40.황북토성리
15.평남석천산	41.황북관정리
16.평남괴돌밭	42.황북두무리
17.평남와동	43.황북오덕리
18.평남국녕동	44.황북연탄읍
19.평남룡덕리	45.황북송죽리
20.평남엄제리	46.황북풍답리
21.평남운정리	47.황북창매리
22.평남백원구	48.황북봉재리
23.평남군자구	49.황북성매리
24.평남거흥리	50.황북신금리
25.평남금평리	51.황북침촌리
26.평남룡산리	52.황북지석리

53.황북어룡리	58.황남로암리	65.황남근로리	70.황남구미리	75.강원하식리	80.강원신흥리	85.함북덕인리
54.황남정동리	59.황남룡산리	66.황남복우리	71.황남평촌리	76.강원저탄리	81.강원룡정리	86.함북화룡리
55.황남남산리	60.황남한월리	67.황남락연구	72.황남석교리	77.강원류대리	82.강원지하리	87.함북수남리
56.황남덕양리	61.황남판륙리	68.황남곡정리	73.황남용동리	78.강원문암리	83.함남백산리	88.량강도신명리
57.황남관산리	62.황남군산리	69.황남가평리	74.황남창포리	79.강원성북리	84.함남상농구	

〈그림 3-7〉 북한지역 탁자형고인돌 분포도

다. 황주천 이남지역에서는 주로 탁자형만 발견되며 북한학계에서 말하는 소위 묵방형(개석형)이 거의 발견되지 않는다. 개석형은 대부분 황주천 이북의 서해안지역일대에 집중되어 있으며 함경도일원의 동해연안 근처에도 소수 발견된다. 또한 주목되는 것은 묘실주변으로 일정규모의 묘역시설을 가지며 그 내부에 여러 개의 고인돌이 밀집한 집체형 고인돌군은 단지 황주천유역 일대에서만 발견되는 것이 주요한 특징이다. 아직까지 이러한 형태의 것이 북한내 다른 지역에서는 발견되지 않기 때문에 지역적 특징으로 여겨진다. 북한지역 고인돌의 각 형식별, 지역별 특징은 다음과 같다.

탁자형은 청천강이북을 제외한 북한내 전지역에서 발견된다. 대체적으로 묘실은 두꺼운 판석을 세워 조성하였는데, 일부의 유적에서는 두께 10cm 전후의 얇은 판석 여러 개를 이어세운 경우도 있다. 이러한 경우 묘실 바깥에는 대량의 적석시설을 둘러놓아 묘실을 보호하고 있다(예: 침촌리 고인돌군). 주목되는 것은 이 지역 탁자형고인돌 중에는 덮개돌의 규모가 7~8m를 초과하며 묘실 높이가 거의 2m에 달하는 초대형 고인돌이 존재한 다는 점이다. 선행연구에 의하면 이러한 유형의 고인돌들은 주로 종교제사와 관련되었거나 집단의 공공기념물 혹은 제단의 기능을 가진 것으로 해석되고 있다.[45]

그런데 이러한 초대형의 고인돌 중에는 주변유적과의 관계 등에 있어 보다 특수한 법칙이 발견되어 주목된다. 예를 들면 은율 관산리와 오덕리 송신동 고인돌은 덮개돌의 규모가 모두 8m 이상으로 현존하는 고인돌 중 가장 큰 규모이다. 고인돌이 위치한 곳은 각각 이 지역 고인돌의 밀집분포권내 가장 중심지에 해당되며 또한 팽이형토기문화권의 중심지이기도 하다. 그림 3-7에

45) 이융조 · 하문식, 1989, 「한국 고인돌의 다른 유형에 관한 연구- 제단고인돌형식을 중심으로」, 『동방학지』63; 하문식, 1999, 앞의 책, 274~280쪽.

서 보듯이 덮개돌의 규모가 7m 이상인 탁자형만을 따로 표시했을 때 그 분포양상이 매우 정연한 배치양상을 보여준다. 특히 가장 북쪽과 남쪽에 위치한 운정 지석리유적과 배천 용동리유적은 각각 팽이형토기문화권의 분포범위에 대한 경계적 위치에 해당되어 시사하는 바가 크다. 초대형 고인돌에서 나타나는 이러한 문화 경계적 특징은 인접한 요동반도에서도 발견된다.

요동반도의 개주 석붕산(盖州 石棚山)과 장하 대황지(庄河 大荒地) 고인돌의 덮개돌은 모두 7m 이상이다. 이들은 현재까지 조사된 요동지역 고인돌 중 가장 규모가 크며 이 지역 고인돌밀집권의 중심부에 위치한다. 또한 보란점 소관둔(普蘭店 小關屯) 고인돌은 요동지역 고인돌분포권의 최남단에 위치한다. 이 유적을 기준으로 남쪽지역에서는 단 한기의 고인돌도 발견되지 않았으며, 동시기 이 지역에서 유행한 무덤양식은 적석총이다. 또한 해성 석목성(海城 析木城) 고인돌은 요동반도 고인돌밀집권의 최북단에 위치한다. 그 이북지역에는 마성자문화의 동굴무덤과 석관묘유적이 유행하였으며, 출토유물을 통해 볼 때 요동반도의 고인돌문화와는 별개의 문화유형으로 볼 수 있다. 이처럼 상술한 초대형 고인돌들은 기존의 견해와 같이 제단이나 제사활동 성격 이외에도 일련의 문화적 혹은 집단간의 경계적 표시역할도 상정해 볼 수 있다.

개석형 고인돌은 대부분 황주천이북지역의 서해안일대에 집중되어 있다. 대부분은 묘실에 괴석을 쌓아올린 개석 II식에 해당되며, 개석 III식과 IV식은 그 남부지역에서 소수만 확인되었

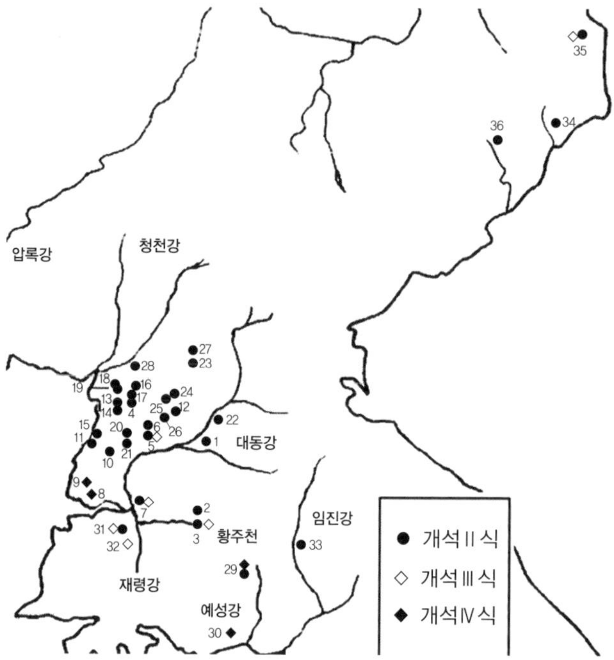

1.평양문흥리	2.평양용곡	3.평양장리	4.평양석암	5.평양오산리	6.평양구서리
7.평양신흥리	8.평남석천산	9.평남곰돌밭	10.평남국녕동	11.평남석다리	12.평남룡이리
13.평남원암리	14.평남원화리	15.평남덕포리	16.평남쌍운리	17.평남룡덕리	18.평남검산리
19.평남운정리	20.평남삼화동	21.평남자모리	22.평남거흥리	23.평남대평리	24.평남문명리
25.평남창계리	26.평남신양읍	27.평남송광리	28.평남묵방리	29.황남지석리	30.황남강남리
31.황남어룡리	32.황남정동리	33.강원우미리	34.함북문암리	35.함북화룡리	36.양강도신명리

〈그림 3-8〉 북한지역 개석형 고인돌 분포도

다. 북한지역에서는 아직까지 토광형의 초기식인 개석 I 식이 확인된 바 없다. 아울러 발굴조사 결과 대부분의 개석 II식과 III식에서도 비교적 늦은 시기의 유물만 출토되는데 대표적으로 묵방리형토기와 점토대토기, 흑색마연장경호 등이 있다. 아쉽게도 북한지역의 개석 IV식에서는 출토유물이 보고된 바 없어 편년이 어렵다. 그러나 요동지역에서는 동일 형식에 해당되는 신빈 왕

청문(新賓 旺清門)에서 동병철검을 비롯한 기원전 2세기대의 유물이 출토되어 비교가 가능하다.[46)]

왕청문(旺清門) 고인돌은 토광형의 묘실 주변으로 다량의 적석시설이 부가되어 있으며 덮개돌의 규모가 매우 축약되어 있다. 유사한 구조를 보이는 것이 평안남도 태성리유적[47)]에서 발굴되었다. 또한 경기도 연천 통현리 3호고인돌에서는 기원전 3세기 전후로 편년되는 연질토기편이 출토되었다.[48)] 통현리 3호는 토광형 묘실 주변으로 소량의 석재를 두어 덮개돌을 받치게 한 구조로 동일한 형식이 황북 강남리[49)]에서 발굴되었다. 이처럼 동일한 구조를 보이는 주변지역 개석 Ⅳ식에서는 대부분 기원전 3~2세기대의 유물이 출토되기 때문에 이 지역 개석 Ⅳ식 역시 같은 시기에 유행하였을 것으로 보인다.[50)]

요컨대 대동강유역의 개석형에서는 아직까지 이른 시기의 유

---

46) 肖景全 · 李榮發, 2005,「新賓旺清門鎭龍頭山大石蓋墓」, 遼寧省第5屆考古學會論文.

47) 고고학 및 민속학연구소, 1959,「태성리고분군」,『유적 발굴 보고』5, 과학원출판사, 6~8쪽.

48) 세종대학교박물관, 2011,『연천 통현리 1호 고인돌 발굴조사 보고서』; 최민정, 2004,『임진강유역의 고인돌연구』, 세종대학교 석사학위논문, 64쪽.

49) 로철수, 2011, 앞의 글, 34~36쪽.

50) 요동지역에서는 개석Ⅳ식과 유사한 구조를 보이는 토광형(개석 I 식) 고인돌에서 상당히 이른 시기의 유물이 확인되고 있다. 예를 들면 요동반도 보란점의 벽류하유역 고인돌 중 교둔 24호를 대표로 들 수 있겠는데, 해당 고인돌의 조성시기는 대략 기원전 10세기 이전으로 파악되어, 개석형 고인돌 중 비교적 이른 시기의 것에 포함된다. 이와 관련된 내용은 요동지역의 고인돌을 다루는 부분에서 보다 구체적으로 다루기로 하겠으며, 이러한 발생기적 특징을 보이는 고인돌의 특성을 강조하기 위하여, 묘실의 형태가 토광형태이면서 이른 시기의 유물이 부장되는 것을 개석 I 식에 배치함을 일러둔다. 아직까지 북한지역에서는 개석 I 식이 확인된 바 없다.

물이 보고된 바가 없으며 대체적으로 묵방형토기단계 전후의 유물만 확인된다. 현재 묵방형토기를 비롯한 미송리유형 관계유적의 남방한계선이 대동강하류의 황주천유역이라는 점,[51] 이곳을 경계로 고인돌의 형식간 분포관계에 뚜렷한 차이가 보이는 점 등은 당시 두 지역간에 일련의 문화적 차이가 존재했을 가능성 또한 제시해준다.

대동강유역의 팽이형토기문화는 당지의 토착성격이 강한 재지계문화이다. 반면 기원전 9세기를 전후한 시점부터 등장하는 미송리유형 관계 요소들은 요동지역으로부터 전래된 외래문화이다. 당시 평양을 중심으로 한 황주천이북지역은 전체 팽이형토기문화의 중심지로서 이러한 외래문화를 보다 적극적으로 수용한 것으로 보인다. 반면 그 이남지역은 비교적 오랜 시기 동안 팽이형토기문화와 탁자형고인돌의 전통이 고수된 보수성이 강한 토착문화 지역구로 볼 수 있겠다.

3) 편년 및 단계별 특징

북한지역의 고인돌은 전국적인 분포양상을 보이지만, 그 중에서도 특히 대동강유역의 서북한지역에 가장 밀집되어 있다. 이

51) 지금까지의 조사에 의하면 전형적인 형태의 미송리유형토기(묵방형토기포함)는 대동강하류의 황주천유역을 경계로 그 이남지역에서는 확인되지 않는다. 황해남도 소정리와 주암리유적에서 무문의 조롱박형단지가 출토되었다는 보고가 있으나, 발표된 도면을 통해 볼 때 이를 전형적인 형태의 미송리형토기로 보기에는 어려움이 있다.

곳은 북한에서도 비교적 많은 수의 유적이 조사된 곳으로 팽이형토기와 미송리형토기문화의 중심지역에 해당된다. 해당 지역에서는 고인돌유적 주변에서 석관묘와 석곽묘 등 청동기시대의 석묘전통이 복합된 양상을 보이는 점에 주목된다.

이외에도 압록강 중상류유역을 대표하는 한반도 북부의 공귀리유형과 두만강 및 동해연안지역을 포괄하는 동북지역에서도 간헐적으로 고인돌을 비롯한 석관묘와 석곽묘 등 석묘전통이 확인되고 있다. 따라서 이들이 비록 동시기 별도의 토기문화권으로 구분되고는 있지만, 동일한 양태의 석묘전통을 공유하고 있다는 점에서 상호 친연성이 매우 높았을 가능성이 농후하다. 본 절에서는 북한지역 고인돌유적의 편년 및 단계별 특징을 살펴보기에 앞서, 북한지역 청동기시대의 대표적인 토기문화인 팽이형토기 및 미송리형토기문화에 대하여 기본적인 내용을 정리해 두고자 한다.

(1) 팽이형토기 및 미송리형토기의 검토

팽이형토기는 "구연부를 밖으로 감싸 넘겨 두겹을 이루게 하고 거기에 2~3줄씩의 짧은 사선을 긋고 동체는 배가 불러 오르다가 둥그스름하게 밑으로 내려가서 밑창은 뾰족하게 되며 그 끝에 직경 3~4㎝ 정도의 작은 굽이 달린 토기"를 말한다.[52] 이를테면, 좁은저부, 이중구연, 단위를 이룬 단사선문이 주요한 특징이 되며 기종으로는 옹과 호가 공반된다.

52) 윤무병, 1987, 『한국청동기문화 연구』, 예경.

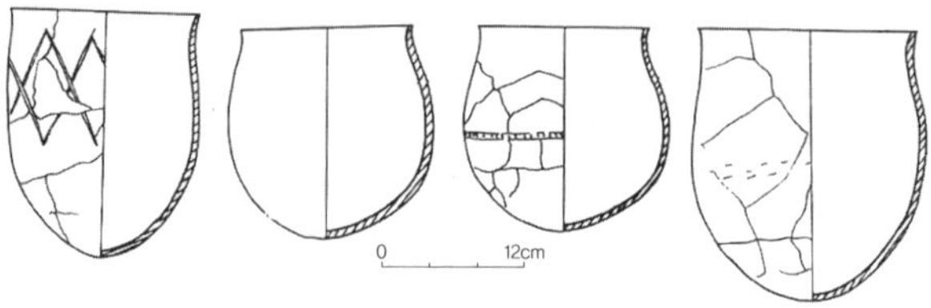

금탄리유적 II 문화층 신석기토기

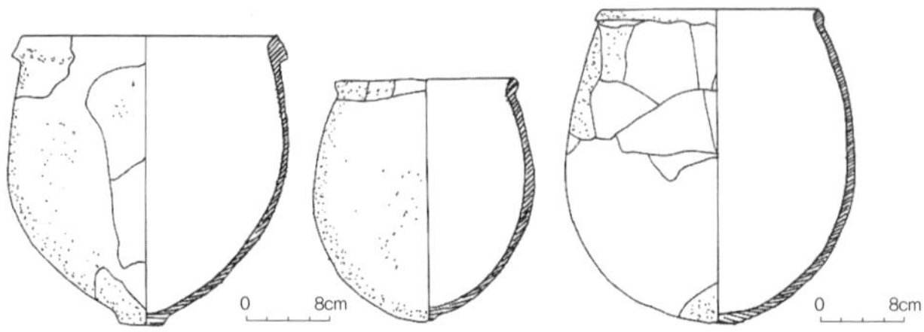

석교리 1호 주거지 팽이형토기

〈그림 3-9〉 팽이형토기의 연원과 초기형태 비교

팽이형토기 관련 유적들은 청천강 이남과 대동강유역에 주로 분포하며 신석기시대 문화층과 연속적인 층위관계를 가진다. 대동강유역의 상류에는 낮은 산들이 분포하며 대동강 본류와 평양시를 관통하는 남강의 합류점 하류에는 수량이 많고 유입되는 지류도 많아 광범위한 충적대지가 조성되었다. 평양시가 위치한 대동강 중하류역에는 이러한 자연조건을 기반으로 남경, 표대, 금탄리 등의 대형취락이 위치하며, 평양 이남의 재령강과 대동강의 합류지점으로부터 재령강 상류에 이르는 지역에는 석탄리, 고연리, 마산리, 지탑리 등 유적들이 밀집해 있다.

팽이형토기의 기원문제는 당지의 신석기문화에 요동반도의 외래 요소가 복합된 것으로 보는 것이 일반적이다. 대표적으로 임병태는 금탄리 제Ⅲ문화층의 팽이형토기는 제Ⅱ문화층의 무문토기에 좁은 평저를 붙이고 구연부를 이중으로 처리하는 변화를 보이는 점에 주목하면서 요동지방의 이중구연(평저)토기의 변천과정에서 발전된 것으로 설명하였다.[53] 하지만 북한학계에서는 토기의 기형적 측면에 주목하여 평양시 금탄리와 남경, 황해남도의 석교리유적 등 당지의 신석기 문화 후기의 환저토기에서 발전되었다는 견해가 줄곧 유지되고 있다.[54] 여기에는 당지의 신석기문화 후기층에서도 기형상 팽이형토기와 유사한 형태의 무문토기 옹이 확보된 정황에 근거하는데, 특히 석교리유적에서 출토된 환저토기의 구연부가 팽이형토기의 발생기적 특징을 보유하고 있는 점에서 설득력을 더해 준다.

팽이형토기의 상한년대는 기원전 10세기 이전으로 올려보는 설(황기덕 1966, 정한덕1966, 배진성 2007, 김권중 2010)과 기원전 10세기로 보는 설(한영희 1983), 기원전 7~6세기로 보는 설(藤口健二 1966, 後藤 直 1971) 등이 대표적이다. 이처럼 그간의 팽이형토기 관련 편년연구는 여러 연구자들에 의해 시도되어 왔으나 대부분 토기의 형식변화를 위주로 전개되어 다양한 편년안이 상충하는 편이다. 그런데 최근 대동강유역에서 팽이형토기관련 주요유적의 보고서가 간행되기 시작하면서, 관련 유적의 편년과 획기의 기준으로 삼을 수 있게 되었다. 편년의 지표로 삼을 수 있는 표준유적으로는 평양시 남경 · 표대유적, 평안남도 남양

53) 林炳泰, 1996,『韓國 靑銅器文化의 硏究』, 學硏文化社 ; 최종모 · 김권중 · 홍주희, 2006,「각형토기문화유형의 연구」,『야외고고학』1 ,90~95쪽.

54) 김용간 · 석광준, 1984,『남경유적에 관한 연구』, 과학백과사전 종합출판사.

리 · 고연리유적 등이 있다.

1996년 서국태는 이상의 표준유적을 기준으로 대동강유역 팽이형토기문화 주거지를 모두 4단계로 나누어 편년을 진행하였다[55]. 그는 우선적으로 남양리유적에서 확인된 주거지들간의 층위관계 및 주거지의 구조적 특징을 종합적으로 검토하였다. 이를 바탕으로 상기한 표준유적들과의 교차점을 비교분석하였고 여기에는 주거지 간 중복관계, 유구의 형태 및 배치, 출토유물 등을 주요한 지표로 삼았다.

2003년에는 김종혁과 전영수가 새로운 자료를 추가하여 서국태의 획기를 보다 발전시켰다[56]. 이 글에서는 팽이형토기문화의 변화상을 대표하는 유적으로 표대유적을 선정하여 선후관계가 명확한 주거지들의 구조적 특징을 유형화시켰다. 이후 유사한 성격을 보이는 남경, 석탄리, 금탄리 등 대규모 취락유적들을 비교하여 전체 팽이형토기문화를 4단계 7부류로 설정하였다. 각 단계별 주거지의 구조와 특징은 다음의 〈표 3-2〉와 같다.

그러나 이러한 분류는 출토자료의 보고 누락 및 주거지가 중복되지 않은 경우 그 구조적 유사성이나 단편적인 토기자료를 통해 분기를 설정한 등의 문제점이 지적되었고,[57] 각 단계별 편년에 있어 미송리형토기의 출현시점 이외에는 세부적인 유물상의 변화에 대한 관찰이 이루어지지 않은 문제점 등에 지적을 받

55) 서국태, 1996, 「팽이그릇문화의 편년에 대하여」, 『조선고고연구』2, 17~21쪽.
56) 김종혁 · 전영수, 2003, 「표대유적 팽이그릇주거지들의 편년」, 『조선고고연구』2, 5~10쪽.
57) 배진성, 2007, 『무문토기문화의 성립과 계층사회』, 서경, 62쪽.

〈표 3-2〉 팽이형토기유적 주거지 특징과 획기

	1단계		2단계		3단계		4단계
	1부류	2부류	1부류	2부류	1부류	2부류	
유적	표대(8.12. 71호) 남경(30. 33.34호) 석탄(7.13호)	표대(2.18.22. 32.47.78호) 남경(6.7.9. 36호) 석탄(3.4호)	표대(3.7.20.23. 25.40)남경 (3.4.5.10.11.16. 18.19.35호)석탄 (2.8.38.40호)	표대(5.11.17. 21.27.29.48. 58.65)남경 (12.15호)	표대(4.10.24. 30.41.53.57. 77호)남경(13.14) 석탄(23.27.31. 32.35.37.39호) 금탄(8호)	표대(6.13. 45.46.79호) 남경(8호)	표대(9.14. 16.19.26.37. 49.54.59.74. 75호) 석탄(25.41호)
집자리 특징	평면타원형, 경사진움벽, 노지 없음	평면장방형, 수직움벽, 노지1곳	평면장방형 수직움벽 바닥면수평 벽주열, 중심주열 미송형토기	평면장방형, 수직움벽, 단이진 바닥면, 벽주열, 중심주열, 미송형토기	평면세장방형 벽주열, 내측. 중심주열, 수혈식.위석식노지	평면세장방형 주춧시설, 벽주열, 수혈식. 위석식노지	평면세장방형 정형화된초석 시설, 수혈식. 위석식노지

고 있다.[58] 이처럼 지금까지의 연구는 연구자별로 획기와 편년의 기준이 다양하기 때문에 서로 상충되는 편이지만 기본적인 내용은 아래의 사실에 공통적이다.

팽이형토기문화는 대체적으로 4단계의 발전상을 보이며, 각 단계는 다음과 같이 특징지을 수 있다. 1단계는 팽이형토기문화의 발생기로서, 고식의 팽이형토기가 출토된다. 가장 큰 특징은 이중구연부에 단사선문이 연속되지 않고, 단위를 이루어 시문되는 등 문양 구성이 단순하다. 2단계에는 토기구연부의 문양이 다양해지며, 이중구연이면서 바닥부가 평저인 이중구연 평저토기가 출현한다. 이와 함께 미송리형토기, 유혈구석검 등이 공반되는데 이러한 특징은 1단계와 구분 짓는 주요한 기준이 된다. 3단계에는 이중구연부 단사선문이 연속적으로 이어지는 현상과 홑구연에 침선문을 한줄 횡주시켜서 이중구연을 모방한 문양이

58) 최종모 · 김권중 · 홍주희, 2006, 앞의 글, 79~81쪽.

출현한다. 관련 유적 내에서 묵방형토기와 비파형동모, 동포 등이 공반된다. 4단계에는 이중구연과 함께 홑구연이 증가하며, 평저토기의 증가로 소멸기의 특징을 보여준다. 관련 유적 내에서 점토대토기와 흑색마연장경호, 세형동검 등이 공반된다.

다음으로 미송리형토기는 1959년 평안북도 의주군 미송리 동굴유적의 발굴을 통해 처음 알려졌다.[59] 그 범위와 개념설정에 관해서는 현재까지 다양한 논의가 있지만 이 글에서는 서북한지역에서 확인된 미송리형토기 관계의 유물 · 유적군 정도로 정리하겠다. 따라서 이 유형의 표지적인 유물은 미송리형토기인데 요동지역의 쌍방형토기 혹은 현문호(弦文壺) 등과 동일한 기물이다.

대체적으로 평저에 동체가 볼록하며 목이 위로 올라가면서 넓어지는 것이 주요 특징이다. 그 단면이 표주박을 반으로 잘라 놓은 형태와 유사하여 북한에서는 표주박형 단지로 불리기도 한다. 바탕흙은 고운 모래와 진흙을 사용하며, 소량으로 활석이 섞였다. 색깔은 갈색, 회갈색, 흑갈색 등이 많고, 표면은 대체로 마광된다. 겉면에는 집선의 현문이 횡으로 여러 줄 있거나 현문대의 사이에 거치문이 돌아가거나 드물게 삼각문이 보이기도 한다. 동체에는 다양한 형태의 손잡이가 1쌍 혹은 2쌍씩 대칭으로 달려 있다. 이외에 무문으로서 손잡이를 비롯한 장식적 요소가 전혀 부가되지 않는 형태의 것들이 전형적인 것들과 공반되는

59) 이하 미송리형토기에 관한 정리는 필자의 선행논고(2015a, 「요동지역 청동기시대 문화의 양상과 전개」, 『동양학』61)에서 분석된 내용을 요약 · 보완하여 수록한 것이다.

현상도 확인된다.

그동안 북한학계에서는 주로 비파형동검과 함께 고조선의 표식적인 유물로 인식하여, 그 기원과 발전과정을 중점으로 연구되어 왔다. 연대문제와 관련해서는 요동반도 남부에서 그 기원을 찾으며, 상한연대를 기원전 10세기 전후, 중심연대는 기원전 8~7세기 전후가 보편적 인식이었다.[60] 그러나 1990년대 이후 대동강문화론이 주창되기 시작하면서 고조선의 성립시기를 기원전 30세기 전후로 설정하여 미송리형토기의 편년도 모두 상향 조정된다. 더불어 미송리형토기의 기원지 역시 평양을 중심으로 한 대동강유역으로 그 기원문제는 팽이형토기의 발전과 연관된 것으로 주장되기 시작한다. 즉, 미송리형토기는 팽이형토기의 한 갈래로서 팽이형토기문화 제2단계부터 유행하였고 제3단계에는 변형형식인 묵방리형토기, 제4단계에는 남양형토기로 발전된다는 인식이다.[61]

서북한지역의 미송리형토기는 요동지역과 마찬가지로 고인돌과 석관묘 등 무덤유적에서 많이 발견되나, 최근 주거유적에서 발견되는 사례가 증가하고 있다. 공반유물 관계를 보면 주로 팽이형토기의 각종 형식과 공반되거나, 이중구연 평저토기[62] 1~2

60) 김용간, 1963,「미송리동굴유적발굴보고」,『고고학자료집』3, 과학출판사 ; 사회과학원 고고학연구소, 1977,『조선고고학개요』, 과학백과사전출판사, 120~127쪽 ; 황기덕, 1989,「비파형동검문화의 미송리유형 1- 미송리유형의 유적유물과 그 연대」,『조선고고연구』3, 3~9쪽.

61) 서국태, 1996, 앞의 글, 17~21쪽 ; 김종혁 · 전영수, 앞의 글, 5~10쪽.

62) 서북한지역에서 미송리형토기와 공반되는 이중구연 평저 토기는 바닥부 평저를 기본으로 하여, 팽이형토기와 차이가 있다. 또한 구연부에 2조의 눌러찍어

점씩이 세트 관계를 보인다. 주목되는 점은 혈구가 새겨진 석검 혹은 석모 등이 특정단계에 집중적으로 공반되는 현상인데 이를 잘 활용한다면 이 지역 미송리형토기의 상대편년은 물론 형식의 변천상을 추정할 수 있는 주요 수단이 될 것으로 여겨진다.

미송리형토기의 형식분류 및 편년에 관해서는 현재 매우 다양한 견해가 제기되고 있다. 1977년 西谷正은 미송리동굴의 상층 유물에 대해 신(新), 고(古) 두 형식으로 구분하면서 전자를 미송리 I 형, 후자를 미송리 II 형으로 분류한 바 있다. 또한 藤口健二는 신암리 모래산 1~3호 주거지 출토품을 신암리 III기유형으로 분류하고, 기물의 형태 및 공반유물에 근거하여 신암리 IIIA형과 신암리 IIIB형으로 구분하였다. 여기서 신암리 IIIB형은 미송리동굴 상층유형에 해당된다.[63)]

최근 김미경은 서북한지역 미송리형토기를 형태적 특성과 분포지역의 차이에 따라 A, B 두 유형으로 구분하였다. A형은 청천강 이북의 압록강유역에서 유행한 형식으로 전술한 신암리 III기유형과 미송리 상층유형이 해당된다. B형은 청천강 이남의 대동강유역에서 유행하였으며, 대평리 5호 고인돌, 평양시 남경, 표대유적 출토품이 대표적이다. 여기서 B형토기는 형태 및 문양

새긴 단사선문이 조합되는 공통적 속성을 보인다. 요동반도권 고인돌에서 공반되는 첩순통형관(이중구연토기로 해석할 수 있다)과 동일한 기종이지만 구연부의 문양새김 수법에서 차이를 보인다. 남한지역 이중구연 단사선문토기와 유사하지만 기형과 구연부 문양세김 수법에서 차이가 있어, 서북한지역만의 특생을 보여준다.

63) 박순발, 2003,「미사리유형 형성고」,『호서고고학』9, 96쪽 ; 김미경, 2006,「미송리형토기의 변천과 성격에 대하여」,『한국고고학보』60, 76쪽.

구성상 A형토기와 차이가 있는데, 이는 기원전 9세기 말 중국 요녕지역에서 유입된 문화요소가 대동강유역 팽이형토기의 영향을 받아 형태상 변화를 가져오게 된 것으로 파악하였다.[64)]

김미경이 분류한 청천강 이북지역의 A형토기는 구경부가 짧고 최대 복경이 동체 하단 혹은 중심부에 가까이 위치하는 등 그 형태적 속성이 요동지역의 현문호와 거의 유사하다. 따라서 이들은 모두 동일한 맥락에서 토기의 형식변화 추이를 다시 한 번 유추할 수 있겠는데, 동체와 구연부 형태 및 공반유물 등에 근거하여 대략 3단계(3식)에 걸친 변화양상을 살필 수 있다.[65)]

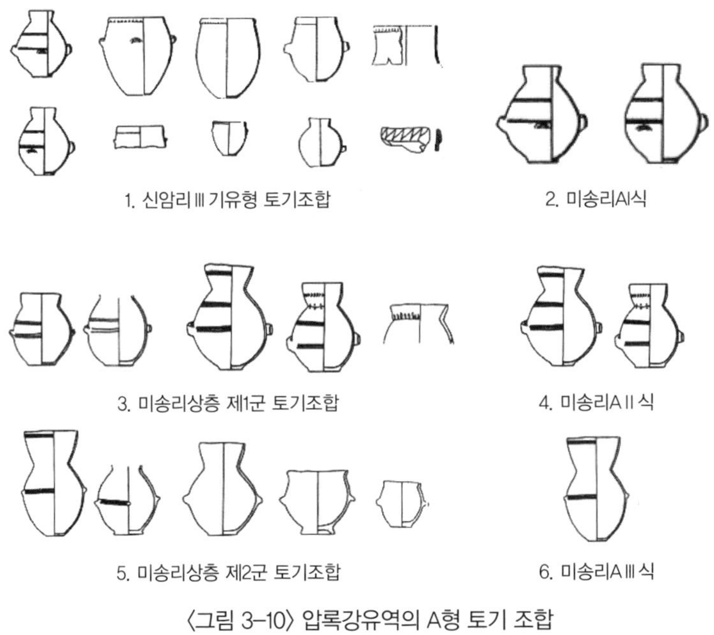

〈그림 3-10〉 압록강유역의 A형 토기 조합

64) 김미경, 위의 글, 2006, 74~76쪽.

65) 朱永剛, 2008,「遼東地區雙房式陶壺研究」,『華夏考古』2, 89~97쪽.

먼저 1단계(1식)은 신암리와 토성리유적 출토품을 대표로 한다. 장경의 발구 형태 및 최대경부의 위치, 횡교상과 구순상파수가 부착된 점이 보란점 쌍방 6호, 본계 신성자유적 출토품과 유사하다. 2단계(2식)은 미송리 I 형(미송리유적 상층 제1군)을 대표로 한다. 전단계에 비해 구경이 넓고 길어지며, 동체는 고복해진다. 동체에 횡교상파수 혹은 구순상파수가 대칭으로 있다. 3단계(3식)는 미송리 II 형(미송리유적 상층 제2군)을 대표로 한다. 구연부가 전단계에 비해 길고 넓어져서 형태상으로는 묵방형토기와 유사하며 전단계에 유행한 횡교상이 대신 뉴상파수가 붙는 특징이 있다.

한편 대동강유역에서 발견되는 B형토기는 A형에 비해 구경부가 넓고 길며, 동체부에 횡교상파수 대신 구순상파수 혹은 뉴상파수가 붙어있거나, 혹은 손잡이가 없는 특징이 보인다. 가장 뚜렷한 특징은 토기바닥이 팽이형토기와 같이 뾰족한 형태를 보인다는 점이다. B형 토기는 손잡이의 유무와 현문형태에 따라 다시 a · b 아형으로 구분된다.

먼저 Ba형은 손잡이가 없으며, 동체부 형태의 변화상에 따라 3식으로 나뉜다.

1식 : 동체형태가 아래로 쳐져 있으며, 바닥은 평저이다(표대 58호 주거지).

2식 : 동체가 고복해지며 세장해진다(대평리 5호 고인돌, 고연리 3호주거지).

3식 : 세장해진 동체부에 X자가 교차 시문된다(표대 11호).

Bb형은 동체 중간부에 뉴상파수가 대칭으로 붙었다. 동체와 구연부 형태변화에 따라 다시 3식 구분된다.

1식 : 최대 복경이 동체 하단에 위치한다(표대48호, 남경3호 주거지).

2식 : 기형이 전체적으로 세장해진다(표대5호).

3식 : 묵방형토기의 전형으로 동체와 경부가 모두 세장해 지며, 현문대 사이에 삼각문이 시문된다(표대 57호).

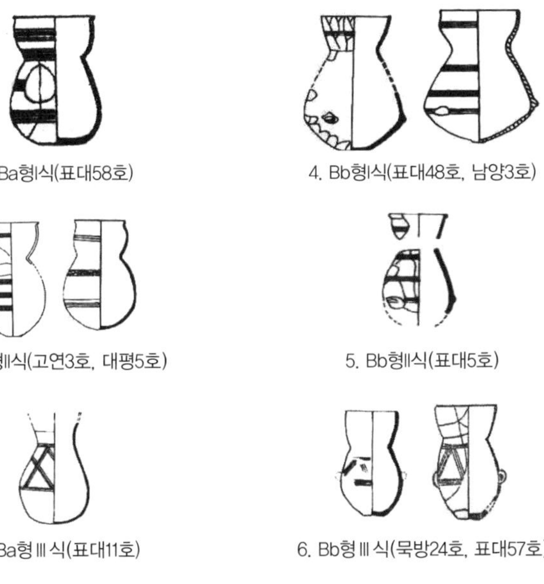

1. Ba형Ⅰ식(표대58호)
4. Bb형Ⅰ식(표대48호, 남양3호)
2. Ba형Ⅱ식(고연3호, 대평5호)
5. Bb형Ⅱ식(표대5호)
3. Ba형Ⅲ식(표대11호)
6. Bb형Ⅲ식(묵방24호, 표대57호)

〈그림 3-11〉 대동강유역의 B형 토기 조합

이상 A · B형 토기의 편년 및 형식간 선후관계에 대해선 비교적 다양한 관점이 제시되고 있다. 그중 이글의 A형1식에 해당되는 신암리 출토품은 요남의 쌍방 6호와 그 형태적 유사성에 근거하여 동시기성을 지닌 것으로 여겨지는데 그 연대는 기원전 9세기 무렵으로 볼 수 있다.[66] A형2식은 1식에 비해 구연부가 커지고, 동체는 세장해진다. 형태적 특징만을 놓고 볼 때 A형3식에 비견되는 묵방형토기와의 중간형 정도로 이해하고자 한다.

B형 토기들의 편년에 관련하여 박순발은 팽이형토기 제2단계에 해당되는 남경 3호주거지(본문Bb형1식)에서 공반된 이중구연 평저토기를 요녕지역 점토대토기문화 초기와 관련된 것으로 생각하고, 이를 기원전 9~7세기 사이로 추정하였다.[67] 이러한 남경 3호 출토 Bb형1식과 동일한 토기가 남경유적 바로 인근에 위치한 표대유적 48호 주거지[68]에서도 출토되었다. 표대 48호에서는 Bb형1식과 함께 혈구가 있는 석모가 출토되었다. 이처럼 혈구가 표현된 석모는 동일한 특징(혈구식)의 석검 및 이단병식과 함께 비교적 이른 시기로 편년되어 왔다. 대체적으로 그 하한연대가 기원전 8세기를 넘지 않을 것으로 보는 견해들을 참고할 경우,[69] 이러한 특징의 석검 혹은 석모와 공반되는 토기들의 상대편년에 큰 도움이 된다.

---

66) 朱永剛, 2008, 앞의 글, 93쪽.

67) 박순발, 2004,「요녕 점토대토기문화의 한반도 정착 과정」,『금강고고』, 창간호.

68) 사회과학원 고고학연구소, 2009b,『평양시고대주거지-조선고고학전서11』, 진인진.

69) 배진성, 2007, 앞의 책, 176~177쪽 ; 손준호, 2006,『청동기시대 마제석기 연구』, 서경, 75~87쪽.

표대 48호 출토 석모와 유사한 형태의 것이 황북 덕암리석관묘, 평남 오신리주거지, 평안남도 북창군 대평리유적과 황해북도 황주군 고연리 8호주거지에서 출토되었다. 이중 오신리주거지[70)]에서는 표대 48호 출토품과 동일 형식(Bb형1식)의 토기, 3점의 혈구식 석모, 2점의 이중구연 평저토기가 출토되었다. 그중 이중구연의 토기는 남경 3호에서도 Bb형1식의 토기와 공반되어, 이상 3가지 유물들은 모두 동시기성을 가진다. 황주군의 고연리유적[71)]은 발굴조사를 통해 주거지간 중복관계 및 선후시기가 명확하게 밝혀진 팽이형토기문화의 취락유적이다. 팽이형토기문화 2단계에 속하는 8호 주거지에서는 혈구식 석검과 함께 미송리형 토기의 저부편(추정)이 공반되었다. 8호 주거지와 동일층위에서 발견된 고연리 3호 주거지에서는 Ba형2식 토기가 출토되어 이들 또한 동일 단계로 볼 수 있다. 고연리 8호 석검과 동일한 형식의 혈구식 석검이 대평리유적[72)]에서도 확인되었다.

대평리유적 역시 팽이형토기문화 주거지들과 함께 고인돌과 석관묘가 발굴되었다. 이중 혈구식은 석관묘에서 출토되었으며, 석관묘 인근에 위치한 고인돌에서는 고연리 3호 출토품과 유사한 Ba형2식토기가 출토되었다. 표대유적 5호주거지에서는 Bb형2식 토기가 이단병식의 혈구식 석검과 공반되었다. 표대유적

70) 김성국, 2008,「오신리유적의 팽이그릇시기주거지」,『조선고고연구』1, 3~6쪽.
71) 사회과학원 고고학연구소, 2009c,『황해남북도 고대주거지- 조선고고학전서 13(고대편4)』, 121~168쪽.
72) 정찬영, 1974,「북창군 대평리유적 발굴보고」,『고고학자료집』4, 사회과학출판사, 138쪽.

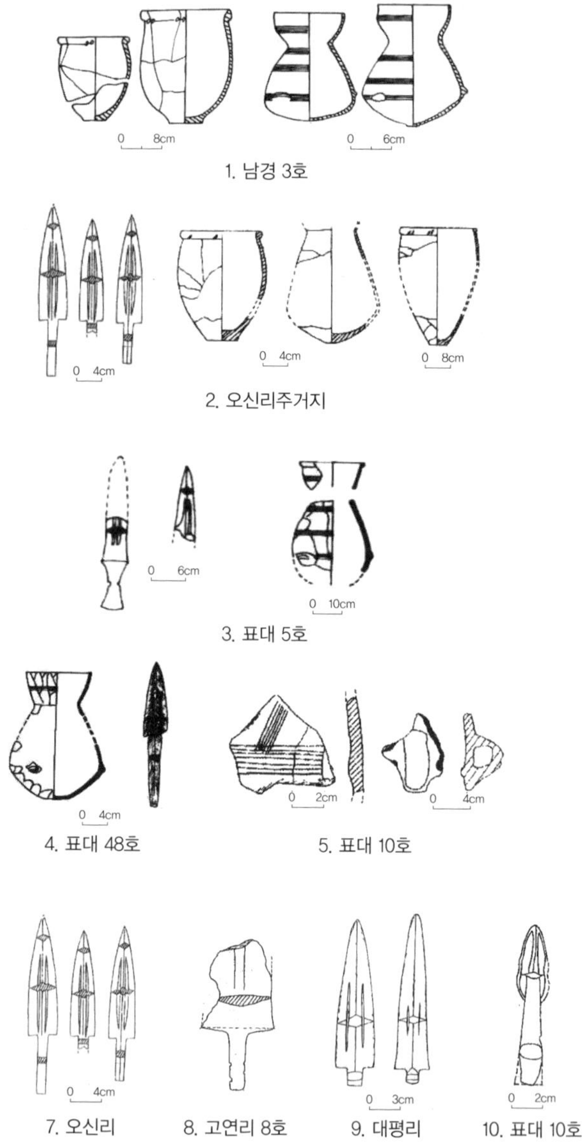

〈그림 3-12〉 미송리유형 B형토기의 공반유물 조합(1~5) 및 혈구식 석검과 석모(6-10)

11호주거지에서 Ba형3식토기와 함께 Bb형1식토기의 재활용품이 출토되었다. Ba형3식은 동체형태 및 문양구성상 묵방형토기와 유사한데 동체부 현문사이에 X자가 연속 시문되었다. 표대 10호와 57호 주거지에서 전형적인 형태의 묵방형토기인 Bb형3식이 출토되었다. 그중 표대 10호 주거지에서는 비파형동모와 공반되어 그 시기성을 반영해 준다.

묵방형토기의 연대범위는 표대 10호에서 공반된 비파형동모의 시간성을 비롯해 전형유적에서 확인되는 층위관계 및 그 공반유물 관계를 종합하면 기원전 7~6세기 정도로 볼 수 있다. 그런데 혈구식 석검을 통해 상대편년이 가능한 B형토기들의 형태 변화만을 놓고 본다면 1식과 2식사이에는 연대상 큰 폭이 없을 것으로 보여진다.[73] 따라서 미송리유형의 A · B형 토기는 공반유물 및 토기형태의 변화에 따라 전 · 후 2단계의 발전과정을 생각할 수 있다.

전기의 연대는 A형1식과 쌍방 6호와의 비교, B형1 · 2식토기와 함께 공반되는 이중구연 평저토기 및 혈구식과 이단병식 석검의 하한연대를 적용하여 잠정적으로 기원전 9~8세기로 설정하겠다. 후기는 Ba형3식(표대11호)과 Bb형3식(표대10, 57호)의 공반유물 및 기형으로 보아 묵방형단계인 기원전 7~6세기 전후로 편년한다.

---

73) 하지만 A형토기 중 가장 빠르게 편년되는 신암리 출토품에서 늦은 단계인 묵방형토기까지의 형태변화 및 요동지역 현문호와 길림지역 서단산형호의 형태변화 관계 등을 종합적으로 고려할 때 1~3식까지의 형태변화상은 참고할 만하다. A · B형 모두 최대경부가 동중하에 위치한 형태에서 점차적으로 고복화 및 세장화되는 단계를 거쳐 최종적으로 묵방리형의 후기형식으로 변화된다.

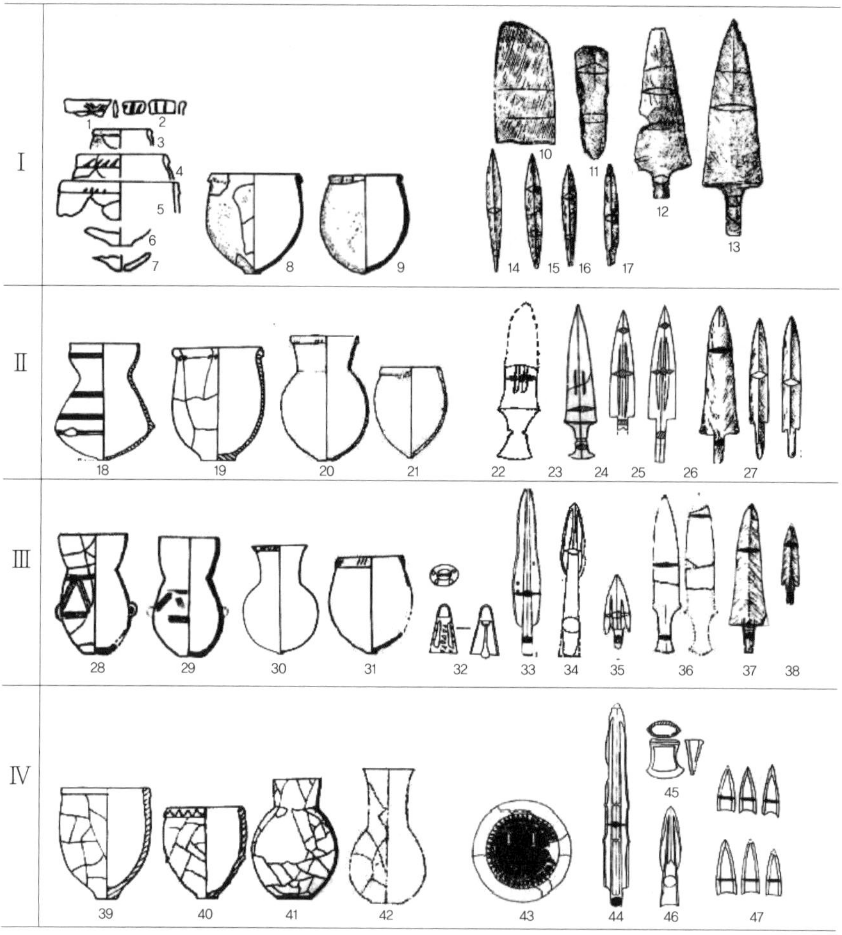

1~7.침촌리1 · 2호 8 · 9.석교리1호 10~17.침촌리 긴동 18 · 19. 남경3호 20.남경10호 21.남경11호 22.표대5호 23.로동리1호 24 · 25.오신리유적 26 · 27.장곡리석곽묘 28.표태57호 29.묵방리24호 30.고연리7호 31. 고연리1호 32.지석동1호 33.선암리 34.표대10호 35.상매리 36.송신동10호 37 · 38.묵방리33호 39~41.남양Ⅳ기 42.석암10호 43.룡산리석곽묘 44~47.정봉리석곽묘

〈그림 3-13〉 대동강유역 팽이형토기문화의 단계성 및 출토유물 비교

이외에 평양시 남양리유적에서는 팽이형토기문화 4단계에 해당되는 25호 주거지에서 묵방형토기에 비해 동체가 더욱 세장해

진 남양형토기가 출토되었다. 현재 남양형 토기는 묵방형토기보다 한단계 늦은 시기로 편년되고 있으며 미송형토기의 최후 형식으로 분류된다.

이상의 내용을 토대로 서북한지역 팽이형토기문화를 미송리형토기와의 관계 속에서 각 단계별 편년을 진행하면 다음과 같다. 팽이형토기문화는 기본적으로 4단계의 변화상을 보이는데, 1단계에는 팽이형토기만 출토되며, 2단계는 미송리형토기와 공반, 3단계에는 묵방형토기가 추가, 4단계는 팽이형토기의 소멸기로 볼 수 있다. 현재 팽이형토기문화의 상한연대에 대해서는 B.C.2000년기로 올려보는 견해가 일반적이다.[74] 제 1단계의 연대범위는 요동반도의 쌍타자3기문화와 비교될 수 있겠는데[75] 해당 문화의 상한연대가 기원전 14세기 무렵으로 편년되는 정황에서 팽이형토기 1단계의 상한연대는 그 보다 조금 늦은 시기로 볼 수 있다. 또한 미송리형토기의 출현과 묵방형토기로의 변천을 각각 2단계와 3단계의 지표로 볼 수 있다면, 2단계는 기원전 9~8세기, 3단계는 기원전 7~6세기 전후로 편년 지을 수 있다. 마지막 4단계는 점토대토기의 출현과 미송리유형 관계유물의 소멸과정 등에 기준하여 대략 기원전 5~3세기 전후로 편년할 수 있다.

---

74) 황기덕, 1966, 「서북지방 팽이그릇유적의 연대에 대하여」, 『고고민속』4; 鄭漢德, 1966, 「朝鮮西北地方 巨石文化におけるコマ形土器と その文化について」, 『考古學雜誌』52-2, 日本考古學會 ; 최종모 · 김권중 · 홍주희, 2006, 앞의 글 , 90~95쪽; 배진성, 2007, 앞의 책, 62쪽.

75) 이와 관련된 자세한 내용은 다음 장에서 구체적으로 분석될 것이다.

(2) 북한지역 고인돌유적의 단계별 특징

북한지역의 고인돌에서는 다양한 종류의 부장품이 출토되고 있다. 대부분 파손된 토기편에 해당되며 완형으로 출토되는 사례는 매우 드물다. 이외에 석검과 석촉, 석부, 그리고 소량의 청동기 등이 공반된다. 토기류 중에는 팽이형토기와 미송리형토기가 다수 확인되며, 석기 중에는 석검과 석촉의 출토량이 많다. 이러한 부장품 가운데에는 미송리형토기나 혈구석검과 같이 특정 시기에만 잠시 사용되어 편년의 지표로 활용할 수 있는 자료들이 포함된다.

그러나 대부분의 경우 부장품이 확인되지 않거나 혹은 매우 소량만 출토되어 축조연대를 확정하기에 어려움이 있다. 하지만 일부 중에는 고인돌 주변에서 이를 조영한 사람들이 생활유적이 발견되기도 하여 고인돌의 상대연대를 가늠케 해준다. 이외

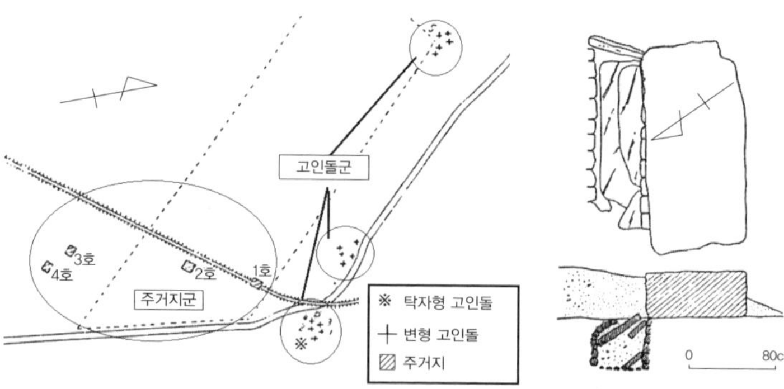

석교리유적 고인돌 분포도 석교리 발굴 고인돌(호수 미상)

〈그림 3-14〉 황해남도 용연군 석교리 고인돌 분포 및 평단면도

에 부장품이나 상대편년이 가능한 주거지가 발견되지 않았으나, 고인돌의 기본적인 구조와 축조방법 및 입지와 배치관계 등에서 볼 때 대략적인 편년이 가능한 유적들도 다수 존재한다. 아래에서는 앞서 분석된 내용들을 종합적으로 참고하여 북한지역 고인돌의 출현과 변화상을 전체 4단계로 나누어 살펴보겠다.

제1단계 고인돌에서 출토되는 유물이 매우 소량인 관계로 직접적인 편년이 어렵다. 그러나 고인돌주변에서 발굴된 주거유적과의 관계 및 고인돌의 구조적 특징 등에 미루어 그 상대연대를 추정할 수 있다. 현재까지 북한지역 고인돌유적 중 가장 이른 시기로 평가받는 곳은 황해남도 용연군 석교리, 황해북도 황주군 침촌리유적 등이다.

석교리유적에서는 모두 5기의 고인돌과 4기의 주거지가 발굴되었다. 고인돌과 주거지는 야산 하단부의 하천변 평야지대에 위치한다. 보고서의 내용이 소략하여 자세한 상황은 알 수 없으나 대부분 두꺼운 판석으로 벽석(받침돌)을 세우고 그 주변으로 적석시설이 존재하는 것으로 설명하였다.[76] 고인돌에서는 유물이 출토되지 않아 편년이 불가능하다. 그런데 고인돌군 남서쪽 20m지점에 위치한 4기의 주거지에서는 모두 1단계에 속하는 유물이 출토되었다.

특히 1호주거지에서는 신석기시대 후기의 특징이 남아있는 고식의 팽이형토기가 출토되어 주목된다. 구연부는 이미 팽이형토

76) 황기덕, 1963a, 앞의 글, 35~47쪽(보고서에서는 연접한 고인돌끼리 적석시설이 서로 연결되는지에 대해 언급이 없기에 침촌리고인돌과 같이 집단묘역형 구조인지 혹은 개별묘역을 가진 것들인지는 명확하지 않다).

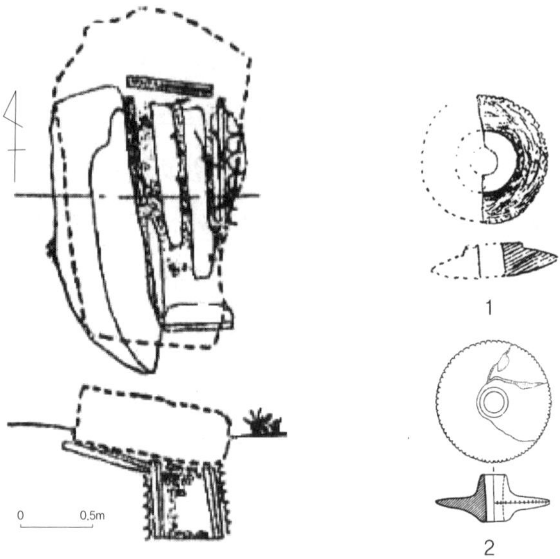

(1.침촌유적 주거지, 2.산성자C동 9호무덤)

〈그림 3-15〉 침촌중학 고인돌 및 출토유물 비교

기단계의 기본요소가 출현하였으나, 바닥은 여전히 환저로 남아 있어 금탄리유적II문화층의 신석기시대 후기 토기와 비교된다.[77]

따라서 이러한 과도기적 특징의 토기는 1단계 중에서도 초기에 해당된다고 볼 수 있다. 석교리유적에서는 이상의 주거지와 고인돌 외에 다른 성격의 유구가 발견되지 않았다. 아마도 양자는 동시기에 조성된 것으로 보이며, 유적의 연대는 1단계 초기에 해당되는 기원전 14~13세기 전후로 편년할 수 있다.

고인돌과 주거지의 관계에 있어 석교리유적과 동일한 양상이

77) 한영희, 1983,「각형토기고」,『한국고고학보』14 · 15.

황주군 침촌리유적에서도 확인되었다. 침촌리유적은 2차례의 발굴조사를 통해 침촌리 중학교에서 2기, 긴동 8기, 천진동 6기, 신대동 7기, 극성동 13기 등 총 5개 지점 36기의 고인돌이 발굴되었다.

침촌중학에서는 고인돌 주변으로 3기의 주거지가 함께 조사되었다. 고인돌에서는 역시 유물이 출토되지 않았으나 묘실구조와 조성방법, 유적의 입지, 주거지와의 관계 등에서 석교리유적과 거의 동일하다. 특히 주변에서는 고인돌과 주거지외에 다른 성격의 유구가 확인되지 않은 점도 참고할 수 있다. 침촌중학 주거지는 모두 내부에 노지가 없고 고식의 팽이형토기편과 석검 이 출토되는 전형적인 1단계 유적에 해당된다. 또한 2호주거지에서 출토된 치형석기는 요동반도의 산성자(山城子) C동 9호묘의 것과 유사한 형태여서 비교가 가능하다.

현재까지 이러한 형태의 석기가 발굴을 통해 확인된 것은 위 두 유적에 불과하여 양자는 매우 밀접한 연관성이 있을 것으로 보인다. 산성자 C동 9호묘의 연대는 기원전 12세기 전후로 편년되고 있다.[78] 이러한 연대는 팽이형토기 1단계의 연대와 유사하여 침촌중학 고인돌의 상대연대를 가늠케 한다.

석교리와 침촌중학 고인돌은 모두 산사면 하단부의 하천변 평야지대에 위치한다. 또한 인접한 곳에서는 당시 사람들이 생활한 주거지가 소규모로 군집한 점이 특징적이다. 이처럼 초기의 고인돌은 사람들이 소규모로 모여 살기에 편리한 곳이면서도 고

---

78) 遼寧省文物考古研究所, 1994, 『馬城子-太子河上游洞穴遺存』, 文物出版社, 281쪽.

인돌의 축조에 많은 노동력이 필요하지 않는 곳을 택해 축조한 것으로 판단된다.

최근 유사한 구조의 것이 평양시 표대유적에서도 조사되었다. 발굴된 고인돌은 모두 3기이며, 인근으로 팽이형토기문화의 대형 취락군인 표대유적이 위치한다. 발굴된 3기 중 3호 고인돌은 이미 파괴되어 자세한 상황을 알 수 없으나, 1 · 2호는 얇은 판석을 세워 묘실을 'ㅁ자' 구조로 조성하였고, 주변으로 두텁게 적석을 한 탁자형 고인돌로서 침촌중학의 것과 거의 유사한 형태로 볼 수 있다.

부장품은 1호에서 석부 1개, 관옥 1개가 출토되었고, 2호에서 별도끼 뿔조각 5개가 수습되었다. 그런데 별도끼는 팽이형토기 1단계부터 3단계까지 모두 출토되는 정황 상 편년 자료로 활용하기 힘들다. 그러나 2 · 3호에서 팽이형토기 몸체와 밑굽편이 출토되었는데, 2호 출토품에는 모래만 섞여 있고, 3호의 것은 모래와 활석이 혼합되었다. 표대유적 보고서에서는 1단계 주거지의 토기에서는 가는 모래만 섞인 특징을 보이며, 2단계부터 모래에 활석이 혼합된다는 설명이 보인다. 파괴된 3호와 2호 고인돌의 거리는 약 1.7km 가량 떨어져 있어 이 역시 축조시기가 달랐을 가능성을 보여 준다. 이상의 내용을 통해 볼 때 2호 고인돌은 침촌중학과 동시기성이 인정되어 1단계에 해당될 가능성이 있다.

평양시 강동군 송석리유적에서도 이상의 고인돌들과 동일구조가 발견되었다. 송석리유적은 1993년~1995년까지 조사를 통해 송석리의 굴등 산줄기를 따라 5개 지점에 나누어 분포된 수십여 기의 고인돌이 발굴되었다. 이중 제 1지점에 21~30호가 동서방향 일렬로 분포한다. 대체로 10~15cm 정도 두께의 얇은 판석을 세워 묘실을 조성하였고 그 주변으로 적석시설이 존재한다. 보고서에서 이러한 적석시설이 서로 연결되었다는 내용은 찾아볼 수 없다. 이 중 동쪽 가장 끝에 위치한 23호 고인돌은 얇은 판석(두께 10cm이하)을 'ㅁ'자 구조로 세워 묘실을 조성하였고, 묘실 주변으로 다량의 석재를 보강하였다. 기본구조가 침촌중학 2호 및 표대 2호와 동일하다. 내부에서 관옥 1개, 납작구슬 24개, 조개팔지 6개가 출토되었는데 이중 관옥은 표대유적의 것과 유사하다.

이상 1단계에 속하는 고인돌들은 모두 두께 10cm 안팎의 얇은 판석을 세워 묘실을 조성하였고, 묘실 둘레에 석축 보강시설 혹은 적석묘역이 존재한다. 묘실 규모는 대부분 길이 100cm, 너비 50cm 정도로 협소하며 바닥에는 자갈이나 작은 판석을 깔아 놓았다. 고인돌이 위치한 곳은 하천변의 평야지대로 낮은 산이나 구릉의 하단부와 연결되는 저지대에 위치하며 인근으로 팽이형토기문화 초기단계의 주거지가 발견된 공통점을 보인다.

이외에 함경북도 길주군 김책 덕인리 1호 고인돌에서 공렬문토기가 출토되었다. 공렬문의 특성 상 초기단계로 편년되어,[79] 팽이형토기 1단계와 동시기로 볼 수 있다. 덕인리 1호는 조사당시 이미 파괴된 상태였으나, 덮개돌 하부에 2개의 받침돌이 남아 있었다. 무너진 받침돌 아래에는 약 2m 범위에 걸쳐 자갈돌이 깔려 있었다. 묘실 바닥시설이거나 묘역시설의 잔재로 판단된다. 1호 주변에는 5기의 탁자형 고인돌이 약 100~150m 간격

---

79) 배진성, 2007, 앞의 책, 74~77쪽.

으로 1렬 분포한 특징을 보인다.

한편 대동강유역의 고인돌 중에는 묘실주변으로 대량의 적석시설을 하고 그 내부에 여러 기의 고인돌이 배치된 집단묘역형 고인돌군이 발견된다. 대표적으로 침촌리 긴동, 천진동, 신대동, 극성동, 오덕리 평촌, 사리원 광성동, 상원군 왁새봉유적 등이다. 주목되는 것은 지금까지 이러한 유형의 고인돌군이 황주천유역에서만 발견된 다는 점이다.

침촌리 긴동유적에서는 구릉 정상부 평탄대지에 고인돌 8기가 1줄로 분포한다. 제일 앞줄로 탁자형 1기가 위치하며, 그 뒤로 3~6호가 하나의 적석묘역내 배치되었다. 그 뒷열에 있는 7호는 개별적인 적석묘역을 가지는데 덮개돌 하부에는 2개의 묘실

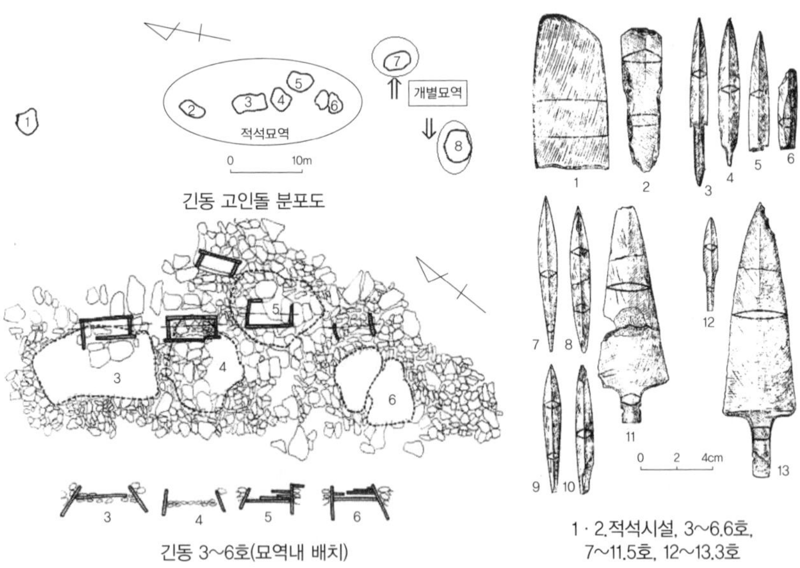

긴동 고인돌 분포도

긴동 3~6호(묘역내 배치)

1·2.적석시설, 3~6.6호, 7~11.5호, 12~13.3호

〈그림 3-16〉 침촌리 긴동고인돌 및 출토유물

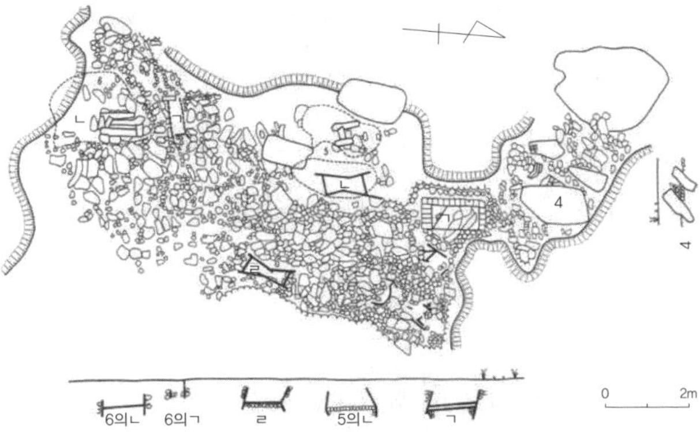

천진동 4~6호(묘역내 배치)

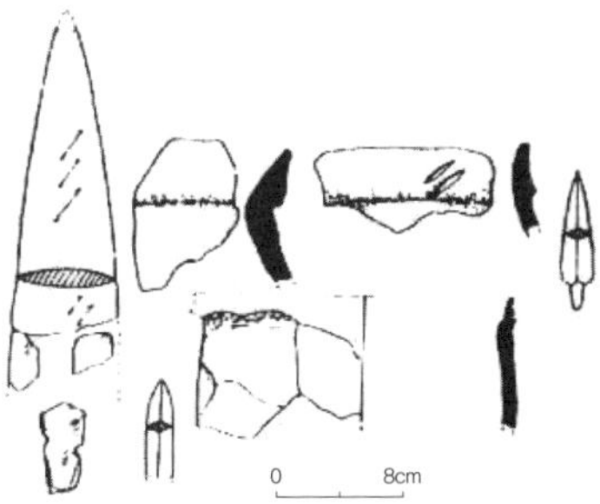

묘역 및 석관 내부 출토유물

적석(묘역)내부 석관 노출 모습

〈그림 3-17〉 천진동 고인돌 구조 및 출토유물 비교

이 확인되었다. 출토유물은 석검과 석촉, 석모, 석부 등이 있다. 여기서 출토된 석검은 석교리와 침촌주거지 출토품과 동일한 것으로 현재 북한에서 발견된 최고식으로 편년된다.[80)]

천진동유적은 침촌중학 · 석교리유적과 같이 하천변 낮은 구릉 평야지대에 위치하며, 주변에서 팽이형토기문화 1단계의 주거지 1기가 발견되었다. 고인돌은 구릉 정상부에 6기의 탁자형이 T자형으로 배열되었다. 이중 1~3호는 동서로 일렬 배치되었는데 개별묘역을 가지나 서로 연결되지는 않는다. 4~6호는 남북 일렬로 배치되었고 적석묘역이 서로 연결되었다. 제일 북쪽에 위치한 4호의 덮개돌 규모가 제일 크다. 그 뒷열에 위치한 5 · 6호는 모두 덮개돌 하부에서 각각 2개의 석관이 확인되었다. 유물은 석검과 석부, 석촉, 팽이형토기편 등이 출토되었으며 모두 침촌중학 주거지의 것과 동류의 것이라 보고되어 모두 동시기 유적으로 볼 수 있다.[81)]

이상의 침촌리일대 집단묘역형 고인돌은 적석묘역내 공통된 규칙을 가지고 배열된 점이 특징적이다. 먼저 제일 앞열(북쪽)에는 유적내 가장 규모가 큰 고인돌이 위치하며, 중심부 적석묘역내에는 중 · 소형고인돌이 배치된다. 뒷열에는 개별묘역을 가지는 1기의 고인돌이 배치되고 그 하부에는 2개 혹은 3개 정도의 묘실이 존재한다. 요컨대 집단묘역형 고인돌군은 처음부터 공통된 설계규칙을 가지고 축조된 것으로 보여 진다. 즉 개별적인 1기의 묘역식

80) 이영문, 2002, 앞의 책, 252쪽 ; 배진성, 2007, 앞의 책, 72쪽.
81) 황기덕, 1966, 「서부지방 팽이그릇유적의 연대에 대하여」, 『고고민속』4.

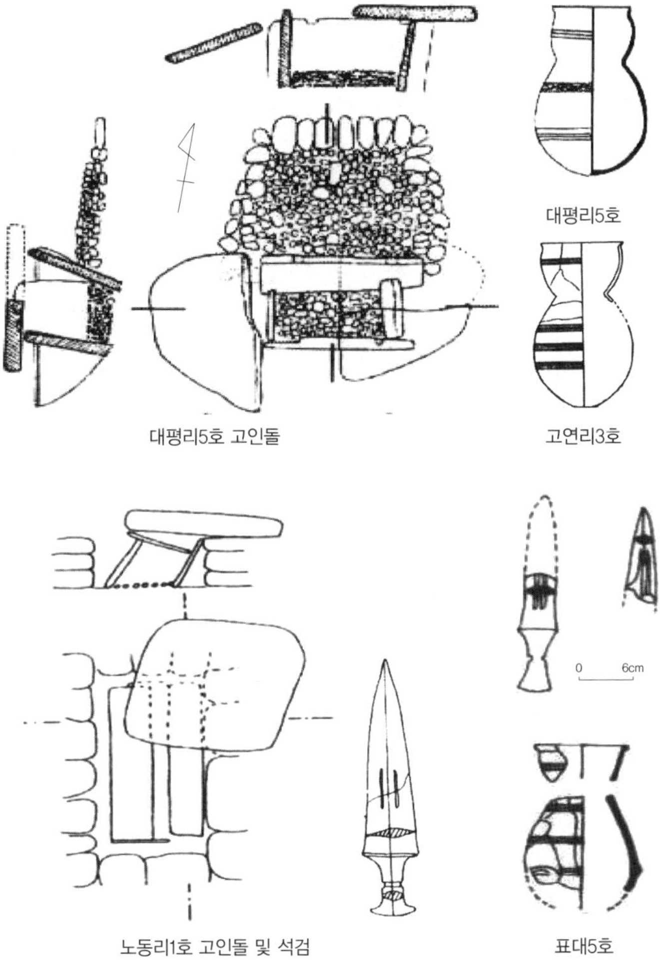

〈그림 3-18〉 2단계 고인돌 및 출토유물 비교(1)

고인돌이 세워진 후 연접하여 시기를 달리하는 고인돌들이 연속적으로 축조되는 것이 아니라 처음부터 묘역에 대한 전체적인 구상을 하고 거의 동시에 걸쳐 축조된 것으로 볼 수 있다.

2단계에는 1단계에 발견되지 않던 새로운 형식과 구조의 고인돌이 출현한다. 고인돌내에서는 미송리형토기, 유혈구석검, 이중구연 평저토기 등이 팽이형토기와 공반된다.

먼저 미송리형토기가 출토된 고인돌은 평안남도 북창군 대평리5호 고인돌이 대표적이다. 대평리에서는 주거지 12기, 석관묘 7기, 고인돌 2기가 발굴되었다. 이중 3호로 명명된 고인돌은 개석Ⅱ식이며 유물이 출토되지 않았다. 5호는 탁자형이며 바로 여기에서 미송리형토기가 출토되었다. 이와 동류의 것이 팽이형토기문화 2단계로 편년되는 고연리3호 주거지에서도 출토되어 양자는 동시기로 볼 수 있다.[82)]

대평리5호의 적석묘역은 전단계에 비해 보다 발전되었다. 묘실 주위에 강돌을 이용하여 1~2층 정도 쌓은 후 그 외곽에는 길이 40cm, 너비 20cm 정도의 가공된 석재(구획석)를 둘러 놓아서 평면 타원형을 이룬다. 개석 Ⅱ식의 3호에서는 유물이 출토되지 않았으나 발굴결과 5호 고인돌과 동시기에 조성된 석관묘군의 상층부에 축조되어 5호보다 늦은 시기로 편년된다.[83)]

유혈구석검이 출토된 고인돌은 평양 상원군 로동리1호가 대표적이다.[84)] 고인돌의 구조와 규모는 침촌중학 및 석교리 고인돌과 대체적으로 유사하다. 그러나 묘실의 축조방법에 있어 전단계에 비해 발전된 모습이다. 1단계에는 묘실밖으로 자연석재를 덮개돌 높이까지 무작위로 쌓은 반면, 로동리1호는 가공된 석재

82) 사회과학원 고고학연구소, 2009c, 앞의 책, 121~168쪽.

83) 정찬영, 1974,「북창군 대평리유적 발굴보고」,『고고학자료집』4, 138쪽.

84) 고영남, 2011,「로동리고인돌무덤 발굴보고」,『조선고고연구』3, 37~39쪽.

를 3~4층 정도 규칙적으로 쌓았고 그 안쪽으로 얇은 판석 여러 개를 세워 묘실을 조성하였다. 그리고 적석 외곽으로는 덮개돌 높이까지 봉토하였고 그 범위는 직경 약 5m, 높이 1m전후이다.

로동리1호에서 출토된 유혈구석검은 손잡이에 단을 둔 이단병

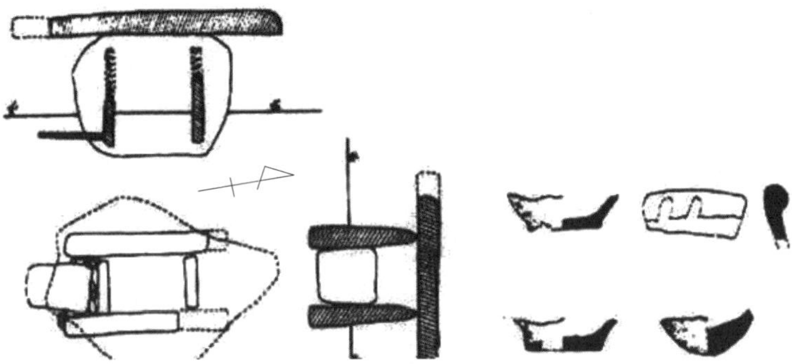

로암리 고인돌 및 출토유물

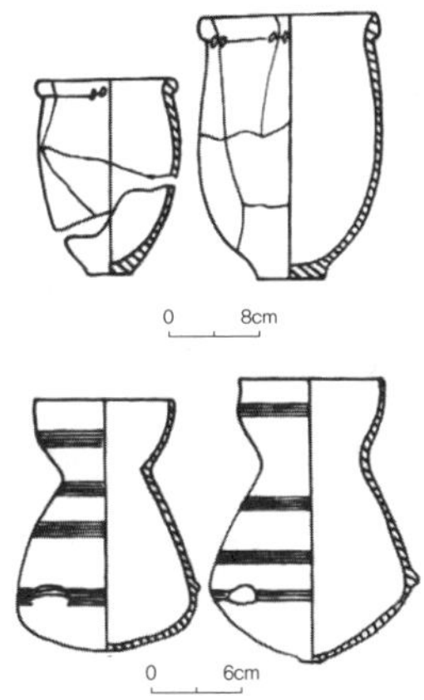

남경3호 주거지 출토유물

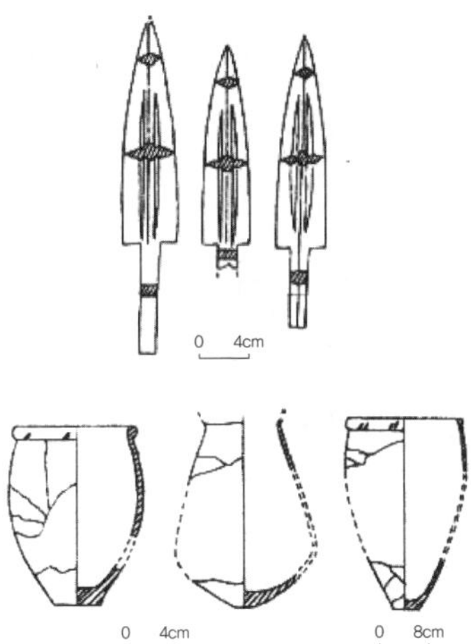

오신리 주거지 출토유물

〈그림 3-19〉 2단계 고인돌 출토유물 비교(2)

식이다. 이와 동류의 것이 대전 신대동에서도 출토되었으며, 절대연대측정값이 기원전 11~8세기로 편년되었다.[85] 그런데 북한에서는 이종류 석검이 주로 미송리형토기 단계의 유적에서만 출토되고 있다. 대표적으로 표대유적 5호주거지에서는 미송리형토기와 이단병식석검이 함께 출토되었다. 이상에 근거하여 로동리1호는 잠정적으로 2단계의 초기유적으로 보고자 한다.

황해남도 안악군 로암리1호 고인돌에서는 이중구연의 평저토기가 출토되었다. 이중의 구연부에는 두줄의 굵은 단사선이 있는데 이는 날카로운 도구를 사용하여 빗껴치듯 문양을 내는 팽이형토기의 시문방식과 차이가 있다. 해당 토기는 뭉뚝하고 두툼한 도구를 활용하여 찍어내듯 문양을 주었고, 대개 2조의 묶음식으로 표현되는 공통점을 보인다. 또한 바닥의 크기 역시 직경 6cm 이상의 평저로 일반적인 팽이형토기와는 구별된다. 구연부의 문양 및 저부 형태를 볼 때 팽이형토기문화 2단계의 주거지인 남경3호 출토품과 동일하다. 남경유적의 2단계 주거지는 기원전 8~9세기 전후로 편년된다.[86] 또한 평안북도 오신리의 팽이형토기문화 주거지에서는 이종류의 토기가 유혈구석검(혹은 석모), 미송리형토기 등과 공반되어 이들은 모두 동시기의 유물로 볼 수 있다.[87]

한편 1단계부터 출현한 집단묘역형 고인돌군이 2단계에도 지속적으로 축조되며 적석묘역의 평면형태가 타원형 혹은 방형 등의 뚜렷한 형태를 가지게 된다.

---

85) 이영문, 2002, 앞의 책, 251~252쪽.
86) 김용간 · 석광준, 1984, 앞의 책, 190쪽.
87) 김성국, 2008, 앞의 글, 3~6쪽.

황해북도 연탄군 오덕리 평촌 2지점에서 3기의 고인돌이 발굴되었다.[88] 이곳의 고인돌은 1단계의 침촌리유적과 유사한 구조를 보여 비교된다. 발굴된 3기중 10호와 11호는 남북 17m, 동서 8m 정도의 평면 타원형 적석묘역내에 위치하며 10호 남쪽으로 2m 거리에 발굴되지 않은 1기가 배치되어 있다. 즉, 적석묘역내에는 총 3기의 고인돌이 위치하며, 역시 제일 북쪽의 것이 규모가 크다. 뒷열에는 개별묘역을 가지는 9호가 있고 묘실내부에는 판석 2개를 세워 묘실을 모두 3개 칸으로 분리(칸나눔식)하였다. 이러한 현상은 침촌리 긴동유적과 거의 같은 구조로 볼 수 있다.

침촌리 긴동 7호는 개별묘역을 가지며 덮개돌하부에 2개의 묘실을 두었기 때문에 평촌9호와 약간의 구조적 차이만 있을 뿐 하나의 덮개돌 아래 여러 개의 묘실을 가진다는 동일한 규칙에 적용된다. 고인돌 내 출토유물은 10호에서 석부와 석촉, 이중구연의 입술편과 저부편 각 1점이 출토되었다. 이중 저부편은 직경 약 6cm정도의 평저토기이다. 이러한 평저의 바닥처리 수법은 팽이형토기와는 차이가 있어 이중구연 평저토기의 잔편으로 추정된다. 앞에서 살펴보았듯이 적석묘역내 배치된 고인돌은 거의 동시기에 축조된 것으로 볼 수 있기에 평촌 2지점의 9~11호고인돌은 모두 2단계에 축조된 것으로 볼 수 있다.

황해북도 사리원 광성동 성문1지점에서 집단묘역형 고인돌군이 발굴되었다.[89] 길이 17m, 폭 10m, 높이 70cm 정도의 윤곽이 뚜렷

88) 석광준, 1974, 앞의 글, 74~118쪽.

89) 김동일, 1988,「사리원시 광성동고인돌발굴에 대하여」,『조선고고연구』4, 21~25쪽.

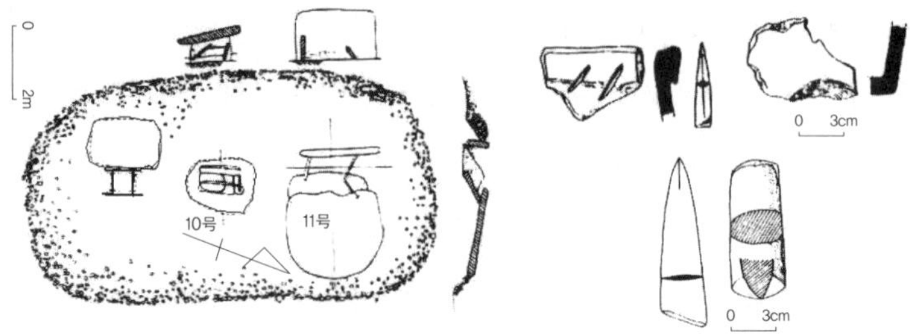

평촌2지점 고인돌 및 출토유물

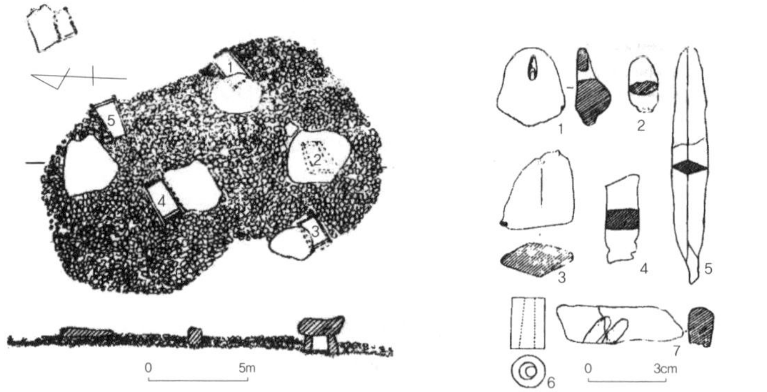

광성동 성문1지점 고인돌 및 출토유물

〈그림 3-20〉 2단계 집단묘역형 고인돌 및 출토유물비교

한 타원형묘역 내에 6기의 탁자형이 2줄로 배열되었다. 묘실의 구조 및 규모는 1단계와 거의 유사하나 묘실바닥에 자갈을 깔고 그 위에 진흙을 다지는 새로운 수법이 확인된다. 출토유물은 파손된 청동장식품편과 토기편, 석검편, 석촉 등이 있다. 이중으로 감싸놓은 토기 구연부에는 두줄의 굵은 단사선을 눌러 새긴 것이 특징적인데 이러한 수법은 로암리1호 출토품과 동일하다.

앞서 간략하게 언급한 바와 같이 이러한 단사선 새김수법은

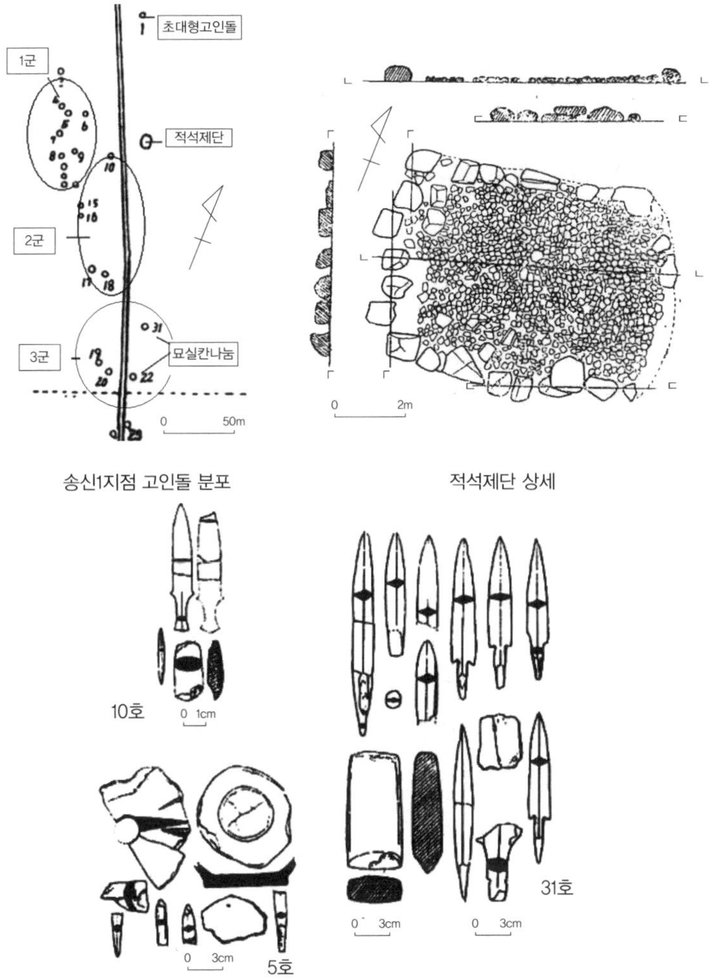

〈그림 3-21〉 오덕리 송신 1지점 고인돌 및 출토유물

팽이형토기 구연에 나타나는 일반적 문양과는 차이가 있다. 지금까지 북한지역에서 발견된 대부분의 이중구연 평저토기에는 이처럼 짧고 굵은 2줄의 단사선이 새겨져 있다. 또한 전단계의

고인돌에서는 아직까지 청동제품이 보고된 바가 없기에, 여기에서는 성문1지점 고인돌 역시 잠정적으로 2단계에 귀속시키겠다.

황해북도 오덕리 송신동에서는 고인돌군 중심부에 적석제단이 출현한다. 송신동유적에서는 3개 지점에 약 50여 기의 고인돌이 조사되었으며, 각 지점의 중심에는 각각 1개씩의 적석제단이 위치한다. 이중 1지점에서 11기의 탁자형과 적석제단이 발굴되었다. 유적 제일 북쪽에 위치한 1호는 덮개돌의 길이가 8m 이상인 초대형 고인돌이다. 중심부에는 적석제단이 위치하며, 제단 서쪽으로 20여 기의 탁자형이 밀집해 있다. 제일 뒷열에는 평촌9호와 동일한 구조의 칸나눔식 고인돌(31, 20, 22호) 배치되어 있다. 주목되는 것은 제단 서쪽에 위치한 고인돌들은 모두 덮개돌의 규모가 모두 5m 전후의 대형급에 속하며 또한 모두 적석묘역이 없다. 아마도 이러한 현상은 유적중심의 적석제단과 연관된 것으로 보인다.

먼저 적석제단의 구조를 보면 평면 타원형에 길이 12.2m, 너비 8.5m이며 둘레 외곽에는 다듬은 구획석을 놓고 그 내부에 자갈을 약 1m 높이로 채웠다. 기본적인 구조와 형태가 대평리5호의 적석묘역과 동일하다. 1단계에 속하는 고인돌의 적석묘역에는 묘역외곽에 구획석이 확인되지 않는다. 이러한 형태는 2단계부터 출현하며 아마도 적석제단 및 고인돌의 기능과 관련된 것으로 생각된다. 즉 대형의 적석묘역을 가진 고인돌은 본래 무덤과 제단의 기능이 공존하는데 고인돌축조가 보편화되고 대단위의 묘역군이 형성되면서 제의만을 위한 적석제단이 출현하게 된 것으로 추정된다.

송신동 1지점 31호에서는 석촉과 석검편, 석부 등 다량의 유물이 출토되었다. 유물에 대한 구체적인 설명이 없어 자세한 사항은 알 수 없으나 보고서에서는 이들 유물이 송신동유적에서 발굴된 팽이형토기 제2단계 주거지유물과 동일하다고 설명하였다.[90] 상술한 평촌2지점과 침촌리유적 고인돌의 배열규칙을 통해 볼 때 동일 축선상에 배치된 1호고인돌(최대규모), 적석제단(중심), 31호(뒷열 칸나눔)는 동시기에 축조된 것으로 생각된다. 그리고 적석제단 바로 앞에 축조된 고인돌들은 배치양상으로 보아 다시 2조로 구분할 수 있는데 1조는 적석제단과 동시에 축조된 고인돌이며, 2조는 1조 고인돌 외곽에 산포하여 조금 늦은 시기에 연차 축성된 무덤들이다.

1조의 대표는 5호이다. 묘실에서 직경 7cm 이상의 저부편과 이중구연편이 출토되어 이중구연 평저토기의 잔편일 가능성이 높다. 또한 적갈색의 마연토기가 3조각 출토되었는데 색깔 및 마연특징으로 보아 미송리형토기로 보인다. 2조의 대표는 송신동 10호이며, 석부와 석촉, 석검 2개체분이 출토되었다. 이중 석검은 무혈구의 일단병식석검으로 북한에서는 매우 드물게 출토되는 형식이다. 현재 다른 고인돌유적에서 보고된 바가 없어 비교가 불가능한데 남한에서는 주로 기원전 8세기 이후에 유행한 형식으로 보고 있다.[91] 5호와 10호의 출토유물이 각각 2단계와 3단계에 해당됨을 통해 볼 때, 송신동유적은 2단계 후기에서 3단계전후에 축조된 것으로 여겨진다.

---

90) 석광준, 1974, 앞의 글, 96~100쪽.

91) 배진성, 2007, 앞의 책, 173~175쪽.

3단계에는 고인돌에서 묵방형토기, 일단병식석검, 비파형동모 등이 출토되며, 이때부터 북한지역에서 개석형 고인돌이 축조되기 시작한다. 황해북도 연탄군 오덕리 송신동 1지점 10호에서는 3단계의 표지유물인 일단병식석검이 출토되었다. 주목되는 것은 10호의 묘실구조인데 두꺼운 판석을 양쪽에 세우고 그사이에 뒷벽과 문석을 세웠다. 그리고 문석 바로 앞에는 묘실 높이의 절반가량 되는 문턱돌을 두었다.

지금까지의 조사에 의하면 문턱돌을 가진 고인돌 중에는 덮개돌의 길이가 4~5m 이상의 대형의 것이 많으며, 덮개돌의 평면형태가 마치 거북이를 닮은 것이 있어 주목된다. 평양시 강동군 문흥리3호, 화강리1호, 평남 성천군 군자리1호, 거흥리1호, 황남 정동리19호 등에서 확인되었다. 문턱돌과 거북이형상의 덮개돌은 이전단계의 고인돌에서는 확인되지 않는 특징이기 때문에, 아마도 3단계부터 새롭게 출현한 양식으로 판단된다.

평북 개천 묵방리유적에서는 개석II식의 24호에서 묵방형토기가 출토되었다.[92] 같은 형식의 평남 숙천 검산리2호에서는 너비 2.7cm, 두께 0.7cm의 고리손잡이가 출토되었다.[93] 이와 동일한 기물이 표대유적 10호주거지에서 묵방형토기에 부착된 채로 출토되었다[94]. 그리고 청천강 이북의 평남 영변군 구룡강 3단계 주거지에서도 묵방형토기와 함께 넓이 2.3cm 정도의 고리손잡

92) 김기웅, 1963, 「평안남도 개천군 묵방고인돌 발굴중간보고」, 『고고학자료집』3, 64~76쪽.

93) 사회과학원 고고학연구소, 2009a, 앞의 책, 168~171쪽.

94) 사회과학원 고고학연구소, 2009b, 앞의 책, 116쪽.

강동 문흥리 고인돌

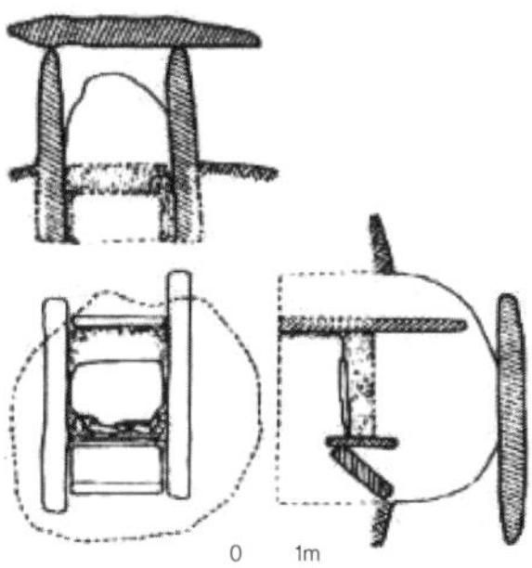

오덕리 송신1지점 10호(문턱돌)

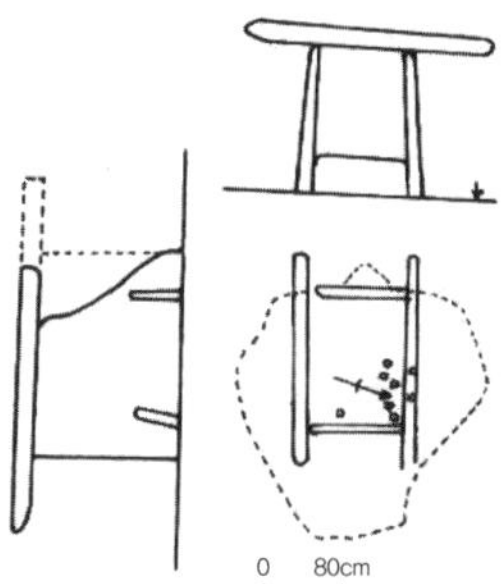

화강리 1호(문턱돌, 거북형)

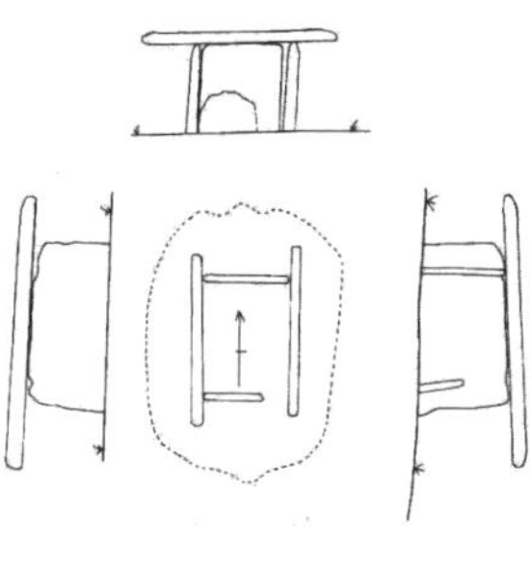

군자리 1호(문턱돌, 거북형)

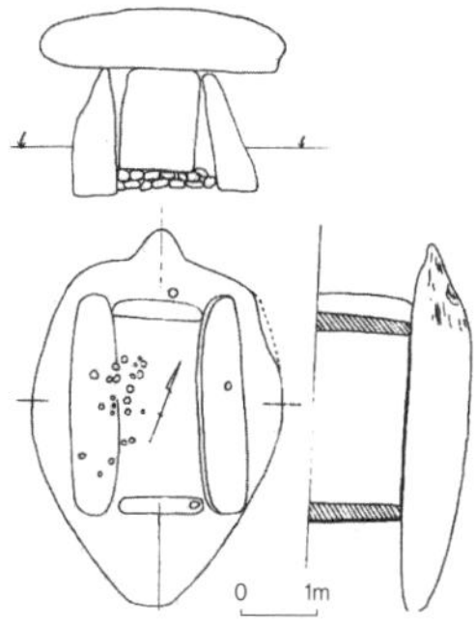

정동리 19호(거북형)

〈그림 3-22〉 3단계의 특징적 고인돌 비교

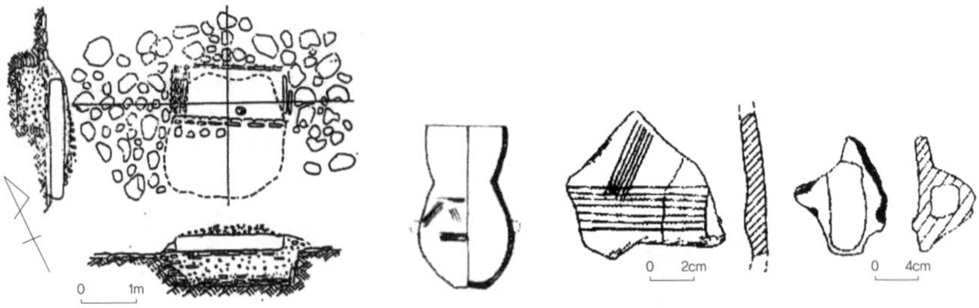

묵방리 24호　　　　표대 10호주거지 출토 묵방형토기편

〈그림 3-23〉 3단계유적 출토 묵방형토기 비교

이가 출토되어[95] 이러한 토기손잡이는 묵방형토기와 상관있는 토기부속물로 볼 수 있다. 이외에 묵방24호 및 검산2호와 동일 형식(개석Ⅱ식)의 평남 증산 석다리1호, 평원 원암리8호 등에서도 거북모양으로 다듬은 덮개돌이 확인되어 3단계 혹은 그 이후의 무덤들로 추정된다.

이 시기에는 고인돌내에서 청동기의 출토가 증가한다. 평양 상원군 장리 지석동에서 7기의 탁자형이 발굴되었다. 1호는 덮개돌의 길이가 630cm 정도인 대형고인돌이다. 묘실내에서는 2인 청동교예장식품, 청동령, 청동착 등 다량의 청동유물과 함께 묵방형토기 구연부편이 출토되었다.[96] 인근에 위치한 용곡 방울뫼유적에

95) 석광준 · 차달만, 1997, 「구룡강유적에 대하여」, 『조선고고연구』4, 8~9쪽 ; 석광준 · 김재용, 2002, 「구룡강유적발굴보고」, 『강안리 · 고연리, 구룡강유적발굴보고』, 사회과학출판사.

96) 장철만, 1996, 「장리고인돌무덤에 대하여」, 『조선고고연구』4, 10~14쪽(보고서에는 조롱박형토기가 출토되었다고 하였으나 도면 및 문양 등에 대한 자세한 설명이 없어 정확한 형식은 알기 힘들다. 다만 표면이 흑회색이며, 다량의 청동기물과 함께 출토된 것으로 보아 묵방형토기의 구연부편으로 추정된다.)

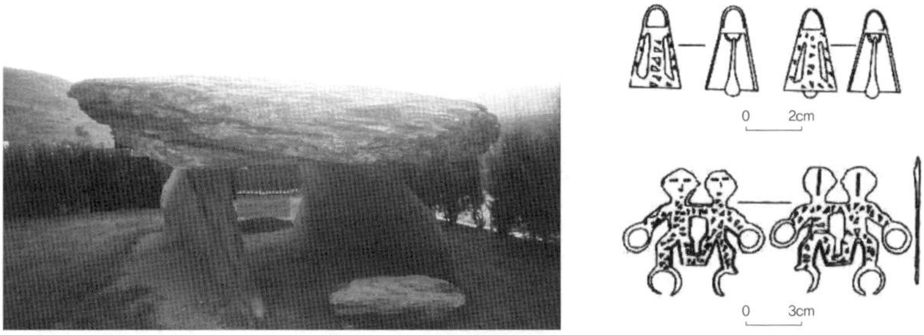

장리 지석동 고인돌 및 청동방울과 장식품

용곡 방울뫼 1지점 고인돌

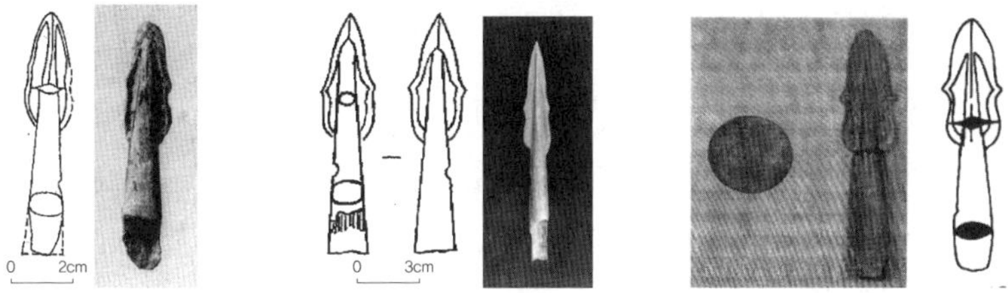

표대 10호 주거지 남양 16호 주거지 방울뫼 5호 고인돌

〈그림 3-24〉 3단계유적 출토 청동유물 비교

서도 청동기가 출토되었다.[97] 방울뫼 1지점은 탁자형의 4 · 5호를 중심으로 개석II식이 교착분포한다. 이중 5호에서 비파형동모, 별형석기, 석검편이 출토되었고, 4호에서 동포와 석촉, 미송리형토

97) 사회과학원고고학연구소, 2009a, 앞의 책, 42~59쪽.

기 편 등이 출토되었다. 4호에서 출토된 동포는 평남 덕천 남양리 20호 주거지(3단계)에서도 5점 출토되었다. 5호 출토 비파형동모는 동일한 형식의 것이 표대유적 10호와 남양유적 16호 주거지(3단계)에서 출토되어 모두 동시기에 해당된다.[98)]

4단계에는 고인돌에서 세형동검, 점토대토기, 흑색마연장경호 등이 출토되며, 팽이형토기는 구연부 문양이 점차 소멸되고 구연하단에 횡침선을 그어서 이중구연을 모방한 소멸기형식이 출현한다. 또한 3단계부터 출현한 개석형의 숫자가 점차 증가하는데 고인돌 주변으로 고구려시기 무덤이 교착 분포한 것이 특징적이다. 개석Ⅱ식의 묘실은 점차적으로 깊어지며, 묘실바닥에 목탄을 깔고 그 상부에 계란크기의 자갈돌을 촘촘히 깔아 놓는 형태 등 새로운 형태의 바닥처리 수법이 발견된다.

세형동검이 출토된 고인돌은 평양 순안구 오산리 담화골고인돌군이 대표적이다.[99)] 모두 2차례에 걸쳐 발굴되었다. 1차조사에서는 대부분 개석Ⅲ식이 발견되었고 2차에서는 개석 Ⅱ식과 Ⅲ식이 교착되어 분포해 있었다. 1차발굴된 개석 Ⅲ식에서는 유물이 출토되지 않아 정확한 연대를 알 수 없다. 그러나 2차발굴된 1지구 2호(개석 Ⅱ식)에서 세형동검과 석검이 공반되었다. 2차발굴 2지구에는 개석 Ⅱ식과 Ⅲ식 10여 기가 교착 분포한다. 이중 8호는 개석 Ⅲ식으로 장벽한쪽은 석축하였고, 나머지 한벽과 단벽은 판석을 세웠다. 묘실 외측에는 가공된 석재를 규칙적

98) 김종혁, 2000, 「표대유적에서 새로 발굴된 청동비파형창 끝에 대한 고찰」, 『조선고고연구』4, 7~10쪽.

99) 사회과학원고고학연구소, 2009a, 앞의 책, 108~118쪽.

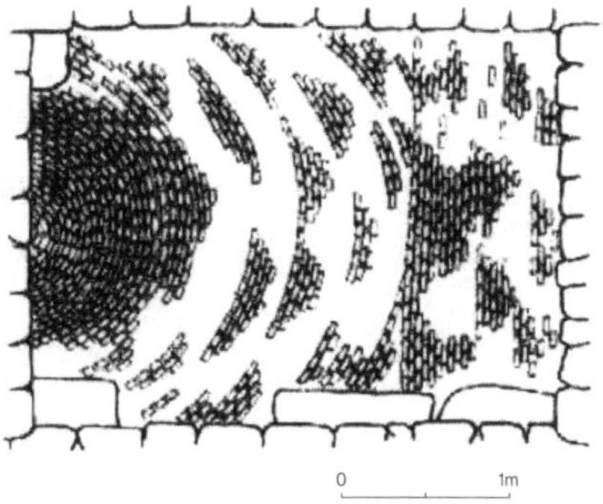

2차 2지구2호 묘실바닥(개석Ⅱ식)

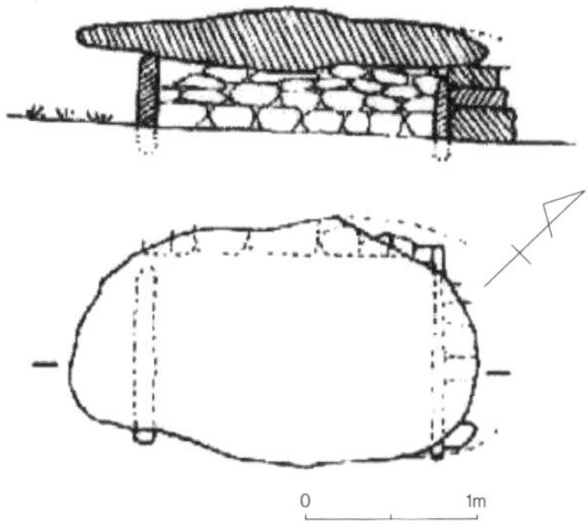

2차 2지구8호(개석Ⅲ식)

〈그림 3-25〉 오산리유적 2차발굴 고인돌과 적석제단

으로 쌓아서 덮개돌을 지탱하는데 덮개돌 주변의 약 1m 범위에는 흙과 돌을 섞어 쌓은 묘역시설을 두었다.

2지구 8호의 인근에 위치한 2호(개석Ⅱ식)고인돌은 묘실바닥에 목탄을 깔고 그 위에 자갈돌을 반원형으로 빼곡히 깔았으며 이와 연접한 3·4호 역시 동일한 수법으로 바닥을 처리하였다. 이러한 형태의 바닥시설은 이전 단계 고인돌에서 확인되지 않는 새로운 수법이다. 또한 고인돌군 인근에서는 규모는 11×10.5×(잔고)1.6m 정도의 적석제단이 발굴되었으며 현재 2단의 계단형구조로 남아 있다. 제단내에서는 점토대토기가 출토되어 오산리고인돌 및 적석제단은 4단계 전후에 동시축조된 것으로 여겨진다.

묘실 바닥에 목탄을 깔아놓은 형태가 황해남도 은천군 남산리 약사동 고인돌에서도 발견되었다. 약사동 고인돌은 덮개돌이

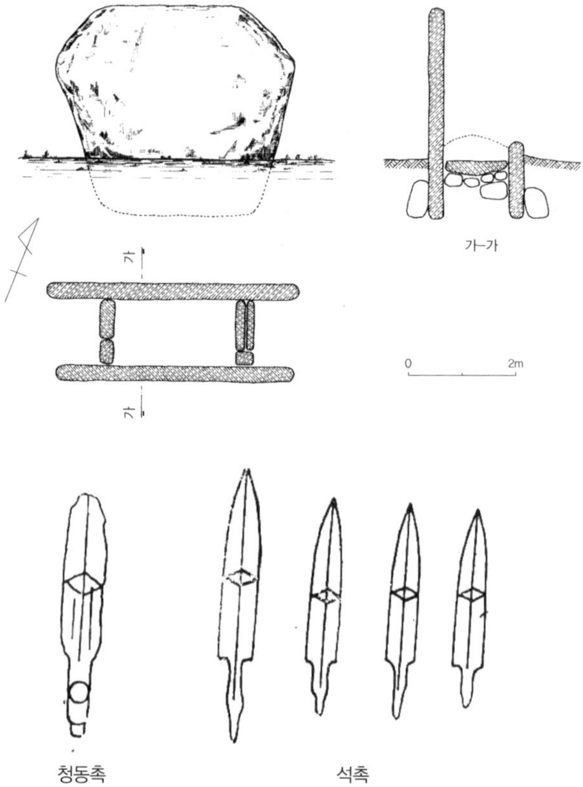

〈그림 3-26〉 약사동 고인돌 출토유물

파괴된 탁자형이다. 받침돌의 규모가 360cm, 높이 235cm, 두께 25cm인 점으로 보아 대형 고인돌로 추정된다. 묘실 바닥에는 숯을 깔고 그 상부에 자갈돌을 2층 가량 깔았으며, 다시 그 위에 묘실크기의 판석 1장을 덮어 놓았다. 묘실 내부에서 양익형의 이단경식 청동촉 1, 석부 1, 석촉 20여 개가 출토되었다. 약사동출토 청동촉은 기왕에 확인되던 제품들과 차이가 있다.

이와 관련하여 한수영은 약사동 출토 청동촉에 대하여 당시까지 중국 동북지역에서 출토된 예가 없기 때문에 중국식 동촉이 한반도 전래된 이후 자체적인 발전과정을 거쳐(석촉을 모방) 출현한 것으로 보았다.[100] 또한 宮里修 역시 약사동 출토품이 전형적인 형태의 중국식 양익동촉에서 변형된 형식으로 파악하여 기원전 7~5세기 무렵으로 편년한 바 있다.[101] 본서에서는 바닥에 목탄을 깔아 놓은 점과 청동촉의 형태가 전형적인 양익형 동촉에서 변형된 점 등에 근거하여 새로운 자료가 보강되기 전까지 약사동 고인돌을 4단계 전기(혹은 3단계 후기) 무덤으로 보고자 한다.

평남 성천군 백원9호(탁자형)에서 세형동검, 동포, 청동비수, 갈색의 외반구연토기가 출토되었다. 유적 내에는 개석형과 탁자형이 공존한다.[102] 평양 순안구 석암고인돌군에서 점토대토기 구연편 및 흑색마연장경호 등이 출토되었다.[103] 발굴된 고인돌은 20여 기인데 모두 적석묘역이 없는 개석 II식이다. 묵방형 토기편이 출토된 2호를 제외하곤 대부분 4단계에 해당되는 유물이 출토되었다. 3호에서 점토대토기편이 출토되었으며, 10호에서 흑색마연장경호가, 19호에서는 흑색마연장경호편이 출토되었다. 또한 8 · 17 · 18호고인돌은 점토대토기가 출토되는 주거지를 파괴하고 축조되어 4단계에 해당됨을 알 수 있다.

100) 한수영, 2004,『청동촉 소고』,『호남문화재연구원 연구논문집』4, 53~71쪽.
101) 미야자토 오사무, 2010,『한반도 청동기의 기원과 전개』, 사회평론, 242~247쪽.
102) 사회과학원고고학연구소, 2009a, 177~182쪽.
103) 석광준, 2003, 앞의 책, 34~70쪽.

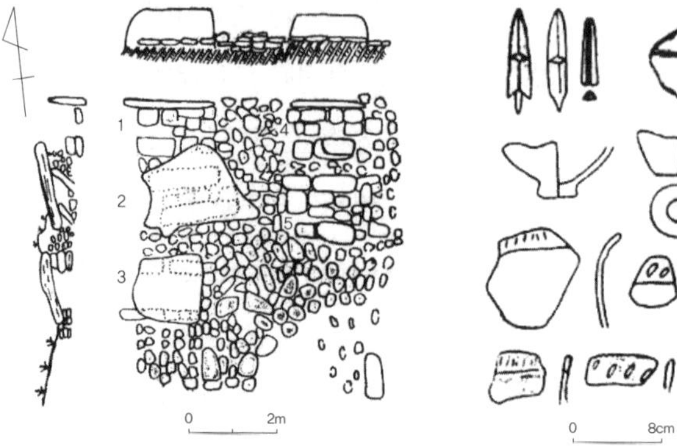

장리왁새봉 고인돌 및 출토유물

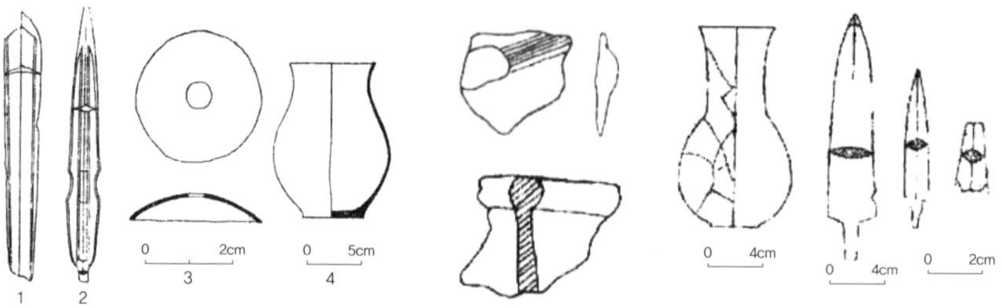

백원9호 출토유물

석암고인돌 출토유물

〈그림 3-27〉 4단계 고인돌 출토유물비교

평남 상원 장리왁새봉 고인돌군에서 퇴화형의 팽이형토기가 출토되었다.[104] 고인돌은 길이 8m, 너비 7.5m 전후의 적석묘역 내에 5기의 고인돌이 2열로 줄지어 있다. 1.4호는 개석Ⅲ식이며, 2호는 탁자형, 3 · 5호는 개석 Ⅱ식이다. 즉 1개의 적석묘역 내에 탁자형과 개석 Ⅱ · Ⅲ식이 교착되어 있다.

평양시 순안구역 구서리 고인돌군에서 흑색마연장경호가 출토되었다. 유적내에는 개석형 고인돌 9기가 북두칠성모양으로

104) 한인덕 · 장철만, 2005, 앞의 글, 37~41쪽.

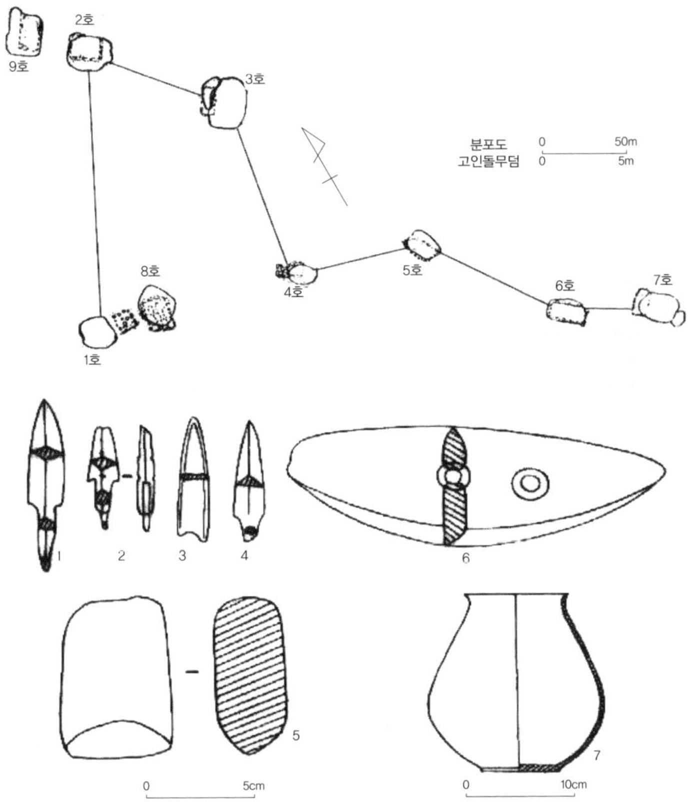

〈그림 3-28〉 평양 순안구역 구서리 고인돌 분포도(상)와 출토유물(하)

배치되었는데 모두 적석묘역이 없었다. 대부분 훼손되었으나 흙과 석재가 혼용된 봉분을 가졌던 것으로 추정된다. 중앙에 위치한 4 · 5호만 개석 II형이며 나머진 III형이다. 파괴된 8호에서 황갈색의 평저토기가 출토되었고, 9호에서는 흑색마연 장경호편이 출토되었다. 8호 출토품은 백원 9호의 것과 태도, 색깔, 기형 등이 유사하며, 9호토기는 석암야영소 10호와 같은 것이다.

2. 석관묘 · 석곽묘유적의 특징과 성격[105)]

석관묘와 석곽묘는 각각 한반도 청동기시대 전 · 후기를 대표하는 무덤양식 중 하나이다. 고인돌과 함께 고조선의 묘제로 인식되면서 학술적 가치와 연구의 필요성이 지속적으로 제기되고 있다. 본 절에서는 석관묘와 석곽묘를 한데 묶어 구조와 형식특징 및 그 변화상과 성격문제를 검토하고자 한다.

1) 구조와 형식특징

북한지역에서 지금까지 조사된 대부분의 석관묘와 석곽묘는 지표상으로 명확한 형태의 구조물이 확인되지 않는다. 반면 동시기에 유행한 고인돌의 덮개돌은 지상으로 노출되는 것이 특징적인데 그동안의 연구에서는 바로 이러한 점이 이들을 구분 짓는 지표가 되어 왔다.

고인돌과 석관묘 그리고 석곽묘의 구분과 정의에 대해서는 앞에서 이미 기본적인 내용을 다룬 바 있기에 재차 중복하여 언급하지는 않겠다. 다만 선학들의 지적과 같이 석관묘와 석곽묘는

105) 해당 부분은 필자의 2015년도 글(「북한지역 석관묘유적의 특징과 성격」, 『한국사학보』61)을 일부 수정하여 수록한 것이다.

석재를 장구로 하였다는 구조적 유사성을 제외한, 축조재료와 방식, 규모면에서 많은 차이를 보인다. 또한 출토유물을 비교해 보아도 지역별로 유행된 연대에 명확한 차이를 보인다. 덧붙여 곽이라는 단어가 가지는 사전적 의미를 참고할 때에도 양자는 분리해서 연구될 필요가 있다. 요컨대, 현재 북한지역에서 확인되는 석관묘와 석곽묘는 묘실구조 및 형식별 분포양상 및 출토유물 방면에서 커다란 차이를 보인다. 또한 양자가 유행한 연대에도 차이가 있기 때문에 두 묘제는 반드시 구분되어 살펴볼 필요가 있다. 따라서 이글에서 말하는 석관묘와 석곽묘는 다음과 같이 새롭게 정의될 수 있다.

석관묘는 묘광내에 판석을 세우거나 석재를 쌓아서 묘실을 조성한다. 일반적으로 묘실 상부에는 여러 장의 판석을 덮어 개석으로 삼으며, 간혹 한장의 판석을 덮기도 하는데, 이 경우 묘실의 범위를 크게 초과하지 않으며, 두께도 얇아서 개석의 무게가 묘실에 큰 영향을 주지는 않는다. 따라서 묘실 주변에는 보강석 등의 보조시설이 존재하지 않는다. 현재까지 북한지역에서는 대략 150기 가량의 석관묘가 알려져 있으며 그중 발굴을 통해 자료가 발표된 곳은 총 71기이다.[106] 관련 자료를 종합한 결과 묘실의 조성방식에 따라 아래와 같이 4가지 유형으로 구분이 가능하며, 발굴 후 자료가 발표된 무덤의 목록과 현황을 정리하면 다음의 표와 같다.

106) 사회과학원 고고학연구소, 2009d, 앞의 책, 21~97쪽 까지다. 내용을 토대로 산출한 것이다.

107) 사회과학원고고학연구소, 2009, 앞의 책.

〈표 3-3〉 북한지역 석관묘 및 석곽묘 현황표

석관묘							
지역		유적	수량	편호	형식	특징	참고문헌
평양시	대동강구	미림리	1	1	Ⅱ형	파괴, 묘실 바닥판석 양쪽으로 결구홈 확인	109)
	강동군	황대성	1	1	Ⅱ형	쌍관식 묘실	110)
		삼등리	2	1	Ⅱ형	4개의 얇은 판석을 세워 묘실조성	111)
				2	Ⅱ형	4개의 얇은 판석을 세워 묘실조성	
		순창리	11	취암	?	순창리 일대 수십기의 석관묘가 발견되어 일부가 발굴되었으나 정식보고가 없어 구체적인 내용은 알 수 없음	112)
				굴암1	?		
				굴암 2	Ⅰ형		
				굴암 3	?		
				굴암 4	?		
				굴암 5	Ⅱ형		
				굴암 6~9	?		
				진계동	?		
	삼석구	남경	4	2	판석형	파괴, 묘실은 몇 개의 얇은 판석을 세워 조성	113)
				3	Ⅱ형	4개의 얇은 판석을 세워 묘실조성	
				4	Ⅱ형	4개의 얇은 판석을 세워 묘실조성	
				5	판석형	파괴, 묘실은 몇 개의 얇은 판석을 세워 조성, 바닥석과 양쪽 단벽 끝단으로 결구홈 확인	
평안남도	성천군	룡산리	1	1	Ⅳ형	묘실 세벽은 얇은 판석을 세우고, 나머지 남쪽의 1벽은 석재를 쌓아서 막음	
	북창군	대평리	7	1	Ⅱ형	7기 모두 기본구조는 동일, 묘실은 모두 4개의 얇은 판석을 세워 조성, 상부로 얇은 판석 1장을 덮음, 2,4,6,7호는 바닥석 역시 1장의 판석을 깜, 1호는 자갈돌을 깔며, 8호는 판석을 깔고 그 위로 다시 자갈돌을깔아 놓음	114)
				2	Ⅱ형		
				4	Ⅱ형		
				6	Ⅱ형		
				9	Ⅱ형		
				7	Ⅱ형		
				8	Ⅱ형		
	강서군	태성리	2	20	Ⅱ형	4개의 얇은 판석을 세워 묘실조성	115)
				21	Ⅱ형	4개의 얇은 판석을 세워 묘실조성	
평안남도	증산군	룡덕리	1	1	Ⅰ형	여러개의 판석을 이어세워 묘실을 조성, 내부에서 둥근밑 팽이형토기 출토	115)
		신흥리	2	1	Ⅱ형	4개의 얇은 판석을 세워 묘실조성	
				2	Ⅰ형	6개의 얇은 판석을 세워 묘실조성	
	덕천군	승리산	1	1	ⅢA형	괴석을 쌓아서 묘실 축조	
평안북도	룡천군	신암리	1	1	판석형	파괴, 얇은 판석을 세운 것으로 추정	116)

석관묘							
지역		유적	수량	편호	형식	특징	참고문헌
황해북도	황주군	순천리 상동	1	1	Ⅱ형	4개의 얇은 판석을 세운 것으로 추정	117)
		침촌리	1	극성동	Ⅰ형	여러개의 얇은 판석을 세워 묘실조성, 주변으로 대규모의 고인돌군 위치	118)
	은파군	덕암리	3	1	Ⅱ형	양쪽의 장벽석은 각 1장씩의 판석을 세우고, 단벽석은 그 내부에 들여세움, 상부에는 여러개의 판석을 덮었고, 바닥에는 한 장의 판석을 깜, 2호에서 결구홈 확인	119)
				2	Ⅱ형		
				3	Ⅱ형		
	신평군	선암리	2	1	Ⅱ형	4개의 얇은 판석을 세워 묘실조성, 상부와 바닥에 판석을 덮음, 2호에서 비파형공검과 석촉출토	
				2	Ⅱ형		
	서흥군	천곡리	1	1	Ⅳ형	괴석과 판석을 혼용하여 묘실조성, 내부에서 세형동검 출토	
	린산군	주암리	3	1	Ⅱ형	4개의 판석을 세워 묘실 조성, 1,2호는 직렬로 연접, 2,3호는 상하 복층의 구조	
				2,3	Ⅱ형		
	연산군	공포리	4	1	Ⅱ형	적석묘역으로 구획된 탁지형 고인돌 주변으로 여러기의 석관묘가 분포	
				3	Ⅱ형		
				4	Ⅰ형		
				5	Ⅰ형		
	사리원시	어수구	1	1	판석형	판석을 세웠으나 파괴, 혈구가 있는 석검 출토	
		상매리	3	1	Ⅱ형	장벽석은 각 1장씩의 판석을 세우고, 단벽은 그 사이에 들여세움,바닥에 1장의 판석을 깜, 1호에서 동촉 출토	
				2	Ⅱ형		
				3	Ⅱ형		
	연탄군	연탄읍	4	신촌동	Ⅰ형	여러개의 판석을 이어세움, 파괴	
				평촌	?	파괴	
				송신동	Ⅱ형	4개의 판석을 세움	
				옹장골	?	파괴	
		마산리	1	1	Ⅱ형	4개의 판석을 세움	
		석탄리	2	1	Ⅱ형	4개의 판석을 세움	
				2	Ⅱ형	4개의 판석을 세움	
	백천군	대아리	1	1	Ⅱ형	4개의 판석을 세움, 비파형동검과 동촉 출토	
황해남도	신천군	복우리	1	1	Ⅱ형	4개의 판석을 세움	119)
	은천군	남산리	1	1	Ⅱ형	4개의 판석을 세움	
자강도	강계시	공귀리	2	1	Ⅱ형	4개의 판석을 세움, 2기가 병렬로 연접	
				2	Ⅰ형	여러 개의 판석을 이어 세움, 파괴	
	시중군	풍룡리	1	1	Ⅰ형	여러 개의 판석을 이어 세움, 2점의 토기와 청동단추출토	
	중강군	토성리	1	1	판석형	판석을 세웠으나 파괴	120)

석관묘							
지역		유적	수량	편호	형식	특징	참고문헌
함경북도	온성군	강안리	3	수남1	판석형	판석을 세웠으나 파괴	121)
				수남2	ⅢA형	괴석을 쌓아 묘실 조성	
				지경동	ⅢA형	괴석을 쌓아 묘실 조성	
	경원군	봉산리	3	원봉산1	ⅢB형	괴석을 쌓아 묘실을 조성 혹은 토광내부에 석재를 채워 마감, 모두 파괴되어 자세한 내용을 알 수 없음	
				원봉산2	ⅢB형		
				원봉산3	ⅢB형		
평양시	순안구역	신성동	1	1	Ⅱ형	괴석을 쌓아 석곽 조성, 내부에 목관의 흔적 확인	122)
황해북도	신계군	정봉리	1	1	Ⅱ형	괴석을 쌓아 석곽 조성, 내부에 목관의 흔적 확인	123)
황해남도	연안군	장곡리	1	1	Ⅰ형	괴석을 쌓아 석곽 조성, 내부에 판석을 세운 석관을 둠	
	백천군	홍현리	1	1	Ⅰ형	괴석을 쌓아 석곽 조성, 내부에 판석을 세운 석관을 둠	
	신천군	룡산리	1	1	Ⅱ형	괴석을 쌓아 석곽 조성, 내부에 목관의 흔적 확인	
함경북도	무산군	지초리	1	1	Ⅰ형	괴석을 쌓아 석곽 조성, 내부에 판석을 세운 석관을 둠	

첫 번째는 묘실 4벽을 여러 장의 판석을 이어 세워 조성하였고, 그 상부도 여러 장의 석판을 덮은 것으로 다판석형으로 부르겠다. 황주 침촌리(극성동) 및 황해북도 신천동 석관묘를 대표로

108) 이순진, 1995, 「평양일대에서 확인된 황대성에 대하여」, 『조선고고연구』1.

109) 이창언, 1996, 「평양일대의 돌관무덤과 그 변천에 대하여」, 『조선고고연구』2 ; 사회과학원고고학연구소, 2009d, 앞의 책.

110) 고광렬, 1995, 「강동군 순창리 돌관무덤에서 나온 유골의 성별관계와 년령구성에 대하여」, 『조선고고연구』3.

111) 사회과학원 고고학연구소, 2009d, 앞의 책.

112) 석광준, 1973, 앞의 글, 63~78쪽 ; 정찬영, 1974, 앞의 글, 119~138쪽.

113) 사회과학원 고고학연구소, 2009d, 앞의 책.

114) 이순진, 1965, 「신암리유적발굴 중간보고」, 『고고민속』3.

115) 사회과학원 고고학연구소, 2009d, 앞의 책.

116) 황기덕, 1966, 앞의 글, 32~42쪽.

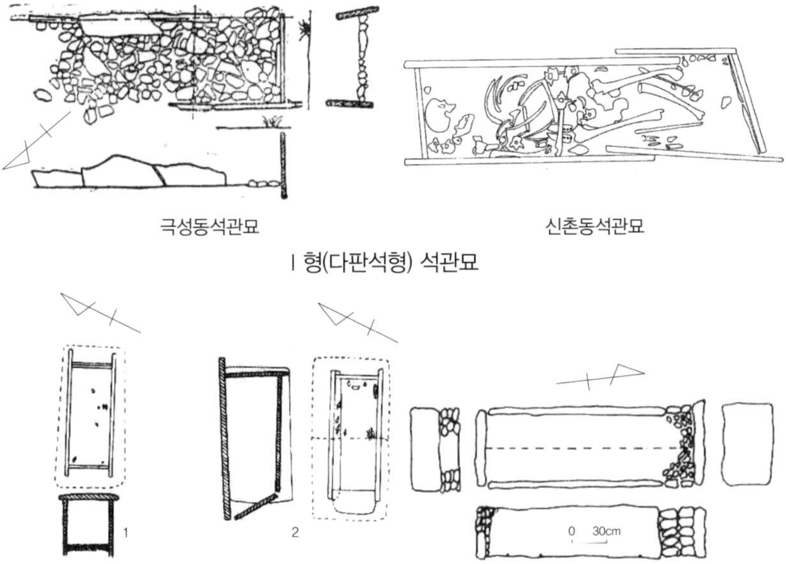

극성동석관묘 신촌동석관묘

Ⅰ형(다판석형) 석관묘

대평리 석관묘
제Ⅱ형(단판석형) 석관묘

천곡리 석관묘
제Ⅳ형(혼축형) 석관묘

〈그림 3-29〉 북한지역 석관묘 형식 비교

한다.

두 번째는 묘실 4벽에 각 1장의 판석을 세우고 여러 장 혹은 한 장의 얇은 석판을 덮었다. 단판석형으로 분류하며, 평안북도 대평리 석관묘를 대표로 한다.

세 번째는 묘실 4벽에 괴석재를 쌓아 조성한 것으로 괴석형으

117) 사회과학원 고고학연구소, 2009d, 앞의 책.

118) 이병선, 1961, 「중강군 토성리 원시, 고대유적발굴 중간보고」, 『문화유산』5.

119) 사회과학원고고학연구소, 2009d, 앞의 책.

120) 김재용, 2012, 「신성동 석곽묘에 대하여」, 『조선고고연구』1.

121) 사회과학원 고고학연구소, 2009d, 앞의 책.

로 부르겠다.[122] 주로 요동지역의 태자하유역과 연변의 두만강유역에서 보편적인데, 북한지역에서는 매우 소량만 확인되었다. 이 형식은 다시 벽석과 개석의 축조 및 조합방식에 따라 a, b의 두 부류로 분류가 가능하다.

a형은 괴석을 쌓아 장방형의 묘실을 만들고 상부에 석판을 덮는다. 주로 요동지역에서 발견되며 북한에서는 모두 3기가 발견되었다. 평안남도 승리산 석관묘가 대표적이며, 관련 도면은 발표되지 못하였다.

b형은 흙과 석재를 혼합하여 묘실을 만들고 그 상부에는 개석을 덮지 않으며 흙과 돌을 채워 마감한다. 주로 두만강유역에서 유행되었다[123]. 북한에서는 모두 3기가 발견되었으며, 함경북도 봉산리 원봉산유적을 대표로 한다. 역시 관련 도면은 발표되지 못하였다.

네 번째유형은 판석과 석재를 혼용하여 쌓은 혼축형이다. 모두 2기가 발견되었으며, 황해북도 천곡리석관묘를 대표로 한다. 조성방법을 보면, 장벽은 긴 판석재를 세우거나 짧은 판석 몇 개를 이어 세운 후 판석의 길이가 충분치 못한 부분에는 막돌을 쌓

---

122) 이러한 형태의 무덤은 기존에 석곽묘로 분류되는 경우가 많았다. 하지만 이 글에서 정의한 석곽묘의 개념에는 반드시 석곽내부로 별도의 관실이 마련되었음을 전제한다. 현재까지 요동과 서북한지역에서 조사된 괴석형 무덤내부로 별도의 석관이 따로 마련된 흔적은 확인되지 않기 때문에 석관묘의 한 형식으로 분류하겠다. 아래에서 살펴볼 혼축형 석관묘 또한 동일한 전제하에서 석관묘의 한 형식으로 포함하여 분석하고자 한다.

123) 간혹 단순 토광내부에 석재를 채워 마감한 경우도 확인되는데, 엄격한 의미에서 석관묘로 분류하기에 문제가 있다. 하지만 동일묘역내에 b형 석관과 함께 발견되며 출토유물 또한 같기에 파생형식 중 하나로 포함시키겠다.

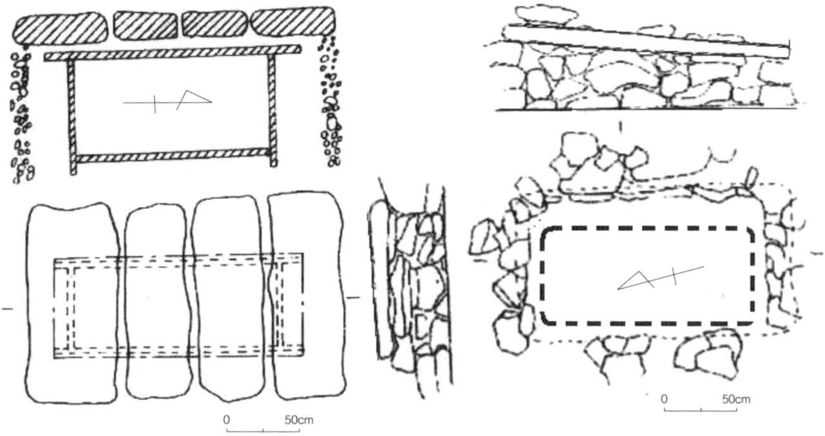

장곡리 석곽묘
I(석관)형 석곽묘

신성동 석곽묘
II(목관)형 석곽묘

〈그림 3-30〉 북한지역 석곽묘 형식 비교

아서 보충하고 있다. 단벽에는 할석재를 쌓은 후 그 위로 다시 짧은 판석을 세워서 마감하였다[124].

한편 석곽묘는 땅속 깊숙하게 묘광을 파고 석곽을 둔 후 내부에 다시 관실을 설치한 구조이다. 북한에서는 이러한 관실의 재질로 목재와 석재 두 종류가 확인되는데, 석재관실의 경우 구조적형태가 석관묘와 동일한 점에 주목된다. 석곽의 상부에는 개석을 두며 그 상부로 다시 적석을 한 사례가 보편적이다.

첫 번째는 석곽 내부에 석관이 설치된 경우로서 모두 3기가 확

124) 이 무덤에서는 세형동검이 출토되어 지금까지 확인된 석관묘 중 가장 늦은 시기를 보인다. 또한 단벽 일면으로 석재를 쌓은 후 다시 판석을 세운 것은 마치 관으로 통하는 문석을 연상케 하여 수혈식으로 인식되는 전통적인 석관묘형식에서 탈피되고 있다. 비록 단 2기의 사례만 확인되었으나 시기상을 반영하는 듯하여 별도의 유형으로 설정하고자 한다.

인되었다. 묘광내에 점토와 자갈을 섞어 석곽을 만들고 그 내부에 여러 개의 판석을 세워 석관을 조성하였다. 석관과 석곽 사이에는 흙을 채워 넣었다. 석관 상부에는 1장의 얇은 판석을 덮었으며 곽의 상부에는 여러 개의 판석을 덮고 그 위로 다시 封土하였다. 황해남도 장곡리 석곽묘가 대표적이다.

두 번째는 석곽 내부에 목관이 존재한다. 모두 3기가 발견되었다. 묘갱내에 석재를 쌓아 석곽을 두었고 그 내부에서 목관의 흔적이 관찰된다. 상부에는 여러 장의 판석을 덮었는데 그 상부로 다시 자갈과 흙을 채웠다. 평양시 신성동 석곽묘를 대표로 한다.

이상에서 검토한 북한지역 석관묘와 석곽묘의 분포양상을 보면 주로 대동강을 중심으로 한 서해안지역 일대에 가장 집중되어 있다. 대부분 동시기에 유행한 고인돌유적 주변으로 소규모의 밀집군을 형성한 특징을 보인다. 그런데 간혹 석관묘가 고인돌과 동일한 묘역권 내에 위치한 경우 이를 고인돌의 하부구조로 볼 것인가에 대한 문제에 봉착된다. 예를 들면 침촌리 긴동유적의 경우 여러 개의 고인돌이 하나의 적석묘역 내에 분포한 특징을 보인다.[125] 적석묘역 내에는 고인돌과 함께 특별한 덮개시설이 없이 간단한 구조의 석관이 부가된 사례가 확인되어 이를 고인돌의 하부구조로 볼지에 대한 고민이 필요하다.

125) 황기덕, 1963a, 앞의 글, 56~63쪽 ; 황기덕 · 리원근, 1966, 앞의 글, 2~42쪽.

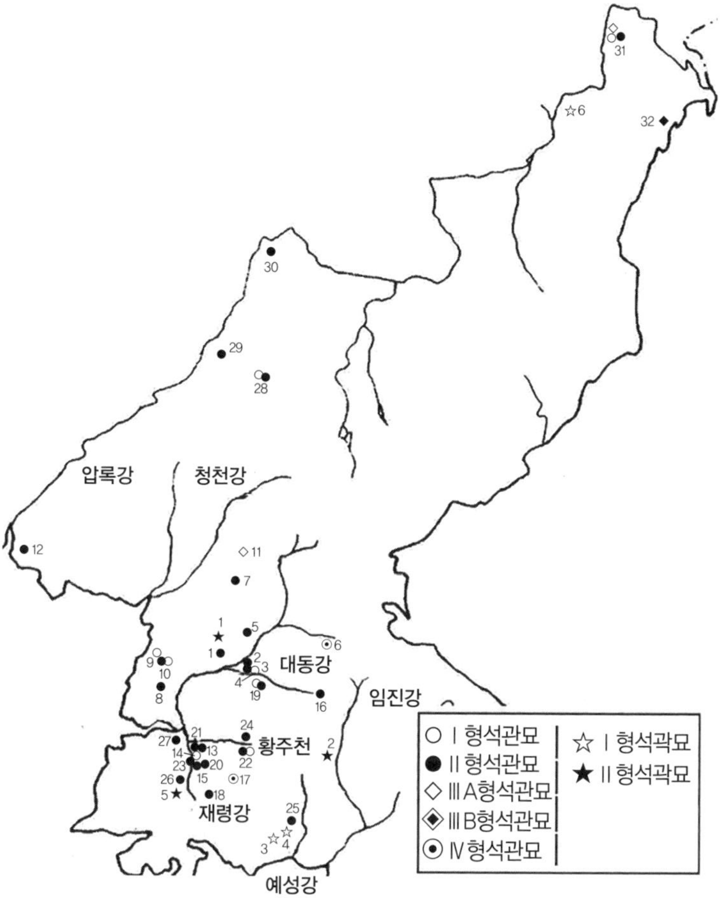

석관묘	7.평남대평리	14.황북극성동	21.황북상매리	28.자강도공귀리	석곽묘
1.평양미림리	8.평남태성리	15.황북덕암리	22.황북연탄읍	29.자강도봉룡리	1.평양신성동
2.평양황대성	9.평남룡덕리	16.황북선암리	23.황북마산리	30.자강도토성리	2.황북정봉리
3.평양삼등리	10.평남신흥리	17.황북천곡리	24.황북석탄리	31.함북강안리	3.황남장곡리
4.평양순창리	11.평남성리산	18.황북주암리	25.황남대아리	32.함북원풍산	4.황남홍현리
5.평양남경	12.평북신암리	19.황북공포리	26.황남복우리		5.황남룡산리
6.평남룡산리	13.황북상동	20.황북어수구	27.황남남산리		6.함경지초리

〈그림 3-31〉 북한지역 석관묘와 석곽묘 분포도

결론적으로 하나의 덮개돌 밑으로 연접한 여러 개의 묘실, 혹은 동일한 적석묘역 내에 분포한 개석이 없이 석관만 있는 묘실들은 모두 고인돌에 예속된 별개의 하부구조로 보는 것이 좋을 것 같다. 여기에는 본래 존재하였던 덮개돌이 유실되었을 가능성도 충분이 예상할 수 있다. 그러나 고인돌 군집과 일정 거리를 두고 단독으로 입지하는 개별 석관묘의 사례, 또는 유적내 중심적인 위치에 존재하는 고인돌 주변으로 산발적인 분포 상을 보이는 석관묘들은 각각 독립적인 묘제로 파악하는 것이 합리적일 듯하다.

북한지역 석관묘의 분포양상에서 찾아지는 또 다른 특징은 대동강을 중심으로 한 서북한 지역에서는 대부분 판석을 세워 만든 판석형만 확인되는 점이다. 절대다수가 본고의 두 번째 유형인 단판석형에 해당되며, 다판석형은 소수에 불과하다. 또한 괴석형과 혼축형 등은 대체로 대동강유역의 외연지대에 산발적으로 분포하며, Ⅰ, Ⅱ유형의 석곽묘와 함께 비교적 늦은 시기부터 축조되는 경향이 있다. 더불어 각 유형별 무덤의 출토유물 조합면에서도 일정한 차이가 발견되는데 여기에는 북한지역 석관묘제의 출현연대 및 주변지역으로의 확산과정과 연관이 있는 듯하다.

요컨대 대동강 본류를 중심으로 한 평양지역에서는 대부분 판석형만 확인되며, 괴석형과 혼축형은 1기도 발견되지 않는다. 주로 평양외곽과 함경북도 일원에서 조사되었는데 늦은 시기에 소량만 축조될 뿐이다. 즉 북한지역 석관묘의 주요형식은 판석을 세워 만든 단판석형임을 알 수 있다.

2) 편년 및 단계별 특징

앞서 살핀 바와 같이 북한지역의 석관묘는 대동강유역의 서북한지역에 가장 밀집되어 있다. 이곳은 북한에서도 비교적 많은 수의 유적이 조사된 곳으로 팽이형토기문화의 중심지역에 해당된다. 아울러 청천강이북에서 압록강 하류지역까지를 포괄하는 신암리 Ⅲ기유형 및 압록강 중상류지역의 공귀리유형, 두만강유역일대의 유정동문화권내에서도 소량의 석관묘가 확인되고 있다.

본 절에서는 앞서 분석된 내용들을 종합적으로 참고하여 북한지역 석관묘의 출현과 발전과정을 전체 4단계로 나누어 살펴보겠다. 아울러 이 글에서 석곽묘로 분류한 무덤들은 그동안 석관묘의 연구범위에서 다루어졌기 때문에 그 변화상에 대한 분석도 함께 검토될 것이다.

(1) 1단계 석관묘

지금까지 조사에 의하면 1단계에는 제Ⅰ형의 석관묘만 확인되었고, 석곽묘 관련 자료는 아직까지 보고된 바가 없다. 또한 이 시기 석관묘에서 출토되는 유물은 매우 소량인 관계로 직접적인 편년은 사실상 불가능하다. 그러나 주변지역에서 확인되는 다른 유적들과의 관계분석을 통해 그 상대연대는 추정할 수 있다.

평남 증산 용덕리에서는 고인돌 10여 기와 석관묘 1기가 발굴되었다. 발굴된 고인돌 10기에 대해서는 이미 자료가 발표되었으나[126] 석관묘 자료는 아직 발표되지 못한 관계로 단편적인 내용만 참고할 수 있다. 김동일이 2007년 발표한 논문에서는 용덕리 석관묘에 관한 내용을 간략하게 소개하고 있다.[127]

용덕리 석관묘는 여러 개의 얇은 판석을 세워서 만든 본고의 다판석형(Ⅰ형) 석관묘이다. 내부에서는 팽이형토기가 출토되었는데 주목되는 사항은 토기의 저부형태가 전형적인 팽이형토기와는 다르게 대동강유역 신석기시대 후기에 유행한 둥근 밑이라는 점이다. 김동일은 덧붙여 이러한 형태의 팽이형토기는 신석기시대 후기의 전통을 이어받은 팽이형토기문화 초기의 특징임을 강조하고 있다.

이와 동일한 형태의 토기가 황해남도 용연군 석교리주거지[128]에서도 출토되었는데, 석교리 주거지는 출토유물을 비롯한 주거지의 형태적 특징에 따라 팽이형토기문화 초기단계로 편년되고 있다. 따라서 원시형식의 팽이형토기가 출토된 용덕리 석관묘는 1단계의 무덤으로 귀속시킬 수 있다.

황주군 침촌리(극성동)에서 석관묘 1기가 발굴되었다. 석관묘 주변으로는 수십 기 이상의 고인돌이 묘역을 이루어 분포한다. 석

---

126) 김동일, 1995, 「증산군 룡덕리고인돌떼에 대하여」, 『조선고고연구』4, 24~27쪽.

127) 김동일, 2007, 「평양일대 돌관무덤의 류형과 변천에 대하여」, 『조선고고연구』1, 2~6쪽.

128) 황기덕, 1963a, 앞의 글, 35~47쪽.

관묘는 이미 파괴된 상태로 발견되어 본래의 구조는 알 수 없지만, 잔존 형태로 보아 여러 개의 판석을 이어세운 다판석형(I형)임을 알 수 있다. 내부에서는 2점의 유엽형 석촉이 출토되었는데, 극성동 5호 고인돌 및 인근의 긴동 고인돌 5호에서 출토된 것과 동일한 제품이었다. 현재 두 고인돌 모두 이 지역 가장 이른 시기의 제1단계 고인돌로 편년되고 있으며,[129] 묘실의 구조상 용덕리 석관묘와도 유사하여 모두 동시기의 무덤으로 예상된다.

현재, 1단계에 해당되는 석관묘자료는 이상의 2기가 전부이다. 주목되는 점은 석관묘 주변으로 다수의 고인돌이 분포한 점인데 모두 소형의 판석재를 세워 벽석으로 삼고 그 주변으로 적석무지를 한 점이다. 이 시기 가장 대표적인 고인돌유적은 침촌리유적을 들 수 있다.

유적은 2차례의 발굴조사를 통해 침촌중학교 2기, 긴동 8기, 천진동 6기, 신대동 7기, 극성동 13기 등 총 5개 지점에서 36기의 고인돌이 발굴되었다. 침촌리 고인돌의 가장 큰 특징은 동시기 석관묘와 동일한 규격의 판석재 여러 개를 이어 세워 묘실을 조성하고 있다는 점이다. 일반적으로 우리에게 알려진 판석재 고인돌의 경우 대부분 4벽을 각각 1장씩의 두꺼운 석재를 세우고, 그 위로 한 장의 덮개돌을 올리는 것이다. 그러나 침촌리 긴동의 고인돌은 대부분 얇은 판석 여러 개를 이어 세운 후, 그 위로 얇은 판석 한장을 덮어 묘실 개석을 삼은 후, 다시 그 위로 한 장의 거대한 덮개돌을 올린 구조를 보인다. 여기서 덮개돌과 적석부

129) 오대양, 2014, 앞의 글, 85~88쪽.

만 제거 한다면, 일반적인 석관묘의 구조와 구분이 어렵다.

따라서 이상의 용덕리와 극성동 석관묘 역시 고인돌이 파괴된 하부구조일 가능성도 엿보인다. 실례로 침촌리유적과 유사한 입지 및 구조를 보이는 황해남도 석교리유적의 파괴된 고인돌 역시 석관묘로 오인된 경험이 있으나 파괴된 묘실 주변으로 잔존한 적석무지를 통해 고인돌의 잔해물로 판명된 바 있다.[130] 하지만 용덕리와 극성동에서는 묘실주변으로 그 어떠한 보축시설이 확인되지 않았다. 물론 이러한 보축시설 역시 후대의 작용으로 모두 유실되었을 가능성이 있다. 그러나 적석묘역을 통해 군집을 이루는 고인돌군과 일정 정도 떨어져 단독으로 입지하는 특성으로 보아 고인돌유적과 구분되는 별개의 무덤으로 보아도 좋을 듯하다.

(2) 2단계 석관묘와 석곽묘

2단계에는 석관묘의 수량이 증가하며, 1단계에 확인되지 않던 새로운 구조의 II형 석관묘가 출현한다. 또한 I형 석관묘의 내부구조에 변화가 오는데, 묘실 장벽을 여러 개의 판석으로 이어세운 형태에서, 각각 2개씩 혹은 한쪽은 2개를 나머지 한쪽은 1개의 판석만 세운형태가 확인된다. 이러한 형태의 I형 석관묘는 II형의 단판석형 석관묘와 동일유적 내에 공존하던 가 혹은 탁자형의 고인돌과 교착분포 한 특징을 보인다. 묘실 내부에서는 2단계의 표지유물인 미송리형토기, 혈구식석검과 석모 등이 팽이

130) 사회과학원 고고학연구소, 2009a, 앞의 책, 148쪽.

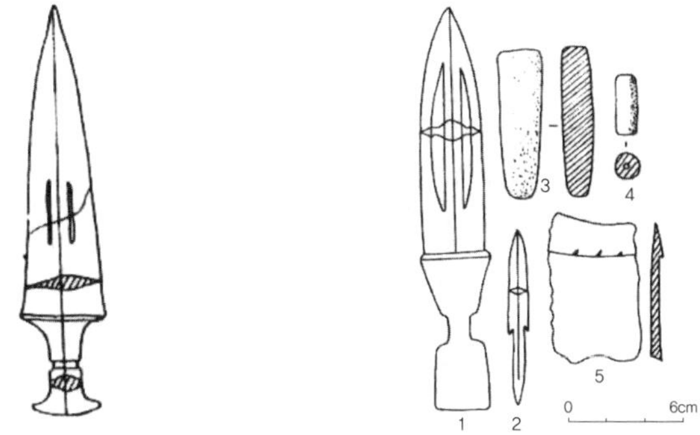

〈그림 3-32〉 노동리 1호 고인돌(좌)과 어수구 석관묘 출토유물(우) 비교

형토기와 공반된다.

황해북도 사리원 어수구유적에서 파괴된 석관묘 1기가 발굴되었다. 잔존형태를 통해 볼 때 판석을 세워 묘실을 조성한 것은 분명하지만, 정확한 구조형식은 알 수 없다. 묘실내에서는 이단병식 혈구식 석검과 팽이형토기구연부편이 출토되었다. 동일한 형태의 혈구식 석검이 평양시 노동리 고인돌 1호에서 출토되었다.[131)]

북한에서는 이 종류 석검이 주로 미송리형토기 단계의 유적에서만 출토되고 있다. 대표적으로 표대유적 5호주거지에서는 미송리형토기와 이단병식석검이 함께 출토되었다. 이상에 근거하여 로동리1호 고인돌과 어수구 석관묘는 2단계의 초기유적으로 보고자 한다.

131) 고영남, 2011, 앞의 글, 37~39쪽.

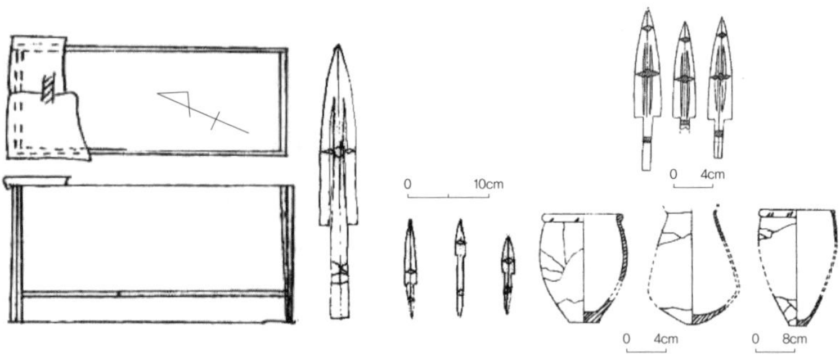

〈그림 3-33〉 덕암리 3호 석관묘(좌)와 오신리유적 출토유물(우) 비교

황해북도 은파군 덕암리유적에서 II형 석관묘 3기가 발굴되었다. 이중 3호 석관묘에서 평안북도 오신리의 팽이형토기문화 주거지에서 출토된 동류의 혈구식 석모가 출토되었다. 오신리유적에서는 혈구가 있는 석모, 석검과 함께 미송리형토기, 이중구연 평저토기가 공반되어 이들은 모두 동시기의 유물로 볼 수 있다.[132] 2호석관묘는 출토유물이 없으나 석관 바닥석과 남벽, 북벽의 접촉면에서 결구홈이 발견되었다. 이러한 결구홈은 평양 남경 1호고인돌과 표대3호 고인돌 등 2단계의 고인돌유적에서도 확인되었다. 또한 덕암리2호 석관묘의 바닥은 먼저 자갈을 깔고 그 상부에 진흙을 다진 후 다시 판석을 깔았다. 이러한 바닥처리방법은 2단계의 유적인 황해남도 사리원 성문2지점 고인돌에서 처음 발견되었다.[133] 즉 상술한 특징들은 모두 1단계의

132) 김성국, 2008, 앞의 글, 3~6쪽.
133) 오대양, 2014, 앞의 글, 91쪽.

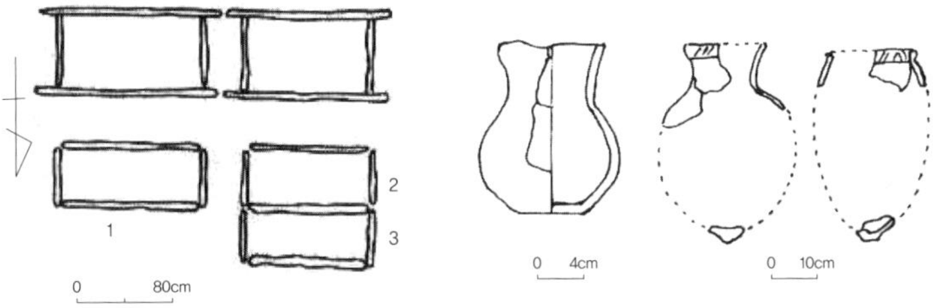

〈그림 3-34〉 주암리 석관묘(좌)와 주거지 출토토기(우)

석묘 에서는 발견되지 않던 특징이며, 2단계에 처음 출현한 수법이다. 덕암리 석관묘 3기가 모두 인접하여 분포한 점으로 보아 동시기에 축조된 것으로 보인다.

황해북도 린산군 주암리유적에서 주거지 1기와 고인돌4기, 석관묘 3기가 발굴되었다. 석관묘는 모두 II형인 단판석형이다. 주암리 석관묘는 무덤간 배열형태가 특수하다. 즉 1.2호 석관묘는 두기가 직렬로 연접하며, 2호와 3호는 석관묘는 상하 복층구조이다. 즉 하층 석관의 개석이 상층석관의 바닥석이 되며, 상층석관의 상부에는 얇은 판석 1장을 덮었다. 2호의 상층석관이 1호 석관묘와 직렬로 연접한다. 이중 2호에서 석부와 석촉이 출토되었다. 인근에 위치한 주거지에서는 팽이형토기와 무문토기 단지, 성형석기, 석부, 석촉이 출토되었는데 이중 석기와 석촉은 석관묘 출토품과 동일하다. 또한 무문의 단지는 팽이평토기문화권에서 매우 이질적인 형태인데, 비록 현문 및 손잡이 요소가 없지만 토기의 기형과 제작수법으로 보아 미송리형토기에 준하는

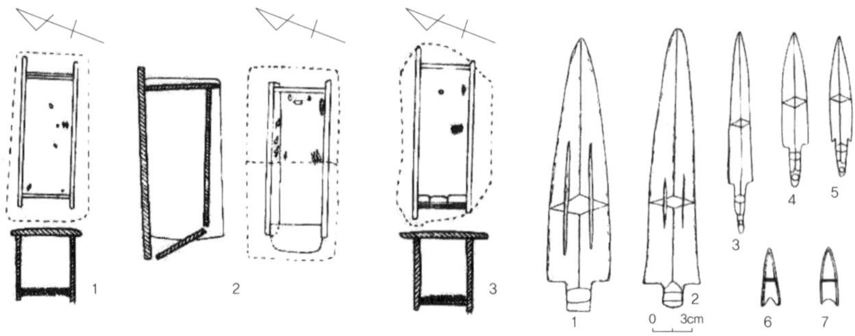

〈그림 3-35〉 대평리 석관묘와 출토유물

것으로 보인다.

평안남도 북창군 대평리에서 대규모의 팽이형토기문화 취락 유적과 함께 7기(1,2,4,6~9호)의 II형 석관묘, 판석을 세워 만든 탁자형 고인돌(5호)이 발굴되었다. 7기의 석관묘는 모두 얇은 판석을 4장씩 세워서 석관을 조성하였고, 상부에는 1장의 얇은 판석을 덮었다. 석관묘내부에서는 석검, 석촉, 곡옥, 관옥 및 미송리형토기편이 출토되었다. 이중 4호에서는 유경식의 혈구식석검과 미송리형토기편이 공반되었다. 또한 8호에서는 4호 출토품과 동일한 혈구식석검이 출토되었다. 이외에 평면타원형의 적석묘역을 가진 탁자형의 5호 고인돌에서는 미송리형토기가 출토되었다. 7기의 석관묘 및 5호고인돌은 유적내 같은 층위 상에서 확인되어 동시기의 무덤으로 보고되었다.[134] 주목되는 점은 7호 석관묘의 구조가 동시기에 축조된 탁자형(5호)고인돌과 거의 유사해 졌다는 점이다. 묘실을 구성하는 벽석의 두께

134) 정찬영, 1974, 앞의 글, 137~138쪽.

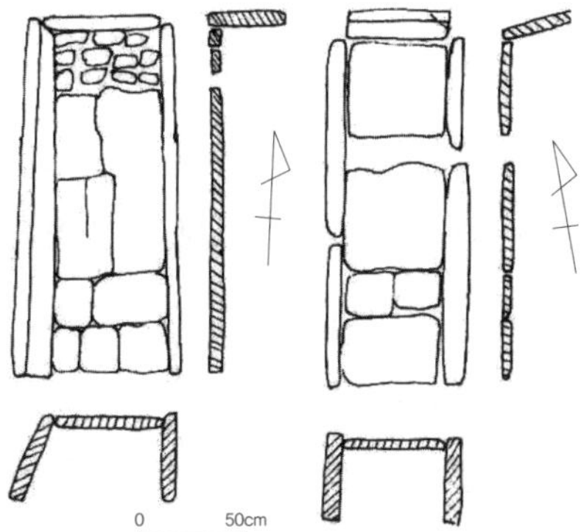

〈그림 3-36〉 평남 신흥리 석관묘

는 15~20cm 정도로 고인돌과 거의 유사하다. 대평리 석관묘의 또 다른 특징은 대부분 한 장의 얇은 개석을 가지고 있다는 점인데, 그 중에서도 7호 개석의 두께는 15~20cm 정도로, 다른 석관묘의 개석 두께가 평균 3~5cm 정도임을 볼 때 매우 특수한 사례로 볼 수 있겠다. 이러한 자료는 고인돌 축조기술의 발전에 따른 석관묘의 구조적 변화상을 엿볼 수 있는 좋은 사례로 여겨진다.

황북 연산군 공포리에서 4기의 석관묘와 탁자형 고인돌 1기가 발굴되었다. 석관묘는 Ⅰ형 2기(4 · 5호), Ⅱ형 2기(1 · 3호)이다. 이중 Ⅰ형은 1단계에 확인되는 것과 차별이 있는데, 장벽쪽으로 각 2장의 판석을 세우던가(5호), 혹은 한쪽은 긴판석 1개, 다른 한쪽은 여러 개를 이어세운 형태(4호)를 보인다. 고인돌에 대해선 도면 및 상세설명이 없어 명확한 내용은 알 수 없으나, 보고서에서 묘실주변으로 괴석이 깔려 있고, 그 하부에 약 40cm 정도로 하천석이 쌓여있다는 설명을 통해 볼 때,[135] 대평리 5호와 동일규모, 동일구조로 보인다. 또한 고인돌내에서는 대평리 5호

135) 석광준, 1962,「황해북도 연산군 공포리무덤떼 발굴 간략보고」,『문화유산』1, 60~69쪽.

고인돌과 동일한 관옥이 출토되었다. 석관묘에서는 편년이 가능한 유물이 출토되지 않았으나 유적 중심에 적석묘역이 있는 탁자형 고인돌이 위치하며, 그 주변으로 유사한 구조의 석관묘가 분포한 점 등을 통해 볼 때 두유적은 비슷한 시기에 동일한 사후 인식을 가진 사람들에 의해 조성된 것으로 보인다.

평안남도 신흥리에서 2기의 석관묘가 발굴되었는데 1호는 II형이며, 2호는 공포리 5호와 동일한 형태의 I 형이다. 2기 모두 편년이 가능한 유물이 출토되지 못하였지만 무덤의 구조상 공포리와 비슷한 시기로 추정된다.

평안북도 용천군 신암리유적에서 미송리형토기가 출토된 주거지 3기와 석관묘 1기가 발굴되었다. 석관묘의 정확한 형태는 알 수 없지만, 얇은 판석재를 세워 묘실을 조성하였다는 점에서 아마도 II형의 단판석형일 가능성이 농후해 보인다. 석관묘와 동일 문화층에서 발굴된 주거지 내부에서 본고 분류 A1식 미송리형토기가 출토되었다. 석관묘에서는 유물이 출토되지 않았으나, 주거지와의 관계 상 동시기성을 부여할 수 있다.

자강도 강계시 공귀리유적에서 주거지 6기와 석관묘 2기가 발굴되었다. 그 중 아래문화층에 속하는 공귀리 I 기의 2 · 3 · 6호 주거지는 대략적으로 기원전 14~11세기 사이로 편년되며, 웟문화층의 공귀리II기의 주거지 1 · 4 · 5호 주거지는 대략 기원전 10~8세기 사이로 편년된다. 다음으로 공귀리 1호 석관묘는 단판석형의 II형 석관묘이며 내부에서는 흑요석기를 비롯하여 공귀리식토기편, 관옥 등이 출토되었다. 2호 석관묘는 I 형의 다판

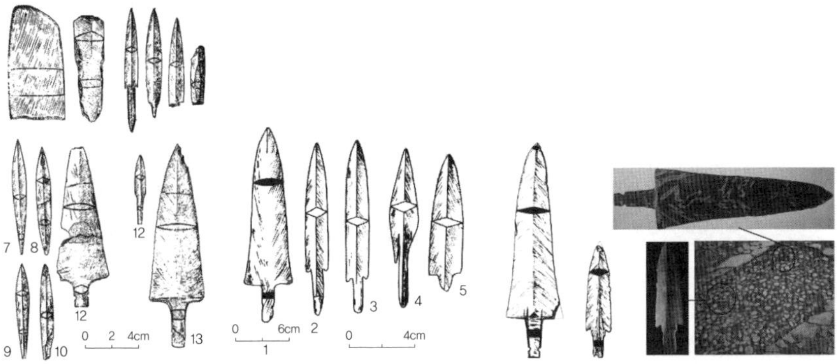

1. 침촌리 긴동고인돌 2. 장곡리석곽묘 3. 묵방리 33호 고인돌

〈그림 3-36〉 북한지역 유경식 석검과 석촉의 변화상

석형이며 출토유물은 1호와 유사한 관옥이 유일하다. 보고서에서는 석관묘 출토 토기의 잔편이 주거지 출토품과 동일하다고 하였으나 구체적인 비교자료를 제시하고 있지 않아 어느 단계의 유물인지 파악이 불가능하다. 다만 1호 석관묘의 구조를 볼 때 2기의 석관묘가 병렬로 연결된 점, 단판식인 점 등에 미루어 잠정적으로 2단계의 무덤으로 설정하고자 한다.

황해남도 장곡리유적에서 제 I 형의 석관형 석곽묘가 발굴되었다. 내부에서는 유경식 석검과 다수의 석촉이 출토되었다. 장곡리 출토 석검은 묵방리고인돌 33호 출토석검과 형태상 매우 유사하다. 그러나 검신에는 등날을 세우지 않고 봉부끝에만 등날을 세워서 검신 단면은 렌즈형이다. 반면 묵방리출토품은 검신 전체에 등날을 세운 단면 릉형이다. 지금까지의 연구성과에 의하면 이처럼 단면 렌즈형은 팽이형토기문화 초기부터 유행하는 반면 단면 릉형은 3단계의 주요 특징이 된다.[136] 장곡리 출토 석검은 검신형태와 병부형태를 통해 볼 때 1단계과 3단계의 과도적 형태로 보여 진다.

주목되는 사항은 장곡리석곽묘의 구조이다. 묘실의 구조는 얇은 판석을 세워 조성한 II형 석관묘와 동일하다. 그러나 석관외부에 강돌과 진흙을 다져서 쌓아 석곽을 조성하였고, 그 상부에는 여러 장의 두꺼운 판석을 덮었다. 이러한 특징은 2단계 초기에 축조된 평양 상원군 로동리 고인돌1호의 구조와 유사하여 비교가 가능하다. 다만 덮개돌의 형태와 규모만 차이가 있을 뿐 묘실의 구조와 조성방식은 기본적으로 일치한다. 즉 2단계에 들어서면 대평리고인돌과 석관묘의 관계처럼, 두 묘제는 조성방식에 있어 상호 영향관계를 가지게 되는데 이러한 과정 중 주변지역에서 변이형태인 제 I 유형 석곽묘가 등장한 것으로 여겨진다.

이처럼 2단계의 주요 특징은 팽이형토기문화의 취락유적내에 판석을 세워 만든 탁자형의 고인돌과 제 I, II유형의 석관묘가 공존한다는 점이다. 주로 정현한 형태의 묘역시설을 가지는 탁자형 고인돌 주변으로 여러 기의 석관묘가 분포한 특징을 보이며, 이러한 양상의 두 묘제간에는 조성방식에 있어 공통된 현상이 확인된다.

첫 번째는 묘실바닥에 자갈을 깔고 그 상부에 진흙을 다진 후 얇은 판석을 깔아 놓는 점이다. 두 번째, 묘실의 바닥석과 각 벽석이 접하는 곳에 결구홈이 있다. 이러한 결구홈은 바닥석과 벽

---

136) 손준호, 2006, 앞의 책, 84~85쪽.

석을 견고하게 세우기 위한 구조로 볼 수 있다. 세 번째, 일부 II 유형의 석관묘 중에는 묘실의 규모가 확장되며, 벽석의 두께가 상대적으로 두껍고, 묘실 상부에 판석 한 장을 덮어놓은 사례가 확인된다. 이러한 종류의 석관묘는 인접한 탁자형고인돌과 거의 유사한 형태이기 때문에 두 묘제간의 영향관계를 생각 할 수 있다. 네 번째, 2단계에부터는 석관묘 및 고인돌의 수량이 점차 증가하며, 두 묘제의 조성방식 또한 닮아 가면서, 이들에게 영향을 받은 새로운 종류의 석재무덤 즉, 석관형 석곽묘가 등장한다.

(3) 3단계 석관묘와 석곽묘

3단계에는 주로 II형 석관묘가 축조되며, 대동강상류와 예성강하류, 두만강유역 등 팽이형토기문화의 외연지대에서 III형 석관묘와 I형 석곽묘가 소규모로 축조된다. 묘실내부에서 비파형동검과 청동촉, 단추 등 청동유물이 묵방형토기 및 팽이형토기와 공반된다.

황해남도 배천군 대아리 석관묘에서 비파형동검과 청동촉, 석촉, 관옥 등이 출토되었다. 비파형동검은 날부가 부식되어 원형을 알수 없으나 잔존형태를 통해 중국 요령성 조양현 소파적유적 출토품과 비교되고 있다.[137] 조양 소파적유적에서는 비파형동검과 함께 청동촉이 출토되었다. 두 유적에서 출토된 동검과 동촉은 거의 동일한 형태의 것으로 동시기의 유적으로 평가받고

137) 張靜 · 田子義 · 李道勝, 1993, 「朝陽小波赤青銅短劍墓」, 『遼海文物學刊』2, 15~17쪽.

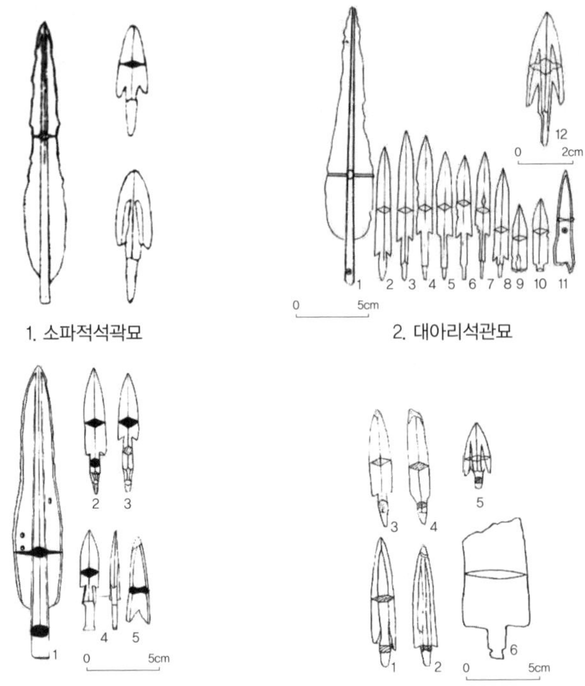

〈그림 3-36〉 북한지역 3단계 석관묘 출토유물 비교

있다.[138] 소파적유적의 연대는 청동촉의 형태에 근거하여 조양 십이대영자유적보다 조금 늦은 시기로 편년되는데, 대략 춘추 중기에 해당되는 기원전 7세기 전후로 보는 것이 보편적이다.[139]

황해북도 신평군 선암리 1호 석관묘에서 대아리 출토동검과 유사한 형태의 것이 출토되었다.

선행연구에서는 선암리와 대아리출토 동검이 전형적인 비파

138) 呂軍, 2006,『中國東北系青銅短劍研究』, 吉林大學博士學位論文.

139) 張靜 · 田子義 · 李道勝, 1993, 위의 글, 15~17쪽.

형동검에서 변형된 형식이며 세형동검과의 중간형으로 이해되어왔다. 그러나 최근 庄田愼矢는 대아리동검과 공반된 석촉의 계통성을 분석하여 선암리와 대아리 출토 동검을 동시기로 파악하였으며 나아가 이들의 연대가 전형적인 형태의 비파형동검보다 빠를 수 있음을 제기하였다.[140] 반면 성경당은 상반된 견해를 제기하였는데 선암리출토 동검은 그 형태 특징상 요녕성 금주 금곡유적, 장하 당포유적, 경상도 송죽리유적 출토품과 유사하여 연대는 전국초기로 편년하였다.[141]

〈그림 3-37〉 대아리와 선암리 출토 동검 사진 비교

그런데 대아리출토 동검의 실물사진자료와 실측도면에는 형태상 차이가 있다. 실측도면은 검신이 파손된 형태를 계측하여 작성된 것으로 실물사진과 비교하면 많은 부분에서 다름을 알 수 있다. 사실상 대아리와 선암리출토 동검의 실물사진을 비교하면 거의 동일한 형태로 보인다. 다만 양자간의 길이와 날부의 호곡도에서 조금 차이가 있을 뿐인데, 이러한 차이는 동검의 재가공이라는 측면을 열어 둘 때 시기상을 반영하지는 않는 듯하

140) 莊田愼矢, 2005, 「호서지역 출토 비피형동검과 미생시대 개시연대」, 『호서고고학보』12, 46~50쪽.

141) 성경당, 2009, 『한반도 청동무기 연구 - 중국 동북지역과의 비교 』, 전남대학 박사논문, 163~165쪽.

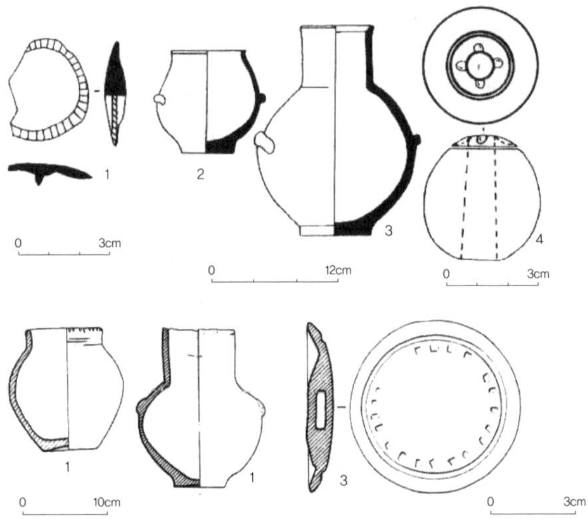

〈그림 3-38〉 풍룡리 석관묘(상)와 루상적석총(하) 출토유물비교

다. 하지만 선암리 동검의 검신하단부가 좀 더 세형화된 것으로 보여 이글에서는 잠정적으로 대아리 동검을 기원전 7세기 전후, 선암리 출토품은 조금 늦은 시기로 보고자 한다.

황해북도 사리원 상매리유적에서 II유형 석관묘 3기가 발굴되었다. 이중 1호에서 사람뼈, 청동촉 1, 석촉 4, 구멍뚫린 소라껍질 2점 등이 출토되었다. 그중 1호석관묘 출토 청동촉은 대아리 출토품과 동일하여 양자는 동시기로 판단된다.

자강도 시중군 풍룡리의 I형석관묘에서 청동단추1, 석촉2, 구형석기1, 토기2, 관옥 27개 등이 출토되었다. 토기 중 뉴상손잡이가 달린 관(罐) 1점은 미송리 출토품과 유사하다. 이외에 청동단추, 구형석기, 뉴상손잡이 달린 장경호 등은 아직까지 북한지역에서는 발견되지 않은 외래적 요소가 강한 기물이다. 이중 청동단추는 외면바깥으로 현문이 있고 그 내부에 단사선을 연속적으로 시문하였다. 현재 북한지역에서 청동단추가 발견된 유적은 평안북도 신암리유적, 황해남도 봉산군 신흥리 7호주거지, 평안남도 남양유적, 평양시 상원군 용곡리 방울뫼 4호 고인돌, 평안남도 성천군 백원9호 고인돌, 함경북도 라선시 초도유적 등이 있다. 이중 초도유적 출토품을 제외한 나머지는 모두 청동단추외면에 아무런 문양이 발견되지 않았다. 초도유적 출토 청동단추는 상세한 설명 및 도면이 발표되지 않았다. 다만 발표된 1장의 사진자료를 통해 볼 때 풍룡리 출토품과 유사한 단사선문이 시문된 것으로 추정된다. 풍룡리 석관묘 출토 청동단추와 동류의 것이 내몽고 임서현 정구자유적, 요녕성 영성 소흑석구 M9601 석곽묘 등 중국 요서지역의 기원전 8~5세기 전후의 유적에서 자주 발견된다. 이외에 요녕성 대련시 누상적석총과 심양 정가와자유적, 길림성 연길 왕청 백차구유적, 길림 후석묘지 등 요동과 길림 각지의 기원전 6세기 전후의 유적에서도 출토되었다. 이중 누상적석총의 토기조합이 풍룡리의 것과 매우 유사한 점으로 보아 두 묘지는 같은 시기의 유적으로 판단된다.

평안남도 덕천군 승리산 동굴유적에서 Ⅲa형의 괴석형 석관묘가 발굴되었다. 지금까지 조사에 의하면 북한지역에서 동굴무덤이 발견된 곳은 평안북도 의주군 미송리유적, 함경북도 무산군 지초리유적, 그리고 승리산유적이 있다. 미송리유적은 조사당시 유적층위가 교란되어 무덤의 구조를 알 수 없었다. 그러나 지초리와 승리산유적은 비교적 보존상태가 좋아서 그 대략적인 내용이 전해진다.

승리산동굴의 청동기시대유적은 모두 4층으로 확인되며 석관묘는 제2층에서 발견되었다. 길이 20cm 전후의 괴석을 쌓아서 평면장방형 석관을 조성하였고 바닥에는 깨진 돌을 1층 깔고 다시 검은 부식토를 5cm 가량 깔고 그 상부에 시신을 두었다. 묘실 상부는 판석을 덮었는데, 그 상부에서도 성인남성과 아이의 인골이 발견되었다. 즉 석관묘의 개석 상부에서 인골이 발견되었으며 이곳이 제1층에 속한다. 그러나 인골편이 발견된 개석상층(제1층)은 이미 지층이 교란되었기에 본래의 구조를 알 수 없다. 승리산 석관묘 하층(제3층)에서는 묵방리형토기가 출토된 주거지가 발견되었으며, 그 아래의 제4층 주거지에서는 미송리형토기가 출토되었다. 즉 승리산 동굴유적의 층위관계는 미송리형토기 출토층(4층) – 묵방형토기 출토층(3층) – 석관묘문화층(2-1층)으로 구분된다. 보고자는 승리산 석관묘가 묵방형토기를 사용한 사람들이 축조한 무덤으로 추정하여[142] 이글의 제 3단계 무덤에 속할 수 있다.

함경북도 온성군 강안리 수남유적 및 지경동유적에서 Ⅲa형의 괴석형 석관묘가 발굴되었다. 이중 강안리 수남유적에는 Ⅲa형석관묘와 함께 파괴된 판석형 석관묘 여러 기가 확인되었다. 수남리 석관묘에서 출토된 유물은 석검3, 석모2, 석촉, 토기 등 다수이나 정확한 출토유구는 제시되지 않았다. 다만 적색마연토기, 뉴상손잡이가 대칭으로 달린 흑갈색의 발형토기 등은 동북한지역에서

142) 이기련, 1978,「덕천 승리산유적 발굴간보」,『유적발굴보고』, 52~55쪽.

청동기시대에 보편적으로 유행된 양식이다. 특히 적색마연토기는 전기부터 유행되었으며 발형토기는 중후기에 보편적이다.[143] 즉 이 지역 역시, 자세한 형식은 알 수 없으나 1단계부터 석관묘가 축조되어 3단계 전후까지 지속되었음을 알 수 있다.

함경북도 무산군 지초리유적에서는 제 I 형 석곽묘가 발견되었다. 보존상태가 매우 양호하였는데 동굴내부에 토광을 파고 판석을 세워 석관을 조성한 후 묘광과 석관사이에 석재를 채워서 석곽을 형성하였다. 개석은 이미 파괴되어 묘실내부로 함몰된 상태였다. 묘실에서 출토된 유물 중 뉴상파수가 대칭으로 달린 흑색마연토기와 淺腹豆는 두만강유역의 유정동문화 후기형식(기원전 6~5세기)과 닮아 있어 본고의 3단계 무덤으로 귀속시키겠다.

황해남도 배천군 홍현리 석관형 석곽묘에서 동촉이 출토되었다. 구조는 대체적으로 장곡리와 지초리 석곽묘와 유사한 구조이다. 장곡리 석곽묘와 차이점은 얇은 판석을 세워 석관을 조성한 후 길이 30cm, 너비 20cm, 두께 10cm 전후의 괴석을 쌓아서 석곽을 조성한 점이다. 즉 장곡리 석곽묘에서 보다 발전된 형태로 볼 수 있다. 석곽묘내부에서 출토된 청동촉은 촉신의 대부분이 부식되어 정확한 형태를 알 수 없다. 그러나 대체적으로 황해남도 은천군 약사동 고인돌출토 동촉과 유사하다. 이러한 종류의 동촉은 전형적인 양익형 동촉이 한반도에 전래된 이후에 모방된 형태로서 기원전 7~5세기 전후로 편년되었다.[144]

---

143) 강인욱, 2007a, 「두만강 유역 청동기시대 문화의 변천 과정에 대하여 ; 동북한 토기의 편년 및 주변 지역과의 비교를 중심으로」, 『한국고고학보』62.

144) 한수영, 2004, 앞의 글, 53~71쪽 ; 미야자토 오사무, 앞의 책, 242~247쪽.

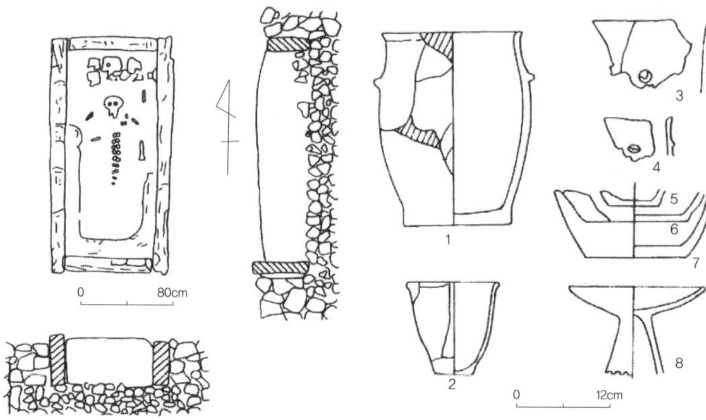

〈그림 3-39〉 지초리 석곽묘 및 출토유물

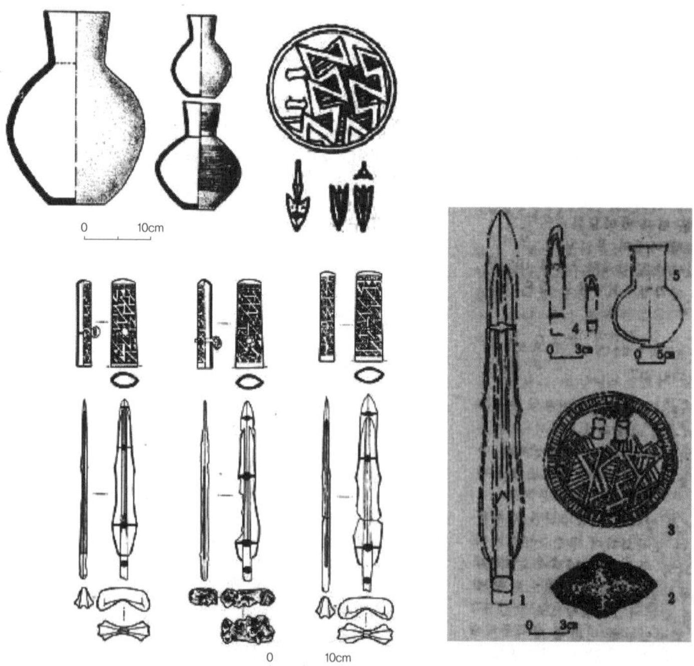

〈그림 3-40〉 정가와자와 신성동석곽묘 출토유물 비교

이외에 함경북도 경원군 원봉리에서는 Ⅲb형의 석관묘가 발굴되었다. 묘실구조는 바닥에 판석을 깔고 시신을 안치한 후 그대로 봉석하여 마감하거나 혹은 묘광내부에 직접시신을 놓고 봉석하였다. 묘실내부에는 약 5~8개체의 인골이 합장되었으며, 인골 주변에서 환상석기와 성형석기가 출토된다. 이러한 종류의 석재무덤은 인접한 중국의 유정동문화 후기단계의 석관묘와 동일한 형태이다. 유행된 연대는 기원전 6~5세기 전후로 제3단계 후기로 볼 수 있겠다.[145)]

(4) 4단계의 석관묘와 석곽묘

4단계계에는 Ⅰ·Ⅱ유형 석관묘가 점차적으로 줄어들며 Ⅳ유형 석관묘와 목관형의 제Ⅱ형 석곽묘가 새롭게 출현된다. 묘실내에서는 4단계의 표지유물인 세형동검, 다뉴경, 흑색마연장경호, 점토대토기 등이 출토되었다.

황해북도 서흥군 천곡리유적에서 Ⅳ형의 혼축형 석관묘가 발굴되었다. 묘실 서벽은 긴판석 2장을 2층으로 쌓았고, 동벽은 한 장의 판석을 세웠다. 북벽은 판석 1장을 세우고, 남벽은 석재를 쌓은 후 그 상부에 소형판석 1장을 세웠다. 그리고 장벽에서 북벽까지 모자란 부분은 석재를 채워서 마감하였다. 유물은 석관 동남쪽에 치우쳐 놓여 있었고, 세형동검과 철제검병두식 등이 수지에 쌓여 있었다. 그리고 세형동검 좌우에 석촉 6개 출토되

145) 관련 내용은 4장 4절 3)항 '두만강유역권의 석관묘'를 참고하길 바란다.

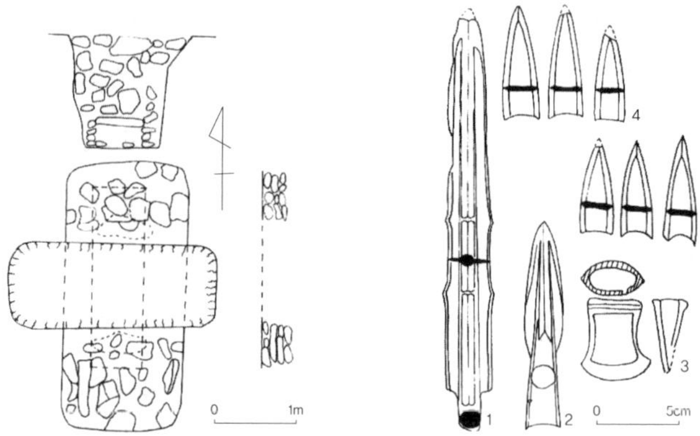

〈그림 3-41〉 정봉리 석곽묘와 출토유물

었다.

평양 순안구 신성동 목관 석곽묘에서 비파형동검, 번개무늬청동거울, 흑색마연장경호 등이 출토되었다. 신성동 석곽묘는 깊고 넓은 토광을 판후 내부에 석재를 쌓아 석곽을 조성하였고 그 내부에서 목관의 흔적이 확인되었다. 석곽상부에는 두께 11cm의 판석을 덮은 후 석곽과 토광 사이, 개석 상부로 다시 석재를 채웠다. 비파형동검은 심양 정가와자출토품 및 서포동 동검과 유사하다. 다만 정가와자 및 서포동 출토품에 비해 검신이 세장화되었다. 동경은 심양 정가와자 출토품과 동일한 뇌문경이다. 신성동 출토 흑색마연장경호 역시 정가와자 출토품과 유사하나 목이 세장해진 점은 대전 괴정동 출토품과 유사하다. 흑색마연장경호는 주로 점토대토기 및 세형동검과 공반되는 4단계의 표지유물이기 때문에 신성동 석곽묘는 3단계 후기와 4단계 사이의 무덤으로 판단된다.

황해북도 신계군 정봉리 목관 석곽묘에서 세형동검, 세형동모, 청동도끼, 석촉 10개 등이 출토되었다. 묘실구조는 먼저 묘광을 깊고 넓게 판 후, 내부에 석재를 쌓아서 석곽을 조성하고, 상부에 두께 10cm 전후의 판석 여러 개를 덮었다. 그 상부에는 직경 30cm 전후의 자갈과 흙을 섞어 쌓았다. 석곽내부에서는 부식된 목관의 흔적이 남아 있는데 기본적인 구조는 평양 신성동 석곽묘와 유사하며, 묘광의 깊이가 보다 깊어졌다.

황해남도 신천군 룡산리 목관 석곽묘에서도 세형동검 3개, 다뉴세문경 1개가 흰 종이에 7~8번 정도 싸여진 채로 발견되었다. 묘실은 벽체를 쌓은 흔적만 남아 있었고, 바닥에는 판석 3장을 깔았고 바닥석 위에서 목관의 흔적이 확인되었다. 출토유물 중 세형동검과 다뉴세문경은 4단계 후기의 유물이다.

이상에서 살펴본 4단계의 석관묘 및 석곽묘 출토유물은 동시기 고인돌에서 출토되는 유물과 대체적으로 동일하다. 즉 동일한 문화와 사후인식을 가진 집단이 고인돌, 석관묘, 석곽묘 등 여러 종류의 묘제를 축조한 것으로 볼 수 있다.

3. 북한지역 청동기시대 묘제의 권역별 전개양상[146)]

이상에서 살펴본 바와 같이 현재 북한지역에서 청동기시대의

146) 해당 내용은 필자가 2019년에 발표한 「요동과 길림, 서북한지역 청동기시대 묘제의 전개양상 검토」(『백산학보』115) 중 제Ⅳ장. 「서북한지역 청동기시대 묘제의 권역별 특징」 부분을 일부 수정 · 보완하여 수록한 것이다.

석묘전통이 확인되는 곳은 크게 3개의 권역으로 구분이 가능하다. 첫 번째는 팽이형토기문화 분포범위인 대동강유역권이며, 두 번째는 신암리 및 공귀리유형의 분포권인 압록강유역권, 세번째는 유정동문화를 포함하는 두만강유역과 동북한지역권이다.

각각의 권역에 분포한 다양한 종류의 묘제에서는 해당 문화의 전형유물이 확보된 관계로 이들은 해당 권역 내 토착세력이 남긴 문화현상으로 볼 수 있다. 다만 기원전 10~9세기를 기점으로 상호 유사한 계통의 석묘문화를 공유하기 시작하는 점과 미송리형토기와 비파형동검문화라는 보편성이 확보되는 점에서 이들은 특정시기를 기점으로 문화적 연관성이 상당히 친밀해져 감을 알 수 있다. 관련 내용을 종합하여 북한지역내 각 권역별 묘제의 출현과 단계별 특징을 비교하면 다음과 같이 정리할 수 있다.

1) 대동강유역권 청동기시대 묘제의 변천

첫 번째는 대동강유역권이다. 팽이형토기문화권에 속하며, 묘제의 전개양상은 전체 4단계에 걸친 변화상을 보인다. 제1단계에는 모두 여러 장의 판석을 세워 묘실을 조성하는 방식의 판석형계열의 묘제, 즉 탁자형 고인돌과 Ⅰ형 석관묘만 확인된다. 무덤내 부장품은 팽이형토기, 유경식 석검과 석촉 등이며 연대 범위는 기원전 13~10세기 초반으로 예상된다. 하지만 그 상한연대는 보다 올라갈 가능성도 존재한다.

한편 초기단계의 고인돌에서 찾아지는 가장 큰 특징으로 묘실 주변의 적석묘역을 들 수 있다. 이는 다시 묘역내 단 1기의 고인돌만 배치된 단독형과 다수의 고인돌의 모여 있는 집단(묘역)형으로 구분할 수 있다. 먼저 단독형은 석관묘와 마찬가지로 여러 개의 얇은 판석재를 세워 묘실을 조성한 것이 확인되는데 이 경우 묘실의 평면 형태는 'ㅁ'자의 구조를 가지는 보편성이 확보된다.

이러한 형태의 것들은 당시 무덤의 축조기술이 발달되지 못한 측면에서 이해할 수 있겠다. 초창기의 무덤들이 대부분 1m 안팎의 길이를 보이는 점에서, 상부에 배치될 무거운 덮개돌의 하중을 고려하여 묘실의 규모가 협소할 수밖에 없었을 것인데,[147] 그러한 상황에서 묘실의 공간을 최대한 활용하기 위한 조치로 예상되며, 이와 함께 묘실 주변으로 다량의 적석시설이 부가되었을 것이다. 이러한 형태의 고인돌이 위치한 곳은 모두 산이나 구릉의 하단부와 연결되는 하천변 평야지대에 속하며, 지근거리에 초기단계의 주거유적이 배치된 특징을 보인다.

다음으로 집단(묘역)형의 고인돌은 일정한 규칙성을 가지고 배치된 특징을 보인다. 북쪽에 해당되는 제일 앞열에 덮개돌의 규모가 가장 큰 것이 위치하며, 중간부에는 중 · 소형의 것들이 무작위로 배치되고, 후반부에는 개별묘역을 가지면서 하나의 덮

147) 상식적으로 생각해 볼 때, 무거운 덮개돌로 인해 묘실의 규모가 대형화될 것이라는 생각을 가질 수 있다. 하지만 해당 묘제가 서북한지역에서 발생기적 특징을 보이는 점, 축초기술과 경험이 미숙하였던 점 등을 고려할 때 오히려 묘실의 규모가 클수록 상부의 덮개돌로 인한 영향성, 즉 파괴와 훼손도 훨씬 강하게 작용되었을 것이다. 초기단계의 고인돌들이 작은 묘실 둘레로 다량의 적석시설을 둔 것은 바로 이러한 점이 고려되었을 것으로 여겨진다.

개돌 밑으로 2개 이상의 묘실이 존재하는 다실묘 구조의 것이 확인된다. 비록 침촌리라는 단 1사례에 불과하지만, 해당 유적 내 다수의 지점에서 동일한 규칙을 적용하여 무덤군이 조성된 점만은 특별히 주목할 만하다. 즉, 무덤군이 조성될 당시 처음부터 기본적인 설계규칙을 가지고서 무덤들의 배치가 결정된 것으로 볼 수 있으며, 이는 곧 해당 고인돌들의 축조시점에 큰 시간차가 없거나 혹은 거의 동시에 축조되었을 가능성을 말해준다.

지금까지 조사에 의하면 이러한 형태와 규칙성을 보이는 고인돌은 북한지역 내에서도 대동강의 하류지천인 황주천일대에서만 확인된다. 뿐만 아니라 초기단계의 무덤들은 모두 대동강하류의 황해연안지역에 분포한 특징을 보이는데, 이는 인접한 요동반도 일대의 석묘문화와 연관지어 생각해 볼 수 있다. 두 지역의 초기 묘제는 구조나 형태적 특징은 물론 부장양상 역시 상당히 닮아 있다. 이미 선학들이 지적한 바와 같이 대동강유역의 팽이형토기문화 속에는 당지의 신석기시대 후기요소와 비교하여 상당히 이질적 측면이 다수 내포되어 있는데,[148] 이처럼 새로운 물질문화의 전개는 요동지역으로부터 외래문화가 파급되는 과정에서 변용된 것으로 이해하고자 한다.

마지막으로 초기단계의 석관묘는 모두 고인돌유적 주변에서 발견되었다. 이들은 묘실의 구조와 출토유물 방면에서 상호 동질성이 확보되기에, 같은 계통의 사람들이 동일한 과정을 거쳐 유입된 것으로 판단된다.

148) 林炳泰, 1996, 앞의 글 ; 韓永熙, 1983, 앞의 글.

제2단계의 묘제는 1단계의 전통을 유지하면서, 보다 완성된 형태로 발전된다. 고인돌은 역시 판석형계의 탁자형만 확인되며, 석관묘는 Ⅰ형과 Ⅱ형이 공존, 그리고 새롭게 Ⅰ형 석곽묘가 출현한다. 이 시기 고인돌에서는 전단계의 주요 특징이 되는 묘실 'ㅁ'자 구조의 것이 보이지 않는다. 아마도 고인돌 축조기술의 발전과 경험의 축적, 그리고 묘실의 규모가 점차 대형화됨에 따라 자연적으로 소멸된 것으로 여겨진다. 이외에도 다양한 양상의 변화가 간취된다.

첫 번째는 묘역시설의 형태가 정형성을 보이게 되는 점이다. 주로 묘실 주변 2~3m 범위 내에 강돌을 1~3층 가량 깔아 놓는데, 초기단계의 원구상형, 이를 테면, 묘실에 가까운 곳은 두텁고, 주변으로 갈수록 얇아지는 형태와 달리 경사도가 완만하면서 외곽으로 잘 다듬어진 구획석을 둘러놓아 명확하게 그 경계를 표시한 타원형태의 것이 확인된다.[149] 또한 고인돌군 중심부에 적석제단이 배치되기도 하는데, 구조적 특징은 앞서 설명한 고인돌의 적석묘역과 동일하다.[150] 따라서 정연한 형태의 적석묘역이 부가된 고인돌에는 제단적 기능 또한 작용됨을 알 수 있다.

두 번째, 적석시설이 없는 대형 고인돌이 다수 확인된다.[151] 대

149) 평안남도 북창군 대평리 5호 고인돌(정찬영, 1974, 앞의 글, 138쪽)과 황해북도 연탄군 오덕리 평촌 2지점의 고인돌(석광준, 1974, 앞의 글, 74~118쪽)을 사례로 들 수 있다.

150) 연탄군 오덕리 송신동 1~3지점 고인돌군(석광준, 1974, 앞의 글, 96~100쪽)이 대표적이다.

151) 오덕리 송신동 1지점(위의 책, 96~99쪽 참조)에는 묘군 중심에 적석제단이 위치하며 그 주변으로 적석묘역이 없는 대형의 탁자형 고인돌 다수가 열을 지

신 받침돌의 규모가 크고 두꺼워지는 경향을 보이며, 일부 중에는 덮개돌의 규모가 7m 이상, 높이는 2m 이상인 초대형 고인돌이 출현한다.[152] 이러한 현상은 바로 이 시기부터 서북한지역에 등장하는 비파형동검문화 및 대규모의 집단 취락유적이 형성되는 것과 연관지어 생각해 볼 수 있다.

특이할만한 점으로 대평리유적에서는 취락 내 별도의 무덤구역을 설정 한 후, 중심부에는 정연한 형태의 적석묘역을 가지는 탁자형 고인돌이 배치, 그 주변으로 다수의 석관묘가 군집을 이루기도 한다. 고인돌 사회가 점차 안정되어 감에 따라 축조 목적과 기능을 달리하는 다양한 형태와 성격의 묘제가 공존하게 된 것으로 본다.

이 시기 석관묘의 구조 역시 변화된다. Ⅰ형의 경우 여러 장의 판석을 사용하던 방식이, 장벽쪽으로 단 2장씩만 사용되어 Ⅱ형의 단판석형과 유사한 구조로 변화된다.[153] 그리고 Ⅱ형의 경우 판석의 두께가 보다 두껍고 대형화되어 고인돌에 거의 근접한 형태를 보이기도 한다. 북창군 대평리유적의 사례를 들 수 있는데, 묘실바닥에 자갈돌을 깔고 그 위에 진흙을 다진 후 얇은 판

어 군집한다.

152) 황해남도 안악군 로암리 1호 고인돌이 대표적이다. 로암리 1호 고인돌의 출토유물 중 구연에 두줄의 굵은 단사선이 새겨진 이중구연의 평저토기는 대동강유역에서 미송리형토기와 공반되는 시기성이 강한 부장품목으로 기원전 8~9세기 무렵으로 편년되는 평양 남경 3호 및 평안북도 오신리주거지에서도 유혈구석검, 미송리형토기 등과 공반된 바 있다. 평양지역에서 로암리 급의 초대형 고인돌이 축조되는 시기는 적어도 기원전 8세기 무렵으로 이해할 수 있다.

153) 황해북도 연산군 공포리 4·5호 석관묘(석광준, 1962, 앞의 글, 60~69쪽)가 대표적이다.

석을 깔아놓은 형태의 것이 고인돌과 석관묘 모두에서 확인되며, 묘실 바닥석과 장벽석이 접하는 곳에 결구홈을 두는 공통점도 확보된다. 심지어 석관묘의 개석이 한 장으로 구성되어 외형상 고인돌과 구분하기 어려운 것도 존재한다.[154)]

이러한 과정을 거쳐 석곽 내부에 석관이 조성된 Ⅰ형 석곽묘가 등장하는 것으로 이해된다. 황해남도 장곡리 석곽묘의 예를 보면, 석관의 구조는 Ⅱ형 석관묘와 동일하며, 석관 외부의 특성은 고인돌에 거의 근접한 점에 주목된다.[155)] 출토유물 역시 동시기 고인돌 및 석관묘와 동일하다. 요컨대, 2단계에는 고인돌과 석관묘의 수량이 대폭 증가하며, 형식과 구조 또한 한층 닮아 가는 과정을 거쳐 두 묘제의 복합 형태인 Ⅰ형 석곽묘가 새롭게 출현하는 것으로 본다.

마지막으로 2단계의 묘제에서는 전단계에 비해 보다 다양해진 유물구성이 주목된다. 편년의 지표로 삼을 수 있는 것으로 2단계의 팽이형토기,[156)] 미송리형토기와 이중구연 평저토기,[157)] 유혈구 석검과 석모 등을 제시할 수 있으며, 연대범위는 기원전 10

154) 정찬영, 1974, 앞의 글, 130~140쪽.

155) 장곡리 석곽묘는 석관 외측으로 강돌과 진흙을 다져 쌓아 석곽을 조성하였고, 그 상부에는 여러 장의 두꺼운 판석을 덮었다. 이러한 특징은 2단계 초기에 축조된 평양 상원군 로동리 고인돌1호(고영남, 2011, 앞의 글, 37~39쪽)의 구조와 매우 유사하다.

156) 기형이 정형화되어 관류와 호류로 구분되며, 구연부 단사선이 빼곡하게 일주되는 특징을 보인다.

157) 팽이형토기와는 다르게 평저이긴 하지만 이중구연부에 단사선이 시문되는 공통성을 보인다. 하지만 단사선의 시문방식에 차이를 가지는데 다소 굵고 뭉특한 도구의 끝으로 2조씩 눌러 찍는 방식으로 단사선을 새긴다.

세기 말에서 8세기 전후로 볼 수 있다. 이 시기 가장 큰 특징은 바로 서북한지역 전체에서 미송리형토기라는 동일한 문화요소가 확인되며, 각 지역 묘제에 부장된 유물구성에 유사성이 확보되는 점이다. 이와 함께 비파형동검문화가 개시되는 데 이처럼 전단계에 비해 안정화되고 성숙한 사회 분위기 속에서 초대형 고인돌 및 집단의 공통된 신앙과 종교의식을 대변해 주는 적석제단 등이 출현한 것으로 이해된다.

3단계에는 판석형 석재를 매장주체부의 재료로 활용한 탁자형 고인돌과 Ⅰ·Ⅱ형 석관묘, Ⅰ형 석곽묘 등이 유지되지만, 새롭게 개석Ⅱ·Ⅲ식 고인돌[158]과 ⅢA형 석관묘[159] 등 석재를 쌓아서 묘실을 조성하는 방식이 출현한다. 내부에서는 미송리형토기의 변형 형식인 묵방형토기, 비파형동검과 동모, 청동촉, 동포, 청동방울, 청동예술품 등이 출토되며 일단병식의 석검과 횯구연의 퇴화형 팽이형토기가 확인된다. 연대범위는 대략 기원전 7~6세기 무렵으로 편년할 수 있다.

지금까지의 조사에 의하면 해당 지역 내 석축형 묘제, 이를 테면 개석형 고인돌과 ⅢA형 석관묘 등은 주로 대동강하류의 황주천 이북지역에서 발견되며, 그 중에서도 대동강 이서의 황해연안지역에 가장 집중된 양상을 보인다.

주목할 만한 사실은 황주천 이남의 산간내륙지역에서는 이러한 석축형 계열의 묘제들이 극히 일부만 확인되는 점이다. 대부

158) 평안남도 개천군 묵방리유적(김기웅, 1963, 앞의 글, 64~76쪽)이 대표적이다.
159) 평안남도 덕천군 승리산 동굴유적(이기련, 1978, 앞의 글, 52~55쪽)을 사례로 들 수 있다.

분 전형적인 형태의 적석묘역이 없는 탁자형 고인돌과 II형 석관묘만 확인되며, 해당 지역 내에서는 아직까지 미송리형토기 계열의 유물구성이나 비파형동검 등의 조합이 확보되지 않는 점이다. 즉, 제 3단계에 진입하면 대동강유역권은 황주천을 경계로 그 남북지역의 석묘전통과 그 문화내용상에 차별적 현상이 간취되며, 이를 기준으로 A구와 B구 등 소지역구로의 구분이 가능하다.

A구는 황주천 이북의 대동강 중상류지역에 포함되며, 석축형 계열의 석묘와 묵방리식토기, 비파형동검과 동모 등의 문화요소가 새롭게 출현한다. 아울러 석축형과 판석형 계열의 묘제가 공존하는 점 역시 주요한 특징이 된다. 다음으로 B구는 황주천 이남의 재령강유역일대로 여전히 판석형계열의 묘제가 중심을 이루며 팽이형토기와 유경식석검, 석촉 등 당지의 토착문화가 강세를 보인다.

제4단계에는 판석형계열의 묘제들이 대폭 감소하며, 판석과 괴석재를 혼용하는 방식의 개석 III식 고인돌과 IV형 석관묘 및 토광을 그대로 묘실로 사용하는 형태의 묘제가 증가세를 보인다. 이외에 석곽내부에 목관이 안치된 II형 석곽묘[160]가 새롭게 출현하며, 개석 II식 고인돌의 묘실구조에 변화가 발생된다.

평양 순안구 오산리 담화골의 2호고인돌(2-2지구)은 묘실의 규모가 전단계에 비해 넓고 깊어지며, 묘실 바닥에 목탄을 깔고 그 위로 다시 자갈돌을 촘촘하게 배치한 구조의 것이 새롭게 발

160) 평양 신성동석관묘(김재용, 2012, 앞의 글)가 대표적이다.

견된다. 묘실내 부장품은 세형동검, 다뉴경, 동부, 점토대토기, 흑색마연장경호 등이 퇴화형의 팽이형토기와 공반되는 양상을 보인다. 연대범위는 대략 기원전 5~3세기 무렵으로 편년된다.

이 시기의 가장 주요한 특징은 외래적 성격이 강한 석곽목관묘 즉 II형 석곽묘의 출현과 묘실내 공반되는 흑색마연토기와 점토대토기 등의 조합 및 세형동검과 다뉴경의 공반상을 들 수 있다. 이때를 기점으로 미송리형토기문화와 비파형동검문화가 거의 소멸되고 세형동검과 청동거울의 조합이라는 새로운 국면으로 전환된다. 주지하다시피, 이러한 변화상은 요서의 십이대영자문화에 영향을 받은 것으로 이해되고 있다.

일반적으로 고고학상에서 발견되는 토기의 형태와 양식변화는 해당 주민집단의 식생활 혹은 자연환경과 밀접한 관계에 있음을 고려할 수 있다. 식생활은 주변 자연환경에 지대한 영향을 받으며, 두 요소는 복합적으로 작용하여 해당 집단의 생태적 · 체질적 특징을 결정 짓게 된다. 따라서 복합사회로의 진입 이전 혹은 청동기시대 특정 지역군[161]내에서 동일한 형태의 취사용기를 제작 · 사용하였음은 유사한 형태의 식문화를 향유하였을 가능성이 매우 크다. 나아가 여기에는 동일한 자연환경 혹은 적어도 상당히 근접한 수준의 생활환경내에서 유사한 체질적 특징을 공유하였다는 사실이 전제된다. 만약 이들을 혈연을 매개로 종속되어 진 특정 종족집단으로 규정할 수 있다면, 동일한 양식의

161) 이를 테면 하나의 공통된 수계에 의지하여 생활하였던 서로 상반된 지역의 군소집단 혹은 특정 산맥을 기준으로 협곡이나 구릉, 평야지대에 산발적인 군집을 이루어 생활하였던 자연환경이 유사한 주민집단을 생각할 수 있다.

생활토기가 확인되는 지역은 이들의 생활권 및 영향범위를 유추할 수 있는 좋은 자료가 될 것이다.

또 한편으로는 무덤 내 부장품으로 전용되어진 특정 토기와 청동의기(青銅儀器)를 포함하는 규범화된 유물복합은, 비교적 넓은 지역군내에서 이를 공유하는 다양한 종족집단의 공통적인 관념체계, 혹은 종교적 이데올로기를 반영한다고 볼 수 있다. 따라서 동일한 묘제와 부장품 및 매장풍습을 공유하고, 나아가 생활토기가 유사하다는 사실은 이들이 공통의 종교 · 신앙적 이데올로기에 기반하였음은 물론 체질 · 혈연적으로도 강한 유대감이 형성되었을 가능성이 크다. 만약 이들을 혈연과 종교를 매개로 종속된 일련의 종족연합으로 볼 수 있다면, 이상 일련의 유물 · 유적 복합군이 확인되는 지역 및 그 변화상의 검토는 이들의 영역범위 혹은 그 이동경로를 파악하는 중요한 실마리가 될 수 있을 것이다.

한반도의 남부지역 역시 기원전 4~3세기를 기점으로 점토대토기문화권에 포함된다. 묘제는 적석목관묘와 목곽묘 혹은 토광묘 등에서 점토대토기와 흑색마연토기, 세형동검과 세문경 등의 청동기류가 조합되는 양상을 보인다. 이와 거의 유사한 내용이 가깝게는 요동지역의 심양 정가와자유적 및 멀게는 요서의 대소릉하유역을 중심으로 전개된 십이대영자문화권에서도 확인되고 있다. 비록 요하유역일대에서는 세형동검과 세문경 대신 비파형동검과 조문경이 사용되고 있지만 이는 해당 청동기문화의 발전과정에서 촉발된 일련의 시 · 공간적 변화상으로 볼 수 있다.

동일한 내용을 보이는 물질문화의 전개상이 일련의 시간차를 두고서 요서(기원전 9~4세기) – 요동(기원전 6~4세기) – 서북한(기원전 5~3세기) – 남한지역(기원전 4~2세기)으로 연결된다는 사실은 여러 가지 면에서 시사해주는 바가 크다. 이와 관련하여 최근 가장 활발하게 논의되고 있는 부분이 바로 고조선과의 연관성 혹은 고조선 건국의 주체세력으로 인정받는 예맥 세력과의 관계 설정을 들 수 있다.

최근 국내에서는 십이대영자문화를 예맥 집단이나 초기 고조선의 중심문화로 파악하는 견해가 증가하고 있다. 이를 수용할 경우, 서북한지역의 제4단계 대동강유역권은 고조선 후기문화의 중심지 혹은 그와 상관된 사람들이 활동한 지역으로 볼 수도 있겠다. 하지만 그와 상관된 문화내용의 부재나 발굴자료의 희소성이라는 측면에서 좀 더 신중한 판단이 요구되기도 한다.[162)] 아울러 북한지역은 제4단계에 들어서야 비로소 고조선의 문화권역에 포함된다는 논리로 확장 될 수도 있겠는데, 그렇다면 대동강유역에서 그 이전 단계의 물질문화는 어떻게 이해해야 할지에 대한 고민도 필요하다. 이에 관해서는 제5장에서 보다 구체적으로 다룰 예정이다.

마지막으로 각 단계별 물질문화의 주체와 변화상을 정리하면 다음과 같이 요약할 수 있다.

---

162) 정인성, 2018,「고고학으로 본 위만조선 왕검성과 낙랑」,『고고학으로 본 고조선』, 제41 전국고고학대회 발표문.

1단계는 당지의 토착 신석기문화(궁산문화)에 요동지역의 외래요소(쌍타자3기)가 복합되어 팽이형토기문화가 출현, 판석형 계열의 석묘전통이 시작된다. 2단계는 팽이형토기문화를 기반으로 요동지역 외래요소(쌍방문화)가 한층 강화되어 미송리형토기문화가 태동, 석묘문화의 발전기로 볼 수 있다. 3단계는 미송리형토기문화의 후기형태인 묵방리유형이 지속되며, 요동북부권으로부터 석축계열의 묘제가 확산되면서 판석형 계열과 공존한다. 마지막 4단계는 요서-요동을 거쳐 점토대토기문화가 유입되는데, 이때를 기점으로 미송리형토기문화와 비파형동검문화가 소멸되고 세형동검과 청동거울의 조합이라는 새로운 국면으로 전환된다. 이시기부터 고착화되는 목관묘 계열(토광묘제 포함) 묘제의 강세와 석묘전통의 쇠퇴는 당대 서북한지역내 문화변동과 정세 변화를 상징적으로 보여준다.

2) 압록강 및 동북한지역권 청동기시대 묘제의 변천

압록강 및 동북한지역권의 석묘 관련 자료는 매우 제한적으로만 알려져 있다. 아마도 제1권역(대동강유역권)과 비교하여 조사성과가 미흡한 측면도 있겠지만, 북한지역내 석묘문화의 중심권역에서 벗어나 있는 측면도 충분히 고려할 만하다. 따라서 대동강유역권과 마찬가지로 그 단계별 특징에 대하여 유의미한 변화상을 포착하기가 쉽지는 않겠지만, 그 중심권역과 주변지역의 비교, 이를테면 서북한지역 석묘문화의 시·공간적 전개양상의 검토라는 종합적 측면에서 접근하고자 한다.

먼저 제2권역은 청천강 이북의 압록강유역에 해당되며, 대동강유역권과의 비교를 위해 역시 4단계로 나누어 살펴보겠다. 제1단계는 압록강 하류지역에서 신암리 II기유형이, 압록강 중상류에서는 공귀리 I기유형이 전개된다. 아직까지 이시기에 해당되는 석묘자료가 보고된 바 없다.

제2단계에는 압록강 하류의 평안북도 룡천군 신암리에서 판석형 계열의 II형(추정) 석관묘가 보고되었다. 석관묘내에서는 부장품이 보고된 바 없지만, 동시기의 문화층에 속하는 주거지내에서 본서 분류 A I 식의 미송리형토기가 확보되어 연대는 기원전 9세기 무렵으로 편년된다. 또한 인근의 중강군 토성리에서도 다수의 석관묘가 보고된 바 있지만 무덤의 구조나 출토유물에 대해서는 알려진 바 없다. 다만 동일유적내 주거지에서 A I 식의 미송리형토기가 출토된 정황에 근거하여 신암리 석관묘와 마찬가지로 신암리 III기유형에 귀속시킬 수 있겠다. 이외에 압록강 중상류의 강계시 공귀리유적에서 2기 석관묘가 발굴되었다. 형식은 각각 I형과 II형에 속한다. 주거지와의 관계상 적어도 공귀리 II기단계에는 조성된 것으로 파악되어, 기원전 10~9세기 사이의 무덤으로 판단된다.

한편 이시기를 기점으로 압록강유역일대 물질문화의 내용이 점차 유사해지는 경향을 보이는데, 제1권역과 마찬가지로 미송리형토기문화의 영향이 강하게 작용된 것으로 판단된다. 특히 석묘전통에 있어서도 제1권역의 석관묘와 동질성이 확보되지만, 고인돌은 거의 축조되지 않는 특이성을 보인다. 이러한 양상은 압록강을 경계로 그 이서지역의 중국 경내에서도 동일하게 찾아지는 점에서 비교가 되는데, 특히 압록강 중상류지역에서는 아직까지 단 1기의 고인돌도 발견되지 않은 점이 주목된다.

이지역의 초기 청동기시대는 공귀리식토기문화로 대표되며 해당 문화의 전형토기는 인접한 태자하상류지역 마성자문화 후기단계의 전형유물에 포함된다. 마성자문화는 요동지역 석관묘유적의 유력한 기원문화로 거론되고 있다. 아직까지 해당 문화의 범위권 내에서는 전형적인 형태의 고인돌(탁자형:판석형 계열)이 단 1기도 발견된 바 없는 점 역시 특이점으로 볼 수 있다. 요컨대, 서북한지역의 석묘전통 역시 이러한 기저문화와의 관계속에서 그 전개양상의 추이를 엿볼 수 있을 듯하다.

제3단계, 압록강 하류지역에서는 석묘 관련 자료가 보고된 바 없다. 다만 의주군 미송리동굴유적에서 다량의 인골과 함께 파괴된 무덤이 조사된 사례가 있다. 해당 무덤에서는 본서 분류 미송리 AII식과 AIII식, 선형동부, 횡이관 등이 출토되어 기원전 7세기 무렵으로 편년된다.

압록강 중상류지역에서는 풍룡리유적에서 I형 석관묘가 발굴, 동포와 횡이관류, 직구호 등이 출토되었다. 이 중 횡이관은 미송리동굴 출토품과 유사하여 동시기성이 인정된다. 아울러 풍룡리 석관묘의 출토유물 조합은 외래적 성격이 강한 면모를 보이는데, 특히 요동반도의 강상과 루상 적석총 출토품 및 동요시 려명 고인돌 출토품과 거의 동류의 기물로 볼 수 있다. 서북한지역의 제2권역은 해로와 육로를 통해 요동지역과의 자유로운 왕래가 가능하였을 것이고, 이는 곧 주변문화와의 교류에 큰 강점으로 작용되었을 것이다.

마지막 제4단계에 해당되는 무덤자료는 아직까지 보고된 바 없다.

다음으로 제3권역은 동북한지역군의 두만강유역과 동해연한지역을 포함한다. 역시 4단계로 나누어 변화상을 고찰해 보겠다.

제1단계, 두만강유역은 유정동문화에 포함된다. 현재까지 이시기에 축조된 것으로 판단되는 보존상태가 양호한 석묘자료가 보고된 바 없지만, 함경북도 강안리의 파괴된 석관묘에서 유정동문화 초기단계의 전형토기, 즉 적색마연토기(壺)가 출토된 사례가 있다. 적어도 기원전 10세기 이전의 석관묘로 판단된다. 이시기 동해연안지역은 공렬문토기로 대표되는 금야-토성리유형이 전개된다. 지역군내에서는 적석묘역이 부가된 탁자형 고인돌 5기가 조사되었고, 내부에서 초기단계의 공렬문토기가 확보되어 적어도 기원전 10세기 이전의 무덤으로 볼 수 있겠다. 해당 고인돌의 구조형식은 제1권역의 그것과 완벽하게 일치된다.

제2단계에 속하는 석묘자료가 보고된 바 없다.

제3단계에는 두만강유역에서 ⅢA형과 ⅢB형 석관묘, Ⅰ형 석곽묘가 확인된다. 출토유물은 석검, 석모, 석촉, 마연토기, 두개의 손잡이가 대칭으로 달린 유정동문화 후기단계의 전형 토기(鉢)

등이 있다. 따라서 해당 시기의 석묘들은 기원전 7~6세기 무렵으로 편년될 수 있다. 그 중 I형 석곽묘의 구조는 제1권역의 것과 대체적으로 유사하지만 출토유물 상에서 큰 차이가 간취된다. 그리고 ⅢA형과 ⅢB형 석관묘는 현재 북한지역내에서 극히 제한적으로 확인되고 있다. 해당 형식의 석관묘는 주로 요동북도권(ⅢA형)과 중국경내의 두만강유역내에서 유행된 형식(ⅢB형)인 점에서 그 확산과정을 추론해 볼 수 있다.

제 4단계에는 동해연안지역에서 개석Ⅱ형과 Ⅲ형 고인돌 및 파괴된 탁자형 고인돌 등이 확인된다. 비록 고인돌 내에서는 부장품이 출토되지 못하여 구체적인 편년에 어려움이 있지만, 구조와 형태적 특징 등에서 제1권역의 그것과 완전하게 동일하다. 예를 들면 함경북도 문암리의 개석Ⅱ형 고인돌은 거북형 덮개돌이 부가되는데, 이러한 특징은 1권역의 제3단계부터 출현하여 4단계에 증가세를 보인다. 또한 개석Ⅲ형 고인돌은 제1권역에서 주로 제4단계부터 유행하는 점에서 해당 지역의 동류 고인돌들은 잠정적으로 4단계 무덤에 귀속시키도록 하겠다. 연대범위는 기원전 5~3세기 무렵으로 볼 수 있다.

이상의 내용을 종합하면 북한지역의 청동기시대 석묘전통은 적어도 기원전 13세기 무렵에는 해로를 통해 요동반도를 거쳐 전래되었을 가능성이 크다. 초창기의 석묘전통은 기본적으로 제1권역의 토착문화인 팽이형토기문화에 기반하지만 2 ~ 3단계 동안에는 육로를 통해 파급된 미송리형토기문화를 중심으로 한반도 서북지역에서 발전기를 가진다. 해당 시기 미송리형토기와 비파형동검문화를 매개로 한 석묘전통의 확산은 북한지역 전역에서 상호 친영성이 강화되는 주요한 계기가 된다. 그리고 4단계에는 미송리형토기문화의 소멸과 함께 석묘전통 역시 점차적인 쇠퇴기에 진입하는데, 이후 요서 – 요동지역의 영향을 받은 토광묘 혹은 목관묘제와 공존하는 양상을 보인다.

마지막으로 북한지역 청동기시대 석묘문화의 주체와 단계성을 요약하면 아래의 〈표 3-4〉와 같이 정리할 수 있다.

〈표 3-4〉 북한지역 청동기시대 석묘문화의 단계성

단계성	토착문화		외래문화	석묘전통
1단계	1권역	궁산문화 – 팽이형토기문화	요남 쌍타자 3기 문화	판석형 계열 출현기
	2권역	신암리(압하류) 및 공귀리유형(압상류)	쌍타자3기(압하류) 및 요북 마성자문화(압상류)	–
	3권역	유정동 및 금야–토성리유형	길림 유정동문화	판석형 계열 출현기
2단계	1권역	팽이형토기문화 – 미송리유형	요동 쌍방문화	판석형 계열 발전기
	2권역	신암리Ⅲ기유형 (미송리유형)		
	3권역	유정동 및 금야–토성리유형	길림 유정동문화	–
3단계	1권역	미송리유형 – 묵방리유형	요북 신성자유형	괴석형 계열 묘제 확산과 공존
	2권역	미송리유형 (미송리동굴 상층유형)	요남 강상(루상)유형	구조와 형식 불명확
	3권역	유정동 후기유형	길림 유정동문화	괴석형 계열 묘제

단계성	토착문화		외래문화	석묘전통
4단계	1권역	묵방리유형 – 점토대토기문화	요서 십이대영자문화, 요동 정가와자유형	석묘전통 쇠퇴, 목관묘 계열 묘제 공존
	2권역	–	–	–
	3권역	금야–토성리유형	–	고인돌문화만 늦은 시기까지 잔존

제 4 장

중국 동북지역 청동기시대 묘제와의 비교

본서에서의 중국 동북지역이란 압록강을 경계로 북한지역과 접경해 있는 현재의 요녕성과 길림성 일대로 한정한다. 대체적으로 동쪽으로는 북한과 중국의 접경지역까지, 서쪽은 요하를 경계로 하며,[1] 남쪽은 요동반도에 달하고, 북쪽은 송화강의 서쪽지류역까지를 포괄한다. 이지역 일대는 백두산맥과 천산산맥이 남북을 관통하면서 형성된 높고 낮은 산지성 구릉지대가 연속적으로 펼쳐지며, 이를 기반으로 형성된 크고 작은 물줄기가 발달되어 수원 역시 풍부하다. 아울러 남쪽의 요동반도는 발해와 황해 등 바다에 접하여 해양자원의 활용이 용이한 편이다.

이러한 천혜의 자연조건 속에서 해당 지역은 대략 기원전 20세기 무렵부터는 초기 청동기사회에 진입한 것으로 평가되는데,

---

1) 실제 분석 대상에는 요하를 경계로 그 동쪽지역만을 범위로 선정하였다. 이는 일차적으로 필자가 박사학위 논문 작성 당시, 지나치게 광범위한 지역을 대상으로 연구범위가 확장될 것을 우려한 지도교수의 의견이 반영된 부분이 크다. 본서에서 미처 다루지 못한 요서지역 일대 청동기문화의 흐름과 묘제양상에 대해서는, 동일문화권에 속하는 내몽고 동남부지역 및 그 상관문화권에 속하는 하북지역의 내용을 함께 정리하여 별도의 연구서로 발간할 계획이다.

기원전 3세기 무렵 이지역 일대로 중원계문화가 진출하기 전까지 근 1700여년 가량의 시간 동안 우리 상고문화의 주요 활동무대가 되었다.

이처럼 중국 동북지역을 우리 고대사의 한 시원지로 이해하는 경향은 학계 안팎의 공통된 입장으로 볼 수 있다. 따라서 이 지역 청동기문화연구는 고조선은 물론 그 이전 시기까지 아우르며, 그 연구 영역 안에는 고구려사의 출발 및 정체성 문제까지 포함되어 있어 우리 민족사의 기원과 변천 과정의 중요한 연구 대상으로 볼 수 있다.

이하 본서에서 다루어질 중국 동북지역의 청동기시대문화는 대체적으로 큰 산맥과 수계 등으로 인해 자연적으로 형성된 지리적 경계와 그에 따라 발생된 문화내용상의 차이에 따라 크게 요동반도권, 요동북부권, 서류송화강유역권(길림중서부), 두만강유역권(길림남부) 등 4개의 문화권역으로 나눌 수 있다. 해당 권역에서 확인되는 청동기시대 묘제로는 적석(총)묘, 동굴묘, 고인돌, 석관묘 등 석묘전통이 우세한데, 드물긴 하지만 목관묘(토광묘제 포함)계열의 묘제도 꾸준히 보고되고 있다.

먼저 요동반도권에서는 주로 적석(총)묘와 고인돌이 유행되며, 소량의 석관묘와 토광묘가 확인된다. 그리고 요동북부권에서는 동굴묘와 석관묘가 주요 묘제로 활용되며, 고인돌은 그 다음 순서의 비중을, 그리고 목관묘와 토광묘 등이 늦은 시기에 소량 확인된다. 서류송화강유역권은 현 길림성 중서부지역에 해당되는데 이지역의 문화내용은 서단산문화의 석관묘제를 중심으로 소량의 고인돌이 확인되는 것 외에 별다른 문화내용이 관찰되지 않는다. 마지막으로 두만강유역권은 백두산맥의 동록에 해당되며, 현재 북한과 중국, 러시아 삼국이 두만강을 수계로 접경해있다. 주로 석관묘와 토광묘 등이 확인된다. 이 지역의 청동기시대 묘제는 동북한지역의 그것과 동일한 계통으로 볼 수 있으며, 문화내용 역시 공통적 속성을 공유한다.

이상의 내용을 바탕으로 본장에서는 중국 동북지역에서 청동기대에 축조된 각종 다양한 형태의 묘제에 관하여, 분포와 형식특징, 편년과 그 문화내용의 성격 등을 종합적으로 검토해보겠다.

1. 적석총유적의 특징과 문화성격[2)]

적석총[3)]은 요동반도권 청동기시대를 대표하는 무덤양식 중

2) 본 내용은 필자의 선행논고(오대양, 2016, 「대련지역 초기적석총유적의 현황과 특징」, 『백산학보』105)를 수정 · 보완하여 수록한 것이다.

3) 현재 중국학계에서는 적석총과 적석묘라는 용어를 혼용하여 사용하고 있다. 그러나 양자를 규정하는 기준과 설명은 명확하지 않은데, 다만 다수의 무덤이 집합되어 있는 경우를 적석총으로, 단독으로 존재하는 소규모의 무덤에 대해서는 적석총으로 지칭하는 경향이 강하다. 이와 관련하여 華玉冰은 "적석총은 單體의 적석총장을 말하며, 積石塚은 여러 개의 單體 적석총 혹은 기타 다른 유형의 墓葬이 조합되어 구성된 것"으로 정의한 바 있다(華玉冰 · 楊榮昌, 1998, 「紅山文化墓葬剖析」, 『青果集-吉林大學考古學系十周年記念文集』吉林大學考古系編, 知識出版社, 35~36쪽). 또한 王嗣洲 역시 적석총과 적석총은 통상적으로 혼용되고 있지만, 塚 내부에 배치된 매장주체부의 특성을 고려하여 다실무덤의 경우 적석총으로 부르는 것이 보다 합리적일 것으로 제한한 바 있

하나이다. 주요 분포지역은 요동반도 남단의 발해(渤海)연안지역으로 오늘날의 행정구역상 요녕성(遼寧省) 대련시(大連市)일대에 해당된다. 이곳에서는 현재까지 모두 9곳에서 대략 50여기 정도의 적석총 자료가 보고되었으며, 주요유적으로는 여순(旅順) 노철산(老鐵山), 장군산(將軍山), 대련시(大連市) 영성자(營城子) 사평산(四平山), 우가촌(于家村) 타두(砣頭), 감정자구(甘井子口) 강상(崗上), 누상(婁上), 동가구향(東家溝鄕) 와룡천(臥龍泉), 금주구(金州口) 토룡자(土龍子), 왕보산(王寶山)유적 등이 있다.

그러나 일제 강점기 지표조사를 통해 발견된 숫자까지 합하면 그 숫자는 수백여 기에 달하는데, 사실상 장군산과 노철산, 사평산유적에서만 각각 수십여 기씩 군집된 점을 감안한다면 유적의 빈도수는 그다지 높지 않은 편이다. 하지만 적석총유적이 대련지역에 한정되어 집중된 점, 그리고 유적내 동시기성을 가지는 무덤군이 대규모로 밀집해 있는 사실 등에 미루어 당시의 사회규모를 간접적으로나마 추론할 수 있다.

다(王嗣洲, 2006,「遼東半島積石塚研究」,『旅順博物館創刊號』, 旅順博物館, 23쪽). 이글 역시 선행연구의 제안을 받아들여 적석총과 적석묘의 개념을 분리해 사용하고자 한다. 즉, 총내 여러 개의 매장주체부(묘곽)이 복합된 형태의 것만을 적석총으로 규정하며, 적석묘는 단 1개의 매장주체부만 존재하는 것으로 구분하고자 한다. 다만 본서에서 다루어질 요동반도권의 적석총계 무덤은 대부분 다실묘의 성격을 가지고 있어 통칭하여 적석총으로 표기하여도 크게 무리 없을 듯하다.

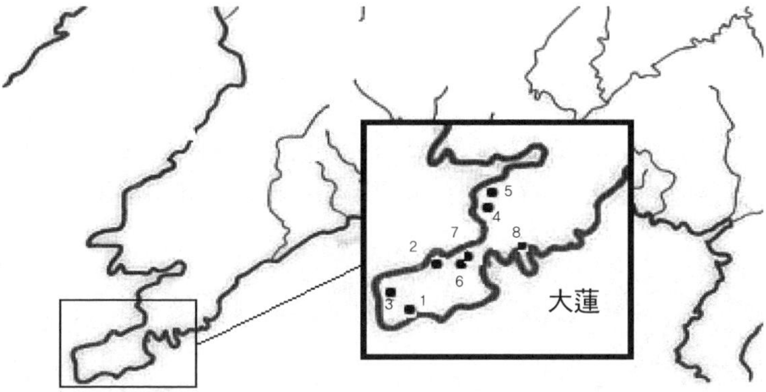

1. 노철산(老鐵山) · 장군산(將軍山) 2. 사평산(四平山) 3. 우가촌(于家村) 4. 왕보산(王寶山) 5. 토룡자(土龍子) 6. 강상(崗上) 7. 누상(樓上) 8. 와룡천(臥龍泉)

〈그림 4-1〉 대련지역 적석총유적 분포도

1) 조사 및 연구현황 검토

대련지역의 적석총유적이 처음 조사된 것은 20세기 초반의 일이다. 1909~1910년 사이 여순 노철산[4]과 장군산적석총[5]이 조사되었는데 두 유적은 사실상 하나의 산줄기에 연접해 있어 각각 명칭만 달리할 뿐 동일한 유적으로 볼 수 있다. 1940년대 초에는 여순 영성자일대부터 발해에 면한 구릉지대의 문화유적 조사가 실시되어 노철산에서 3기, 장군산에서 2기의 적석총이 추가로 발굴되었다.[6]

4) 鳥居龍藏, 1910,『南滿洲調査報告』.

5) 浜田耕作, 1929,『旅順石塚發見土器の種類に就いて;白色土器と陶質土器の存在』, 人類學雜誌, 44券6號.

6) 梅原末治, 1944,『關東州史前文化所見』, 東亞考古學論考.

장군산과 노철산 원경

장군산 적석총유적 원경

장군산 적석총 발굴 후 모습

(출처 : 조선유물유적도감, 1992)

〈그림 4-2〉 장군산 · 노철산 적석총유적

같은 시기 대련시 영성자의 사평산유적에서는 총 60여 기 가량의 적석총이 조사되었으며 이중 발굴된 것은 사평산 봉오리의 주맥상에 분포한 8기(32~39호)이다.[7] 규모가 가장 큰 것은 36호인데 사평산 줄기 가장 높은 곳에 위치하며 20개 이상의 적석총이 상호 연결되어 전체 길이는 약 120m에 달한다. 이중 Q호로 명명된 무덤내부에서는 산동반도의 대문구문화 후기 ~ 용산문화 초기 특징이 강한 흑도가 발견되어 당시 두 지역간에 문화교류가 있었음을 알게 해 준다.[8]

7) 澄田正一 · 秋山進午 · 岡村秀典, 1997,「1941年四平山積石墓的調查」,『考古學文化論集』4, 文物出版社.

8) 宮本一夫, 2012,「遼東半島四平山積石墓研究」,『考古學研究』9(下), 文物出版

사평산(문가둔)유적 원경　　　　문가둔 적석총 적석부 잔해

〈그림 4-3〉 문가둔 적석총 석곽부 잔존 모습

1963년~1965년 사이에는 쌍타자유적, 장군산유적(64년1호총), 강상, 루상, 와룡천적석총 등이 발굴되었다.[9)] 먼저 쌍타자유적에서는 전체 3개 시기에 해당되는 문화층이 확인되어 이를 쌍타자 1~3기문화로 구분하고 있다. 쌍타자1기의 연대 범위는 우가촌 하층의 목탄시료(B.P.3630±85년)와 쌍타자 하층 F16의 절대연대값(B.P.4010±95년)에 근거하여 약 기원전 2100 ~ 1900년 전 사이로 편년되었다.[10)]

社, 611~612쪽.

9) 中國社會科學院考古研究所編著, 1996, 『雙砣子與崗上--遼東史前文化的發見和研究』科學出版社.

10) 中國社會科學院考古研究所編著, 1996, 위의 책, 145~146쪽 ; 趙賓福, 2009, 『中國東北地區夏至 戰國時期的 考古學文化研究』, 科學出版社, 124~125쪽 ; 朱永剛, 2009, 「區位, 序列, 編年, 系統 ;동북지역 청동기시대문화 구조체계 논강」, 『동북아 청동기문화 전개와 한반도』제19회 호서고고학회 학술대회 발표요지, 88쪽.

더불어 쌍타자 하층(1기문화)와 동일한 문화내용을 보이는 대취자유적[11)]의 하층에서는 청동과(T33④;21) 1점이 발견되어 쌍타자1기는 이미 청동기시대에 진입한 것으로 평가받는다.[12)] 쌍타자 2기는 유사한 문화내용을 보이는 산동반도의 악석문화 연대를 참조하여 대략 기원전 1800~1500년 전후, 또한 쌍타자 3기는 동시기에 해당되는 우가촌 타두의 절대연대측정값에 근거하여 기원전 1400~1100년으로 편년되었다.[13)]

이상의 분기와 편년은 현재 요동반도 청동기문화의 설정과 분기에 대한 기본적인 표준안으로 설정되고 있다. 더불어 쌍타자유적에서 확인된 문화층위는 요동지역 초기 청동기문화의 시작연대를 기원전 21세기까지 볼 수 있는 주요한 자료가 되었으며 이 지역 청동기문화의 대표유형으로 설정되었다.

강상 적석총은 영성자진 후목성역촌에 위치하며 인근으로 쌍타자유적이 자리한다.[14)] 바닷가에 인접한 낮은 구릉의 정상부를 다듬어 유적을 조성하였는데, 중심대묘(7호)를 사이에 두고 모두 23개의 매장주체부(묘실)이 방사선형태로 배치된 점이 특징적이다. 인골은 총 144개체분이 확인되었는데, 한 개의 묘실 내에 최소 2명에서 최대 22명에 이르기까지 성인 및 유아가 함께

---

11) 大蓮市文物考古硏究所, 2000,『大嘴子--青銅時代遺址1987年發掘報告』, 大蓮出版社.

12) 趙賓福, 2009, 앞의 책, 90쪽.

13) 中國社會科學院考古硏究所編著, 1996, 앞의 책, 145~146쪽 ; 趙賓福, 2009, 앞의 책, 124~125쪽 ; 朱永剛, 2009, 앞의 글, 88쪽.

14) 中國社會科學院考古硏究所編著, 1996, 앞의 책, 67~94쪽 ; 하문식, 2013,「요동반도권의 돌무지무덤연구」,『선사와 고대』38, 69~70쪽.

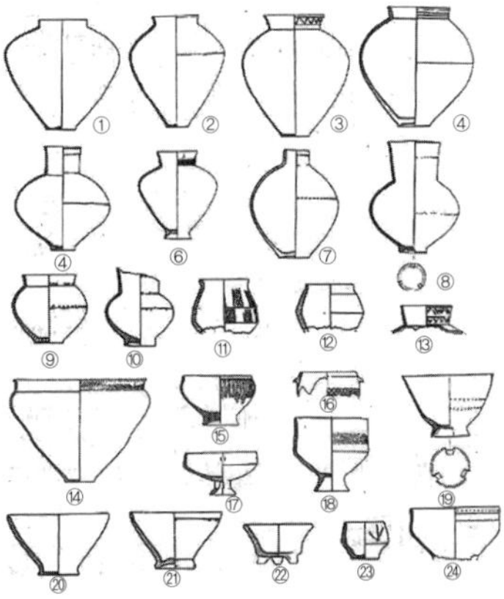

쌍타자 상층(3기)유적 출토유물

쌍타자 상층(3기) 7호 주거지 발굴 후 모습

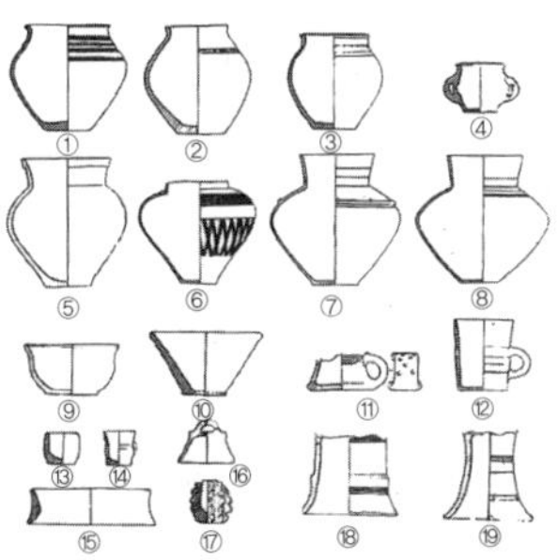

쌍타자 하층(1기)유적 출토유물

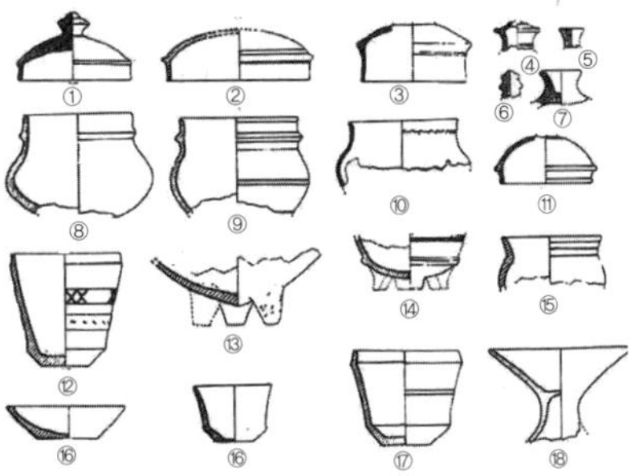

쌍타자 중층(2기)유적 출토유물

〈그림 4-4〉 쌍타자유적 상 · 중 · 하층(1~3기) 유적 내용비교

묻힌 것으로 밝혀졌다. 루상과 와룡천적석총은 발굴조사 당시 이미 파괴된 상태로 발견되었지만 대체적으로 강상적석총과 비슷한 장속특징 및 성격을 지닌 것으로 이해된다.

이상 3곳의 적석총에서는 각종 토기를 비롯한 장신구와 비파형동검 등 수백여 점의 유물이 출토되었다. 보고서에서는 출토된 비파형동검의 형식비교를 통해 강상적석총의 조성연대를 기원전 8세기 전후, 루상적석총의 연대는 기원전 6~5세기, 와룡천 적석총은 기원전 4세기 전후로 편년하였다.[15)]

1970년대부터 현재까지는 대련지역일대 각종 문물조사가 이루어지면서 이 지역 적석총유적의 조사와 연구 역시 활발하게 진행되었다. 발굴된 주요유적에는 노철산, 장군산, 우가촌 타두, 왕보산, 토룡자적석총 등이 있다. 1973년과 1975년에는 노철산과 장군산, 그리고 장군산 줄기에 연접한 조가촌 북산 등에서 모두 6기의 적석총이 추가로 발굴되었다.[16)] 무덤내부에서는 사평산유적과 마찬가지로 산동 용산문화의 특징적인 유물과 함께 쌍타자 1기문화 단계의 토기가 공반되어 현재 이 지역 초기 적석총의 상한연대로 활용되고 있다.[17)]

타두적석총은 1977년 발굴되어 총내 모두 58개의 묘실이 확인되었다.[18)] 묘실은 대부분 단실구조이며, 내부에는 평균 2~21구의 시신이 앙신직지장으로 매장되었다. 시신은 묘실의 장축방향을 따라 교차 매장되었으며 인골은 분산되지 않고 중앙에 집중된다. 무덤 내 화장된 흔적이 전혀 발견되지 않는 것이 특징적인데 동시기로 편년되는 왕보산과 토룡자유적에서는 화장의 습속이 보편적인 점과 차이가 있다. 타두유적의 절대연대 측정값은 약 3655±80년과 3550±80년, 3230±906년과 3280±85년 사이로 대련지역 동시기 유적들과 비교하여 대략 쌍타자 3기문화에 속

15) 中國社會科學院考古硏究所編著, 1996, 앞의 책, 110~118쪽, 145~148쪽.
16) 旅大市文物管理組, 1983,「旅順老鐵山積石墓」,『考古』2.
17) 霍東峰, 2009,「老鐵山, 將軍山積石墓淺析」,『內蒙古文物考古』1, 70~71쪽.
18) 旅順博物館, 1983,「大蓮于家村砣頭積石墓地」,『文物』9.

왕보산유적 전경

적석총 발굴 후 모습(호수미상)

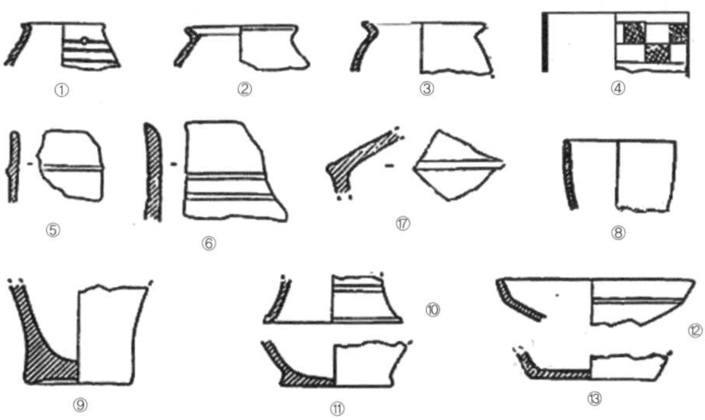

왕보산 유적 출토유물

〈그림 4-5〉 대련 왕보산유적 적석총

하는 것으로 편년되었다.[19]

왕보산적석총은 1990년대 초반에 진행된 시굴조사를 통해 기본적인 내용이 알려진바 있으며[20], 2013년에는 유적전체에 대한

19) 張翠敏, 2009,「于家村砣頭積石墓址再認識」,『東北史地』1, 47~48쪽.

20) 王冰 · 万慶, 1996,「遼寧大蓮市王寶山積石墓試掘簡報」,『考古』3.

전면 발굴이 실시되었다.[21] 시굴조사에서는 파괴된 몇 개의 무덤만을 시범적으로 확인하였는데, 내부에서는 쌍타자 1~3기문화에 해당되는 토기편 일부가 출토된 정도였다. 이를 통해 문화의 주체는 쌍타자 3기문화이며, 1~2기의 문화내용은 선행단계의 유구에서 교란된 정도로 파악되었다.

그러나 2013년 조사를 통해 매우 복잡한 구조의 적석총 여러 개가 분포함을 확인하였는데, 출토유물 중에는 비교적 이른 시기의 토기가 포함되었다는 사실만 전해질 뿐 구체적인 내용은 알려진 바가 없다. 따라서 발굴보고서가 나오기 전까지 왕보산 적석총의 연대범위는 잠정적으로 쌍타자 3기문화 단계로 파악하고자 한다.

토룡자적석총은 1990년에 1기(1기), 2005년에 6기(2~7호)가 발굴되었다.[22] 이중 1호와 4호총의 보존상태가 양호한 편으로 각각의 총내부에는 다양한 형태의 묘실이 연접한 특징을 보인다. 무덤내에는 주로 합장이 이루어졌는데 많게는 10인 이상이 2차장 혹은 화장된 형태로 확인되었다. 적석총의 조성연대는 부장품을 통해 볼 때 1987년 발굴된 대취자 상층유적 및 묘산유적의 후기유물과 유사하여 쌍타자 3기문화에 속하는 것으로 편년되었다.[23]

---

21) 2013년 발굴내용은 아직까지 정식으로 보고된 바가 없으며, 인터넷 신문을 통해 관련 내용의 일부가 소개되었을 뿐이다.

22) 華玉冰 · 王瑽 · 陳國慶, 1996,「遼寧大連市土龍積石墓地1號積石墓」,『考古』3 ; 吳青雲, 2008,「遼寧大連市土龍子青銅時代積石塚群發掘」,『考古』9.

23) 吳青雲, 2008, 앞의 글. 10쪽.

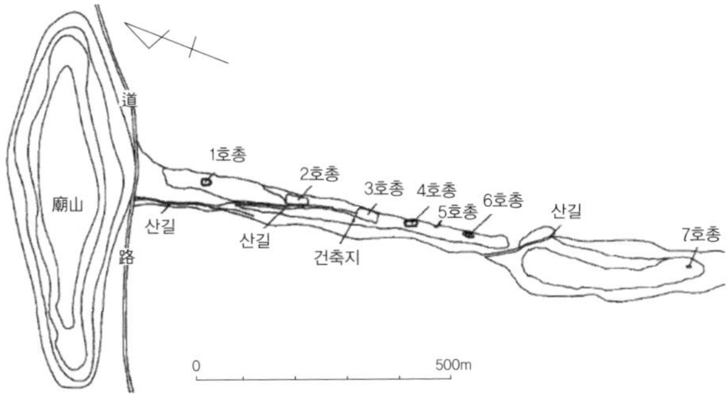

토룡자유적 적석총 분포도

토룡자(4호총)유적 전경

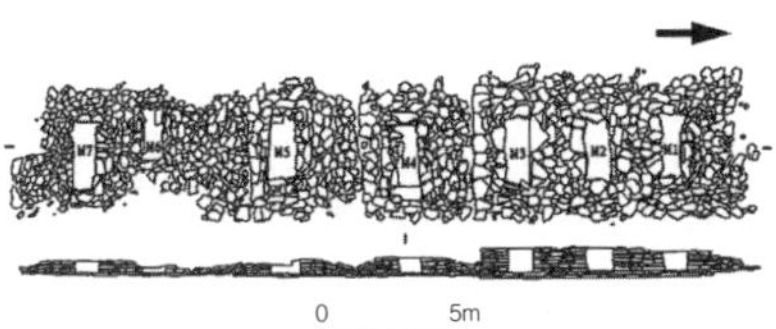

토룡자 4호총

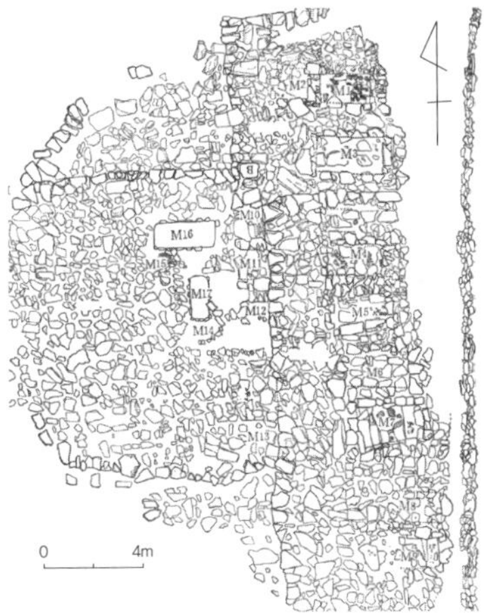

토룡자 1호총

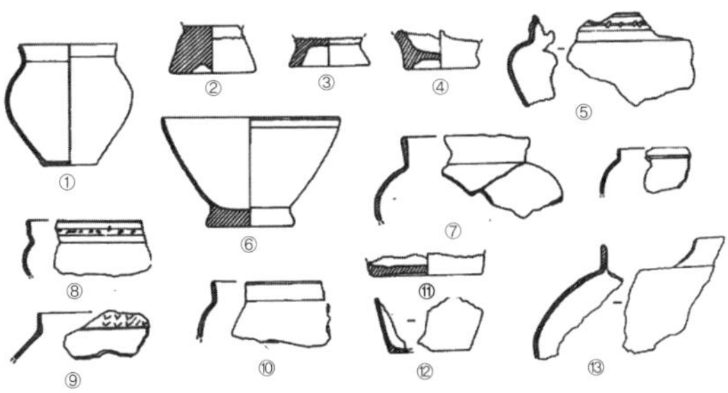

토룡자 적석(1~7호)총 출토유물 각종

〈그림 4-6〉 금주 토룡자유적 적석총

이상의 내용을 정리하면 대련지역의 적석총유적은 이 지역 신석기시대 후기부터 출현하여 청동기시대 전반에 걸쳐 유행한 것으로 이해된다. 가장 이른 시기의 무덤군으로 평가받는 사평산과 노철산유적에서는 산동지역 후기 신석기문화에 해당되는 용산문화단계의 특징적 토기들이 출토되었다. 더불어 당지의 후기 신석기문화인 소주산 상층문화의 요소와 초기 청동기시대에 해당되는 쌍타자 1기문화의 유물군이 공반되는 현상을 보인다. 이와 관련하여 靏東峰은 당시 이미 산동반도와의 문화교류가 있었음을 주목하면서, 초기 적석총의 연대범위는 소주산 상층문화에서 쌍타자 1기까지로 볼 수 있다고 하였다.[24] 宮本一夫는 사평산유적의 발굴자료를 정리하면서 산동 용산문화를 모두 5시기로 구분하였고, 이와 관련된 사평산유적 출토 토기를 다시 3단계로 조정하였다.[25] 종합적으로 사평산유적에서 출토된 가장 이른 시기의 토기는 산동 대문구문화 후기의 요소가 강하여 이를 용산문화 1기에 대비 시켰으며, 사평산적석총의 상한 연대는 용산문화 1기에 해당되는 기원전 25세기 전후로 올려 보았다.

반면 趙賓福은 대련지역 적석총의 연대를 당지의 후기신석기문화까지 올려 보는 견해에 조심스런 입장을 취하였다. 그는 사평산과 장군산 등의 적석총에서는 일부의 특징적인 토기들을 제외하고는 주로 쌍타자 1기문화에 속하는 유물들이 출토되기에 소주산 상층문화와의 연관성에 대해서는 보다 신중 할 것을 지적

24) 華陽 · 靏東峰 · 付珺, 2009,「四平山積石墓再認識」,『赤峰學院學報』2, 10~14쪽.
25) 宮本一夫, 2012, 앞의 글, 617~633쪽.

하였다.[26] 王嗣洲 역시 이러한 신중론에 동참하였다. 그는 대련지역 적석총의 형식을 모두 7개 유형으로 분류하였으며 가장 이른 시기에 해당되는 A형과 B형무덤(장군산 적석총)을 모두 쌍타자 1기문화로 편년하였다. 더불어 대련지역 적석총의 기원에 관해서는 홍산문화와 연관성이 있다는 가설적 추론을 덧붙였다.[27]

蘭豊實은 대련지역 적석총에 대한 기원문제를 홍산문화와 연관시켜 논증하였다.[28] 그는 요동과 요서 두 지역 적석총의 형식과 구조적 특징을 비교하면서 요서의 후기형식이 요동지역의 것과 유사함을 지적하였다. 특히 홍산문화기 적석총의 석관 구조는 단계성을 가지는데 이것이 요동지역에 계승된 것으로 논증하였다. 이들의 주된 의견은 당시 사회의 여러 상황을 볼 때 요동지역에서 자체적으로 적석총이 발생될 만큼 사회적인 발달 단계가 미치지 못하기 때문에 외부에서 전파되었을 가능성이 크다고 보는 듯하다. 또한 당시 요서의 홍산문화는 이미 문명 단계에 속할 만큼 사회가 발달하였으며 그 구조적인 배경에는 요서지역의 초기농경과 밀접한 연관성이 있을 것으로 해석하고 있다.

이처럼 최근의 중국학계에서는 홍산문화를 대련지역 적석총문화의 기원지로 주목하고 있다. 그러나 만약 두 지역의 적석총이 서로 계승관계에 있다면 양자를 연결시켜줄 매개체가 필요 할 것인데 아직까지는 그 뚜렷한 자료가 확인되지 않고 있다. 오히려

26) 趙賓福, 2009, 앞의 책, 120~130쪽.

27) 王嗣洲, 2006, 앞의 글, 29~34쪽.

28) 欒豊實, 2006, 「論遼西與遼東南部史前時期的積石塚」, 『紅山文化研究-2004年紅山文化國際學術硏討會論文集』, 550~560쪽.

산동지역의 문화요소가 확인되는 점에서 그 의문이 더할 뿐이다.

따라서 서로간의 동질성과 이질성을 분석하는 데에는 단순히 시간적 연결성에 초점을 맞추기보다는 무덤의 세부적인 구조와 부장품 특징을 비롯한 좀 더 다양한 면에서의 검토가 요구된다.[29)]

2) 구조와 단계별 특징

그동안의 연구성과를 종합적으로 참고하면 대련지역의 적석총유적은 조성연대에 따라 크게 3개의 조합으로 나눌 수 있다. 첫 번째는 사평산, 장군산, 노철산 적석총 등이다. 이 무덤들은 내부에서 산동 용산문화기의 유물이 출토되었기에 그 상한연대는 기원전 25세기로 파악되는 듯하다.[30)] 하지만 趙賓福의 지적처럼 이른 시기의 외래토기가 출토되는 무덤은 단 몇 사례에 불과하며 더불어 쌍타자 1기문화의 유물이 공반되기 때문에 그 중심연대는 기원전 21~19세기 전후로 볼 수 있겠다.[31)] 두 번째는 쌍타자 3기문화(기원전 15~11세기)의 범위에 속하는 타두, 왕보산, 토룡자 적석총이며, 세 번째 조합은 강상, 누상, 와룡천 적석총 등 모두 비파형동검문화기(기원전 8~4세기)의 특징적 유물들이 출토된 유적들이다.

29) 하문식, 2013, 앞의 글, 84쪽.

30) 高芳 · 華陽 · 霍東峰, 2009a, 「老鐵山 · 將軍山積石墓淺析」, 『內蒙古文物考古』 1 ; 華陽 · 霍東峰 · 付珺, 2009, 「四平山積石墓再認識」, 『赤峰學院學報』 2 ; 高芳 · 華陽 · 霍東峰, 2009b, 「文家屯積石墓淺析」, 『博物館硏究』3.

31) 趙賓福, 2009, 앞의 책, 120~130쪽.

그런데 주목되는 현상은 아직까지 쌍타자 2기문화(기원전 19~16세기)에 귀속시킬 수 있는 표준유적이 확인되지 않고 있는 점이다. 비록 왕보산유적의 파괴된 무덤에서 쌍타자 2기문화에 해당되는 토기편이 일부 공반되기는 하였지만, 이 역시 후대의 교란작용으로 해석되고 있다. 그러므로 현재까지의 조사성과를 통해서는 쌍타자 1기문화 이후 잠시 공백기를 가지고 쌍타자 3기문화로 이어지는 것인지, 혹은 아직까지 해당시기의 유적이 조사되지 못한 것인지의 여부는 판별이 어렵다.

다만 쌍타자 1기문화에 백여 기 이상의 적석총이 축조될 정도로 유행되었던 점과 이들의 대부분은 여전히 정식발굴을 거치지 않은 점 등에 미루어 추후 해당 시기의 무덤이 발견된 가능성이 보다 크다고 여겨진다.[32] 따라서 이글에서 말하는 대련지역 초기적석총유적의 검토대상은 첫 번째 조합의 사평산, 장군산, 노철산유적 등이 해당되며 이를 대련지역 제1단계 적석총유적으

---

32) 대표적인 사례로서 2013년 재조사된 왕보산유적에서는 산동 용산문화 후기단계의 유물부터 쌍타자1~3단계의 유물이 고루 확보되었다고 한다. 필자는 2013년 가을 발굴현장을 참관할 기회가 있었는데, 당시는 조사가 마무리되던 시점으로 한창 발굴자료의 정리가 진행되던 때이다. 그로인해 새롭게 확보된 발굴자료를 직접 눈으로 확인해 볼 수는 없었지만, 조사자의 설명을 통해 관련내용의 대략을 전해들을 수 있었다. 하지만 아쉽게도 아직 정식 보고서가 발간되기 전이기 때문에, 보다 상세한 내용을 소개할 수 없음을 양해 드리고자한다. 그 이유는 당시 관련 내용을 전해준 당사자와의 약속 때문임을 밝혀둔다. 보고서가 정식 출간되기 전까지 발굴사진 및 주요자료들은 필자의 연구에 참고적으로만 활용할 뿐, 그 어떠한 형식으로든 공개하지 않기로 약속하였다. 2018년 초 왕보산유적에서 검출된 인골들에 관한 분석내용만 앞서 발표된 정황에서 볼 때 정식 보고서의 출간이 임박해 보인다. 아마도 왕보산유적의 보고서가 공개된다면, 대련지역 적석총문화의 기원과 발전과정에 대한 중요한 실마리가 될 것으로 기대된다.

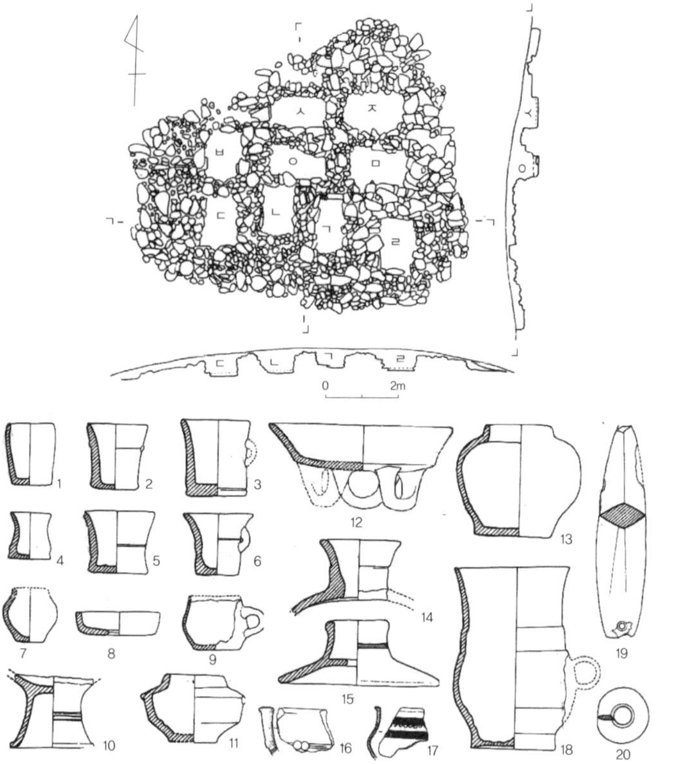

(출처: 사회과학원 고고학연구소, 2009e)

〈그림 4-7〉 장군산 1호총(64M1) 평 · 단면도와 출토유물

로 설정하겠다.

먼저 노철산과 장군산유적은 요동반도 남단에 해당되는 대련시 여순구구 곽가촌 동쪽에 위치한다. 일제강점기의 조사를 통해 대략 40기 이상의 적석총이 분포함을 확인하였고 1964년에는 20여 기가 추가로 발견되어 그중 1기(64M1;장군산1호적석총)를

발굴하였다.[33] 발굴된 장군산 1호총의 구조를 보면 평면은 원각 삼각형이며, 동서 길이 12m, 남북 너비는 5.5~11m이다. 다량의

노철산 4호총(73 · 75M4)

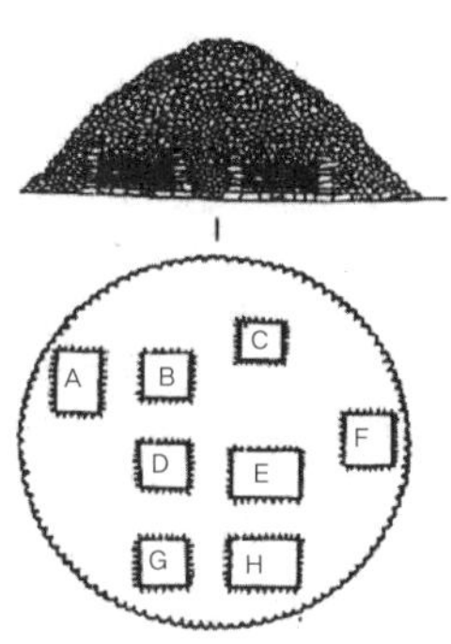

노철산 갑묘(1910년)

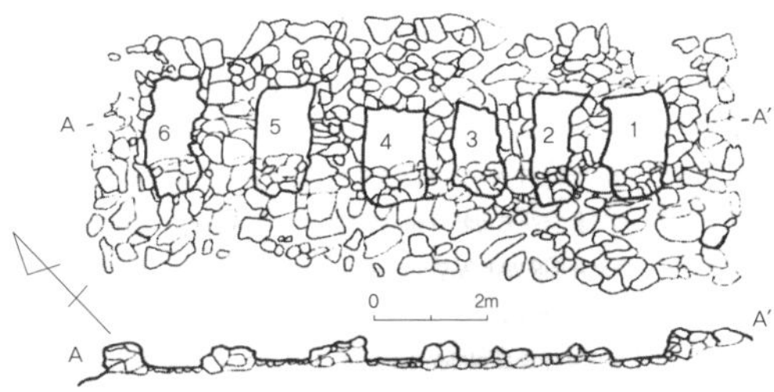

노철산 1호총(73 · 75M1)

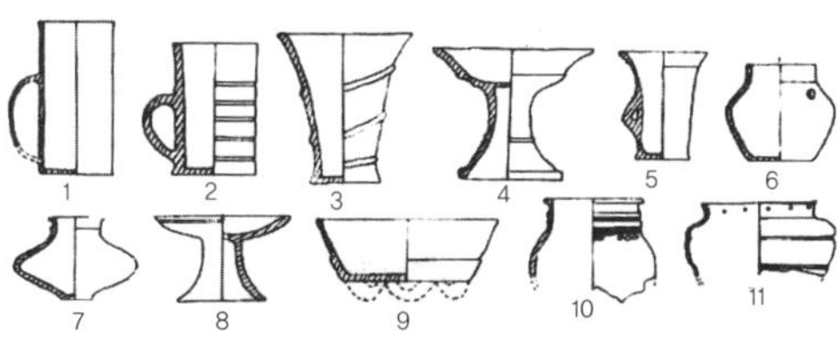

노철산 적석총 출토유물

〈그림 4-8〉 노철산 적석총 평 · 단면도와 출토유물

33) 中國社會科學院考古硏究所編著, 1996, 앞의 책 ; 사회과학원 고고학연구소, 2009e, 『중국 동북지방의 고대 무덤(1)』, 조선고고학전서 21, 163~172쪽 ; 하문식, 2013, 앞의 글, 60~64쪽.

석재를 쌓아 총의 중심부는 높고 주변으로 갈수록 점차 낮아지게 만들었다.

총 내부에는 모두 9기의 묘실이 3열로 배열되었으며 바닥은 아무런 시설이 없는 맨바닥이다. 부장품은 토기 위주이며 소량의 석기 및 옥기가 확인되었다. 토기는 모래섞인 홍갈색 토기가 가장 많았고 그다음은 진흙질의 흑색과 회색, 백색토기 등이 있다. 이중 흑색과 회색토기는 표면이 마연되었으며 기벽의 두께가 0.1mm 정도로 얇은 것도 있다. 문양은 대부분 무문이고, 소량의 현문(弦紋)과 유점문(乳点紋) 등이 관찰된다. 기종은 잔(杯), 관(罐), 두(豆), 호(壺), 환족기(環足器) 등이 있다.

이후 1973년과 1975년에는 다시 6기의 적석총이 추가로 발굴되어 노철산적석총으로 명명되었다.[34] 모두 산줄기의 주향과 경사도에 따라 축조된 다실무덤이다. 각각의 적석총은 길이 7~20m 정도이며 잔존높이는 약 1m 전후, 전체 평면형태는 장방형과 방형 등으로 나뉜다. 묘실은 자연석을 이용하여 장방형에 가깝게 만들었고, 묘역 외측에는 명확한 형태의 구획시설이 존재한다. 바닥에는 깨진 돌을 깔았으며, 벽체 상부에는 0.6~1.0m 정도 크기의 석재를 덮어 개석으로 삼았다.

총 내부에서 확인된 묘곽의 배치는 1열로 배열된 것과 다열로 배열된 것으로 구분된다. 1열로 배열된 것은 1호 · 2호 · 5호총(73 · 75M1 · M2 · M5) 등이며 이들은 모두 동시에 축조된 것으로 파악된다. 이중 1호총은 평면 장방형이고 크기는 길이 14m,

34) 旅大市文物管理組, 1983, 앞의 글.

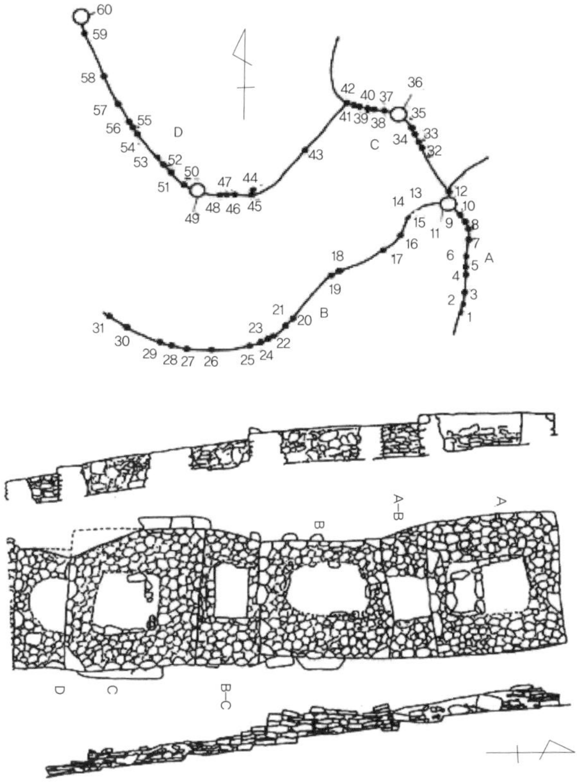

(출처: 宮本一夫, 2012)

〈그림 4-9〉 사평산유적 적석총 분포도 및 35호총 평단면도

너비 5~5.6m, 외벽 두께는 0.80~2m 이다. 모두 6개의 묘곽이 북서-남동방향으로 배열되었고, 벽석 상부는 이미 파괴되었으며, 바닥에는 크고 작은 돌을 깔았다. 나머지 3호 · 4호 · 6호총(73 · 75M3 · M4 · M6)은 다열로 배열된 무덤이다. 이중 4호총은 평면 방형이며 잔존 길이는 동서 9.2m, 너비는 8.1m, 모두 9

개의 묘곽이 확인되었다. 중간부에는 총을 남북으로 구분하는 동서방향의 구획(臺)이 존재하여 보고자는 북면이 먼저 축조되었고, 남면이 나중에 연접하여 축조된 것으로 파악하였다. 출토유물은 대부분 토기류이다. 색깔은 갈색과 홍색 위주이며, 흑색과 백색 등도 소량 확인된다. 대부분 구운 온도가 낮은 편이지만 흑색토기는 고온에서 구워졌다. 문양은 선문, 유점문, 누공문(鏤孔紋) 등이 관찰되며, 기종은 관(罐), 잔(杯), 두(豆), 환족기(環足器), 호(壺), 반(盤) 등이다.

유사한 구조와 부장품을 보이는 적석총이 대련시 영성자진의 사평산유적에서도 다수 확인되었다. 이곳에서는 1941년 모두 60여 기의 적석총이 발견되었으며 이중 산 정상부에 위치한 32~39호가 발굴되었다.[35) 이외에 사평산 서면에 연접한 줄기인 문가둔(文家屯)과 동대산(東大山), 동호로산(東葫蘆山), 장묘후산(張墓后山) 등에서도 수십여 기의 적석총이 분포한 것으로 보고되었는데,[36) 이들은 모두 사평산에서 뻗어 나온 여러 줄기에 해당되어 모두 같은 유적으로 볼 수 있다.

대표적으로 발굴된 사평산 35호총의 구조를 보면, 전체묘역은 잘 다듬어진 석재를 수직으로 쌓아올려 장방형의 긴 형태를 보인다. 묘역내에는 남북방향으로 크게 세 개의 석구(石丘)가 있어 이를 각각 A, B, C구(丘)로 명명하였다. A구는 남북 길이 4.5m, 동

35) 澄田正一 · 秋山進午 · 岡村秀典, 1997, 앞의 책; 사회과학원 고고학연구소, 2009e, 앞의 책, 190~191쪽 ; 하문식, 2013, 앞의 책, 61~62쪽.

36) 澄田正一, 岡村秀典, 2002,『文家屯遼東先史遺蹟發掘調査報告書』, 京都 ; 王嗣洲, 2006, 앞의 글, 24쪽 ; 高芳 · 華陽 · 霍東峰, 2009b, 앞의 글, 50~51쪽.

서 폭 5m이며, B구는 정방형으로 길이 4.3m, C구는 길이 4,5m, 폭 5m 정도이다. 이외에 C구의 남쪽면 바깥으로 길이 1.8m, 너비 4.3m의 석구가 연접해 있어 이를 D구로 명명하였다. 각 구(丘)의 중앙부에는 각 1개씩의 묘곽이 있는데 A구와 B구 사이, B구와 C구 사이에도 묘곽이 확인되었다. A~D구까지 전체 길이는 18.3m 정도이다. B구의 묘곽을 대표적으로 살펴보면, 남북 길이는 2.1m, 동서 너비 0.9m, 높이는 1.3m 이다. 상부에는 1개의 판석을 덮었으나 발굴 당시 이미 함몰된 상태였고, 석판아래에서 부식된 인골 조각과 함께 토기 및 옥기 등이 출토되었다.

이상에서 살펴본 대련지역 초기적석총유적의 특징을 정리하면 다음과 같은 몇 가지로 요약할 수 있다.

첫 번째, 모두 해안가에 인접해 있으며, 해발고도가 높은 산줄기 상에 열을 지어 분포한 특징을 보인다.[37] 대부분 전체적인 규모와 구조 및 묘역 내 설치된 매장주체부(묘곽)의 개수 등에서 개별적인 차이를 보이는데 이러한 현상은 무덤이 자리한 곳의 지세와 연관된 것으로써 총내부에 배치된 묘곽 간의 주 · 차관계는 확인되지 않는다.

두 번째, 전체 묘역의 평면 형태는 원각삼각형과 장방형, 방형 등 다양하다. 무덤(塚)의 외각에는 묘역의 범위를 표시하는 명확

37) 하지만 후기단계의 유적들은 점차 낮고 평탄한 구릉지로 자리를 이동하여 10기미만(토룡자, 왕보산) 혹은 단독(타두, 강상, 누상, 와룡천 등)으로 위치하는 등 변화를 보인다. 이처럼 무덤의 축조에 있어 주변의 환경 변화가 있게 된 이유는 직업의 전문화, 잉여 생산문 등 사회 복잡성(복합사회)과 연관된 것으로 보는 견해가 있어 참고할 수 있다(하문식, 2013, 앞의 글, 76~77쪽).

한 형태의 구획시설(石臺)이 존재한다. 이러한 구획석은 묘곽 내부 혹은 묘역 상부에 채워진 돌과는 다르게 비교적 잘 다듬어진 석재를 사용하여 1층 높이로 쌓았는데, 이 구획시설의 형태에 따라 전체 묘역의 평면구조가 결정된다.

세 번째, 동일한 유적에 분포한 적석총이라 할지라도 각각의 총내부에 조성된 묘곽 개수는 모두 다르다. 묘실은 주로 자연석 혹은 일부 가공된 석재를 쌓아서 만드는데 땅을 파지 않고 지표 위에 조성하는 특징을 보인다. 묘곽의 상부에는 큰 판석을 덮거나, 돌을 채워 봉분(石丘)를 만들었다. 그리고 묘실의 바닥은 맨바닥이거나 혹은 깨진 돌을 깔아 놓았다. 묘실내부에서는 간헐적으로 인골이 검출되긴 하지만 아직까지 명확한 형태의 매장방식을 알 수 있는 자료는 보고되지 못하였다.

다만 2013년 재발굴된 왕보산유적에서 제1단계 유적군에 속하는 이른 시기의 유물이 확보되었다는 보고가 있으며, 관련 무덤에서 출토된 인골에 화장이 흔적이 검출되었다고 한다.[38] 자세한 내용은 정식 보고서가 출간된 이후에야 확인 가능하겠지만, 요동지역에서 화장이 이루어진 가장 이른 단계의 자료가 될 것으로 기대된다.

네 번째, 적석총은 단 한번에 동시 축조된 것과 여러 차례에 걸쳐 보축된(다차 축성) 것으로 구분된다. 한 번에 동시 축조된 것은 하나의 명확한 구획시설 내에 여러 개의 묘곽이 존재하며(노철산73 · 75년1호총, 사평산35호총), 여러 번에 걸쳐 보축된 것

38) 趙永生, 2017, 「大連王寶山積石墓地出土人骨的研究」, 『邊疆考古研究』.

은 전자의 옆으로 새로운 묘역이 부가되면서 연차적으로 축조되는 방식이다(노철산4호총).[39] 두 가지 유형 모두 묘역 내에 설치된 각각의 묘곽 상부에는 모두 돌을 쌓아 개별적인 봉분(石丘)을 만들었다. 그러나 첫 번째 유형의 경우 묘역 상부에 전체적으로 막돌을 쌓아 최종적으로 하나의 봉분(石丘)을 형성하는 것도 있다(장군산64년1호총).

다섯 번째, 출토된 유물은 대다수가 토기류이며, 소량의 석기와 옥기도 있으나 보고된 내용이 소략하여 자세한 내용은 알 수 없다. 이중 토기는 형태와 색깔, 제작방법 등에 따라 다시 두가지 계통으로 분류할 수 있다.[40] 하나는 산동 용산문화의 특색을 가진 토기들로서 홍도규(紅陶鬶), 삼족정(三足鼎), 두(豆), 관(罐), 호(壺)를 비롯하여 1개 혹은 2개의 손잡이가 달린 잔(杯) 등이 확인된다. 색깔은 대부분 회색 혹은 흑색계통이며, 고운 진흙질의 태토를 잘 마연하여 두께가 1~3mm 정도밖에 되지 않는다.

그리고 나머지 하나는 당지 토착문화의 토기로서 두(豆), 관(罐), 단이배(單耳杯), 무이배(無耳杯) 등이 대표적이다. 낮은 온도에서 구웠으며, 기벽이 두껍고 색깔은 홍색이 많다. 대부분 손으로 빚어 만들었으나 구연부상으로 일부 도구를 사용한 흔적도 확인된다. 토기 바닥은 평저가 많고 문양에는 현문과 점선문 등이 보인다. 이러한 토기들은 대체적으로 기원전 19세기로 편년되는 쌍타자 1기문화 후기까지 유행되기 때문에 초기 적석총유

39) 欒豊實, 2006, 앞의 글, 557~558쪽.

40) 華陽・霍東峰・付珺等, 2009, 앞의 글, 10~14쪽.

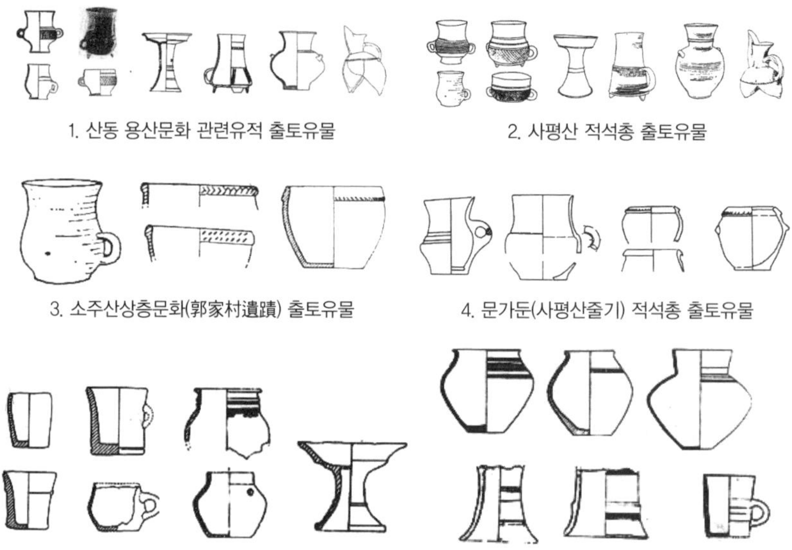

1. 산동 용산문화 관련유적 출토유물
2. 사평산 적석총 출토유물
3. 소주산상층문화(郭家村遺蹟) 출토유물
4. 문가둔(사평산줄기) 적석총 출토유물
5. 장군산 및 노철산 적석총 출토유물
6. 쌍타자유적 하층(1기문화) 출토토기

〈그림 4-10〉 대련지역 초기 적석총 관련 유적 출토유물 비교

적의 하한연대로 활용할 수 있다.

다음으로 대련지역 제2단계의 적석총유적은 앞서 간략하게 살핀 두 번째 조합의 유적군, 즉 우가촌 타두(于家村 砣頭), 토룡자(土龍子), 왕보산(王寶山) 유적 등이 포함된다. 모두 쌍타자3기 문화에 귀속되며, 관련 유적으로는 쌍타자(상층)유적과 대취자(상층)유적, 양두와유적, 우가촌(상층)유적 등이 있다. 이 문화의 주요특징은 전단계와는 다르게 당지의 토착요소가 보다 강세를 보인다는 점이며, 이외에 발달된 각종 석제 생산도구류 및 도작농경의 시작 등으로 요약된다.

최근까지 조사된 쌍타자3기문화의 생활유적은 모두 바닷가 근처의 저평한 구릉지의 사면부에 자리한 보편성을 보인다. 유적 주변으로는 다양한 형태의 물줄기가 형성되어 있어 농경은 물론 일상생활에 필요한 담수를 충분히 확보할 수 있다. 대취자유적의 3호(1987년 발굴) 주거지에서는 탄화된 벼와 기장이 다량 출토되었는데, 유적의 동쪽구역에서 흙을 쌓아 만든 인공적인 구조의 토축시설이 조사되었고, 그 옆(서쪽)쪽에는 늪지가 형성된 것을 확인할 수 있었다. 아마도 이러한 현상은 당시 농사를 효율적으로 짓기 위해 정비된 인공 구조물로 추정된다.[41]

이외에도 쌍타자유적 17호 주거지, 대취자(大嘴子)유적 10호와 37호(1987년 발굴) 주거지, 3호 주거지(1993년 발굴) 등에서는 물고기뼈가 다량으로 조사되었으며 쌍타자, 대취자, 양두와, 우가촌유적 등에서는 개와 양 등의 가축동물과 사슴, 노루, 사향노루, 너구리, 살쾡이 등의 야생동물 뼈가 다수 채집되었다.[42] 따라서 당시 사회에는 초기 도작농경과 함께 어로과 목축, 사냥, 채집 등이 적절하게 병행되었을 것으로 추정된다.

한편 제2단계에 속하는 쌍타자 3기문화의 적석총은 1기문화

---

41) 嚴文明, 1989, 「略論中國栽培稻的起源和傳播」, 『北京大學學報(哲學社會科學版)』2 ; 吳青雲, 1995, 「大嘴子遺址炭化稻米的考察與研究」, 『文部省科學研究費による國際學術研究報告論文集』(大連市文物考古所, 2000, 『大嘴子青銅時代遺址1987 年發掘報告』, 大連出版社, 268쪽 참조).

42) 遼寧省文物考古所 · 吉林大學考古學系 · 大連市文物管理委員會, 1996, 「遼寧大連市大嘴子青銅時代遺址的發掘」, 『考古』2, 270~271쪽 ; 中國社會科學院考古研究所, 1996, 앞의 책, 55쪽 ; 郭大順 · 張星德, 2005, 『東北文化與幽燕文明』, 江蘇教育, 357~361쪽.

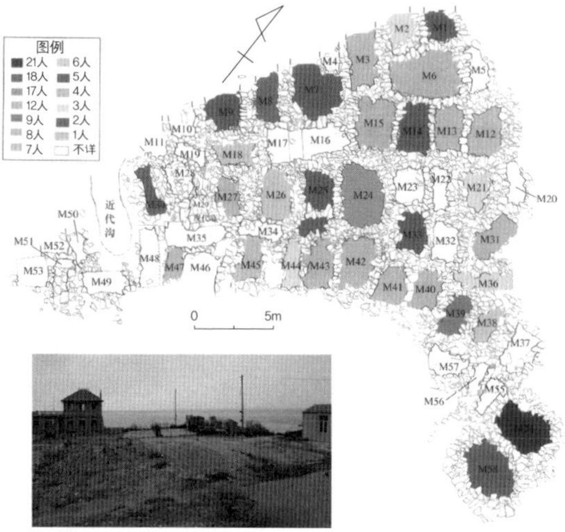

〈그림 4-11〉 우가촌 타두 적석총 분포도와 유적 전경

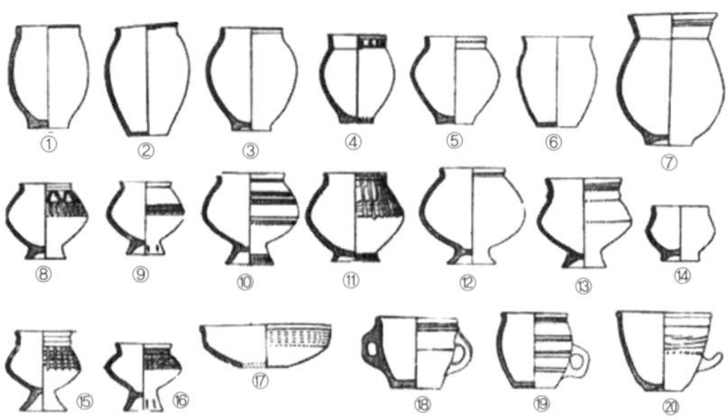

적석총 출토 토기 각종

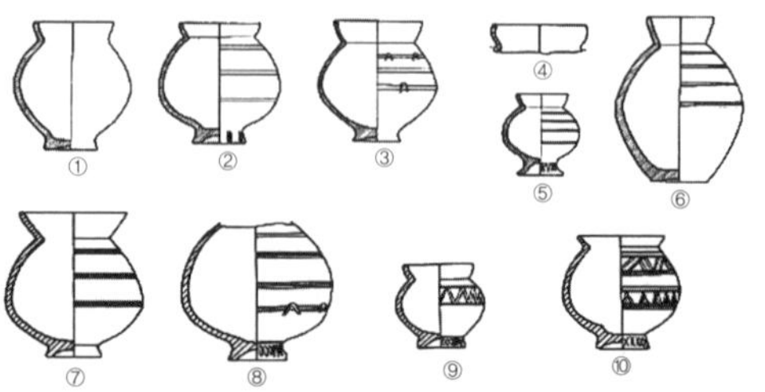

적석총 출토 현문호(미송리형토기)

〈그림 4-12〉 우가촌 타두 적석총유적 출토유물

의 것과 구조상 매우 닮아 있지만 유적이 자리한 곳의 입지는 해발고도가 낮은 구릉 정상부 혹은 산에서 뻗어나온 구릉줄기의 평탄지로 이동된다. 주로 10기 미만 혹은 단독으로 입지한 경우가 많은데 개별 유적간의 규모 차이나 출토유물 상의 등급차이는 간취되지 않는다. 그리고 묘실 내 매장된 인골은 간골화장 혹은 묘실내 직접 화장, 일차장 등의 흔적이 간취되며, 한 무덤 내에 여러 개체의 인골이 다차 합장되는 특징을 보인다. 부장품은 대부분 토기이며 소량의 석기와 장식품도 확인되었다. 왕보산과 토룡자에서 확보된 자료는 소량의 토기편에 불과하지만 타두유적에서는 비교적 많은 수의 유물이 출토되어 편년의 지표로 삼을 수 있다.

타두유적에서 부장품은 주로 묘실의 양쪽 끝에 놓여 있는 보편성을 보인다. 토기류는 대부분 가는 모래가 섞인 홍색계열의 토착계토기가 주종을 이룬다. 하지만 흑갈색과 회갈색계열의고운 진흙질 토기도 소량 확인되는데 이들은 대부분 흑색 안료를 입히거나 마연한 외래계토기에 해당된다. 이외에 소량의 석기를 포함하여 소형 청동기류 및 석제와 토제 구슬 등 장식품은 착장상태에 가깝게 출토되었다.

출토유물 중 특징적인 것은 현문호 계열의 토기이다. 모두 9점이 확보되었는데 동체부의 문양구성이나 형태적 특징, 예를 들면 입술형의 장식적 손잡이가 동체부에 무작위로 배치되거나 집선계열의 현문 사이에 삼각문이 장식되는 등 소위 쌍방형토기나 현문호 등으로도 불리는 미송리형토기의 조형으로 평가받기도

한다.[43)]

타두유적의 절연대 측정값은 약 3655±80년과 3550±80년, 3230±906년과 3280±85년 등으로 기타 동류의 유적과 비교하여 대략 기원전 15~11세기 사이의 유적으로 평가받는다. 그런데 이러한 현문호 계열의 토기들은 대부분 묘역 내 외곽에서 확인되는 관계로 비교적 늦은 시기의 유물로 판단된다. 이 시기의 가장 큰 특징은 쌍타자2기단계에 단절되었던 적석총 축조전통이 다시 부활하는 것이며, 동시에 요동반도의 벽류하유역에서 고인돌이 유행하기 시작한다는 점이다.[44)]

마지막 대련지역 적석총문화 제3단계는 쌍방문화기의 강상유형에 속하는 세 번째 조합에 해당된다. 그간 중국학계에서 논의되어 온 소위 쌍방문화란 서북한지역의 미송리형토기문화와 그 맥락을 같이 한다.[45)] 그동안은 쌍방유형과 양두와유형[46)] 혹은 쌍방유존(遺存)[47)] 등으로 불려왔으나 최근 趙賓福에 의해 보다 광의적인 개념에서의 쌍방문화가 제안되었다.[48)] 그에 의하면 요동반도의 "상마석 상층유형(上馬石 上層類型)"과 요동북부권의

43) 張翠敏, 2009, 위의 글, 40~48쪽.

44) 이와 관련해서는 요동지역 고인돌을 다루는 부분에서 보다 자세하게 다루도록 하겠다.

45) 이하에서 다루어질 쌍방문화와 관련 내용은 필자의 2015년도 글(「요동지역 청동기시대 문화의 양상과 전개- 소위 쌍방 · 미송리문화를 중심으로」, 『동양학』 61)에서 요약 · 발췌하여 재구성하였음을 일러둔다.

46) 陳光, 1989, 「羊頭窪類型研究」, 『考古學文化論集』(二), 文物出版社.

47) 朱永剛, 「東北青銅文化的發展階段與文化區系」, 『考古學報』2, 139쪽 ; 王巍, 2004, 「雙房遺存研究」, 『慶祝张忠培先生七十歲論文集』, 科學出版社.

48) 趙賓福, 2009, 앞의 책, 158~159쪽.

"축가구유존(祝家溝遺存)" 그리고 "노호충유존(老虎沖遺存)" 등은 모두 유사한 문화내용을 보이기 때문에 모두 동일한 범주에 해당되는 쌍방문화로 설정할 수 있다고 한다. 주요 특징을 보면 "선명한 형태로 현문(弦文)이 표현된 토기를 전형으로 하며 나머지는 대부분 무문이다. 또한 삼족기는 유행되지 않으며 비파형동검과 동부, 동모, 동촉 등의 청동무기가 공반되기도 한다."고 설명하였다.

반면 華玉冰은 요동북부권에서 폭넓게 확인되는 현문호(미송리형토기) 출토 유적은 요남의 쌍방문화와 구분하여 연구할 필요성을 제기하였다. 그는 기원전 9~6세기 요동북부권 청동기문화는 마성자문화에서 파생된 독자적인 형태임을 강조하면서 무덤에서 출토되는 현문호와 무문의 발구호, 횡이구복관(鉢口壺, 橫耳球腹罐) 등의 조합을 전형특징으로 보았다. 더불어 이러한 현상을 요동반도권 쌍방문화(弦文壺와 筒形罐의 조합)와 구분되는 주요한 문화속성으로 보고, 발굴된 대표유적의 명칭을 따라 신성자문화로 명명할 것을 제안하였다.[49)]

그런데 쌍방문화 혹은 신성자문화이든 간에 그 주요 특징은 현문(혹은 무문)의 횡교이호(橫橋耳壺)와 횡이구복관(橫耳球腹罐)(혹은 이중구연통형관)을 기본조합으로 하며, 동시에 비파형동검과 동모, 청동부, 청동촉 등의 청동기가 조합되는 공통적 속성을 지닌다. 대체적으로 고인돌과 석관묘 등 석묘류에서 발견되며, 주거지에서 발견된 자료는 매우 드물다. 주목되는 점은 이

---

49) 華玉冰, 2011, 앞의 책, 186~187쪽.

와 유사 형태의 문화내용이 서북한지역과 길림지역에서도 확인된다는 점이다.

〈표 4-1〉 미송리형토기문화의 각 지역별 유형 특징

<table>
<tr><td colspan="2" rowspan="2">지역</td><td colspan="3">요동지역</td><td rowspan="2">서북한지역</td><td rowspan="2">길림지역</td></tr>
<tr><td colspan="2">요동반도권</td><td>요동북부권</td></tr>
<tr><td colspan="2">유형</td><td>강상유형</td><td>쌍방유형</td><td>신성자유형</td><td>미송리유형</td><td>서단산유형</td></tr>
<tr><td colspan="2">묘제</td><td>직석총</td><td>고인돌</td><td>고인돌,
석관묘</td><td>고인돌,
석관묘, 동굴묘</td><td>고인돌,
석관묘</td></tr>
<tr><td rowspan="3">공반유물</td><td>토기</td><td>미송리형토기
(무문계),
횡이관,
그물문토기</td><td>미송리형토기
(현문계),
그물문토기,
이중구연토기</td><td>미송리형
토기(무문 · 현문계), 발,
횡이관</td><td>미송리형토기
(무문 · 현문계)
이중구연토기
팽이형토기,
관 및 발형토기</td><td>무문횡이호
(서단산형호),
관형토기</td></tr>
<tr><td>청동기</td><td>비파형동검,
동부, 동촉,
도구, 장식품</td><td>비파형동검,
동부(석범), 동촉</td><td>비파형동검,
동모,
동부(석범),
동촉, 도구</td><td>비파형동검,
동모, 동령, 동부, 동촉</td><td>비파형동검,
동모, 동부,
동촉, 도구</td></tr>
<tr><td>석기</td><td>석검, 석부,
석촉</td><td>석부, 석촉</td><td>석부,
석촉, 석검</td><td>석모, 석검,
석부, 석촉</td><td>석촉, 석부</td></tr>
</table>

이상의 문화유형들은 비록 지역적 차이에 따른 내용상의 다소간 차이가 존재할지라도 기본적으로는 모두 유사한 문화범주에 속할 수 있다고 생각된다. 그렇기에 일반적으로 해당 자료가 출토된 최초의 표지유적명을 붙이는 고고학계의 용례를 생각한다면 미송리유적과 상관된 학술용어는 존중될 필요가 있다.[50)]

50) 배진성, 2015, 「미송리형토기문화의 동태와 분포권」, 『동북아역사논총』47호, 105쪽.

본서에서는 우선적으로 요동과 서북한지역에서 확인되는 쌍방·신성자·미송리유형 등 3종류의 물질문화를 모두 동일한 범주에 포함시켜 이해하고자 하며 통칭하여 미송리형토기문화로 부르고자 한다. 그 의미는 미송리형토기를 중심으로 전개된 각종 다양한 형태의 문화양상을 공유하는 것으로 정의되며, 이들은 기원전 9~7세기 무렵 미송리형토기문화라는 커다란 보편성 속에서 표출된 각 지역별 특수성(의 유형화) 정도로 풀이 할 수 있다.

하지만 요동반도 남부지역의 강상유형과 길림의 서단산문화에 대해서는 좀 더 신중한 접근이 필하다. 무엇보다 당시 이처럼 광범위한 지역군내 동일한 물질문화를 공유하는 지역집단의 설정이 가능한지의 검토이며, 또다른 측면에서 해당 지역의 문화에서는 전형적인 형태의 현문계 미송리형토기가 확보되지 않는다는 점이다.

물론 해당 문화의 전형토기들이 무문의 형태로서 기형 및 토기의 발전단계상 미송리형토기류에 포함시켜 이해할 수는 있겠지만, 그렇다 할지라도 토기문화 속에 내제된 혹은 그 변화양상의 검토 또한 필요할 것이기에 이에 대한 논의는 뒤에서 보다 구체적으로 살펴보도록 하겠다.

여기에서는 먼저 그간 쌍방문화의 범주에서 이해되어온 요동반도 남부지역의 강상유형, 즉 본서의 제3단계 대련지역 적석총유적과 그 문화내용에 대한 몇 가지를 우선적으로 검토해 보겠다.

그동안 쌍방문화의 내용을 비롯한 범위와 그 성격에 대해서는 다양한 논의가 있어 왔다. 그중에서도 관련 내용의 대개를 정리하여 처음으로 유형화 시킨 것은 王巍인데, 그는 "1980년 요녕성 대련시 신금현 쌍방유적(遼寧省 大連市 新金縣 雙房遺蹟)에서 발견된 대석개묘를 대표유적으로 하는 고고학 문화유형"이라 정의하면서 신금 쌍방묘지와 벽류하 대석개묘유적(碧流河大石蓋墓遺蹟), 봉성 동산묘지(鳳城 東山墓地), 무순 대갑방(撫順 大甲房)석관묘, 요양 이도하자(遼陽 二道河子)석관묘 등에서 발견된 일련의 대석개묘와 석관묘를 모두 이 유형에 포함시켰다.[51)]

이후 吳世恩[52)]과 趙賓福 등에 의해 관련 내용이 보다 세부적으로 정리되면서 요동 각지에서 확인되는 미송리형토기 관련 유적을 통칭하여 쌍방문화로 인식하게 되었다. 하지만 華玉冰에 의해 반론이 제기되었고 각지에서 확인되는 관련 문화의 내용은 별개의 문화로 구분될 필요성도 논의되고 있다.

먼저 최근 중국 내 대다수 관련 연구자들이 제시하는 요동지역 쌍방문화의 전형유적에는 대련 강상, 루상, 와룡천 등의 적석총유적과 보란점 쌍방유적을 대표로 하는 벽류하유역 일대 고인돌유적 등이 포함된다. 주요 특징을 보면 무문의 손잡이(口脣狀 혹은 紐狀) 달린 토기 및 미송리형토기와 이중구연토기의 조합, 동시에 쌍타자3기문화에서 연속되는 그물문과 철릉문토기, 이외에 비파형동검과 청동부, 청동촉 등이 공반된다. 대체적으로 석재를 장구로 한 묘제인 고인돌과 적석총에서 많이 발견되며,

51) 王巍, 2004, 앞의 글, 402~403쪽.

52) 吳世恩, 2004,「關於雙房文化的兩箇問題」,『北方文物』2.

주거유적에서 발견된 자료는 매우 드물다.

그동안 진행된 쌍방문화의 연대범위는 미송리형토기와 비파형동검의 형식변화에 근거하여 전기와 후기로 구분되고 있다.[53] 전기의 것은 구연부 형태가 발구형(鉢口形)에서 점차 사구형(斜口形)으로 변화되며, 동체부는 아래로 처진 형태에서 점차 동그란 형태로 발전된다. 후기에는 점차적으로 현문과 손잡이가 사라지며, 경부가 세장해지는 특징을 보인다. 비파형동검은 검신이 점차 세장화되는 형태로 변화되는데, 후기로 갈수록 날부의 곡선이 뚜렷한 형태에서 점차 밋밋해지고 돌기부가 소멸되는 양상을 보여준다.

이시기 적석총유적은 강상과 루상, 와룡천 유적이 대표적으로 여기에서 출토되는 유물은 매우 다양하고 수량도 많다. 토기는 대부분 무문의 홍색이 많고 종류는 관(罐), 호(壺), 두(굽접시) 등이 있다. 청동기는 비파형동검, 도끼, 화살촉, 차마구 및 각종 장신구가 확인되었으며 몇 기의 무덤에서는 불에 녹아 덩어리가 된 청동유물이 확인되었다. 이외에 옥구슬을 비롯한 흙구슬과 조개장식 등 각종의 장신구 등이 출토되었다. 본서에서는 앞서 밝힌 바와 같이 이상의 내용으로 정의되는 요동의 쌍방문화를 미송리형토기문화에 포함되는 하위 유형으로서 쌍방유형으로 재설정하고, 그와는 조금 다른 성격의 물질문화로서 요동반도 남부지역, 구체적으로는 주로 대련지역을 중심으로 전개된 제3단계 적석총문화로서 강상유형을 구분하고자 한다.

53) 朱永剛, 2008, 앞의 글, 89~97쪽.

대표격인 강상적석총은 쌍타자3기문화의 퇴적층 상부에서 확인되었다. 또한 강상 12호에서 출토된 그물문 단경호(그림 4-13:13)는 우가촌 타두적석총의 것과 형식적인 발전관계에 있다. 따라서 강상 적석총의 연대는 쌍타자3기의 하한 연대인 기원전 11세기를 넘을 수 없다.

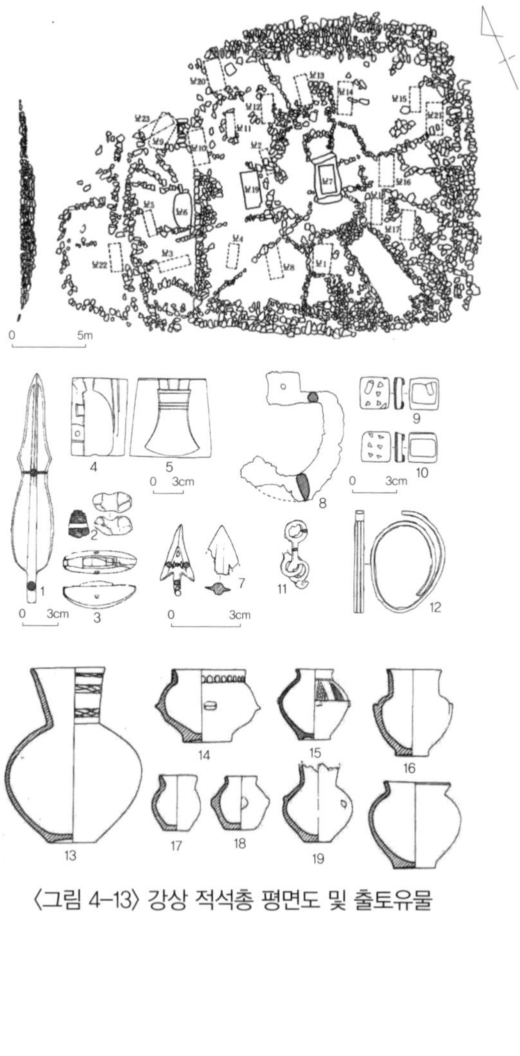

〈그림 4-13〉 강상 적석총 평면도 및 출토유물

무덤의 장속특징을 보면 주로 무덤내 화장의 습속이 강하며, 간골장 등의 2차장이나 합장 등도 성행하였다. 이시기의 적석총은 주로 바닷가 인근의 돌출된 토구릉 상에 단독으로 1기씩 입지한 보편성을 보이며, 총내 무덤간의 배치는 일정한 규율과 함께 부장양상 등에 있어서도 일종의 등급화 현상이 간취된다. 발굴보고서에 따르면[54] 강상과 루상, 와룡천 적석총 출토 비파형동검의 형식비교를 통해 강상유적의 연대는 루상과 와룡천묘지보

유적 전경 및 1호 묘실 바닥부

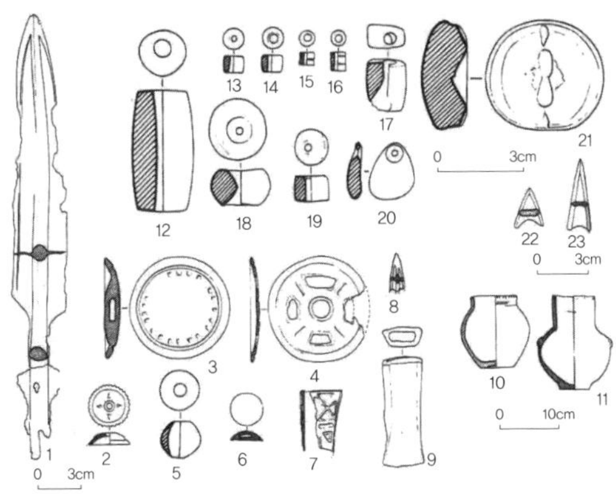

출토유물

〈그림 4-14〉 루상 적석총과 출토유물

54) 中國社會科學院考古硏究所編著, 1996, 앞의 책, 110~118쪽.

다 빠르며, 그 연대는 기원전 8세기 이전으로 보았다.

이외에 루상묘지의 연대는 기원전 6~5세기, 와룡천묘지는 전국시대에 해당되는 기원전 4세기 전후로 편년하였는데, 보고서의 편년안을 따를 경우 강상 적석총은 쌍방유형의 전기단계와 시간적으로 병행하며, 루상과 와룡천은 후기단계로 설정할 수 있다.

그런데 여기서 반드시 거론해야 될 사안으로서 1964년 쌍타자 유적의 발굴이 진행되기 전, 마을 사람에 의해 채집되어 알려진 일련의 유물군에 대한 문제가 있다. 해당 유물은 파괴된 무덤의 잔해로 추정되는 석재더미 속에서 비파형동검과 석재 가중기 세트, 방추와 4개의 입술형 손잡이가 대칭으로 달린 무문의 호형토기 등의 조합을 보이는데, 일찍이 해당 지점 주변에서는 비파형동검류의 유물 구성이 다수 채집된 사례가 있어 아마도 강상류의 적석총계 무덤의 잔해로 추정된다.[55)]

1964년도에 보고된 비파형동검은 기형상 강상 출토품과 유사하여 강상유형의 전기유적으로 판단된다. 아울러 이와 공반된 무문의 손잡이 달린 호형토기는 정선된 진흙질 점토를 사용하였고, 표면이 황갈색이며 마연처리된 점, 구연부가 살짝 외반되었으나 끝단이 안쪽으로 살짝 내만되어 있는 점 등에서 미송리형토기와 상당히 닮아 있다.

사실 미송리형토기의 시공간적 범위와 그 내용을 보다 명확하

55) 江上波夫 等, 1934, 「旅順雙台子新石器時代遺蹟」, 『人類學雜志』49卷1號, 圖四, 2, 3, 6(中國社會科學研究所, 1996, 앞의 책, 51쪽 주1 재인용).

게 규정하기 위해서는 현문과 손잡이라는 장식적 요소에 너무 집착해서는 안 될 것으로 여겨진다. 이러한 문양구성에는 가장 기본이 되는 그 형태적 특징 속에 지역별로 각자의 개성들이 매우 다양하게 표현될 수 있기 때문이다.

미송리형토기를 규정 짓는 가장 기본적인 요소에는 발구(鉢口), 현문(弦文), 각종 손잡이 형식 등이 포함된다. 발구, 즉 단면 표주박형의 형태에서는 관형(罐形)의 토기 상부에 발구토기가 복합된 구조의 특이점을 보인다. 이러한 형태는 이미 마성자문화 2·3단계의 유적(산성자B동4호, 장가보A동31호, 34호)을 비롯한 고대산문화(공주둔 후산 T31), 신락상층문화(충후둔 회갱 유적), 하가점하층문화(대전자 459호) 등의 관련 유적에서도 드물게 확인되고 있다. 또한 현문적요소는 쌍타자문화계열 토기의 보편적 특징이며 그중에서도 쌍타자 3기(타두)에 특히 유행된다.[56)]

그리고 미송리형토기의 손잡이는 장식적 요소가 매우 강한 편인데, 이중 횡교상파수는 마성자문화에서, 수교상파수는 고대산문화, 구순상파수는 쌍타자 3기문화 토기에 주로 베풀어지던 장식적 요소이다. 이러한 문양 속성들은 당지의 개성과 함께 주변지역의 제요소가 복합되어 매우 다양하게 응용·표현될 수 있다. 따라서 그동안 표준형으로 여겨지던 쌍방 6호나 신암리 주거지의 현문과 각종 손잡이(횡교와 구순상파수)의 복합양상은

56) 마성자문화에서 간헐적으로 보이는 현문적 속성은 쌍타자 3기문화와의 관계성 속에서 파악해야 된다. 앞절의 내용을 참고하길 바란다.

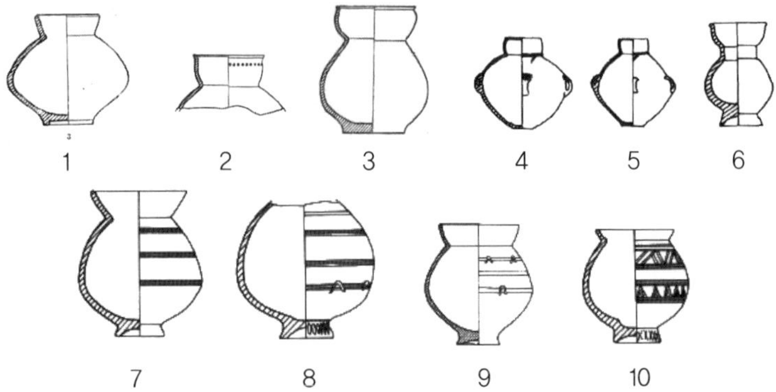

1. 산성자 B동4호묘, 2 · 3. 장가보A동31 · 34호묘, 4. 공주둔 후산T31, 6. 대전자 459호묘, 7~10. 타두 적석총

〈그림 4-15〉 무문 발구호(A형: 상)와 현문 사구호(B형: 하) 각종

이 유형 토기의 정형화된 패턴이라기보다는 어느 한 지역의 특수성 혹은 특정시기에 유행된 복합성을 반영한 것으로 보인다. 하지만 그 형태적 속성은 단면 표주박형이라는 기본형태가 분포지역 전체에 걸쳐 보편적으로 적용된다. 다만 서북한지역에서는 그 바닥형태가 팽이형토기의 것을 많이 닮아 있어, 변이현상을 보이기도 하지만, 이 역시 단면 표주박형이라는 기본 형태는 그대로 유지되고 있다.

현재까지 확인된 미송리형토기의 각 지역별 특징을 살펴보면, 주요 특징이 되는 표주박형 단면(장경발구형)을 가지며, 교상파수와 뉴상 혹은 구순상파수가 붙어 있으나 무문인 토기, 혹은 발구형에 손잡이 없이 현문만 있는 것, 구연이 단경사구형에 무문이지만 전형의 손잡이가 달린 것, 무문에 손잡이가 없으나 발구형으로 단면이 표주박형을 보이는 것 등등 매우 다양한 패턴을

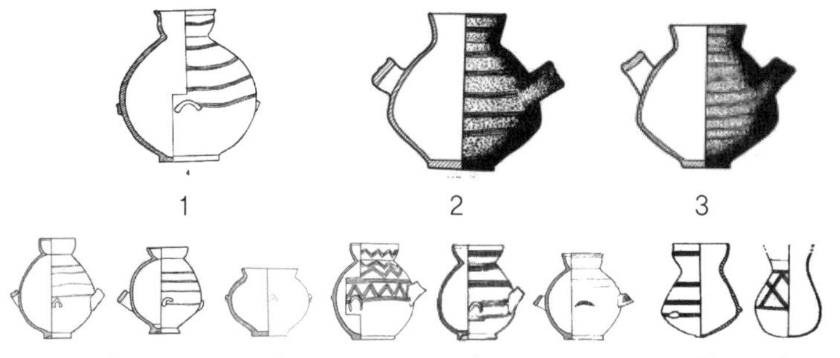

1. 산성자 C동2호 2. 동산 7호, 3. 동산 9호, 4. 쌍방 6호, 5. 쌍타자 청동단검묘, 6. 신성자유적 7. 남양3호, 8. 표대11호

〈그림 4-16〉 미송리형토기 각종

보인다. 이러한 형태적, 장식적 속성들을 정리하여 유형화 시킨다면 다음과 같은 몇 가지로 구분해 볼 수 있다.

(A)무문의 (I)장경발구형 – (a)손잡이 있는 것, (b)없는 것
(A)무문의 (II)단경사구형 – (a)손잡이 있는 것 (b)없는 것
(B)현문의 (I)단경사구형 – (a)손잡이 있는 것 (b)없는 것
(B)현문의 (II)장경발구형 – (a)손잡이 있는 것 (b)없는 것

이를 바탕으로 핵심이 되는 주요 속성만 정리하면 다음과 같은 두가지로 요약된다.

A : 요북형(〈그림 4-15〉, 1~6참조), 장경발구의 단면 표주박형 패턴을 기본으로 그 형태적 속성이 강하게 전승되며, 여기에 다양한 패턴의 장식적 요소가 파생된다.[57]

57) 이중 한 갈래가 당지에서 신성자유형(현문과 무문, 손잡이)으로 발전되며, 다

B : 요남형(〈그림 4-15〉, 7~10참조), 현문과 구순상파수와 같은 장식적 속성을 기본으로 한다. 당지에서는 지속적으로 발전되지 못하며 형태적 속성인 단경사구를 기본으로 주변지역으로 확산된다.

부연하면, 장식적 속성 중 현문과 구순상(입술형)파수는 요남의 쌍타자계열, 장경발구와 횡교상파수, 수교상파수는 요북의 마성자와 고대산 및 신락상층문화에서 그 계통성을 찾을 수 있다. 또한 A형은 주로 요동북부권에서 보편적이며, 요동반도권에선 AII형만 드물게 확인된다. 그리고 BI형은 요동지역 전체에서 보편적인데, 그중 BIa형이 요동북부권에서는 횡교상파수와 구순상파수가 공존, 요남에서는 구순상파수만 초기유적인 타두묘지에서 확인된다. BIIa형은 전지역에 걸쳐 가장 보편적인 형식이다. 하지만 대동강유역 BIIa형의 손잡이는 모두 구순상 혹은 뉴상파수의 형태를 보인다. 또한 BIIb형은 대동강유역에서 주로 확인되어, 대동강유역의 미송리형토기는 요남의 타두유적과 보다 친연성이 강한 것으로, 청천강 이북지역은 남·북 두지역의 제요소가 복합된 양상으로 전개된다.

아직까지 어느 형식의 것이 시원적 형태인지에 대해선 정설이 없다. 하지만 기본적으로 년대가 가장 빠른 것은 장가보(A형)와 타두유적(B형) 출토품이라는 인식이 공통적이다.(〈그림 4-15〉) 두 유적은 편년관계상 기원전 14~12세기 전후의 동시기성을 보

른 한 갈래는 길림의 서단산유형(무문, 손잡이)과 동요하 하류의 후태평유형(단순무문)으로 파생된 것으로 여겨진다.

이기에, 양자는 남 · 북 각지에서 공존 하다가 산성자 C동굴(BⅡa-구순상파수;〈그림 4-16〉, 1)과 동산묘지(BⅠa-횡교상파수;〈그림 4-16〉, 2 · 3)에서 두 요소가 복합되는 현상(기원전 11~10세기 전후)이 서로 다른 패턴(장식;손잡이)으로 나타나며, 쌍방과 신성자단계(기원전 9~8세기)에서는 모든 요소가 완전히 복합되는 양상으로 전개된다(〈그림 4-15〉, 4 · 5).

하지만 대동강유역에서는 조금 다른 형태가 보여 지는데, 팽이형토기의 전통을 강하게 계승하면서 여기에 현문과 구순상(혹은 뉴상) 파수라는 쌍타자계열(요남형)의 요소가 복합되어 나타난다.(〈그림 4-15〉, 6 · 7) 이외에 요북의 신성자유적에서 확인되는 무문계열의 미송리형토기는 요남의 쌍타자유적 청동단검묘에서 출토된 무문토기와 유사성이 확인되며, 이는 뒤에서 다룰 서단산문화의 손잡이 달린 무문 발구호(서단산형호)와도 비교된다.

요컨대 미송리형토기는 장경 발구라는 기본적인 패턴 속에 현문을 비롯한 다양한 장식적 요소들이 가미되면서 점차적으로 지역색을 발현하는 것으로 보인다. 따라서 그 기원과 형성과정에는 남북 두 갈래의 문화요소가 일정한 시간 동안 여러 차례의 문화접변을 거쳐 점차적으로 동질화되어 가는 과정을 생각할 수 있다.

이상에서 미송리형토기의 형성과정을 요북과 요동반도권의 문화접변이라는 시각에서 접근해 보았다. 그러한 맥락에서 쌍타자유적의 청동단검묘에서 출토된 무문의 사이호 역시 남 · 북

두지역 물질문화의 접변과 상호작용이라는 측면에서 미송리형토기의 한 계통으로 볼 여지가 있다. 사실 이러한 형태의 토기는 현문(弦文)이라는 문양적 요소만 제외하면, 쌍방 6호 고인돌에서 출토된 소형의 미송리형토기와 형태적, 재질적 측면에서 매우 유사하다. 또한 강상 적석총에서도 동일한 형태이면서 문양과 손잡이가 모두 없는 토기가 출토된 바 있으며, 요북의 신성자 유적에서는 무문과 현문(弦文)의 것이 한 무덤내에서 공반되는 양상을 보이기도 한다.

따라서 강상유형 역시 쌍방유형과 마찬가지로 미송리형토기를 공유한다는 점에서 미송리형토기문화권의 범주에서 다루어도 큰 무리가 없을 듯하지만, 묘제의 구성이 당지의 지역색이 강한 적석총에 한정되는 점, 쌍방유형의 고인돌과는 그 분포양상에서 분명한 차이점을 보이는 점 등에서 양자는 구분지어 살펴볼 필요가 있다.

보다 자세한 내용은 다음 장의 요동지역 고인돌을 다루는 부분에서 다시 한 번 검토하기로 하며, 이상 요동반도 남부의 대련지역을 중심으로 전개된 적성총문화는 당지의 신석기시대 후기문화인 소주산 상층문화에서 시작되어 청동기시대 전반에 걸쳐 축조된 토착묘제로 정의하면서 관련 논의를 마무리 짓도록 하겠다.

2. 동굴묘유적의 특징과 성격[58)]

요동지역의 초기 청동기시대는 태자하를 경계로 그 남·북지역에서 문화내용을 달리하며 전개되었다. 그 중 남부지역은 앞에서 살핀 바와 같이 쌍타자문화가 기원전 21세기부터 11세기 무렵까지 지속되었고, 북부지역에서는 태자하 이북의 요하평원을 중심으로 마성자문화가 전개되었다. 이곳은 혼하와 휘발하유역이 중심이 되는 요녕성 동북부와 길림성 서남부의 접경지대로 볼 수 있다. 이 지역의 청동기문화는 마성자문화에서 미송리형토기문화 단계의 신성자유형, 요서지역 십이대영자문화에 영향을 받은 정가와자유형을 거쳐 초기철기시대로 진입한다.

이처럼 요동북부권 초기 청동기시대를 대표하는 마성자문화의 주요 묘제는 동굴묘와 석관묘가 가장 전형적이며, 이는 신성자유형에서도 줄곧 유지되지만 늦은 시기에는 점차 고인돌 로 대체되다가, 정가와자유형단계에 이르면 목관묘계열(목곽묘와 토광묘 포함)의 묘제와 공존하는 양상을 보인다. 본 절에서는 요동북부권 초기 청동기시대의 묘제로서 동굴묘를 중심으로 그 현황과 문화성격을 검토해 보겠다.

58) 관련 내용은 필자의 2015년도 글(「마성자문화 동굴묘의 형식과 전개양상」, 『동아시아고대학』40)을 바탕으로 작성되었다. 공저자인 백종오 교수님의 양해를 구하여 약간의 수정을 거친 후 수록하였다.

1) 조사 및 연구현황 검토

마성자문화의 주요 분포범위는 태자하 중상류의 요양(遼陽), 본계(本溪), 신빈(新賓) 등지에 집중된다. 해당 문화는 1961년 본계 사가외자동굴(本溪 謝家崴子洞窟)과 그 일대에서 발견된 일련의 유물군이 보고되면서 알려진 이래[59], 1979년부터 1982년 사이에 진행된 본계 묘후산(本溪 廟後山) 동굴(B동; 현재의 산성자 B동)의 발굴을 통해 '묘후산문화(廟後山文化)'로 정식 명칭된다.[60] 이후 마성자의 A · B · C동, 장가보(張家堡) A동, 북전(北甸) A동 등이 순차적으로 발굴되었고, 이들을 통칭하여 새롭게 마성자문화로 고쳐 부르게 된다.[61]

현재 대부분의 연구자들이 인정하는 마성자문화의 가장 큰 특징은 동굴 내부에서 발견되는 다양한 구조의 무덤들로서 주요 분포범위는 요양, 본계, 신빈 등지에 집중된다. 그런데 최근에는 태자하 중하류지역에서 발굴된 일련의 석관묘유적 또한 마성자문화 후기단계의 무덤에 포함시켜 연구하는 경향이 강하다.[62]

---

59) 孫守道, 1961,「本溪謝家巖子洞穴及其附近發現古代文化遺址」,『遼寧日報』1961年11月19日(遼寧省文物考古研究所 · 本溪市博物館, 1994,『馬城子-太子河上遊洞穴遺存-』, 文物出版社, 1쪽 재인용)

60) 遼寧省博物館等, 1985,「遼寧本溪廟後山洞穴墓地發掘簡報」,『考古』6, 496쪽 ; 李恭篤·高美璿, 1987,「太子河上流洞穴墓葬探究」,『中國考古學第六次年會論文集』, 96쪽.

61) 遼寧省文物考古研究所 · 本溪市博物館, 1994, 위의 책, 284쪽.

62) 趙賓福, 2007,「馬城子文化新論 - 遼東北部地區夏商時期遺存的整合研究」,『邊疆考古研究』6, 科學出版社, 143~164쪽 ; 趙賓福, 2005,「中國東北地域夏至戰國時期的考古學文化研究」, 吉林大學博士學位論文, 137~155쪽 ; 唐淼, 2009,「長白山地及其延伸地帶青銅時代墓葬研究」, 吉林大博士論文, 74~80쪽 ; 華

또한 요동지역의 개석형 고인돌 역시 이 문화에서 연원을 두고 파생되었다는 견해가 있어 참고할 수 있다.[63] 이외에 신빈일대의 몇몇 동굴유적에서 적석형 무덤들이 발견되면서 마성자문화 동굴묘유적의 구조적 다양성에 주목받고 있다.

이처럼 동굴내 적석형 무덤들과 석관묘 및 개석형 고인돌까지 모두를 마성자문화에 포함시킬 수 있다면 이 문화의 변천과정은 훨씬 복잡한 양상으로 전개될 수 있다. 이 무덤들을 대략 마성자문화 중후기 단계에 출현한 것으로 이해할 때, 그 전개과정에는 주변지역 문화들과의 접촉을 통해 다양한 형태로의 변이 등을 충분히 예상할 수 있기 때문이다. 따라서 마성자문화의 특징과 그 전개양상을 이해하기 위해서는 동굴묘의 형식 특징과 변화상은 물론 주변지역 문화들과의 교류상이 종합적으로 분석되어야 한다.

그간의 조사성과에 의하면 마성자문화의 분포범위는 천산산맥일대에서 압록강 하구까지 이며, 중심 분포지는 태자하 중상류로 볼 수 있다. 주요 유적으로는 본계현 마성자 A·B·C 동굴, 장가보 A동굴, 산성자 B·C동굴, 북전 A동굴, 사가애자 동굴, 근변사 동굴(近邊寺 洞窟),[64] 신빈 동승동굴(新賓縣 東升洞窟),[65] 대

玉冰, 2009, 「馬城子文化墓葬分期及相關問題」, 『新果集』, 261～273쪽 ; 이종수, 2008, 「서단산문화 석관묘의 특징과 기원에 대하여」, 『선사와 고대』28, 245~247쪽.

63) 백종오 · 오대양, 2014, 「요동지역 고인돌의 연구성과 검토」, 『동아시아고대학』 34집, 66~68쪽 ; 오대양, 2014a, 앞의 글, 98~100쪽.

64) 遼寧省文物考古研究所 · 本溪市博物館, 1994, 앞의 책, 1~3쪽.

65) 撫順市博物館·新濱滿族自治縣文物管理所, 2002, 「遼寧新濱嫚族自治縣東升洞

〈그림 4-17〉 마성자 동굴 전경 및 입구

사평현 소홍석립자·동산·남둔 동굴(大四平縣 小紅石砬子·東山·南屯 洞窟)[66] 등의 동굴유적과 태자하 중류역의 요양시 접관청(遼陽市 接官廳)[67] 및 향화촌(杏花村),[68] 본계 대가보자(本溪 代家堡子) 등의 석관묘 유적을 들 수 있다. 이상의 유적에서는 각종 다양한 형식의 무덤 150기 가량이 발굴되었는데 주요 특징은 동굴내부에 얕은 구덩을 파거나 몇 개의 작은 석판을 깔고 그 위에 시신과 부장품을 놓는 형태이다.

이외에 몇 개의 석재를 장방형 혹은 타원형태로 둘러놓은 석광(石壙) 형태도 확인되며, 일부는 석판 여러 개를 이어 세우거나 적석을 한 구조도 있다. 장법을 보면 대부분 묘실내에서 직접 화장을 하거나 간골 화장되었고, 앙신직지장과 측신장 및 아이와 어른의 합장형태도 확인된다. 이 문화의 연대범위는 무덤에

穴古文化遺存發掘整理報告」,『北方文物』2002-1, 6-7쪽.

66) 武家昌 · 蕭景全, 2002,「新賓縣龍灣洞穴青銅時代積石墓」,『中國考古學年鑑』, 文物出版社, 169~171쪽 ; 唐淼, 2009, 앞의 책, 33~34쪽.

67) 遼陽市文物管理所, 1983,「遼陽市接官廳石棺墓群」,『考古』1, 72~74쪽.

68) 梁振晶, 1996,「遼陽杏花村青銅時代石棺墓」,『遼海文物學刊』1, 56쪽.

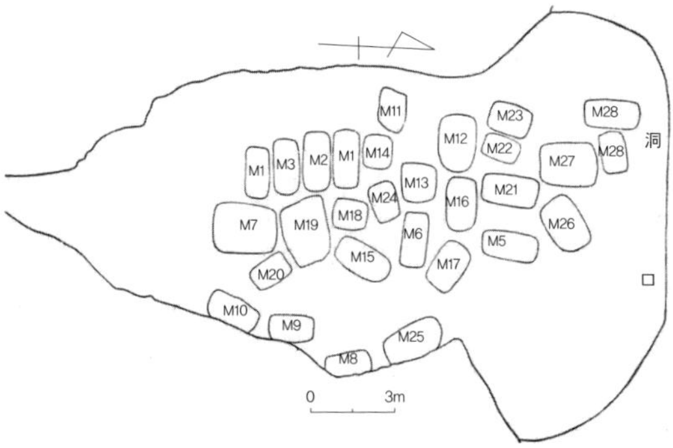

마성자 A동

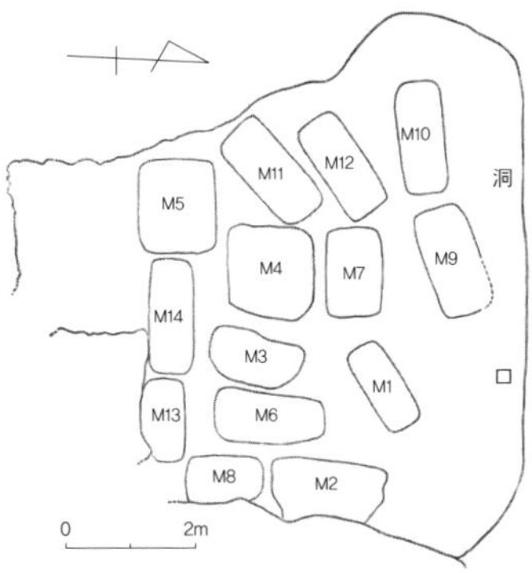

마성자 B동

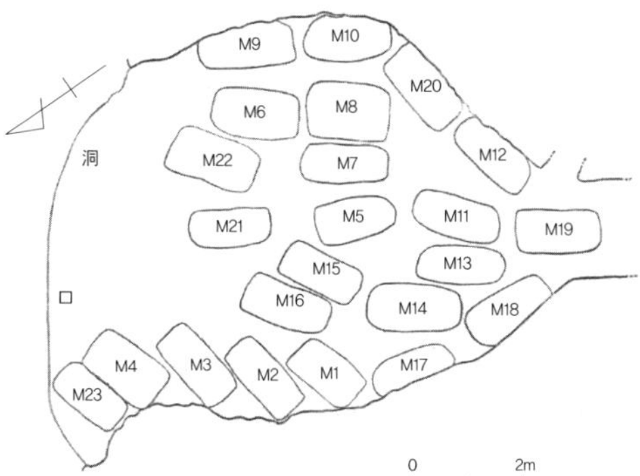

마성자 C동

〈그림 4-18〉 마성자 A · B · C동 무덤 배치도

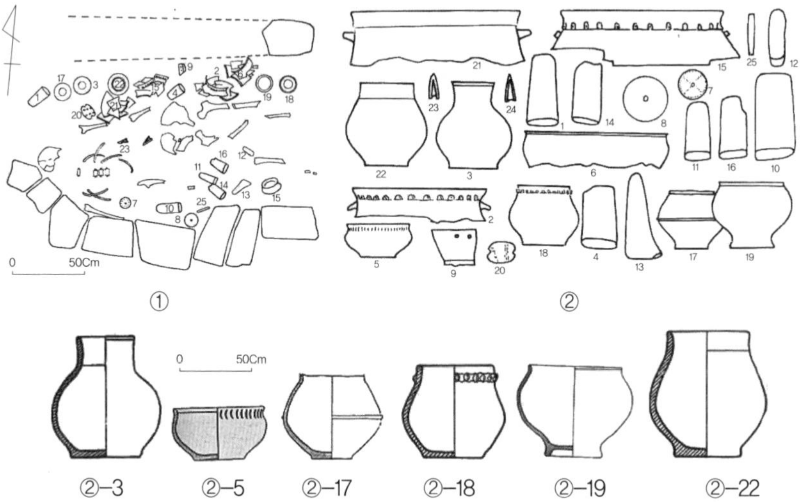

(상: ① 12호묘, ② 12호 출토 유물(축척불명) / 하: 12호 출토유물 상세)

〈그림 4-19〉 마성자 A동 12호 및 출토유물

서 출토된 인골의 연대측정 결과 기원전 1800년 ~ 1100년 사이로 편년 되었다.[69] 대표적인 몇 유적을 중심으로 조사현황과 특징을 정리해 보겠다.

먼저 마성자동굴은 요녕성 본계현 마성자촌 동쪽의 태자하 북안 절벽에 위치한다. 모두 3개의 동굴이 발견되어 A, B, C동으로 명명되었다.

A동의 크기는 길이 17m, 너비 5.5~10.7m이며, 내부에서 청

69) 遼寧省文物考古硏究所 · 本溪市博物館, 1994, 위의 책, 181~182쪽. 최근에는 태자하 중하류지역에서 발굴된 일련의 석관묘유적 또한 마성자문화 후기단계(기원전 12~11세기)에 포함시키는 경향이 강하다. 이와 관련된 주요유적으로는 요양 접관청 석관묘, 본계 호구, 정가촌, 봉밀립자, 맹가보자, 정가욕 석관묘, 신빈 노성 석관묘 등이 대표적이다.

동기시대의 무덤 29기가 발굴되었다. 무덤의 평면 형태는 장방형 혹은 타원형이며 평균 크기는 길이 1.8m, 0.8~1m, 0.2~0.25m 정도이다. 대부분 아무런 시설물 없이 바닥을 고른 후 직접 시신을 안치하였다. 이러한 무덤들의 가장 큰 특징은 시신위로 흙을 덮거나 돌을 쌓는 등의 마감시설을 전혀 하지 않는 점이다(無葬具墓). 이외에 9호묘는 바닥에만 판석을 깔았고, 12호는 무덤 둘레에 막돌을 한층 돌려 불규칙한 장방형의 석광형태를 보인다.

장법을 보면, 원지화장묘·간골화장묘 · 미화장묘(原地火葬墓·揀骨火葬墓·未火葬墓)의 3종류로 구분된다. 이중 간골화장이 22기(1~6·9·11·13~24·28·29)로 제일 많고, 원지화장은 3기(7·12·26호), 미화장이 4기(9·10·25·27호)이다. 대표적으로 12호무덤은 동굴 내부 가장 깊은 곳에서 발견되었다. 묘실 둘레에 돌을 둘러놓은 것은 이와 관련된 것으로 여겨진다. 규모는 길이 1.9m, 너비 1.5m, 높이 0.4m이다. 성년 남성의 무덤이며 토기와 석기 등 모두 20점의 유물이 출토되었다.

B동은 A동의 동쪽 5m지점에 위치한다. 동굴의 평면 형태는 부채꼴모양이며 내부 크기는 너비 9.4m, 높이 4m 정도이다. 동굴 내 층위는 모두 4개 층으로 구분되는데 제2층에서 14기의 무덤이 조사되었다. 무덤들은 매우 좁은 범위 안에 4열로 배치되었으며, 서로 중복되거나 파괴된 흔적이 없다. 1열은 13·14·5호 등 3기, 2열은 6·3·4·11호 등 4기, 3열은 1·7·12호 등 3기, 4열은 9·10호 등 2기가 동-서방향으로 배치되었다. 이외에

2·8호는 동굴 동벽에 붙어 나란히 위치한다. 장법을 통해, 원지화장묘(1·6·10·11·14호)와 간골화장묘(3~5·7호), 미화장묘(2·8·9·13호) 등으로 구분되며, 미화장된 경우 모두 앙신직지장(仰身直肢葬)을 하였다. A동과 마찬가지로 대부분이 무장구의 무봉토(無封土) 무덤이며, 2호는 두개골 아래 판석을 깔았고 4호는 묘실 모서리 4각에 각각 1개식의 석재를 놓았다. 또한 6호는 다듬어진 석재를 묘실 4변으로 돌려서 평면 장방형의 석광

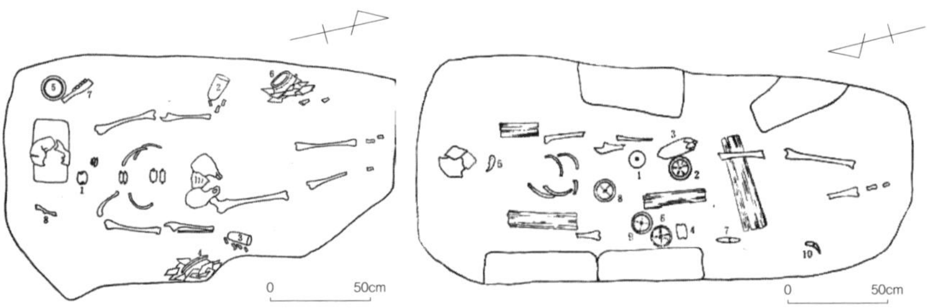

〈그림 4-20〉 마성자 B동 2호 및 6호 평면도

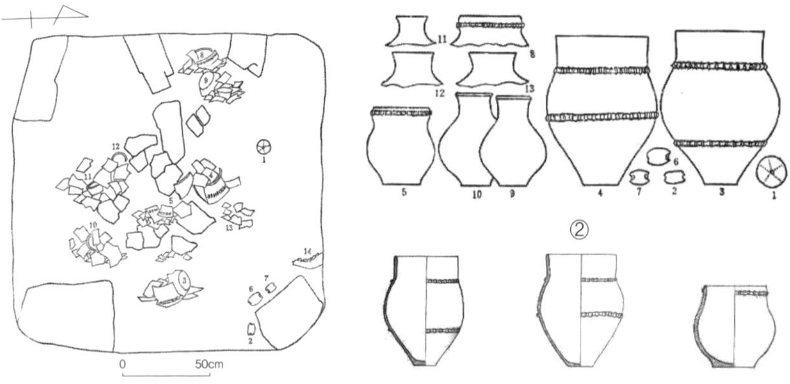

① ②-3 ②-4 ②-5

(① 4호 평면도 ② 4호 출토 유물 / 하: 4호 출토유물 상세: 축척불명)

〈그림 4-21〉 마성자 B동 4호 및 출토유물

형태 보이며, 내부에는 화장시 사용한 목재가 남아 있다.

C동은 마성자촌(馬城子村)에서 동쪽으로 1km 지점의 노랍배산(老砬背山) 정상부의 단애상(斷崖上)에 위치한다. 동굴의 너비는 6.5m, 높이 1~3.4m 정도이며 내부에서 모두 23기(제2층)의 무덤이 찾아졌다. 대부분 무덤의 방향이 동북 혹은 서남향이며, 무덤의 배치에 따라 5개조로 분류할 수 있다. 1조는 9·10·20·12호 등 4기로 동굴의 동쪽벽을 따라 나란하게 배치되었다. 2조는 서벽을 따라 1열로 나열된 17·18·1~4·23호 등 7기, 3조는 1조의 9호 서쪽으로 1열 분포한 6·22·21호 등 3기, 4조는 1조의 10호 서쪽으로 배열된 8·7·5·15·16호 등 5기, 5조는 1조의 12호 서쪽으로 1열 분포한 11·13·14호 등 3기이다. 이외에 동굴 제일 안쪽에 소형 석관묘 1기(19호)가 위치한다.

1호와 19호는 커다란 석재를 이용하여 장방형의 석광(石壙)을 둔 석관묘로 보고되었다. 그런데 19호에서는 인골과 부장품, 화장 등의 흔적이 발견되지 않아서 이를 천장(遷葬)과 관련으로 추정하고 있다. 나머지 21기는 모두 무장구의 무봉토 등 아무런 시설을 하지 않은 자연무덤이다. 장법을 보면 23기 중 원지화장문가 3기(5·7·8호), 간골화장료가 15기, 미화장묘 4기(1·2·10·17호)이다. 또한 21기가 單人葬이며, 단 1기(8호)만 어른과 아이가 합장되었고, 19호는 인골이 없는 공묘(空墓)이다.

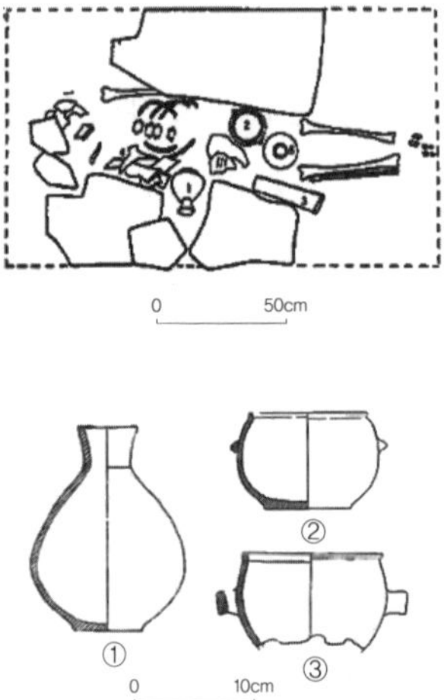

1호 평면도 및 출토유물

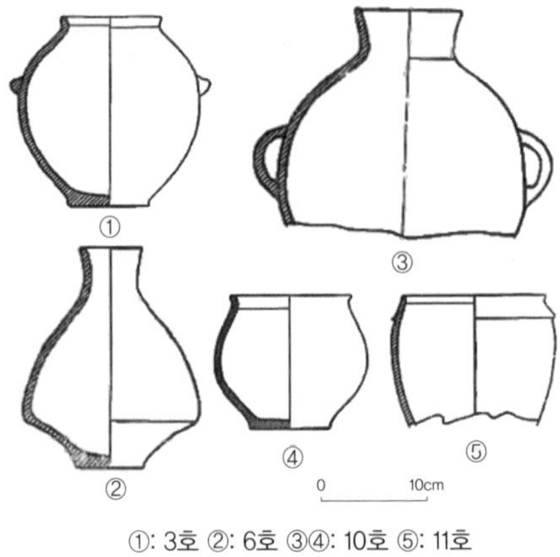

마성자 C동 출토유물

〈그림 4-22〉 마성자 C동 동굴묘 및 출토유물

다음 장가보 A동굴은 본계시 소시진 장가보촌(本溪縣 小市鎮 張家堡村) 동쪽의 산 절벽에 위치하며, 동굴의 길이는 약 20m, 너비 5m, 높이 1.6~4.5m 정도이다. A동의 서쪽 200m 지점에는 B동이 위치하며, 동쪽 50m 지점에도 또 다른 한 개의 동굴이 존재한다. 이들 동굴 내에서는 토기 편을 비롯한 불에 탄 인골 등이 검출된 바 있어 A동과 같은 성격의 동굴묘로 추정된다. 동굴 내부의 층위는 크게 5개 층으로 나누어지는데 2층에서 18기, 3층에서 21기, 4층 13기 등 모두 52기의 무덤이 발굴되었다.

장법은 52기 중 50기가 화장묘이며, 2기만 미화장되었다. 화장묘 중 원지화장은 12기이며 이중 앙신직지장이 8기(13 · 14 · 17 · 18 · 19 · 39 · 44 · 45), 부신장(俯身葬)은 1기(11호), 앙신굴지장 2기(20 · 23호), 부신장은 1기(47호)

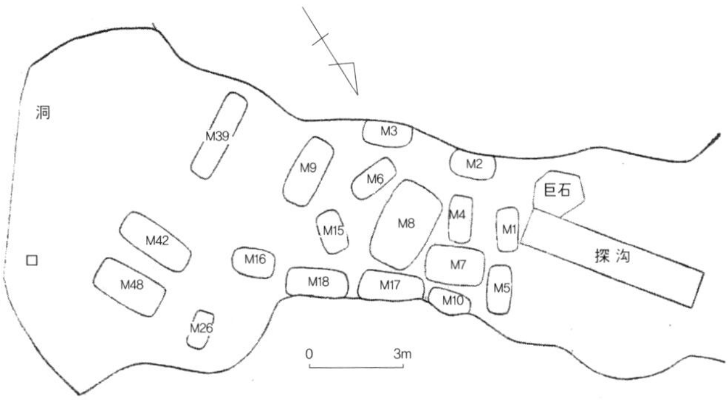

2층 유구분포

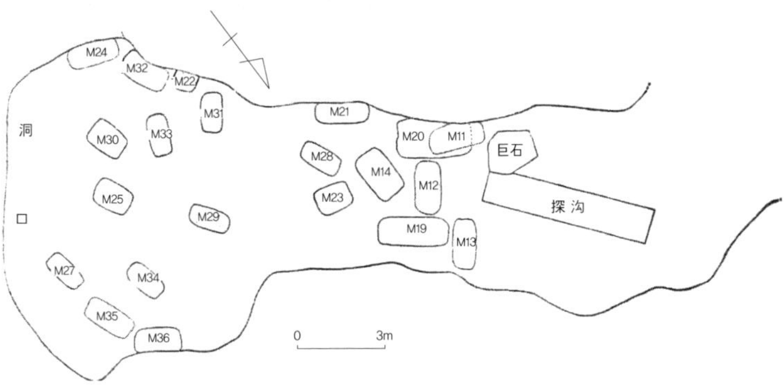

3층 유구분포

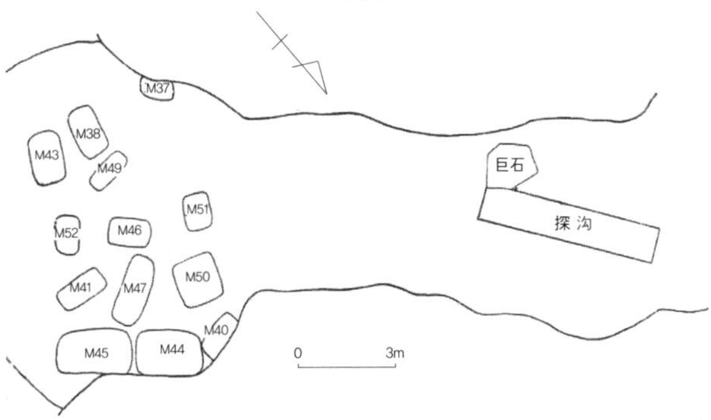

4층 유구분포

〈그림 4-23〉 유구분포도

이다. 이처럼 원지화장묘 중 다양한 방식의 장법이 사용된 예는 다른 동굴묘에서는 확인되지 않는 특징이다. 간골장은 33기(1 · 3~6 · 9 · 10 · 15 · 16 · 21 · 22 · 24~30 · 32~38 · 40 · 41 · 43 · 46 · 49~52호)로 모두 인골을 천장한 후 묘실 내부에서 화장하였다. 합장묘는 5기이며 모두 화장묘로 원지화장과 간골화장으로 분류되며, 성인과 아이가 함께 묻혔다. 단인묘는 47기인데 그중 미화장 된 2기는 모두 앙신굴지장이다.

무덤의 형식은 대부분 무장구의 화장묘(40기)이다. 나머지 12기는 무덤 바닥에 판석을 깔거나 세운 것 혹은 막돌을 둘러서 석광형(石壙型)의 구조를 보이는 등의 3가지로 나눌 수 있다. 첫 번째는 시신하부에 석판을 깐 것으로 모두 6기(16 · 20 · 24 · 26 · 32 · 38호)이다. 대부분 석판 밑으로 1층 정도

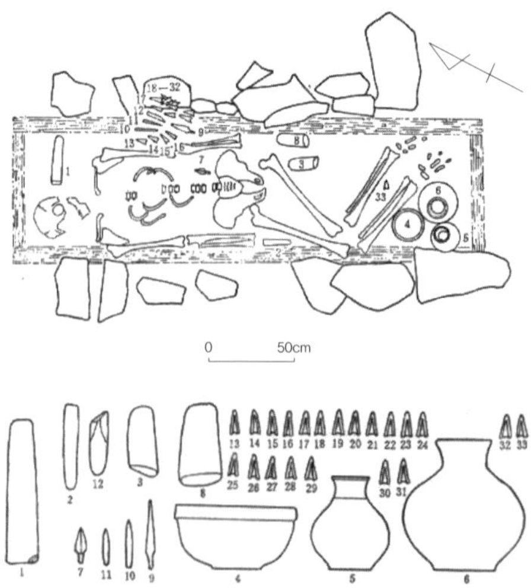

장가보 A동 42호 및 출토유물(축척불명)

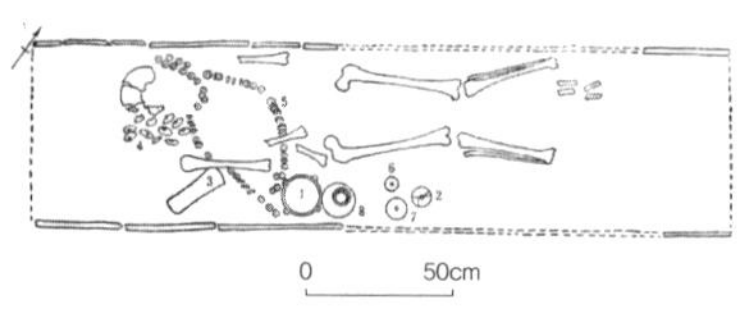

장가보 A동 39

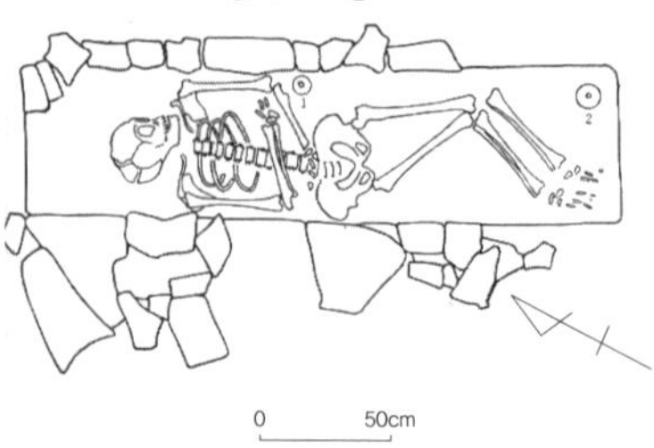

장가보 A동 48호

〈그림 4-24〉 장가보 A동 무덤 및 출토유물

의 얇은 모래를 깔았다. 두 번째는 석판을 세워서 장방형의 석관을 만든 형태이다. 모두 4기(30 · 33 · 39 · 46)로 석관의 평균 길이는 1.15~2.4m, 너비 0.55~0.75m 정도이다. 대부분 양쪽의 장벽석은 큰 석판을 사용하였고, 단벽쪽은 소형의 석판을 사용하였다. 또한 석판이 땅에 인 묻힌 부분은 대략 3~5cm 정도로 매우 얕은 편이다. 모두 동굴 입구의 서쪽부에 위치한다. 세 번째는 묘실 주변으로 막돌을 둘러놓은 석광형(石壙型)이다. 모두 2기(42 · 48호)이며 제2층의 동굴 입구에서 확인되었다. 이중 42호는 석광 내부에 다시 목관을 설치한 특이 구조이다. 석광의 평균 길이는 1.9~2m, 너비 1~1.1m, 깊이 25~30cm 정도이다. 이처럼 석재를 장구로 한 무덤들은 3층의 20호만 제외하고 모두 동굴 입구에 위치한 특징을 보인다.

이 중 석재무덤의 형태인 주요무덤들을 살펴보면, 42호와 48호는 모두 묘실 둘레에 막돌을 쌓은 석광형 구조이다. 모두 단인장이며, 화장이 이루어지지 않았다. 이중 42호는 석광 내부에 목관을 둔 형식으로 주변지역의 다른 동굴묘에서는 확인되지 않는 독특한 구조이다. 2층에서 확인되었으며, 석광의 길이는 2m, 너비 1.1m, 높이 0.2~0.3m 정도이고 내부에서 너비 3~4cm, 두께 2cm 정도의 부식된 목판흔적이 확인되었다. 인골은 노인 남성의 한 개체 분이 확인되었으며 앙신굴지장되었다. 부장품은 매우 풍부한 편으로 모두 33점이 출토되었다.

48호 역시 2층에서 확인되었다. 석광의 길이는 1.9m, 너비 1m, 높이 0.2~0.3m 이다. 55~60세 전후의 여성 인골이 앙신굴지장되었으며 출토유물은 방추차 2점에 불과하다. 42호와 48호는 동굴 입구에 나란하게 배치되었으며 인골의 두향이 서로를 마주보고 있어 주목된다. 39호는 원지화장묘이며, 제2층의 입구 서쪽에 위치한다. 묘실 4면에는 회색의 현암석판 여러 장을 세워 석관을 만들었다. 석판의 두께는 약 2~3cm 정도이며, 석관의 길이는 2.4m, 너비 0.62m, 잔존 높이 0.5m 이다. 성인의 여성 인골이 앙신직지장되었으며, 부장품은 목걸이 장식인 돌구슬과 조개장식, 토기와 석부, 방추차 등이 출토되었다.

산성자 B동굴은 본계현 산성자향 산성자촌(本溪縣 山城子鄉 山城子村)의 동묘후산(東廟後山)에 위치한다. 동굴의 전체 길이는 17m, 너비는 9m, 높이는 2~3m 정도이며 평면 형태는 호리병을 닮았다. 동굴 내부는 중간의 오목한 부분을 기준으로 동쪽과 서쪽으로 구분되며 동쪽 동굴의 동서 양쪽에서 11기의 무덤이 조사되었다.

동굴 내부의 층위는 5개 층으로 4층과 5층은 구석기시대 문화층이며 2층과 3층이 마성자문화에 해당되는 청동기시대 문화층이다. 발굴된 11기의 무덤은 동굴 동부에 2줄로 분포한 5기(9·10·1~3호)와 서부 2열의 6기(4~7·11·6·8호)로 구분된다. 장법을 보면 11기 모두 단인장이며 미화장묘 1기(8호), 원지화장묘 1기(10호), 간골화장묘 8기(2~7·9·11호) 등 3가지로 구분된다. 이외에 1호는 장식불명이다. 무덤의 구조는 대부분 석재를 둘러놓은 석광형(石壙型)이며 평균 길이 0.72~1.85m, 너비 0.5~1.25m, 높이 0.2~0.3m이다.

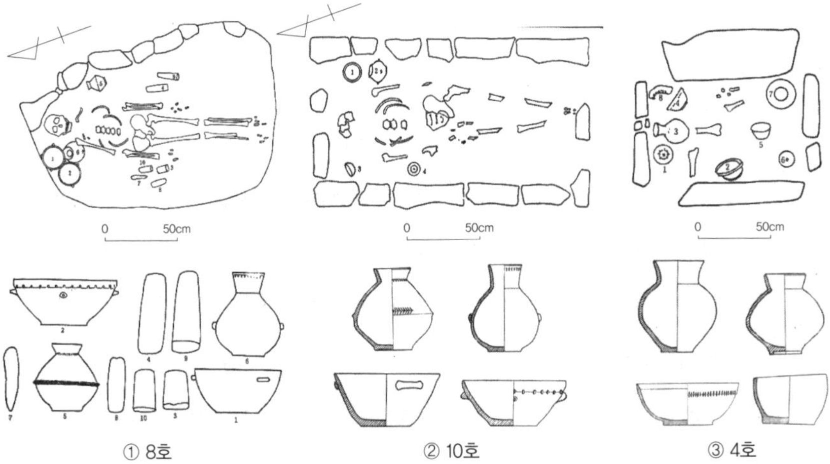

〈그림 4-25〉 산성자 B동 무덤 평면도 및 출토유물

조사된 무덤 중 8호가 서부의 무덤중 규모가 제일 크다. 무덤의 서벽은 동굴벽을 그대로 이용하였고, 동벽은 막돌을 1층으로 둘러놓았다. 석광의 길이는 1.85m, 너비 1.25m, 높이 0.2~0.3m 이다. 내부에서 앙신직지장된 성인 남성의 인골 1개체와 석부, 토기 등 7점의 유물이 출토되었다. 주목되는 점은 인골 상부에 석판 3개가 덮여 있어 묘실의 개석이 무너진 것으로 추정된다.

동부의 무덤 중 가장 규모가 큰 10호는 보존상태가 제일 양호한 원지화장묘이다. 묘실 사변으로 석재를 둘러놓아 장방형의 석광형태를 띠며, 길이는 1.8m, 너비 1m, 높이 0.2~0.3m이다. 앙신직지장된 성인 여성 1개체의 인골과 토기 3점, 방추차 등이 출토되었다. 4호는 간골화장묘이다. 길이는 0.72m, 너비는 0.67m, 높이 0.2~0.3m 정도이다. 묘실의 장벽은 긴 석재를 각각 1장씩 놓았고 단벽에는 막돌 2개씩을 놓은 후 그 위로 얇은 판석을 덮었다. 유물은 토기 4점과 방추차 2점, 돼지 턱뼈 등이 출토되었다.

산성자 C동굴은 B동의 서쪽 95m 지점에서 발견되었다. 동굴은 기다란 터널형이며 길이는 약 8m, 너비는 1.2~2m, 높이는 1.9m 정도이다. 유적 내 층위는 크게 상하 2개 층으로 구분할 수 있다. 하층은 구석기시대 문화층이며, 상층이 바로 마성자문화에 해당되는 청동기시대층으로 다시 4개 층위로 구분된다. 이곳의 제2층에서 무덤 6기(1~3 · 8~10호), 3층에서 3기(4 · 5 · 11호), 4층에서 3기(6 · 7 · 12호) 등 모두 12기가 발굴되었다. 동굴이 매우 좁기 때문에 무덤 내 인골들이 서로 뒤섞여 있기도 하다.

무덤의 구조는 모두 아무런 시설을 하지 않은 무봉토, 무장구 무덤이다. 장법을 보면 모두 단인장을 하였고, 원지화장묘 1기(10호), 간골화장묘 10기(1~7 · 9 · 11 · 12호), 미화장묘 1기(8호)이다. 산성자 C동에서 주목되는 점은 2호묘에서 출토된 현문사이호이다. 이 토기는 표면을 마연한 검은색 토기로 목과 몸체에 3줄 묶음의 현문(弦文)이 돌아간다. 형태 및 문양 특징상 미송리형토기의 조형으로 보이며, 대련 우가촌타두 유적의 출토품과도 비교된다.

북전 A동은 마성자 A동에서 남서쪽으로 대략 4㎞ 가량 떨어진 북전촌 남산(北甸村 南山)에 위치한다. 동굴의 길이는 약 20m, 너비 3m, 높이 4.4m이며 입구의 5m 범위 내에서 4기의 무덤이 조사되었다. 모두 단인장(單人葬)의 화장묘인데 2 · 3 · 4호는 원지화장묘이고 1호만 간골화장묘이다. 무덤의 구조는 4호만 모서

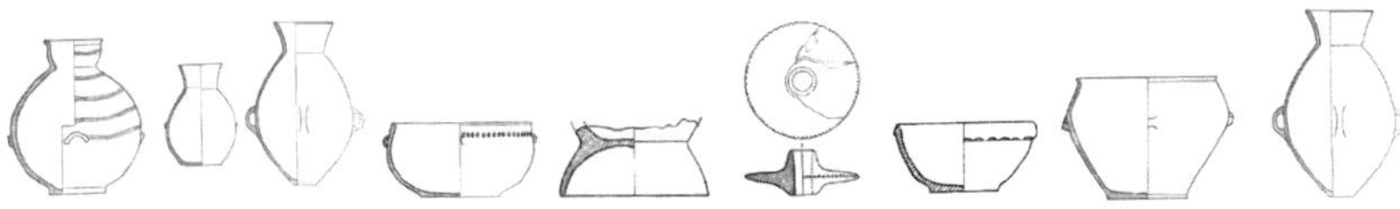

(1;2호 2;5호 3.4;7호 5;8호 6;9호 7.8;10호 9.10;12호 / 축척부동)

〈그림 4-26〉 산성자 C동 무덤 출토유물

리 4각에 막돌을 놓아 묘실 범위를 구획하였고 나머지 3기는 무장구의 무봉토 무덤이다. 4호에서 출토된 유물과 인골만 보존상태가 양호하였고 나머진 모두 교란되었다.

마지막으로 신빈현 일대 태자하 상류의 소홍석랍자, 동산, 남둔, 동승 등에서도 동굴유적이 조사되었다. 그러나 아직까지 정식 보고서가 발표되지는 못하였기에 여기에서는 그 개략적인 내용만 정리하겠다.[70)]

소홍석랍자 동굴은 신빈현 대사평향 용만촌(新賓縣 大四平鄕 龍灣村) 남쪽 산중턱에 위치한다. 동굴의 입구는 남향이며 높이 2.7m, 너비는 5m 가량 된다. 동굴내부의 문화층위는 전체 4개로 구분되며 제2층이 마성자문화에 포함된다. 청동기시대 무덤이 확인된 2층에서는 적석더미 속에서 불에 탄 인골과 함께 각종 유물이 출토되었다. 무덤의 명확한 구조나 형식에 대해선 자세한 보고가 없고, 출토유물에 대한 간략한 소개만 있을 뿐이다. 토기는 작은 편으로만 확인되었고 석기는 석부와 석착 등, 장식품으로 청동제품과 조개구슬 등이 출토되었다. 토기 중에는 적색의 바탕에 흑색의 가지문이 표현된 마연토기가 특징적이다. 동산동

70) 武家昌 · 蕭景全, 2002, 앞의 글, 169~170쪽.

굴은 소홍석합자 동굴에서 약 500m 가량 떨어져 위치한다. 기본적인 구조와 출토유물은 소홍석합자 동굴과 유사하여 마성자문화 후기단계의 동굴유적으로 포함된다.

남둔동굴유적은 용만촌(龍灣村)에서 남쪽으로 3㎞쯤 떨어져 위치한다. 동굴 입구는 북향이며 높이 3m, 너비 2.8m 정도이다. 내부에서는 두 개의 적석무지가 서로 연결된 채로 확인되었다. 두 기 모두 평면은 타원형 이며 지름은 대략 2m 전후이다. 먼저 동굴 앞쪽에 위치한 적석무지 아래에서는 장방형의 묘실이 확인되었으며 불탄 인골과 소량의 토기편이 출토되었다. 동굴 안쪽의 적석무지 하부에서도 길이 190cm, 너비 35cm, 깊이 45㎝ 크기의 묘실이 확인되었다. 출토유물은 소형의 청동제품과 석기 및 뼈송곳, 토기, 불에 탄 인골 등이 있다. 대체적으로 태자하 중류의 다른 동굴묘 출토품과 동일한 구성이지만 적색의 표면으로 가지문이 베풀어진 마연토기는 이 지역의 한 특징이다.

2) 구조와 형식특징

마성자문화의 가장 큰 특징은 주거유적이 거의 발견되지 않는다는 점과 동굴 내에서 발견되는 매우 다양한 구조의 무덤 형식들이다. 현재까지 태자하 중상류를 중심으로 수십개 이상의 동굴유적이 조사되었으며 그중 10여 개의 동굴에서 총 150기 가량의 무덤자료가 발표되었다. 대부분 봉토와 장구시설 없이 바닥을 조금 고르는 정도의 묘광을 마련하거나 몇 개의 작은 석판을 깔고 그 위에 시신과 부장품을 놓는 형태이다. 혹은 묘실 주변으로 막돌을 둘러놓아 석광을 만든 경우도 다수 발견되며, 일부는 얇은 석판을 세워 석관을 두거나 적석을 하였다. 장법을 보면 앙신직지장, 굴지장, 부신장 등이 유행하였으며 대부분 무덤 내에서 직접 화장을 하거나 간골 화장이 실시된다.[71)]

부장품으로는 석기, 토기, 소형의 청동장식품 등과 돼지와 사슴 뼈가 확인되었다. 먼저, 석기는 석부와 석산(石鏟), 석분(石錛), 장방형의 석도, 환상석기, 방추차 등이 세트 관계를 이룬다. 토기는 모래가 섞인 갈색의 무문토기 위주이나, 소량의 부가퇴문(附加堆文), 각획문(刻劃文), 자정문(刺點文) 등이 시문된다. 토기의 기종은 호(壺), 관(罐), 발(鉢), 단(碗), 분(盆), 배(杯) 등이 있고 관(罐)과 분(盆), 발(鉢) 등의 구연에는 이중구연이 많다. 또한 교이(橋耳), 횡교이(橫橋耳), 반이(鋬耳), 맹이(盲耳) 등으로 불리는 각종 형식의 손잡이가 발달하였다[72)]. 청동기는 아주 적은 수가 발견되었는데, 장가보 A동의 4기 무덤에서 장방형과 원형의 장식 3점과 동제 고리 2점, 귀고리 1점 등이 발견되었다[73)].

이상 각 동굴내부에서 확인되는 무덤의 구조와 매장방식에는 조금씩 차이가 있는데 그동안의 연구성과[74)]를 종합하여 무덤의 형식을 유형화시키면 다음과 같은 몇 가지로 구분할 수 있다.

---

71) 하문식, 2014, 「고조선시기의 동굴무덤연구」, 『백산학보』98, 246~248쪽.

72) 복기대, 2005, 「마성자문화에 관한 몇 가지 문제」, 『선사와 고대』22, 13쪽.

73) 이청규, 2009, 「요하유역 북방계 청동기의 출현」, 『요하유역의 초기 청동기문화』, 동북아역사재단, 157~160쪽.

74) 복기대, 2005, 앞의 글, 9~12쪽 ; 唐淼, 2009, 앞의 책, 34쪽.

〈표 4-2〉 마성자문화 동굴묘의 형식과 특징

형식	유적	묘 번호	현황	장식	성별 / 연령
底石形	馬城子 A洞	9	묘실바닥으로 판석을 깜	앙신직지장	成年
		27	묘실바닥으로 판석을 깜	앙신직지장	30
	馬城子 B洞	2	두개골 아래로 장방형의 판석을 깜	앙신직지장	女 35–40
	張家堡 A洞	16	제2층무덤, 묘실바닥으로 판석을 깜	간골화장	成年
		20	제3층무덤, 묘실바닥으로 일부분에 판석을 깜, 판석 아래로 고운 모래를 펴놓음	굴지화장	男成年
		24	제3층무덤, 묘실바닥으로 일부분에 판석을 깜, 판석 아래로 고운 모래를 펴놓음	간골화장	成年
		26	제2층무덤, 묘실바닥으로 판석을 깜	간골화장	兒童
		32	제3층무덤, 묘실바닥으로 판석을 깜	간골화장	成年
		38	제4층무덤, 묘실바닥으로 판석을 깜	간골화장	成年
石壙形	馬城子 A洞	12	석재를 쌓아서 불규칙한 장방형 묘실을 만듬. 길이 190, 너비150, 깊이40cm	앙신직지화장	男成年
	馬城子 B洞	4	묘실 4각에 석재를 둠	간골화장	
		6	장방형으로 긴석재를 둘러 놓음, 길이2, 너비0.9, 깊이0.3m	앙신직지화장	女 40
	馬城子 C洞	1	양쪽 장벽에 긴석재를 둘러 석광을 만듬, 단벽은 남아 있지 않고, 머리쪽에 소형 석재 2개 확인, 길이 1.4, 너비0.8, 깊이 0.2~0.3m	앙신직지장	女成年
		19	洞窟 제일 앞쪽에 위치, 대형석제를 장방형으로 둘러놓아 석광을 만듬	無人骨	無隨葬品
	張家堡 A洞	42	제2층무덤, 석재를 쌓아서 장방형의 석광을 둠, 내부에 목관의 흔적 확인, 길이200,너비110,깊이30cm	굴지장	男 55~60
		48	제2층무덤, 석재를 쌓아서 장방형의 석광을 둠, 길이190, 너비100, 깊이30cm	굴지장	女 55~60
	山城子 B洞	1	不明	不明	
		2	不明	간골화장	男
		3	不明	간골화장	男
		4	장벽 각 1장씩의 석재를 놓고, 단벽 소형 석재 2개씩 놓음, 상부에 얇은 석판을 덮음, 길이0.72,너비0.67, 깊이0.2~0.3m	간골화장	
		5	크기가 다른 석재를 쌓아 장방형의 석광을 둠	간골화장	
		6	크기가 다른 석재를 쌓아 장방형의 석광을 둠	간골화장	

형식	유적	묘 번호	현황	장식	성별 / 연령
石壙形	山城子 B洞	7	크기가 다른 석재를 쌓아 장방형의 석광을 둠	간골화장	
		8	서벽은 洞窟벽을 이용, 동벽은 석재를 1층 둘러 놓은 간단한 석광묘, 길이 1.85, 너비 25, 깊이 0.2~0.3m, 인골 상부에 석판 3개가 덮혀 있어 개석이 무너진 것으로 추정	앙신직지장	男成年
		9	不明	간골화장	
		10	묘실 둘레에 장방형으로 석재를 둘러 놓음 길이1.8, 너비 1. 깊이 0.2~0.3m	앙신직지화장	女成年
		11	不明	간골화장	
	北甸 A洞	3	묘실 둘레로 4개의 석재를 둠	앙신직지화장	
石棺形	張家堡 A洞	30	제3층무덤, 판석 여러개를 세워 장방형의 석관을 둠, 두장벽은 큰판석 이용, 단벽은 작은 석재 세움, 길이115,너비75,깊이40cm	간골화장	成年
		33	제3층무덤, 판석 여러개를 세워 장방형의 석관을 둠, 두장벽은 큰판석 이용, 단벽은 작은 석재 세움, 길이120, 너비55, 깊이50cm	간골화장	成年
		39	제2층무덤, 판석 여러개를 세워 장방형의 석관을 둠, 두장벽은 큰판석 이용, 단벽은 작은 석재 세움, 길이240,너비62, 깊이50cm	앙신직지화장	女成年
		46	제4층무덤, 판석 여러개를 세워 장방형의 석관을 둠, 두장벽은 큰판석 이용, 단벽은 작은 석재 세움, 길이120,너비75, 깊이40cm	간골화장	成年
積石形	小紅石砬子		동굴내 적석형무덤, 여러 개의 적석이 서로 연결됨, 특정한 형태의 묘광이 없음	간골화장	
	南屯		앞뒤 두 개의 적석무지가 연결됨, 석재를 비교적 규칙적으로 쌓아 적석퇴를 형성, 적석하부에서 묘광이 확인	不明	
	東山		12개의 적석무지가 서로 연결된 채로 확인, 명확한 구조의 묘광이 없음	不明	

첫 번째는 저석형(I형)이다. 기본적으로 얕은 묘광을 가지며, 무덤 바닥으로 몇 개의 석판을 깔아 놓았다. 개중에는 석판 아래로 얇은 모래를 한층 깔아 놓기도 한다. 장법을 보면 간골화장, 앙신직지신직지장, 굴지장 등이 있다. 모두 9기가 조사되었다.

두 번째는 석광형(II형)이다. 묘실 둘레에 석재를 1층으로 쌓거나 긴 석재 몇 개를 둘러놓은 형태이다. 일부 중에는 묘실 상부에 석판을 올리거나, 인골 위로 얇은 석판을 덮어 놓기도 하였다. 또한 석광내부에 목관을 쓴 무덤도 1기 발견되었다. 장법은 간골화장, 앙신직지장, 앙신직지화장, 굴지장 등이 있다. 모두 19기가 조사되었다.

세 번째는 석관형(III형)이다. 여러 개의 석판을 세워서 석관형태의 묘실을 구성하였다. 일반적으로 길이는 1.15~2.4cm, 너비 0.55~0.75cm 정도이다. 장법은 간골화장, 앙신직지신화장 등이 있다. 모두 4기가 발견되었는데 모두 장가보 A동의 입구에 위치한 특징을 보인다.

네번째는 적석형(IV형)이다. 두 개 혹은 몇 개의 적석무지가 서로 연결된 구조이다. 아직까지 적석 내부에서는 정형화된 형태의 묘실이 확인되지 않았는데, 다만 적석 하부와 내부에서 불에 탄 인골과 부장품이 확인될 뿐이다. 모두 3기가 확인되었다.

다섯 번째는 토광형(V형)이다. 별다른 구조의 무덤시설 없이 바닥을 정리하여 얕은 묘광을 마련한 후 부장품과 함께 시신을 놓았다. 위에서 살핀 I~IV형을 제외한 나머지의 무덤들이 모두 이 유형에 속한다.

3) 편년 및 단계별 특징

마성자문화의 분기는 대체적으로 3단계에서 4단계에 걸친 발전과정이 상정되고 있으나 연구자별로 개별 유적에 대한 분석에서 조금씩 차이가 있다.

먼저,『마성자』보고서에서는 동굴 내 층위관계 및 각 층에서 출토된 토기의 변화과정을 비교하여 마성자문화를 전체 3단계로 분기하였다.[75] 제 1단계(조기)는 마성자 B동의 14기, 북전 A동 4기의 무덤이 해당된다. 토기의 특징은 모래가 섞인 홍도 혹은 홍갈도가 많다. 대부분 토기 손잡이가 없으며 호(壺), 관(罐)의 구연 혹은 동체에 부가퇴문이 시문되고 기종이 단순한 특징이 있다. 1단계의 연대는 마성자 B동과 유사한 양상의 유물조합이 출토된 근변사 A동의 방사성 탄소연대에 근거하여 기원전 20~18세기 전후로 편년하였다.

제 2단계(중기)는 다시 2-1기(중기조단)와 2-2기(중기만단)으로 구분하여 사실상 전체 4단계의 변천과정으로 볼 수 있다. 이 시기에 해당되는 유적은 장가보 A동 4·3층, 산성자 B동, C동 4·3층의 무덤들이다. 이중 장가보 A동 4층의 무덤들만 2-1기(중기조단)에 귀속시켰다. 이 단계의 토기 특징은 재질이나 제작방법상 1단계와 큰 차이가 없으나 점차 기종이 많아지며, 각종 형식의 손잡이가 발달하면서 조기의 부가퇴문을 대체한다. 또한 호형토기의 구연 밑으로 원점 혹은 삼각형의 점열문이 특징적이

75) 遼寧省文物考古硏究所·本溪市博物館, 1994, 앞의 책, 275~282쪽.

〈그림 4-27〉 북전 A동굴 원경 및 입구

다. 연대는 장가보 A동 4 · 3층과 산성자 B동 출토 인골을 통해 측정된 방사성 탄소연대 값에 근거하여 기원전 18~13세기로 편년하였다.

제 3단계(만기)는 마성자 A · C동, 장가보 A동 2층, 산성자 C동 2층의 무덤들이 해당된다. 토기의 색은 회갈도와 흑도가 많아지고 여전히 토기 동체에 달린 손잡이가 발달하며, 실용기인 대형 토기가 적고 부장용의 소형 토기가 증가한다. 호형토기의 경부는 길고 좁은 형태에서 짧은 목의 나팔형으로 변화되며, 석기는 비교적 정밀하게 가공되고, 톱니날 석기 등의 곤봉두가 출현한다. 연대는 장가보 A동 2층, 마성자 A동 등의 연대측정을 통해 기원전 12~11세기 전후로 편년하였다.

華玉冰은 마성자 보고서와 비슷한 맥락으로 모두 4시기로 분기하였다[76]. 다만 보고서와의 차이점은 제일 늦은 시기의 유적으로 편년되었던 마성자 A동을 토기 특징상 제2기의 전기단계에 편입시킨 정도이다. 그가 분기한 각 단계별 연대는 제1기가

76) 華玉冰, 2011, 앞의 책, 173~181쪽.

기원전 18세기 전후, 제2기 기원전 16~15세기, 제3기는 기원전 13세기 전후, 제4기는 기원전 12~11세기 정도로 보고서의 연대관을 좀 더 세분하였다.

趙賓福은 마성자문화를 전체 2시기로 분기하여 위의 두 연구와 다른 견해를 제기하였다.[77] 제1단계는 장가보 A동 4층, 산성자 C동 4층, 마성자 B洞의 일부무덤들이며 연대는 기원전 19~

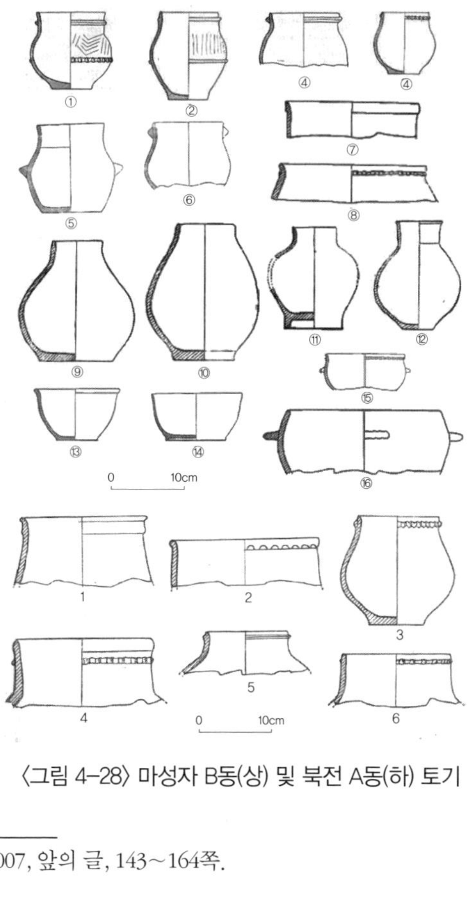

〈그림 4-28〉 마성자 B동(상) 및 북전 A동(하) 토기

77) 趙賓福, 2007, 앞의 글, 143~164쪽.

14세기이다. 2단계(만기)는 장가보 A동 2 · 3층, 산성자 C동 2 · 3층, 마성자 A동 및 B동의 일부무덤, 북전 A동 등이 포함되며 토기 특징이 비교적 유사한 점에 근거하여 모두 동시기이고 연대는 기원전 13세기 전후로 편년하였다. 그런데 이러한 분석은 단순히 토기의 형식학적 유사성에 초점을 두어 시기를 구분한 점, 조만(早晩) 두시기의 연대범위가 다소 폭넓게 설정된 점 등에 문제가 있다. 특히 만기유형으로 설정된 마성자 B동과 북전 A동은 무덤에서 출토된 토기의 특성상 늦은 시기에 포함 될 수 없기 때문에 재고의 여지가 있다.

북전 A동과 마성자 B동은 모두 신석기시대 후기의 문화층을 파괴하고 들어섰다. 마성자 B동의 14기 무덤은 동일 층위 상에 조성되었으며, 무덤간 중복관계도 확인되지 않기에 모두 비슷한 시기의 무덤으로 볼 수 있다. 무덤에서 출토된 대부분의 토기에는 부가퇴문과 철증문이 관찰된다.

북전 A동의 무덤 역시 대부분의 토기가 모래 섞인 홍도이며, 토기 구연과 동체에 부가퇴문이 시문되었고 무덤 간의 층위관계 및 구조 등에서 마성자 B동과 유사하다. 토기 구연부 및 동체부에 부가퇴문 혹은 철릉문이 시문된 것은 당지의 신석기시대 후기의 전통이 남아있는 것으로[78] 이 지역 초기 청동기시대 토기의 지표가 된다. 또한 층위관계가 명확한 유적들에서 이른 시기일수록 홍도가 많고, 점차적으로 회갈도와 흑도가 증가하는 이

78) 華玉冰, 2011, 앞의 책, 261~273쪽 ; 천선행 · 장순자, 2012,「마성자문화 동굴묘 출토 토기변천과 전개」,『영남고고학』63, 17~18쪽.

문화 전반에 걸친 특징을 보더라도 마성자 B동과 북전 A동은 초기 유적에 속할 가능성이 크다.

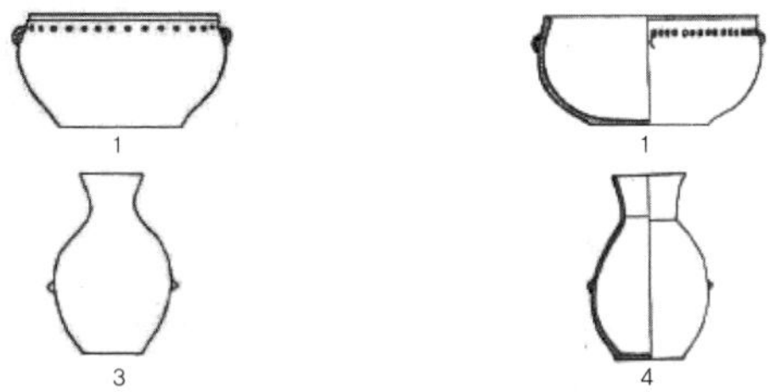

1. 2층(SC②)M1;9, 2. 4층(SC④)M7;6,
3. 2층(SC②)M1;8, 4. 3층(SC③)M5;2

〈그림 4-29〉 마성자 산성자 C동 출토토기(축척부동)

이글에서는 기본적으로 마성자 보고서의 단계별 분석내용과 華玉冰의 연대관을 참고로 하여 마성자 B동과 北甸 A동을 초기(1단계)유적으로 설정하겠으나 나머지 연속되는 과정에 대해서는 세부적인 면의 조정이 필요하다.

현재 중 · 후기단계로 편년되는 장가보 A동과 산성자 C동의 무덤간 중복관계는 마성자문화 분기연구의 기초 자료로 활용되고 있다[79]. 그런데 산성자 C동의 4 · 3 · 2층에서 발굴된 12기의 무덤들은 비록 층위관계가 분명하지만, 대부분 교란된 상태이며 발표된 자료가 매우 적기 때문에 각 층간의 비교연구가 어렵다. 게다가 산성자 C동의 12기 무덤에서 출토된 토기들은 기형 및 문양변화상에 커다란 차이가 없이 대체적으로 유사한 편이다. 예를 들면 산성자 C(동) 2층의 1호(M1 : 9)와 4층 7호(M7;6)에서

79) 段天璟, 2008, 「馬城子諸洞穴墓葬遺存的分期與相關問題」, 『邊疆考古研究』7, 65~66쪽.
段天璟은 장가보 A동의 각 층위별 무덤에서 출토된 각종 호형토기의 변화상을 기타 다른 동굴묘의 출토품과 비교하여, 나름의 분기와 편년을 시도하였다. 그 주요 내용은 위에서 정리된 중국학계의 일반 견해와 큰 차이가 없어, 자세한 소개를 하지는 않겠다.

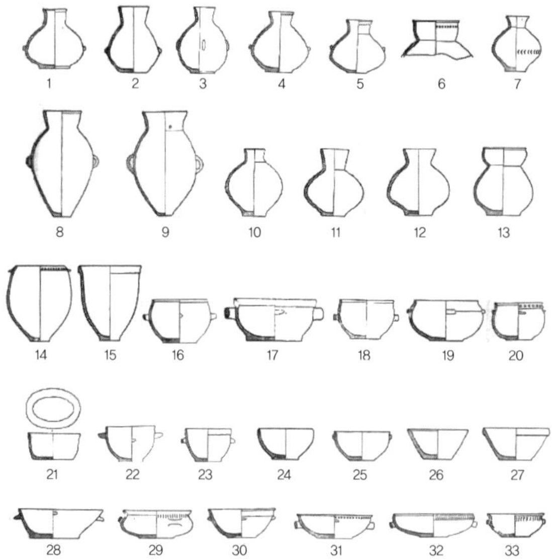

1 · 5 · 6 · 14.M45, 2 · 12 · 20.M50, 3 · 13 · 18.M41, 4.M44;3, 7.M38;1, 8 · 16 · 17.M46, 9 · 12.M50, 10 · 11.M47, 13.M41, 15.M52, 19.M47

〈그림 4-30〉 장가보 A동 4층 출토토기(축척부동)

출토된 토기는 형태 및 문양특징상 매우 유사하다. 그리고 2층 1호 출토 호(M1;8)와 3층 5호 출토 호(M5;2) 역시 같은 종류의 토기이다. 따라서 산성자 C동 4 · 3 · 2층 12기 무덤의 연대차이는 크지 않을 것으로 보인다.

반면 장가보 A동의 3개 층에서 발굴된 52기 무덤들은 대부분의 자료들이 발표되었고, 각 층별 유물의 변화상이 명확하게 간취되어 분기의 구체적인 근거가 될 수 있다. 따라서 장가보 A동의 층위관계와 무덤에서 출토된 특징적 토기들의 변화상을 분석하여 이와 유사한 특징이 검출되는 기타유적들과의 교차편년을 시도하겠다.

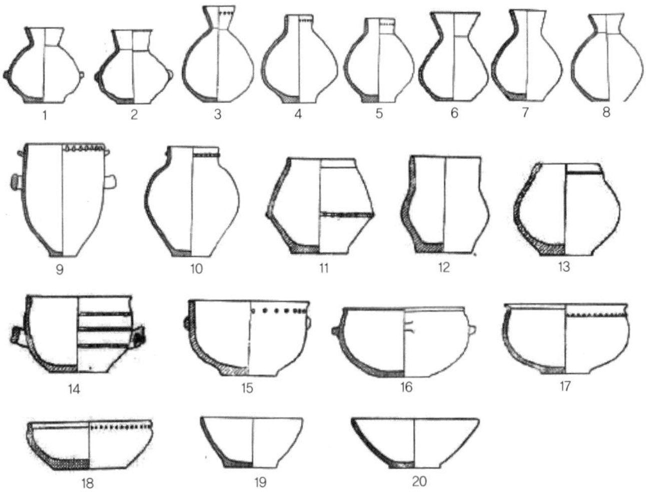

〈그림 4-31〉 장가보 A동 3층 출토토기/축척부동

장가보 A동 제4층의 13기 무덤에서 출토된 토기는 초기(1단계)의 토기에 비해 종류가 다양해지고 새로운 요소가 출현한다. 예를 들면 직령호(直領壺)의 입술 끝부분을 정면하여 뾰족하게 처리하는 말사(抹斜)수법이 등장하고, 호형토기의 구연하부에 원점문(圓點文)이, 이중구연의 발형토기에는 요갱화문(凹坑花文) 등의 특징이 새롭게 출현한다. 또한 초기에는 토기의 경부와 동체부에 모두 있던 부가퇴문과 철릉문이 점차 경부(頸部)에서만 발견되고 동체부에 다양한 형태의 손잡이가 부가되면서 문양요소를 대체한다[80]. 따라서 장가보 A동 제4층은 초기의 요소가

80) 張家堡 A동 4층의 47호묘 출토 罐(M47;3)과 直領壺(M47;4)는 北甸 A洞 출토 罐(M2;4) 및 直領罐(M2;1), 마성자(馬城子) B동의 M1;5, M11;3등과 유사하다. 그러나 토기의 기형 및 문양구성 방법 등에서 제1단계의 전형토기와 차이가 있어 이를 시간성에 따른 변화상으로 보고자 한다.

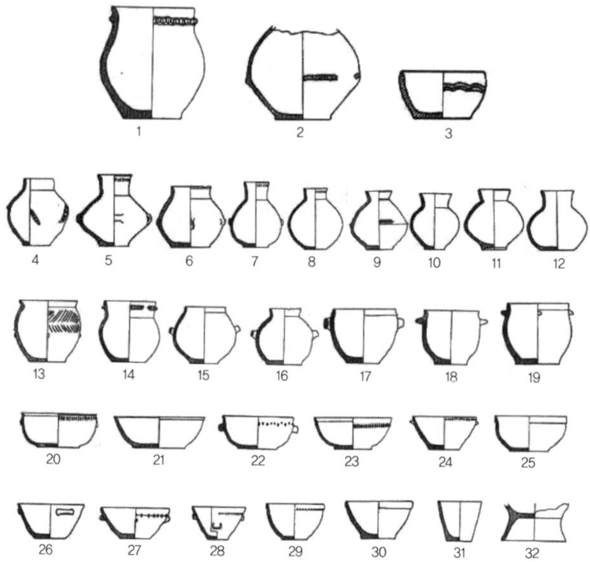

3층(下4~32) 토기/ 축척부동

〈그림 4-32〉 산성자(山城子) B동2층(上1~3)

일부 남아 있으나 더불어 새로운 요소가 출현하는 제2기문화로 설정한다.

장가보 A동 제3층 21기의 무덤에서 출토된 토기는 4층 출토 토기에 비해 기종의 변화가 보다 다양해진다. 사경호(斜頸壺)는 4층의 것에서 발전된 것이 뚜렷한데, 경부의 경사도는 작아지고, 삭견(削肩)의 고도(弧度)가 커지며, 동체부의 최대경이 중부로 이동된다. 또한 점차적으로 동체부의 형태가 요고형(腰鼓形)에서 혼원구형(渾圓球型)으로 변화되며, 홍도(紅陶)의 수량이 전단계에 비해 줄어들며, 갈도(褐陶)과 회도(灰陶)의 수량이 증가 한다.[81] 가장

81) 遼寧省文物考古硏究所, 1994, 앞의 책, 280쪽.

큰 특징은 부가퇴문(附加堆文)이 거의 소멸되고 수이장경호(竪耳長頸壺)의 증가와 무문의 발구호(鉢口壺)가 출현한 점이다. 이러한 새로운 특징이 확인되는 단계를 제3기로 분기하겠다.

산성자 B동은 제2층과 3층에서 청동기시대 문화층이 확인되었고, 그중 2층에서 무덤 11기가 발견되었다. 3층에서는 무덤이 발견되지 않았으나 채집유물 중 경부에만 부가퇴문이 있는 직령관이 출토되었고, 2층의 11호묘에서도 유사한 직령관(直領罐)이 출토되었다. 이러한 경부식 부가퇴문의 직령관은 조기부터 출현하지만 2기 이후의 무덤에서도 소량 발견된다. 산성자 B동의 2층 무덤에서는 경부에 삼각형 요갱문(凹坑文)이 있는 호형토기와 요갱화문(凹坑花文)이 시문된 이중구연의 발형토기가 다수 발견되었다. 이상의 특징은 장가보 A동 4층과 유사하며 일부토

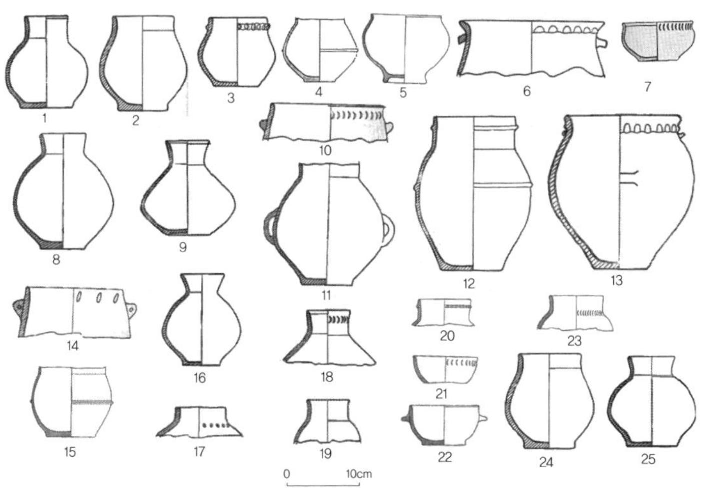

1~7(M12), 8~13(M18), 14~16(M26), 17(M10), 18 · 19(M11), 20 · 21(M23), 22(M25), 23(M29), 24(M3), 25(M4)

〈그림 4-33〉 마성자 A동 출토토기

기는 장가보 A동 제3층의 토기와도 유사하다. 따라서 산성자 B洞 제2층의 무덤들은 마성자문화 제2기 후반에서 3기 전반 사이에 조성된 것으로 볼 수 있다.

마성자 A동 29기의 무덤은 모두 동일 층위 상에 분포하며, 무덤간 중복관계가 없다. 무덤 내에서 출토된 문양의 특징 중에는 부가퇴문 과 철릉문 등 초기의 요소도 일부 확인되지만, 공반토기 중 장가보 A동 3층의 것들과 동일한 것들이 다수 관찰된다. 예를 들면 철릉문과 부가퇴문이 있는 관이 입술 끝단에 말사(抹斜)처리된 호류, 요갱화문이 시문된 이중구연의 발류(鉢類) 및 관류(罐類)와 공반된다. 마성자 A동 29기의 무덤들은 비록 동일 층위 상에 분포하지만 아마도 비교적 오랜 시간에 걸쳐 순차적으로 조성된 것으로 여겨진다. 따라서 산성자 B동과 마찬가지로 마성자문화 2기에서 3기 사이에 형성된 것으로 보인다.

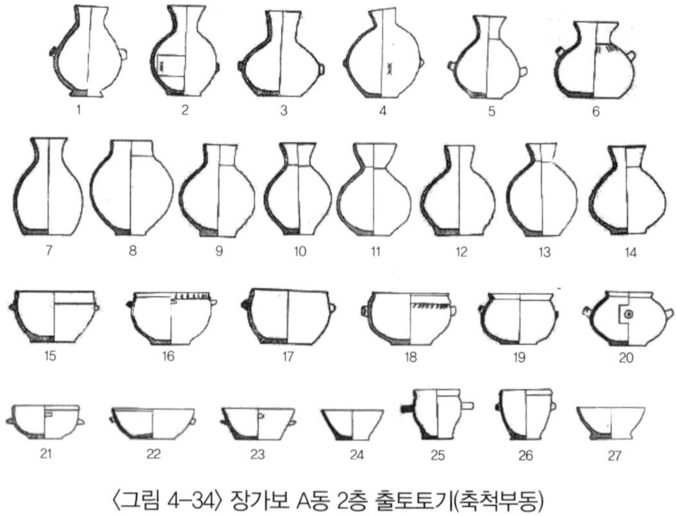

〈그림 4-34〉 장가보 A동 2층 출토토기(축척부동)

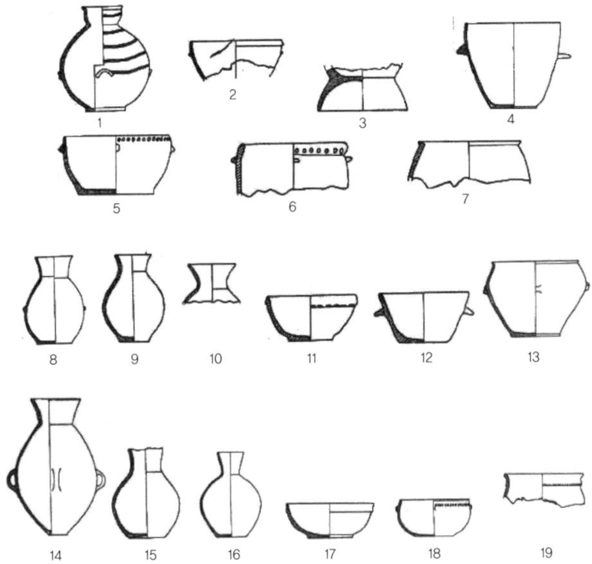

(上1~7.②층, 中 8~13.③층, 下14~19.④층/ 축척부동)

〈그림 4-35〉 산성자 C동 2 · 3 · 4층 출토토기

장가보 A동 2층의 18기 무덤에서 출토된 토기는 모두 후기단계의 특징을 가진다. 사경호(斜頸壺)는 나팔형 구연(喇叭形 口緣)으로 변화되며, 호령(壺領)이 작아지고 녕부(領部)의 경사도 또한 줄어든다. 입술 끝단의 형태는 설형순(舌形唇)으로 변화되고, 동체부는 구형(球形)이 증가하며, 기벽이 명확히 두꺼워진다. 모래가 섞인 홍갈도가 감소하고 아주 가는 모래가 혼입된 회갈도가 증가하며 마연된 흑도가 새롭게 출현한다. 문양 역시 구연 하부의 장식적 요소가 감소하고 무문이 대폭 증가 한다.[82] 이러한 특징은 전단계에서 확인되지 않던 새로운 요소로 마성자문

82) 遼寧省文物考古研究所, 1994, 위의 책, 280~282쪽.

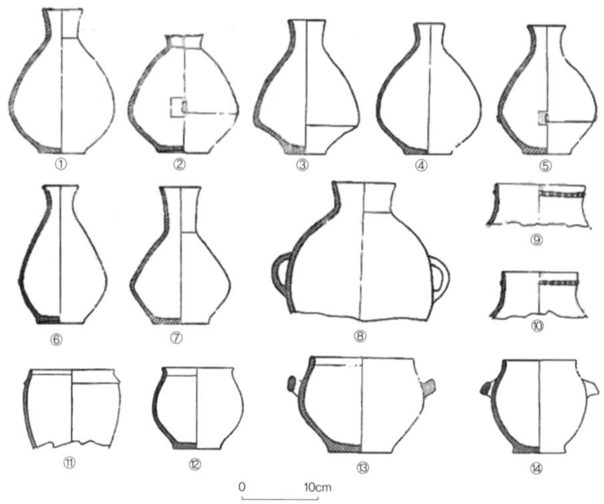

〈그림 4-36〉 마성자 C동 출토토기

화 4기로 설정하겠다.

산성자 C동의 3·4층 무덤에서 출토된 호(壺)와 발(鉢)은 장가보 A동 3층 출토품과 유사하며 일부의 호류는 장가보 A동 제2층 출토품과도 유사하다. 그리고 산성자 C동 2층의 2호묘에서 출토된 현문사이호(弦文四耳壺)(그림 4-35:1)는 후기단계의 특징인 마연흑도(磨硏黑陶)로서 전단계에서는 확인되지 않던 신기종이다. 그러나 무문의 발구호(鉢口壺) 및 현문(弦文)이 있는 관(罐) 등이 장가보 A동 3층과 산성자 B동에서 이미 확인된 바 있어 양자간에는 발전관계가 있을 것으로 생각된다. 또한 주목되는 사항은 산성자 C동 2층의 9호에서 치형석기(齒形石器)가 출토되었다.

현재까지 조사에 의하면 동굴유적내에서 이와 유사한 石器가

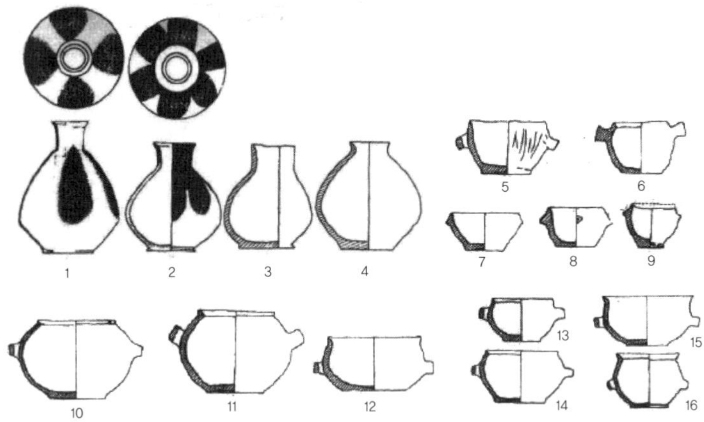

(武家昌 · 蕭景全, 2002, 도2 · 3 재편집/축척불명)

〈그림 4-37〉 신보 동승동굴(新賓 東升洞窟) 출토토기

출토된 곳은 산성자 B동 2층 출토품(보고서: SBT2②;55)이 유일하다. 양자는 형태상차이를 통해 볼 때 발전관계가 있는 것으로 생각된다. 산성자 B동의 2층은 위에서 분기한 마성자문화 2기 후반에서 3기 전반에 속한다. 이상의 내용을 통해볼 때 산성자 C동은 산성자 B동과 선후 계승관계가 있으며 산성자 C동 3 · 4 · 2층의 연대차이는 크지 않을 것으로 추정된다. 여기에서는 산성자 C동의 12기 무덤들을 3기 후반에서 4기 전반으로 설정하겠다.

마성자 C동 23기의 무덤은 동일 층위 내에서 상호 중복관계 없이 비교적 규칙성 있게 배열되었다. 출토유물 중 일부에서 2~3기의 특징이 있는 관(그림 4-36: 9 · 10)과 호(그림 4-36: 8)가 발견되었으나 모두 파손품으로 원형을 알 수 없다. 이외에 대부분의 호와 관 및 발 등은 이상 제4기의 특징과 같다.

〈표 4-3〉 마성자문화 동굴묘 방사성 탄소측정연대 일람[88]

측정실 표본호	묘호	시료	측정연대(B.P.)	수륜보정(B.P.)
ZK - 2164	張家堡 A洞 2층 7호	木炭	2,980±55	3,135±95
ZK - 2163	張家堡 A洞 2층 4호	木炭	3,065±60	3,240±140
WB 84 - 23	馬城子A洞 7호	木炭	3,015±70	3,180±145
ZK - 2165	張家堡 A洞 3층 11호	木炭	3,090±55	3,270±135
ZK - 2166	張家堡 A洞 3층 14호	木炭	3,115±60	3,305±140
PV - 265	山城子 B洞 7호	人骨	3,300±80	
PV - 266	山城子 B洞 5호	人骨	3,600±80	
ZK - 2167	張家堡 A洞 4층 52호	木炭	3,585±65	3,885±90
ZK - 2245	近邊寺 A洞 1호	木炭	3,735±80	4,075±100

이외에 신빈일대 동승 및 대사평현의 동산, 남둔, 소홍석립자, 동승 등 동굴유적에서도 일련의 무덤들이 발견되었다. 여기에서 확인된 동굴묘들의 장속 특징은 상술한 본계 일대 7곳의 무덤들과 동일하다.[83] 특히 동굴 내에서 출토된 토기들은 모두 마성자문화 제4기의 특징을 보인다.

이상에서 마성자문화의 동굴묘에 대해 모두 4기로 분기하였는데 각 단계별 연대범위는 방사성 탄소연대 측정값을 참고할 수 있다.[84]

제1기에 속하는 마성자 B동과 북전 A동의 연대 측정값은 없다. 그러나 제2기의 장가보 A동 4층의 52호의 측정값은 3,585±65년(수륜보정 3,885±90)이며, 본고 분류 2~3기에 속하는 산성자 B동 5호와 7호묘는 각각 3,600±80, 3,300±80년으로 측정되었

83) 武家昌 · 蕭景全, 2002, 앞의 글, 169쪽.

84) 遼寧省文物考古硏究所, 1994, 앞의 책, 282쪽.

다. 이상을 통해볼 때 2기의 연대범위는 적어도 기원전 1800년에서 기원전 1300년 전후로 볼 수 있다. 그렇다면 제1기는 적어도 기원전 1800년 이전으로 편년된다. 3기에 속하는 장가보 A동 3층 11호와 14호는 측정값이 3,090±55년(수륜보정 3,270±135)과 3,115±60년(수륜보정3,305±140)이기에 그 중심연대는 기원전 1200년 ~ 1100년 전후로 편년한다. 4기의 장가보 A동 2층 4호와 7호는 3,065±60과 2,980±55년으로 측정되어 그 중심연대를 기원전 1100년~1000년 전후로 편년하겠다. 이상을 정리하면 아래의 표와 같다.

〈표 4-4〉 마성자문화의 단계별 특징 일람

분기	연대	유적		토기의 주요특징
1	B.C 18세기 이전	馬城子 B동, 北甸 A동		紅陶 혹은 紅褐陶 위주, 구연과 동체부에 부가퇴문 시문, 주요기종은 壺, 罐
2	B.C 17~14세기	張家堡 A동4층	山城子B동2층 馬城子A동	각종 형식의 손잡이가 발달, 壺의 구연 하부로 圓點, 삼각형의 點列文이 시문.
3	B.C 13~12세기	張家堡 A동3층	山城子C동4·3층	경부의 경사도 小, 최대경이 중부로 이동, 동체부의 형태가 腰鼓形 → 渾圓球型 변화, 褐陶과 灰陶의 수량이 증가, 豎耳長頸壺와 鉢口壺의 출현
4	B.C 12~11세기	張家堡 A동2층	山城子C동2층, 마성자(馬城子)C동, 東升, 南屯, 小紅石砬子	灰褐陶와 黑陶의 증가, 각종 손잡이 발달, 부장용의 소형 토기 증가, 壺의 경부가 나팔형으로 변화

이상에서 동굴묘의 형식과 구조적 특징 및 나름의 편년과 분기안을 제시하였다. 이러한 검토는 동굴묘의 단계별 변화상을

파악하여 마성자문화의 전개 및 주변 문화와의 교류상을 살피기 위함이었다. 다만 아쉬운 점은 아직까지 이 문화의 취락유형과 생활환경 등을 알 수 있는 자료가 보고되지 못한 관계로, 문화양상 전반에 걸친 분석은 한계가 있었다. 여기에서는 이미 발표된 무덤자료들만을 대상으로 다음과 같은 동굴묘 형식의 단계별 변화상을 분석하였다(〈표 4-5〉).

〈표 4-5〉 마성자문화 동굴묘의 단계별 형식관계

<table>
<tr><th>분기</th><th>년대</th><th>토광형</th><th>저석형</th><th>석광형</th><th>석관형</th><th>적석형</th></tr>
<tr><td>1</td><td>B.C
18세기이전</td><td>馬B,北A</td><td>馬BM2</td><td>馬BM4,6,
北AM3</td><td>–</td><td>–</td></tr>
<tr><td>2</td><td>B.C
17~14세기</td><td>張A4층,
山B, 馬A</td><td>張AM38</td><td rowspan="2">馬AM12,
山BM1~11</td><td>張
AM46</td><td>–</td></tr>
<tr><td>3</td><td>B.C
13~12세기</td><td>張A3층</td><td>馬AM9,27
張AM20,24,
26,32</td><td>張
AM30,33</td><td>–</td></tr>
<tr><td>4</td><td>B.C
12~11세기</td><td>張A2층,馬C,
山C2층</td><td>張AM16</td><td>馬CM1,19
張AM42,48</td><td>張
AM39</td><td>小紅石砬,
東山, 南屯</td></tr>
</table>

제1기에는 대다수의 무덤들이 토광형이지만 소량의 저석형과 석광형도 확인된다. 저석형은 마성자 B동에서 단 1기(M2)가 확인되었는데 두개골 하부에만 평평한 1개의 석재를 놓아둔 구조이다. 이러한 석제는 장구로서의 성격보다는 단순히 사자의 편안한 안식을 위해 마련된 애도의 표현정도로 이해할 수 있다. 석광형은 마성자 B동(2기)과 북전 A동(1기)에서 총 3기가 확인되었다. 묘광의 4각에 석재를 놓거나(마BM4, 북AM3) 장변으로 몇 개의 석재를 연속적으로 놓아 둔 구조(마BM6)인데 가장 기초적

인 형태의 무덤 시설물로 볼 수 있겠다. 아마도 여러 개의 무덤들이 순차적으로 조성되는 과정에서 무덤들 간의 경계표시를 하거나 혹은 다른 무덤과 뒤섞이는 작용을 피하기 위해 마련된 가능성이 크다. 출토유물의 종류나 수량을 비교해 보아도 다수의 토광형들과 특별한 차이가 없는 점은 특수한 신분의 존재나 집단간 차이를 상정하기는 어렵다.

제2기~3기 사이에는 저석형과 석광형의 수량이 점차 증가하며, 석관형이 새롭게 출현한다. 먼저 저석형은 전체의 바닥면 혹은 바닥면이 고르지 못한 곳에 부분적으로 몇 개의 판석을 깔아 놓는 형태로 변화되는데, 바닥석 아래로 고운 모래를 깔아 놓은 경우도 있어 보다 정성을 기울인 모습이 엿보인다. 석광형은 묘

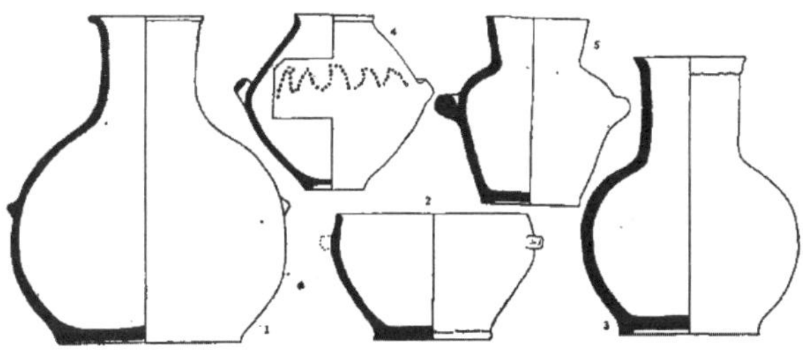

1.12호, 2 · 4.11호, 3.5호, 5.4호
요양 접관청 석관묘 출토유물

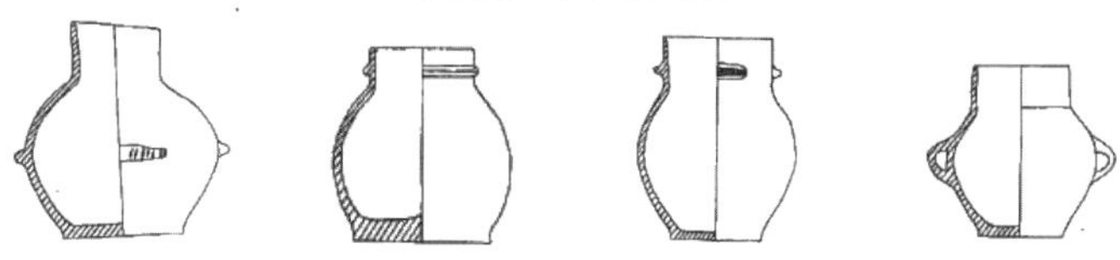

1 2 3 4

본계 대가보자 석관묘 출토유물

〈그림 4-38〉 요양 접관청(上) 및 본계 대가보자(下) 석관묘 출토유물

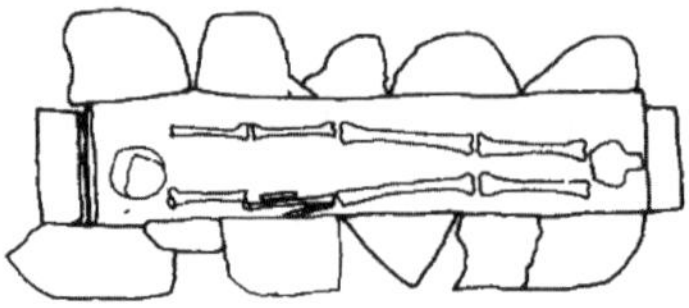

5호 석관묘

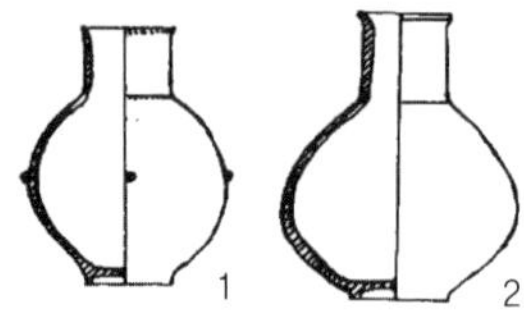

1.3호, 2.5호
석관묘 출토유물(축척불명)

〈그림 4-39〉 요양 향화촌 석관묘 및 출토유물(梁振晶, 1996)

광 전체에 장방형 혹은 타원형태로 석재를 둘러 석광을 마련한 후 그 위에 판석을 덮기도 한다. 이러한 형태는 비슷한 시기에 태자하 중류역에서 출현한 일련의 석관묘제와 거의 동일한 구조여서 비교가 된다.

대표적으로 요양시 접관청(遼陽市 接官廳)[85] 및 행화촌(杏花村)[86] 석관묘의 구조를 보면 석괴를 장방형의 간단한 형태로 1층 정도 둘러놓았으며, 내부에서는 마성자문화 3~4단계 전후의 전형 토기가 출토되었다. 또한 본계 대가보자[87]에서는 커다란 강돌을 둘러쌓아 묘실을 만들고 상부에는 판석을 덮어 놓은 형태가 조사되었는데 도면이 발표되지 않아 정확한 양상은 알 수 없다. 그러나 약보고된 내용을 볼 때 접관청 등의 것과 거의 유사한 구조임을 알 수 있어, 이 역시 마성자문화와 깊은 연관이 있음을 알 수 있다. 석관형은 제2기부터 확인되나 보고서의 내용이 소략하여 정확한 구조는 알 수 없다. 그러나 제3기에는 판석

85) 遼陽市文物管理所, 1983,「遼陽市接官廳石棺墓群」,『考古』1, 72~74쪽.
86) 梁振晶, 1996,「遼陽杏花村青銅時代石棺墓」,『遼海文物學刊』1, 56쪽.
87) 梁志龍, 2003,「遼寧本溪多年發現的石棺墓及其遺物」,『北方文物』1, 10~11쪽.

재를 잘 다듬어서 간단한 석관형태로 조성한 점과, 석관형 모두가 장가보 A동굴에서만 확인되는 점에서 특징적이다.

제4기에는 적석형이 추가되어 모든 형식이 다 확인된다. 그중 석광형과 석관형은 묘실의 형태만을 놓고 볼 때 전형적인 석관묘의 구조와 매우 닮아 있다. 또한 내부에 목관을 둔 구조의 석광형과 매우 얇게 다듬은 석판을 세워 만든 석관형 무덤은 출토유물을 비롯한 무덤간 배치관계에서도 다른 무덤들과 차별성이 간취되어 보다 정성이 담긴 무덤으로 볼 수 있겠다. 이시기 처음 출현한 적석형은 모두 신번일대의 동굴유적에서만 조사되었다. 명확한 형태의 묘광이 마련되지 못한 점은 다른 동굴의 무덤들과 동일한 특징이지만 화장된 인골과 부장품 사이로 겹겹이 적석을 한 구조는 새롭게 추가된 방법이다.

이러한 구조의 무덤은 요남의 대련지역에서 청동기시대 전반에 걸쳐 유행된 점에 비교가 가능하다. 하지만 적석형 동굴묘에서 출토된 가지문토기와 홍색 마연토기의 조합은 두만강유역 및 한반도 남부지역과의 연관성이 일찍부터 제기된 바 있다.[88) 게다가 두만강유역 청동기시대의 무덤 중에는 여러 개의 묘실이 하나의 적석으로 연결된 형태가 있어 구조적으로 유사성이 더 강하다. 이처럼 다자간의 형식관계 및 영향성을 검토하기 위해서는 출토유물을 비롯한 그 선·후행 문화들간의 연속성과 계승관계 등 보다 종합적인 면에서의 검토가 필요하다. 여기에

88) 강인욱, 2003, 「遼寧地方 太子河上流 지역 신발견 彩文土器에 대하여」, 『고고학』2-2, 15쪽.

서는 태자하유역의 청동기문화가 두만강 및 한반도 남부지역 등 매우 광범위한 지역에 걸쳐 일정수준의 교류 및 영향관계에 있었다는 점만을 확인하면서 정리하도록 하겠다.

이상 마성자문화 동굴묘의 기본적인 구조는 무봉토, 무시설식의 얕은 토광형으로 볼 수 있다. 그런데 이 문화의 중기 전반부터는 점차 석재를 장구로 한 무덤들의 비중이 높아지면서, 중기 후반부터는 동굴묘를 고수하던 전통에서 벗어나 점차 외부로 확장되는 현상이 관찰된다. 또한 후기에는 전형적인 형태의 석관묘가 동굴묘 내부에서도 축조되기 시작하면서 태자하유역 일대에는 석관묘 축조현상이 보편화된다.[89] 이처럼 태자하유역의 동굴묘 전통이 점차 그 바깥으로 벗어나는 과정 중에는 주변 문화와의 접촉을 통해 전혀 새로운 형태의 무덤이 파생되기도 한다.

대양하 중류의 봉성 동산유적에서는 수십 기 이상의 개석형 고인돌이 발굴되었다.[90] 여기서 확인된 고인돌의 하부구조는 마성자문화 동굴묘의 구조와 매우 닮아 있으며, 출토유물 또한 동일하여 비교가 된다. 동산유적의 고인돌은 대부분 토광형태의

89) 발생기적 형태를 보이는 석관묘제들은 마성자문화(馬城子文化)의 1단계부터 출현하고 있다. 2단계부터는 구조상 좀 더 발전된 형태로 변화될 뿐 출토유물을 비롯한 葬式면에서 큰 차이가 없다. 따라서 遼北地域의 석관묘文化는 마성자문화(馬城子文化)에 연원을 두고 발전되었을 가능성이 농후하며, 이와 관련된 내용은 아래의 논문들을 참고 할 수 있다. 趙賓福, 2009, 앞의 책, 136~155쪽 ; 이종수, 2008, 앞의 글, 245~247쪽 ; 唐淼, 2009, 앞의 책, 114~121쪽.

90) 許玉林 · 崔玉寬, 1990, 「風城縣大石蓋墓發掘簡報」『遼海文物學刊』2, 1~8쪽 ; 崔玉寬, 1997, 「風城東山, 西山大石蓋1992年墓發掘簡報」, 『遼海文物學刊』2, 30~35쪽 ; 中日考古合作研究測量組, 1997, 「遼寧省風城縣東山大石蓋墓墓地考古勘測」, 『東北亞考古學研究-中日合作研究報告書』, 文物出版社, 84~100쪽.

묘실인데 일부 중에는 묘실 1~2벽 혹은 4벽 모두 석재를 쌓아서 조성한 사례도 있으며, 드물게는 묘실 주변으로 깨진 돌을 깔아서 묘역을 표시하기도 하였다. 특히 토광형의 묘실 바닥에 소형 판석 1~2개를 놓고 토기 등의 유물을 부장한 점이나 간단한 형태의 석광을 마련한 점 등에서 동굴묘의 저석형 및 석광형과 매우 유사하다. 또한 묘실 내부에서는 대체로 마성자문화 후기단계의 토기들이 확인되어 이 유적은 기원전 12~10세기 사이로 편년되고 있다.

이상의 내용을 종합하면, 동산유적의 개석형 고인돌은 마성자문화에 연원을 두고 파생된 형식임을 알 수 있다. 즉 묘실의 기본구조와 출토유물은 동시기의 석관묘유적과 마찬가지로 마성자문화의 동굴묘 형식을 대체로 유지하지만 그 상부에 놓인 한 장의 덮개돌은 새롭게 부가된 요소로 볼 수 있다. 아마도 인접한 벽류하유역의 탁자형 고인돌의 영향[91]을 받은 것으로 보이는데 비록 한 장의 덮개돌을 덮어 무덤의 표지적 기능을 한다는 측면에서 고인돌의 한 종류로 분류될 수는 있지만 그 문화적 배경에는 명확한 차이가 있음을 알 수 있다. 따라서 동산유적의 개석형 고인돌 역시 석관묘와 마찬가지로 마성자문화에 연원을 두고 파생된 형식으로 여겨진다.

---

91) 현재 요동지역 고인돌의 출현과 그 상한연대에 관해서는 다양한 견해가 제시되고 있다. 하지만 이지역 고인돌의 축조가 적어도 기원전 16세기 이전부터 시작되며, 그 문화적 배경에는 雙砣子文化와 밀접한 연관성이 있다는 견해(華玉冰, 2011, 앞의 책, 210~213쪽)를 참고 할 경우, 요동지역 탁자형 고인돌과 개석형 고인돌은 서로 다른 문화배경 속에서 출현하였음을 알 수 있다.

3. 고인돌유적의 특징과 성격[92)]

중국 동북지역에서 고인돌유적이 확인되는 곳은 크게 3곳으로 구분지어 살펴볼 수 있다. 첫째는 요동반도권이며, 둘째는 요녕성 동북지역을 중심으로 길림성과 접경하는 지역의 요동북부권, 셋째는 송화강의 서쪽지류인 서류송화강유역권 등이다. 각 지역별 고인돌은 구조와 형식, 문화성격 등 부분에서 약간씩의 차이를 보이는 관계로 본 절에서는 권역별로 구분하여 현황과 특징 및 그 성격에 대한 내용을 검토할 것이다. 그에 앞서, 그간에 진행된 중국 동북지역 고인돌 관련 조사현황에 대하여 주요내용만을 간추려 정리해 보겠다.

중국 동북지역의 고인돌 조사는 19세기 말부터 시작되었다. 당시의 조사는 주로 요동반도 일대를 중심으로 진행되었는데 이때의 조사는 단순한 묘사와 기록에 그쳤을 뿐 학술적 가치는 크지 않았다. 이후 1950년대부터는 현지의 연구자들에 의해 광범위한 조사활동이 이루어져 현재까지 약 240여 개 지점에서 총 700기 가량의 고인돌이 발견되었다. 그동안 진행된 요동지역 고인돌 조사와 발굴현황을 정리하면 아래와 같이 4단계로 나누어 살펴볼 수 있다.

1단계는 19세기말~20세기 전반에 해당된다. 초창기의 조사는

92) 관련 내용은 필자의 2014년 발표 글(「요동지역 지석묘의 연구성과 검토」, 『동아시아고대학』34)을 바탕으로 작성되었다. 공저자인 백종오 교수님의 동의를 구하여 일부 수정·보완하여 수록함을 일러둔다.

대부분 대형 고인돌을 대상으로 진행되었다. 1895년부터 1928년까지 鳥居龍藏을 대표로 하는 일본인 연구자들은 해성 석목성(海城 析木城), 금현 양갑점(金縣 亮甲店)(現 小關屯), 복현 만가령(腹縣 萬家領), 개현 허둔(蓋縣 許屯), 영구 분수(營口 分水) 등의 대형 고인돌을 조사하였다.[93] 이때의 조사에서 八木奘三郎은 요동반도의 고인돌(石棚)은 조선의 "탱석(撑石)"과 상통하는 개념의 "Dolmen"의 범주로 볼 수 있다고 정의하였다.[94]

1939년에는 와방점 화동광(瓦房店 鏵銅礦)유적에서 중국 동북지역 최초의 고인돌 발굴조사가 실시되었다.[95] 이곳에는 본래 4기의 고인돌이 존재하였으나 현재는 모두 남아 있지 않은데 발굴된 고인돌에서 출토된 유물들은 초창기 고인돌 연구의 중요한 자료로 활용되어 왔다. 1944년 三宅俊成은 『만주고고학개설(滿洲考古學概說)』에서 당시까지 조사된 총 17곳의 고인돌을 소개하였다.[96] 이를 통해 고인돌의 분포가 요동반도에만 한정된 것이 아니라 요북의 청원과 길림의 통화 일대에도 분포함을 확인할 수 있었다.

2단계는 1950년 ~ 1970년대 초반까지다. 1950년대부터는 중국 연구자들의 조사와 연구가 본격적으로 시작되었으나 문화대혁명이라는 학문외적인 요인으로 일정 기간 침체기를 맞이하

93) 鳥居龍藏, 1910, 앞의 책, 鳥居龍藏, 1946, 「中國石棚之硏究」, 『燕京學報』31號(劉瑛, 2007, 『試論遼東半島石棚遺存』, 中央民族大學 碩士學位論文, 8쪽 참조)

94) 八木奘三郎, 1924, 『滿洲舊蹟志』上卷, 39~48(華玉冰, 2011, 『中國東北地區石棚硏究』, 科學出版社, 8쪽 참조)

95) 三上次男, 1961, 『滿鮮原始墳墓の硏究』吉川弘文館.

96) 三宅俊成, 1944, 『滿洲考古學概說』(하문식, 1999, 앞의 책, 5쪽 참조)

게 된다. 이 시기 중국 연구자들은 전단계 조사성과를 토대로 대련과 여순 등지의 고인돌에 대한 보다 세밀한 조사를 진행하였다.[97] 그러나 당시의 시대적 한계성으로 인해 종합적인 연구성과는 발표되지 못하였고 고인돌의 분포범위 설정과 단순 조사자료 정리에 그치게 된다.

3단계는 1970년대 중반 ~ 1990년대 후반까지 이다. 1970년대 중반부터 80년대 사이 요동 각지에서 고인돌 발굴이 이루어졌다. 특히 보란점, 신금, 장하, 수암, 개주, 해성 등지의 남부지역 이외에 청원, 신빈, 개원, 매하구, 유하 등 요북과 길림의 접경지대에서도 다수의 고인돌이 발굴되었다.

이시기 가장 중요한 고인돌 조사는 보란점 벽류하 · 쌍방, 개주 화가와보와 봉성 동산 · 서산 동산 · 서산유적의 발굴을 들 수 있다. 1970년대 초반 벽류하유역 일대 저수지 개발로 인해 사전조사를 실시하였고 이를 통해 보란점시 유둔촌(柳屯村)과 교둔촌(橋屯村) 일대에서 수십 여기의 고인돌이 조사되었다. 중국학계에서는 벽류하 대석개묘로 불려지고 있으며[98], 한국 학계에서는 유둔 및 교둔유적으로 소개되었다.[99] 이 조사를 통해 대석개묘와 석붕에 대한 개념이 정립되며 양자는 상호 구분되는 별도의 무덤유형임이 강조되기 시작한다.[100] 이후 중국학계에서는

97) 陳明達, 1953,「海城縣的巨石建築」,『文物參考資料』10 ; 符松子, 1956,「遼寧省新發見兩座石棚」,『考古通訊 』2; 徐知良, 1958,「中國的巨石文化與石棺墓介紹」,『人文學雜誌』2.

98) 旅順博物館, 1984,「遼寧大連新金縣碧瀏河大石蓋墓」,『考古』8.

99) 국립나주문화재연구소, 2011,『중국고인돌』동북아시아고인돌(5).

100) 許明綱 · 許玉林, 1980,「新金雙房石棚和石盖石棺墓」,『遼寧文物』1 ; 許玉林 ·

양자간의 관계와 성격을 규명하려는 노력이 지속적으로 이루어지고 있다.[101]

1980년에는 쌍방유적에서 9기,[102] 1988년 개주 화가와보에서 5기,[103] 1989년~92년 사이 봉성 동산・서산에서 약 20여기의 고인돌이 발굴되었다.[104] 이들 유적에서 출토된 청동기와 토기류 등은 현재 요동지역 고인돌의 주요한 편년자료로 활용된다.

이상의 조사자료는 1994년 許玉林에 의해 종합적인 연구성과물로 발표된다.[105] 그는 요동과 길림의 고인돌을 석붕과 대석개묘로 구분하여 정리하였고, 중국 동남부지역 및 한반도와의 비교연구, 기능과 문화성격 및 편년문제 등을 종합적으로 검토하

許明綱, 1981,「遼東半島石棚綜述」,『遼寧大學學刊』1；許明綱・許玉林, 1983,「遼寧新金雙房石盖石棺墓」,『考古』4；許玉林・許明綱, 1983,「新金雙房石棚和石盖石棺墓」,『文物資料叢刊』7；旅順博物館, 1984,「遼寧大連新金縣碧流河大石蓋墓」,『考古』8；許玉林, 1985,「遼東半島石棚之硏究」,『北方文物』3；許玉林, 1996,「對遼東半島石棚有關問題的探討」,『環渤海考古國際學術討論會論文集』, 北京知識出版社.

101) 陣大爲, 1991,「試論遼寧"石棚"的性質及其變化」,『遼寧文物學刊』1；王洪峰, 1993a,「石棚墓葬硏究」,『靑果集』第1輯, 知識出版社；武家昌, 1994,「石棚初探」,『北方文物』4；王嗣洲, 1996,「試論遼東半島石棚與大石盖墓的關係」,『考古』2；王嗣州, 1998,「論中國東北地域大石蓋墓」,『考古』2.

102) 許明綱・許玉林, 1980,「新金雙房石棚和石盖石棺墓」,『遼寧文物』1；許明綱・許玉林, 1983,「遼寧新金雙房石盖石棺墓」,『考古』4；許玉林・許明綱, 1983,「新金雙房石棚和石盖石棺墓」,『文物資料叢刊』7.

103) 許玉林, 1993,「遼寧蓋縣伙家窩堡石棚發掘簡報」,『考古』9.

104) 許玉寬, 1987,「風城縣南山斗古墓調査」,『遼海文物學刊』1；許玉林, 崔玉寬,「風城縣大石盖墓發掘簡報」,『遼海文物學刊』2；崔玉寬,「風城東山, 西山大石盖1992年墓發掘簡報」,『遼海文物學刊』2；中日考古合作硏究測量組, 1997,「遼寧省風城縣東山大石盖墓墓地考古勘測」,『東北亞考古學硏究-中日合作硏究報告書』, 文物出版社.

105) 遼寧省文物考古硏究所編, 1994,『遼東半島石棚』, 遼寧科學技術出版社.

였다. 이후 허옥림의 연구는 중국학계는 물론 한국과 일본의 많은 연구자들에게 영향을 주었으나 최근 조사자료의 축적에 따라 편년 및 문화유형 설정 문제 등에 있어 재평가 받고 있다.

4단계는 2000년부터 현재까지이다. 최근 중국학계에서는 요하유역일대의 고고문화 및 유적·유물에 대한 재정비 작업이 활발히 진행 중이다. 더불어 그동안 미 발간되었던 각종 발굴보고서와 관련 연구논문들이 앞 다투어 발표되고 있다. 이 지역 일대 고인돌 조사와 연구 역시 커다란 전환점을 맞이하게 되는데 여기에는 그동안 요동반도일대에 집중되었던 연구경향이 요북 및 길림지역 최근 조사성과에 힘입어 종합적인 비교연구가 가능하게 되었기 때문이다. 그동안 고인돌의 기원 및 그 문화연원관계에 초점되었다면 이때부터는 고인돌문화의 소멸기 특징 및 고구려 초기 적석총과의 비교연구 등 또한 주요 현안이 되고 있다.

현재 이 지역 일대의 고인돌 조사는 요동 북부와 길림 남서부의 접경지대인 혼하와 휘발하유역을 중심으로 진행되고 있다. 2002년 신빈 왕청문 용두산유적[106], 2003년 무순 관문유적[107], 2004년 하협심유적[108], 2006년 환인 풍가보자[109]와 본계 대편

106) 肖景全·李榮發, 2005,「新賓旺淸門鎭龍頭山大石蓋墓」, 遼寧省第5屆考古學會論文.

107) 遼寧省文物考古研究所·撫順市博物館, 2007,「趙家墳石棚發掘刊報」,『北方文物』2.

108) 熊增瓏, 2006,「撫順河夾心石棚與石板墓地」,『中國考古學年鑒』, 文物出版社 ; 熊增瓏 等, 2008,「撫順河夾心墓地發掘簡報」,『遼寧省博物館學刊』3輯, 遼海出版社.

109) 華玉冰, 2011, 앞의 책, 84쪽.

지 신성자유적[110] 등에서 다양한 구조와 형식의 고인돌이 순차적으로 발굴되었다. 고인돌에서 출토된 각종 유물에 비추어 상기 유적들은 본계 신성자유적을 제외하곤 대체적으로 중원의 연(燕)·진(秦)·한(漢) 문화 교체기의 특징과 당지 토착문화의 융합적 현상을 보여주고 있다. 또 이시기 대부분의 고인돌에서는 다량의 적석시설과 함께 고구려 초기단계의 적석총이 공존하는 사례들이 다수 확인되는데 이는 고인돌과 적석총의 문화적 연관성 및 변천과정을 보여주는 중요한 자료가 될 것이다.

1) 요동반도권의 고인돌

요동반도권의 고인돌은 현재까지 300기 이상이 보고되었지만 정식발굴을 거쳐 자료가 발표된 곳은 도합 150여 기 정도가 된다.

현재까지 이지역 고인돌의 출현과정 및 그 상한연대에 대한 정설은 마련되지 못하였지만 대체적으로 기원전 9세기 무렵에는 요동반도와 서북한지역에서 보편적으로 유행한 것으로 이해된다. 그런데 최근의 연구성과에 의하면 요동반도에서 발굴된 몇몇 고인돌의 출토유물 중에서 쌍타자 2기문화의 것들이 검출되고 있으며, 묘실구조는 마성자문화의 동굴무덤형식과 매우 닮아 있어 주목된다. 현재 쌍타자 2기문화의 중심연대는 기원전 18~16세기로 편년되며, 마성자문화의 연대 또한 여기에 부합된

110) 遼寧省考古文物研究所等, 2010,「遼寧本溪縣新城子青銅時代墓地」,『考古』9.

다. 이러한 편년관을 받아들일 수 있다면 이지역 고인돌의 출현 연대는 적어도 기원전 16세기 이전 소급될 수 있으며, 지금까지 정식 발굴을 통해 얻어진 자료 중 가장 빠른 연대를 보인다. 이러한 자료들이 보다 종합적으로 고찰되어진다면 요동지역 고인돌문화의 출현과정과 그 바탕이 되는 문화유형의 설정이 가능할 것으로 여겨진다.

(1) 유적의 분포와 형식특징

요동반도권의 고인돌은 벽류하와 대양하유역일대에 집중 분포한다. 현재의 행정구역상 보란점(普蘭店), 와방점(瓦房店), 장하(庄河), 수암(岫岩), 봉성(鳳城), 개주(蓋州), 대석교(大石橋), 해성(海城) 등이 해당된다. 이 지역은 천산산지(天山山地)의 여맥에서 뻗어 나온 구릉성 저산지대에 속하는데 동·서·남 삼면은 바다에 접하며 북쪽은 백두산맥으로 연결된다. 산지의 동남쪽은 비교적 평탄하고 완만한 경사를 이루며 벽류하와 대양하 등이 황해로 유입된다. 또 서북쪽은 비교적 험준한 편인데 대청하와 복주하(復州河) 등이 발해만으로 흘러든다. 현재까지 이 지역에서 발견된 고인돌은 모두 300여기가 넘으며 이중 150여기가 발굴되었다.[111)]

---

111) 발굴 자료는 다음의 문헌을 참조하였다(許玉林 · 許明綱, 1981, 「遼東半島石棚綜術」, 『遼寧大學學報』1 ; 許明綱, 1990, 「大連古代石築墓葬研究」, 『博物館研究』2, 62~73쪽 ; 遼寧省文物考古研究所, 1994, 앞의 책 ; 하문식, 1999, 앞의 책, 9~84쪽 ; 華玉冰, 2011, 앞의 책, 국립나주문화재연구소, 2011, 『중국고인돌』동북아시아고인돌(5), 98~188쪽.

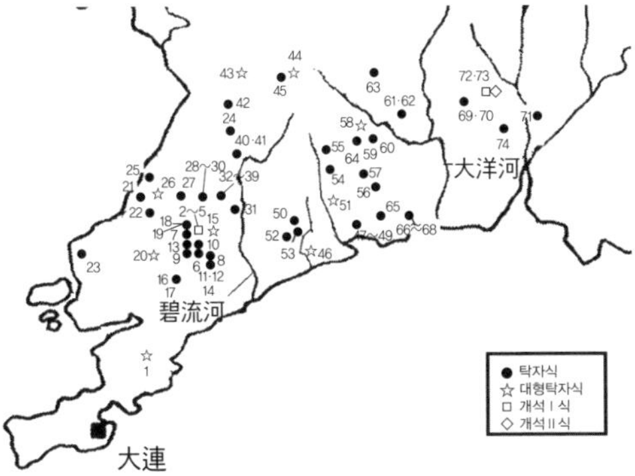

번호	유적	형식	수량	번호	유적	형식	수량	번호	유적	형식	수량
1	金州 小關屯	탁자형	2	24	蓋州 小石棚	탁자형	2	48	庄河 粉房前	탁자형	2
2	普蘭店 劉屯東	탁자형	1	25	蓋州 仰山	탁자형	1	49	庄河 大鬱山	탁자형	1
3	普蘭店 壘石崗	탁자형	2	26	蓋州 石棚山	탁자형	1	50	庄河 揚屯石棚	탁자형	3
4	普蘭店 劉屯	개석 I	5	27	蓋州 伙家窩堡	탁자형	20	51	庄河 大荒地	탁자형	1
5	普蘭店 橋屯	개석형	6	28	蓋州 河北龍爪山	탁자형	5	52	庄河 荷花山	탁자형	1
		탁자형	3		蓋州 河北岔溝	탁자형	2	53	庄河 趙屯西山	탁자형	1
6	普蘭店 台前	탁자형	2	29	蓋州 小脖溝屯	탁자형	5	54	岫岩 欒家爐	탁자형	1
		?	3	30	蓋州 廟上	탁자형	1	55	岫岩 红石	탁자형	2
7	普蘭店 北台子	탁자형	1		蓋州 南營地	탁자형	3	56	岫岩 石棺地	탁자형	1
		?	1	31	蓋州 苏峪村	탁자형	1	57	岫岩 唐家堡子	탁자형	2
8	普蘭店 下八家	탁자형	1	32	蓋州 邹屯沙泥	탁자형	2	58	岫岩 興隆	탁자형	2
		?	1		蓋州 邹屯候大砬	탁자형	1	59	岫岩 白家堡子	탁자형	11
9	普蘭店 四道河	탁자형	1		蓋州 邹屯果园	탁자형	1		岫岩 白家堡子	?	1
10	普蘭店 雙房	탁자형	9		蓋州 邹屯河心地	탁자형	2		岫岩 太老坟	탁자형	1
11	普蘭店 三台	탁자형	1		蓋州 邹屯霍地	탁자형	5	60	岫岩 小黄旗	탁자형	1
12	普蘭店 王營	탁자형	3	33	蓋州 連云寨	탁자형	2	61	岫岩 山頭	탁자형	3
13	普蘭店 邵屯	탁자형	5	34	蓋州 二百壟地	탁자형	1	62	岫岩 吴西	탁자형	1
	普蘭店 邵屯	?	12	35	蓋州 团山	탁자형	4	63	岫岩 高家堡子	탁자형	2
	普蘭店 邵屯北	?	6			?	16	64	岫岩 石城相村	탁자형	3
14	普蘭店 相屯后山	탁자형	3	36	蓋州 牟家溝	탁자형	16	65	東港 宋家粉房	탁자형	2
		?	4	37	蓋州 龍王廟崗	탁자형	3	66	東港 馬崗	탁자형	2
15	普蘭店 石棚溝	탁자형	4	38	蓋州 长脖崗	탁자형	3	67	東港 西尖山	탁자형	4
16	普蘭店 廟岭南	탁자형	1	39	蓋州 高麗城山	탁자형	5	68	東港 李家堡	탁자형	1
	普蘭店 廟岭池	탁자형	1	40	蓋州 苇塘	탁자형	1	69	鳳城 趙家堡	탁자형	1
17	普蘭店 李下屯	탁자형	1	41	蓋州 洪屯	탁자형	1	70	鳳城 八道河	?	10
18	普蘭店 王屯	탁자형	1	42	蓋州 石佛	탁자형	1	71	鳳城 大李家堡	탁자형	1
19	普蘭店 核桃沟	탁자형	2	43	大石桥 石棚峪	탁자형	1	72	鳳城 三家	탁자형	1
20	瓦房店 台子	탁자형	1	44	海城 析木城	탁자형	2	73	鳳城 小南溝	탁자형	1
21	瓦房店 鏵銅礦	탁자형	4	45	海城 牌楼	탁자형	2	74	鳳城 東山	개석 Ⅰ·Ⅱ	33
22	瓦房店 榆树房	탁자형	2	46	庄河 白店子	탁자형	2		鳳城 西山		5
23	瓦房店 廟岭	탁자형	1	47	庄河 朱屯	탁자형	1				

〈그림 4-41〉 요동반도권 고인돌 분포도

요동반도권의 고인돌 유형은 북한지역과 마찬가지로 탁자형과 개석형 등 2가지로 구분할 수 있는데 이중 개석형은 개석I~II식이 확인된다. 대부분 탁자형이며 개석형은 매우 적다. 탁자형의 묘실은 대부분 두꺼운 판석을 세워 조성하였지만, 일부 중에는 두께 10cm 전후의 얇은 판석 여러 개를 이어세운 사례도 있다. 예컨대 보란정 왕둔(普蘭店 王屯) 1호와 핵도구(核桃溝), 쌍방 6호가 이에 속한다. 또한 묘실의 규모가 작거나 묘실 벽석(받침돌)으로 사용된 판석의 두께가 얇은 경우 묘실 바깥으로 다량의 적석시설을 구축하기도 하였다. 개주 화가와보유적이 대표적으로 흔히 이해되는 전형적인 형태의 탁자형이 이 경우에 속한다.

그리고 이 지역 탁자형 중에는 덮개돌의 규모가 7m를 초과하며 묘실 높이가 거의 2m에 달하는 초대형 고인돌이 존재한다. 초대형 고인돌들은 입지와 주변유적과의 배치관계에서 일정한 규칙성을 보이는 점이 흥미롭다. 예를 들면 개주 석붕산(蓋州 石棚山)과 장하 대황지(庄河 大荒地) 고인돌의 덮개돌은 크기가 7m 이상이다. 이들은 요동지역일대 고인돌 중 최대 규모이며, 모두 남부권의 중심부에 위치한 특징을 보인다. 고인돌에 사용된 석재는 매우 정교하게 가공되었다. 모두 낮은 산의 정상부를 삭평하여 평탄하게 고른 후 여기에 다시 흙을 쌓아 토대를 조성하였고 그 위에 고인돌을 축조하였다. 유적 주변에서는 초대형 고인돌을 제외하고는 별도의 관련 유적이 찾아진 바 없다. 그 성격에 대해 종교 제사 및 제단, 집단의 공공 기념물 등의 기능으로

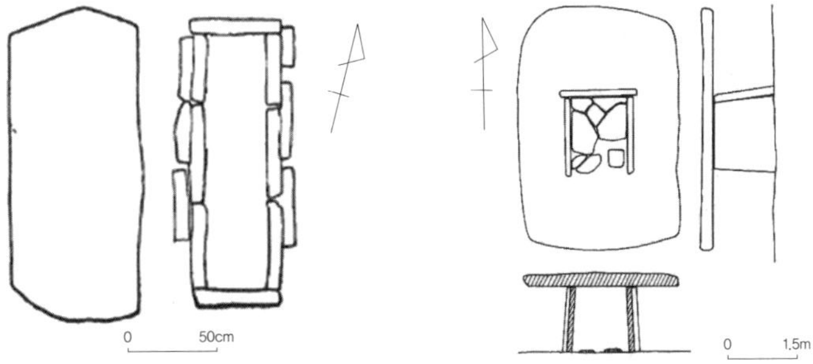

보란점 왕둔 1호　　　　개주 석붕산

탁자형 고인돌

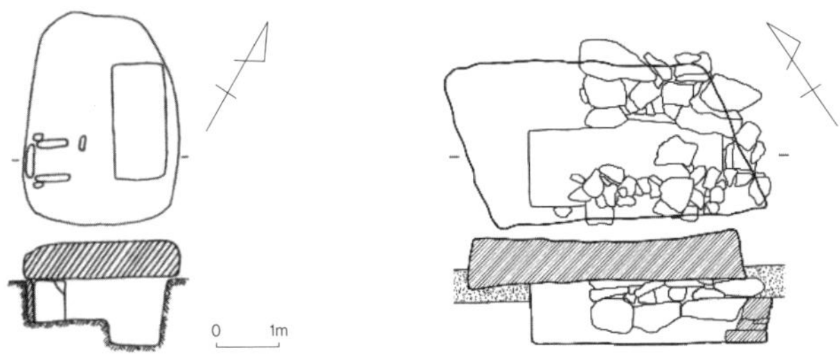

보란점 벽류하 교둔24호 (개석I식)　　　　봉성 동산 9호 (개석II식)

개석형 고인돌

〈그림 4-42〉 요동반도권 고인돌 형식 비교

대별되고 있다.[112] 한편 초대형 고인돌과 유사한 규모 및 성격을 가지면서도 좀 더 특이한 사례가 있는데, 보란점 소관둔(普蘭店 小關屯)과 해성 석목성(海城 析木城) 고인돌을 들을 수 있다. 이들 유적에서 각각 2기의 고인돌이 조사되었다. 두 유적 모두 1기는 덮개돌의 규모가 5~6m 정도의 대형 고인돌이며 나머지 1기는 소형이다. 각 유적에 위치한 대형 고인돌의 경우 입지 및 축조방법은 앞서 언급한 초대형 고인돌과 유사하다. 다만 주변 유적과

112) 이융조 · 하문식, 앞의 글, 하문식, 1999, 앞의 책, 274~280쪽.

의 연관성이 좀 더 구체화된 양상이다. 예컨대 소관둔 고인돌은 요동반도 고인돌 분포권의 최남단에 자리한다. 이 유적을 기준으로 남쪽지역에서는 단 한 기의 고인돌도 발견되지 않았으며 동시기 이 지역에서 유행한 무덤양식은 적석총이다. 또한 해성 석목성 고인돌은 요동반도권 고인돌 밀집권의 최북단에 해당된다. 이 고인돌을 중심으로 그 이북지역에는 마성자문화의 동굴무덤과 석관묘가 유행하였으며 출토유물로 볼 때 두 지역의 석묘문화는 별개의 문화로 볼 수 있다. 즉, 앞서 언급한 일련의 대형 고인돌들은 제단이나 제사 기능 외에도 서로 다른 두 집단 혹은 개별문화 유형간의 경계 표시 역할도 상정해 볼 수 있다.

그리고 이지역에서 조사된 개석형은 약 40기 정도이다. 대표적으로 벽류하 고인돌군에서 10여 기, 봉성 동산 · 서산에서 30여기 정도가 발견되었다. 두 유적은 비록 동일한 개석형(대석개묘) 고인돌로 분류되고 있지만 그 하부 구조에서 일정한 차이가 포착된다. 먼저 벽류하(碧流河)의 고인돌들은 덮개돌 밑으로 토광 형태의 묘실만 확인되고 있다. 훼손된 상태로 조사되는 경우가 대부분이라 원형은 알 수 없지만, 그나마 잔존이 양호한 24호의 경우 토광형의 묘실 옆으로 얇은 판석 4개를 세워 만든 석상형(石箱形) 부관이 존재한다. 이로 미루어 다른 고인돌에도 동일한 양상을 짐작케 한다. 추후 사례 증가를 기대한다.

봉성 동산과 서산유적 역시 유사한 토광형태의 묘실이 확인되었다. 하지만 일부의 묘실은 1~2벽 혹은 4벽을 모두 석재로 쌓은 것도 있으며, 드물게는 묘실 주변으로 깨진 돌을 깔아서 묘역을 표시하기도 하였다. 이처럼 요동반도권의 개석형은 하부구조의 세부 속성에 따라 다시 2가지로 구분할 수 있다. 개석 I식은 묘실이 토광형으로 벽면 일부에 석축을 하거나 석상형 부관이 설치된 것, 또 개석 II식은 묘실의 양쪽 장벽석 혹은 사면 전체에 석재를 쌓아 조성한 것이 해당된다.

벽류하유적 개석 I식에서는 이중구연토기(橋屯23호)와 목에 철릉문(凸菱文)이 시문된 장경호(柳屯16호) 등이 수습되었다. 이러한 유물들은 쌍타자3기문화와 쌍방유형 관련 유적에서 주로 출토되는 전형적인 토기이다. 더불어 주변 탁자형 고인돌에서도 검출되므로 이지역 탁자형과 개석I식은 동일한 계통의 물질문화로 볼 수 있다. 그러나 봉성 동산과 서산의 개석I식에서는 마성자문화의 동굴무덤 출토품과 동일한 기종의 토기들이 다수 출토되었다. 동산 · 서산유적은 요동 반도 고인돌 분포권의 동북

〈그림 4-43〉 보란점 벽류하유적 전경 및 파괴 고인돌 잔해
(우상:유둔, 우하:교둔유적)

단에 해당되는데 이곳은 마성자문화의 주요 분포구인 태자하 유역과 매우 근접해 있다. 뿐만 아니라 고인돌의 하부구조는 마성자문화 동굴무덤의 기본구조와 거의 흡사하다.

반면 벽류하유적 개석 I식은 묘실의 기본구조가 토광형이지만 묘실 옆으로 판석을 세워 석상형 부관(石箱形 副棺)을 조성한 점은 탁자형의 기본구조와 닮아 있다. 따라서 기본적으로 토광형의 묘실 구조를 가지는 두 고인돌유적은 상호 별개의 문화 연원을 가지지만 양자는 동일한 고인돌 분포권에서 상호 연관성을 가지고 병행·발전하였음을 알 수 있다. 이상의 내용을 종합하여 현재까지 보고된 요동북부권내 고인돌유적의 형식과 주요 특징을 정리하면 〈표 4-6〉과 같다.

〈표 4–6〉 요동북부권 고인돌유적의 현황과 특징

지역	유적명	수량	번호	형식	현황
金州	小官屯石棚[118]	2	1	탁자형	대형과 소형 고인돌 각 1기 배치, 요동반도 고인돌의 최남단에 배치
			2	탁자형	
普蘭店	劉屯東山石棚, 劉屯疊石崗石棚[119]	1		탁자형	파괴, 구조 불명확
		2	1	탁자형	파괴, 구조 불명확
			2		
	劉屯(碧流河) 大石蓋墓[120]	5	15	개석I	파괴, 토광형 묘실 옆으로 小型箱式(판석세움) 부관 조성
			16	개석I	
	橋屯(碧流河) 大石蓋墓[121]	6	21	개석I	파괴, 구조 불명확
			23	개석I	파괴, 지표상 2장의 대판석, 토광형 묘실 추정
			24	개석I	파괴, 토광형 묘실 옆으로 小型箱式(판석세움) 부관 조성

지역	유적명	수량	번호	형식	현황
普蘭店	橋屯石棚[122]	3		탁자형	파괴, 구조 불명확, 판석조 묘실
	台前石棚, 大石蓋墓[123]	2		탁자형	파괴, 구조 불명확, 판석조 묘실
		3		?	구조 불명확
	北台子石棚, 大石蓋墓[124]	1		탁자형	파괴, 구조 불명확, 판석조 묘실
		1		?	구조 불명확
	下八家石棚, 大石蓋墓, 四道河子石棚[125]	1		탁자형	파괴, 구조 불명확
		1		?	구조 불명확
		1		탁자형	파괴, 구조 불명확
	雙房石棚, 蓋石墓[126]	9	1	탁자형	石棚 6기 ; 1､2､5､7､8､9호, 蓋石墓 3기 : 3､4､6호, 모두 판석조 묘실이라는 점에서 탁자형으로 재분류
			2	탁자형	
			5	탁자형	
			7	탁자형	
			8	탁자형	
			9	탁자형	
			3	탁자형	
			4	탁자형	
			6	탁자형	
	三台子石棚[127]	1		탁자형	판석조 묘실
	王營石棚[128]	3	1	탁자형	파괴, 구조 불명확, 판석조 묘실
			2	?	
			3	?	
	邵屯石棚,	5	1	탁자형	대부분 파괴되었으나, 1호의 경우 보존상태 양호, 묘실 주변 소량 적석더미 잔존, 모두 판석조 묘실
			2	탁자형	
			3	탁자형	
			4	탁자형	
	邵屯北蓋石墓, 邵屯蓋石墓[129]	12		?	미조사, 구조불명
		6		?	미조사, 구조불명
	相屯後山石棚, 相屯後山蓋石墓[130]	3		탁자형	미조사, 구조불명
		4		?	미조사, 구조불명
	石棚溝石棚[131]	4	1	탁자형	자리를 평탄하게 조정하여 토대를 쌓고 그 위에 묘실 축조, 초대형 고인돌
			2	탁자형	파괴, 구조 불명확
			3	탁자형	파괴, 구조 불명확
			4	탁자형	파괴, 구조 불명확

지역	유적명	수량	번호	형식	현황
普蘭店	廟嶺南山石棚, 廟嶺池塘石棚, 李下屯石棚[132]	1		탁자형	파괴, 구조 불명확, 판석조 묘실
		1		탁자형	
		1		탁자형	
	王屯蓋石墓[133]	1	1	탁자형	판석 여러 개로 묘실 조성, 상부 1장 대판석(덮개돌), 철릉문 장경호, 수이호, 이중구연토기 출토
	核桃溝蓋石墓[134]	2	1	탁자형	판석조 묘실, 상부 대판석(덮개돌), 장경호 출토
			2	?	지표상으로 덮개돌만 확인, 미조사
瓦房店	台子石棚[135]	1		탁자형	자리를 평탄하게 조정하여 토대를 쌓고 그 위에 묘실 축조, 초대형 고인돌
	鏵銅礦石棚[136]	4	1	탁자형	묘실내 장경호, 이중구연토기 및 석제 곤봉두 출토, 묘실 구조 卍자형, 판석 세움
	楡樹房石棚[137]	2	1	탁자형	파괴, 구조 불명확, 판석조 묘실
			2	탁자형	
	廟嶺石棚[138]	1		탁자형	파괴, 구조 불명확, 판석조 묘실
蓋州	小石棚石棚[139]	2		탁자형	파괴, 구조 불명확, 판석조 묘실
	仰山石棚, 石棚山石棚[140]	1		탁자형	파괴, 구조 불명확, 판석조 묘실
		1		탁자형	자리를 평탄하게 조정하여 토대를 쌓고 그 위에 묘실 축조, 초대형 고인돌
	伙家窩堡石棚[141]	20	1	탁자형	묘실주변 적석부 잔존, 판석조 묘실, 이중구연토기, 장경호 및 석기류 출토
			2	탁자형	파괴, 구조 불명확
			3	탁자형	파괴, 묘실 주변 석재편 다량 잔존, 판석조 묘실, 이중구연토기 및 석기류 출토
			4	탁자형	파괴, 구조 불명확
			5	탁자형	파괴, 구조 불명확
	河北龍爪山, 河北岔溝, 小脖溝屯石棚[142]	5		탁자형	구조 불명확, 묘실 주변 다량의 석재와 흙이 덮여 있음
		2		탁자형	
		5		탁자형	
	林場廟上, 林場南營地, 蘇峪村石棚[143]	1		탁자형	파괴, 구조 불명확
		3		탁자형	파괴, 구조 불명확
		1		탁자형	구조 불명확, 판석조 묘실

지역	유적명	수량	번호	형식	현황
蓋州	鄒屯沙泥梁,	2		탁자형	파괴, 구조 불명확, 판석조 묘실
	鄒屯候大砬,	1		탁자형	
	鄒屯果園,	1		탁자형	
	鄒屯河心地,	2		탁자형	
	鄒屯霍地,	5		탁자형	
	連雲寨,	2	1	탁자형	보존 상태 양호, 묘실 주변 깨진돌 산재, 후대 밭갈이 과정에서 형성된 것으로 보임
			2	탁자형	
	二百龍石棚[144]	1		탁자형	파괴, 구조 불명확
	團山石棚,	4	1	탁자형	묘실 주변 다량의 적석더미 산재
	團山蓋石墓,	16		?	미조사, 구조 불명확
	牟家溝石棚,	16	4	탁자형	파괴, 구조 불명확, 판석조 묘실
	龍王廟崗石棚,	3		탁자형	
	長脖崗石棚,	3		탁자형	
	高麗城山石棚,	5		탁자형	
	葦塘石棚,	1		탁자형	
	洪屯石棚,	1		탁자형	
	石佛石棚[145]	1		탁자형	
大石橋	石棚峪石棚[146]	1	1	탁자형	자리를 평탄하게 조정하여 토대를 쌓고 그 위에 묘실 축조, 초대형 고인돌
海城[147]	析木城石棚,	2	1	탁자형	자리를 평탄하게 조정하여 토대를 쌓고 그 위에 묘실 축조, 초대형 고인돌
			2	탁자형	파괴, 구조 불명확, 판석재 묘실
	牌樓石棚	2		탁자형	파괴, 구조 불명확, 판석재 묘실
莊河[148]	白店子石棚,	2	1	탁자형	자리를 평탄하게 조정하여 토대를 쌓고 그 위에 묘실 축조, 판석조 묘실
			2	탁자형	파괴, 구조 불명확, 판석조 묘실
	朱屯石棚,	1		탁자형	
	粉房前石棚,	2	1	탁자형	구조 불명확, 판석조 묘실
			2	탁자형	
	大營山石棚,	1	1	탁자형	
	場屯石棚,	3	1	탁자형	1960년 조사에서 모래 섞인 홍갈색 토기편과 인골 조각, 화살촉 등 출토, 인골에 청동제련 흔적이 검출
			2	탁자형	
			3	탁자형	
	大荒地石棚,	1	1	탁자형	불에 탄 인골 검출
	荷花山河東石棚	1		탁자형	구조 불명확, 판석재 묘실
	荷花山趙屯西山石棚	1		탁자형	기존에 소형 罐形 토기, 석기, 인골 조각 등이 출토되었다는 보고가 있음

지역	유적명	수량	번호	형식	현황
岫岩	欒家爐石棚,	1		탁자형	파괴, 구조 불명확
	紅石石棚,	2		탁자형	묘실 상부와 주변으로 다량의 적석더미
	石棺地石棚,	1		탁자형	파괴, 구조 불명확
	唐家堡子石棚,	2		탁자형	구조 불명확, 판석재 묘실
	興隆石棚,	2	1	탁자형	묘실 주면 깨진돌 대량 산적
			2	탁자형	소형 탁자형, 파괴
	白家堡石棚[149]	11		탁자형	자세한 내용 없음, 구조 불명확, 판석재 묘실
	白家堡太老墳石棚[150]	1		탁자형	1987년 발굴되었으나 파괴.
岫岩	白家堡蓋石墓,	1		?	1998년 발굴, 무문 四耳壺와 비파형동검 출토
	小黃旗石棚,	1		탁자형	파괴, 구조 불명확
	山豆石棚,	3	1~3	탁자형 탁자형	다량의 적석무지에 위치, 판석조 묘실로 추정됨
	吳西石棚,	1		탁자형	묘실내 불탄 인골과 회색 재 검출
	高家堡石棚[151]	2		탁자형	파괴, 구조 불명확
	石城村石棚[152]	3		?	구조 불명확, 판석재 묘실
東港	宋家粉石棚[153]	2		탁자형	묘실 주변 깨진 돌 산재, 판석재 묘실
	馬崗石棚,	2		탁자형	구조 불명확, 판석재 묘실
	西尖山石棚,	4		탁자형	구조 불명확, 판석재 묘실
	李家堡石棚[154]	1		탁자형	구조 불명확, 판석재 묘실
鳳城	趙家堡石棚,	1		탁자형	구조 불명확, 판석재 묘실
	小南溝石棚,	1		탁자형	묘실 주변으로 적석무지,, 판석재 묘실
	大李家堡石棚,	1		탁자형	구조 불명확, 판석재 묘실
	三家小陳家蓋石墓,	1		탁자형	다량의 적석무지 속에서 1장의 대판석과 석관형 묘실 및 세형동검 출토
	八道河石棚, 蓋石墓[155]	10		?	구조 불명확, 묘실내 관형토기 다수 출토
	東山蓋石墓[156]	33	85M1	개석II	할석을 쌓아 묘실 조성, 부관 달림[157]
			89M1	개석I	토광형 묘실내 일부구간에 석재를 쌓아 보강
			2	개석I	토광 상부에 석재편을 둘러 놓고 상부에 덮개돌 배치, 묘실 바닥 남단으로 판석을 깔고 그 위에 호형토기 배치
			3	개석I	묘실 일부구간과 상부로 작은 석재편 둘러 놓음

지역	유적명	수량	번호	형식	현황
鳳城	東山蓋石墓[156)]		4	개석I	구릉 정상부 배치, 묘실 상부 소량 석재편을 둘러 놓음
			5	개석I	묘실 상부 소량 석재편을 둘러 놓음
			6	개석I	구릉 정상부 남단에 배치, 位於東山頂部的最南端、墓室三壁和墓底是豎硬黃沙土框、南壁用塊石壘砌加固土壁
			7	개석II	묘실 4벽에 석재를 쌓고 상부에 1장 대판석으로 덮개돌
			8	개석I	토광 상부에 소석재편 둘러 놓음
			9	개석II	구릉 능선 중부 북단 위치, 묘군 내 최대 덮개돌, 묘실 3벽은 석재를 쌓고 나머지 1벽과 바닥은 토광을 그대로 사용
			10	개석I	토광 상부 일부구간에 판석재를 놓음
			11	개석I	토광 바닥에 판석재를 놓고 그 위에 토기류 배치
			18	개석I	구릉 정상부 중부에 위치, 토광 상부 다량의 판석과 자갈돌을 깔고 덮개돌 배치
鳳城	東山蓋石墓[156)]	33	19	개석II	구릉 정상부 서쪽에 위치, 토광 벽과 상부로 석재를 쌓고 그 위로 덮개돌 배치, 묘실 동쪽에 부관 조성
			20	개석I	토광형 묘실
	西山蓋石墓[158)]	5	1	개석II	서산 정상부 위치, 묘군내 최대 덮개돌, 묘실 내벽과 상부로 석재를 둘러 놓고 덮개돌 배치, 동벽쪽에 부관 조성
			2	개석I	파괴, 구조 불명확
			3	개석I	토광 상부 부분적으로 석재를 대어서 덮개돌 받침, 소량 목탄 검출
			4	개석I	토광 상부 부분적으로 석재를 대어서 덮개돌 받침, 소량 목탄 검출
			5	개석II	소량의 목탄 검출

113) 許玉林, 1994, 앞의 책; 許明綱, 1995, 「大連地區石棚研究」, 『博物館研究』1.

114) 상동

115) 旅順博物館, 1984, 「遼寧大連新金縣碧流河大石蓋墓」, 『考古』8； 遼寧省考古文物研究所, 1994, 위의 책.

(2) 편년 및 단계별 특징

현재까지의 조사에 의하면 요동지역에서 가장 이른 시기의 유물이 출토된 곳은 보란점 왕둔유적이다.

왕둔유적은 1974년 3기의 무덤이 발굴되었다. 그러나 본래 이

116) 상동
117) 상동
118) 旅顺博物馆, 1984, 앞의 책 ; 遼寧省考古文物研究所, 1994, 앞의 책.
119) 華玉冰, 2011, 앞의 책.
120) 상동
121) 許明綱 · 許玉林, 1983, 「新金雙房石棚和石蓋石棺墓」, 『文物資料叢刊』 第7輯, 文物出版社 ; 許明綱 · 許玉林, 1984, 「遼寧新金雙房石蓋石棺墓」, 『考古』4.
122) 旅順博物館, 1984, 앞의 책 ; 遼寧省考古文物研究所, 1994, 앞의 책.
123) 상동
124) 상동
125) 許明綱 · 許玉林, 1983, 앞의 글 ; 許明綱 · 遼寧省考古文物研究所, 1984, 앞의 글.
126) 旅順博物館, 1984, 앞의 책 ; 遼寧省考古文物研究所, 1994, 앞의 책.
127) 상동
128) 劉俊勇 · 戴延德, 1988, 「遼寧新金王屯石棺墓」, 『北方文物』3.
129) 자료소개, 2000, 「普蘭店市核桃溝石蓋石棺墓清理簡報」, 『大連文物』, 48쪽.
130) 旅順博物館, 1984, 앞의 책 ; 遼寧省考古文物研究所, 1994, 앞의 책.
131) 상동
132) 상동
133) 許明綱 · 許玉林, 1983, 앞의 글 ; 許明綱 · 許玉林, 1984, 앞의 글.
134) 상동
135) 旅順博物館, 1984, 앞의 글 ; 遼寧省考古文物研究所, 1994, 앞의 책.
136) 許玉林, 1993, 「遼寧蓋縣夥家窩堡石棚發掘簡報」, 『考古』 9.
137) 旅順博物館, 1984, 앞의 책 ; 遼寧省考古文物研究所, 1994, 앞의 책.
138) 許明綱, 1995, 「大連地區石棚研究」, 『博物館研究』1 ; 崔德文, 1996, 「遼寧省營口地區石棚研究」, 『中國考古集成』, 東北卷, 青銅時代(二).
139) 旅順博物館, 1984, 앞의 글 ; 遼寧省考古文物研究所, 1994, 앞의 책.
140) 許明綱, 1990, 「大連古代石築墓葬研究」, 『博物館研究』2.
141) 旅順博物館, 1984, 앞의 글 ; 遼寧省考古文物研究所, 1994, 앞의 책.
142) 상동

곳에는 파괴된 무덤의 잔재가 자주 찾아진다는 약보고의 설명과 같이 산줄기를 따라 다수의 무덤이 군집했을 것으로 판단된다. 발굴된 1호 무덤은 여러 개의 판석을 이어 세워 석관형의 묘실을 두었고 그 위로 1장의 판석재 덮개돌을 덮은 구조이다. 보고된 내용이 소략하여 묘실주변으로 적석시설이 존재하였는지는 분명치 않다. 그런데 제시된 도면을 보면 장벽석 양열으로 얇은 판석 여러 개를 쐐기돌처럼 박아 묘실을 보강하고 있다. 이러한 구조는 덮개돌의 하중으로부터 묘실을 보호하기 위한 보축시설로 여겨진다.

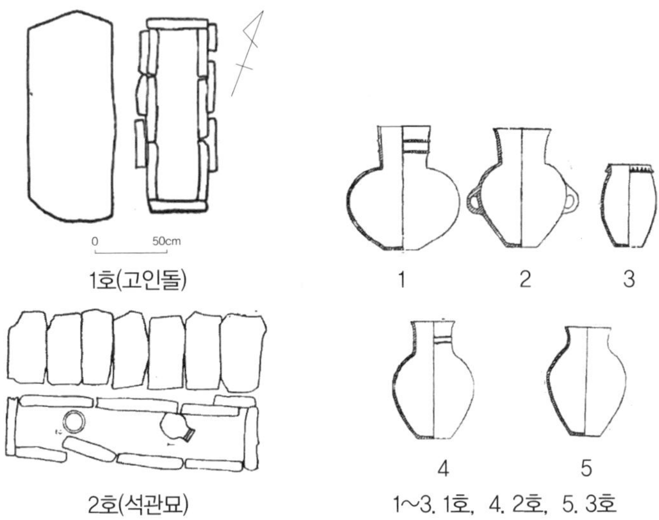

〈그림 4-44〉 보란점 왕둔1호 고인돌 및 출토유물

143) 상동

144) 상동

145) 許玉林, 1995, 「遼寧省岫岩縣太老墳石棚發掘簡報」, 『北方文化』3.

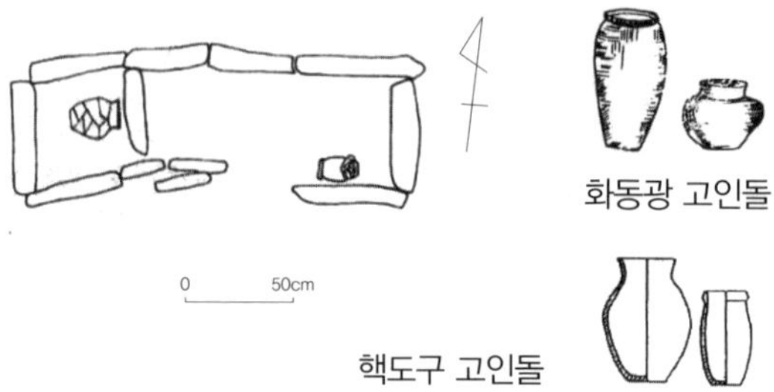

〈그림 4-45〉 보란점 핵도구 및 화동광 고인돌 출토유물

2호 무덤은 얇은 판석 여러 개를 세워 묘실을 만든 점에서 1호와 동일하다. 그러나 그 상부에는 여러 개의 얇은 판석을 덮어 놓은 점에서 차이가 있으며, 묘실주변으로 보강석 혹은 쐐기돌 등을 놓지 않은 점이 특징적이다. 두 무덤에서 확인되는 구조적 차이는 바로 묘실 상부에 놓여 진 덮개돌의 차이에 기인 할 것이다.

지금까지 대부분의 연구에서는 두 무덤 모두를 석관묘의 한 유형으로 파악하여, 고인돌의 연구범위에서 제외시켜 왔다. 그런데 최근 華玉冰은 왕둔 1호무덤이 1장의 덮개돌만 사용된 점에

---

146) 旅順博物館, 1984, 앞의 글 ; 遼寧省考古文物硏究所, 1994, 앞의 책.
147) 許明綱 · 許玉林, 1983, 앞의 글 ; 許明綱 · 許玉林, 1984, 앞의 글.
148) 旅顺博物馆, 1984, 앞의 글 ; 遼寧省考古文物硏究所, 1994, 앞의 책.
149) 許明綱 · 許玉林, 1983, 앞의 글 ; 許明綱 · 許玉林, 1984, 앞의 글.
150) 상동
151) 許玉林 · 崔玉寬, 1990, 「鳳城東山大石蓋墓發掘簡報」, 『遼海文物學刊』2 ; 崔玉寬, 1997, 「鳳城東山 · 西山大石蓋墓1992年發掘簡報」, 『遼海文物學刊』2.
152) 崔玉寬, 1987, 「鳳城縣南山頭古墓調查」, 『遼海文物學刊』 1.
153) 崔玉寬, 1997, 앞의 글.

주목하여 고인돌의 한 유형인 개석묘에 포함시킨 바 있다.[154] 그런데 그 역시도 1장의 덮개돌을 사용하였다는 점 이외에 별다른 차이점을 제시하지 못한 관계로 관련 연구자들의 이목을 끌지는 못했다. 사실 왕둔 1호의 덮개돌 크기는 길이 186cm, 너비 80cm, 두께 13~24cm 전후로 일반적인 고인돌에 비해 다소 작은 감이 있다. 그런데 왕둔 1호무덤에서 덮개돌과 함께 부각되는 또 다른 특징은 묘실 바깥에 세워놓은 보강석의 존재이다.

일반적으로 무덤을 쓸 때 가장 주의해야 될 부분은 시신이 안치되는 묘실로 볼 수 있다. 이러한 보강석은 무거운 덮개돌로 인해 묘실이 파괴 되는 것을 막기 위해, 그 영향력을 최소화하기 위해 마련된 조치이다. 그렇다면 묘실이 파괴될 수 있음에도 불구하고 특별히 무거운 덮개돌을 올려놓은 이유를 생각해 봐야 할 것이다. 여기에는 보다 특수한 의도가 반영된 것으로 추측되는데 그것은 아마도 덮개돌을 외부로 노출시키려는 목적의 결과가 아닌가 한다. 고인돌의 덮개돌이 가지는 상징적 의미에 대해서는 이미 잘 알려져 있다. 그 중에서도 묘표적 기능은 가장 대표적인데, 아마도 왕둔 1호의 덮개돌에는 이러한 목적이 투영된 것으로 여겨진다.

왕둔 1호를 고인돌의 범주에 넣을 수 있을지 여부는 최근 발굴되어 고인돌로 판명된 핵도구고인돌을 통해서도 알 수 있다. 핵도구고인돌은 왕둔묘지의 바로 인근에 위치한 보란점 핵도구촌에서 발견되었다. 유적에서는 발굴된 고인돌의 덮개돌과 거의

154) 華玉冰, 2011, 앞의 책, 74~75쪽.

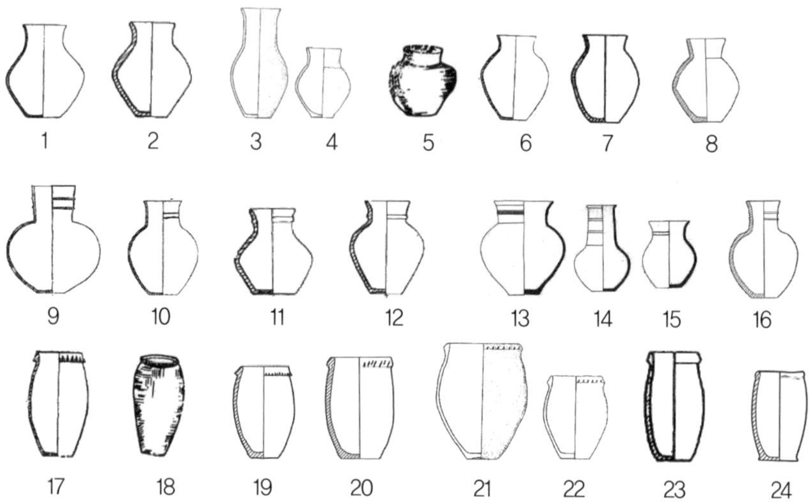

1~8.무문장경호, 9~16.철릉문장경호, 17~24.이중구연토기
1 · 2.상마석13 · 15호 3 · 4.평정산2호 5.화동광 6.왕둔3호 7.핵도구 8.화가와보1호
9 · 10.왕둔1 · 2호 11 · 12.상마석12 · 16호 13~15.단타자2호 16.벽류하유둔16호 17.왕둔1호
18.화동광 19 · 20.화가와보1 · 3호 21 · 22.평정산 2 · 1호 23.핵도구 24.벽류하교둔2호

〈그림 4-46〉 쌍타자문화유적 및 고인돌 출토 토기비교

유사한 규모 및 형태의 판석재들이 곳곳에서 확인되어 왕둔유적과 동일한 성격의 무덤군으로 여겨진다.

발굴된 핵도구 고인돌 역시 여러 개의 판석을 이어 세워 묘실을 만들고 그 위로 커다란 1장의 덮개돌을 덮은 구조로 왕둔 1호와 동일하다. 다만 덮개돌의 규모는 길이 185cm, 너비 120cm, 두께 50cm로서 왕둔 1호보다 조금 크고 두껍다. 아울러 출토유물 역시 왕둔유적과 거의 동일하다. 주목되는 것은 여기서 출토된 유물들이 매우 빠른 연대를 보여주기 때문에 이 지역 고인돌의 발생기적 특징을 잘 보여준다는 점이다.

왕둔 1호의 묘실 내부에서는 모두 3점의 토기가 출토되었다. 이중 단사선문이 시문된 이중구연토기와 목에 두줄의 철릉문(凸菱文)이 시문된 장경호는 쌍타자 2기문화의 전형 유물이다. 이러한 토기들은 쌍타자 3기문화까지 지속되는 당지의 토착 전통이 강한 기종으로서 이중 철릉문이 시문된 장경호는 문양의 시문방식에 따라 유행한 연대가 다르기 때문에 시기구분의 지표가 될 수 있다. 대체적으로 쌍타자 2기문화의 장경호에는 목에 한 줄의 굵은 점토띠를 돌리거나 혹은 두 줄의 침선문을 새기어 철릉문과 같은 시각적 효과를 낸다. 그러나 쌍타자 3기문화에 이르면 이러한 철릉문의 시각적 효과가 간소화 되거나 좁은 간격으로 몇 줄의 침선문을 새기는 형태로 변화되는 등 차이를 보이며, 철릉문 위에 새겨진 부가퇴문의 흔적을 찾아 볼 수 없게 된다.

또한 왕둔 2호에서는 목에 두 줄의 얇은 침선문을 돌려 철릉문의 효과를 낸 장경호 1점이, 왕둔 3호에서는 무문의 장경호가 출토되었다. 이외에 왕둔 1호와 유사한 구조를 보이는 핵도구 고인돌에서는 무문의 장경호와 이중구연토기가 출토되었다. 이중 무문의 장경호는 왕둔 3호에서 출토된 것과 거의 동일한 제품으로 볼 수 있다(그림 4-46:6 · 7). 따라서 왕둔 3호는 이미 파괴되어 묘실의 정확한 구조를 알 수 없지만, 대체적으로 핵도구 혹은 왕둔 1 · 2호와 유사한 구조였을 것으로 추정된다.

이상 왕둔 및 핵도구유적에서 발굴된 일련의 토기들은 인근에

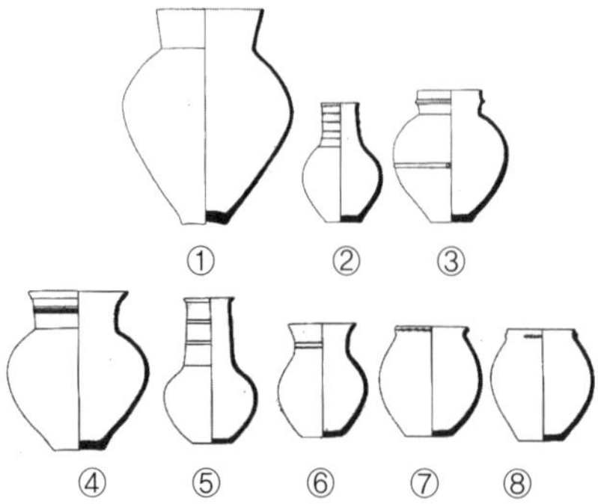

단타자 토광묘 출토 토기
①~③1호무덤 ④~⑧2호무덤

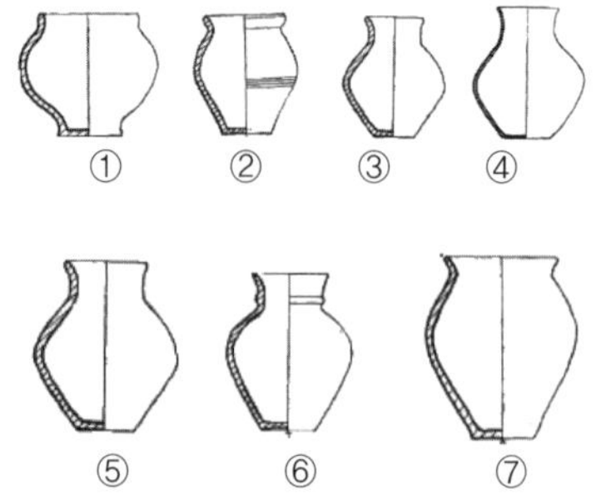

상마석 옹관묘 출토 토기
①⑤16호 ②11호 ③1호 ④12호 ⑥17호 ⑦13호

〈그림 4-47〉 단타자 및 상마석유적 출토유물 비교

위치한 벽류하 단타자토갱묘(碧流河 單砣子 土坑墓)[155]와 상마적 옹관묘(上馬石 甕棺墓)[156]에서도 확인된다. 두 유적 모두 쌍타자 2기문화에 속하며 그 연대범위는 기원전 18~16세기로 평가받는다. 따라서 이들은 대체적으로 동시기의 무덤으로 볼 수 있으며 현재까지 조사된 고인돌 중 가장 빠른 연대를 보인다. 두 유적의 고인돌 모두 덮개돌의 규모가 작고 묘실은 여러 개의 판석을 이어세운 것이 특징적인데 이러한 점은 석관묘의 구조와 닮아 있어 비교가 된다.

전형적인 형태의 탁자형 고인돌 즉, 4개의 두꺼운 판석을 세워 묘실로 삼고 그 위에 대형의 덮개돌을 덮은 형태로서 편년설정이 가능한 유적은 개주 화가와보1 · 3호와 와방점 화동광 고인

155) 東亞考古學會, 1929,『貔子窩』, 東方考古學叢刊.
156) 旅順博物館 等, 1982,「遼寧長海縣上馬石青銅時代墓葬」,『考古』6, 591~596쪽.

화가와보유적 전경

화가와보 (파괴)고인돌 적석부 잔해

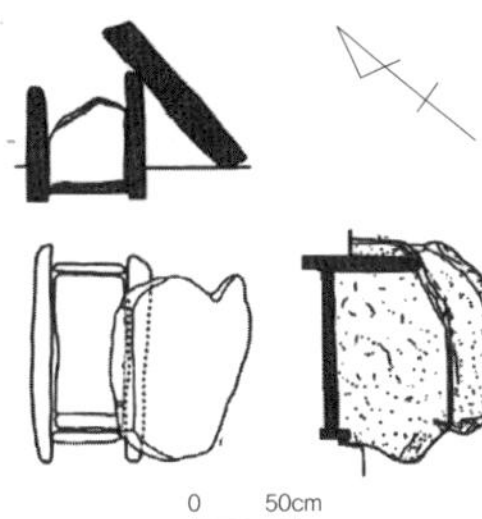

화가와보 1호

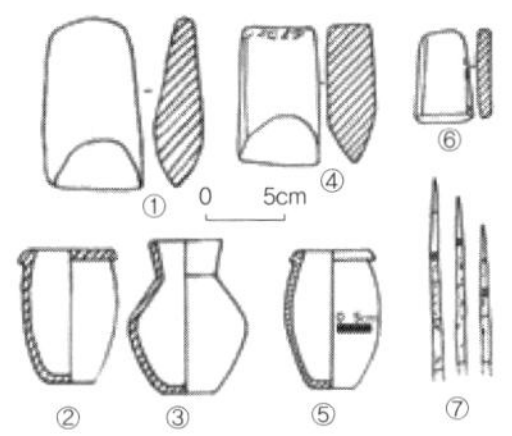

①~③.1호, ④~⑦.3호

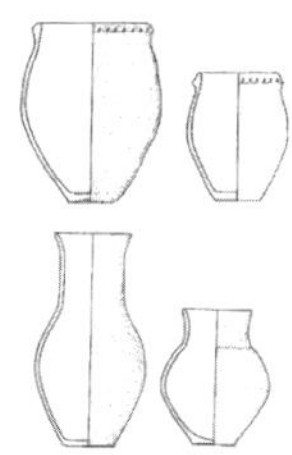

평정산 토광묘

〈그림 4-48〉 개주 화가와보 고인돌 및 출토유물 비교

돌, 보란점 쌍방 2호 고인돌이 대표적이다. 개주 화가와보 1·3호에서는 무문의 장경호와 이중구연토기가 여러 점 출토되었다. 주목되는 것은 최근 개주 및 장하, 수암 등지에서 지속적으로 발견되고 있는 일련의 쌍타자문화 관계 유적군에서 화가와보 고인돌과 거의 유사한 형태의 유물조합이 확인되고 있어 그동안 논란이 많았던 화가와보 고인돌의 연대를 확정시킬 수 있는 계기가 되었다.

대표적으로 장하 평정산(庄河 平頂山) 토광묘에서는 화가와보

고인돌과 거의 동일한 토기조합의 유물군이 출토되어 비교가 가능하다. 보고서에 의하면 평정산 토광묘는 쌍타자 3기문화의 초기에 해당되지만 유물 구성 및 무덤의 구조로 보아 그 상한연대는 단타자토광묘(쌍타자 2기문화)와 거의 동시기로 볼 수도 있다.[157] 따라서 화가와보유적의 조성연대는 적어도 기원전 15세기 무렵임을 알 수 있으며 그 상한 연대는 더 올라갈 개연성이 크다.[158] 더불어 화동광 고인돌에서 출토된 2점의 토기는 화가와보 1호에서 출토된 장경호 및 이중구연토기와 같은 기종이기 때문에 양자는 동시기의 무덤으로 볼 수 있다.

보란점 쌍방유적에서는 전형적인 형태의 탁자형 고인돌(2호)

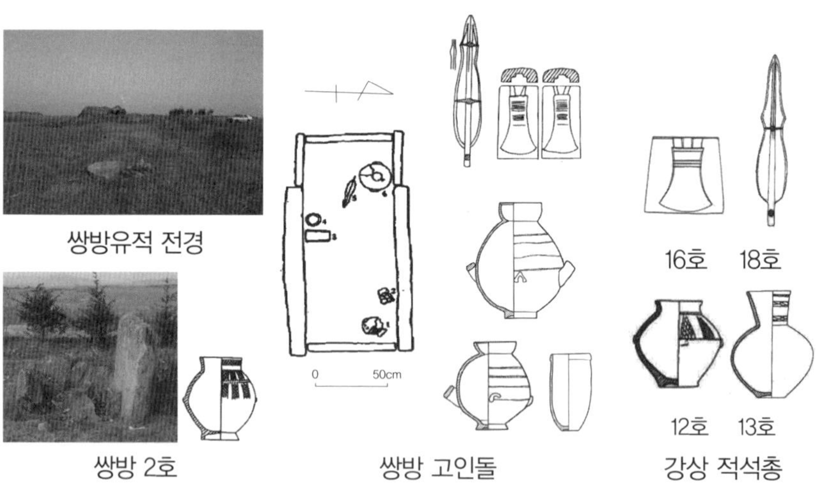

〈그림 4-49〉 쌍방 고인돌 및 강상 적석총 출토유물 비교

157) 遼寧省考古硏究所, 2011, 「大連庄河平頂山靑銅時代遺址發掘簡報」, 『北方文物』1, 3~8쪽.

158) 華玉冰, 2011, 앞의 책, 211~213쪽.

과 여러 개의 판석을 이어세운 구조의 것(6호)이 공존한다. 쌍방 6호에 대해서는 대부분의 선행 연구에서 개석형 고인돌로 분류되었으나, 이 글에서는 묘실 판석을 세우는 구축방법에 착안하여 탁자형으로 재분류하였음을 주의하길 바란다. 쌍방 6호에서는 미송리형토기와 이중구연토기, 비파형동검 등이 출토되어, 연대는 대략 기원전 10~9세기 전후로 편년할 수 있다.[159] 또한 쌍방 6호의 묘실 구조는 앞에서 살핀 왕둔1호 및 핵도구 고인돌과 동일하여 이들간에는 분명한 연속관계를 찾을 수 있다.

쌍방 2호에서는 그물문이 새겨진 사령호(斜領壺)가 출토되었는데 거의 유사한 형태의 것이 대련 강상 적석총[160]과 타두 적석총에서도 출토된 바 있다. 강상 적석총은 출토된 비파형동검의 편년을 근거로 강상유형 전기에 해당되는 기원전 8세기 무렵으로 추정된다. 또한 타두 적석총은 쌍타자 3기문화에 속하여 연대범위는 기원전 14~11세기 사이이다. 따라서 쌍방 2호 고인돌의 조성연대는 타두유적의 하안과 강상유적의 상한을 적용하여 기원전 10~9세기 사이로 편년할 수 있다.

한편 이지역 개석형 고인돌의 출현과 상한연대는 벽류하유적과 봉성 동산유적에서 찾을 수 있다. 현재 두 유적은 모두 동일한 개석형(대석개묘 혹은 개석묘) 고인돌로 분류되고 있지만 그

159) 朱永剛, 2008, 앞의 글, 95~97쪽. 하지만 최근 요중지역에서 발굴된 신락 상층문화단계의 비파형동검이 쌍방 6호 출토품과 거의 동일한 점에서 그 연대는 상향될 가능성이 높다. 이와 관련해서는 다음 장에서 보다 구체적으로 다루도록 하겠다.

160) 中國社會科學院考古學研究所, 1996, 앞의 책, 67~96쪽.

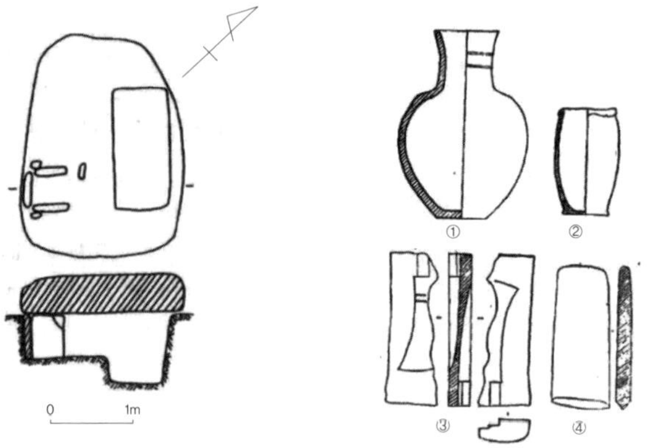

교둔 24호　　① 유둔16 ② 교둔23호 ③ 교둔21호 ④ 교둔24호

〈그림 4-50〉 보란점 벽류하 고인돌 및 출토유물

하부구조상에서 일련의 차이가 발견되어 개석I식과 II식으로 구분 가능 하다. 이와 관련해서는 바로 앞 절의 내용을 참고하길 바란다.

벽류하유적의 개석I식에서는 이중구연토기(교둔23호)와 목에 철릉문이 시문된 장경호(유둔16호) 등이 출토되었다. 이러한 유물들은 당지의 쌍타자 2기문화(철릉문토기)에서 쌍방문화단계에 까지 보편적으로 확인되는 유물로서 주변지역의 탁자형 고인돌에서도 출토되고 있다. 또한 벽류하유적의 개석형 고인돌은 비록 묘실의 기본구조가 토광형이지만 묘실 옆으로 판석 여러개를 세워 부관을 조성한 점에서 탁자형의 기본구조와 닮아 있다. 따라서 벽류하유역의 탁자형과 개석형은 동일한 계통의 물질문화, 즉 쌍타자-쌍방계열로 볼 수 있다.

그러나 봉성 동산유적에서는 마성자문화 후기의 동굴무덤과

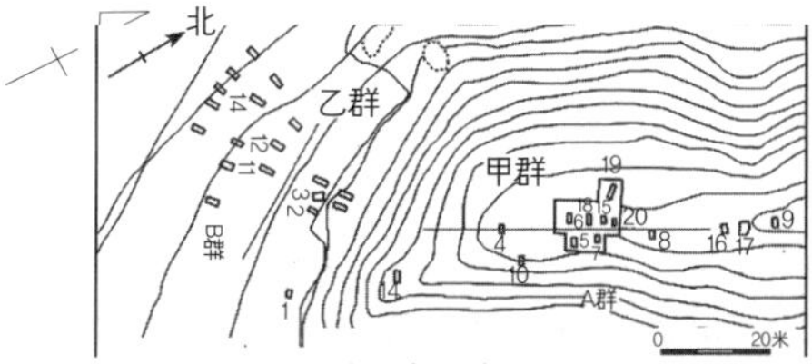

동산유적 고인돌 분포

동산유적 전경

동산유적 발굴 후 모습

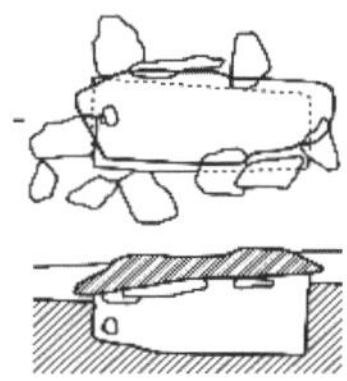
동산 2호묘

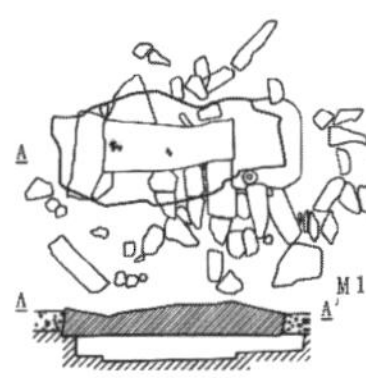
서산 1호묘

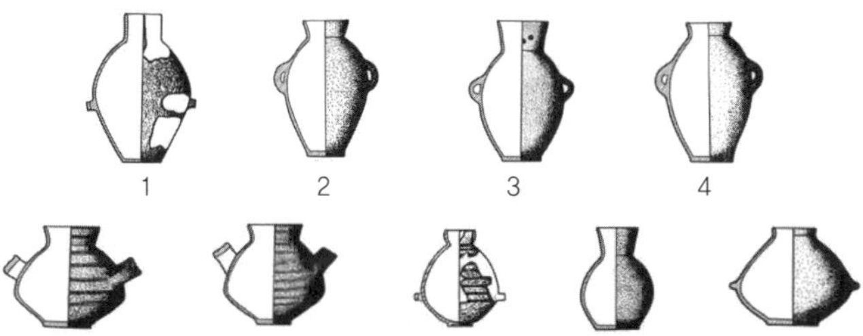

1. 2호, 2. 4호, 3 · 4. 6호, 11. 7호, 12. 9호, 13. 서산(西山)1호, 14. 10호, 15. 6호

〈그림 4-51〉 동산 · 서산 고인돌유적 및 출토유물 비교

동일한 기종의 토기들이 출토되었다. 유적은 대양하의 상류역에 해당되는 봉성시 초하향 서혁가보촌(鳳城市 草河鄕 西赫家堡村)에 자리한다. 1989년과 1992년에 모두 24기의 고인돌이 발굴되었다. 동산유적 에서는 산정상부와 산비탈 및 하단부에서 모

두 33기의 무덤이 발견되었는데, 이중 20기를 발굴하였다. 유적은 산정상부의 A군과 산 하단부의 B군으로 구분되며, 고인돌은 능선사면을 따라 순차적으로 배열되어 있다. 묘실은 모두 구덩이를 파서 만들었으나 일부 무덤 중에는 한쪽 벽, 혹은 두 벽에 돌을 쌓아 묘벽을 견고하게 하였다.

이외 7호와 3호는 네 벽을 돌로 쌓은 점이 특이하다. 대부분 덮개돌 밑으로 얇은 석판 혹은 깨진 돌을 깔아 덮개돌을 받치고 일부 무덤은 일정 범위 내에 깨진 돌을 깔아 묘역을 시설하였다. 본서에서는 이처럼 묘실을 토광 그대로 사용한 것은 개석I식, 석재를 쌓거나 두른 것은 개석II식으로 분류하고 있다. 묘실 내부에서는 돌도끼, 끌, 칼 등과 함께 7호와 9호에서 미송리형토기, 1호와 8호에서 불 탄 인골이 검출되었으며, 나머지 고인돌에서는 주로 마성자문화 후기단계의 전형토기들이 공반되는 특징을 보인다.

서산유적에는 5기의 고인돌 산줄기를 따라 일렬로 배열되어 있다. 그중 2~5호는 남북향이며, 유일하게 1호만 산줄기 동쪽의 정상부에 위치해 있다. 5기 무덤 모두에서 목탄이 남은 것으로 보아 화장묘로 추정된다. 1호는 석재를 쌓아 묘실을 조성한 개석II식이며, 나머지는 토광을 그대로 사용한 개석I식이다. 유물은 1호에서 미송리형토기 1점만이 출토되었다. 이상의 내용을 종합적으로 판단하건데 동산유적의 연대범위는 기원전 12~10세기 사이이며, 서산유적은 기원전 10~9세기 사이로 편년된다.

동산과 서산유적이 위치한 곳은 대양하의 상류지역으로 마성자문화의 주요 분포구인 태자하유역과 매우 근접해 있으며 동산유적의 개석형 고인돌의 하부구조는 마성자문화 동굴무덤의 기본구조와 매우 닮아 있다. 따라서 동산유적의 개석형 고인돌은 마성자문화의 영향 속에서 벽류하유역의 고인돌문화와 접촉하여 출현한 것으로 볼 수 있다. 즉 묘실의 기본구조와 출토유물은 마성자문화와 동굴무덤 형식을 그대로 유지하고 있으나, 그 상부에 놓인 커다란 덮개돌은 주변지역 고인돌의 영향을 받은 것이다. 요컨대 두 유적의 개석형 고인돌은 각각 별개의 문화연원을 가지며 양자는 동일한 고인돌분포권내에서 상호연관성을 가지고 병행 발전하였음을 알 수 있다.

한편 요동지역 탁자형 고인돌의 출현연대는 쌍타자 2기문화의 연대범위에 속할 수 있기에 그 중심연대는 늦어도 기원전 16세기 이전으로 추정할 수 있다. 이러한 초창기 고인돌의 구조적 특징은 작은 규모의 덮개돌 밑으로 여러 개의 판석을 연결하여 묘실을 조성한 점인데 이러한 특징은 석관묘의 구조와 유사하여 비교가 가능하다. 판석 여러 개를 세워 묘실을 만든 구조의 석관묘는 마성자문화 제2기부터 출현하여 3기부터는 점차 보편화된다(도9-5). 그 연대 범위는 대략 기원전 17~15세기 전후로 왕둔유적의 연대와도 부합된다.

앞에서는 왕둔유적에서 출토된 쌍타자 2기문화의 전형토기들을 분석하였다. 그런데 이들과 공반된 수이호(왕둔1호), (그림 4-44, 2)는 마성자문화 2 · 3기의 전형 토기(그림 4-31, 8 · 7)로 요동반도권 쌍타자문화 범위권에서는 단 1점도 발견된 적 없는 요동북부권의 특징적인 토기이다. 또한 이중구연의 심발형토기는 쌍타자 2 · 3기문화와 마성자문화 2 · 3기 모두에서 공통적으로 확인되는 요소로서 두문화간의 연관성 및 교류관계를 나타내주는 상징적 유물이 된다.

벽류하유역은 쌍타자문화와 마성자문화의 중간지점에 해당된다. 이지역에서 처음 출현한 탁자형 고인돌의 구조는 동시기 유행한 마성자문화의 석관묘 구조와 동일하며 그 내부에서는 쌍타자문화와 마성자문화의 전형토기가 공반된 것이다. 이상을 통해 볼 때 벽류하유역에서 처음 출현한 요동반도권의 고인돌문화는 쌍타자와 마성자문화 사이의 상호작용 속에서 등장하였음을 알 수 있는데, 이를테면 당시 사람들의 교류 혹은 문화 변용과정을 통해 두 문화의 중간지점에서 출현한 것으로 볼 수 있다.

다음으로 이지역에서 고인돌이 가장 활발하게 축조되는 시기는 쌍방유형단계로 볼 수 있다. 이시기의 주요 유적은 앞서 살펴본 쌍방유적과 개주 패방의 단산유적, 수암 백가보자 태로분유적 등을 들 수 있다.

개주 패방 단산유적에서는 20여 기의 고인돌이 조사되었다. 대부분 판석을 세워 만든 탁자형에 속하는데, 묘실 주변으로는 다량의 적석시설이 잔존해 있었다. 그중 1기의 고인돌이 시굴된 사례가 있는데, 본서에서는 이를 1호 고인돌로 부르고자 한다. 고인돌 내에서는 비파형동검과 검파두식 및 토기편 소량이 출토되었다. 이중 토기는 모두 모래가 섞인 홍색계열의 토기이며, 무문에 높은 온도에서 소성, 손으로 빚어 만든 특징을 보인다. 또한 비파형동검의 형식은 루상과 와룡촌 적석총 및 심양 남탑유적[161] 출토품과 거의 동일한 특징을 보인다. 동검의 형식학적 특징에 미루어 보건데 기원전 6~5세기 전후로 편년할 수 있겠는데, 무엇보다 동검의 봉부가 파손된 상태로 발견된 점에 주목된다. 그것이 의미하는 바에 대해서는 다음 장에서 보다 구체적으로 논의하도록 하겠다.

다음으로 개주 모가구 서강자촌(牟家溝 西康子村)에서도 16기의 탁자형 고인돌이 조사된 바 있다. 그 중 1기(4호)가 발굴되었는데 내부에서는 모래 섞인 홍색토기가 출토되었다. 보고서에서는 토기의 특징이 단산 1호 고인돌 보다는 빠르며, 쌍방 6호와 유사한 점을 근거로 쌍방유형 전기단계로 편년하였다.[162]

수암 백가보자 태로분에서는 1기의 파괴된 탁자형 고인돌이 발굴되었다. 출토유물로는 이중구연토기편 몇 점이 확보되었다. 태로분 고인돌의 구조는 쌍방 2호와 거의 유사한데, 두 고인돌 모두 묘실 바닥에서 화장된 인골이 발견된 점에서 비교가 된다. 태로분에서 출토된 이중구연토기는 쌍방 6호 출토품과 유사한 특징을 보여 역시 동시기의 무덤으로 판단된다. 이외에 태로분 고인돌 주변의 백가보자촌에서도 1기의 파괴된 고인돌(보고서:개석묘)이 발굴된 바 있는데, 판석을 세워 묘실을 조성하였다는 점에서 탁자형 고인돌의 범주에 포함시키겠다. 출토유물은 비파형동검의 잔편과 손잡이 달린 소형토기(雙耳直領小圈足陶

161) 沈陽市文物工作組, 1964,「沈陽地區出土的青銅短劍資料」,『考古』1.

162) 崔德文, 1996, 앞의 글, 北京出版社, 1752쪽.

①②④패방 고인돌, ③와룡천 적석총 ⑤남탑유적

〈그림 4-52〉 개주 패방 단산 파괴 고인돌 적석부 잔해 및 출토유물 비교

壺) 1점이 있다.[163] 비파형동검은 훼손과 부식이 심하여 정확한 형태를 알 수 없으나, 토기 1점은 누상적석총의 출토품과 닮아 있다. 연대는 아마 패방1호와 유사한 쌍방유형 후기단계로 볼 수 있겠다.

이외에 『영구시문물지(營口市文物志)』의 소개에 의하면 개주 구룡지향 남요촌(蓋州 九龍地鄕 南窯村), 십자가향 패방촌(十字街鄕 牌坊村), 단산(團山) 일대에서 수십 여기의 석판묘가 조사되었다고 한다. 이러한 석판묘는 모두 땅 속에 묘실을 두었는데, 토광내부에는 얇은 판석 여러 개를 세워 묘실을 두었고, 상부에는 두꺼운 판석 1장을 덮어 놓았다고 한다. 묘실은 평균 길이 1.5m, 너비 0.7m, 깊이 0.5m 정도이며, 내부에서는 이중구연의

163) 遼寧省考古文物硏究所, 1994, 앞의 책, 101~102쪽.

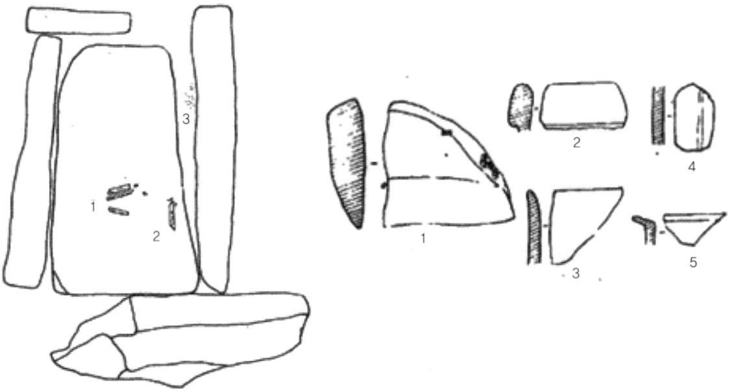

1 · 2 · 3.화장된 인골 1~6.토기편

〈그림 4-53〉 수암 태로분 고인돌 및 출토유물

단사선문토기와 장경호(細頸鼓腹壺) 등이 출토되었다고 한다. 그 중 이중구연의 단사선문토기는 화가와보 3호 출토품과 동일하며 장경호 1점은 목과 어깨 부근으로 1줄의 점선문이 돌아간다고 하였다. 아울러 이러한 특징의 토기는 대련지역에서 상대초기에 주로 유행된 양식이라고 소개한 점에서 아마도 쌍타자 2기단계에 속할 것으로 판단된다.

현재 개주일대에서 보고된 석묘 관련 자료들은 정식 발굴이 되지 못하였거나, 관련 내용이 매우 제한적으로만 소개된 한계를 보인다. 따라서 본서에서는 이상『영구시문물지』에 소개된 석판묘들을 상부에 1장의 두꺼운 덮개돌이 덮여있다는 설명에 근거하여 잠정적으로 탁자형 고인돌의 범주에 포함시키고자 하며 연대범위는 왕둔, 핵도구 등과 유사한 초기단계의 것으로 이해하겠다. 이상의 내용을 종합하면 다음의 표와 같이 정리할 수 있다.

먼저 제1기는 벽류하유역에서 발생기적 형태를 가진 탁자(판

〈표 4-7〉 요동반도권 고인돌유적의 단계성

분기	연대	벽류하유역	대양하유역
1기	기원전 16세기 이전	왕둔1호, 핵도구, 화동광 등	–
2기	기원전 15~13세기	화가와보, 남요촌, 패방촌 등	
3기	기원전 12~10세기	벽류하 유둔	동산 1기
4기	기원전 9~7세기	벽류하 교둔, 쌍방, 모가구, 태로분	동산 · 서산 2기
5기	기원전 6~4세기	단산1호, 백가보자	–

석)형 고인돌이 출현하며, 같은 유적내에 I형 석관묘가 공존한다. 연대 범위는 기원전 18~16세기 사이로 볼 수 있다. 제2기는 벽류하유역에서만 탁자형 고인돌이 확인되며, 석관묘와의 공존 여부는 불명확하다. 연대는 기원전 15~13세기 사이로 볼 수 있다. 제3기는 벽류하의 유둔유적에서 석상형의 판석 조립식 부관이 딸린 개석I식이 확인된다. 이와 함께 대양하유역에서도 개석I식이 출현하는데, 묘실의 구조는 마성자문화의 동굴묘 형식과 매우 흡사하며, 출토유물도 동일하다. 연대 범위는 기원전 12~10세기 사이로 볼 수 있다. 제4기는 벽류하유역에서 탁자형 고인돌이 지속되는데, 받침돌의 두께가 크고 두꺼워지는 경향을 보인다. 대양하유역에서는 개석I식과 함께 개석 II식이 보다 정형화 된다. 이시기 개석 II식의 주요 특징은 묘실 주변으로 적석 묘역이 부가되는 점을 들 수 있다. 연대범위는 기원전 9~7세기 사이로 볼 수 있다.

제5기에는 벽류하유역일에서 탁자형 고인돌이 소량 확인된다. 현재 이시기의 자료들은 대부분 파괴된 상태여서 구체적인 양상을 알 수 없지만 묘실 주변에 퇴적된 다량의 적석시설의 존재로 보아 전단계의 특징이 그대로 유지되는 듯하다. 연대범위는 기원전 6~4세기 사이이다.

2) 요동북부권의 고인돌

본서의 요동북부권이란 태자하이북의 혼화와 휘발하유역을 중심으로 한 산간평야지대이다. 이곳은 요녕성 동북부와 길림성 서남부지역의 접경지대로 볼 수 있다. 현재의 행정구역 상 요녕성 본계, 무순, 개원, 청원, 환인, 통화, 길림성 요원, 동풍(東豊), 동묘, 유하, 매하구, 무송 등이 해당된다(그림 4-54). 이지역의 동쪽은 용강산맥(龍崗山脈)과 길림 합달령(吉林 哈達嶺)으로 이어지며 서쪽은 요하평원(遼河平原)지역에 속한다. 주요 수계는 태자하(太子河), 혼하(渾河), 청하(淸河), 휘발하(輝發河), 혼강(渾江) 등이 있다. 고인돌은 용강산맥 이서의 여러 대・소하천유역 중심으로 분포해 있으며 주로 동요하 상류와 혼화, 휘발하유역 등에 집중해 있다. 모두 310기 정도이며 이중 140여 기가 발굴되었다.[164)]

---

164) 발굴 자료는 다음의 문헌을 참조하였다.

王洪峰, 1993b, 「吉林南部石棚及相關問題」, 『遼海文物學刊』2, 1~8쪽 ; 遼寧省文物考古研究所, 1994, 앞의 책, 1~236쪽 ; 華玉冰, 2011, 앞의 책, 98~99쪽 ; 국립나주문화재연구소, 2012, 앞의 책, 50~95쪽.

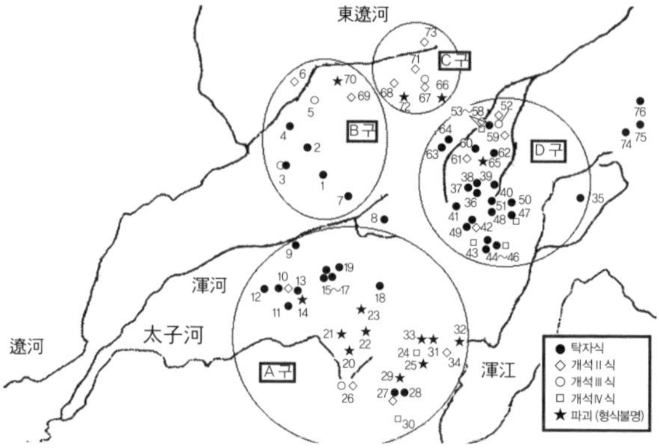

번호	유적 명칭	수량	번호	유적 명칭	수량	번호	유적 명칭	수량
1	開原 苇塘溝石棚	1	27	桓仁 馮家堡子蓋石墓	40	49	柳河 大沙灘石棚	2
	開原 苇塘溝蓋石墓	1	28	桓仁 大甸子蓋石墓	2	50	柳河 集安屯石棚	1
2	開原 刁皮屯石棚	2	29	桓仁 大把廟群蓋石墓	1	51	柳河 宋家油坊石棚	1
	開原 刁皮屯蓋石墓	1	30	桓仁 光復村蓋石墓	1	52	東豊 狼東山蓋石墓	4
3	開原 建材村石棚	35	31	通化 縫砬縫石棚	2	53	東豊 邱家溝蓋石墓	4
4	西豊 東溝蓋石墓	3	32	通化 大廟石棚	1	54	東豊 趙秋溝蓋石墓	3
5	西豊 永淳蓋石墓	3	33	通化 英额布石棚	1	55	東豊 寶山東山蓋石墓	1
6	西豊 金山屯蓋石墓	1	34	通化 萬發撥子蓋石墓	多	56	東豊 大陽林場蓋石墓	1
7	清原 榔頭溝石棚	2	35	浑江 利民屯石棚	1	57	東豊 大陽遺址墓葬蓋石墓	1
8	清原 大邊溝石棚	1	36	梅河口 龍頭堡石棚, 蓋石墓	7	58	東豊 三里墓葬蓋石墓	7
9	撫順 河夾心石棚	4	37	梅河口 白石溝石棚	1	59	東豊 社家溝蓋石墓	1
10	撫順 山龍石棚	5	38	梅河口 楊瓦房石棚	2	60	東豊 駝腰村蓋石墓	1
11	撫順 關門石棚	1	39	梅河口 上砬子石棚	1	61	東豊 龍頭山蓋石墓	1
12	撫順 大石頭溝石棚	1	40	梅河口 城水石棚	16	62	東豊 瓦房頂子石棚.蓋石墓	8
13	撫順 下馬古石棚	1		梅河口 城水蓋石墓	6	63	東豊 小四平石棚	4
14	撫順 馬君蓋石墓	1	41	梅河口 跳山溝石棚, 蓋石墓	6	64	東豊 五臺山蓋石墓	2
15	新宾 仙人堂石棚	1	42	柳河 長安石棚	1	65	東豊 大砬子溝蓋石墓	3
16	新宾 南嘉禾石棚	1		柳河 長安蓋石墓	1	66	遼源 北山蓋石墓	1
17	新宾 南溝石棚	1	43	柳河 野猪溝石棚	11	67	遼源 高古遺蹟蓋石墓	7
18	新宾 紅山石棚	1		柳河 野猪溝蓋石墓	1	68	東遼 高麗墳蓋石墓	2
19	新宾 付家坟石棚	1	44	柳河 大花斜石棚	5	69	東遼 黎明石棺遺蹟蓋石墓	3
20	新宾 小夹河蓋石墓	1		柳河 大花斜蓋石墓	2	70	東遼 東石砬子蓋石墓	?
21	新宾 于家村蓋石墓	1	45	柳河 紅石村石棚. 蓋石墓	2	71	東遼 宋家街蓋石墓	1
22	新宾 東溝蓋石墓	4	46	柳河 通溝石棚. 蓋石墓	3	72	東遼 南山帽墓群蓋石墓	1
23	新宾 大路蓋石墓	1	47	柳河 三塊石石棚	4	73	公主岭 后石蓋石墓	1
24	新宾 旺清門蓋石墓	3		柳河 三塊石蓋石墓	6	74	靖宇 榆樹林蓋石墓	1
25	新宾 夾河北蓋石墓	1	48	柳河 太平溝石棚	16	75	靖宇 牤牛崗石棚	1
26	本溪 新城子蓋石墓	16		柳河 太平溝蓋石墓	8	76	撫松 撫生屯石棚	1

〈그림 4-54〉 요동북부권 고인돌의 형식별 분포

(1) 유적의 분포와 형식특징

요동북부권에서는 요동반도권에 비해 보다 다양한 구조의 고인돌이 조사되었다. 먼저 탁자형은 모두 70여 기 정도가 보고되었는데 대부분 동요하 중류와 혼하 상류를 비롯한 휘발하유역에 집중되었다. 반면 태자하유역에서는 단 1기의 탁자형도 발견되지 않아 이 지역 고인돌의 형식별 분포 양상을 잘 보여 준다. 아울러 대형 탁자형 고인돌도 보고된 바 없다.

고인돌에 사용된 석재 또한 매우 거칠게 다듬어졌으며 묘실의 조합 상태 역시 정교하지 못하다. 이처럼 조악한 구조의 고인돌 중에는 묘실 밖으로 다량의 적석시설을 한 경우가 있는데, 대부분 혼하유역에 집중된 특징을 보인다. 무순 하협심(撫順 河夾心), 산용(山龍), 관문(關門) 등의 고인돌이 대표적이다. 이들 유적에서는 전반적으로 청동기시대 후기에서 초기 철기시대에 해당되는 유물이 출토되었으며 주변에는 고구려 초기 단계의 적석총이 분포하고 있어 이들 유적간의 계승 및 변천 과정에 대한 새로운 분석이 필요하다.

다음으로 개석형 고인돌 중 그 하부 구조를 알 수 있는 자료는 70여 기 정도이다. 그러나 이미 멸실된 유적까지 고려하면 대략 200여 기 이상으로 추정되기 때문에 요동북부권에서 개석형의 숫자는 과반수 이상으로 볼 수 있다. 이 지역의 개석형 고인돌은 II~IV식이 확인된다. 개석 II식은 묘실 4면에 석재를 쌓아올려 만든 것, 개석 III식은 석재 쌓기와 판석 세우기를 혼용한 것, 개석 IV식은 덮개돌 밑으로 토광형태의 묘실만 존재하며, 대부분

이지역 청동기시대 후기에서 초기 철기시대 사이의 유물이 출토된다.

개석 II식은 주로 태자하유역에 집중되어 있으며 본계 신성자와 무순 산용유적 등이 대표적이다. 신성자유적에서는 모두 16기의 고인돌이 발굴되었다. 대다수의 묘실은 석재를 쌓아 만든 개석II식이며, 이외에 8·12·13호 등 3기는 석재 쌓기와 판석세움을 혼용한 개석 III식이다. 신성자유적에서 조사된 대부분의 고인돌은 묘실 바깥으로 소량의 석재를 둘러놓아 덮개돌의 하중으로부터 묘실을 보호하고 있다. 산용유적에선 4기의 고인돌이 발굴되었다. 이중 4호와 5호가 개석II식에 속하며 묘실 바깥으로 대량의 적석시설을 한 것이 신성자유적과의 차이점이다.

개석 III식은 주로 태자하와 동요하(東遼河) 상류 일대에서 확인되며 신성자유적(8·12·13호)와 개원 건재촌유적 등이 있다. 건재촌유적에는 모두 35기의 고인돌이 산의 남사면을 따라 수기씩 열을 지어 분포해 있으며 이중 3기(10·24·26호)가 발굴되었다. 보고서에 의하면 대부분의 무덤 상부에는 소량의 적석더미가 잔존해 있으며, 지표상으로 묘실 벽석의 일부분과 덮개돌이 노출되어 있었다고 한다. 이들은 모두 깨진돌과 판석을 혼용하여 묘실을 축조한 개석III식에 해당된다. 이외에 발굴되지 않은 몇 기의 무덤 중에는 두꺼운 판석을 세워 묘실을 만들고 그 위에 한 장의 덮개돌을 덮었다는 설명으로 보아 유적내 탁자형과 공존한 것으로 여겨진다.

개석IV식은 주로 태자하와 혼하상류 및 휘발하유역일대에서 발견되며 신번 왕청문유적을 예로 들 수 있다. 왕청문 유적에서 발굴된 3기의 고인돌은 묘실 바깥으로 다량의 적석시설을 한 점이 특징적이다. 또 이 지역 개석Ⅳ식에서는 주로 늦은 시기의 유물이 출토되어 요동반도권의 개석I(토광형)과 유행연대에 차이가 있다. 이상의 내용을 종합하여 현재까지 보고된 요동북부권 내 고인돌유적의 형식과 주요 특징을 정리하면 아래의 〈표 4-8〉과 같다.

〈표 4-8〉 요동북부권 고인돌유적의 형식과 특징

<table>
<tr><th>지역</th><th>유적명</th><th>수량</th><th>호수</th><th>형식</th><th>현황</th><th>참고문헌</th></tr>
<tr><td rowspan="12">開原</td><td>葦塘溝石棚</td><td>1</td><td>1</td><td>탁자형</td><td>파괴,서쪽 받침돌이 덮개돌을 지탱</td><td rowspan="5">170)</td></tr>
<tr><td>葦塘溝蓋石墓</td><td>1</td><td></td><td>?</td><td>구조불명</td></tr>
<tr><td rowspan="2">刁皮屯石棚</td><td rowspan="2">2</td><td>1</td><td>탁자형</td><td>구조불명</td></tr>
<tr><td>2</td><td>탁자형</td><td>파괴</td></tr>
<tr><td>刁皮屯蓋石墓</td><td>1</td><td></td><td>?</td><td>구조 불명</td></tr>
<tr><td rowspan="7">建材村石棚</td><td rowspan="7">35</td><td colspan="3">산줄기를 따라 수십여 기의 고인돌이 분포, 대부분 고인돌 주변으로는 규모가 다른 정도의 석퇴가 형성, 수차례의 조사를 통해 이러한 석퇴 상부에서 대형의 판석재가 다수 확인, 1997년 3기의 고인돌이 발굴</td><td rowspan="7">171)</td></tr>
<tr><td>10</td><td>개석Ⅲ</td><td rowspan="3">덮개돌 파괴, 판석과 괴석을 혼용하여 묘실 조성</td></tr>
<tr><td>24</td><td>개석Ⅲ</td></tr>
<tr><td>26</td><td>개석Ⅲ</td></tr>
<tr><td>破1</td><td>?</td><td>파괴, 미송리형토기 출토</td></tr>
<tr><td>破2</td><td>?</td><td>파괴</td></tr>
<tr><td>다수</td><td>탁자형</td><td>파괴된 다수의 고인돌 확인, 판석형 받침돌 상부로 대형의 덮개돌의 존재</td></tr>
<tr><td>西豐</td><td>東溝蓋石墓</td><td>3</td><td>1</td><td>탁자형</td><td>덮개돌 파괴, 판석을 세워 조성한 묘실 잔존, 주변으로 석관묘군 확인</td><td>172)</td></tr>
<tr><td>西豐</td><td>永淳蓋石墓</td><td>3</td><td>1</td><td>개석Ⅲ</td><td>건재촌과 유사한 구조, 덮개돌 파괴, 묘실 주변 다수의 깨진돌 산포</td><td>173)</td></tr>
</table>

<table>
<tr><th>지역</th><th>유적명</th><th>수량</th><th>호수</th><th>형식</th><th colspan="2">현황</th><th>참고
문헌</th></tr>
<tr><td rowspan="3">西豊</td><td rowspan="2">永淳蓋石墓</td><td rowspan="2">3</td><td>2</td><td>개석Ⅲ</td><td rowspan="2" colspan="2">덮개돌 파괴, 판석과 괴석재 혼용하여 묘실 조성</td><td rowspan="2">173)</td></tr>
<tr><td>8</td><td>개석Ⅲ</td></tr>
<tr><td>金山屯蓋石墓</td><td>1</td><td></td><td>개석Ⅱ</td><td colspan="2">덮개돌 반파, 두께 20cm, 석재를 쌓아 묘실 조성</td><td>174)</td></tr>
<tr><td rowspan="2">清原</td><td>榔頭溝石棚</td><td>2</td><td>1</td><td>탁자형</td><td colspan="2">덮개돌 파괴, 두꺼운 받침돌 잔존</td><td rowspan="2">175)</td></tr>
<tr><td>大邊溝石棚</td><td>1</td><td></td><td>탁자형</td><td colspan="2">파괴, 토기편과 불에 탄 인골 출토</td></tr>
<tr><td rowspan="13">撫順</td><td rowspan="4">河夾心石棚</td><td rowspan="4">4</td><td>1</td><td>탁자형</td><td>무너진 상태이나 받침돌 옆으로 덮개돌 확인, 묘실 주변으로 직경 8m 이상 적석묘역이 잔존</td><td rowspan="4">모두
파괴</td><td rowspan="4">176)</td></tr>
<tr><td>2</td><td>탁자형</td><td>적석묘역 직경 5m</td></tr>
<tr><td>3</td><td>탁자형</td><td>적석묘역 직경 5m</td></tr>
<tr><td>4</td><td>탁자형</td><td>적석묘역 직경 5m</td></tr>
<tr><td rowspan="5">山龍石棚</td><td rowspan="5">5</td><td>1</td><td>탁자형</td><td rowspan="2" colspan="2">판석을 세워 묘실을 조성 후, 그 상부로 다시 깨진돌을 쌓아서 묘실의 수평을 맞춤, 묘실 주변 다량의 적석시설</td><td rowspan="5">177)</td></tr>
<tr><td>2</td><td>탁자형</td></tr>
<tr><td>3</td><td>?</td><td colspan="2">구조 불명확</td></tr>
<tr><td>4</td><td>개석Ⅱ</td><td colspan="2">적석묘역 확인</td></tr>
<tr><td>5</td><td>개석Ⅱ</td><td colspan="2">적석묘역 확인</td></tr>
<tr><td>關門(趙家墳)石棚</td><td>1</td><td>1</td><td>탁자형</td><td colspan="2">파괴, 받침돌 잔존, 하협심과 유사 구조</td><td>178)</td></tr>
<tr><td>大石頭溝石棚</td><td>1</td><td>1</td><td>탁자형</td><td colspan="2">파괴, 받침돌 잔존</td><td rowspan="8">179)</td></tr>
<tr><td>下馬古石棚</td><td>1</td><td></td><td>탁자형</td><td colspan="2">무너짐, 덮개돌과 동쪽 받침돌 잔존</td></tr>
<tr><td>馬郡蓋石墓</td><td>1</td><td></td><td>?</td><td colspan="2">구조 불명확</td></tr>
<tr><td rowspan="13">新賓</td><td>仙人堂石棚</td><td>1</td><td></td><td>탁자형</td><td colspan="2"></td></tr>
<tr><td>南嘉禾石棚</td><td>1</td><td></td><td>탁자형</td><td colspan="2">남, 북, 서벽석 잔존</td></tr>
<tr><td>南溝石棚</td><td>1</td><td></td><td>탁자형</td><td colspan="2">남, 북, 서벽석 잔존, 바닥에 자갈돌을 깜</td></tr>
<tr><td>紅山石棚</td><td>1</td><td></td><td>탁자형</td><td colspan="2">무너짐, 적석부 상부로 대형 덮개돌과 받침돌 노출</td></tr>
<tr><td>付家墳石棚</td><td>1</td><td></td><td>탁자형</td><td colspan="2">1981년 발굴, 罐、壺、鼎 등 출토, 자료 미발표</td></tr>
<tr><td>小夾河蓋石墓</td><td>1</td><td></td><td>?</td><td colspan="2">구조 불명확</td><td rowspan="8">180)</td></tr>
<tr><td>於家村蓋石墓</td><td>1</td><td></td><td>?</td><td colspan="2">구조 불명확</td></tr>
<tr><td>東溝蓋石墓</td><td>4</td><td></td><td>?</td><td colspan="2">발굴되었으나 정식 보고는 아직 안됨</td></tr>
<tr><td>大路蓋石墓</td><td>1</td><td></td><td>?</td><td colspan="2">구조 불명확</td></tr>
<tr><td rowspan="3">旺清門龍頭山蓋石墓</td><td rowspan="3">3</td><td>1</td><td>개석Ⅳ</td><td rowspan="3" colspan="2">토광형의 묘실 주변부포 다량의 적석부가, 그 상부에 소형 덮개돌</td></tr>
<tr><td>2</td><td>개석Ⅳ</td></tr>
<tr><td>3</td><td>개석Ⅳ</td></tr>
<tr><td>夾河北蓋石墓</td><td>1</td><td></td><td>?</td><td colspan="2">구조 불명확</td></tr>
</table>

지역	유적명	수량	호수	형식	현황	참고문헌
本溪	新城子大片地蓋石墓	16	산사 하단부 하천변 대지상 서북-동남향으로 16기 고인돌 분포			181)
			1	개석II	묘실주변 적석시설, 묘실 3벽은 석재를 쌓고 나머지 1쪽은 판석을 세워 마무리	
			2	개석II	묘실 3벽은 석재를 쌓고 나머지 1쪽은 파괴	
			3	개석II	파괴, 적석시설 잔존	
			4	개석II	묘실 2벽은 석재를 쌓고 나머지 1쪽은 판석을 세워 마무리, 1벽은 파괴, 적석시설 잔존	
			5	?	파괴, 구조 불명	
			6	개석II	묘실 3벽은 석재를 쌓고 나머지 1쪽은 판석을 세워 마무리	
			7	개석II	묘실 3벽은 석재를 쌓고 나머지 1쪽은 판석 2개을 세워 마무리, 묘실규모가 크며, 둘레에 적석묘역 소량 잔존	
			8	개석III	묘실 주변, 적석시설 잔존, 판석과 괴석재를 혼용하여 묘실 조성	
			9	개석II	묘실 주변 적석시설 잔존	
			10	개석II	묘실 주변 적석시설 잔존, 묘실 3벽은 석재를 쌓고 나머지 1쪽은 판석을 세워 마무리	
			11	개석II		
			12	개석III	묘실 주변, 적석시설 잔존, 판석과 괴석재를 혼용하여 묘실 조성	
			13	개석III		
			14	개석II	묘실 주변 적석시설 잔존	
			15	개석II		
			16	개석II		
桓仁	馮家堡子蓋石墓	40	5	개석II	묘실 주변으로 다량의 적석시설 잔존, 묘실을 파괴되었으나, 잔존부 형태는 산용 4, 5호와 유사	182)
			7	개석II		
			8	탁자형	묘실 주변 다량의 적석묘역 잔존, 묘실 구조는 하협심 고인돌과 유사	
	大甸子積石石棚墓、積石石棺墓	2	1	탁자형	묘실 주변 다량의 적석묘역 잔존, 묘실 구조는 하협심 고인돌과 유사	183)
			2	탁자형		
	大把廟群蓋石墓	1		?	구조 불명확	184)
	光復村蓋石墓	1	1	개석IV	거북이형의 덮개돌, 묘실내 화장된 인골	

<table>
<tr><th>지역</th><th>유적명</th><th>수량</th><th>호수</th><th>형식</th><th>현황</th><th>참고
문헌</th></tr>
<tr><td rowspan="4">通化</td><td>砬縫石棚</td><td>2</td><td></td><td>탁자형</td><td>구조 불명확</td><td rowspan="18">184)</td></tr>
<tr><td>大廟石棚</td><td>1</td><td></td><td>탁자형</td><td>구조 불명확</td></tr>
<tr><td>英額布石棚</td><td>1</td><td></td><td>탁자형</td><td>구조 불명확</td></tr>
<tr><td>萬發撥子蓋石墓</td><td>다수</td><td>34</td><td>개석II</td><td>다인 다차 화장, 실내 6개체 인골이 3층으로 분할 매장</td></tr>
<tr><td>渾江</td><td>利民屯石棚</td><td>1</td><td>1</td><td>탁자형</td><td>자세한 보고내용 없음</td></tr>
<tr><td rowspan="13">梅河口</td><td rowspan="2">龍豆堡石棚, 蓋石墓</td><td rowspan="2">7</td><td>1</td><td>탁자형</td><td>지표상에 덮개돌과 받침돌 노출</td></tr>
<tr><td>5</td><td>탁자형</td><td>지표상에 덮개돌과 받침돌 노출</td></tr>
<tr><td>白石溝石棚</td><td>1</td><td></td><td>탁자형</td><td>지표상에 덮개돌과 받침돌 노출</td></tr>
<tr><td>楊瓦房石棚</td><td>2</td><td></td><td>탁자형</td><td>덮개돌 훼손, 4벽과 바닥석 잔존</td></tr>
<tr><td>上砬子石棚</td><td>1</td><td></td><td>탁자형</td><td>지표상에 덮개돌과 받침돌 노출</td></tr>
<tr><td rowspan="6">城水石棚,蓋石墓</td><td rowspan="5">16</td><td>5</td><td>탁자형</td><td>산용 및 하협심 고인돌과 구조상 유사</td></tr>
<tr><td>7</td><td>탁자형</td><td rowspan="4">덮개돌 훼손, 받침돌만 잔존</td></tr>
<tr><td>9</td><td>탁자형</td></tr>
<tr><td>11</td><td>탁자형</td></tr>
<tr><td>22</td><td>탁자형</td></tr>
<tr><td>6</td><td></td><td>?</td><td>덮개돌만 노출, 구조 불명</td></tr>
<tr><td>跳山溝石棚</td><td>1</td><td></td><td>탁자형</td><td>받침돌의 정교하게 손질, 인골 출토</td></tr>
<tr><td>跳山溝蓋石墓</td><td>5</td><td></td><td>?</td><td>덮개돌만 노출, 구조 불명</td></tr>
<tr><td rowspan="13">柳河</td><td>長安石棚</td><td>1</td><td></td><td>탁자형</td><td>양쪽 받침돌만 잔존</td><td rowspan="9">185)</td></tr>
<tr><td>長安蓋石墓</td><td>1</td><td></td><td>개석형</td><td>석재를 쌓아 묘실 조성, 덮개돌 확인</td></tr>
<tr><td rowspan="2">野猪溝石棚</td><td rowspan="2">11</td><td>1</td><td>탁자형</td><td rowspan="2">1960년 11기 고인돌 발굴, 1985년 단 2기만 잔존 확인</td></tr>
<tr><td>2</td><td>탁자형</td></tr>
<tr><td>野猪溝蓋石墓</td><td>1</td><td></td><td>개석IV</td><td>토광형의 묘실에 진흙과 모래를 섞어 바름</td></tr>
<tr><td rowspan="3">大花斜石棚</td><td rowspan="3">5</td><td>2</td><td>탁자형</td><td>파괴, 구조 불명확</td></tr>
<tr><td>4</td><td>탁자형</td><td>파괴, 구조 불명확</td></tr>
<tr><td>5</td><td>탁자형</td><td>파괴, 구조 불명확</td></tr>
<tr><td>大花斜蓋石墓</td><td>2</td><td></td><td>?</td><td>구조 불명확</td></tr>
<tr><td rowspan="5">紅石村石棚,蓋石墓</td><td rowspan="2">2</td><td>1</td><td>탁자형</td><td rowspan="2">각각 석붕과 대석개묘라는 보고가 있으나 구체적인 형태는 알 수 없음. 다만 1기는 전형적 형태의 탁자형</td><td rowspan="5">186)</td></tr>
<tr><td>2</td><td>?</td></tr>
<tr><td rowspan="3">3</td><td>2</td><td>탁자형</td><td>동, 서 양쪽의 벽석만 잔존</td></tr>
<tr><td>1</td><td>개석IV</td><td>묘실에 진흙과 모래를 섞어 다짐, 묘실내 화장된 인골과 토기편 출토</td></tr>
<tr><td>3</td><td>개석IV</td><td>묘실에 진흙과 모래를 섞어 다짐</td></tr>
</table>

지역	유적명	수량	호수	형식	현황	참고문헌
柳河	三塊石石棚	4	1	탁자형	판석재의 받침돌 구조	186)
			4	탁자형		
			6	탁자형		
			7	탁자형		
	三塊石蓋石墓	6		개석Ⅳ	구조 불명확, 묘실 바닥을 다짐처리	187)
	太平溝石棚	16	3	탁자형	전형적 형태의 탁자형 고인돌로서, 대부분 파괴되고, 3호와 11호 등 2기의 보존상태가 양호	
			11	탁자형		
	太平溝蓋石墓	8		?	구조 불명확	
	大沙灘石棚	2	1	탁자형	전형적 형태의 탁자형 고인돌	
			2	탁자형	전형적 형태의 탁자형 고인돌	
	集安屯石棚	1	1	탁자형	전형적 형태의 탁자형 고인돌	
	宋家油坊石棚	1		탁자형	덮개돌과 받침돌 일부만 잔존	188)
東豊	狼洞山蓋石墓	4	1	개석Ⅲ	덮개돌이 두껍고 대형, 묘실은 판석과 괴석재를 혼용	
			2	개석Ⅲ	덮개돌 파괴, 묘실은 판석과 괴석재를 혼용	
			3	개석Ⅲ	묘실은 판석과 괴석재를 혼용	
			4	개석Ⅱ	덮개돌이 두껍고 대형, 반파, 묘실은 판석과 괴석재를 혼용	
	邱家溝蓋石墓	4		?	邱家溝의 동산과 서산 줄기상으로 4기의 고인돌이 보고되었으나, 명확한 구조는 알 수 없음	189)
	趙秋溝蓋石墓	3	1	개석Ⅳ	토광형 묘실 상부로 석재편 여러 개를 쌓아서 균형을 맞춤	190)
			2	개석Ⅳ	묘실 남쪽으로 2개의 긴 석재를 세워 놓음, 묘실 바닥부에 장방형의 목재틀이 잔존함	
			3	개석Ⅳ	구조 불명확	
	寶山東山蓋石墓	1	1	개석Ⅳ	토광형태의 묘실과 대형 덮개돌	
	大陽林場蓋石墓	1	1	개석Ⅳ		
	大陽蓋石墓	1	1	개석Ⅳ	묘실 바닥부에 장방형의 목재틀이 잔존함, 묘실내 화장된 인골편 검출, 그 상부로 판석판 덮여 있음	
	三里蓋石墓	7	1	개석Ⅱ	1983년 발굴, 1호와 2호 구조 유사, 묘실은 작은 석재편을 쌓아서 조성, 묘실과 바닥에 깨진 돌 깔아 놓음	
			2	개석Ⅱ		
			3	개석Ⅱ	1987년 발굴, 묘실은 작은 석재편을 쌓아서 조성, 묘실 바닥부에 장방형의 목재틀이 잔존함	
	社家溝蓋石墓	1	1	개석Ⅱ	괴석재를 쌓아 묘실 조성	

지역	유적명	수량	호수	형식	현황	참고문헌
東豊	駝腰村蓋石墓	1	1	탁자형	토광내부에 판석을 세워 묘실 조성	[190]
	龍豆山蓋石墓	1	1	개석Ⅱ	괴석재를 쌓아 묘실 조성, 바닥부에 장방형 목재틀	
	瓦房頂子石棚	8	12	탁자형	전형적인 탁자형 고인돌 다수, 주변으로 석관묘군 위치	[191]
	小四平石棚蓋石墓	4	1	탁자형	중, 소형의 탁자형 고인돌	
			2	탁자형		
			3	탁자형		
			4	?	대석개묘로 보고, 구조 불명확	
	五台山蓋石墓	2	1	탁자형	묘실내 화장된 인골 7개체 확인	
	大砬子溝蓋石墓	3		?	구조 불명확	
遼源	北山蓋石墓	1		?	구조 불명확	[192]
	高古墓地蓋石墓	7	1	개석Ⅱ	묘실 3벽은 석재를 쌓고, 나머지 1쪽은 판석 세운 후, 그 옆으로 다시 석재를 쌓아 보충	[193]
			2	개석Ⅲ	판석과 괴석재 혼용하여 묘실 조성	
			3	?	구조 불명확	
			4	개석Ⅱ		
			5	개석Ⅱ	석재를 쌓아 묘실 조성, 묘실 서부 소형 판석을 세워 묘도와 같은 구조의 시설물 마련	
			6	개석Ⅱ		
			7	개석Ⅱ	석재를 쌓아 묘실 조성	
東遼	高麗墳蓋石墓	2	1	개석Ⅱ		
			2	개석Ⅱ		
	黎明蓋石墓	3	1	개석Ⅱ		
			2	개석Ⅱ		
			3	개석Ⅱ		
	東石砬子蓋石墓	?		?	구조 불명확	[194]
	宋家街蓋石墓	1		개석Ⅱ	석재를 쌓아 묘실 조성	
	南山帽蓋石墓	1		?	구조 불명확	
公主	公主嶺後石蓋石墓	1		개석Ⅱ	덮개돌은 본래 한 장의 대석재였으나, 현재는 파괴됨, 묘실 석재를 쌓아 조성	[195]
靖宇	榆樹川蓋石墓	1		탁자형	기암바닥을 굴착 후 내부에 판석재를 세워 묘실 조성	[196]
	牤牛崗石棚	1		탁자형		
撫松	撫生屯石棚	1		탁자형	요동북부권 최동단에 위치한 전형적 형태의 탁자형	

(2) 편년과 단계별 특징

요동북부권의 고인돌은 분포지역에 따라 형식 특징과 출토유물 성격 등에서 일정한 차이를 보인다. 따라서 해당 지역의 고인돌은 A~D구까지 크게 4개의 소구역으로 나누어 검토하고자 한다. 먼저 A구는 태자하 중상류와 혼하상류지역을 포괄하며, B구는 동요하중류역과 혼하중상류역, C구는 동요하상류유역, D구는 휘발하상류와 혼강상류유역에 해당된다.

먼저 A구는 탁자형과 함께 개석II~IV식이 발견된다. 발굴된 대표적인 유적으로는 본계 신성자, 무순 하협심과 관문, 산용, 신빈 용두산 왕청문, 환인 풍가보자, 광복촌 고인돌 등이 있다. 이들은 다시 출토유물 성격과 편년에 따라 4개조로 묶을 수 있다.

---

165) 遼寧省考古文物研究所, 1994, 앞의 책.

166) 許志國, 2000,「遼寧開源建材村石棺墓群」,『博物館研究』3.

167) 遼寧省文物考古研究所等, 2011,「遼寧西豐縣東溝遺址及墓葬發掘簡報」,『考古』5.

168) 遼寧省西豐縣文物管理所, 1995,「遼寧西豐縣新發現的幾座石棺墓」,『考古』2 ; 遼寧省文物考古研究所 等, 2011,「遼寧西豐縣永淳遺址及墓地的發掘」,『考古』3.

169) 遼寧省西豐縣文物管理所, 1995, 위의 글.

170) 崔德文, 1996, 앞의 글.

171) 熊增瓏, 2008,「撫順河夾心墓地發掘簡報」,『遼寧省博物館館刊』3.

172) 武家昌, 1997,「撫順山龍石棚與積石墓」,『遼海文物學刊』1.

173) 遼寧省文物考古研究所 等, 2007,「趙家墳石棚發掘簡報」,『北方文物』2.
遼寧省考古文物研究所, 2010, 앞의 글.

174) 熊增瓏, 2008, 앞의 글.

175) 肖景全・李榮發, 2005,「新賓旺清門鎮龍頭山大石蓋墓」, 遼寧省第五屆考古學會論文.

176) 遼寧省考古文物研究所, 2010, 앞의 글.

제1조는 본계 대편지 신성자유적을 대표로한다. 신성자유적에서는 모두 16기의 고인돌이 발굴되었다. 이중 1, 4, 6, 7, 9~11호는 개석 II식이며, 8, 12, 13호는 개석 III식에 해당된다. 조사된 대부분의 고인돌은 묘실 바깥으로 소량의 석재를 둘러놓아 덮개돌의 하중으로부터 묘실을 보호하고 있다. 또한 유적의 입지와 고인돌의 분포 상에서 볼 때 봉성 동산유적과 매우 닮아 있는 점에 주목된다. 거의 모든 묘실에서 전형적인 형태의 미송리형토기와 횡이관, 발 등이 출토되었기 때문에 유적이 형성된 연대는 기원전 9세기 무렵으로 편년된다.[192] 유사한 문화내용이 보란점 쌍방 고인돌, 요양 이도하자 석관묘, 무순 대화방과 서풍 성신촌 석관묘에서도 확인되었다. 이로 인해 기존에는 이시기의

177) 肖景全・李榮發, 2005, 앞의 글.
178) 曾昭藏・齊俊, 1981,「桓仁大甸子發現青銅短劍墓」,『遼寧文物』2 ; 李新全, 2009,「遼東地區積石墓的演變」,『東北史地』1, 4~5쪽.
179) 肖景全・李榮發, 2005, 앞의 글.
180) 熊增瓏, 2008, 앞의 글.
181) 王洪峰, 1993b, 앞의 글.
182) 許志國, 2000, 앞의 글.
183) 唐洪源, 1999,「吉林省东丰县狼洞山石棺墓调查与清理」,『北方文物』1.
184) 洪峰, 1987,「東豐縣南部故遺跡調查」,『考古』7.
185) 金旭東, 1991,「1987年吉林東部南部蓋石墓調查與清理」,『遼海文物學刊』1.
186) 吉林省文物考古研究所等, 1988,「1985年吉林東豐縣考古調查」,『考古』7.
187) 肖景全・李榮發, 2005, 앞의 글.
188) 吉林省文物考古研究所, 1993a,「吉林省遼源市高古村石棺墓發掘簡報」,『考古』6.
189) 肖景全・李榮發, 2005, 앞의 글.
190) 武保中, 1989,「吉林公主嶺猴石古墓」,『北方文物』4.
191) 肖景全・李榮發, 2005, 앞의 글.
192) 遼寧省考古文物研究所 等, 2010, 앞의 글, 14~15쪽

고인돌이나 석관묘문화를 쌍방문화 혹은 신성자문화와 이도하자유형 등으로 구분지었으나 본서에서는 개석형 고인돌을 대표 묘제로 하는 요동북부권의 신성자유형으로 설정하여 석관묘문화를 표지로 하는 이도하자유형[193)]과 구분하고자 한다.

제2조는 탁자형 고인돌인 무순 산용 1·2호, 하협심 1~4호, 관문, 환인 풍가보자 8호를 대표로 한다. 이들은 모두 중소형의 덮개돌 하부로 거칠게 다듬은 받침돌(묘실)을 둔 후, 그 주변으로 다량의 적석시설을 둔 공통점을 보인다. 현재 잔존해 있는 적석시설의 양과 형태로 보아 거의 덮개돌 높이까지 적석되었을 가능성이 높아 보인다.

먼저 산용유적은 산용촌을 구성하는 2개의 산 사이 계곡부 하안대지상에 위치하며 모두 7기의 고인돌이 조사되었다. 그중 산용 1, 2호는 탁자형 고인돌로서 1호의 묘실내에서 홍색계열의 토기 1점이, 2호에서는 석제 방추차, 홍색계열의 토기편 및 목탄과 불에 탄 인골 등이 검출되었다.

환인 풍가보자에서는 대략 40여 기의 무덤이 조사되어 보존상태가 양호한 9기의 고인돌이 발굴되었다. 이중 8호는 탁자형으로서 기본적인 구조와 특징이 산용 1, 2호와 동일하다. 내부에서는 토기 1점과 방추차, 관상 석주 등이 출토되었다.

무순 하협심유적은 산사면 하단부의 하천변 대지상에 위치한다. 모두 4기의 탁자형 고인돌과 2기의 I형 석관묘가 발굴되었다. 4기 고인돌의 구조는 역시 산용 1, 2호와 닮아 있다. 출토유

193) 오강원, 2006, 앞의 책, 292~295쪽.

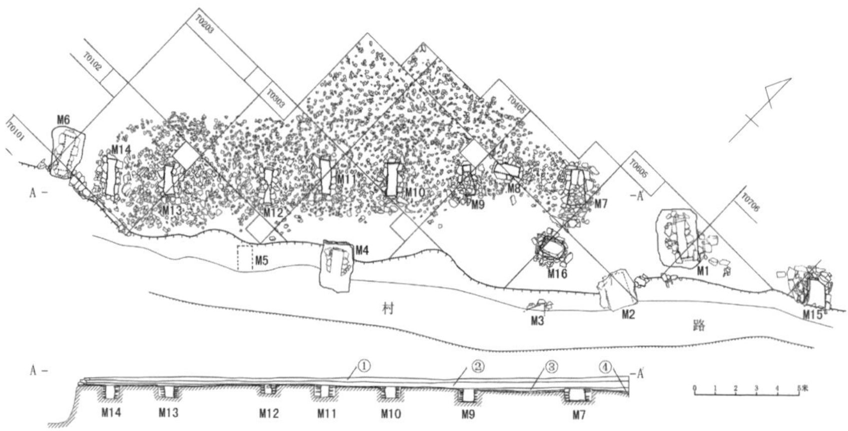

고인돌 분포도

유적 원경

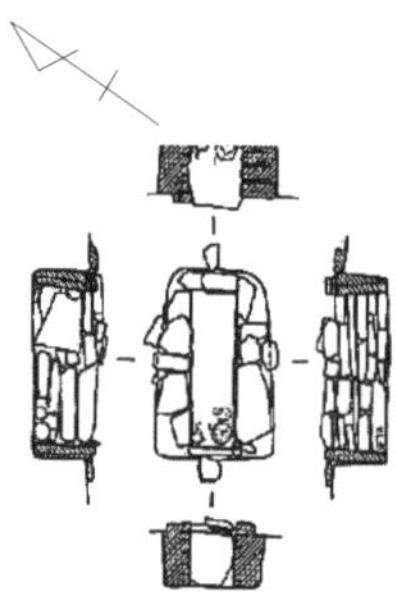

8호 개석Ⅲ식

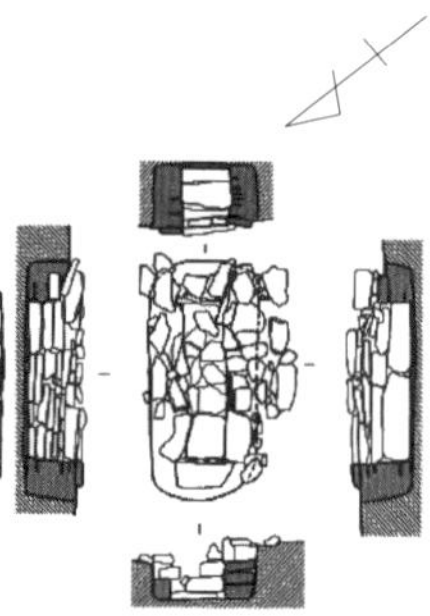

9호 개석Ⅱ식

2호

고인돌 출토 미송리형토기 각종

〈그림 4–55〉 본계 신성자 고인돌유적

물은 석제 방추차, 호와 관, 두 등의 토기류, 동탁, 불에 탄 인골 등이 있다.

무순 관문 고인돌은 관문촌 조가분산의 줄기상에 위치한다. 그래서 조가분 고인돌이라 불리기도 한다. 덮개돌은 이미 파괴되었으나 3개의 받침돌이 잘 남아 있다. 구조는 역시 위의 탁자형 고인돌과 동일하며, 묘실내에서는 불에 탄 인골편과 호, 관류의 토기, 석관식, 석제 방추차, 동제어형식 등이 출토되었다.

이상 산용 2호, 풍가보자 8호, 하협심 2호, 관문 고인돌 등에서는 모두 석제로 갈아 만든 동일한 형태의 방추차가, 산용과 관문, 하협심 등에서는 유사한 계통의 토기류가 확보되었다. 또한 관문 고인돌에서 출토된 호형토기는 심양 정가와자 6512호 목곽묘 출토품과 동류로서 이는 기원전 6~5세기 전후에 유행한 양식이 된다.[194] 또한 하협심 2호 출토 관형토기는 철령 수아둔 석관묘[195] 출토품과 유사하여 동시기 유물로 판단된다. 수아둔 석관묘는 대략 기원전 5~4세기 전후의 무덤으로 평가받는다.[196] 따라서 제2조 고인돌의 연대범위는 기원전 6~4세기 전후로 편년할 수 있다.

참고로 하협심 2호에서 출토된 것으로 알려진 철확(철부)는 실제 묘실 외측 적석묘역에서 수습된 것이다. 적석묘역에서는 이러한 철확 외에도 북송대의 동전이 다수 수습되었기 때문에, 적석묘역 출토품을 가지고서 고인돌의 조성연대를 논하기는 힘들

194) 遼寧省文物考古研究所 等, 2007, 앞의 글, 22쪽.
195) 遼寧鐵嶺地區文物組, 1981,「遼北地區原始文化遺址調査」,『考古』2.
196) 華玉冰, 2011, 앞의 책, 132~133쪽.

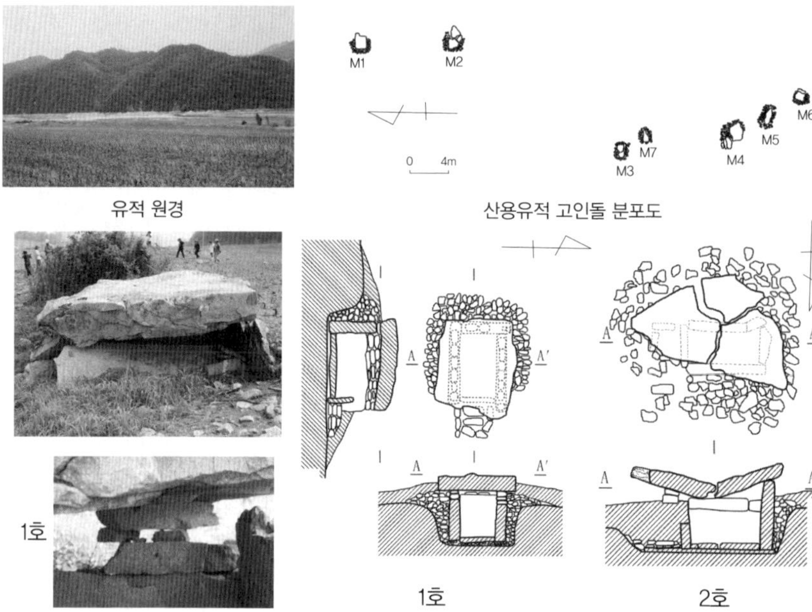

〈그림 4-56〉 무순 산용 고인돌유적

어 보인다. 이외에 하협심 2호의 매장주체부에서 출토된 동탁(청동방울)은 아래에서 다룰 신빈 용두산유적 출토품과 닮아 있다. 용두산유적에서는 동병철검이 출토되어 그 연대를 기원전 2세기 무렵으로 편년하는 게 보통이다. 이에 따라 하협심 2호의 연대도 조금 늦어질 가능성이 있겠지만, 이러한 종류의 청동방울은 연대 폭이 상당히 다양하다.

가깝게는 대전 괴정동 석곽묘 출토품으로 기원전 4~3세기대의 시간성을 보이며, 멀게는 적봉 남산근 석곽묘나 건평 난가영자 901호 목관묘 출토품처럼 기원전 8~7세기대의 시간성을 보이기도 한다. 이외에 대련 누상 적석총에서도 동탁(청동방울)로

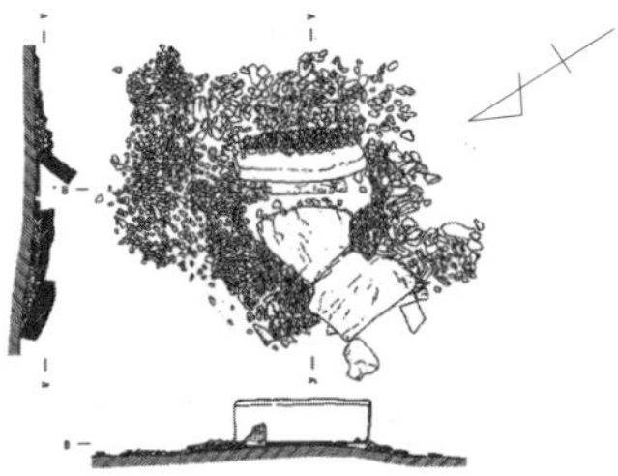

하협심 1호

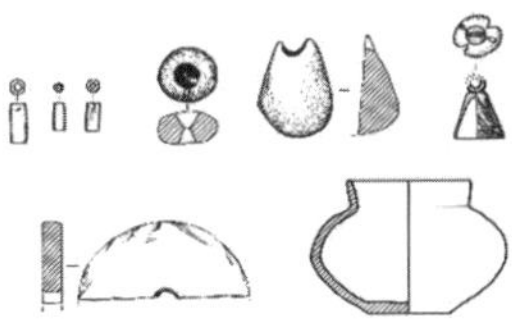

하협심 2호

하협심 4호 및 출토유물

〈그림 4-57〉 무순 하협심 및 관문 고인돌 비교

유적 원경

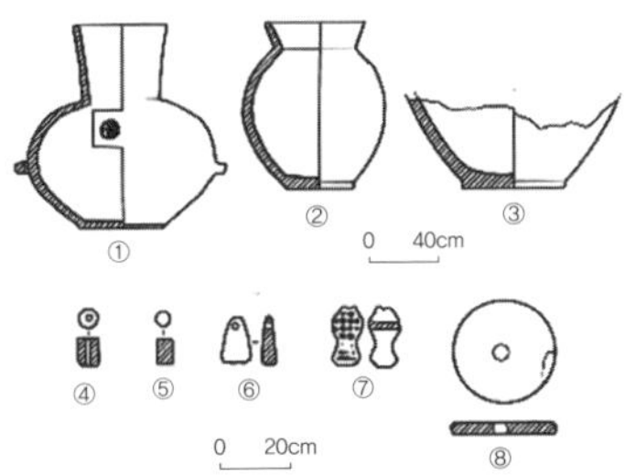

출토유물

하부구조

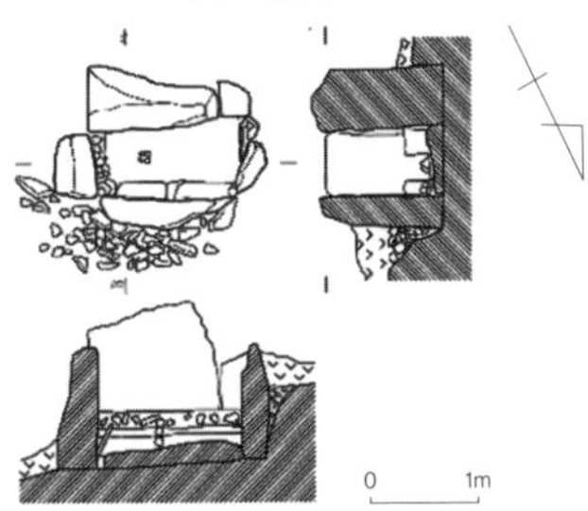

〈그림 4-58〉 무순 관문 고인돌 및 출토유물

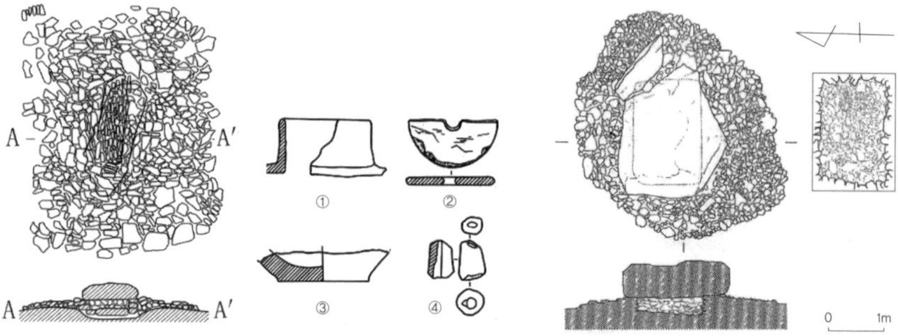

산용 5호 및 출토유물　　　　풍가보자 5호 고인돌

〈그림 4-59〉 무순 산용 및 환인 풍가보자 5호 고인돌 비교

추정되는 파손품이 보고된 바 있으나 원형은 알 수 없다. 여러 가지 측면을 고려 할 때 하협심 2호 고인돌의 조성연대는 기원전 6~4세기 사이로 보는 것이 적합할 듯하다. 요동북부권에서 하협심류의 탁자형 고인돌이 조성되는 배경에 대해서는 다음 장에서 보다 구체적으로 살펴보도록 하겠다.

제3조는 산용 4호와 5호, 풍가보자 5호와 7호, 만발발자 34호를 대표로 한다. 이들은 모두 개석II형이며, 묘실 주변으로 다량의 적석시설이 잘 남아 있다. 이중 산용 5호에서는 호형토기의 구연과 저부편 및 석제장식 및 방추차가 출토되었고, 풍가보자 5호와 7호에서는 토기와 석검편, 석제 곤봉두 등이 출토되었다. 보고서에서는 산용 4호와 5호[197] 및 풍가보자 5호와 7호[198]의 연대를 기원전 3~2세기 초, 만발발자는 기원전 2세기 무렵[199]으로

197) 武家昌, 1997, 앞의 글, 18쪽.

198) 李新全, 2009, 앞의 글, 5쪽.

199) 國家文物局編, 2001, 「1999中國重要考古發現」, 『吉林通化萬發撥子遺址』, 文

편년하고 있다. 따라서 제3조의 연대범위는 대략 기원전 3~2세기 사이로 볼 수 있다.

제4조는 신빈 용두산과 환인 광복촌유적을 대표로 하며 모두 개석Ⅳ식에 속한다. 용두산 고인돌에서는 각종 토기류와 함께 동탁, 동병철검, 철부 등이 출토되었다. 광복촌에서는 용두산류의 청동방울과 함께 거의 동일한 양식의 토기류가 공반되었다. 따라서 두유적의 조성연대는 유사해 보이는데, 용두산유적의 편년안을 따라 대략 기원전 2세기 무렵 혹은 조금 더 늦은 기원전 1세기 초반까지로 설정 할 수 있다. 물론 해당 시기는 이미 철기시대로의 전환이 안정화된 상태이기에 본서의 연구범위에서 벗어나긴 하지만 이는 해당 지역 고인돌문화의 소멸기적 특징을 보인다는 점에서 함께 검토할 필요가 있다.

참고로 제3조에 속하는 환인 만발발자유적은 토광묘와 석곽(관)묘, 다량의 적석이 부가된 개석Ⅱ식 고인돌(대개석적석총), 무기단식 적석총, 기단식(혹은 계단식) 적석총 등 다양한 종류의 묘제가 공존한다. 이는 곧 고조선-위만조선-고구려로 연결되는 해당 지역 정치체의 변화상과 과도기적 특징을 잘 보여주는 중요한 자료가 될 것으로 판단된다.[200] 이 역시 다음 장에서 보다 구체적으로 다루겠지만, 만발발자유적의 존속연대가 기원전 1세기 후반까지 연결되어, 결국 제4조류의 유적들과 병행한다는 점에서, 이지역 최후기 고인돌유적인 신빈 용두산유적의 성격을

物出版社.

200) 하문식, 2014, 앞의 글, 197쪽.

이해하는데 도움이 될 수 있다.

나아가 신빈 용두산과 환인 만발발자유적으로 대표되는 이지역 토착세력의 묘제가 적석형 고인돌에서 적석총으로 전환되는 현상에 주목할 경우보다 다양한 해석이 가능해 진다. 예를 들면 만발발자유적의 다양한 묘제 복합양상과 부장품 관계 분석을 통해 이지역 중심묘제에 대한 논의와 그 성격문제를 좀 더 구체화할 수 있을 것이다. 다만 아직 정식보고서가 출간되지 못하였기 때문에 동시기 주변지역 자료들과의 종합적인 비교가 이루어진 이후에야 보다 설득력 있는 해석이 가능할 듯하다.

두 번째 B구는 동요하중류지역에 해당된다. 이곳에서는 탁자형과 개석Ⅲ식만 발견된다. 대표적인 유적은 개원 건재촌과 조피둔, 서풍 영순유적 등이 있다. 이들은 고인돌 출토유물에 따라 다시 2개조로 구분할 수 있다.

1조는 개원 건재촌유적을 대표로 하며, 모두 35기의 고인돌이 조사되었다. 이들은 모두 산사면 하단부에 열을 지어 분포한 특징을 보이는데, 기본적으로 봉성 동산, 본계 신성자유적과 거의 유사한 양상의 입지와 분포상을 보이는 점에 주목된다. 발굴된 것은 31호와 24호, 26호 등 모두 개석 Ⅲ식에 속하지만, 보고서에 의하면 대부분의 고인돌 주변으로 적석퇴가 형성되었고, 일부 중에는 전형적인 형태의 탁자형 고인돌도 존재한다고 하였다. 따라서 해당 유적에는 탁자형과 개석형 고인돌이 공존한 것으로 판단된다.[201)]

---

201) 許志國, 2000,「遼寧開原建材村石棺墓群」,『博物館硏究』3, 64~65쪽.

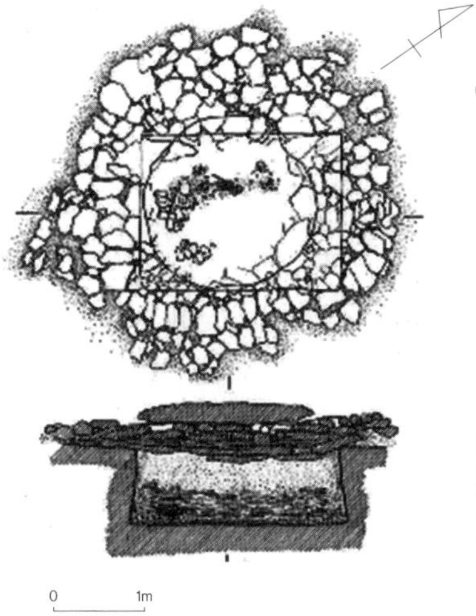

3호

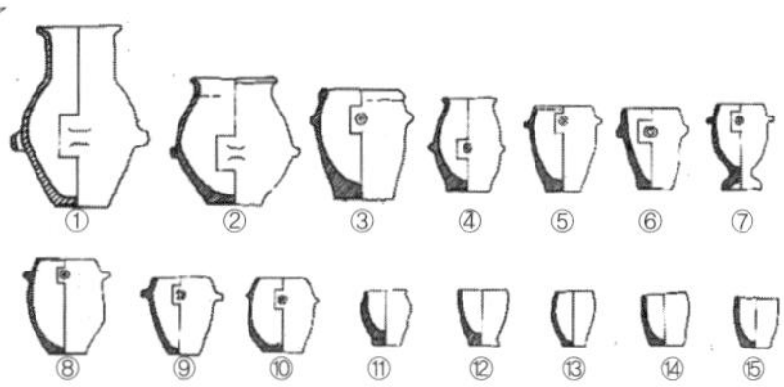

3호 출토유물

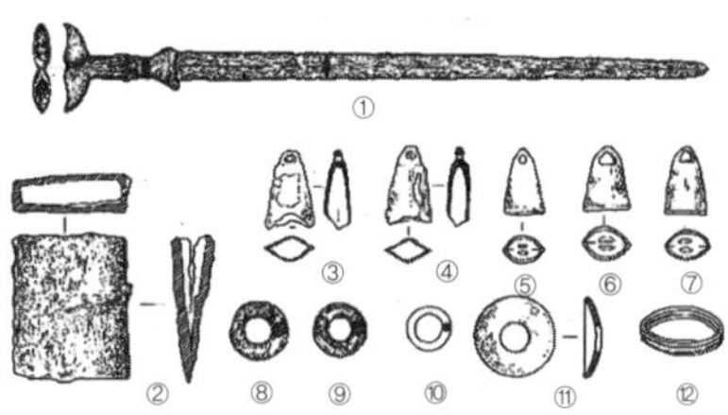

2호 · 3호 출토 철기와 청동기

①~③⑤⑧~⑫:2호 ④⑥⑦:3호

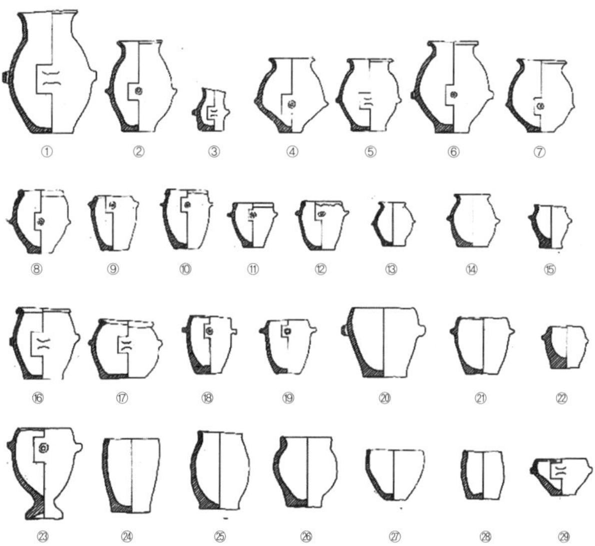

2호 출토유물

〈그림 4-60〉 신빈 왕청문 3호 고인돌 및 2 · 3호 출토유물

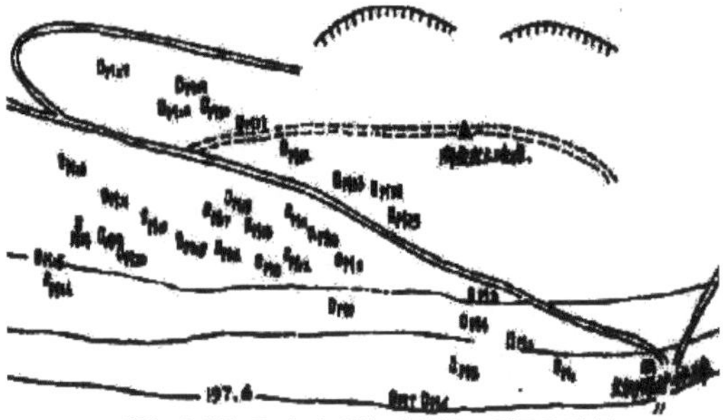

B구 개원 건재촌 유적 탁자형, 개석형 고인돌유적 분포도

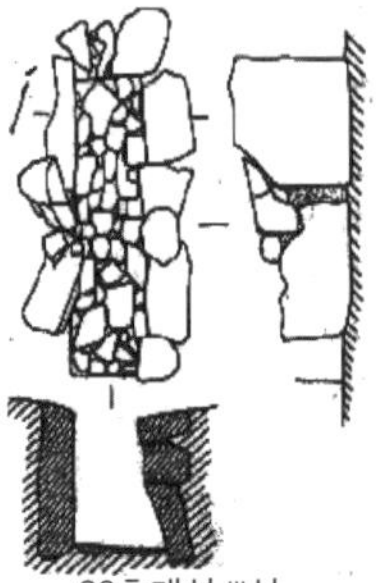

26호개석 III석

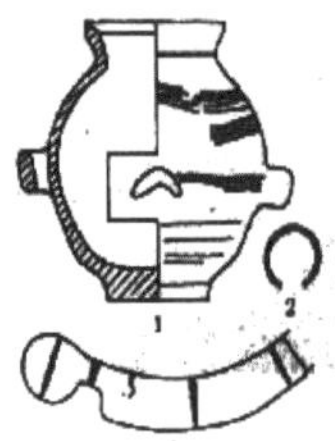

파괴 고인돌 채집

24호 고인돌

〈그림 4-61〉 개원 건재촌 고인돌 및 출토유물

건재촌유적의 발굴된 3기에서는 축조연대를 알 수 있는 유물이 검출되지 않았다. 다만, 미발굴된 고인돌에서 구연부가 짧고 문양이 조잡한 미송리형토기 1점이 채집된 바 있다. 요동북부권에서 이러한 형태의 토기가 유행한 연대는 대략 기원전 7세기 전후로 해석되기 때문에,[202] 건재촌유적의 형성연대 또한 그 즈음으로 판단된다.

해당 지역에서 발견된 탁자형 고인돌은 개원 조피둔, 청원 랑두구유적을 대표로 들 수 있다. 이들의 주요 특징은 모두 받침돌

202) 朱永剛, 2008, 앞의 글, 95~97쪽.

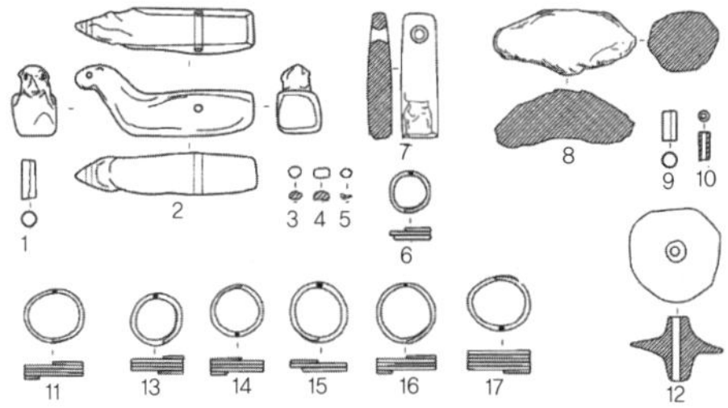

영순 1호

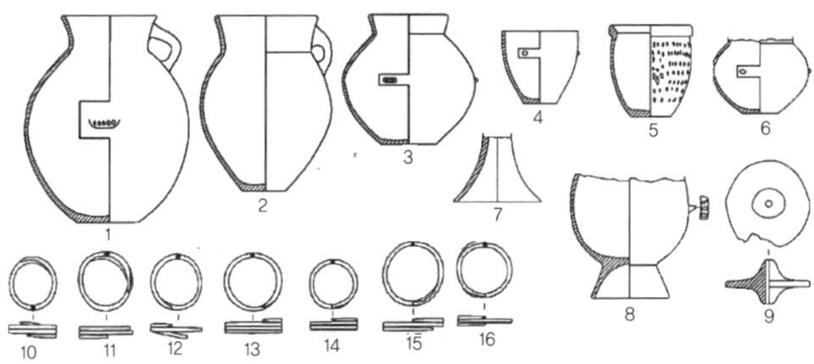

영순 2호

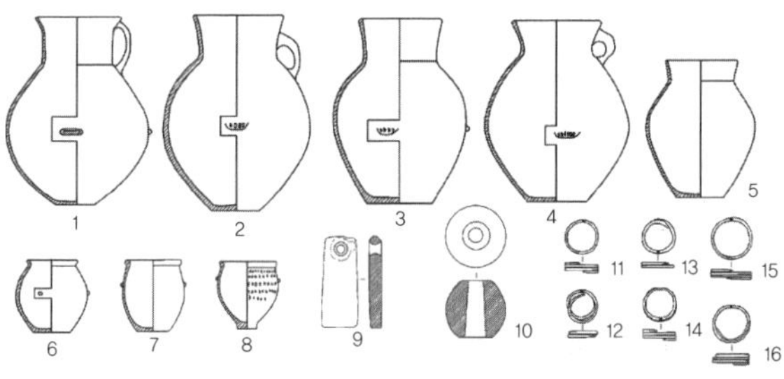

영순 8호

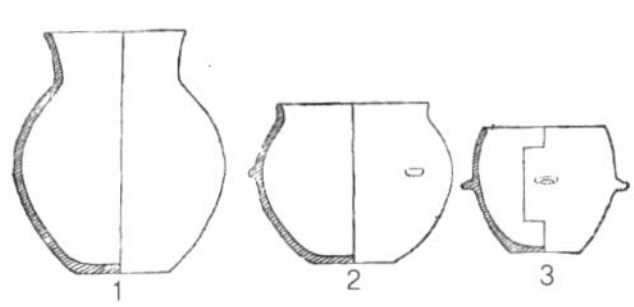

서풍 금산둔유적

〈그림 4-62〉 서풍 영순 고인돌 및 금산둔유적 출토유물 비교

이 두껍고 대형화되었으며, 묘실 주변으로 적석시설이 부가되지 않는 점이다. 다만 아쉬운 점은 출토유물이 없어 편년이 불가능한데, 다만 구조적 특징만을 놓고 볼 때, 요동반도나 서북한지역에서 주로 기원전 8~6세기 사이에 유행된 양식이라는 점에서 동시기성을 부여해도 좋을 듯하다. 따라서 이들 역시 B구의 1조유적에 포함시키도록 하겠다.

2조는 서풍 영순유적을 대표로 한다. 유적내에서는 주거지 1기와 회갱 4기, 석판묘 3기(1, 2, 8호), 토광묘 8기가 발굴되었는데, 이중 보고서에서 석판묘로 분류한 3기의 무덤이 본고의 개석 Ⅲ식에 해당된다. 3기의 구조와 부장품은 모두 유사한데, 나선형의 청동귀걸이, 토제 방추차, 갈돌, 토기(단수이호) 등이 대표적이다. 그중 단수이호는 해당 지역에서는 처음 발견된 것으로 길림 구대시 관마산 고인돌에서 출토된 것과 유사하다.[203] 8호에서 출토된 호와 관형토기는 서풍 금산둔유적 출토품과 유사하다. 보고서에서는 관마산과 금산둔유적의 연대를 전국시기, 즉 기원전 4세기 무렵으로 편년하고 있어, 영순유적의 고인돌 역시 동시기성을 부여할 수 있다.[204]

C구는 동요하상류역이며, 유적이 가장 집중된 곳은 동요현(東遼縣)과 요원현(遼源縣) 경내이다. 주로 개석 Ⅱ식과 Ⅲ식이 확인되며 파괴된 탁자형 고인돌도 소량 발견되었다. 발굴된 대표

203) 吉林省文物考古研究所, 1991,「吉林九台市石砬山 · 關馬山西團山文化墓地」,『考古』4.

204) 遼寧省文物考古研究所 · 鐵嶺市博物館 等, 2011,「遼寧西豐縣永淳遺址及墓地的發掘」,『考古』3.

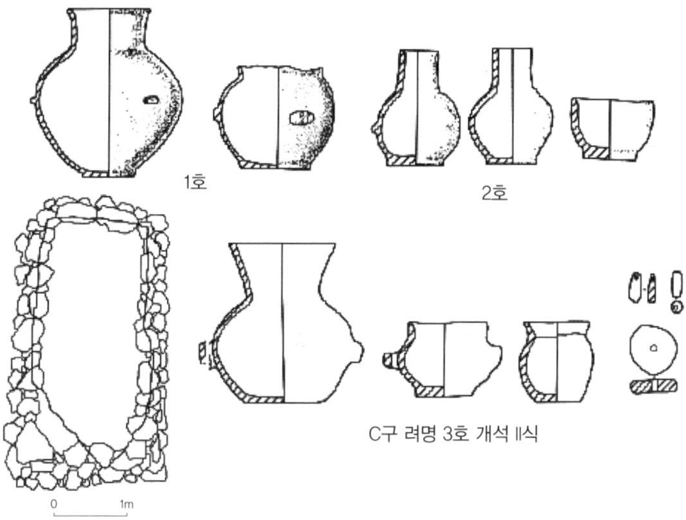

〈그림 4-63〉 동요 려명유적 고인돌 및 출토유물

적인 유적은 요원 고고촌(遼源 高古村), 동요 고려분(東遼 高麗墳), 려명(黎明), 공주령 후석(公主嶺 猴石) 고인돌 등이다. 이 지역 고인돌에서 출토된 유물은 매우 다양한 편이며, 주변지역과 명확히 구분되는 자체적인 특성을 보이고 있다. 주로 요동북부권 후기 청동기문화에 속하는 사가가유형(谢家街类型)[205]으로 인식되고 있으나 그에 대한 상세한 연구나 검토는 진행되지 못한 상황이다. 이 지역 고인돌 역시 구조적 특징과 출토유물 조합에 따라 다시 3개조로 구분할 수 있다.

1조는 동요 려명유적을 대표로 한다. 려명유적은 마을 뒷산의 경사면에 위치하는데, 모두 3기의 고인돌이 발굴되었다. 그 중 1

205) 金旭東, 1992,「東遼河流域的若幹種古文化遺存」,『考古』4.

호의 덮개돌은 이미 유실되었고, 묘실은 석재를 쌓아 조성한 개석II식이다. 인골의 부식과 교란이 심해 장법은 알 수 없다. 2호는 파괴된 정도가 보다 심각하다. 기존에 선형동부 1점과 여러 점의 옥석 장식품이 수습된 적 있다. 발굴 당시에는 일련의 토기와 석기가 출토되었다. 3호의 보존 상태가 가장 좋은 편인데, 덮개돌은 잘 다듬어진 두꺼운 판석재 1장을 사용하였고, 묘실은 석재를 쌓아 만든 개석 II식이다. 바닥에도 역시 1장의 판석을 깔았으며, 내부에서는 불에 탄 인골과 함께 그 상부로 약 10cm 두께의 목탄재가 확인되어 실내 화장이 이루어졌음을 알 수 있다. 출토유물은 토기와 석기 등이 있다. 그 중 호형토기 1점은 영길 성성초(永吉 星星哨) DM13호 및 DM16호 석관묘 출토품(斜颈横耳壶)과 유사하다.[206] 해당 무덤들은 대략 서주 중후기 무렵, 즉 기원전 9~8세기 단계로 평가받고 있어 려명유적의 조성연대 역시 이와 유사할 것으로 판단된다.

2조는 요원 고고유적과 공주령 후석유적을 대표로 한다. 먼저 고고유적에서는 모두 7기의 고인돌이 발굴되었다. 그 중 1호와 4호, 5호, 7호는 개석II식이며, 2호는 개석III식, 3호와 6호는 파괴가 심하여 구조형식을 알 수 없다. 5호의 구조가 조금 특이한데, 묘실 앞으로 길이 1.2m, 너비 1m, 깊이 0.8m 정도의 묘도가 설치되었다. 유적내 출토유물은 전체 169점 가량되는데, 종류에는 도호(陶壶), 동도(銅刀), 동환(銅環), 동이환(銅耳環), 석구(石球), 려석(礪石), 석침상기(石枕狀器), 석추식(石墜飾), 석관식

206) 朱永剛, 1991,「西團山文化墓葬分期研究」,『北方文物』3.

(石管飾), 주형식(珠形飾), 골관(骨管)과 소량의 목탄 및 인골편이 검출되었다. 보고서에서는 유적의 조성연대를 대략 전국 조중기, 즉 기원전 6~4세기 무렵으로 편년하였다[207].

공주령 후석촌에서는 개석II식 고인돌 1기가 발굴되었다. 묘실내에서는 려석(礪石), 동도(銅刀), 동착(銅鑿), 동부(銅斧), 동포(銅泡), 도호(陶壺), 압형호(鴨型壺), 도배(陶杯) 등 이 출토되었는데 그중 갈돌과 동도는 요원 고고촌 1호 고인돌 출토품과 유사하다. 또한 사령고복호(斜頸鼓腹壺)는 고고촌 2호 및 서풍 금산둔유적 출토품과도 닮아 있다. 보고서에서는 고인돌 내부에서 출토된 압형호(鴨型壺)의 연대를 전국 후기에서 한초로 편년하

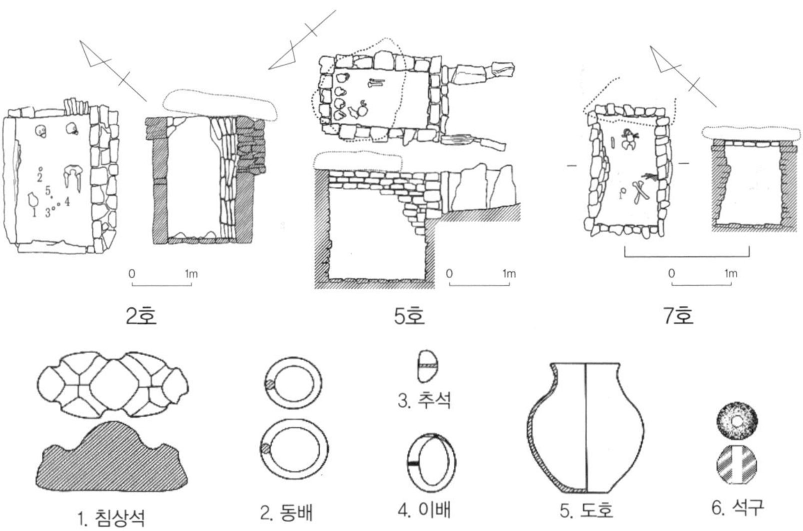

〈그림 4-64〉 요원 고고유적 고인돌 및 출토유물(1~4.1호, 3~5.2호, 6.7호)

207) 吉林省文物考古硏究所 等, 1993, 앞의 글.

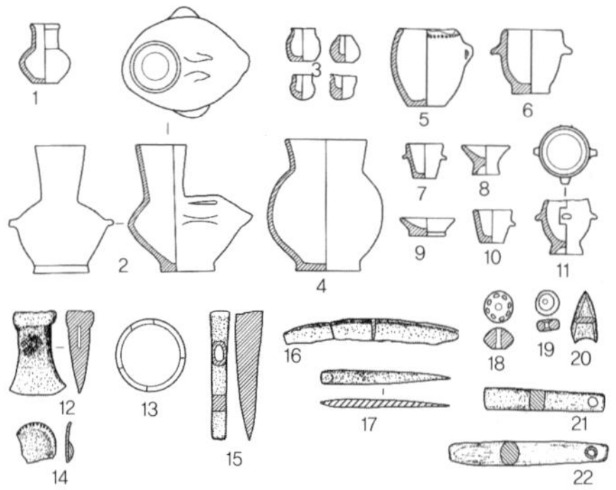

후석고인돌 출토유물

1.長頸小壺 2.鴨型壺 3.盂 4.壺 5.單耳杯 6.雙耳杯 7.雙耳小杯 8.高足盤 9.小陶盤 10.單耳杯 11.四耳杯12.銅斧 13.銅鐲 14.銅泡 15.銅鑿 16.銅刀 17.銅鏃 18.陶紡輪 19.瑪瑙珠 20.石鏃 21 · 22.礪石

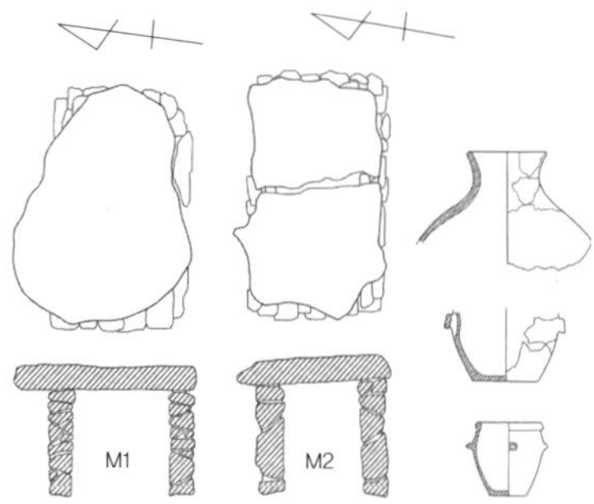

고려분 고인돌 및 출토유물

〈그림 4-65〉 공주령 후석 및 동요 고려분 고인돌유적 비교

였다.[208] 따라서 제2조의 연대범위는 대략 기원전 3세기 전후로 볼 수 있겠다.

3조는 동요 고려분유적을 대표로 한다. 유적에서는 모두 2기의 개석 II식 고인돌이 발굴되었는데, 그중 1호의 덮개돌은 평면 타원형의 커다란 판석 1매를 사용하였고, 2호는 2장의 판석이 사용되었다. 묘실은 모두 석재를 쌓아 조성하였으며, 출토유물은 관과 호 등의 토기류가 있다. 그중 관형토기 1점은 신빈 왕청문의 개석 IV식 고인돌 출토품과 유사하며, 동풍현 대가산 상층(東豐縣 大架山 上層)유적 출토품과도 닮아 있다.[209] 왕청문과 대가산 상층 등은 모두 서한 초중기로 편년되는 점에서 3조의 연대범위는 기원전 2~1세기 무렵으로 추정된다.

208) 武保中, 1989, 앞의 글.
209) 金旭東, 1991, 앞의 글.

마지막으로 D구는 휘발하상류와 혼강중상류지역에 해당된다. 고인돌은 탁자형과 개석Ⅱ·Ⅲ·Ⅳ식[210)]이 발견되어 가장 다채로운 모습을 보여준다. 유적이 가장 밀집된 곳은 유하(柳河)와 매하구(梅河口), 동풍현(東豐縣) 경내이며, 발굴 후 자료가 발표된 주요유적으로는 동풍 대양진 보산촌 랑동산(東豐 大陽鎮 寶山村 狼洞山), 보산동산(寶山東山), 조추구(趙秋溝), 용두산(龍頭山), 대양(大陽), 삼리(三里), 두가구(杜家溝)와 타요촌(駝腰村) 등이 있다. 이시기 해당지역의 고인돌유적은 대부분 보산문화에 속한 것으로 평가 받는다. 역시 고인돌의 형식과 출토유물에 따라 3개조로 구분된다.

1조는 랑동산유적을 대표로한다. 모두 4기의 고인돌이 조사되었으며, 산 정상부에 위치한 1~3호는 개석 Ⅲ식, 사면 하단부에 위치한 4호는 개석 Ⅱ식에 해당된다. 출토유물 종류에는 관형토기, 방추차, 석부 등이며 이외에 목탄과 함께 불에 탄 인골과 소토 등이 검출되었다. 대표적으로 2호 출토 횡이관은 C구 1조의 동요 려명 3호 출토품과 유사하여 연대는 기원전 9~8세기 무렵으로 추정된다.

2조는 조추구, 두가구, 삼리, 용두산, 타요촌유적 등이다. 먼저 조추구에서는 3기의 개석 Ⅳ식이 발굴되었다. 구조는 모두 동일한데 기암층을 굴착하여 장방형의 토광을 두고 그 상부로 덮개돌을 두었다. 묘실의 구조는 조금씩 상이한데, 1호의 토광 입구

210) 이 지역에서 확인된 개석Ⅳ식 중에는 출토유물이 포함되지 않은 것이 있어, 개석Ⅰ식의 가능성도 있어 보인다. 추후의 자료증가를 기대하며, 잠정적으로 개석Ⅳ식에 포함시켜 이해하도록 하겠다.

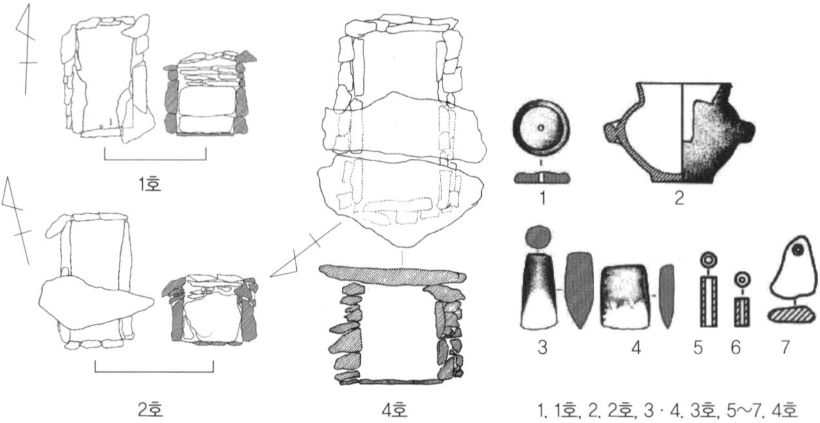

동풍 랑동산 고인돌 및 출토유물

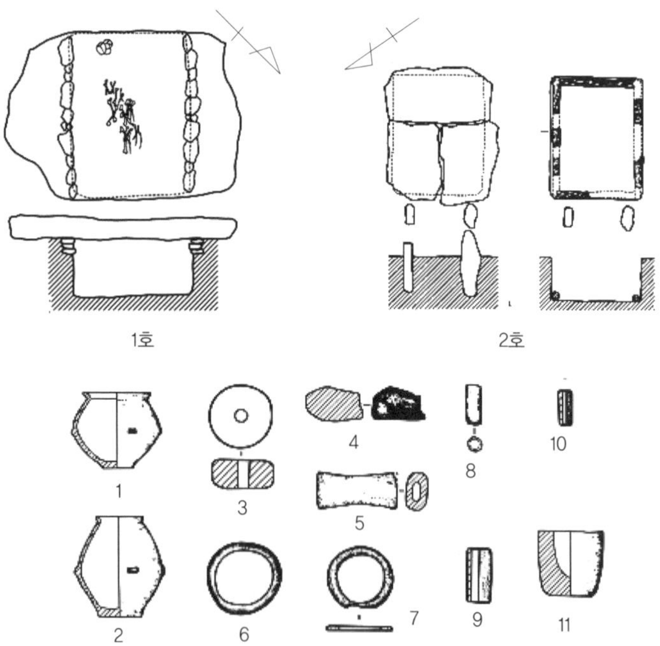

2호 출토유물

〈그림 4-66〉 동풍 조추구 고인돌 및 출토유물

에 석재편을 둘러 놓아 덮개돌을 받치고 있다. 2호는 토광 자체가 그대로 묘실이 되지만, 토광 남쪽 앞으로 2개의 길고 얇은 막대기 형의 판석재를 세워 놓았다. 두 개의 막대형 판석은 간격이 1.16m, 서쪽의 높이 1m, 동쪽 1.3m 정도인데 아마도 파괴된 묘도의 흔적으로 판단된다. 또한 바닥면 둘레에는 1줄의 소탄(燒炭)흔적이 직경 15cm 가량 확인되는데, 평면 형태가 장방형인 점에서 이는 묘실내 목재를 둘러놓았던 흔적으로 보인다. 이러한 흔적이 목관의 잔유물인지 혹은 묘실내 화장을 위해 목재를 쌓아놓은 것인지는 명확하게 판별되지 않는다. 마지막 3호는 파괴가 심하여 정확한 구조를 알 수 없으나 내부에서 불에 탄 인골이 검출되었다.

두가구와 삼리, 용두산유적에서는 모두 개석 II식이 조사되었다. 모두 토광 내부에 석재를 쌓아서 묘실을 조성하였고, 바닥은 생토이거나 혹은 깨진돌을 깔아 놓았다. 두가구의 묘실 내부에서는 인골 더미가 확인되었는데 모두 불에 탄 정도로 보아 간골화장으로 여겨진다. 삼리유적에서 발굴된 3기의 고인돌 중 1호에서는 청동부와 토기편이 출토되었고, 3호의 묘실 바닥에서는 조추구 2호와 유사하게 장방형으로 둘러진 원목틀의 흔적이 검출되었다. 이외에 바닥 곳곳에서 불에 타고 남은 목재 골조가 검출되며 완형(碗形) 토기 1점이 출토되었다. 용두산 고인돌의 바닥부에서도 동일한 양상의 원목틀과 함께 관(罐)과 잔류의 토기 및 석침상기가 출토되었고, 불에 탄 인골과 목탄 등이 더불어 검출되었다.

타요촌에서는 덮개돌이 유실된 탁자형 고인돌이 조사되었는데, 실내에서는 불에 탄 인골과 함께 녹송석관, 석재 연마기와 목탄 등이 검출되었다. 이상 제2조에 속하는 고인돌 주변에서는 모두 춘추전국 사이의 보산문화단계 주거지가 발굴되었는데, 주거지와 고인돌내 출토유물이 동일하다는 보고내용에 미루어 양자는 모두 기원전 7~4세기 무렵으로 편년 할 수 있을 듯하다.[211] 주목되는 점은 이시기 해당 지역 고인돌에서는 모두 묘실 바닥으로 원목틀과 함께 화장된 인골이 찾아진 점이다. 비록 고인돌의 형식은 다양하지만 화장이라는 보편성이 확보되는 점에서 문화적 연관성과 특수성을 엿볼 수 있다.

한편 해당 지역의 매하구현과 유하현 경내에서는 다수의 파괴된 탁자형 고인돌이 조사되었다. 다만 출토유물이 없어 편년이 조심스러울 수밖에 없는데 동일유적 내 다른 형식의 고인돌과 비교하는 방식으로 그 조성연대를 추론해 보겠다. 유하 야저구유적에서는 2기의 탁자형과 1기의 개석Ⅳ식이, 통구유적에서는 2기의 개석 Ⅳ식과 1기의 탁자형이 조사되었다. 두 유적의 개석 Ⅳ식에서는 모두 보산문화의 전형토기가 확보되었는데 동일유적내 공존하는 탁자형 고인돌의 상대연대를 짐작할 수 있겠다.

또한 유하 함수유적의 5호 고인돌과 대사탄의 1호 및 2호 고인돌 역시 모두 파괴된 탁자형으로 볼 수 있다. 이중 함수 5호는 묘

211) 金旭東, 1991, 앞의 글.
해당 보고서에서는 주거지와 고인돌 출토유물이 동일하다는 내용만 있을 뿐, 주거지 관련 자료는 구체적으로 제시되지 않고 있다. 현재로선 위의 보고내용에 기초하여 고인돌의 조성연대를 추정만 할 수 있겠다.

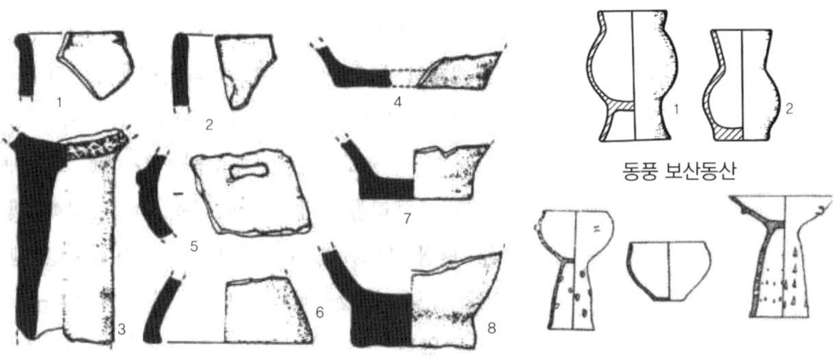

〈그림 4-67〉 요동북부권 유적 출토유물

실 둘레로 단독의 적석묘역이 둘러져 있는데 이러한 구조는 대동강유역 일대의 것들과 매우 유사한 형태이다. 그리고 대사탄 2호의 묘실 구조는 쌍방 6호와 닮아 있으나 벽석의 형태가 크고 두꺼워 진점에서 조금 늦은 시간성을, 대사탄 1호는 야저구의 탁자형과 닮아 있는 점에서 모두 동시기성을 부여 할 수 있다. 이러한 구조의 것들이 대략적으로 기원전 7세기 무렵에 요동과 서북한지역에서 대거 유행되는 점에서 해당 고인돌의 상대연대를 추론할 수 있겠다.

3조는 보산 동산유적의 개석 IV식을 대표로 한다. 묘실내에서는 불에 탄 인골 1개체가 확인되었고, 부장품으로는 석관(石管), 석부(石斧) 및 호(壺)와 관식두(罐式豆) 등의 토기가 있다. 이 중 관식두(罐式豆)와 같은 토기류는 아직까지 이지역 일대에서는 보고된 바가 없는 기종인데, 다만 동풍현의 대가산 상층유적의 것과 형태적 유사성을 인정받고 있다. 대가산 상층의 경우 대략 서한 중기로 편년되는 점에서 보산 동산 역시 유사한 기원전 2세기 후반에서 기원전 1세기 초반으로 설정할 수 있겠다.

이상의 내용을 종합하여 요동북부지구 A~D구의 각 단계별 고인돌의 획기와 상대연대를 제시하면 아래의 표와 같다.

제1기의 연대범위는 기원전 9~8세기 무렵이며, A구에서 개석 II · III식이 C구에서 개석II식, D구에서 개석II식과 III식이 확인된다. 이시기 B구에서는 아직까지 고인돌이 보고된 바 없다. 주목되는 점은 A구의 신성자유적에서 확보된 개석II · III식의 구조와 출토유물이 요동반도의 봉성 동산유적과 매우 닮아 있는 점이다. 뒤에서 보다 자세하게 살펴보겠지만 이들간에는 문화적 연관성 혹은 그 계승관계가 분명하게 간취된다. 다만 C구와 D구의 개석 II · III식은 A구의 것과 구조상에서 다소 차이가 있다. 무엇보다 적석묘역이 없으며, 덮개돌이 축약되는 점 및 묘실의 깊이가 상대적으로 넓고 깊어지는 점 등을 들 수 있다. 그리

〈표 4-9〉 요동북부권 고인돌유적의 구역별 단계성

<table>
<tr><th>획기</th><th>연대</th><th>A구</th><th>B구</th><th>C구</th><th>D구</th></tr>
<tr><td>1기</td><td>기원전 9~8</td><td>1조 : 신성자</td><td>–</td><td>1조 : 려명3호</td><td>1조 : 랑동산</td></tr>
<tr><td>2기</td><td>기원전 7~4</td><td>2조 : 산용1 · 2호, 관문, 하협심, 풍가보자8호</td><td>1조 : 건재촌, 조피둔, 랑두구</td><td>2조 : 고고촌 1 · 2 · 4 · 7호</td><td>2조 : 통구, 삼리, 야저구, 대사탄1 · 2호, 함수5호, 조추구1~3호, 두가구, 용두산, 타요촌</td></tr>
<tr><td>3기</td><td>기원전 3~2</td><td>3조 : 산용4 · 5호, 풍가보자5 · 7호, 만발발자36호</td><td>2조 : 영순</td><td>3조 : 고고촌5호, 공주령 후석</td><td rowspan="2">3조 : 보산 동산</td></tr>
<tr><td>4기</td><td>기원전 2~1</td><td>4조 : 왕청문, 광복촌</td><td>–</td><td>4조 : 고려분</td></tr>
</table>

고 출토유물 역시 차이를 보이는 관계로 C구와 D구의 개석형 고인돌은 당지에서 토착화되었음을 알 수 있다.

제2기의 연대범위는 기원전 7~4세기 사이이다. A구에서 탁자형이, B구에서 개석 Ⅲ식과 탁자형, C구에서 개석 Ⅱ・Ⅲ식, D구에서 탁자형과 개석 Ⅱ~Ⅳ식 등이 확인된다. 이시기 A구에서는 적석묘역이 다량으로 부가된 탁자형이, B구에서는 혼축형의 개석 Ⅲ식이 새롭게 출현하는데, 이중 A구의 탁자형은 D구의 것과 닮아 있고, B구의 개석 Ⅲ식과 출토유물은 A구 제1기의 개석 Ⅲ식과 매우 유사하다. 따라서 이들간에는 그 문화적 연관성을 확보할 수 있다. 마지막으로 D구의 개석 Ⅱ식과 개석 Ⅳ식에서 찾아진 묘실 바닥의 원목틀 구조는 주변지역에서 찾을 수 없는 고유한 현상인데 이것이 목관시설의 잔여 흔적인지 혹은 실내화장을 위한 장치였는지에 대해서는 확언하기 힘들다. 추후 자료의 증가를 기대해 본다.

3기는 기원전 3~2세기 초반 무렵 이며, A구와 C구에서 개석 Ⅱ식, B구에서 개석 Ⅲ식, D구에서 개석 Ⅳ식이 확인된다. 이시기 고인돌의 구조는 일련의 변화가 간취되는데, 먼저 A구의 개석 Ⅱ식은 묘실 외측으로 다량의 적석무지가 부가되며, 덮개돌이 축약되는 현상을 보인다. 또한 C구의 개석 Ⅱ식은 D구와 마찬가지로 적석묘역이 없으며, 묘실이 넓고 깊어지면서 묘도가 부가되기도 한다.

4기는 기원전 2세기 후반에서 1세기 초반으로 A구에서 개석 Ⅳ식, C구에서 개석Ⅱ식이 마지막까지 확인된다. 이 시기 고인돌의 숫자는 대폭 감소하는데 아예 탁자형의 구조는 보고된 바 없고, 소량의 개석 II·IV식이 찾아질 뿐이다. 이와 함께 개석 IV식의 경우 묘실 외측으로 다량의 적석무지가 부가되며, 덮개돌의 규모가 축약되는 모습을 보여, 다른 지역과 마찬가지로 고인돌의 소멸기적 모습을 반영해 준다.

3) 서류 송화강유역권의 고인돌

(1) 유적의 분포와 형식특징

이 지역의 고인돌은 송화강의 서쪽지류를 중심으로 분포해 있다. 중국에서는 통상 서류송화강으로 명칭되기에 본서 역시 그대로 따르고자 한다. 서류송화강은 백두산에서 발원하여 동남~서북방향으로 흘러 길림성 중부지역을 관통한다. 이후 하얼빈을 거쳐 목단강과 합류되어 동쪽으로 흘러 흑룡강에 유입된다. 이러한 서류송화강의 상류쪽에는 산지와 구릉이 잘 발달되었고, 하류는 평야지대가 넓게 형성되었다. 주요 하천으로는 두도강(頭道江), 이도하(二道江), 휘발하(輝發河), 이통하(伊通河), 웅마하(飮馬河) 등이 있으며 현재의 행정구역 상 길림시(吉林市), 영길(永吉), 반석(磐石), 교하(蛟河), 서란(舒蘭), 화전(樺甸), 이통(伊通), 구대현(九台縣) 등을 포함한다. 이지역에서는 현재까지 모두 22기의 고인돌이 발굴되었으며, 관련 자료를 정리하여 제시하면 〈표 4-10〉과 같다.

〈표 4-10〉 서류송화강유역 고인돌 현황과 특징

지역	명칭	수량	번호	형식	현황
吉林	山頂大棺 蓋石墓[227]	1		탁자형	산 정성부 기암을 굴착하여 토광을 마련, 그 내부에 두꺼운 판석을 세워 묘실 조성, 묘실 판석 상부와 둘레로 석재를 소량 쌓아서 묘역의 형태를 갖춤, 덮개돌은 바로 이러한 석재더미 상부에 위치
	騷達溝 49M18[228]	1	1	개석Ⅲ	덮개돌은 두꺼운 판석재 1장 사용, 묘실은 긴석재와 판석을 혼용하여 조성, 기존에 석관묘로 보고되었으나, 고인돌로 판단됨
	蘭旗屯 蓋石墓[229]	?		?	1958년 발견, 덮개돌 길이 4m, 너비 3m, 두께 0.5m, 이외에 묘실구조 등은 알려진 바 없음
永吉	旺起屯 蓋石墓[230]	1		개석Ⅱ	고인돌은 유적 중심의 독립된 소구릉 상에 위치, 묘실내 5개체의 인골이 3층으로 매장, 고인돌 주변 8기의 석관묘 추가 확인
舒蘭	宋樹頂子 石棚[231]	1		탁자형	판석을 세워 넓고 깊은 묘실 조성, 상부에 두꺼운 대판석을 덮음
伊通	領西屯 蓋石墓[232]	1		개석Ⅱ	토광내 석재를 쌓고 그 상부에 1장의 대판석을 덮음, 묘실 길이 160, 80, 70cm, 인골은 앙신직지장, 석부 출토
九台	範家屯 蓋石墓[233]	1		개석Ⅱ	파괴된 묘실 길이 200, 너비 100cm, 鬲足 출토
	石砬山 蓋石墓[234]	2	1	개석Ⅱ	토광내 깨진 석재를 쌓아 묘실 조성, 묘광이 매우 깊음
			2	개석Ⅱ	토광내 깨진 석재를 쌓아 묘실 조성
	關馬山 蓋石墓[235]	1		개석Ⅱ	토광내 깨진 석재를 쌓아 묘실 조성, 묘광이 매우 깊음, 3.7m 전후
	寒蔥地 蓋石墓[236]	1		개석Ⅱ	동도, 동검, 석침상기, 유공석기 등 출토
磐石	高麗坑山 蓋石墓[237]	2	1	개석Ⅳ	기암을 굴착하여 대형의 수혈 토광 마련, 내부에서 다량의 불에 탄 인골 확인
			2	개석Ⅳ	파괴
	下桃山 蓋石墓[238]	1		개석Ⅳ	덮개돌 200, 40, 20cm, 실내 인골 조각 검출
	上屯西山 蓋石墓[239]	1	1	개석Ⅳ	산 정상부에 1장의 두꺼운 판석재 덮개돌 위치
樺甸	西荒山 蓋石墓[240]	8	1~7	개석Ⅳ	기암을 굴착하여 토광형 묘실 조성, 묘도 설치

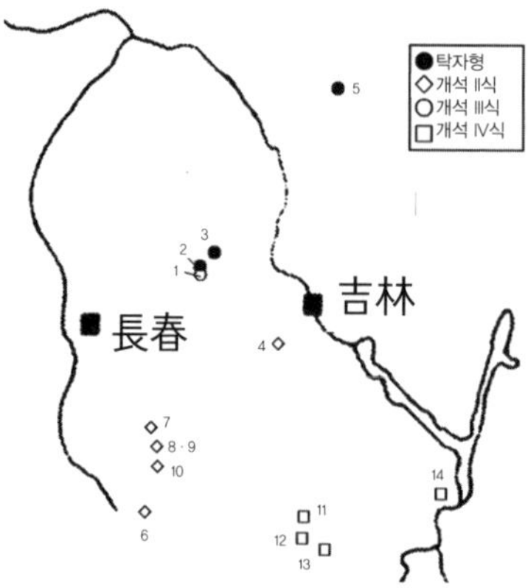

번호	유적명칭	수량
1	吉林 山頂大棺蓋石墓	1
2	吉林 騷達溝49M18	1
3	吉林 蘭旗屯蓋石墓	?
4	永吉 旺起屯蓋石墓	1
5	舒蘭 松樹頂子石棚	1
6	伊通 領西屯蓋石墓	1
7	九台 範家屯蓋石墓	1
8	九台 石砬山蓋石墓	2
9	九台 關馬山蓋石墓	1
10	九台 寒蔥地蓋石墓	1
11	磐石 高麗坑山蓋石墓	2
12	磐石 下桃山蓋石墓	1
13	磐石 上屯西山蓋石墓	1
14	樺甸 西荒山蓋石墓	8

〈그림 4-68〉 서류송화강유역권 고인돌 분포

212) 吉林省博物館 等, 1985,「吉林市騷達溝山頂大棺整理報告」,『考古』10.
213) 상동
214) 상동
215) 劉法祥, 1960,「吉林省永吉縣旺起屯新石器時代石棺墓發掘簡報」,『考古』7.
216) 상동
217) 상동
218) 상동
219) 吉林省文物考古研究所, 1991,「吉林九台市石砬山·關馬山西團山文化墓地」,『考古』4.
220) 상동
221) 劉法祥, 1960,「吉林省永吉縣旺起屯新石器時代石棺墓發掘簡報」,『考古』7.
222) 상동
223) 상동
224) 張永平·於嵐, 1993,「磐石縣梨樹上屯西山發現一座青銅時代墓葬」,『博物館研究』2.
225) 吉林省文物工作隊 等, 1982,「吉林樺甸西荒山屯青銅短劍墓」,『東北考古與信』1.

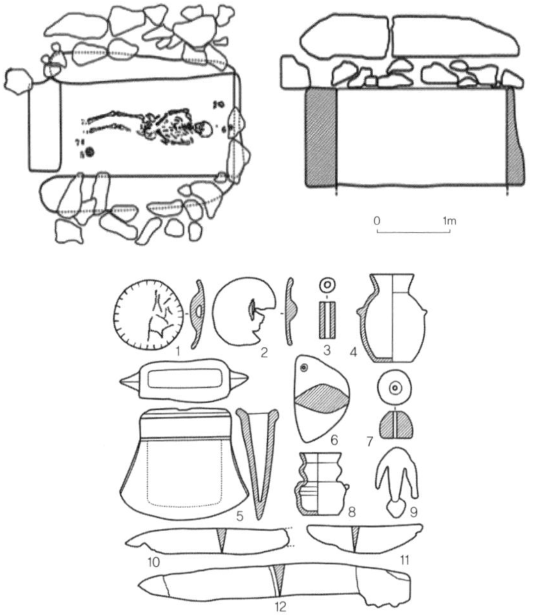

1 · 2. 동구(銅扣) 3. 관옥(管玉) 4. 도호(陶壺) 5. 동부(銅斧) 6. 오패식(玉佩飾) 7. 도방륜(陶紡輪) 8. 곡경도호(曲徑陶壺) 9. 동족(銅鏃) 10 · 12. 동도(銅刀) 11. 석도(石刀)

〈그림 4-69〉 길림 산정대관 고인돌 및 출토유물

발굴된 22기 고인돌의 형식은 탁자형 2기, 개석 Ⅱ식 7기, 개석 Ⅲ식 1기, 개석 Ⅳ식 11기 등으로 구분된다. 탁자형은 길림 소달구 산정대관(吉林 騷達溝 山頂大棺)과 서란 송수정자(舒蘭 松樹頂子)유적에서 확인되었다. 먼저 산정대관의 것은 자연암반을 굴착하여 마련된 토광내부에 4개의 판석을 세워 묘실을 조성하였고, 묘실 상부 동 · 서 · 북 3면에 깨진돌 소량을 깔아 놓은 후, 그 위로 1장의 대판석을 덮었다. 제시된 도면을 보면 이러한 덮개돌이 모두 4개로 갈라져 있으나, 전체적인 두께와 깨진면의 형태를 보건데 본래 1장의 두꺼운 판석으로 구성된 것임을 알 수 있다.

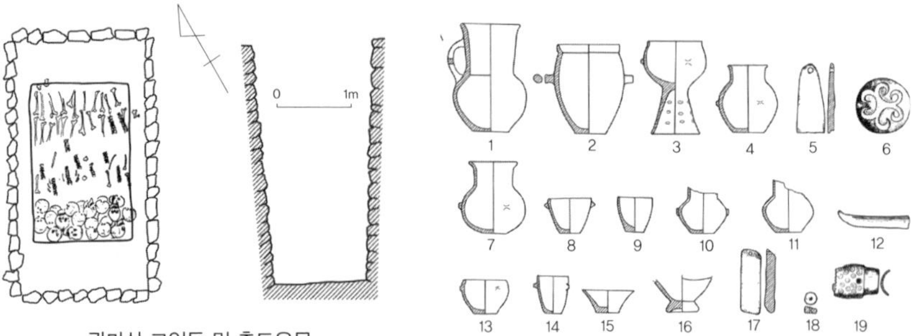

관마산 고인돌 및 출토유물

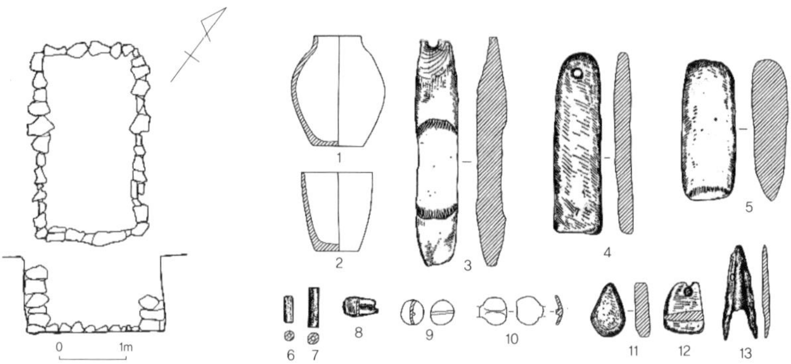

석랍산 고인돌 및 출토유물

〈그림 4-70〉 구대 관마산과 석랍산 고인돌 비교

그리고 송수정자의 것은 덮개돌이 존재하지 않지만, 묘실을 구성하는 4개의 판재(세움식)가 모두 20~30cm 이상의 두께를 보이는 점에서 탁자형 고인돌의 하부구조로 판단된다. 이들은 현재까지 중국 동북지역에서 발견된 고인돌 분포권의 최 북단에 위치한 특징을 보인다.

개석 II식은 관마산과 석랍산 고인돌이 대표적이다. 이 중 관마산의 것은 묘실 4벽에 석재를 쌓아 만든 후 커다란 덮개돌을 올려 놓은 전형적인 형태를 보인다. 다만 묘실이 넓고 깊은 것이 특징적인데 묘실 길이가 3.5m, 너비 2m, 깊이 3.7m 정도이다.

개석 Ⅲ식은 길림 소달구 18호(49JSM18) 고인돌이 대표적이다. 묘실의 구조가 조금 특이한데 먼저 장벽쪽은 길고 편평한 석재 2장을 2층으로 길게 쌓고, 각 단벽은 1장씩의 판석을 세워 마감하였다. 그리고 묘실의 서벽쪽으로 부관을 두었다.

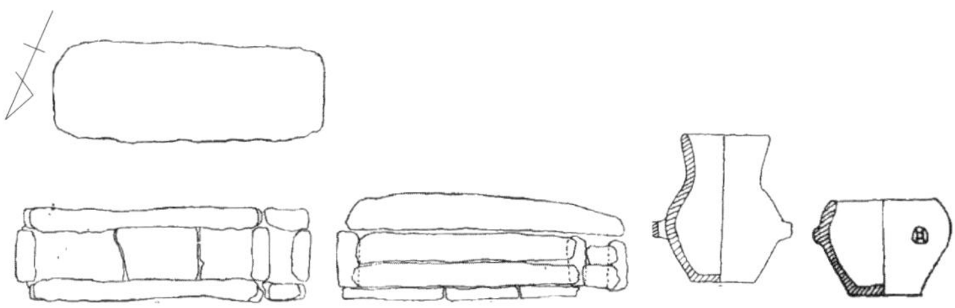

〈그림 4-71〉 길림 소달구 49호 고인돌 및 출토유물

마지막 개석 Ⅳ식은 모두 7기가 발굴된 화전 서황산둔 고인돌을 대표로 한다. 모두 무른 성질의 기암반을 굴착하여 묘실을 조성하였고, 묘도가 딸린 공통점이 있다. 그리고 묘도의 양쪽 옆에는 판석재를 세워 놓거나 석재를 낮게 쌓아 출입이 용이하도록 한 점이 특이점이다.

(2) 편년 및 단계별 특징

서류송화강유역권의 고인돌은 주로 중하류지역에 집중되었다. 이곳은 서단산문화에 귀속되는 석관묘유적 분포권의 외연지대로서 출토유물 역시 서로 구분된다. 따라서 이지역 고인돌의 단계성은 형식과 출토유물 구성에 따라 크게 3조로 나누어 살필 수 있다.

1조는 길림 소달구유적을 대표로 한다. 유적에서는 고인돌 2기와 석관묘 30기가 분포구를 달리하여 조사되었다. 발굴된 2기의 고인돌은 소달구 49호(49JSM18)와 산정대관 고인돌(보고서: 개석묘)로 구분된다. 먼저 소달구 49호는 본서 분류 개석 Ⅲ식이며, 유적 가장 서쪽에 단독으로 배치되었다. 그리고 산정대관 고인돌은 탁자형으로 유적이 자리한 평정산의 정상부에 역시 단독으로 위치한다.

산정대관 고인돌의 출토유물은 모두 71점으로 지금까지 발견된 고인돌 부장품 중 가장 많다. 종류에는 호형토기류와 동부, 동도, 청동단추, 석제 장신구류가 특징적이다. 이중 동체부에 꼭지형 손잡이가 대칭으로 달린 호형토기 1점은 1956년 발굴된 서단산유적 1호 석관묘 출토품과 닮아 있다. 해당 유물은 춘추 중기 전후로 편년되어 대략 기원전 8~7세기 무렵으로 볼 수 있다. 아울러 소달구 49호에서 공반된 호와 관 역시 기원전 7세기 무렵으로 편년되는 서단산B형호의 형태와 닮아 있어 유사한 연대관을 제시할 수 있다.[226)]

2조는 구대 관마산과 석랍산, 반석 상둔서산 고인돌이 해당된다. 부장품은 대체적으로 유사한데, 호와 관 및 두형토기류, 동도와 동촉, 갈돌 등이 공통된다. 이중 개석Ⅱ식인 관마산 고인돌에서 출토된 호와 관에는 꼭지형 손잡이가 대칭으로 달려 있는

---

226) 朱永剛, 1991, 앞의 글 ; 吉林大學歷史系文物陳列室, 1960, 앞의 글, 35~37쪽.

데, 유사한 특징의 것이 요동북부권 D구의 보산문화단계 개석II식 고인돌에서도 확인된다. 또한 발형토기 하단으로 누공된 대각이 달린 발형두 1점은 덕혜 왕가타자묘지에서 출토된 것과 흡사하여 동시기성이 인정된다. 왕가타자묘지의 연대는 전국 중후기로 편년되어 기원전 4~3세기 무렵으로 볼 수 있다.[227)]

이외에 석립산고라 반석 상둔서산 고인돌 출토품은 대체적으로 관마산의 것과 유사한데, 소형의 명기류인 점이 특징적이다. 보고서에서는 두유적의 고인돌 모두 서단산문화 후기단계인 기원전 4세기 무렵으로 편년하고 있다.

3조는 화전 서황산둔유적이 대표적이다. 다양한 부장품 중 꼭지형의 손잡이가 달린 잔과 완형토기류가 가장 특징적인데 이는 후술할 두만강유역 유정동문화 후기단계의 것과 매우 닮아 있다. 이와 함께 서황산둔 1호에서 출토된 촉각식동검은 요동북부권 A구의 신빈 왕청문 출토품과 유사하다. 최근 金旭東에 의해 이러한 형태의 유물조합과 묘제 특징에 대하여 황어 군주산 M1유형유존(黃魚圈珠山M1類型遺存)으로 설정된 바 있는데, 대략적으로 그 연대범위는 기원전 3~2세기 사이로 편년하고 있다.[228)]

이상과 같이 서류송화강유역권의 고인돌문화는 대략 기원전 8~7세기 무렵부터 시작되어 기원전 4~3세기 무렵에 가장 활성화된다. 주목되는 점은 당시 이지역 물질문화의 주도적 역할을 한 서단산문화와 일정한 차별성이 고수되는 점이다. 주력 묘제

---

227) 劉紅宇, 1985,「吉林省德惠縣王家坨子 `北嶺發現的古代遺存」,『北方文物』1.
228) 金旭東 · 趙俊傑 외, 2011, 앞의 글, 267~276쪽.

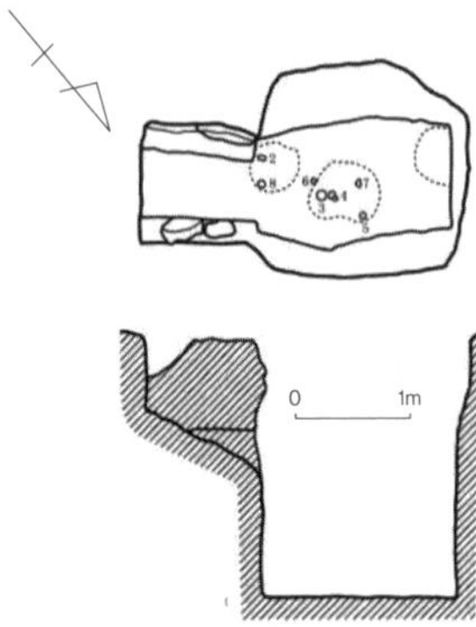

서황산둔 2호

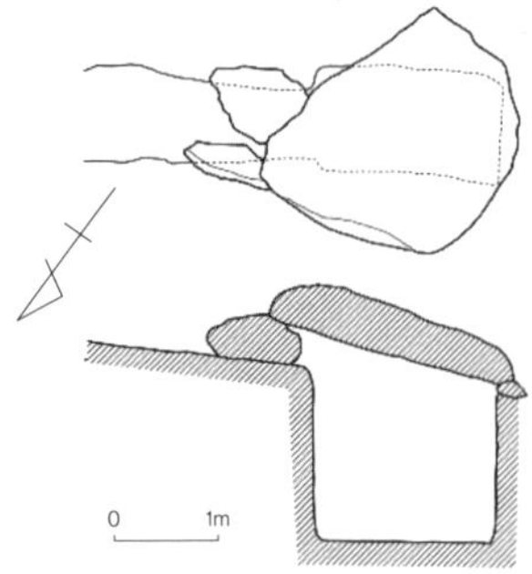

서황산둔 3호

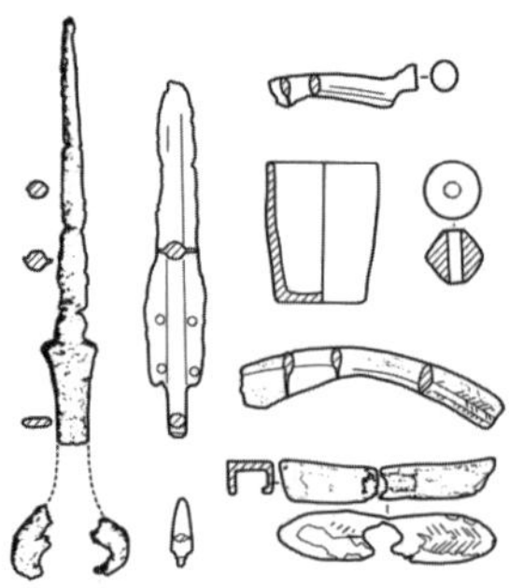

서황산둔 1호 출토유물

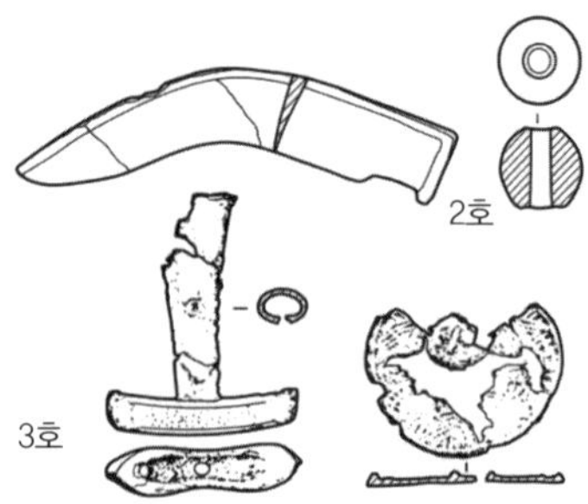

서황산둔 2 · 3호 출토유물

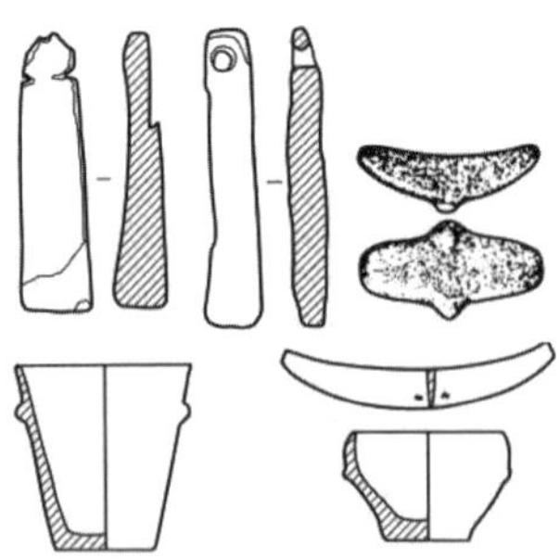

4 · 5호 출토유물

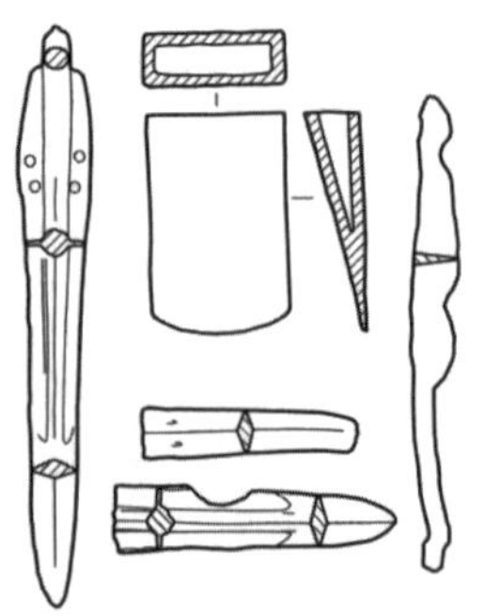

6호 출토유물

〈그림 4-72〉 화전 서황산둔 고인돌 및 출토유물

는 물론 부장양상에서도 많은 부분 차이를 보이기 때문에, 양자의 관계를 추론하기가 쉽지 않다. 이와 관련해서는 다음 장에서 보다 구체적으로 다루어 보자.

4. 석관묘유적의 특징과 성격

중국 동북지역 석관묘유적에 관한 검토는 요동지역[229]과 서류송화강유역권, 두만강유역권 등으로 구분하여 살펴보겠다.

1) 요동지역의 석관묘[230]

현재까지 요동지역에서는 약 70여 개 지점에서 200기 가량의 석관묘가 보고되었다.[231] 분포를 보면 대부분 요동북부권의 태

---

229) 관련 내용은 필자의 2017년 발표 글(「요동지역 석관묘문화의 특징과 전개양상 검토」, 『한국사학보』66)을 일부 수정 · 보완하여 수록한 것이다.

230) 요동지역 석관묘의 분포상은 앞서 분석된 고인돌과 마찬가지로 요동남부권과 요동북부권으로 나누어 살펴 볼 수 있다. 다만 요동반도권의 경우 보고된 유적의 수가 극히 소량이며 그것이 실제 석관묘로 사용된 것인지, 아니면 고인돌이 파괴된 잔해인지의 여부가 불투명 하여 권역을 나누어 분석하기에 어려움이 있었다. 그로인해 전장과 비교하여 다소 어색한 지역구분이 되었음을 양해드리고자 한다.

231) 이러한 숫자는 아래의 논문들에서 분석된 내용을 종합하여 산출하였다.
鄭大寧, 2002, 『中國東北地域青銅時代石棺墓遺存的考古學研究』, 中國社會科學院研究生院 博士學位論文 ; 梁志龍, 2003, 「遼寧本溪多年發見的石棺墓及其遺物」, 『北方文物』1 ; 楊榮昌, 2007, 「遼東地區青銅時代石棺墓葬及相關問題研究」, 『北方文物』1 ; 사회과학원 고고학연구소, 2009e, 앞의 책 ; 華玉冰, 2011,

자하와 혼하, 동요하상류지역에 집중된 양상을 보이며, 요동반도권의 벽류하유역에서도 소량 확인된다. 그동안 이 지역 석관묘의 출현과 확산과정에 대해서는 주로 남부시베리아지역의 카라수크 석관묘가 동진하여 내몽고-요서지역을 거쳐 전파되었다는 인식이 강한 편이었다.[232] 하지만 최근에는 요하유역일대 발굴자료 증가에 힘입어 당지의 자체 발생설이 설득력을 얻고 있는데 그 주요 대상으로서 태자하유역의 마성자문화가 주목받고 있다.

앞서 분석된 내용을 다시 한 번 요약하면, 마성자문화는 요동북부권에서 전개된 초기 청동기시대문화로서 중심연대는 기원전 18~11세기 사이로 편년된다. 주요 특징은 동굴내부에서 확인되는 무덤유적을 표지로 하며, 현재까지 대략 10여개 이상의 동굴에서 총 145기 가량의 무덤자료가 보고되었다. 대부분 무덤상부에 특별한 시설을 하지 않은 단순 토광형을 기본으로 하지만, 일부 중에는 묘광주변으로 석재를 둘러놓은 석광형태의 것과 얇은 판석 여러 개를 세워놓은 간이형태의 석관형무덤도 확인된다.

선행연구에 의하면, 기원전 12~11세기 전후 태자하중류의 요양과 본계시 일대에서 전형적인 형태의 석관묘가 출현한다.[233] 이들은 주로 저평한 구릉의 사면부에 입지한 특징을 보이며, 구

앞의 책.

232) 이종선, 1976, 앞의 글, 35~37쪽 ; 김정배, 1979, 앞의 글, 10~14쪽.

233) 鄭大寧, 2002, 앞의 글, 61쪽 ; 楊榮昌, 2007, 앞의 글, 18~19쪽 ; 華玉冰, 2011, 앞의 책, 183쪽 ; 오대양 · 백종오, 2015, 앞의 글, 120쪽.

조는 토광내부로 석재를 1~2층 정도 쌓았고, 그 상부에는 다시 여러 개의 판석을 덮어 놓았다. 이러한 특징은 마성자문화의 동굴내부에서 확인되는 석광형태의 무덤과 닮아 있어 비교가 된다. 또한 묘실내 출토유물 역시 상호 유사성이 강하여 요동북부권 석관묘의 출현은 마성자문화와 깊은 연관성이 있음을 알 수 있다.

그런데 요동반도권의 벽류하유역에서는 출토유물 특징상 마성자문화와는 그 계통성을 달리하지만 구조적으로 매우 유사한 형태의 것이 확인되는 점에서 주목된다. 대표적으로 보란점 왕둔유적[234)]의 사례를 보면, 이 유적의 석관묘는 토광내부로 얇은 판석 여러 개를 세워 묘실을 조성한 점에서 마성자문화의 석관형 무덤과 닮아 있다. 하지만 무덤내부에서는 요동반도권 초기 청동기시대에 속하는 쌍타자문화계열의 토기가 출토되는 점에서 차이를 보인다.

이외에 인접한 개주시 일대에서도 동일한 구조의 석관묘가 다수 보고되었는데, 내부에서는 왕둔유적과 유사한 기종의 토기가 확인되는 관계로 이 역시 쌍타자문화계열의 묘제로 볼 수 있겠다.[235)] 이상의 내용을 종합해 볼 때 요동지역의 석관묘는 크게 남 · 북 두 개의 분포권을 설정할 수 있으며, 두 지역의 초기 석관묘는 구조적 특징이 대체로 유사하지만, 출토유물 성격상 서로 다른 별개의 연원을 가지고 출현하였음을 알 수 있다.

---

234) 劉俊勇 · 戴延德, 1988,「遼寧新金縣王屯石館墓」,『北方文物』3.

235) 馮永謙 主編, 1996,『營口市文物志』, 遼寧民族出版社, 96~98쪽, 372쪽 ; 오대양, 2015b,「북한지역 석관묘유적의 특징과 성격」,『한국사학보』61, 380쪽.

본서에서는 바로 이러한 점에 유의하면서 요동지역 석관묘의 출현과 특징 및 그 전개과정의 대략을 살펴보도록 하겠다. 글의 순서는 먼저, 그간의 연구성과를 기초로 이지역 석관묘의 분포와 형식특징을 파악하고, 출토유물 분석을 통해 나름의 편년안을 제시하겠다. 이후 각 형식별 석관묘의 지역성과 단계별 변화상을 파악하여 요동지역 석관묘문화의 전개양상을 검토할 것이다.

(1) 분포와 형식특징

요동지역의 석관묘는 대부분 북부권의 요양과 본계, 무순, 법고, 철령, 서풍 등지에 집중되었다. 반면 남부권에서는 특정한 범위내의 밀집분포권을 형성하지는 않으며, 일부의 유적에서 소규모로 군집한 형태를 보인다(그림 4-71). 따라서 요동지역의 석관묘문화는 요동북부권을 중심으로 전개되었음을 알 수 있으며 남부지역은 중심분포권에서 벗어나 있는 일종의 외연지대로 볼 수 있다.

요동지역 석관묘의 구조적 특징을 보면 대부분 깊지 않은 묘광내부로 석재를 쌓거나 얇은 판석 여러 개를 세워 묘실을 조성하였다. 묘실 상부에는 작은 판석 몇 개를 이어 덮거나 혹은 별도의 덮개가 없이 흙을 채운 형태가 보편적이다. 현재까지 대략 200여 기 가량이 발견되었으며, 정식발굴을 거쳐 자료가 발표된 것은 총 111기이다(표 4-9참조). 보고된 자료를 토대로 석관묘의 형식을 구분해 보면, 앞서 분석된 북한지역과 마찬가지로 묘실의 조성 방법에 따라 크게 4가지로 분류할 수 있다.

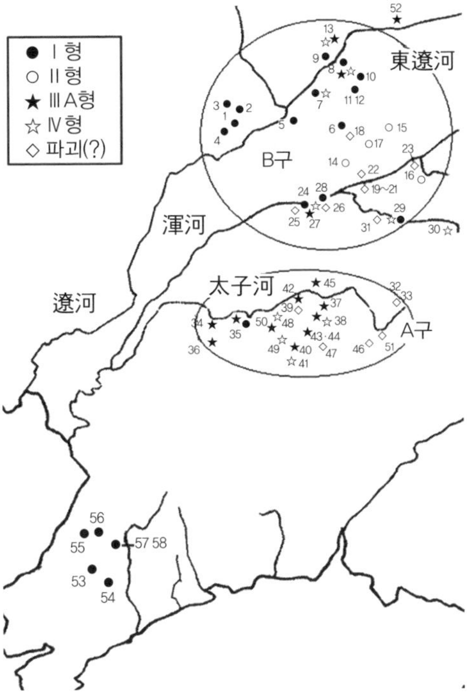

목록			
번호	유적	번호	유적
1	法庫黃花山	29	新賓老城
	法庫長條山	30	新賓紅山
	法庫小砣子	31	新賓色家村
2	法庫錢家溝	32	新賓大四平
3	法庫汪家溝	33	新賓馬架子
4	法庫馬家溝	34	遼陽接官廳
5	鐵嶺樹芽屯	35	遼陽二道河子
6	開原李家台	36	遼陽杏花村
7	清河九登山	37	本溪劉家哨
8	西豐東溝	38	本溪上堡
9	西豐消防隊	39	本溪梁家村
10	西豐誠信村	40	本溪虎溝
11	西豐阜豐屯	41	本溪程家村
12	西豐忠厚屯	42	本溪通江峪
13	西豐小育英屯	43	本溪花房溝
14	清原李家堡	44	本溪代家堡子
15	清原土口子	45	本溪丁家峪
16	清原小錯草溝	46	本溪全堡
17	清原馬家店	47	本溪朴堡
18	清原半道溝	48	本溪龍頭山
19	清原大南溝	49	本溪望海樓
20	清原西山頭	50	本溪小孤家子
21	清原康家堡	51	本溪元寶山
22	清原白灰場	52	遼源南大廟
23	清原大廟村	53	普蘭店王屯
24	撫順大伙房	54	蓋州核桃構
25	撫順茨溝	55	蓋州南窯村
26	撫順蓮花堡	56	蓋州團山 · 牌坊村
27	撫順大甲幇	57	蓋州小石棚村
28	撫順河夾心	58	蓋州張家溝

〈그림 4-73〉 요동지역 석관묘유적 분포도

먼저 제I형은 다판석형 석관묘이다. 토광 4면으로 얇은 판석 여러 개를 둘러 세웠으며, 그 상부에도 몇 개의 판석을 덮어 마감하였다. 그리고 II형은 묘실 4벽에 각 1매씩의 판석을 세운 구조의 단판석형, III형은 석재를 쌓아 묘실을 조성한 괴석형, IV형은 판석과 괴석을 혼용하여 만든 혼축형 등으로 각각 명칭 하겠다. 발굴조사를 통해 자료가 발표된 유적을 중심으로 개략적인 현황과 특징을 정리하면 〈표 4-11〉과 같다.

〈표 4-11〉 요동지역 석관묘유적의 현황과 특징

요동북부권의 석관묘 현황

지역	유적	조사	수량	호수	형식	특징	참고문헌
法庫	石砬子 黃花山	1986~1990	3	1	Ⅰ형	10개의 판석을 세워 묘실조성, 개석과 장벽석, 바다석 각 2매, 단벽양쪽 각 1개, 미송리형토기 1, 罐 1, 마노주 등 출토	242)
				2	Ⅰ형	구조는 1호와 동일, 인골편 검출	
				3	?	파괴, 구조불명	
	石砬子 長條山		9	4	Ⅰ형	여러 개의 판석을 세워 묘실조성, 토기 1, 인골편 등 출노	
	石砬子 小砣子		1	13	?	구조불명, 토기 1점(삼족기추정)	
	錢家溝	?	1		Ⅰ형	여러 장의 판석을 세워 묘실 조성, 상부에 판석을 덮음, 토기1점, 인골편 출토	243)
	汪家溝	?	1		Ⅰ형	판석 여러 개를 세워 묘실 조성, 홍색토기편 3점	
	馬家溝	?	1		Ⅰ형	판석 여러 개를 세워 묘실 조성, 상부에 판석 덮음, 인골출토	
鐵嶺	樹芽屯	1973	1		Ⅰ형	여러장의 판석을 세워 묘실 조성, 壺, 罐, 杯 등 여러점의 토기와 인골편 출토	244)
開原	李家台	1975	2	1	Ⅰ형	20여개의 판석을 세워 묘실 조성, 개석 파괴, 미송리형토기 1, 활석거푸집	
				2	Ⅰ형	여러 개의 판석을 세워 묘실 조성, 토기1, 그물추 등 출토	
	清河 九登山	1999	2	1	Ⅳ형	판석과 석재를 혼용하여 묘실조성, 상부에는 3개의 판석을 덮음	245)
				2	Ⅰ형	16개의 작은 판석을 세워 묘실조성, 묘실 상부에 3개의 판석을 덮음, 토기편 다수, 두개골 출토	
西豊	東溝	2009	17	1	Ⅰ형	파괴, 여러장의 판석을 세워 묘실조성	246)
				2	Ⅰ형	여러장의 판석을 세워 묘실조성, 상부에 3개의 판석을 덮음, 무문의 미송리형토기 1, 석부1 출토	
				3	Ⅰ형	판석 여러장을 세워 묘실조성, 상부에 판석을 덮음, 무문의 미송리형토기 1출토	
				4	Ⅳ형	판석과 석재를 혼용하여 묘실조성, 묘실 상부에 2개의 판석을 덮음, 무문의 미송리형토기 1, 방추차 1	
				5	Ⅰ형	여러장의 판석을 세워 묘실 조성, 서쪽장벽 5매, 동쪽장벽 4매, 남북양단벽 각1매, 바닥석 2장, 상부에 2장의 판석을 덮음, 미송리형토기 1 출토	
				7	Ⅳ형	파괴, 장벽은 석재를 쌓고, 각 단벽은 판석을 세움, 토기 2점, 석부1 출토	
				8	Ⅲ형	파괴, 석재를 쌓아 묘실 축조	
				9	Ⅳ형	파괴, 장벽은 석재를 쌓고, 각 단벽은 판석을 세움	

요동북부권의 석관묘 현황

지역	유적	조사	수량	호수	형식	특징	참고문헌
西豊	東溝	2009	17	10	Ⅲ형	석재를 쌓아 묘실 조성, 무문의 미송리형토기 1, 碗 1, 석부 1 출토	246)
				12	Ⅳ형	장벽은 석재를 쌓고, 각 단벽은 판석을 세움, 상부에 4개의 판석을 덮음, 미송리형토기 1출토	
				13	Ⅰ형	여러장의 판석을 세워 묘실 조성, 상부에 6장의 판석을 덮음, 무문의 미송리형토기1, 罐1, 석부1 출토	
				14	Ⅰ형	여러장의 판석을 세워 묘실조성, 상부파괴, 미송리형토기1, 罐1, 방추차2	
				15	Ⅳ형	장벽은 석재를 쌓고, 단벽은 판석을 세움, 상부에 5장의 판석을 덮음, 미송리형토기1, 석도1, 석부2	
				16	Ⅰ형	파괴, 판석 여러장을 세워 묘실조성, 사용된 석재가 매우 정밀하게 가공된 것이 특징적	
				17	Ⅰ형	여러장의 판석을 세워 묘실조성, 상부에 3장의 판석을 덮음	
				18	Ⅳ형	장벽은 석재를 쌓고, 단벽은 판석을 세움, 상부에 크기가 다른 판석 3장을 덮음, 무문의 미송리형토기1, 罐1, 석부2, 석촉2	
	消防隊	1991	1		Ⅰ형	묘실의 남,북,서쪽 3벽은 각 1장씩의 판석을 세우고 나머지 동쪽 장벽 한면은 2장의 판석을 세움, 상부에 2장의 판석을 덮음, 미송리형토기1, 罐1, 석부1, 앙신직지장(仰身直肢葬)된 인골 1개체 출토	247)
	誠信村	1992	多	1	Ⅰ형	주변에서 다수의 석관묘 확인됨, 발굴된 1기는 여러장의 판석을 세워 묘실을 조성, 상부에는 1장의 대형판석과 4개의 소형판석을 덮음, 묘실끝단으로 판석을 세워 부관을 둠, 남성 1개체의 인골(側身屈肢葬)과 미송리형토기, 비파형동검, 동모, 동촉, 석부, 석촉 등을 다수의 유물 출토	
	和隆阜豊屯	1981	1		Ⅰ형	여러 장의 판석을 세워 묘실조성, 상부에 1장의 판석을 덮음, 1976년 동모, 동촉, 동검이 수습(유실), 발굴조사를 통해 동부, 동촉, 토기편, 인골 등 출토	248)
	忠厚屯	1982	1		Ⅰ형	여러장의 판석을 세워 묘실조성, 석관의 장벽 외측으로 다시 석재를 세워 석곽을 둠, 상부에 3장의 판석을 덮음, 미송리형토기편, 동부 등 출토	
	小育英屯	2002	4	1	Ⅲ형	석재를 쌓아 묘실 조성, 무덤상부 파괴, 도굴추정	249)
				2	Ⅲ형	석재를 쌓아 묘실 조성, 석관의 동벽 상부로 어린아이의 인골이 부장된 옹관이 확인, 추가장으로 추정, 壺1, 罐2 출토	
				3	Ⅳ형	석재와 판석을 혼용하여 묘실조성, 鉢1 출토	
				4	Ⅳ형	석재와 판석을 혼용하여 묘실조성, 상부에 판석 6개 덮음, 석부, 石鏃, 壺1, 罐1, 앙신직지장된 인골 1개체 출토	

요동북부권의 석관묘 현황							
지역	유적	조사	수량	호수	형식	특징	참고문헌
清原	李家堡 서쪽경지	1975	1	1	II형	묘실은 각각 한 장의 판석을 세워 조성, 방추차 및 흑갈색 토기편 출토	250)
	李家堡 大葫蘆溝	1978	4	1	II형	4기가 2~3m 간격으로 배치, 묘실은 각각 한 장의 판석을 세워 조성, 석관내부에서 비파형동검1, 동모2, 環形銅器 등 출토	
				2	II형		
				3	II형		
				4	II형		
	土口子 中學	1972	1		II형	6개의 판석을 사용하여, 4벽과 개석, 바닥 등 조성, 무문의 미송리형토기1, 석부2 출토	
	土口子 門臉	1976	3	1	II형	묘실 4벽과 개석, 바닥 등 모두 각 1장씩의 판석을 사용, 비파형동검, 동부, 석촉, 뼈송곳, 미송리형토기 등 출토	
				2	II형		
				3	?	구조불명	
	小錯草溝	1974	1		II형	묘실 4벽과 개석, 바닥 등 모두 각 1장씩의 판석을 사용, 유경식석검 2점 출토	
	馬家店	1976	1		II형	각 1장씩의 판석을 세워 묘실조성, 무문의 미송리형토기와 석도 출토	
	半道溝	1982	1		?	구조불명, 토기 2점 출토	251)
	大南溝	1976	1		?	구조불명, 토기 4점 출토	
	西山頭	1976	1		?	구조불명, 석검출토(新賓 紅山2호 출토품과 동류)	
	康家堡	1982	30	1	?	1976~77년 사이 30여 기의 석관묘가 확인, 1982년 1기 발굴, 구조불명, 내부에서 鉢1 출토	
	白灰場	1964	1		?	구조불명, 미송리형토기1, 석부1, 石鑿1 출토	
	大廟村	1980	1		?	구조불명, 석부1, 석착 3 출토	
撫順	大伙房	1956	北山	1	I형	묘실은 여러 장의 판석을 세우고, 상부로 2개의 판석을 덮음, 미송리형토기편, 동부, 석부, 석착 등	252)
				2	I형		
		1982	祝家溝	1	I형	개석은 2개의 판석을 덮었고, 묘실은 9개의 판석을 세워 조성, 동부 1점과 다수의 토기편 출토	
				2	I형	묘실은 총 13개의 판석을 세워 조성, 상부에 5개의 판석을 덮음, 無紋壺1, 罐2, 석부출토	
				3	?	구조불명, 미송리형토기 1, 무문호1, 罐1, 석부출토	
				4	IV형	양쪽 장벽은 석재를 쌓고, 각 단벽은 판석을 세움, 상부에는 3개의 판석을 덮음, 비파형동모1, 동부1, 무문호2, 罐1 출토	
			小青島		I형	여러개의 판석을 세워 묘실조성, 상부파괴, 미송리형토기, 방추차 출토	
			八寶溝		I형	묘실 장벽 한면은 여러장의 판석을 세우고, 나머지 3면은 각 1장식의 판석을 세움, 미송리형토기, 방추차 출토	

요동북부권의 석관묘 현황

지역	유적	조사	수량	호수	형식	특징	참고문헌
撫順	茨溝	1984	1		?	구조불명, 壺1, 罐1 출토	[252]
	蓮花堡	1957	多	1	?	구조불명, 토기 6점 출토	
	大甲幇	1976	1		Ⅲ형	4벽 모두 석재를 쌓아 묘실을 둠, 개석 파괴, 비파형동검1, 미송리형토기 2	[253]
	河夾心	2005	2	1	Ⅰ형	2005년 고인돌 4기와 석관묘 2기발굴, 2기 모두 여러장의 판석을 세워 묘실 조성 후, 상부에 판석 2~3장을 덮음, 출토유물 없음	[254]
				2	Ⅰ형		
新賓	老城	1992	4	1	Ⅰ형	묘실 장벽은 각 3장씩, 단벽은 1장씩의 판석을 세움, 상부에는 2장의 판석을 덮음, 토기4점, 석부1	[255]
				2	Ⅳ형	묘실 3벽은 석재를 쌓고, 서쪽의 단벽 1쪽은 판석을 세워 막음함, 상부에는 2개의 판석을 덮음, 내부에서는 토기4점과 방추차 2, 인골 등이 출토, 토기(鉢)내부에 돼지이빨 2점확인	
				3	Ⅳ형	구조는 2호와 유사, 토기2점, 방추차1 출토	
				4	Ⅰ형	장벽은 각각 4개의 판석을, 단벽에는 1장씩의 판석을 세운후, 상부에 2장의 판석을 덮음, 토기2점, 방추차1 출토, 토기(鉢) 내부로 돼지이빨 3점 확인	
	紅山	1981	2	1	Ⅳ형	판석과 석재를 혼용하여 묘실 축조, 상부로 3개의 판석을 덮음, 토기1, 방추차1 출토	[256]
				2	?	구조불명, 석검1, 석부2, 토기편 등 출토	
	色家村	1983	1		?	구조불명, 길이 2m, 너비 1m 정도 추정, 동도, 석부, 석착, 石鏃, 석촉 등 출토	[257]
	大四平	1983	1		?	구조불명, 비파형동검의 석제가중기 출토	
	馬架子	1978	1		?	석재를 사용하여 묘실과 개석을 만듬, 명확한 구조는 불명확, 세형동검출토	[258]
遼陽	接官廳		26	5	Ⅲ형	4벽 모두 석재를 1층으로 돌려 쌓음, 바닥에 판석을 깜, 토기, 방추차, 돼지머리뼈, 인골 1개체 출토	[259]
				7	Ⅲ형	5호와 유사, 바닥은 맨바닥, 청동장식품(環) 10개, 토기, 인골 등 출토	
				11	Ⅲ형	석재를 쌓아 묘실축조, 바닥에는 판석 4개를 깔고, 상부에는 3개의 판석을 덮음, 다수의 토기와 인골출토	
				13	Ⅲ형	2개의 석관이 병렬로 연접, 석재를 쌓아 묘실 조성, 토기 및 인골 출토	
				4	?	구조불명, 토기 출토	
				12	?	구조불명, 토기 출토	

요동북부권의 석관묘 현황

지역	유적	조사	수량	호수	형식	특징	참고문헌
遼陽	二道河子 1955년 20여 기 발견, 1975년 보존상태가 좋은 2기 발굴		20기 이상	1	Ⅳ형	양쪽벽석은 석재를 5층가량 쌓고, 각 단벽은 판석을 세움, 상부에는 여러장의 판석을 덮음, 비파형동검1, 동부1, 거푸집 2, 청동끌과 미송리형토기 1점, 굽달린 鉢 2점 등이 출토	260)
				2	Ⅲ형	묘실은 석재를 쌓아 만들었으며, 상부에는 2개의 판석을 덮고, 바닥에도 판석을 깜, 성인과 어린아이의 인골이 함께 출토	
			파괴 2기			반파, 작은 판석을 이용하여 묘실조성, 내부에서 미송리형토기편과 인골 등 확인	
	杏花村 1996년보고, 조사년도 불명확		14	5	Ⅲ형	14기 중 3기 발굴, 구조는 모두 동일, 4벽모두 석재를 쌓아 묘실 조성, 상부에 판석을 덮음, 5호에서 인골과 토기1점, 3호에서 토기 1점 출토	261)
				2	Ⅲ형		
				3	Ⅲ형		
本溪	劉家哨	1978, 1986	1		Ⅲ형	석재를 쌓아 묘실조성, 상부에 판석 2개를 덮음, 세형동검3, 동모, 동경, 토기, 인골 등 출토	262)
	上堡	1995 1996	4	1	Ⅲ형	석재를 쌓아 묘실 조성, 개석 파괴, 1개체의 인골(앙신지기장), 토기2, 세형동검 2점, 鐵鑿 출토	263)
				2	Ⅲ형	파괴, 1호와 구조유사, 繩紋罐 1 출토	
				3	Ⅳ형	상부파괴, 석재와 판석을 혼용하여 묘실조성, 繩紋罐2 출토	
				4	?	파괴, 잔존부분 석재를 쌓음, 인골편 및 繩紋罐 출토	
	梁家村	1974 1975	2	1	?	2개의 판석만 잔존(길이 97cm, 너비 75cm, 두께 14cm), 비파형동검1, 석재가중기, 다뉴경 출토	264)
				2	?	길이 260cm, 너비 150cm, 두께 12cm 정도의 판석 하부에서 비파형동검1, 인골편 등 출토	
	虎溝	1987	1		Ⅲ형	묘실은 석재를 1층으로 돌려 장방형으로 조성, 상부에 4장의 판석을 덮음, 인골 1개체(측신직지장), 토기2, 석부1, 석분1 출토	265)
	程家村	1989	1		Ⅳ형	양쪽 장벽은 판석을 세우고, 각 단벽은 석재를 쌓음, 상부에 판석2장을 덮음, 인골 1개체(남성), 토기2, 석부1, 석분1, 석착1 등 출토	
	通江峪	1960	1		Ⅲ형	석재를 쌓아 묘실조성, 인골 1개체(앙신직지장), 미송리형토기 2, 罐 1, 어망추 31, 돼지뼈 등 출토	266)
	花房溝	1994	1		Ⅲ형	석재를 쌓아 묘실조성, 불에 탄 인골과 토기편, 파손된 동모 끝단 출토	
	代家堡子	1992	1		Ⅲ형	석재를 쌓아 묘실조성, 상부에 석판을 덮음, 2개체의 인골확인, 壺3점, 罐1, 방추차 1출토	
	丁家峪	1988	2	1	Ⅲ형	2기의 석관묘가 동서로 병렬, 묘실은 모두 석재를 쌓아 조성, 상부에 대석판을 덮음, 토기2, 석부 2	
				2	Ⅲ형		

요동북부권의 석관묘 현황

지역	유적	조사	수량	호수	형식	특징	참고문헌
本溪	全堡	1983	1		?	형식 불명확, 판석세움식 추정 壺2, 罐1, 석검편 출토	266)
	龍頭山	1992	1		Ⅳ형	묘실 서벽은 석재를 쌓고, 나머지 3벽은 판석을 세움, 묘실내부 두개골 5개 확인(성인과 아이), 무문의 미송리형토기1, 罐2 출토	
	元寶山	1978	1		?	구조불명, 석부1, 석검1 출토, 이중 석검은 신빈 홍산2호, 청원 서산 출토품과 동일	
	望海樓	1993	1		Ⅳ형	묘실은 판석과 석재를 혼용하여 축조, 壺1, 罐1, 인골3구 출토	267)
	小孤家子	1993	6	3	Ⅲ형	석재를 쌓아 묘실을 조성, 이중 3호무덤에서 미송리형 토기 출토	268)
	朴堡	1994	1		?	파괴, 구조불명확, 점초대토기, 촉각식동검, 동경 등 출토	269)
遼源	龍首山南大廟	1993	1	1	Ⅲ형	석재를 쌓아 묘실 조성, 상부에 3개의 판석을 덮음, 묘실 끝단의 부관내에서 壺1, 罐1 출토	270)

요동반도권의 석관묘 현황

지역	유적	조사	수량	호수	형식	특징	참고문헌
普蘭店	王屯	1974	3	2	Ⅰ형	10개의 판석을 이어세워 장방형의 석관조성, 상부에도 다수의 판석을 덮음, 壺1 출토	271)
	核桃溝	2000	1	1	–	여러 개의 판석을 세워 묘실 조성 후 두꺼운 1장의 대판석을 덮음(고인돌로 판단), 壺1, 罐1 출토	272)
蓋州	南窯村	1980	7		Ⅰ형	여러 장의 판석을 세워 묘실 조성, 주변으로 고인돌군 위치, 호와 관등 토기 위주 출토	273)
	團山村	?	多		Ⅰ형		
	牌坊村	1980	多		Ⅰ형		
	小石棚村	1978	多		Ⅰ형		
	張家溝	?	多		Ⅰ형		

236) 許志國, 1993,「法庫石砬子遺址及石棺墓調查」,『遼海文物學刊』1.

237) 馮永謙, 1996,「法庫縣文物志」, 遼寧民族出版社.

238) 遼寧鐵嶺地區文物組, 1981,「遼北地區原始文化遺址調查」,『考古』2.

239) 王奇, 2001,「遼寧鐵嶺市清河區九登山發現兩座石棺墓」,『博物館』究』2.

240) 遼寧省文物考古研究所・鐵嶺市博物館, 2001,「遼寧西豊縣東溝遺址及墓葬發掘簡報」,『考古』5.

241) 遼寧省西豊縣文物管理所, 1995,「遼寧西豊縣新發現的幾座石棺墓」,『考古』2.

242) 裴躍軍, 1986,「西豊和隆的兩座石館墓」,『遼海文物學刊』1.

243) 鐵嶺市博物館, 2004,「西豊釣魚鄉小育英屯石棺墓清理簡報」,『博物館研究』2.

244) 清原縣文物局, 1982,「遼寧清原縣近年發現一批石棺墓」,『考古』2.

이처럼 요동북부권에서는 4가지 형식의 석관묘가 모두 발견되지만, 각 형식별로 집중 분포한 지역이 다르다. I형은 주로 동요하 중류의 법고와 철령, 개원, 서풍 등 지역에 밀집하며, 혼하 중상류의 무순과 신빈(新賓)지역에서도 소량 확인된다. II형은 혼하상류의 청원(淸原)지역에서만 확인되며, III형과 IV형은 태자하유역의 요양, 본계, 무순 등지에 주로 분포한다. 이상 요동북부권 석관묘의 형식별 분포양상을 종합하면 다시 A · B 2개의 소구역으로 나누어 살필 수 있다.

---

245) 佟達, 張正岩, 1989,「遼寧撫順大伙房水庫石棺墓」,『考古』2.
246) 佟達, 張正岩, 1989, 위의 글.
247) 撫順博物館考古隊, 1983,「撫順地區早晩兩類靑銅文化遺存」,『文物』9.
248) 熊增瓏, 2008,「撫順河夾心墓地發掘簡報」,『遼寧省博物館館刊』3.
249) 李繼群 · 王維臣 · 趙維和, 1993,「新賓老城石棺墓發掘報告」,『遼海文物學刊』2.
250) 佟達 · 張正岩, 1989,「遼寧撫順大伙房水庫石棺墓」,『考古』2.
251) 張潑, 1984,「新賓縣永陵公社色家發現石棺墓」,『遼寧文物』6.
252) 撫順博物館考古隊, 1983,「撫順地區早晩兩類靑銅文化遺存」,『文物』9.
253) 遼陽市文物管理所, 1983,「遼陽市接官廳石棺墓群」,『考古』1.
254) 遼陽市文物管理所, 1977,「遼陽二道河子石棺墓」,『考古』5.
255) 梁振晶, 1996,「遼陽杏花村靑銅時代石棺墓」,『遼海文物學刊』1.
256) 梁志龍, 1992,「遼寧本溪劉家哨發現靑銅短劍墓」,『考古』2.
257) 魏海波 · 梁志龍, 1998,「遼寧本溪縣上堡靑銅短劍墓」,『文物』6.
258) 魏海波, 1987,「遼寧本溪發現靑銅短劍墓」,『考古』2.
259) 魏海波, 1991,「本溪連山關和下馬塘發現的兩座石棺墓」,『遼海文物學刊』2.
260) 梁志龍, 2003,「遼寧本溪多年發現的石棺墓及其遺物」,『北方文物』1.
261) 武家昌, 1994a,「本溪望海樓靑銅時代遺址」,『中國考古學年鑒』.
262) 武家昌, 1994b,「本溪小孤家子靑銅時代積石墓石棺墓墓地」,『中國考古學年鑒』.
263) 梁志龍 · 魏海波, 2005,「遼寧本溪縣朴堡發現靑銅短劍墓」,『考古』10.
264) 唐洪源, 2000,「遼源龍首山再次考古調查與淸理」,『博物館硏究』2.
265) 劉俊勇 · 戴延德, 1988, 앞의 글.
266) 付文才, 2000,「普蘭店市核桃溝石蓋石棺墓整理簡報」,『大連文物』12.
267) 馮永謙 主編, 1996, 앞의 책.

A구는 태자하유역에 해당되며 대략 90여 기의 석관묘가 알려졌다. 발굴을 통해 자료가 발표된 것은 총 33기로, 형식별 기수를 보면 Ⅲ형이 18기, Ⅳ형이 5기, 파괴되거나 정보가 부족한 것 10기 등이다. 따라서 이지역 석관묘의 주요형식은 묘실 4벽에 석재를 쌓아 만든 Ⅲ형(괴석형) 석관묘임을 알 수 있다. 아울러 현재까지 이 지역일대에서는 보존상태가 양호한 I형과 II형 등 판석형계열 석관묘가 거의 확인되지 않는 점이 특징적이다. 하지만 요양 이도하자와 본계 전보유적 등에서 파괴된 석관묘의 잔해 중 판석재가 확인되었기에 판석형계[268] 석관묘의 존재 가능성도 아예 무실할 수는 없다.

B구는 혼하와 동요하상류지역이다. 모두 110여 기의 석관묘가 발견되었으며 발굴조사를 통해 자료가 발표된 것은 총 78기이다. I형은 32기, II형 10기, Ⅲ형 6기, Ⅳ형은 13기, 기타 파괴되어 정확한 형식을 알 수 없는 것이 17기이다. 그중 I형은 주로 동요하 중류의 철령과 서풍지역에서, II형은 혼하상류의 청원지역에서만 확인된다. Ⅲ형과 Ⅳ형은 일반적으로 동일묘지내에 공존하며, 주로 동요하 중류지역에서 발견된다. 이 지역은 Ⅲ형의 괴석형 석관묘가 소수만 확인되며, 주로 판석형계열의 I형·II형과 혼축형의 Ⅳ형 석관묘가 주류를 이루는데, 그 중에서도 제I형의 다판석형이 가장 높은 비율을 보이는 점이 특징적이다.

---

268) 판석을 세워 묘실은 조성한 I형과 II형의 경우 묘실이 이미 파괴되었을 경우 정확한 형식을 구분하기가 어렵다. 이하에서는 이처럼 파괴된 석관묘의 잔해 속에서 판석재들이 다수 확인될 경우 통칭하여 판석형계열의 석관묘로 약칭하여 사용하겠다.

한편 현재까지 요동반도권에서 정식발굴을 통해 석관묘로 보고된 사례는 보란점 왕둔유적과 핵도구유적이 유일하여 구조적 특징에 대해 좀 더 구체적으로 살펴볼 필요가 있다.

먼저 왕둔유적은 1974년 3기의 무덤이 발굴되었는데 이중 1호무덤은 모두 14개의 판석을 이어 세워 묘실을 조성하였고, 그 위로 1장의 큰 판석을 덮어 개석으로 삼았다. 또한 묘실의 장벽석 양옆으로는 다시 여러 개의 판석을 쐐기돌처럼 박아 묘실을 보호하고 있다. 2호무덤은 얇은 판석 10여개를 세워 묘실을 만든 점에서 1호와 유사하다. 그러나 그 상부에는 여러 개의 얇은 판석을 덮어 놓았으며, 묘실주변으로 보강석을 놓지 않은 점에서 차이가 있다. 마지막 3호는 조사당시 이미 파괴된 채로 확인되어 정확한 구조는 알 수 없지만, 보고서에서는 이상 3기의 무덤을 모두 석관묘로 보고하였다.[269)] 하지만 왕둔 1호무덤의 구조는 묘실주변으로 보강석이 존재하는 점과 길이 186cm, 너비 80cm, 두께 13~24cm 정도의 대형 판석 1장을 덮어 놓은 점에서 일반적인 석관묘의 구조와 차이가 있다.[270)]

지금까지 요동지역에서 조사된 석관묘의 개석은 대부분 크기가 작고, 두께가 얇아서, 묘실주변으로 쐐기돌과 같은 보강시설이 잘 확인되지 않는 특징을 보인다. 이러한 보강시설은 개석의 하중으로부터 묘실이 파괴 되는 것을 방지하기 위한 조치로 여겨지기 때문에 묘실이 파괴될 수 있음에도 불구하고 특별히 커

---

269) 劉俊勇 · 戴延德, 1988, 앞의 글, 10~11쪽.

270) 華玉冰, 2011, 앞의 책, 74~75쪽.

다란 개석을 올려놓은 이유를 생각해 봐야 할 것이다. 여기에는 보다 특수한 의도가 반영된 것으로 추측되는데 그것은 아마도 개석을 외부로 노출시키려는 목적의 결과가 아닌가 한다.[271] 주지하다시피 고인돌의 개석은 단순히 묘실을 덮는 역할 외에도 무덤의 묘표적인 기능을 가지며 고인돌의 외형적인 모습을 결정하는 상징적인 의미를 갖는다.[272] 왕둔1호의 개석이 1장의 큰 판석으로 구성되어 있으며, 또한 지상에 노출되어 있는 점은 고인돌과 마찬가지로 사람들에게 보여 지기 위한 목적, 즉 무덤의 외형적형태가 강조된 것으로 여겨진다.

다음으로 핵도구유적은 왕둔유적에서 서쪽으로 약 5km 지점에 위치하며, 2000년 발굴을 통해 1기의 석관묘가 보고되었다.[273] 하지만 유적 곳곳에 다수의 판석재가 산재해 있다는 내용을 통해 볼 때 보다 많은 수의 무덤이 군집을 이루었을 것으로 추정된다. 발굴된 1호 무덤은 토광 내부로 여러 개의 판석을 세워 묘실을 조성한 후, 상부에는 1장의 대형판석을 덮어 놓은 형태로서 왕둔1호와 동일하다. 하지만 개석의 규모가 길이 185cm, 너비 120cm, 두께 50cm 정도로 보다 큰 규모를 보여, 이미 일반적인 석관묘의 범주에서 벗어나 있다.

이와 동일한 구조의 무덤이 보란점 쌍방유적에서 조사되었다. 쌍방유적에서는 모두 9기의 고인돌이 발굴되었으나 대부분 파괴되었고, 2호와 6호의 보전이 비교적 좋은 편이었다. 2호 고인

271) 오대양, 2015a, 앞의 글, 351쪽.
272) 하문식, 1999, 앞의 책, 180~181쪽.
273) 付文才, 2000, 앞의 글, 48쪽.

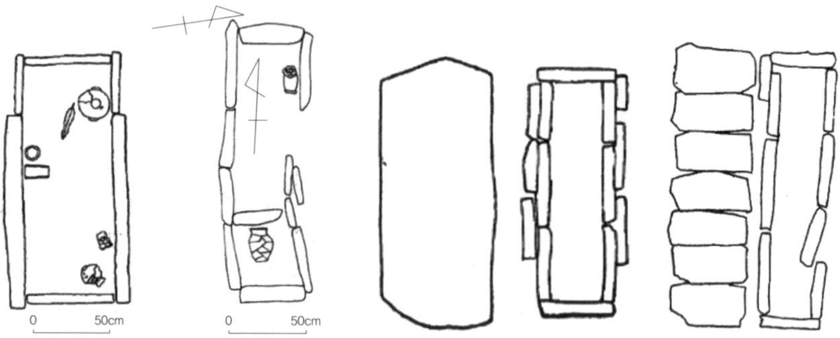

〈그림 4-74〉 요동반도권 I형석관묘 및 고인돌 형식 비교

돌은 지표상으로 4개의 두꺼운 판석을 세운 후 커다란 개석을 올려놓은 전형적인 형태의 탁자형 고인돌이다. 또한 6호는 토광내부로 6개의 판석을 세워 묘실을 조성한 후, 그 상부로 직경 170cm, 두께 30cm 정도의 대형 판석재 1장을 덮어놓은 구조로서 핵도구 및 왕둔1호와 동일한 형태이다. 이러한 쌍방 6호 무덤 역시 최초 보고 당시에는 석관묘의 한 유형으로 인식되었으나, 개석이 1장의 두꺼운 대형판석으로 이루어진 점과 주변으로 동일한 구조의 고인돌이 다수 분포한 점에서 현재는 고인돌의 한 유형으로 인정받고 있다. 따라서 묘실 상부에 1장의 두꺼운 개석을 덮어 놓은 핵도구 및 왕둔1호 역시 고인돌의 범주에 포함시켜도 무방할 것으로 판단된다.

이렇게 볼 때 현재까지 요동반도권에서 정식으로 발굴된 석관묘의 사례는 왕둔2호무덤이 유일하다. 하지만 개주시일대의 남요촌(南窯村), 단산촌(團山村), 패방촌(牌坊村), 소석붕촌(小石

棚村), 장가구촌(張家溝村) 등에서도 석관묘와 유사한 구조의 무덤이 보고된 바 있다.[274] 이들은 대부분 정식보고서가 출간되지 않은 관계로 정보가 부족하지만, 약보고된 내용에 따르면 묘실의 구조는 얇은 판석 여러 개를 세워 석관을 조성하였으며, 묘실 주변으로 보강석이나 적석묘역 등의 보강시설이 확인되지 않는 점에서 왕둔2호와 유사한 형태로 추정된다. 더불어 그 주변에서는 여러 기의 고인돌이 군락을 이루어 분포한다는 설명으로 보아 왕둔유적과 마찬가지로 동일묘군 내에 고인돌과 석관묘가 공존하였을 가능성도 있다. 그러나 고인돌의 파괴된 잔해로 볼 여지도 있다는 점에서 단정 짓기는 힘들다.

다만 현재까지 자료를 종합적으로 참고 하였을 때 요동반도권에서는 매장주체부의 구조가 유사한 I형 석관묘와 탁자형 고인돌이 공존한 것으로 잠정할 수 있겠다. 괴석형(Ⅲ형)과 혼축형(Ⅳ형) 등은 단 1기도 발견되지 않았으며, 이들은 주로 요동북부권의 태자하유역(A구)일대에 집중되어 있다. 또한 혼하와 동요하상류(B구)지역에서는 주로 I형과 Ⅱ형, Ⅳ형 등 판석형계열의 석관묘가 주류를 이루었는데, 이 지역에서는 Ⅲ형식의 괴석형 석관묘가 소량만 확인되는 등 각 지역별로 유행된 형식의 차이가 분명하다. 그런데 이러한 양상은 동시기 유행된 고인돌의 형식별 분포상에서도 찾아지는 관계로 서로 연관성이 깊어 보인다.

앞서 요동지역 고인돌과 석관묘의 구조적 특징을 비교하기 위

274) 馮永謙 主編, 1996, 앞의 책, 96~98쪽.

하여 고인돌의 형식 역시 묘실의 축조방법과 재료에 따라 판석형, 괴석형, 혼축형, 토광형 등으로 명칭한 바 있다. 다만 기존의 고인돌연구 성과와의 혼돈을 피하기 위하여 판석형은 탁자형으로, 토광형과 괴석형, 혼축형 등은 각각 개석I~IV식으로 변용하고 사용하고 있다. 먼저 판석형에 해당되는 탁자형 고인돌은 주로 요동반도권을 중심으로 분포하며 요동북부권에서는 동요하와 혼하상류일대에 산발적인 분포를 보인다.

반면 태자하유역에서는 대부분 괴석형(개석II식)과 혼축형(개석III식) 위주로 확인되는 점에서 석관묘의 형식별 분포양상과 닮아 있다. 이처럼 판석형(탁자형)계열의 묘제는 주로 요동반도권에 집중된 양상을 보이며, 마성자문화의 주요 분포권인 태자하유역에서는 괴석형(개석II)계 묘제가 강세를 보인다. 그렇다면 묘실의 조성방식과 재료의 차이는 그것을 조영한 집단의 계통적 차이를 의미할 가능성이 크다고 여겨진다. 물론 주변에서 쉽게 구할 수 있는 암석의 재질차이에 따른 변화상도 충분히 고려될 수 있겠지만 동시기에 유행된 고인돌과 석관묘 모두에서 동일한 현상이 간취되기 때문에 여기에는 의도적이거나 혹은 분명한 목적이 존재할 것으로 추정된다. 관련 내용은 다음 장에서 보다 구체적으로 다루어 질 것이다.

(2) 편년 및 단계별 특징

요동지역의 초기 청동기시대문화는 남부의 쌍타자문화와 북부의 마성자문화로 대별된다. 이들은 기원전 10~9세기를 전후로 점차 동질성이 강한 형태의 문화로 변화되는데, 그간의 중국 학계에서는 이를 쌍방문화로 인식해 왔으나[275] 최근에는 양자를 분리하여, 요남의 쌍방문화와 요북의 신성자문화로 구분하는 경향이 강하다.[276] 하지만 본서에서는 앞서 정리한 바와 같이 이 시기 요북의 청동기시대문화를 개석형 고인돌을 대표 묘제로 하는 신성자유형과 석관묘문화를 표지로 하는 이도하자유형[277]으로 구분하고자 한다. 아울러 요동반도권은 적석총문화를 표지로 하는 강상유형과 탁자형 고인돌을 대표 묘제로 하는 쌍방유형으로 구분한다.

이후 기원전 6세기 무렵에 이르면 태자하 하류역(요중 혹은 요하평원지역)에서 요서계의 정가와자유형이 형성되지만, 그러한 양상이 요동 남북지역의 토착 묘제와 문화에 미친 영향은 크지

275) 陳光, 1989,「羊頭窪類型硏究」,『考古學文化論集』(二), 文物出版社 ; 朱永剛, 1982,「東北青銅文化的發展階段與文化區系」,『考古學報』2, 139쪽 ; 王巍, 2004,「雙房遺存硏究」,『慶祝张忠培先生七十歲論文集』科學出版社 ; 趙賓福, 2009, 앞의 책, 158~161쪽.

276) 신성자문화의 개념은 본계 대편지 신성자유적의 발굴을 통해 華玉氷(2011, 앞의 책, 186~187쪽)에 의해 처음 제기되었다. 그는 요동북부권일대에서 기원전 10~7세기 사이에 확인되는 미송리형토기(弦紋壺) 출토유적은 마성자문화에서 갈려져 나온 독자적인 형태의 문화유형임을 강조하면서, 요동반도권의 쌍방문화와 구분할 것을 제안하였다. 신성자유형의 주요특징은 고인돌과 석관묘를 주요 묘제로 하며, 그 내부에서 출토되는 미송리형토기와 무문의 鉢口壺, 橫耳罐 등의 토기 조합을 들 수 있는데 이러한 특징은 적석총과 고인돌을 주요 묘제로 하면서 미송리형토기와 이중구연관이 조합되는 요남의 쌍방문화와 차별되는 현상으로 파악하였다.

277) 석관묘문화를 표지로 하는 이도하자유형에 대한 제안은 이미 오강원의 연구(2006, 앞의 책)에서 제안된 바 있다.

않다. 하지만 기원전 4~3세기를 기점으로 세형동검과 동과, 점토대토기류 및 전국연계(戰國燕系)의 문화요소가 공반되는 요서계 물질문화의 강세가 두드러지는데 이를 요남의 윤가촌유형(尹家村類型)과 요북의 상보촌유형(上堡村類型)으로 구분하기도 한다.[278] 이상 그간의 연구성과를 종합적으로 참고하여 요동지역 청동기시대문화의 편년과 그 주요특징을 정리하면 〈표 4-12〉와 같이 요약할 수 있다.[279]

〈표 4-12〉 요동지역 청동기시대문화의 편년과 단계별 특징

구분	요동반도권				요동북부권		
	분기	연대	주요특징		분기	연대	주요특징
쌍타자문화	1	B.C. 21~19	적석총, 적갈색의 토착문화계열 토기(罐, 壺, 單耳杯, 淺盤豆)와 흑색의 山東 龍山文化의 요소(杯, 豆, 鬶, 環足鼎)가 공존	마성자문화	1	B.C. 18	적갈색계 壺와 罐 발달, 附加堆紋 과 凸菱紋 유행, 동굴내 발생기적 형태의 석관묘제 출현
쌍타자문화	2	B.C. 18~16	토광묘, 옹관묘, 흑색의 罐, 壺, 豆, 鼎 등 기종 증가, 山東 岳石文化 요소 공존(凸菱紋과 附加堆紋 등), 벽류하유역 고인돌 출현	마성자문화	2	B.C. 17~14	壺류 증가, 圓點紋과 三角點列紋 유행, 요동반도권 문화요소 확인, 석광형, 석관형 등의 석관묘제 시작

278) 이후석, 2016,『요령식 세형동검문화와 고조선의 변천』, 숭실대학교 박사학위논문, 쪽

279) 〈표 4-12〉의 내용은 아래의 논문에서 분석된 내용을 종합적으로 참고하여 정리하였다.

오강원, 2006, 앞의 책 ; 趙賓福, 2009, 앞의 책 ; 遼寧省文物考古硏究所, 2010,「遼寧本溪縣新城子青銅時代墓地」,『考古』9 ; 華玉氷, 2011, 앞의 책 ; 오대양, 2015a,「요동지역 청동기시대 문화의 양상과 전개 - 소위 쌍방 · 미송리문화를 중심으로」,『동양학』61집 ; 이후석, 2016, 앞의 글.

<table>
<tr><th rowspan="2">구분</th><th colspan="3">요동반도권</th><th colspan="4">요동북부권</th></tr>
<tr><th>분기</th><th>연대</th><th>주요특징</th><th></th><th>분기</th><th>연대</th><th>주요특징</th></tr>
<tr><td rowspan="2">쌍타자문화</td><td rowspan="2">3</td><td rowspan="2">B.C. 15~11</td><td rowspan="2">적석총(반도남단), 고인돌(벽류하), 적갈색 계열 罐, 壺, 鉢 등토착계 강세, 석재도구 증가</td><td rowspan="2">마성자문화</td><td>3</td><td>B.C. 13~12</td><td>갈색과 회색계열의 토기 증가, 기종의 다양화, 석관묘의 탈동굴화 현상</td></tr>
<tr><td>4</td><td>B.C. 12~11</td><td>壺와 罐 발달, 각종 형태의 손잡이 유행, 회갈도와 흑도계열 토기 증가, 석관묘가 주변지역으로 확산</td></tr>
<tr><td colspan="2" rowspan="2">쌍방유형(천산산지 서남부)</td><td rowspan="2">B.C. 10~6</td><td rowspan="2">고인돌, 비파형동검, 銅斧, 미송리형토기, 이중구연토기 조합</td><td colspan="2">신성자유형(태자하중심)</td><td rowspan="2">B.C. 10~4</td><td>개석형 고인돌, 미송리형토기, 橫耳罐, 발류 및 석부 등 조합</td></tr>
<tr><td colspan="2">이도하자유형(요북전역)</td><td>석관묘, 미송리형토기, 橫耳罐, 발류, 비파형동검, 동부, 동모, 동촉 등의 개별적 조합</td></tr>
<tr><td colspan="2">강상유형(반도남단)</td><td>B.C. 8~4</td><td>적석총, 비파형동검, 동부, 동촉, 청동 장식품 조합, 무문계 미송리형토기, 장경호류</td><td colspan="2" rowspan="2">정가와자유형(태자하 하류의 요중지역)</td><td rowspan="2">B.C. 6~4</td><td rowspan="2">토광(목관)묘, 중세형동검, 다뉴경, 장경호, 점토대토기, 청동 장식품 다수</td></tr>
<tr><td colspan="2">상마석유형(벽류하 하류역)</td><td>B.C. 5~3</td><td>토광묘, 비파형동검, 장경호</td></tr>
<tr><td colspan="2">윤가촌유형(반도남단)</td><td>B.C. 3~2</td><td>석곽(목관)묘, 토광묘, 옹관묘, 세형동검, 戰國燕 · 秦 · 漢系요소 공반</td><td colspan="2">상보촌유형(요북전역)</td><td>B.C. 4~2</td><td>석관묘, 토광묘, 세형동검, 점토대토기, 흑색마연장경호, 戰國燕 · 漢系요소 공반</td></tr>
</table>

아래에서는 이 지역 청동기시대문화의 발전과정에 맞추어 요동지역 석관묘유적의 편년 및 단계별 특징을 요동북부권과 요동반도권으로 나누어 검토해 보겠다.

먼저 요동북부권의 석관묘는 형식별 분포상에 따라 다시 A · B 두 개의 분포구를 설정할 수 있으며 출토유물의 특징과 조합양상에 의거하여 크게 3시기로 나눌 수 있다. 첫 번째, 제1기는 석관묘가 동굴외부로 벗어나기 시작하는 마성자문화 중기단계로서 각 구역내 석관묘의 형식과 출토유물 차이에 따라 다시 3단계로 나뉜다.

제1기의 1단계는 A구에서 제Ⅲ형식의 석관묘만 확인되며 본계 대가보자유적을 대표로 한다. 특징을 보면 토광 4면으로 비교적 큰 석재를 둘러쌓아 묘실을 조성한 후, 상부에는 판석을 덮었으나 하부는 맨바닥이다. 석관묘에서는 모두 4점의 토기가 출토되었는데 구연과 동체부에 단절형의 부가퇴문(각목돌대문, 융기문)이 시문된 점과 손잡이 형태가 마성자문화의 산성자B동 2 · 11호(SBM2 · 11) 및 마성자A동 18호(MAM18) 출토품과 동일하며 무덤의 구조 또한 거의 유사하다.[280] 두 곳의 동굴유적은 모두 마성자문화 제2기에서 3기 사이에 속하며 연대는 기원전 14~13세기 사이로 편년된다.[281]

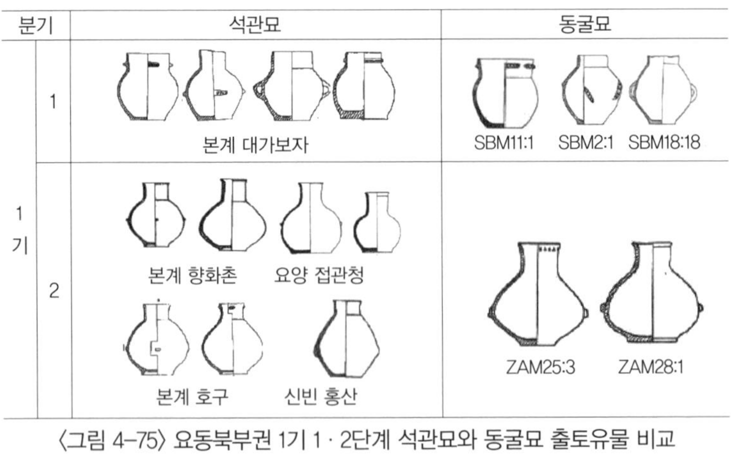

〈그림 4-75〉 요동북부권 1기 1 · 2단계 석관묘와 동굴묘 출토유물 비교

280) 梁志龍, 2003, 앞의 글, 13쪽.

281) 遼寧省文物考古硏究所 · 本溪市博物館, 1994, 앞의 책, 277~278쪽.

다음 1기 2단계는 A구에서 Ⅲ형 석관묘, B구에서 Ⅳ형 석관묘가 확인된다. 먼저 A구는 요양 접관청 5·11·12호, 향화촌, 본계 호구 석관묘를 대표로 하며, 출토유물은 마성자문화 제3기에 속하는 장가보 A동 25·28호무덤 출토호(ZAM25·28)와 유사하여, 연대는 기원전 13~12세기 사이로 편년할 수 있다.[282] B구는 신번 홍산1호를 대표로 하며, 출토유물은 A구의 향화촌 및 호구 석관묘와 유사하여 동시기의 무덤으로 볼 수 있다.

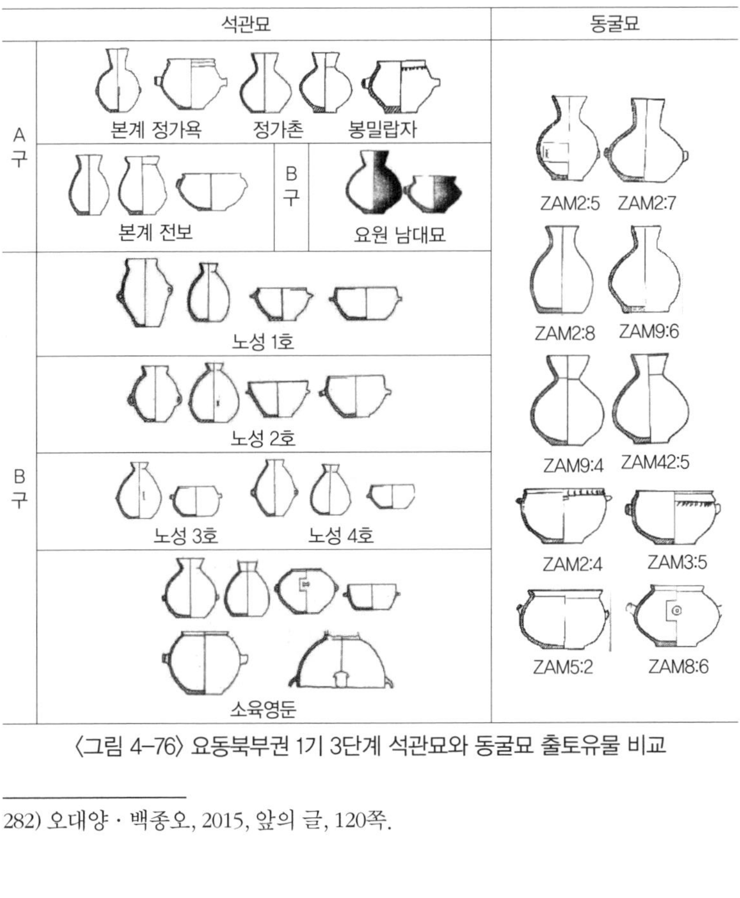

〈그림 4-76〉 요동북부권 1기 3단계 석관묘와 동굴묘 출토유물 비교

282) 오대양·백종오, 2015, 앞의 글, 120쪽.

1기 3단계는 A구에서 Ⅲ형과 Ⅳ형 및 파괴된 판석형계열의 석관묘가 확인되며, 본계 정가욕, 정보촌, 전보, 봉밀합자석관묘를 대표로 한다. 전보석관묘는 판석을 세워 묘실을 조성하고 상부에는 3개의 얇은 판석을 덮었다고 보고되었으나 관련 도면이 발표되지 않아 명확한 구조형식은 알 수 없다. 묘실내에서는 무문의 발구수복호(鉢口垂腹壺), 치구고복호(侈口鼓腹壺), 횡이구복관(橫耳球腹罐) 등이 출토되었다. 봉밀랍자 석관묘는 파괴되어 형식을 알 수 없는데 출토유물은 치구고복호, 횡이구복관 등이, Ⅲ형식의 정가욕 석관묘는 봉밀랍자 출토품과 유사한 횡이구복관이 출토되었다. Ⅳ형의 정가촌 석관묘에서는 전보와 봉밀랍자 출토품과 유사한 치구고복호가 확인되었다. 이상의 석관묘들은 모두 마성자문화의 제4기단계 유물과 동일하여 연대는 기원전 12~11세기 사이로 편년된다.

또한 B구에서는 I형과 Ⅲ형, Ⅳ형석관묘가 확인되며, 신빈 노성(新賓 老城), 서풍 소육영둔(西豊 小育英屯), 요원 남대묘(遼源 南大廟)유적을 대표로 한다. 신빈 노성유적에서는 모두 4기의 석관묘가 확인되는데, 그중 1호와 4호는 I형이며 2호와 3호는 Ⅳ형이다. 소육영둔에서도 4기가 발견되었는데, 1호와 2호는 Ⅲ형, 3호와 4호가 Ⅳ형석관묘이다. 이상 두유적에서 출토된 토기는 호(壺)와 관(罐), 발(鉢) 등 다양한 편으로 대체적으로 마성자문화 제4기의 A구 석관묘와 동시기성을 보인다. 마지막으로 요원 남대자 석관묘는 4벽 모두 석재를 쌓아 만든 Ⅲ형식에 속하며, 출토유물은 치구고복호와 횡이구복관으로 B구의 본계 봉밀랍자 출토품과 유사하여 동시기로 편년할 수 있다.

두 번째 제2기는 이도하자유형단계의 석관묘로서 역시 출토유물 조합에 따라 2단계로 구분할 수 있다.

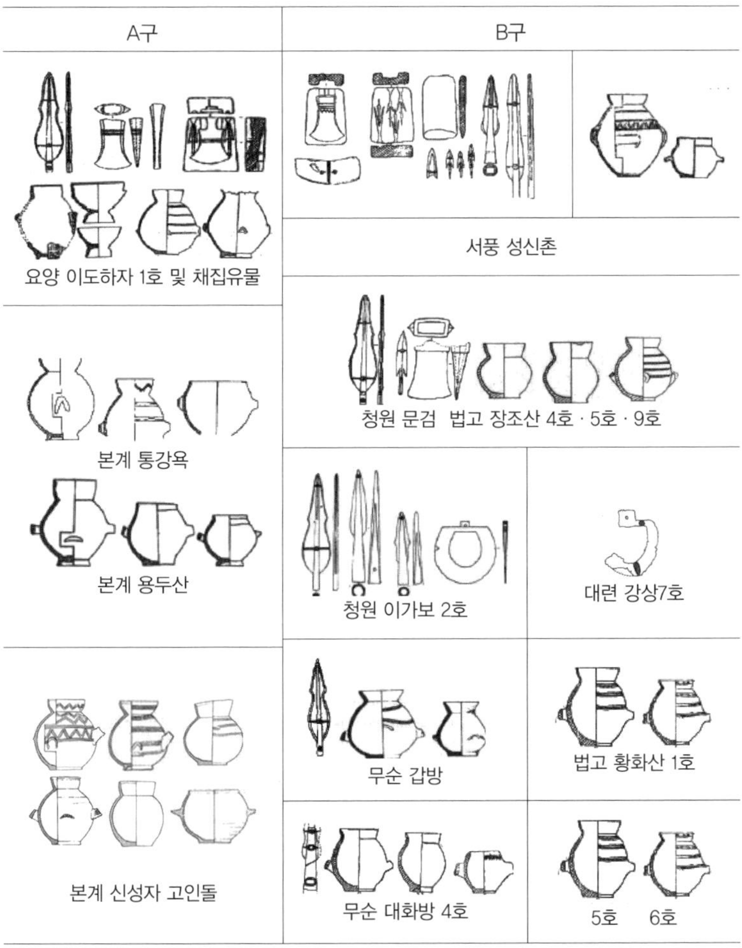

〈그림 4-77〉 요동북부권 제2기 1단계 석관묘 출토유물 비교

2기 1단계에는 A구에서 Ⅲ형, Ⅳ형 석관묘가 발견되며, 요양 이도하자유적을 대표로 하며 본계 통광욕(通江峪)과 용두산(龍頭山) 석관묘도 이시기에 속한다. 부장품은 많은 편으로 무문과 현문계 미송리형토기, 횡이관(橫耳罐), 비파형동검, 동모, 동부, 동촉, 석촉 등이 개별적인 조합관계를 보인다.

이도하자 1호는 Ⅳ형 석관묘로서 비파형동검, 동부, 석제용범, 동착(銅鑿) 및 미송리형토기와 두(豆)형토기 등이 출토되었다. 이중 두형토기의 형태는 마성자문화 후기단계의 산성자 C동굴 8호무덤 출토과 유사하여 양자는 선후 발전관계에 있는 것으로 파악된다.[283] 또한 선형동부와 석제용범 및 미송리형토기 등은 요동반도권의 쌍방 6호 고인돌(탁자형)과 유사하여 동시기성이 인정된다. 이외에 Ⅲ형식의 통강욕과 Ⅳ형식의 용두산 석관묘에서는 현문과 무문계 미송리형토기 및 횡이관 등이 공반되는데 이와 동일한 토기조합이 개석형 고인돌 군락지인 신성자유적에서도 확인 되었다.[284]

현재 쌍방과 신성자유적의 조성연대는 한・중의 연구자들 대부분 적어도 기원전 9~8세기 전후로 인정하기 때문에, A구 제2기 1단계의 연대는 마성자문화 후기단계와의 연결성을 고려하여 기원전 10~8세기 전후로 설정할 수 있다.

이시기 B구에서는 4개 형식의 석관묘가 모두 확인되며, 서풍 성신촌(西豊 城新村), 법고 석랍자 장조산(法庫 石拉子 長條山),

283) 김미경, 2006, 「미송리형토기의 변천과 성격에 대하여」, 『한국고고학보』60, 69쪽.

284) 遼寧省文物考古硏究所, 2010, 앞의 글, 9~10쪽.

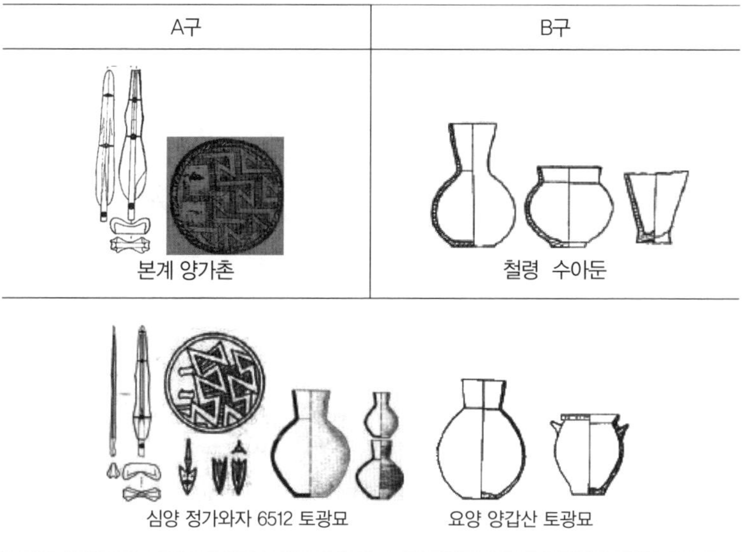

〈그림 4-78〉 요동북부권 제2기 2단계 석관묘 출토유물 비교

청원 문검(淸源 門臉), 이가보(李家堡), 서풍 동구(西豊 東溝), 무순 대갑방(撫順 大甲幇)과 대화방(大伙房) 석관묘를 대표로 한다. 먼저 I형식의 성신촌 석관묘에서는 비파형동검, 동모, 동부, 동촉, 미송리형토기, 횡이관 등 다수의 유물이 출토되었다. 이중 동검과 동부는 쌍방 6호 출토품과 닮아 있어 동시기성을 보인다. II형식의 문검과 이가보 석관묘에서도 비파형동검과 동부, 동모, 검파두식(銅環狀器) 등이 출토되었다. 그중 동검과 동부는 A구의 이도하자 출토품과 비교되며, 동환상기(銅環狀器)로 보고된 검파두식은 기원전 8세기로 편년되는 강상적석총 7호 묘실[285] 출토품과 유사다. 이외에 III형식의 무순 갑방 1호 석관

285) 中國社會科學院考古學硏究所, 1996, 앞의 책, 84쪽.

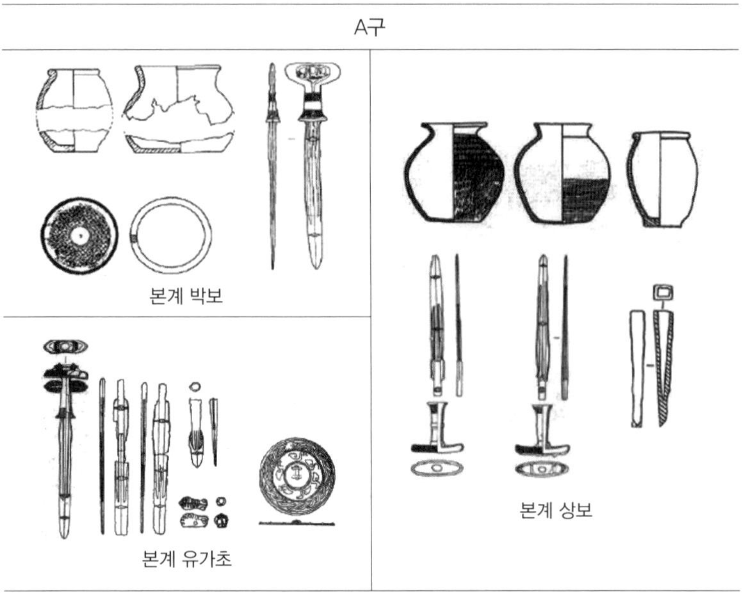

〈그림 4-79〉 요동북부권 제3기 석관묘 출토유물 비교

묘에서 출토된 동검은 이가보 출토품과 유사하며, Ⅳ형식의 대화방 4호 석관묘에서 출토된 횡이관과 무문계 미송리형토기(발구호)는 본계 신성자유적의 8호와 10호 출토품과 동일하여 역시 동시기로 편년할 수 있다.[286)]

제2기 2단계부터는 석관묘의 발견 숫자가 현격하게 줄어들며 출토유물 방면에서도 변화가 생긴다. 예를 들면 전형적인 형태의 현문계 미송리형토기가 점차 소실되면서 무문의 장경호로 대체되며, 공반되는 동검의 검신이 세장화된다. A구에서는 파괴된 판석형계 석관묘만 확인되는데 본계 양가촌(本溪 梁家村)유적

286) 遼寧省文物考古硏究所, 2010, 앞의 글, 9~11쪽.

을 대표로 한다. 묘실내부에서는 심양 정가와자 6512호 토광묘와 유사한 형태의 비파형동검과 다뉴조문경이 출토되어 연대는 기원전 7~6세기 사이로 편년된다.[287] B구에서는 I형 석관묘가 확인되며 철령 수아둔(鐵嶺 樹芽屯) 석관묘를 대표로 한다. 석관묘에서는 무문의 장경호와 고복관 등이 출토되는데, 유사한 형태의 것이 기원전 5세기 전후로 편년되는 무순 하협심[288]과 관문 고인돌[289]에서도 확인되어 동시기로 편년할 수 있다.

제3기에는 A구에서만 석관묘가 확인되며 본계 상보, 유가촌유적 등의 III형과 박보유적의 파괴된 판석형계 석관묘가 대표적이다. 출토유물은 세형동검과 동모, 점토대토기 및 중원식동경과 연·한식 토기 등으로 당지의 토착문화를 기반으로 중원계의 문화요소가 공반되는 특징을 보인다. 더불어 이시기에는 토광(목관)묘계열의 묘제가 점차 증가하면서, 쇠퇴기 석묘문화와 공존하는 양상을 보인다. 연대는 기원전 4~2세기 사이로 편년할 수 있다.

이상의 내용을 종합하여 요동북부지역 석관묘유적의 분기와 단계별 형식 특징을 〈표 4-13〉과 같이 정리할 수 있다.

---

287) 오강원, 2006, 앞의 책, 488~489쪽.

288) 遼寧省文物考古研究所 · 撫順市博物館, 2008, 「撫順河夾心墓地發掘簡報」, 『遼寧省博物館學刊』3輯, 遼海出版社, 334~341쪽.

289) 遼寧省文物考古研究所 · 撫順市博物館, 2007, 「趙家墳石棚發掘刊報」, 『北方文物』2, 20~22쪽.

〈표 4-13〉 요동북부권 석관묘유적의 분기와 단계별 형식특징

분기	1			2		3
	1	2	3	1	2	
연대	B.C. 14~13	B.C. 13~12	B.C. 12~11	B.C. 10~8	B.C. 7~5	B.C. 4~2
A구	Ⅲ형 ; 대가보자	Ⅲ형; 접관청 호구, 향화촌	Ⅲ형;정가욕 Ⅳ형;봉밀랍자 판석형;전보	Ⅲ형; 통광욕, 이도하자 Ⅳ형;용두산	판석형; 양가촌	Ⅲ형; 상보, 유가초 판석형;박보
B구	–	Ⅳ형;홍산	Ⅰ· Ⅲ형; 노성, 소육영둔	Ⅰ형;성신촌, Ⅱ형;문검, Ⅲ형;갑방 Ⅳ형;대화방	Ⅰ형; 수아둔	–

다음으로 현재 요동반도권에서 정식발굴을 거쳐 자료가 보고된 석관묘는 보란점 왕둔유적의 2호무덤이 유일하다. 하지만 인접한 개주시일대에서도 유사한 구조를 보이는 다수의 무덤이 보고된 관계로 이 지역 역시 잠정적으로 석관묘문화권에 포함시켜 논의하고자 한다.

요동반도권의 석관묘에서는 대체적으로 쌍타자2기에서 3기문화 사이의 특징적인 유물이 출토된다. 또한 동일유적내에서 고인돌과 공존하는 양상을 보이는데, 양자는 묘실의 구조를 비롯한 출토유물 상에서도 강한 유사점이 확인되어 동일한 계통의 사람들이 남긴 묘제로 볼 수 있다. 따라서 이 지역 석관묘유적의 편년과 단계성은 고인돌유적과 병행하여 검토되어야 한다.

먼저 왕둔유적의 1호무덤(고인돌)에서는 철릉문장경호(凸菱紋長頸壺)와 수이장경호(竪耳長頸壺), 이중구연토기 등이 출토되었고, 왕둔2호(석관묘)에서는 철릉문장경호 1점이, 3호(석관

묘)에서는 치구장경호 1점이 출토되었다. 또한 왕둔 1호와 동일한 구조를 보이는 핵도구 고인돌에서는 이중구연토기와 치구장경호 1점씩이 출토되었는데 이중 치구장경호의 형태와 제작수법이 왕둔3호 출토품과 동일하여 두유적은 같은 시기에 조성되었음을 알 수 있다.[290] 이상 왕둔과 핵도구유적에서 출토된 토기들은 벽류하 하류지역에 위치한 보란점 고려채 · 단타자유적[291]과 장해현 상마석 유적[292]에서도 찾아져 비교가 된다.[293]

단타자유적에서는 모두 2기의 토광묘가 발굴되었으며, 묘실 내부에서는 철릉문장경호와 이중구연토기 등이 공반되었다. 이중 2호 토광묘에서 출토된 장경호의 구연부에는 두줄의 침선문을 짧은 간격으로 시문하여 철릉문의 효과를 낸 점에서 왕둔2호 출토품과 동일하며, 이중구연토기는 왕둔1호 출토품과 닮아 있다. 또한 상마석유적의 옹관 내부에서는 왕둔1 · 2호 출토품과 유사한계통의 철릉문장경호와 왕둔3호 및 핵도구 출토품과 동

290) 하지만 핵도구유적에서 출토된 이중구연토기는 구연부상으로 단사선문이 시문되지 않은 점에서 왕둔1호 출토품과 차이가 있는데, 이를 시기성이 반영된 결과로서 무문의 것을 보다 늦은 시기로 보는 견해도 있다.(화옥빙, 2011, 앞의 책, 211~212쪽). 하지만 두종류의 토기가 동일유적내에서 공반되고 있는 보란점 고려채유적의 사례를 통해 볼 때, 양자는 동시기성을 보이지만, 무문의 것이 좀 더 오랜 시간 지속된 것으로 추론 할 수 있겠다.

291) 東亞考古學會, 1929,『貔子窩』, 東方考古學叢刊.

292) 旅順博物館 等, 1982,「遼寧長海縣上馬石青銅時代墓葬」,『考古』6.

293) 본서에서는 요동~서북한지역 고인돌과 석관묘의 출현기적 특징을 다루는 부분에서 보란점과 개주일대 석관묘유적을 자주 거론하고 있다. 그 중에서도 보란점의 왕둔과 핵도구유적 및 그와 동시기성을 보이는 벽류하 하류의 단타자와 상마석유적 등을 반복하여 소개하고 있는데, 그 이유는 해당 유적들이 본서의 핵심 논지를 풀어가는데 중요하게 작용되기 때문이다.

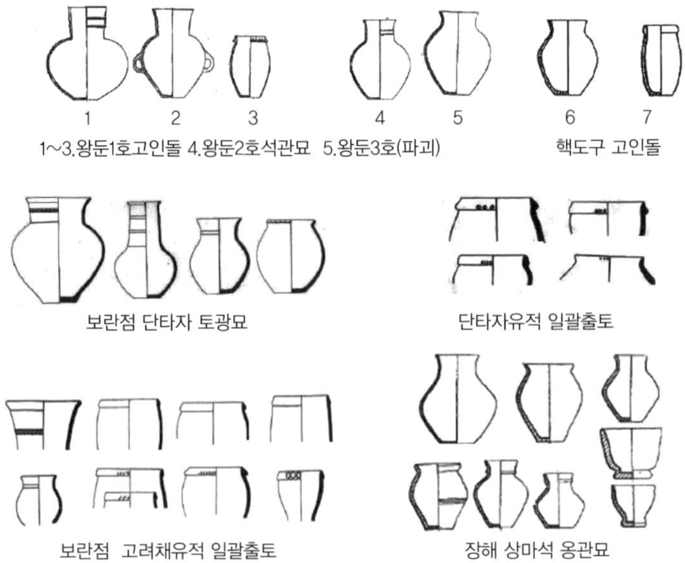

〈그림 4-80〉 쌍타자2기문화 관련 유적 출토유물 비교

일한 형태의 치구장경호가 여러 점 출토되었다. 상마석 옹관묘와 단타자 토광묘는 모두 쌍타자2기문화의 전형유적으로 평가받고 있으며 연대범위는 기원전 18~16세기 사이로 편년된다.[294] 따라서 유사한계통의 토기가 부장된 왕둔 및 핵도구유적 역시 모두 동일한 단계의 무덤유적으로 볼 수 있다.[295]

이외에 개주 남요촌 2호 및 패방유적의 추정 석관묘에서는 왕둔1호 출토품과 유사한 이중구연에 단사선문이 시문된 토기가 출토되었다. 또한 남요촌유적 7호 추정 석관묘에서는 1점의 황갈색토기(협사홍도)가 출토되었는데, 관련 도면이 제시되

294) 旅順博物館 等, 1982, 위의 글, 591~596쪽.

295) 백종오 · 오대양, 2014, 앞의 글, 65쪽 ; 오대양, 2015a, 앞의 글, 380~381쪽.

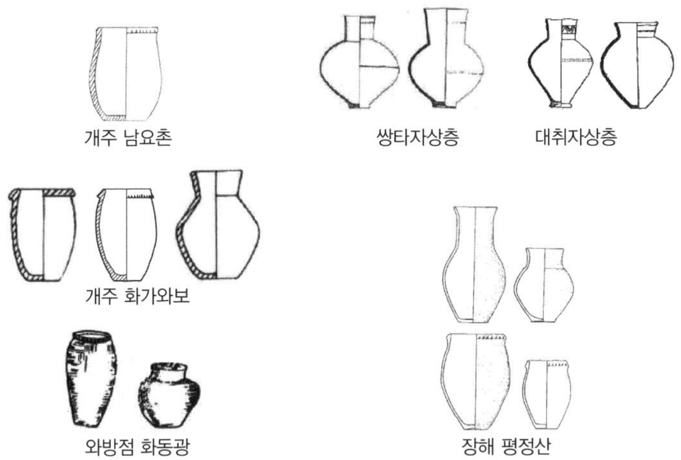

〈그림 4-81〉 쌍타자3기문화 관련 유적 출토유물

지 않아 정확한 기종은 알 수 없지만 길고 좁은 목에, 동체는 고복(鼓腹)하고 어깨와 목부분에 각각 1줄씩의 권점문(圈点紋)이 돌아간다는 설명[296)]을 통해 볼 때 쌍타자와 대취자상층(大嘴子上層) 등 주로 쌍타자3기문화에 유행된 장경호의 한 종류로 추정된다.

이상 남요촌과 패방유적에서 출토된 두 종류의 토기는 대체적으로 쌍타자2기에서 3기문화 사이에 보편적으로 확인되는 기종으로, 동시기에 유행된 주변지역의 탁자형 고인돌에서도 찾아져 비교가 된다.[297)] 대표적으로 개주 화가와보(蓋州 伙家窩堡)[298)]와 와방점 화동광[299)]유적을 들 수 있다. 두유적의 고인돌에서는 모

296) 馮永謙 主編, 1996, 앞의 책, 372쪽.
297) 鄭大寧, 2002, 앞의 글, 84쪽.
298) 許玉林, 1993, 「遼寧盖縣伙家窩堡石棚發掘簡報」, 『考古』9.
299) 遼寧省考古文物研究所, 1994, 앞의 책.

두 구연부에 단사선문이 시문된 이중구연토기와 무문의 장경호가 각 1점씩 조합관계를 보인다. 이와 동일한 양상의 토기 조합이 쌍타자3기의 초기유적으로 편년되는 장하 평정산유적[300]에서도 동일하게 확인되는 관계로 이들은 모두 같은 시기의 유적으로 파악된다.[301]

이상의 내용을 종합하면, 요동반도권의 추정 석관묘와 고인돌에서 출토되는 유물은 크게 두 가지 조합으로 나눌 수 있다. 첫 번째는 철릉문장경호와 이중구연토기의 조합, 두 번째는 치구장경호와 이중구연토기의 조합이다. 이중 철릉문장경호는 쌍타자2기문화의 전형적인 특징을 보유한 점에서 편년의 지표로 삶을 수 있지만, 이중구연토기와 치구장경호는 쌍타자3기문화까지 보편적으로 유행되는 기종이기에 비교적 오랜 범위의 연대 폭을 가진다. 따라서 철릉문장경호가 출토된 I형식의 왕둔2호 석관묘는 적어도 기원전 16세기 이전에는 조성되었으며, 이후 쌍타자3기문화 단계까지 동일한 형식의 석관묘가 고인돌과 함께 병존한 것으로 판단된다.

(3) 전개양상 검토

최근 요동지역 석관묘문화의 기원과 관련하여 태자하유역의 마성자문화가 주목받고 있으며, 묘실 구조와 출토유물의 유사성

---

300) 遼寧省文物考古研究所, 2011, 「大連庄河平頂山青銅時代遺址發掘簡報」, 『北方文物』1, 3~8쪽.

301) 백종오 · 오대양, 2014, 앞의 글, 65쪽.

을 근거로 양자의 계승관계는 대체적으로 인정받는 듯하다. 하지만 앞장에서 살펴본 바와 같이 요동반도권의 석관묘는 마성자문화와 계통성을 달리하며, 출현연대 또한 요동북부권을 훨씬 상회하고 있어 좀 더 구체적인 면에서의 검토가 필요하다.

〈표 4-13〉 요동지역 청동기시대문화의 분기와 석관묘유적의 단계별 형식특징

<table>
<tr><th>구분</th><th colspan="3">요동반도권</th><th colspan="9">요동북부권</th></tr>
<tr><td rowspan="8">쌍타자문화</td><td rowspan="2">분기</td><td rowspan="2">연대</td><td rowspan="2">석관묘</td><td rowspan="8">마성자문화</td><td colspan="3">동굴유적</td><td colspan="5">석관묘</td></tr>
<tr><td>분기</td><td>연대</td><td>특징</td><td colspan="2">분기</td><td>연대</td><td>A구</td><td>B구</td></tr>
<tr><td>1</td><td>B.C. 21~19</td><td>–</td><td colspan="7">–</td><td></td></tr>
<tr><td rowspan="2">2</td><td rowspan="2">B.C. 18~16</td><td rowspan="2">Ⅰ형; 왕둔2호</td><td>1</td><td>B.C. 18</td><td>출현기적 석관묘제 출현</td><td colspan="5">–</td></tr>
<tr><td rowspan="2">2</td><td rowspan="2">B.C. 17~14</td><td rowspan="3">석광형, 석관형 등 동굴내 석관묘제 출현, 석관묘의 탈동굴화 현상</td><td colspan="5">–</td></tr>
<tr><td rowspan="3">3</td><td rowspan="3">B.C. 15~11</td><td rowspan="3">Ⅰ형; 남요촌, 패방, 단산, 소석붕</td><td rowspan="3">1</td><td>1</td><td>B.C. 14~13</td><td>Ⅲ형; 대가보자</td><td>–</td></tr>
<tr><td>3</td><td>B.C. 13~12</td><td>2</td><td>B.C. 13~12</td><td>Ⅲ형;접관청, 호구, 향화촌</td><td>Ⅳ형;홍산</td></tr>
<tr><td>4</td><td>B.C. 12~11</td><td>석관묘가 주변지역으로 확산</td><td>3</td><td>B.C. 12~11</td><td>Ⅲ형;정가욕
Ⅳ형;봉밀랍자
판석형;전보</td><td>Ⅰ · Ⅲ형; 노성, 소육영둔</td></tr>
<tr><td colspan="4" rowspan="3"></td><td colspan="4" rowspan="2">이도하자유형</td><td rowspan="2">2</td><td>1</td><td>B.C. 10~8</td><td>Ⅲ형;통광욕, 이도하자
Ⅳ형;용두산, 판석형; 이도하자</td><td>Ⅰ형;성신, Ⅱ형;문검, Ⅲ형;갑방, Ⅳ형;대화방</td></tr>
<tr><td>2</td><td>B.C. 7~5</td><td>판석형; 양가촌</td><td>Ⅰ형; 수아둔</td></tr>
<tr><td colspan="4">상보촌유형</td><td colspan="2">3</td><td>B.C. 4~2</td><td>Ⅲ형;상보, 유가초, 판석형;박보</td><td>–</td></tr>
</table>

〈표 4-13〉에서 제시하였듯 I형식의 왕둔2호 석관묘는 쌍타자2기문화에 속하는 관계로 그 연대범위는 기원전 18~16세기에 해당된다. 이시기 요동북부권은 마성자문화 초기단계로서 아직까지 전형적인 형태의 석관묘제가 출현하지 못한 상황이었다. 동굴내부에 조성된 얕은 토광형태의 무덤이 주류를 이루었으며, 일부의 무덤 중 바닥이나 둘레에 몇 개의 석재를 놓아두는 방식이 확인될 뿐이다. 동굴내부에서 명확한 형태의 석벽을 갖춘 무덤이 등장하는 시점은 마성자문화 2~3단계부터이며, 대표적으로 산성자 B동굴의 석광형무덤을 들 수 있다.[302] 또한 A구의 본계 대가보자와 향화촌유적에서는 토광 내부에 석재를 장방형으로 둘러놓은 형태의 제Ⅲ형 석관묘가 확인되는데, 무덤의 구조와 출토유물 관계상 산성자 B동의 10호 무덤과 강한 계승성이

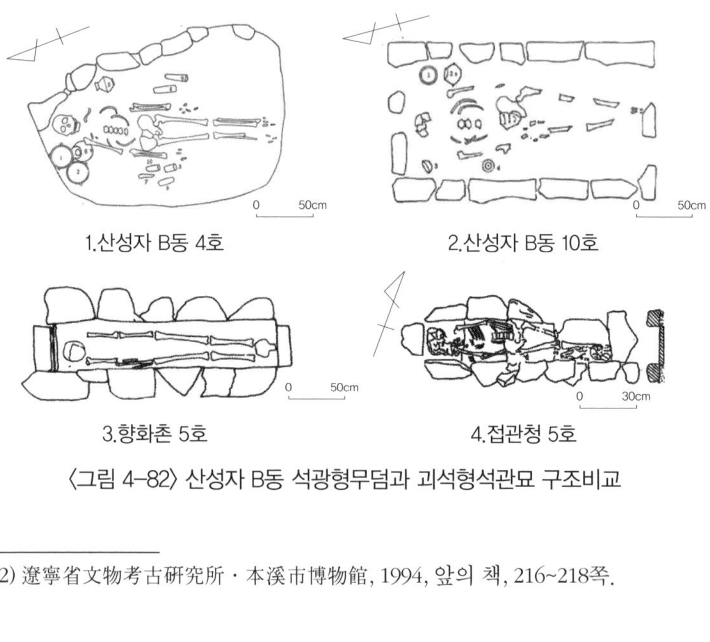

〈그림 4-82〉 산성자 B동 석광형무덤과 괴석형석관묘 구조비교

302) 遼寧省文物考古研究所・本溪市博物館, 1994, 앞의 책, 216~218쪽.

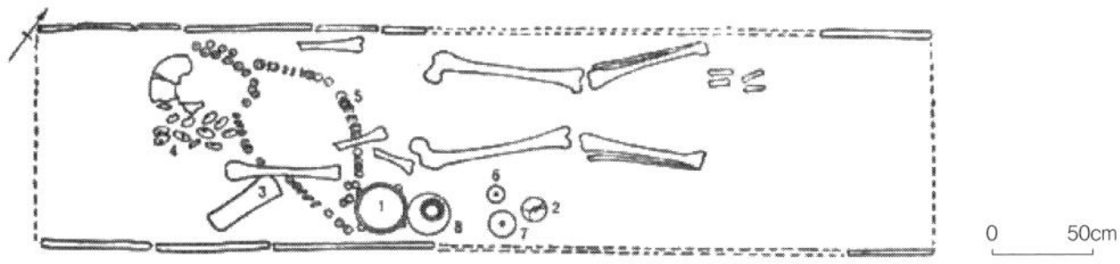

39호 석관형무덤

〈그림 4-83〉 장가보 A동 석관형무덤 및 출토유물 비교

확인된다. 이처럼 요동북부권에서 전형적인 형태의 석관묘가 출현하는 시점은 기원전 14~13세기 사이로 볼 수 있으며, 이는 요동반도권에 비해 대략 2~3세기 가량 늦은 시간성을 보인다. 게다가 요동북부권 초기 석관묘의 형식은 Ⅲ형(괴석형)에 속하기 때문에 요동반도권의 I형(판석형계) 석관묘와는 구조적인 면에서 차이가 있다.

그런데 한가지 주목되는 현상은 왕둔유적의 I형 석관묘와 거의 유사한 형태의 무덤이 본계 장가보 A동굴에서도 확인되는 점이다. 장가보 A동굴에서는 모두 52기의 무덤이 발굴되었는데, 이중 30호, 33호, 39호, 46호 등 4기의 무덤이 판석을 세워 만든 형태의 석관형무덤으로 보고되었다. 먼저 39호 무덤은 마성자문화 4단계로 편년되는 제2문화층에서 확인되었다. 묘실의 구조는 두께 2~3cm 정도의 매우 얇은 판석 여러 개를 평면 장방형으로 이어 세운 점이 특징적이다. 이외에 동일한 구조를 보이는 나머지

3기의 무덤들은 도면이나 사진 등 구체적인 내용의 보고가 없어 자세한 상황은 알 수 없다. 다만 46호가 마성자문화 중기전반부에 해당되는 제4문화층에 위치하며, 30호와 33호는 중기후반부의 3문화층에서 확인되었기에 각각 본고의 2단계와 3단계무덤으로 설정할 수 있다.[303] 그렇다면 동굴내부에서 판석을 세워 만드는 방식의 무덤이 조성되는 시점은 적어도 기원전 16세기 무렵이라는 추론이 가능하며, 이는 왕둔유적과 유사한 연대를 보이는 점에서 비교가 가능하다.

앞서 왕둔유적에서 출토된 쌍타자문화계열의 전형토기들을 분석하였다. 그중 이중구연의 단사선문토기는 요동반도권 청동기시대 전반에 걸쳐 유행되었으며 요동북부권에서는 잘 확인되지 않는 기종이다.[304] 그런데 마성자문화 중기단계로 편년되는 장가보 A동의 제3층 무덤에서는 왕둔 및 핵도구유적 출토품과 거의 동일한 제작수법의 이중구연토기가 출토되었다. 또한 왕둔 1호에서 이중구연토기와 함께 공반된 수이장경호 1점은 장가보 A동의 33호무덤 출토품과 유사한 형태를 보여 당시 두 문화 사이의 교류상을 단적으로 보여준다.(그림 4-80 참조)

이처럼 마성자문화의 중기단계 유적으로 평가받는 장가보 A동굴에서는 요동반도권의 문화요소와 함께 다소 이질적인 측면

---

303) 장가보 A동굴 내부의 문화층위는 전체 5개의 층으로 구분되는데, 보고서에서는 각 층위별 출토유물의 변화상에 따라 제4층은 마성자문화 중기전단(본문의 2단계), 3층은 중기후단(3단계), 2층은 후기단계(4단계)에 각각 편입시켰다(遼寧省文物考古研究所・本溪市博物館, 1994, 앞의 책, 276~278쪽).

304) 張翠敏, 2013, 「雙房類型疊唇罐及相關問題初探」, 『東方考古』10, 科學出版社, 392~393쪽.

이 강한 석관형무덤이 확인되었다. 비록 보고된 내용이 소략한 관계로 보다 구체적인 분석에는 한계가 있지만 대략적으로 기원전 16~14세기 사이를 전후로 요동반도권의 문화요소가 태자하 유역에까지 파급된 것으로 여겨진다. 이후 마성자문화의 후기 단계에 이르면 B구를 중심으로 요동반도권과 동일한 구조의 I형 석관묘가 조성되며, 이도하자유형 단계부터는 요북 각지로 점차 확산되는 양상을 보인다. 반면 동시기 요동반도권에서는 더 이상 석관묘유적이 확인되지 않기 때문에 이 지역 석관묘문화의 중심이 요동북부권으로 전이됨을 알 수 있다.

II형식의 단판석형 석관묘는 현재까지 요동북부권의 B구에서만 조사되었다. 주로 혼하상류의 청원지역에 집중된 양상을 보이며, 묘실의 구조와 출토유물, 분포범위 등을 종합적으로 고려할 때 이지역 I형석관묘에서 파생된 형식으로 판단된다. 이외에 IV형석관묘는 요북의 A · B 두 지역에 고르게 분포되었다. 가장 빠른 연대를 보이는 B구의 홍산1호 석관묘는 기본적으로 I형식의 구조와 닮아 있지만, 장벽석의 1면을 판석과 괴석재를 혼용하여 쌓은 점에서 III형식과의 연관성이 고려된다. 또한 서풍 소육영둔유적에서는 IV형 석관묘가 III형석관묘와 공존하는데 이들은 모두 마성자문화 후기단계의 특징적 유물이 출토되는 관계로 역시 동일한계통의 묘제로 볼 수 있다.

이상에서 요동지역 석관묘유적의 분포와 형식특징, 단계별 변화상 등을 검토하여 이지역 석관묘문화의 출현과 그 전개양상의 대략을 살펴보았다. 주요내용을 요약하면 다음과 같이 정리될 수 있다.

요동지역의 석관묘는 대부분 태자하유역을 중심으로 그 북부지역에 집중되어 있다. 반면 남부지역에서는 특정한 범위내의 밀집분포권을 형성하지는 않으며, 일부의 유적에서 소규모로 군집한 형태를 보인다. 형식별 분포를 보면 요동반도권에서는 대부분 여러 장의 판석을 세워 만든 형태의 I형식만 확인되며, 동일유적내에서 유사한 구조의 고인돌과 공존한 특징을 보인다. Ⅲ형과 Ⅳ형 등은 단 1기도 발견되지 않으며, 이들은 주로 요동북부권의 태자하유역(A구)일대에 집중되어 있다. 또한 혼하와 동요하상류(B구)지역에서는 주로 I형과 II형, Ⅳ형 등 판석형계열의 석관묘가 중심이 되며, Ⅲ형의 괴석형 석관묘는 소수만 확인되는 등 각 지역별로 유행된 형식의 차이가 뚜렷하다. 이러한 양상은 동시기에 유행된 고인돌의 형식별 분포양상에서도 공통적으로 확인되기 때문에 무덤의 매장 주체부를 조성하는 방식의 차이는 무덤을 축조한 사람들의 계통적 차이를 반영할 가능성이 크다고 여겨진다.

최근 요동지역 석관묘문화의 기원과 그 계통성문제에 관하여 마성자문화의 동굴묘유적이 주목받고 있다. 하지만 전기단계로 편입되는 일부의 유적에서는 요동반도권의 문화요소가 공반되는 관계로 이지역 석관묘문화의 출현과 전개과정은 요동반도권과의 교류상 속에서 살펴보아야 한다. 먼저 가장 빠른 연대를 보이는 요동반도권의 I형 석관묘는 고인돌과 공존하는 양상을 보이는데, 출토유물 성격상 양자는 동일한 계통의 사람들이 남긴 묘제로 볼 수 있다.

그동안 두묘제의 상관성과 그 기원문제에 대해서는 다양한 견해가 제기되어온 편이다. 주로 석관묘에서 고인돌로의 변천과정이 논의되고 있지만 아직까지 그 선후관계를 명확하게 설명해줄 확실한 자료는 확보되지 못하였다. 유적의 분포와 지속연대 등의 측면에서 볼 때 벽류하유역을 중심으로 하는 요동반도권의 주요 묘제는 고인돌로 볼 수 있다. 요동반도권의 석관묘는 지속된 연대에 비해 발견된 숫자가 상대적으로 빈약한 점, 또한 상부구조가 이미 파괴되었을 경우 고인돌과의 구분이 모호한 점 등 몇 가지를 고려하면, 고인돌에 부속되거나 혹은 그 하부구조였을 가능성도 충분히 예상할 수 있다.

본서에서는 보다 명확한 자료가 확보되기 전까지, 요동반도권의 I형 석관묘는 고인돌에 부속되는 하위유형의 묘제로 존재하였다가, 고인돌문화가 주변지역으로 확산되는 과정 중 마성자문화와의 상호작용을 통해 요동북부권에까지 파급된 것으로 보고자한다. 요동북부권에서 I형 석관묘가 분포한 지역 인근에는 유사한 구조의 고인돌이 다수 분포한 점 역시 이러한 추정을 가능하게 해준다.

이외에 요동북부권에서 확인되는 나머지 3가지 형식의 석관묘는 기본적으로 마성자문화에 기반하여 출현한 것으로 이해된다. 하지만 제II형식과 IV형식 석관묘의 구조 및 그 문화내용은 제I형식과의 연관성이 충분히 인정된다. 따라서 요동지역 석관묘문화의 출현과 발전은 마성자문화를 바탕으로 요동반도권의 문화요소가 상호 복합되는 양상으로 전개되었음을 알 수 있다.

2) 서류송화강유역권의 석관묘

(1) 분포와 형식특징

서류송화강유역권은 중국 동북지역에서 석관묘가 가장 집중적으로 분포한 지역이다. 행정구역 상 길림시(吉林市)와 영길(永吉), 반석(磐石), 교하(蛟河), 서란(舒蘭), 화전현(樺甸縣) 등에 가장 밀집되며, 이외에 쌍양(雙陽)과 구태(九台) 등지에서도 소량 발견된다. 일반적으로 소하천 주변의 해발 200~400m 사이 산줄기의 사면부나 구릉지 주변에 군집을 이룬 특징을 보인다.

지금까지 대략 500여 기가 발견되었으나 발굴 후 자료가 발표된 것은 대략 220기 정도이다. 주요현황과 특징을 정리하면 〈표 4-14〉와 같다.

〈표 4-14〉 송화강 서류지역 석관묘유적의 현황과 특징

지역	유적 명칭	수량	번호	형식	현황
吉林	西團山[313]	35	48IM2	?	구조 불명확
			48IM3	?	구조 불명확
			48IM4	?	구조 불명확
			5	ⅢA	석재를 쌓아 묘실 조성, 구조 불명확
			6~8	?	구조 불명확
			9	ⅢA	석재를 쌓아 묘실 조성, 구조 불명확
			10~15	?	구조 불명확
					구조 불명확, 부관딸림
			48ⅡM1	?	구조 불명확
			4	?	구조 불명확
			7	?	구조 불명확
			48ⅢM1	?	구조 불명확
			2	?	구조 불명확
			50M1	Ⅰ	구조 불명확, 부관딸림
			2	ⅢA	구조 불명확

지역	유적 명칭	수량	번호	형식	현황
吉林	西團山[313)]		3	Ⅰ	5개의 판석을 세워 묘실 조성
			4	Ⅳ	토광내 판석과 할석, 깨진 돌 등 조합하여 석관조성
			5	판석	구조 불명확하나 판석재를 세워 묘실 조성
			6	ⅢA	석재를 쌓아 묘실 조성, 개석은 2개의 대판석을 덮음
			7	ⅢA	석재를 쌓아 묘실 조성, 여러 개의 판석을 덮음
			8	Ⅰ	판석 세움, 부관딸림
			9	Ⅳ	장벽은 석재를 쌓고, 양 단벽은 판석 세움, 부관딸림
			10	Ⅳ	장벽은 석재를 쌓고, 양 단벽은 판석 세움
			11	ⅢA	석재를 쌓아 묘실 조성, 여러 개의 판석을 덮음
			12	ⅢA	석재를 쌓아 묘실 조성, 부관딸림
			13~17	Ⅰ	판석 세워 묘실 조성, 부관딸림
			18	Ⅳ	장벽은 석재를 쌓고, 양 단벽은 판석 세움, 부관딸림
			19	Ⅰ	판석 세워 묘실 조성, 부관딸림
			56M1	Ⅳ	장벽은 석재를 쌓고, 양 단벽은 판석 세움
			2	Ⅳ	장벽은 석재를 쌓고, 양 단벽은 판석 세움
	土城子[314)]	32	2·4·8	Ⅳ	장벽은 석재를 쌓고, 양 단벽은 판석 세움
			10~13	Ⅳ	
			20·22·24	Ⅳ	묘실 바닥에 황색 진흙질의 장방형 틀 형성
	長蛇山[315)]	2	57M2	Ⅳ	개석 5장, 할석과 판석, 깨진 돌 등 혼축
	猴石山[316)]	160	76M1	Ⅳ	개석 다수, 양 장벽 석재쌓기, 양 단벽 판석 세움
			2·3	Ⅳ	양 장벽 석재쌓기, 양 단벽 판석 세움, 바닥에 판석을 깔아 놓음, 그 상부에 진흙질 土臺
			79西 M18	Ⅳ	양 장벽 석재쌓기, 양 단벽 판석 세움, 바닥에 판석을 깔아 놓음, 그 상부에 진흙질 土臺 및 틀 형성, 동일한 종류의 것이 28기 가량 확인
			80西 M15	Ⅳ	양 장벽 석재쌓기, 양 단벽 판석 세움, 맨 바닥 상부에 진흙질 틀 형성, 동일한 종류의 것이 13기 가량 확인
			80南 M7	Ⅳ	양 장벽 석재쌓기, 양 단벽 판석 세움, 바닥에 판석을 깔아 놓음, 동일한 종류의 것이 20기 가량 확인

지역	유적 명칭	수량	번호	형식	현황
吉林	猴石山[316]		79西 M12	Ⅳ	양 장벽 석재쌓기, 양 단벽 판석 세움, 맨 바닥, 동일한 종류의 것이 93기
			80東 M6	Ⅳ	양 장벽 석재쌓기, 양 단벽 판석 세움, 바닥에 판석을 깔아 놓음, 그 상부에 진흙질 土臺 형성
			79西 M19	Ⅳ	양 장벽 석재쌓기, 양 단벽 판석 세움, 바닥에 판석을 깔아 놓음, 그 상부에 진흙질 틀 형성, 유사 형태 3기
			79西 M83	토광+판석	7개의 개석판, 바닥과 양쪽 방벽 토광, 양 단 벽에 판석 세움
			80東M3	토광+판석	개석판 없음, 토광 내부 발치쪽 단벽에 판석 세움, 두개골 머리쪽에 1장 판석을 깜
	兩半山[317]	1		Ⅳ	판석과 석재를 혼용
	狼頭山[318]	14	101	Ⅰ	바닥판 상부에 얇게 1층으로 목질흔 잔존, 부관 딸림
			102	Ⅰ	여러 개 판석 세움
			106	Ⅳ	양 장벽 석재쌓기, 양 단벽 판석 세움
			109	Ⅳ	양 장벽 석재쌓기, 양 단벽 판석 세움, 부관 딸림
	騷達溝[319]	28	49SJM3	Ⅳ	
			49SJM4	Ⅳ	
			6	ⅢA	석재 쌓기
			8	ⅢA	석재 쌓기, 부관 딸림
			10	ⅢA	석재 쌓기
			13	?	구조 불명, 부관 딸림
			14~15	ⅢA	
			16	ⅢA	석재 쌓기
			17 · 19	ⅢA	석재 쌓기, 부관 딸림
			53JSM1	ⅢA	
			2	Ⅳ	양 장벽 석재쌓기, 양 단벽 판석 세움
			3	Ⅳ	양 장벽 석재쌓기, 양 단벽 판석 세움, 부관 딸림
			4	ⅢA	석재 쌓기
	泡子沿 前山[320]	11	1~9	Ⅳ	양 장벽 석재쌓기, 양 단벽 판석 세움
			10	Ⅰ	아이 무덤, 여러 개의 소형 판석 세움
			11	Ⅳ	양 장벽 석재쌓기, 양 단벽 판석 세움
永吉	星星哨[321]	86	76AM1	Ⅰ	개석판 5개, 여러 개 판석세움
			3 · 6 · 10	?	구조불명
			11	Ⅰ	개석판 4개, 판석세움
			18	ⅢA	구조 불명
			19	Ⅳ	양쪽 장벽 석재쌓기, 단벽 판석 세움

지역	유적 명칭	수량	번호	형식	현황
永吉	星星哨[321]	86	20~27	Ⅰ	판석 세움
			28~29	ⅢA	석재 쌓기
			30 · 31	Ⅰ	판석 세움
			32 · 33	Ⅰ	아이 무덤
			34 · 35	Ⅰ	판석 세움
			76BM2	Ⅰ	판석 세움
			76BM4	?	구조 불명확
			76CM1	?	구조 불명확
			6	Ⅳ	양쪽 벽 석재 쌓기, 양 단벽 판석 세움
			7	Ⅰ	판석 세움
			12	?	구조 불명확
			15	Ⅰ	판석 세움
			16	?	판석 세움
			17~23	Ⅰ	
			78DM1	Ⅰ	
			2 · 3	Ⅰ	
			4	Ⅰ	아이 무덤
			5~9	Ⅰ	판석 세움
			10	ⅢA	석재 쌓기
			11	Ⅰ	판석 세움
			12	Ⅰ	아이 무덤
			13	Ⅳ	3벽 석재 쌓기, 나머지 1벽 판석 세움
			14	ⅢA	석재 쌓기
			15	Ⅰ	판석 세움
			16~19	ⅢA	석재 쌓기
			20~22	Ⅰ	판석 세움
	小團山[322]	5	1	Ⅰ	부관 딸림
			2~5	Ⅳ	양쪽 벽 석재 쌓기, 양 단벽 판석 세움
	東梁江[323]	26	82M1	Ⅰ	부관 딸림
			2	Ⅰ	판석 세움, 개석 없음, 부관 딸림
			3 · 5 · 7	Ⅰ	판석 세움, 개석 1~2장, 부관 딸림
			4 · 6	Ⅰ	판석 세움, 개석 1~2장
			04IM1	ⅢA	석재 쌓기, 묘실 서쪽에 토광이 딸림
			2	?	구조 불명확
			3	Ⅳ	양쪽 벽 석재 쌓기, 양 단벽 판석 세움
			4 · 6	?	구조 불명확
			7	Ⅰ	판석 세움
			8	ⅢA	석재 쌓기, 묘실 바닥에 모래를 깖

지역	유적 명칭	수량	번호	형식	현황
永吉	東梁江[323]	26	9~13	?	석관
			14	판석	파괴, 판석 세움, 개석 여러 장, 바닥에 모래를 깜
			15	?	구조 불명확
			04ⅡM1	판석	판석 세움, 개석판 7개
			2	Ⅰ	판석 세움, 개석판 6개
			4	판석	판석 세움, 개석판 2개, 묘실 단벽 쪽 토광 딸림
	東響水[324]	1		?	파괴, 구조 불명확, 비파형동모 출토
	旺起屯[325]	8	東2 · 5	Ⅳ	양쪽 벽 석재 쌓기, 양 단벽 판석 세움
	小城子[326]	1		Ⅳ	양쪽 벽 석재 쌓기, 양 단벽 판석 세움, 부관 딸림
蛟河[327]	小南溝	10	1 · 2	Ⅰ	판석재 세움
	八垌地	3	58M1	판석	판석 세움, 부관 딸림
			84M1	판석	판석 세움
			2	?	구조 불명확
	南台子	3	1~3	Ⅳ	양쪽 벽 석재 쌓기, 양 단벽 판석 세움
	地水南山	3	1~3	Ⅳ	
	棺材石	2	1	Ⅳ	양쪽 벽 석재 쌓기, 양 단벽 판석 세움, 개석 1장
	東長三溝	3	1	Ⅱ	벽 각 1장씩 판석 세움
			2	?	파괴, 구조 불명확
			3	판석	파괴
磐石	汶水後山[328]	3	1~3	?	구조 불명확, 호형토기 출토
	吉昌 小西山[329]	6	甲1	Ⅰ	판석 세움
			甲2 · 乙1	ⅢA	석재 쌓기
			乙2~4	Ⅳ	판석과 할석재 혼용
舒蘭	黃魚圈朱山[330]	1		Ⅲ	석재 쌓기, 개석 없음, 주거지 파괴
	四滴二甲溝[331]	4	1	ⅢA	석재 쌓기
雙陽[332]	磨盤山	2	1	Ⅳ	양쪽 벽 석재 쌓기, 양 단벽 판석 세움
			2	?	구조 불명확
	五家子後山	2	1	판석	양쪽 벽 석재 쌓기, 양 단벽 판석 세움
			2	ⅢA	석재 쌓기
	萬寶山		1	Ⅳ	垂腹壺, 罐, 銅刀 출토
	孤頂山	3	1~3	ⅢA	양쪽 장벽석쪽에 柱形 석재를 놓음, 개석 5개

서류송화강유역 석관묘의 형식은 I형과 II형, IIIA형, IV형 등 모든 형식이 고르게 확인되지만, I형과 IV형이 가장 많은 비중을 보인다. 보고된 자료를 세밀하게 살핀 결과, 형식 판별이 가능한 것 중I형과 IV형이 67기로 같고, II형은 단 1기, IIIA형은 35기 정도로 산출되었다. 다만 파괴가 심하여 정확한 형식 구분이 불가능한 50여 기 중 판석재 잔해가 다수 확인되어 묘실 장벽에 단판석을 사용하는 II형 석관묘의 추가 존재 가능성도 무시할 수 없다.

---

305) 東北考古發掘團, 1964,「吉林西團山石棺墓發掘報告」,『考古學報』1, 29~48쪽 ; 吉林大學曆史系文物陣列室, 1960,「吉林西團山子石棺墓發掘記」,『考古』4, 35~37쪽 ; 董學增, 1983,「試論吉林地區西團山文化」,『考古學報』4.

306) 康家興, 1955,「吉林江北土城子附近古文化遺址及石棺墓」,『考古通訊』創刊號.

307) 吉林省文物工作隊, 1980,「吉林長蛇山遺址的發掘」,『考古』2.

308) 吉林省文物考古研究所, 1993b,「吉林市猴石山遺址第二次發掘」,『考古學報』3.

309) 康家興, 1955,「吉林兩半山發現新石器時代文化遺址」,『考古通訊』4.

310) 吉林市博物館, 1989,「吉林市郊二道水庫狼頭山石棺墓地發掘簡報」,『北方文物』4.

311) 段一平 · 李蓮 · 徐光輝, 1985,「吉林市騷達溝石棺墓整理報告」,『考古』10.

312) 吉林市博物館, 1985,「吉林市泡子沿前山遺址和墓葬」,『考古』6.

313) 吉林市文物管理委員會 等, 1978,「永吉星星哨水庫石棺墓及遺址調查」,『考古』3 ;吉林市博物館, 1983,「吉林永吉星星哨石棺墓第三次發掘」,『考古學集刊』3.

314) 吉林市博物館, 1983,「吉林口前藍旗小團山 `紅旗東梁崗石棺墓清理簡報」,『文物』9.

315) 상동

316) 邵春華, 1990,「永吉發現一座青銅時代石棺墓」,『博物館研究』2.

317) 劉法祥, 1960,「吉林省永吉旺起屯新石器時代石棺墓發掘簡報」,『考古』7.

318) 酈明, 1987,「永吉縣黃柳小城子石棺墓」,『博物館研究』1.

319) 蛟河縣文物志編委組, 1986,「蛟河縣文物志」.

320) 張志立 · 王洪峰, 1992,「磐石縣汶水後山石棺墓清理簡報」,『西團山文化考古報告集』.

321) 吉林省文物工作隊, 1984,「吉林磐石吉昌小西山石棺墓」,『考古』1.

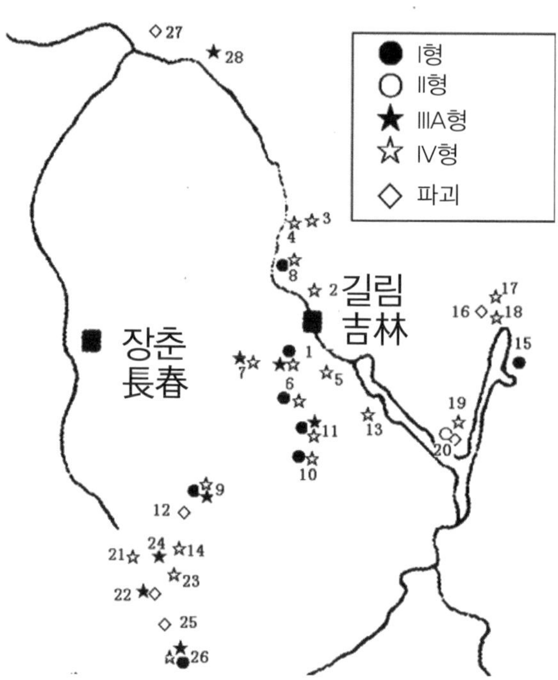

1	吉林 西團山	35
2	吉林 土城子	32
3	吉林 長蛇山	2
4	吉林 猴石山	160
5	吉林 兩半山	1
6	吉林 狼頭山	14
7	吉林 騷達溝	28
8	吉林 泡子沿前山	11
9	永吉 星星哨	86
10	永吉 小團山	5
11	永吉 東梁江	26
12	永吉 東響水	1
13	永吉 旺起屯	8
14	永吉 小城子	1
15	蛟河 小南溝	10
16	蛟河 八垧地	3
17	蛟河 南台子	3
18	蛟河 地水南山	3
19	蛟河 棺材石	2
20	蛟河 東長三溝	3
21	雙陽 磨盤山	2
22	雙陽 五家子後山	2
23	雙陽 萬寶山	
24	雙陽 孤頂山	3
25	磐石 汶水後山	3
26	磐石 吉昌小西山	6
27	舒蘭 黃魚圈朱山	1
28	舒蘭 四滴二甲溝	4

〈그림 4-84〉 서단산유적 석관묘 분포도

이 지역의 석관묘는 모두 서단산문화에 귀속된다. 그러나 구조와 형식면에서 요동북부권의 석관묘와 상당히 닮아 있으며, 부장품 구성면에서도 문화적 연관성이 인정된다. 이와 관련된 내용은 아래에서 보다 구체적으로 살펴보겠다.

---

322) 王洪峰 · 張志立, 1985,「吉林舒蘭黃魚圈珠山遺址清理簡報」,『考古』4.

323) 舒蘭縣文物志編委會, 1985,「舒蘭縣文物志」.

324) 楊波, 1995,「雙陽原始文化遺址調查述要」,『長春文物』5.

(2) 편년과 단계별 특징

이 지역 석관묘 자료 중 가장 이른 연대를 보이는 것이 영길 성성초유적에서 확인되었다.[325] 성성초유적에서는 A~D구 등 4개의 묘구에서 모두 86기가 발굴되었다. 이중 A구와 D구에는 I형 석관묘가 가장 많고, IIIA과 IV형이 소량 분포한다. B구 역시 대부분 I형이며, C구는 1기를 제외하고 모두 I형이다.

A구에서 발견된 IIIA형 석관묘 19호(AM19)에서는 초기형식의 비파형동검이 출토되었고, A구의 11호와 D구의 13호에서 비파형동모가, D구 16호에서 청동단추와 청동고리 등이 확인되었다. 그리고 B구와 C구에서 확보된 호형토기는 모두 서단산문화의 초기형태이며, 청동기류가 단 1점도 확인되지 않은 점에서 동시기성을 보인다. 따라서 B구와 C구를 1조로 묶고, 청동기가 확보된 A구와 D구를 제2조로 묶을 수 있다.

또한 1조와 2조 무덤에서 출토된 호형토기들은 명확하게 구별되며, 상호간의 발전관계가 인정된다. C구의 21호 무덤에서 검출된 인골의 탄소연대측정결과 3055±100년의 연대값이 얻어져 대략 서주 전기의 무덤으로 인식되어져 왔다. 이외에 2조의 석관묘에서 출토된 비파형동검과 동모류 등이 요동북부권 석관묘 출토

325) 서단산문화 석관묘의 편년과 발전과정에 대한 분석은 주로 董學增(1983,「試論吉林地區西團山文化」,『考古學報』4), 朱永剛(1991), 오강원(2008), 이종수(2008) 등의 연구를 참조하여 정리한 것이다. 위의 연구들에서는 아래에서 다룰 획기의 표지유적(성성초, 서단산)들의 편년에 대하여 대략적인 일치상을 보이며, 필자 역시 그에 동의한다. 다만 세부적인면에서 다소간의 차이가 있을 경우 인용 등의 방식으로서 그에 대한 보완설명을 덧붙여 놓았다.

품과 비교되면서 그 연대범위는 서주 중기 ~ 춘추 전기 무렵으로 편년된 바 있다. 본서에서는 성성초 1조무덤을 기원전 10세기 이전으로 2조무덤은 기원전 9~8세기대 무덤으로 설정하겠다.

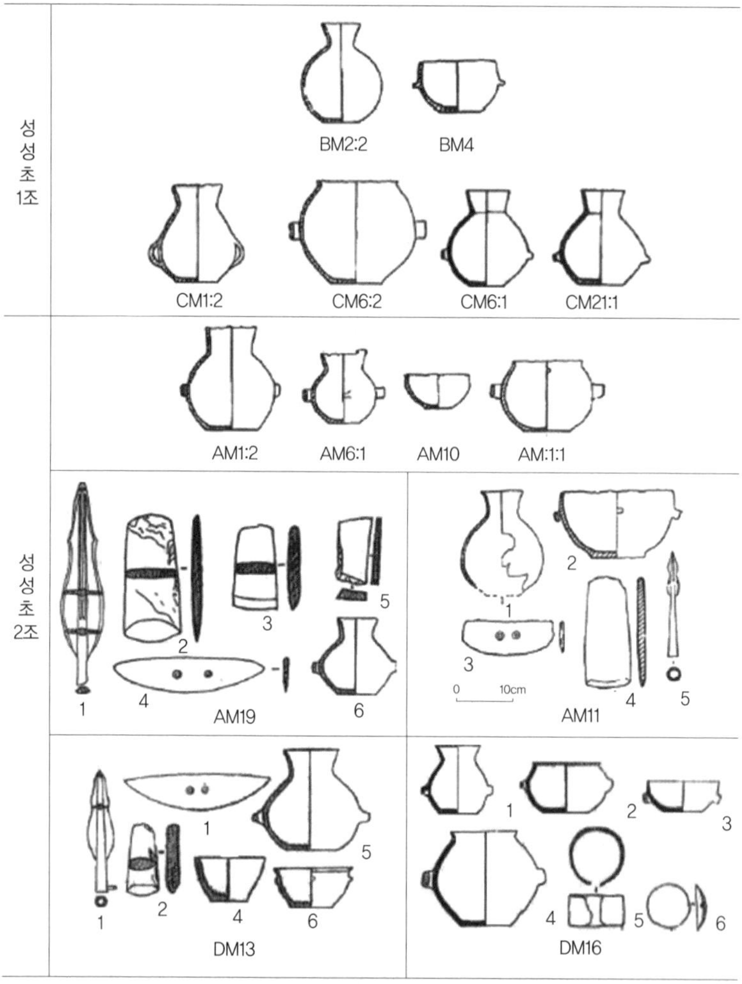

〈그림 4-85〉 영길 성성초유적 출토유물 비교

다음으로 서단산유적에서는 모두 4차례에 걸쳐 모두 51기의 석관묘가 발굴되었다. 이중 1950년에 발굴된 19기와 1956년 정리된 2기의 관련 자료에 기초하여 서단산유적의 석관묘를 I형, ⅢA형, Ⅳ형으로 구분하고, 여기서 출토된 토기들을 서단산 A형호와 B형호로 나누어 비교하겠다.[326)]

A형(횡이)호의 주요특징은 다음과 같다.

구연부: 사직애령(斜直矮領), 동체부 : 고복(鼓腹)하고, 고리형 손잡이가 대칭으로 달렸으며, 최대경이 동체 하부에 위치, 전체 기형 변화에 따라 다시 3식으로 구분

A형I식 : 호절경(弧折頸), 치구(侈口), 원고복(圓鼓腹), 서단산 50M5 및 50M14 출토품이 대표적

A형Ⅱ식 : 장경(長頸), 원고복(圓鼓腹), 동체부 최대 직경이 상부로 이동, 간혹 고리형 손잡이 사이에 꼭지형 파수가 부가됨, 서단산 50M1, 50M14, 50M19 출토품이 대표적.

A형Ⅲ식 : 장경(長頸), 심고복(深鼓腹), 동체부 최대 직경이 상부로 이동, 대부분 꼭지형 손잡이가 부가됨, 서단산 50M13, 50M8 출토품이 대표적.

B형(횡이)호의 주요 특징은 다음과 같다.

---

326) 이러한 구분은 필자의 박사학위 지도교수인 주영강 교수의 제안을 받아들여, 선생님의 선행논고(1991, 앞의 글)에서 분석된 내용을 기초로 정리한 것이다. 다만 논고에서 누락되었던 자료 및 새롭게 추가된 자료를 보완하여 재구성하였음을 밝혀 둔다.

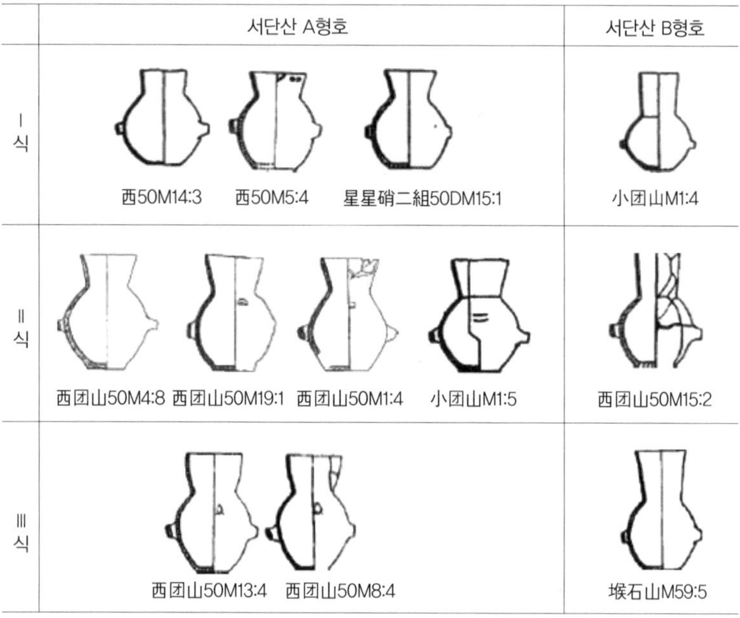

〈그림 4-86〉 서단산 A · B형호 비교

구연부 : 세장화되어 전체 기고의 1/3, 혹은 1/2 정도 비중, 동체부 : 원고복(圓鼓腹), 고리형 손잡이가 동체 중심부에 배치, 기형의 형태변화에 따라 다시 3식으로 구분

B형I식 : 장직경(長直頸), 원고복(圓鼓腹), 동체부 최대 직경이 정중부에 위치, 소단산 M1 출토품 대표.

B형Ⅱ식 : 장직경(長直頸), 편원고복(扁圓鼓腹), 어깨가 생성, 동체부 최대 직경이 상부로 이동, 서단산 50M15호 출토품이 대표적.

B형Ⅲ식 : 장사직경(長斜直頸), 경부와 동체부 모두 세장화,

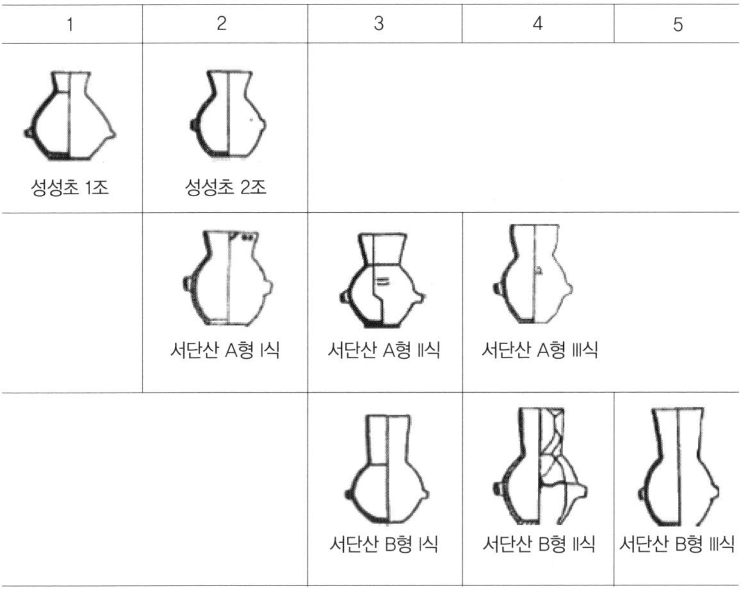

〈그림 4-87〉 서단산 A · B형호 단계별 비교

후석산 M59 출토품이 대표적.

이상 서단산 A형I식호와 성성초유적 2조무덤 출토품이 동일한 특징을 보인다. 따라서 동시기성을 부여할 수 있다. 그리고 소단산 1호에서 서단산A형II식호와 B형I식호가 공반되었기에 역시 동시기성을 보인다. 이외에 각형식별 토기들의 형태변화 및 공반유물 관계를 종합적으로 살핀 결과 I-III식으로의 변화상을 간취해 낼 수 있었다. 특히 구연부와 동체부 모두 점차 세장화되는 방향으로의 변화는 미송리형토기에서 묵방리형토기로의 변화상과 동일한 현상이었으며, 대략적으로 시기상도 일치되어 주목된다. 본서에서는 서단산 A · B형호의 변화 · 발전상을 아래의 도면과 같이 전체 5단계로 나누어 고찰하였다.

위에서 살핀 표준유적의 단계성에 맞춰 나머지 유적들 역시 비교가 가능하다.

반석 길창 소서산유적에서는 6기의 석관묘가 발굴되었다. 그 중 2기는 甲구에 배치, 4기는 乙구에 분포하는데 양자의 간격은 300m 정도이다. 먼저 갑구의 1호(I형)에서 동체부가 고복한 횡이관 1점이, 2호(ⅢA형)에서 비파형동검 1점이 출토되었다. 그리고 을구 2호(ⅢA형)에서 횡이관, 4호(Ⅳ형)에서 동부와 동촉, 횡이관 등이 공반되었다. 이중 갑1호, 을2호 및 4호에서 출토된 횡이관은 서단산 19호(50M19) 출토품과 동일한데, 이는 서단산 A형Ⅱ식호와 공반된 바 있다. 그리고 갑2호에서 출토된 비파형동검은 형태상 성성초 출토품에 비해 다소 늦은 시간성을 보여준다.[327] 따라서 소서산유적은 대략 본서의 3단계유적으로 볼 수 있다.

길림 소단산유적에서 5기의 석관묘가 발굴되었다. 이중 산사면 하단에 위치한 1호만 I형이며, 산줄기에 분포한 나머지 4기는 모두 Ⅳ형이다. 1호에서는 A형Ⅱ식호와 B형I식호가 공반되어 전체 3단계유적으로 볼 수 있다. 그리고 2호에서 출토된 호형토기 1점은 제2단계의 성성초 A구 11호(AM11), D구 12호, 15호 출토품과 동일하다. 따라서 소단산유적의 석관묘는 2~3단계 사이의 유적으로 볼 수 있다.

---

327) 朱永剛, 1991, 앞의 글, 8쪽.

홍기 동량강유적에서 26기의 석관묘가 발굴되었다. 이중 1982년 발굴된 7기의 자료만 발표된 상황이다. 보고된 자료 중 2호와 7호 출토 호형토기는 A형II식의 소단산 1호 출토품과 동류이다. 역시 3단계유적으로 볼 수 있다.

이외에 길림 랑두산유적 및 소달구유적, 후석산유적, 토성자유적, 포자연전산유적 등에서도 수십여 기의 석관묘와 함께 비파형동검과 동모, 동부, 서단산 A·B형 토기 등이 출토되었다. 관련자료의 제시는 아래의 도면으로 대신하며, 이를 종합하여 서류송화강유역 석관묘유적을 모두 4기로 획기하고자 한다.

〈표 4-15〉 서류송화강유역 석관묘의 단계성

<table>
<tr><th>년대</th><th>분기</th><th>단계</th><th>대표유적</th></tr>
<tr><td>기원전
10세기</td><td>1기</td><td>1단</td><td>성성초1조(B.C구)무덤</td></tr>
<tr><td>기원전
9~8세기</td><td>2기</td><td>2단</td><td>성성초2조(A, D구)무덤, 서단산50M5 · M7 · M14 · 소단산M2</td></tr>
<tr><td rowspan="2">기원전
7~5세기</td><td rowspan="2">3기</td><td>3단</td><td>서단산50M1 · 4 · 6 · 10 · 16 · 18 · 19 · 소서산 · 소단산M1 · 동랑강1차발굴 · 랑두산</td></tr>
<tr><td>4단</td><td>서단산50M13 · M15 · 소달구</td></tr>
<tr><td>기원전
4~3세기</td><td>4기</td><td>5단</td><td>후석산 · 토성자 · 포자연전산</td></tr>
</table>

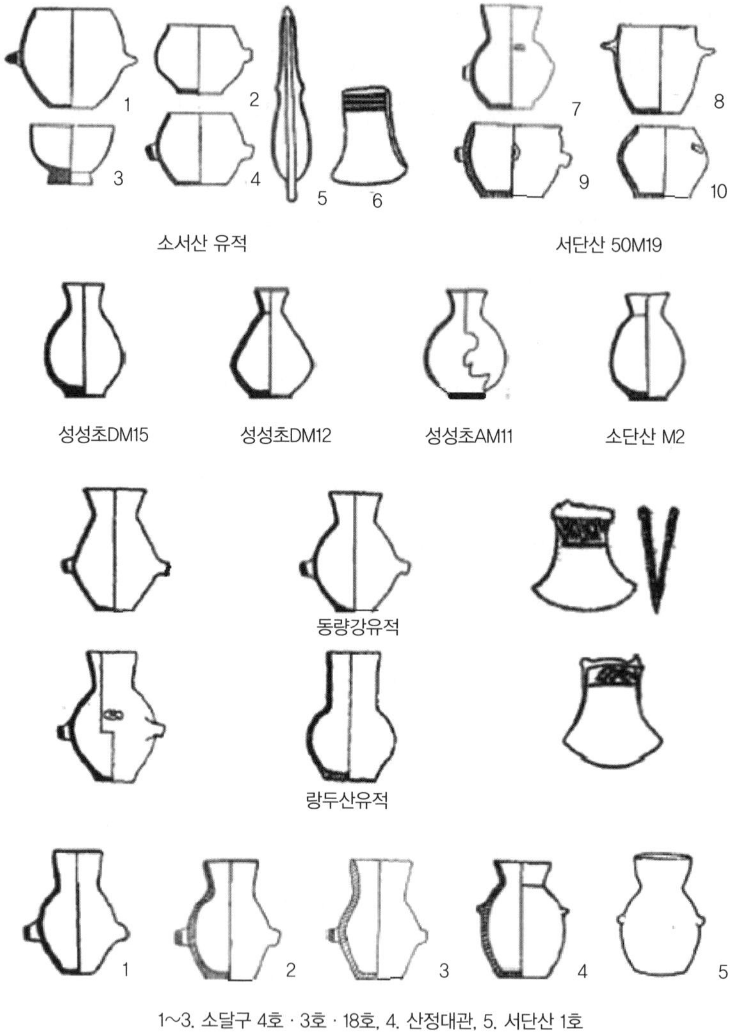

〈그림 4-88〉 서단산문화 관련 유적 출토유물 비교

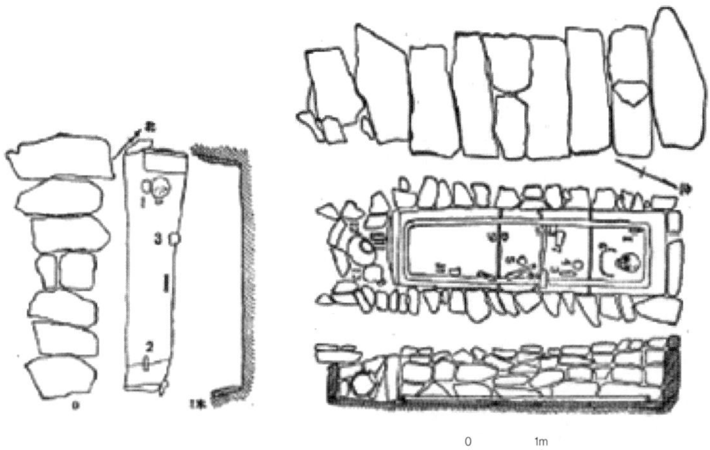

79서M83 79서M19

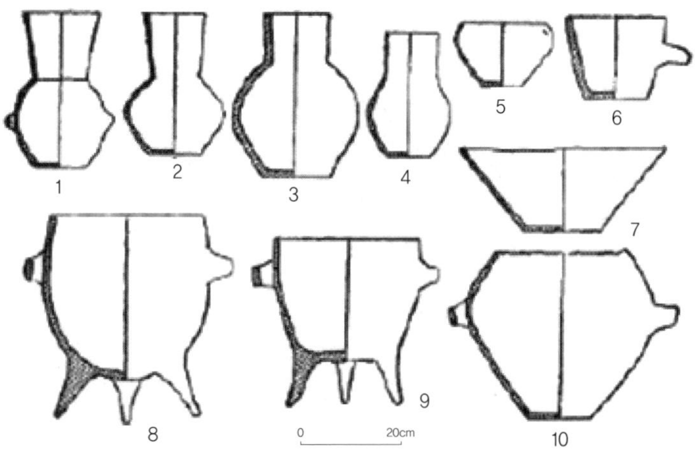

1 · 3. 79西 M59 2. 79 西 M60 4. 79 西 M20 5. 79 西 M17
6. 79 西 M56 7. 79西 M60 8. 79西 M33 9. 79 西 M42 10. 79 西 M29

〈그림 4-89〉 후석산 석관묘 및 출토유물

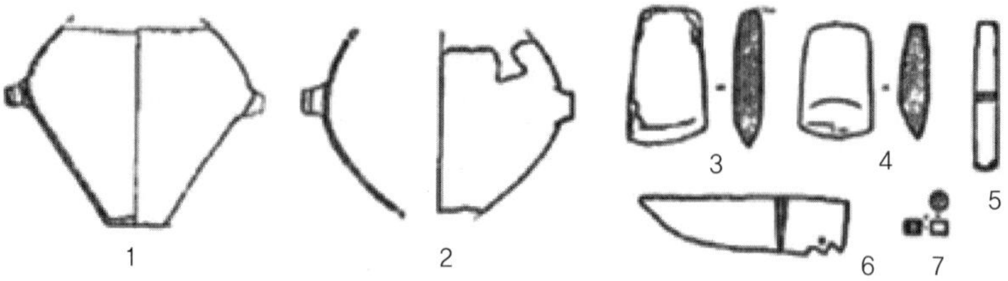

포자연전산유적 석관묘 및 옹관묘

1 · 2. 호 3 · 4. 석부 5. 석철 6. 동도 7. 배석관

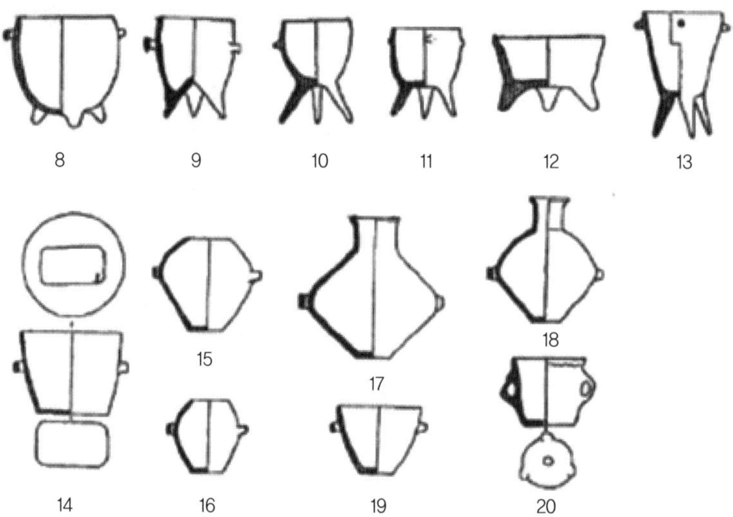

장사산유적 출토유물

8~13. 삼족기 14 · 19. 도분 15 · 16. 도관 17 · 18. 도호 20. 병

〈그림 4-90〉 포자연전산 및 장사산유적 출토유물 비교

3) 두만강유역권의 석관묘[328)]

최근 남북관계의 진전에 따라 두만강유역일대 고고학조사의 기대감이 한층 고조되고 있다. 이 지역은 선사시대 이래 다양한 물질문화가 공존하였던 공간역임이 분명하지만 주변지역에 비해 상대적으로 빈약한 조사성과로 말미암아 그 문화내용에 대한 이해 역시 부족한 편이다. 그렇다고 해서 연구자들의 관심과 연구성과 또한 빈약하거나 부족한 것은 아니었다. 특히 이 지역 청동기시대문화의 특징과 성격에 대해서는 이미 상당한 이해가 축적되어 있다. 다만 공간적인 특성상 중국학자들에 의해 주도되어왔을 뿐이며, 향후 남북의 공동조사 및 협력연구가 기대되는 이유이기도 하다.

선행 연구에 의하면 두만강유역의 청동기문화는 홍성문화에서 유정동문화를 거쳐 초기철기시대에 속하는 단결문화단계에 진입하는 것으로 파악된다. 해당 문화들은 흔히 역사 속의 옥저 혹은 그 선계문화와 연관된 것으로 이해되고 있으며, 그에 대한 연구 역시 상당히 진척된 상태이다. 반면 그와 관련된 우리학계의 인식과 연구는 그동안 크게 주목받지 못한 편이다. 최근 몇몇 연구자들에 의해 중국과 러시아의 자료와 해석이 소개되곤 있지만, 북한쪽의 성과가 제한적인 상황에서 보다 내실 있는 연구는 기대하기 힘들다.

필자 역시 제한된 자료와 능력의 한계를 충분히 인정하기에

---

328) 해당 내용은 필자의 2019년 발표 글(「두만강유역 청동기시대 석관묘유적의 특징과 성격」, 『한국사학보』74)을 수정 · 보완하여 수록한 것이다.

그에 대한 획기적인 대안이나 보다 진전된 견해를 제시할 수는 없다. 다만 연구자의 관심분야인 청동기시대의 묘제, 그중에서도 두만강유역 청동기시대 전반에 걸쳐 유행된 석관묘유적을 중심으로 그 현황과 특징 및 문화성격에 대한 고찰을 시도하고자 한다. 아울러 주변지역에서 확인되는 초기단계 석관묘유적과의 비교를 통해 그 문화적 연관성 및 그 의미하는 바를 시론적으로나마 검토할 것이다.

(1) 유적의 분포와 형식특징

두만강은 백두산 동남쪽의 대연지봉 동쪽 기슭에서 발원하는 석을수를 원류로 하며 마천령산맥과 함경산맥에서 발원하는 대지류를 합해 동해로 흘러든다. 현재 중국, 러시아 등과 한반도 최북단의 국경선으로 활용되는데, 주요 지류에는 알아하(嘎呀河)와 황가하(紅旗河), 밀하(密河), 혼춘하(琿春河) 등이 있다. 그 상류지역은 산세가 깊고 험한 반면, 중류부터는 물줄기 주변으로 지세가 평탄하며, 개활한 편이어서 선사시대 사람들이 생활하기에 좋은 조건을 제공하였다.

이 지역에서 발견된 석관묘는 주로 장광재령 이동의 두만강 이서지역에 집중되며, 현재의 행정구역상 길림시 연길(吉林市延吉), 용정(龍井), 혼춘(琿春), 왕청(汪淸), 도문시(圖們市) 일대가 포함된다. 그 중에서도 두만강하류의 알아하와 포이합통하(布爾哈通河), 해란하(海蘭河) 등의 지류가 본류에 합류되는 지점에 관련유적이 가장 밀집해 있다. 현재까지 이지역 일대에서 발견된 석관묘 숫자는 대략 230여 기 가량 되며, 그 중 발굴을 거쳐 자료가 보고된 것은 약 70여 기 안팎이다. 이외에 북한 경내의 함경북도 일원에서도 소량의 석관묘가 보고된 바 있으나 구체적인 자료는 아직 소개된 바 없다. 그간에 조사가 이루어진 두만강유역 석관묘유적의 주요 현황과 특징을 정리하면 〈표 4-16〉과 같이 요약할 수 있다.

〈표 4-16〉 두만강유역 석관묘유적의 현황과 특징

지역	유적	수량	번호	형식	현황
延吉	小營子[337)	54	–	Ⅰ형	백여 기 이상 석관묘 발견, 묘실 상부에 개석판을 덮은 것과 석재를 채워 봉석한 형태로 구분, 어떤 것은 2~3기가 병렬로 연접하거나 상하로 겹쳐짐, 화변구연토기와 흑요석기 공반
				ⅢBa형	
	河龍[338)	?	–	?	구조 불명, 화변구연토기와 흑요석기 공반
	新龍[339)	11	91M1~8	ⅢBa형	1991년 8기 발굴, 구조형식이 대체로 동일, 산사면상에 계단형으로 8기가 배치, 상부의 봉석퇴가 하나로 연결, 화변구연토기와 흑요석기 공반
龍井	柳庭洞[340)	1	–	ⅢA형	파괴, 묘실은 괴석재를 쌓아 조성, 상부 대석판을 덮음
	金穀 A區[341)	14	6	Ⅰ형	판석 여려 개를 세워 묘실 조성, 부관존재, 1차와 2차장된 8개체 골격 확인
			11	Ⅰ형	판석 여려 개를 세워 묘실 조성
	金穀 B區[342)	7	–	ⅢBa형	묘실 석재를 쌓아 조성, 묘실내 석재를 채워 봉석, 4기는 각자의 봉석퇴를 가지며, 나머지 3기는 봉석퇴가 연결됨, 단인묘, 합장묘, 화장묘
	船口[343)	6	3	ⅢA형	1965년 6기발굴, 모두 파괴, 그 중 3호는 석재를 쌓아 묘실 조성, 상부 2장의 판석을 덮음. 묘실 상부 깨진돌을 채워 봉분 형성

지역	유적	수량	번호	형식	현황
汪清	金城[344]	40		ⅢBb형	1979년 3기 발굴, 80년 33기 발굴, 산정상부와 하단능선을 따라 열을 지어 분포, 산 정상부의 7기(80M27~33)는 상부 봉석퇴가 하나로 연결됨
琿春	新興洞[345]	31	1983년 · 85년 31기 발굴, 대부분 ⅢBb형, 소수 ⅢBa형과 ⅢBc형		
			5	ⅢBb형	보고 내용 없음
			12	ⅢBa형	묘실 4벽 석재를 1층 두름
			11	ⅢBc형	묘실 서벽과 남벽에 석재를 쌓음
			15	ⅢBc형	남벽 한쪽에만 석재를 놓음
			29	ⅢBc형	동서 두벽에 석재를 쌓음
	河西北山[346]	21	1988년 21기 발굴, 대다수 묘실내 순수 흙만을 채워 봉분 형성, 간혹 두벽과 혹은 4벽에 석재를 1층가량 둘러 놓음		
			14	ⅢBb형	묘실 4벽에 석재를 둘러 놓음, 흙을 채워 봉분 형성
			9	ⅢBc형	묘실 남벽과 서벽에 석재확인, 북벽에 석재를 놓음
	迎花南山[347]	30	1985년 30기무덤 확인, 주거지 4기, 석관묘 3기 발굴		
			1	ⅢBa형	묘실 4벽에 석재를 1층으로 둘러놓아 장방형의 석광형태를 조성, 묘상부 봉석퇴 형성
			2	ⅢBa형	
			3	ⅢBa형	파괴, 구조불명
圖們	石硯[348]	1981년 12기 발굴, 중구 T1내 2기 · T2내 10기,이중 2기는 석관묘			
			T1M1 · M2	ⅢBa형	2기의 무덤은 동서향이며, 남북으로 병렬됨, 묘실은 석재를 쌓아 조성, 6개의 석재를 묘실 중앙에 남북으로 놓아 묘실을 2개로 구분
			T2M 1~3 · 4 · 6~9	ⅢBb형	모두 서남향, 동서 1렬 배치, 묘실 간격이 좁고 묘광이 깊다. 무덤 상부의 봉석퇴가 하나로 연결됨

번호	유적	수량	번호	유적	수량	번호	유적	수량
1	延吉 小營子	54	5	龍井 金穀A區	14	9	琿春 新興洞	31
2	延吉 河龍	?	6	龍井 金穀B區	7	10	琿春 河西北山	21
3	延吉 新龍	11	7	龍井 船口	6	11	琿春 迎花南山	30
4	龍井 柳庭洞	1	8	汪清 金城	40	12	圖們 石峴	12

〈그림 4-91〉 두만강유역 석관묘유적의 분포현황

329) 藤田亮策, 1943,「延吉小營子遺跡調査報告」, 滿洲帝國民生部 ; 延吉市文物志編寫組, 1984,「延吉市文物志」, 吉林省文物志編委會.

330) 延吉市文物志編寫組, 1984, 위의 책.

331) 侯莉閩, 1994,「吉林延邊新龍青銅墓葬及對該遺存的認識」,『北方文物』3.

332) 延邊博物館, 1983,「吉林延吉柳庭洞發現的原始文化遺存」,『考古』10.

333) 延邊朝鮮族自治州博物館, 1982,「延吉德新金穀古墓葬清理簡報」,『東北考古與信息』第一輯.

334) 樸龍淵, 1993,「두만강류역 석관묘의 성격」,『마한·백제문화』13, 171~172쪽.

335) 延吉市文物志編寫組, 1984, 앞의 책.

336) 吉林省文物考古研究所, 1986,「吉林汪清金城古墓葬發掘簡報」,『考古』2.

337) 吉林省文物考古研究所等, 1992,「吉林琿春新興洞墓地發掘報告」,『北方文物』1.

338) 圖琿鐵路考古發掘隊, 1994,「吉林琿春市河西北山墓地發掘」,『考古』5.

339) 吉林省圖琿鐵路考古發掘隊, 1993,「吉林琿春市迎花南山遺址·墓葬發掘」,『考古』8.

340) 侯莉閩, 1995,「吉林省圖們石硯原始社會墓地的調查與清理」,『博物館研究』2.

발표된 자료가 상당히 제한적이기 때문에 이 지역 석관묘의 구조와 형식 및 분포특징을 고찰하는 부분 역시 한계가 있을 수 밖에 없다. 따라서 앞서 분석된 요동과 길림, 서북한지역 청동기시대 석관묘유적과의 비교를 거쳐 이 지역 석관묘의 구조형식에 대한 대략을 파악해 보겠다.

앞서 주변지역 석관묘의 형식은 크게 4가지로 구분하였다. 제I형 다판석형 석관묘는 주로 요동 북부의 동요하(東遼河) 중류지역과 길림(吉林)의 송화강(松花江) 서쪽지류에서 유행되었고 북한의 대동강유역에서도 소량 발견된다. 두만강유역에서는 연길 소영자와 용정 금곡유적에서 수십 여기가 발견되었다. 제II형 단판석형 석관묘는 요동 북부의 혼하(渾河) 상류와 북한의 대동강유역에서 주로 유행되었고, 길림의 송화강 서쪽지류에서도 소량 확인된다. 아직까지 두만강유역에서는 발견된 바 없다. III형 괴석형 석관묘는 주로 요동지역의 태자하유역과 연변의 두만강유역에서 보편적인데, 북한 경내에서는 매우 소량만 확인되었다. 이 형식은 다시 벽석과 개석의 축조 및 조합방식에 따라 A, B의 두 종류로 구분된다.

IIIA형은 괴석을 쌓아 장방형의 묘실을 만들고 상부에 석판을 덮는다. 주로 요동지역과 두만강유역에서 유행한 형식이다. IIIB형은 흙과 석재를 혼합하여 묘실을 만들고 그 상부에는 개석을 덮지 않으며 흙과 돌을 채워 마감한다. 주로 두만강유역에서 유행되었다. 묘실의 구조와 축조방법이 비교적 복잡하여 이를 다시 3개의 아형으로 구분 가능한데 이는 아래에서 다시 한 번 언급하도록 하겠다.

제Ⅳ형 혼축형 석관묘는 주로 길림지역에서 유행하며, 요동북부와 북한지역에서도 소량 확인된다. 두만강유역에서는 아직까지 보고된 바가 없어 논외로 하겠다. 이상에서 살펴본 바와 같이 두만강유역의 청동기시대에는 Ⅲ형 석관묘가 주요 묘제로 작용하였으며, 소량의 Ⅰ형 석관묘가 보고되었을 뿐 나머지 형식은 확인된 바 없다. 이를 좀 더 구체적으로 살펴보도록 하겠다.

Ⅰ형 석관묘는 연길 소영자와 용정 금곡유적 단 2곳에서만 보고되었다. 아울러 대략 100여 기 이상의 석관묘가 확인되어 이중 54기 가량이 발굴된 것으로 알려진 소영자유적의 경우 일제시대에 조사된 관계로 발표자료의 내용 역시 매우 소략하다. 다만 판석 여러 개를 세워 조성한 묘실 상부에 개석판을 덮어 놓은 구조의 것이 여럿 찾아졌다는 내용을 통해 볼 때 Ⅰ형 석관묘의 범주에서 이해해도 좋을 듯하다. 또한 용정의 금곡유적 A구에서는 총 14기의 무덤이 발굴되었는데, 이 중 6호와 11호 무덤이 바로 Ⅰ형 석관묘에 속한다. 석관묘의 조성방법은 토광 내부에 여러 개의 얇음 판석을 세운 후, 그 상부에 다시 얇은 판석 여러 개를 덮어 놓았다고 한다. 6호의 경우 부관이 딸린 점이 특징적이다. 묘실이 다판석형의 구조를 가진 것은 요동과 길림, 서북한지역에서 가장 보편적으로 확인되는 양식으로 금곡유적의 사례로 보아 소영자유적의 것들도 유사한 구조로 추정된다.

ⅢA형은 모두 7기가 조사되었다. 유정동유적에서 1기, 선구유적에서 6기 등이다. 유정동유적의 석관묘는 이미 파괴되었으나,

잔존한 벽석부의 상황을 보면, 괴석재를 반듯하게 쌓아 묘실을 조성하였고, 그 상부에 대석판을 덮어 놓은 구조이다. 선구유적의 석관묘 역시 파괴가 심각한 상황이었다. 다만 보존상태가 양호한 3호의 경우 역시 자연석재를 반듯하게 쌓아 묘실을 조성하였고, 그 상부에 2장의 판석을 덮어 놓은 구조로 유정동의 것과 거의 동일하다. 다만 상부의 개석판 주변으로 다시 깨진돌을 쌓아 마치 봉석(封石))의 구조를 한 점이 차별적이다. 유정동유적의 경우 이미 그러한 마감시설이 유실되었을 가능성이 농후해 보인다. 관련 석관묘에 대한 도면은 발표되지 않았다.

ⅢB형은 모두 58기가 조사되어 가장 높은 비율을 보인다. 주로 중국경내의 두만강변을 따라 분포하며, 북한경내의 유적에서도 소량 보고된 바 있다. ⅢA형과의 차이점은 묘실 상부에 판석 등 개석을 두지 않고, 묘실내에 깨진돌과 흙 혹은 묘광을 파고 남은 기암 석재편을 채워 넣어 봉분을 형성하는 점이다. 일반적으로 주변지역에서는 묘실 상부에 대부분 개석판을 둔다는 점에서, 두만강유역 석관묘의 가장 특징적인 점으로 볼 수 있겠다. 앞서 밝힌 것처럼 이유형의 것은 구조가 다소 복잡하여 다시, 3개의 아형으로 구분할 수 있다.

ⅢBa형은 기암바닥을 굴착하여 묘광을 둔 후 그 내부 3~4벽에 석재를 쌓아 묘실을 조성한다. 그리고 시신을 안장한 후, 다시 굴착하는 과정에서 생긴 기암석재편과 깨진 돌을 채워 넣어 상부에 봉분이 생기도록 마감한 형태이다. 이러한 봉분의 구조는 사실 본래의 원형이 그대로 유지되기가 힘들다. 대략 3천년이

넘는 시간 동안 여러 요인들이 작용되어 삭평되거나 혹은 덧쌓였을 가능성도 존재한다. 그러한 이유로 지금까지 석관묘가 발견된 요동이나, 길림, 북한지역에서는 석관묘 상부의 봉분시설이 거의 알려진 바 없다. 그런데 두만강유역에서는 이러한 봉분시설이 확연하게 남아 있는 석관묘들이 다수 찾아진 사례가 있다. 특히 일제시대에 조사된 소영자유적에서는 I형과 Ⅲ형계열 석관묘 상부에서 봉분의 형태가 뚜렷하게 남아있는 것들이 다수 조사된 바 있기에, 깨진 돌이나 기암을 굴착하는 과정에서 생성된 잔여 석재를 무덤상부에 쌓아 봉분을 조성하는 수법은 이 지역 청동기시대 묘제의 전통 중 하나로 볼 수 있다.

발굴된 대표적인 유적으로는 연길 신용, 혼춘 영화남산, 용정 금곡B구유적 등을 들 수 있다. 먼저 신용유적에서는 8기가 조사되었는데, 이들은 산줄기 경사면을 따라 계단형으로 배열되었다. 묘실의 구조는 모두 동일하다. 모두 3벽은 석재를 쌓았고, 나머지 1벽(동벽)만은 굴착한 묘광을 반듯하게 다듬어 그대로 사용하였다. 그리고 그 내부에는 역시 각각 깨진돌 등을 채워 넣었는데 최종적으로 상부의 봉분(봉석퇴)은 하나로 연결되는 형태이다. 영화남산에서는 모두 3기가 발견되었다. 구조는 동일하지만 각각의 봉분이 연결되지는 않는다. 마지막으로 금곡 B구에서는 7기가 조사되었다. 역시 구조는 동일한데, 서로 연접하여 배치된 3기의 무덤은 봉분 역시 하나로 연결되지만, 나머지 4기는 개별적인 봉분을 가지며 서로 연결되지 않는다.

다음으로 ⅢBb형의 구조를 보면, 깊게 판 토광벽 내부에 부분적으로만 괴석재를 쌓아 묘실을 조성한 후 그 내부에 흙이나 깨진돌을 채워 마감한 형태이다. ⅢBa형과의 차이점은 봉분을 구성하는 재료로 깨진돌과 함께 흙을 사용하거나 혹은 순수 흙만 채워 넣은 사례가 다수인 점이다. 대표적으로 왕청 금성유적, 도문석현유적이 있다. 금성유적에서는 1979년 3기가 발굴, 1980년에는 33기가 추가로 발굴되었다. 구조와 형식은 모두 동일하다. 그런데 산 정상부에 일렬로 배열된 7기 석관묘(80년 27~33호)의 봉석(분)시설이 하나로 연결된 점에서 신용유적과 유사하다. 석현유적은 1981년 12기가 발굴되었다. 유적 중심부에 해당되는 T1내에 2기의 ⅢBa형 석관묘가 위치하며, T2에서 발굴된 10기의 무덤 중 8기기가 ⅢBb형에 속한다. 나머지 2기는 토광묘이다. 이러한 T2내 10기 무덤은 동-서 일렬로 배치되었고, 각 무덤간의 간격이 조밀하여 거의 연접한 형태로 볼 수 있다. 묘실의 깊이가 매우 깊은 편인데, 묘광내에는 부분적으로 석재를 쌓아 보강하였고, 그 상부에는 다량의 석재를 채워 넣어 각각의 봉분이 형성되며, 이들은 상호 연결되어 결국 하나의 적석봉분으로 통합된다. 묘실의 구조와 형식이 왕청 금성유적의 7기 무덤과 유사한 것으로 판단되는데, 금성유적의 경우 자세한 보고내용이 없지만, 석현유적의 사례에 미루어 대략적인 내용을 유추해 볼 수 있다.

마지막 ⅢBc형은 묘광 한쪽 혹은 일부구간에만 석재를 두어 묘벽을 보강하고, 시신을 매장 후 괴석재를 덮어 마감하였다. 혼춘 신홍동유적을 대표로 하는데 발굴된 31기의 석관묘 중에는

ⅢBa~c형이 모두 존재하지만, ⅢBc형이 우세한 점유를 보인다고 한다. 그러나 각 형식별로 구체적인 숫자는 보고되지 못하였다. ⅢBc형의 경우 묘실의 구조가 토석혼광(土石混壙)의 형태인 점과 연대상 가장 늦은 시기성을 보이는 점에서 이 지역 석관묘의 소멸기적 특징을 잘 보여준다고 할 수 있겠다.

아래에서는 이상에서 검토된 두만강유역 청동기시대 각 형식별 석관묘의 단계별 특징과 그 문화성격에 대하여 고찰해 보겠다.

1. Ⅰ형: 금곡A구 11호 2. ⅢBa형: 신용1호 3. ⅢBa형: 영화남산1호

4. ⅢBb형: 석현 1~10호 5 · 6. ⅢBc형: 신흥동 11 · 29호

〈그림 4-92〉 두만강유역 석관묘 구조

(2) 편년 및 단계별 특징 검토

현재 두만강유역 청동기시대문화의 기초적인 편년과 문화성격 및 그 변화상에 대한 연구는 상당히 진전된 상태이다. 그간 관련 연구는 어쩔 수 없이 중국학자들의 주도하에 연구될 수밖에 없었지만, 2000년대 이후부터는 국내에서도 그 관심이 점차 증가하는 추세이다. 본고는 기존의 연구성과에 준하여, 해당 지역 청동기시대 석관묘유적의 편년과 그 단계별 변화상을 검토하고자 하며, 그 문화성격에 대한 보다 자세한 분석은 차후의 연구에서 다시 한 번 논의하고자 한다.[341)]

1986년과 87년 길림성문물고고연구소에서 발굴한 화룡 홍성(和龍 興城)유적[342)]에서는 이지역 신석기시대에서 청동기시대에 이르는 대규모의 선사유적군이 확인되었다. 주거지는 29기가 발굴되었고, 이와 함께 3기의 무덤에서 1,100여 점 이상의 유물이 출토되었다. 청동기시대의 유물은 흑요석기를 비롯한 각종의 석기와 골제 도구류가 주종을 이루며, 주요 토기의 양식과 문양 역

---

341) 그 이유는 2000년 이후 최근까지 새롭게 발굴된 유적들의 정식보고서가 대부분 아직 발표되지 못한 데에 있다. 아울러 해당 지역 청동기~초기철기시대문화에 대한 학위논문이 최근 지속적으로 발표됨에 도 불구하고 해당 논문들이 외부에 거의 노출되지 않는 정황에서 짐작하건데 아마도 가까운 시일내에 이들 보고서가 순차적으로 출간될 것으로 예상된다. 관행상 그에 맞춰 학위논문들도 함께 공개될 것으로 기대되는 바 추후의 상황에 맞춰 본고를 보완한 후속 논고를 발표할 수 있도록 준비하고 있다. 따라서 본문에서는 지면관계상 그간 가장 많이 인용되어 왔거나 혹은 최근의 글들로 한정하여 선행연구의 동향을 제시하도록 하겠다.

342) 吉林省文物考古研究所等, 2001,『和龍興城新石器及青銅時代遺址發掘報告』, 文物出版社.

시 주변지역과 비교하여 매우 독창적인 내용을 보여주었다. 보고서에서는 이를 종합하여 이 지역 초기 청동기시대문화로서 흥성문화(興城文化)로 명명하였다.

1998년 林澐은 두만강유역 후기청동기~초기철기시대 사이의 물질문화에 대하여 단결문화(團結文化)라는 명칭을 제안하였는데, 이와 구분되는 그 선행단계의 문화로서 왕청 백초구(汪淸 白草溝), 신화려(新華閭) 하층문화층, 신화려묘지, 금성묘지, 연길 유정동유적, 금곡묘지 등으로 대표되는 유정동문화의 존재를 확인하였다.[343) 이 글을 통해 흥성문화에 연속하여 전개된 이지역 일대 청동기문화로서 유정동문화가 학계에 자리 잡게 되었고, 흥성-유정동-단결문화로 연결되는 두만강유역 청동기시대문화의 기본적인 순서가 구축될 수 있었다.

2002년 宋玉濱은 「두만강유역 청동기시대의 몇 가지 문제」라는 제목의 글을 발표한다.[344) 이 연구에서는 우선적으로 북한의 회녕 오동유적의 5호와 4호 주거지의 중복관계와 출토유물상의 차이에 따라, 이지역 청동기시대를 크게 두 단계의 문화로 구분짓는다. 초기는 흥성문화단계로서 오동유적 4호주거지유물과 동일단계 이다. 후기는 유정동유형단계로서 오동유적 5호주거지 출토품과 동일한 단계이다. 이러한 표준안에 맞춰 두만강유역 일대 관련 유적들의 편년과 성격을 시론적으로 고찰하였다.

2005년 趙賓福은 그의 박사학위 논문에서, 앞서 발표된 林澐

343) 林沄, 1998,「論團結文化」,『林沄學術文集』, 中國大百科全書出版社, 397~417쪽.
344) 宋玉彬, 2002,「圖們江流域青銅時代的幾個問題」,『北方文物』4, 2~9쪽.

과 宋玉濱의 연구성과를 종합적으로 참고, 역시 이지역 청동기 문화를 크게 두시기로 구분하였다. 전기는 중원의 하상시기에 해당되는 홍성문화, 후기는 서주에서 전국시기까지의 유정동문화이다. 宋玉濱과의 차별점은 유정동문화라른 용어의 본격적인 사용과 이를 다시 전후 두 단계로 구분한 점인데, 먼저 전기의 특징은 무문적 요소가 강세(손잡이 역시 없음)를 보이는 서주~춘추시기, 후기는 동체부에 대칭으로 달린 꼭지형 손잡이 토기가 유행되는 단계로서 연대는 전국시기에 속한다고 보았다.[345)]

2009년 林澐, 宋玉濱, 趙賓福 등과 같은 길림대(吉林大) 고고학과 출신의 唐淼는 선행연구자들의 성과를 거의 그대로 수용하여, 두만강유역 청동기시대 묘제 역시 두 단계로 나누어 살펴보았다. 주로 趙賓福의 견해를 참고하여, 유정동문화의 범위 내에서 접근한 듯한데, 그와의 차별점은 묘제를 중심으로 해당 문화의 성격과 변화상을 이해하려 노력한 점이다. 唐淼에 의해 분류된 전기단계의 무덤유적은 연길 금곡 2·5·7·10·17호묘, 왕청 금성 79M1·80M2·80M7·80M22·80M28호묘, 도문석연유적의 일부 무덤 등이 해당되며 연대는 趙賓福의 편년과 동일하다. 후기는 혼춘 신흥동 10·14·16·28호묘, 하서북산, 금성 79M3· 80M1·80M3호묘 및 석현유적의 일부무덤이 속하며 연대는 전국시기로 역시 趙賓福의 견해를 수용하고 있다.[346)]

이외에 1993년 연변박물관의 朴龍淵은 당시까지 조사된 두만

345) 趙賓福, 2005,「中國東北地區夏至戰國時期的考古學文化研究」, 吉林大學博士學位論文, 175~182쪽 ; 趙賓福, 2009, 앞의 책, 250~262쪽.

346) 唐淼, 2009, 앞의 글, 106~108쪽.

강역유역일대 석관묘유적의 자료를 국내에 소개한 바 있다.[347] 해당 발표에서는 당시로선 이해가 깊지 못했던 이 지역 청동기문화의 내용을 바탕으로 석관묘의 성격 문제에 접근하였기에 그간에 논의되어 오던 우리 학계와의 인식과는 다소 괴리감이 느껴질 수밖에 없었다. 특히 인접한 서단산문화와의 관계는 부정하면서도, 요서지역 홍산문화단계의 것을 직접적인 기원으로 본다든지, 아울러 그것이 요동을 거쳐 두만강유역으로 전파되었다는 결론에 이르는 점에서 당시 중국학계의 분위기를 엿볼 수 있다.

한편 2000년대 이후부터는 국내학계에서도 두만강을 비롯한 연해주일대 청동기문화에 대한 관심이 대폭 증대되기 시작한다. 주로 무문토기사회로의 전환기적 지표가 되는 각목돌대문토기의 출현기적 특징과 현상 및 그 기원문제가 중점적으로 논의 된다.[348] 이와 함께 해당 지역의 토기문화가 한반도의 각 지역군내에 미친 영향관계[349] 및 연해주[350]나 길림성[351]일대 주변문화

347) 朴龍淵, 1993, 앞의 글, 163~180쪽.

348) 안재호, 2000, 「한국 농경사회의 성립」, 『한국고고학보』43, 43~48쪽 ; 김재윤, 2003, 「한반도 각목돌대문토기의 편년과 계보」, 부산대학교석사학위논문.

349) 강병학, 2002, 「한반도 무문굽다리토기 연구 - 형식분류를 통한 편년 및 성격 추론」, 한양대학교 석사학위논문, 39~48쪽 ; 「한반도 선사시대 굽다리토기 연구」, 『고문화』66, 30~33쪽 ; 배진성, 2003, 「무문토기의 성립과 계통」, 『영남고고학』32, 25~30쪽 ; 2008, 앞의 책, 26~40쪽.

350) 김재윤 외, 2006, 「동북한 신석기만기에서 청동기시대로의 전환기 양상」, 『석헌 정징원교수 정년퇴임기념논총』, 부산고고학연구회·논총간행위원회영남고고학회 ; 강인욱, 2007a, 「두만강 유역 청동기시대 문화의 변천 과정에 대하여 - 동북한토기의 편년 및 주변 지역과의 비교를 중심으로-」, 『한국고고학보』62, 64~78쪽 ; 2007b, 「청동기시대 연해주 두만강 유역과 한국의 문화교류」, 『환동해지역 선사시대 사회집단의 형성과 문화교류』, 제35회 한국상고사학회 학술발표회 자료집, 95~110쪽.

351) 김재윤, 2004, 「한반도 각목돌대문토기의 편년과 계보」, 『한국상고사학보』46,

들과의 비교연구도 활발하게 진행되었다.

그러한 분위기 속에서 2009년에는 두만강유역 청동기시대문화의 제문제를 종합적으로 검토한 학위논문이 국내에서는 처음으로 발표된다.[352] 논문에서는 그간의 연구와는 차별적으로 해당 지역 청동기시대문화를 홍성유형-오동유형-유정동유형-수북·신광-범의구성유형 등 5가지로 구분하여 각 유형들의 시·공간적 특징과 주요내용을 일목요연하게 정리해 내었다. 여기서 범의 구석유형은 앞선 수북·신광유형과 동일한 단계로서 지역적 특징이 반영된 것이기에, 해당 문화는 이처럼 4단계의 변화상을 거치게 되는데, 마지막에는 역시 단결문화로 전환된다는 기존 인식에 동의하는 듯하다.

하지만 논문에서 제시된 각 유형들의 편년과 단계별 변화상은 다소 상향조정된 연대관으로 인해 어색한 면이 없지 않다. 특히 유정동유형의 중심연대를 기원전 14세기 무렵으로 파악하며, 그 상한연대는 관련 유적에서 측정된 절대연대값에 미루어 최대 기원전 18세기까지 올라갈 가능성도 제시였다. 본문 속에서 분명히 기본적으로 趙賓福의 입장과 일맥상통한다고 명시한 것과는 상충되게 그의 편년안과 상당한 차이가 존재한다.[353]

최근 대다수의 연구자들이 해당 문화의 상한연대를 대략 기원전 12~10세기 무렵으로 파악하는 경향과 비교해 볼 때에도 그러한 괴리감은 더욱 선명해 진다. 아마도 그러한 인식 차이는 유

54~57쪽 ; 오강원, 2008, 앞의 글, 89~94쪽.

352) 최경숙, 2009,「두만강유역 청동기시대 문화 연구」, 충남대학교 석사학위논문.

353) 최경숙, 2009, 위의 글, 105쪽.

청동문화의 관련 유적에서 확보된 절대연대값에 대한 활용부분에서 발생되는 듯하다. 선행연구자들이 대부분 유정동 주거지 1호(B.P.3160±90년)나 금곡유적의 방사성탄소연대측정값(B.P.3270±155년)을 그대로 수용하는 데 비해 해당 글에서는 보정연대 값인 기원전 18세기의 상한 값을 적극 활용하고 있다.[354] 본고 역시 기본적으로는 전자의 견해를 수용하는 편이지만, 묘제의 종류와 성격 및 개별유적의 편년과 단계적 변화상에 대해서는 조금 다른 관점을 제시하고자 한다.

첫째, 두만강유역 청동기시대문화의 주요 묘제는 석관묘라는 단일묘제로 통합하여 이해할 수 있다. 그간의 연구자들은 해당 지역의 묘제를 봉석묘 혹은 석광봉토묘나 봉석석관묘, 토광묘, 석관묘 등으로 구분 짓거나 혹은 동일무덤에 대하여 이상의 상이한 명칭을 혼용하여 사용해 왔다. 기본적으로 토광내부에 석재를 활용하여 관형태의 묘실을 조성한다는 점에서 석관묘의 기본 범주에 포함될 수 있으며, 이는 다소간의 구조 차이에 따라 다시 세부형식으로 구분될 수 있다. 이러한 구분법은 요동과 길

354) 이처럼 보정연대를 그대로 수용하여 유적의 조성연대에 반영할 경우 인접한 국가들의 동시기유적에서 확보된 다양한 자료들과 상충되는 점이 적지 않아 보다 신중한 논의가 필요해 보인다. 대표적인 사례로서 유정동 1호주거지에서 보고된 紅陶衣계의 토기, 즉 적색마연토기나 붉은간토기로 불리는 이것은 두만강유역 전기 무문토기시대의 지표가 되기도 한다. 이러한 특징의 토기는 현재 북한과 중국, 러시아 접경의 두만강, 동해연안을 거쳐 한반도 남부지역에서도 폭넓게 확인되는 관계로, 그에 대한 상한연대를 지나치게 올려 볼 경우, 공반유물 · 유구와의 괴리감이 발생될 수밖에 없다. 일반적으로 두만강유역에서 관련 토기가 유행되는 시점을 기원전 12~10세기 사이로 보는 입장 역시 참고할 수 있겠다.

〈표 4-17〉 두만강유역 청동기시대 편년

<table>
<tr><th rowspan="3">절대
연대
(B.C.)</th><th colspan="2">본고</th><th colspan="2">宋玉彬(2002)</th><th colspan="2">강인욱(2007 · 2008)</th><th>趙賓福(2008)</th></tr>
<tr><th colspan="2">두만강유역</th><th colspan="2">두만강유역</th><th rowspan="2">함경북도</th><th rowspan="2">중국
연변지구
(간도)</th><th rowspan="2">두만강유역</th></tr>
<tr><th>주거지</th><th>무덤</th><th>주거지</th><th>무덤</th></tr>
<tr><td>2000
1500</td><td rowspan="7">興城類型
興城
오동4호
오동유형
범의구석
2기
오동
1 · 2호
柳庭洞類型
柳庭洞
迎花南山
오동 5호
金谷水庫
南山
水北-新光
類型
水北住居址
安田 下層
西蔵子</td><td rowspan="10">興城類型
興城
小營子
A區
오동유형
小營子
A區
흑구봉
柳庭洞類型
金谷
郎家店
水北-新光
類型
新華
天橋嶺
동관진
新興洞
金城
河西北山
石峴</td><td>興城類型
興城
오동 4호
서포항 6기
송평동</td><td>興城類型
小營子
新龍</td><td>초도 1기
서포항 4기
오동 호곡
1기 1기</td><td>興城 1–2기
興城 2기</td><td rowspan="2">興城類型
興城(前期)
新龍
오동 4호
송평동
서포항</td></tr>
<tr><td></td><td rowspan="2">柳庭洞類型
전기
오동 5호
柳庭洞
迎花南山
범의구석
2 · 3기</td><td rowspan="9">柳庭洞
유형
新華
天橋嶺
金谷
金城
石峴
河西北山</td><td rowspan="4">오동 서포항
2기 5기
오동 서포항
3기 6기
초도
2기 서포항
7기
오동
4기</td><td rowspan="4">興城類型
興城 3기
興城 4기
興城 5기</td></tr>
<tr><td></td><td rowspan="2">興城類型
興城(後期)</td></tr>
<tr><td>1000</td><td rowspan="7">柳庭洞類型
후기
金谷水庫
南山
新光
大六道溝
安田 下層
범의구석
4 · 5기</td></tr>
<tr><td></td><td rowspan="4">柳庭洞類型
전기
오동5호
柳庭洞
金谷水庫南
山
迎花南山
安田 下層
金谷
金城
石峴</td></tr>
<tr><td>800</td><td>오동 5기 –
호곡 2 · 3기
초도 3기
송평동유형</td><td>柳庭洞類型
前期
小營子,
新龍新興洞,
金城柳庭洞,
水北
迎花南山
大六道溝
安田下層</td></tr>
<tr><td></td><td rowspan="3">호곡 4기
초도 4기
(연해 유형)
호곡 5기</td><td rowspan="3">柳庭洞類型
後期
강안리
2 · 3문화층
지경동
新光</td></tr>
<tr><td></td><td rowspan="3">水北-新光
類型
범의구석
유형
水北(竪穴)
新光
지경동
강안리
2 · 3문화층
범의구석
4기</td></tr>
<tr><td></td><td rowspan="2">柳庭洞類型
후기
오동6호
新光
大六道溝
安田 下層
西蔵子
新興洞
河西北山
金城
石峴</td></tr>
<tr><td>500
300</td><td colspan="2">단결문화</td></tr>
</table>

(최경숙, 2009, 107쪽, 표 16 전재)

림, 서북한지역에 분포한 동시기 유사 형태의 묘제들과 비교를 보다 수월하게 해주며, 상호간의 연관성 혹은 문화적 관계를 고찰하는 데 도움이 될 수 있다.

둘째, 해당 지역의 석관묘유적은 역시 두 시기로 나누어 그 변화상을 고찰할 수 있다. 다만 그 상한연대와 문화성격에 대해서는 선행연구와 이견을 두고자 한다.

제1기는 홍성문화시기의 석관묘이다. 주지하다시피 이 문화의 가장 큰 특징은 발달된 석제와 골제 도구류 및 흑요석기의 다양성이다. 토기는 주로 손으로 빚어 만들었는데, 모래가 섞인 조잡한 형태의 것이 많고, 무문의 요소가 강세를 보인다. 기종으로는 관(罐)과 완(碗), 분(盆), 배(杯), 옹(瓮) 등이 대종을 이루고, 옹과 관류의 동체직경이 비대하고 기저가 협소한 특징, 구연부의 화변문(花邊紋) 즉, 이중구연에 단사선 혹은 각목돌대문류의 구연부 장식이 가장 전형적인 특징이 된다. 연대범위는 대략적으로 기원전 20~13세기 사이로 편년된다. 유적내 방사성탄소연대값과 층위관계에 따라 크게 전기(기원전 20~18세기), 중기(기원전 17~15세기), 후기(기원전 14~13세기)로 구분되며, 각 단계별 유구내 토기들은 시기상을 반영하듯 명확한 변화상을 보여준다.[355] 이시기의 주요 석관묘유적으로는 연길 소영자와 신용유적이 대표적이다. 그간 해당 유적들은 대부분 유정동 전기단계의 것들로 이해되어 왔다.

소영자유적은 1930년대 조사되어 100여 기 이상의 무덤이 보

---

355) 吉林省文物考古研究所等, 2001, 앞의 책 ; 宋玉彬, 2002, 앞의 글, 6쪽.

고된 바 있다. 1938년 藤田亮策이 52기의 석관묘를 발굴하였는데 대다수의 무덤들은 본고에서 분류한 I형 석관묘에 해당되며, 묘실 바닥에 판석을 깔고, 상부에는 판석을 덮거나 혹은 석재를 채워 봉석한 특징을 보인다. 어떤 것은 2~3기의 묘실이 병렬로 연접하거나 혹은 상하 복층의 구조를 보이기도 한다. 이외에 묘실의 3벽은 석재를 쌓았고 나머지 1벽은 자연암반을 그대로 사용한 사례도 있어 본고에서 분류한 ⅢA나 ⅢB형도 공존함을 알 수 있다. 해당 유적의 석관묘는 모두 홍성문화단계로 이해할 수 있다. 다만 묘실내 출토유물에 대한 정보가 부족하여 개별 석관묘의 구체적인 편년은 불가능하며, 공통적으로 흑요석기와 구연부에 거치상의 화변문(각목돌대문)이 시문된 토기가 확보되었다는 점에서 적어도 홍성문화 중기단계부터는 조성되기 시작한 것으로 볼 수 있다.

다음으로 신용유적은 소영자유적과 하천하나를 사이에 두고 서로 마주보는 형세이다. 해당 유적에서는 ⅢBa형 석관묘 8기가 보고되었는데, 산사면상에 계단형의 배열을 보이는 점, 묘실 상부의 봉석퇴(봉분)가 하나로 연결된 점, 모든 석관묘 마다 각 1벽씩은 자연암반을 그대로 활용하고 있다는 점에서 소영자의 ⅢBa형 석관묘와 유사하다. 묘실내에서도 흑요석기와 화변구연의 관, 발(鉢), 잔류가 확보되었으며, 그 중 발의 기벽이 직립하며 바닥에 가권족(假圈足)(낮은 대각)이 형성된 점이 특징적이다〈그림 4-93〉.

이러한 특징의 토기는 홍성유적에서 중기로 편년되는

87AF6(87년발굴 6호 주거지)과 87AF7(7호 주거지) 출토품과 유사하다.〈그림 4-93〉 또한 잔형토기(杯)의 기형이 작고, 동체가 반구형인 점에서 홍성유적 전기단계의 87AF4(4호 주거지) 출토품과 비교하여 명확한 변화상을 엿볼 수 있다는 趙賓福의 지적은 수용할 만하다.[356] 따라서 신용유적의 연대범위는 홍성유적의 중기단계 즉 기원전 16세기 무렵으로 편년하는 데 무리 없어 보인다. 요컨대, 하천하나를 사이에 두고 서로 마주한 두 유적에서는 적어도 홍성문화의 중기단계, 즉 기원전 16세기 무렵부터는 석관묘제가 출현됨을 알 수 있다.

제2기는 유정동문화이다. 주요 특징은 흑요석기가 점차 감소하며, 토기는 옹과 관이 주류인데 모두 화분형태의 동체부를 가지며, 구연부에 장식적 요소가 소멸되는 특징을 보인다. 이외에 잔류와 완, 분 등의 소형토기가 다수 발견된다. 현대 대다수의 연구자들은 유정동문화의 전형토기가 양식적 변화를 보이는 점에서 크게 전후 두 단계로 구분될 수 있다는 점에 합의를 보인다. 먼저 전기단계의 토기에는 손잡이가 부가되지 않는다. 관류의 기형은 화분형에 가깝고, 분과 완류는 구연가 넓고 저부가 좁은 특징을 보인다. 후기로 갈수록 손잡이 달린 토기가 증가하는데, 손잡이의 종류에는 대칭으로 달린 꼭지형이 가장 많고, 편평한 띠형과 횡교이 등이 소량 확인된다.

유정동문화와 관련된 방사성탄소연대 측정값은 유정동 1호주

---

356) 趙賓福, 2009, 앞의 글, 256쪽.

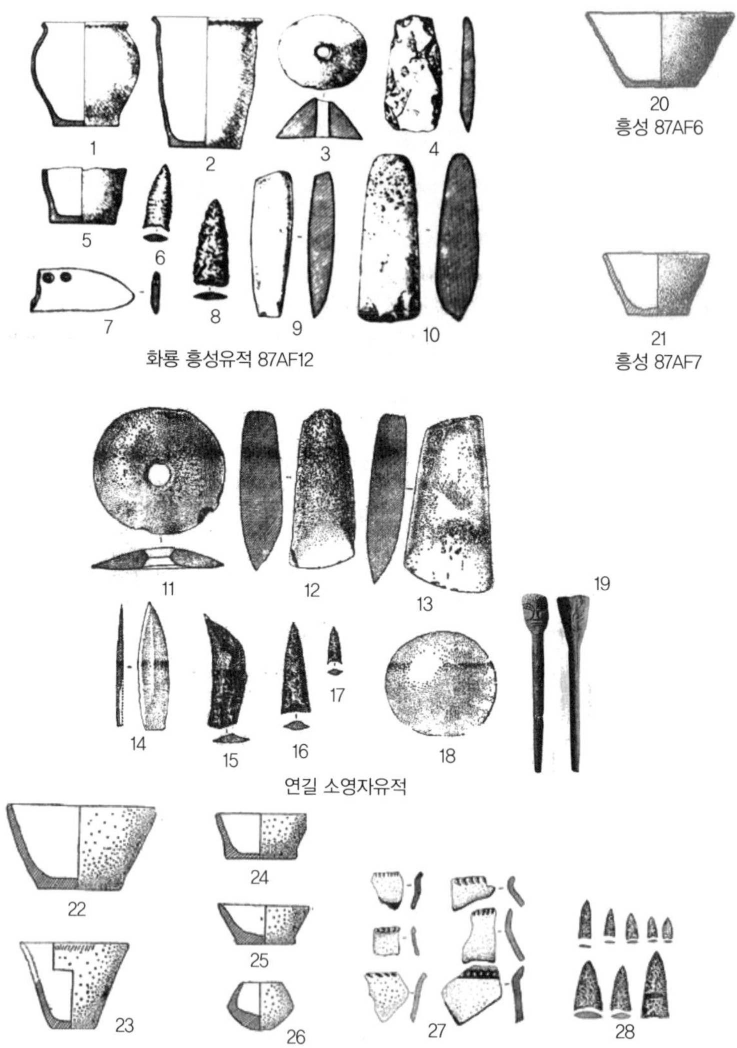

〈그림 4-93〉 흥성문화 및 석관묘 출토유물

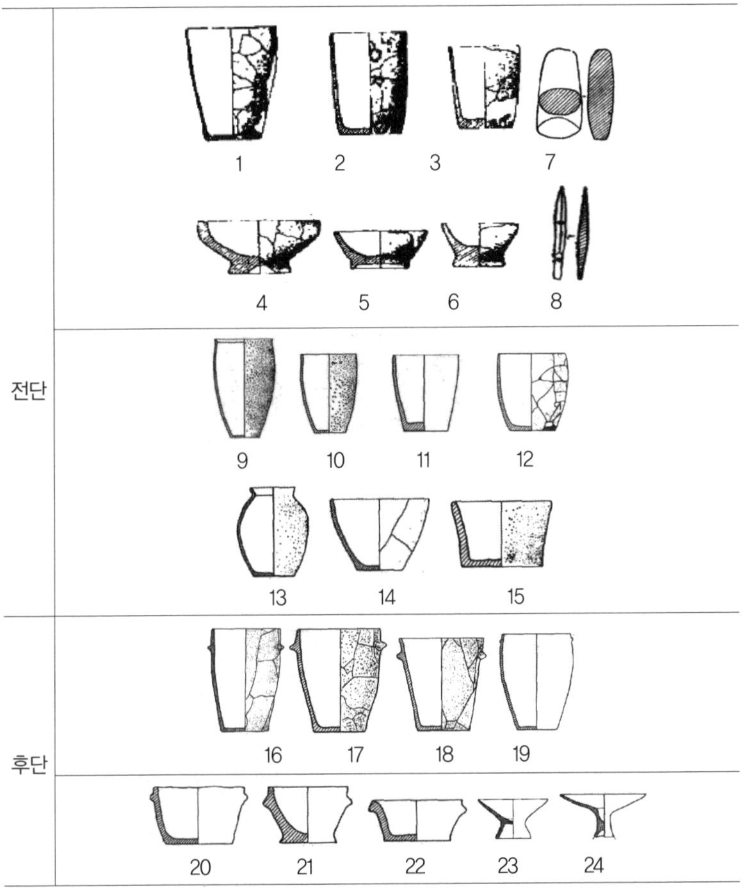

1~8.유정동F1, 9 · 10 · 13 · 15.혼춘영화F1,F3,F4,F2 11.신화려하층, 12 · 14.용정남산F1, 16~18.혼춘대륙도구 19 · 24.연길신광F3 20.왕청서외자 21~23.혼춘북산

〈그림 4-94〉 유정동문화 관련 출토유물 비교

거지의 B.P.3160±90년[357], 금곡 수고남산의 B.P.2695±70년, 금곡A구 6호무덤 B.P.3270±155年[358], 신흥동유적 B.P.2975±75년

357) 延邊博物館, 1983, 앞의 책, 951쪽.

358) 吉林省文物考古研究所, 1986,「吉林汪清金城古墓葬發掘簡報」,『考古』2, 198쪽.

과 B.P.2390±80年[359], 영화남산유적 B.P.3125±145년[360] 등 6개의 자료가 있다. 이러한 연대값에 의거하여 제2단계의 연대범위는 기원전 12~3세기까지로 볼 수 있으며, 전기는 대략 기원전 12~9세기, 후기는 기원전 8세기~3세기까지로 획기되고 있다.

다만 보정연대를 적극 활용하여 그 연대범위를 대폭 상향조정한 견해도 있지만, 그럴 경우 인접국가들의 동시기 유적에서 확보된 다양한 자료들과 상충되는 점이 적지 않아 보다 신중한 논의가 필요하다. 이시기에 해당되는 석관묘유적은 용정 유정동유적, 금곡A구, 혼춘 영화남산, 왕청금성, 도문석현, 혼춘 신흥유적 등이 있다.

유정동유적은 1973년 주거지(1호)와 ⅢA형 석관묘 각 1기씩이 발굴되었다. 석관묘에서는 유물이 확인되지 않았는데 층위관계상 동시기로 인정되는 주거지 내에서 6점의 토기류가 확보되었다. 모두 모래가 섞인 무문의 표면이 마연된 홍색(붉은간토기)과 회갈색 계열이며, 손잡이가 없는 등 2단계 전기의 특징을 보인다.

혼춘 영화남산유적은 1985년 모두 30기의 무덤과 4기의 주거지, 1곳의 회갱 등이 발굴되었다. 이중 ⅢBa형 석관묘 3기와 주거지 4기에 관한 자료가 발표되었는데, 석관묘내에서 출토된 토기편들이 모두 주거지와 동일한 유정동 전기단계의 특징을 보인

359) 中國社會科學院考古研究所編著, 1983,『中國考古學中碳十四年代數據集』, 文物出版社, 35쪽.

360) 吉林省圖琿鐵路考古發掘隊, 1993,「吉林琿春市迎花南山遺址·墓葬發掘」,『考古』8, 708쪽.

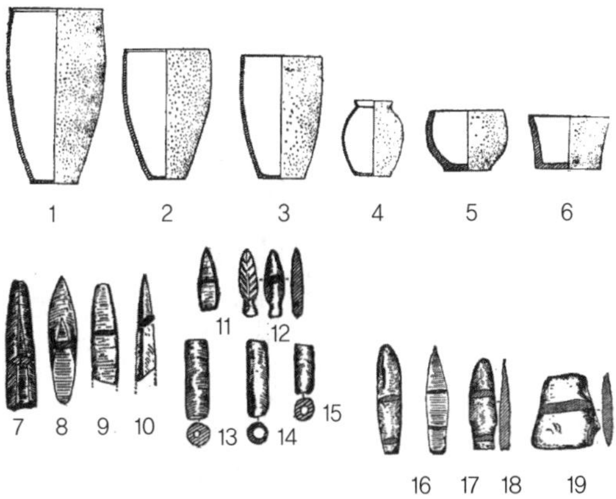

1～4. 관(罐) 5. 발(鉢) 6. 완(碗) 7～11. 석족(石鏃) 12. 동족(銅鏃) 13～14. 관옥(管玉) 16～18. 석모(石矛) 19. 석부(石斧)(1 · 2.F1, 3.F3, 4.F4, 5.F2, 6.F3, 7～19.영화남산)

〈그림 4-95〉 혼춘 영화남산 주거지와 석관묘 출토유물

다. 모두 유정동 전기단계의 유적으로 판단된다.

용정 금곡A구에서 2기의 I형 석관묘(6 · 11호)가 발굴되었다. 석관묘에서는 편년 가능한 유물이 확보되지 않았으나 6호의 방사성연대측정 결과 B.P.3270±155년이라는 결과가 나왔다. 본고에서는 잠정적으로 금곡A구 I형석관묘에 관하여 제2기 전반단계로 편년하겠다. 다음으로 금곡B구에서는 7기의 ⅢBa형석관묘가 조사되었다. 묘실내에서는 소량의 흑요석기와 각종의 석기류, 골제 도구류, 옥기 및 관(罐) 잔편이 확인되었다.[361] B구에서 발굴된 7기 석관묘의 구조는 모두 유사한데, 이중 번호를 알 수 없는 4기는 각자의 독자적인 봉석분이 존재하며, 이들은 서로

361) 樸龍淵, 1993, 앞의 글, 171~172쪽.

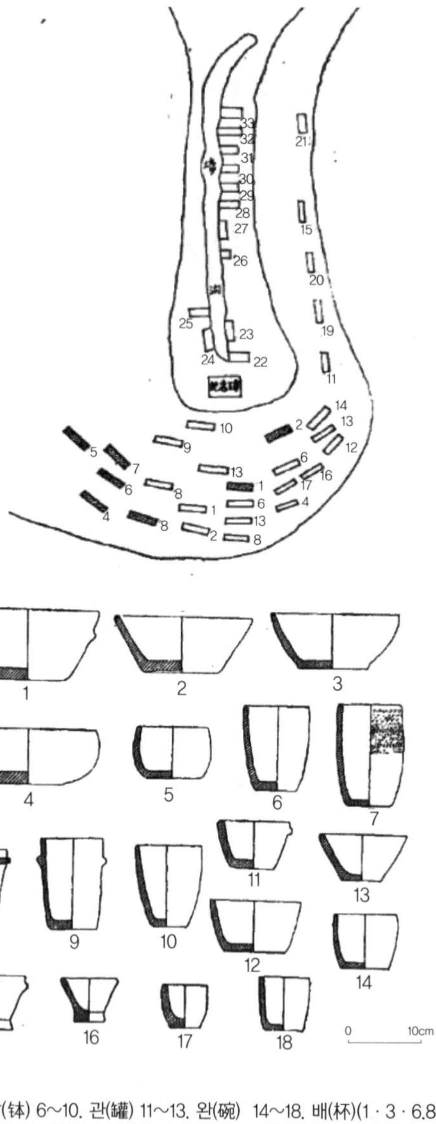

1~3. 분(盆) 4 · 5. 발(钵) 6~10. 관(罐) 11~13. 완(碗) 14~18. 배(杯)(1 · 3 · 6.80M4 2.80M22 4 · 8.80M1 5 · 18.79M1 7.C : 1 9.79M3 10.80M7 11.80M15 12.80M8 13 · 14.80M29 15.80M3 16.80M2 17.80M28)

〈그림 4-96〉 왕청 금성유적 석관묘 분포도 및 출토유물

연결되지 않는다. 나머지 3기는 상호 연접하여 상부의 봉석분이 하나로 연결되어 있다. 앞의 것은 제1단계의 신용유적 IIIBa형석관묘와 유사하며, 뒤의 것은 제2기 전반단계의 영화남산 IIIBa형 석관묘와 구조적으로 유사하다. 따라서 금곡B구의 석관묘는 제1기 후반에서 2기 전반 사이의 무덤으로 볼 수 있다. 연대범위는 기원전 13~12세기 무렵이다.

왕청 금성유적에서는 36기의 석관묘가 발굴되었다. 산정상부와 산사면 하단부 등 2개의 분포구에 나누어 열을 지어 분포하는데 모두 IIIBb형 석관묘이다. 출토유물은 관, 발, 완, 분 등이며, 그중 제2기 전반단계의 유물군이 확보된 것은 79M1 · 80M2 · 80M7 · 80M8 · 80M22 · 80M28 · 80M29호 묘 등이다. 여기서 한 가지 설명이 필요한 부분은 80M28 · 29호를 포함하는 80M27~33호묘 등은 산정상부에 일렬로 열을 지어 배치된 점이다. 무덤 상부에 봉석분이 하나로 연결되는데, 이는 아마도 동시기에 조성되었을 가능성이 농후하다. 따라서 출토유물이 빈약한 나머지 80M27호, 30~33호 역시 2기 전반단계로 보아 79M1 · 80M2 · 80M7 · 80M8 · 80M22 · 80M27~33호 묘 등은 모두 동시기성을 부여할 수 있다. 2기 후반부의 특징을 보이는 것은 79M3 · 80M1 · 80M3 · 80M4 · 80M15호묘 등이며 모두 산사면 하단부에 열을 지어 분포한 특징을 보인다.

석현유적은 동 · 중 · 서구 등 3개의 무덤구로 나누어진다. 현재 발표된 자료는 모두 중구의 석관묘 12기이며, 그 중 2기가 IIIBa형석관묘, 8기는 IIIBb형석관묘, 2기는 토갱묘(M5 · 10)이다.

8기의 ⅢBb형석관묘는 무덤 상부의 봉석분이 하나로 연결된 구조로서 동시기성이 부여된다. 석현유적에서 출토된 토기류에는 손잡이 없는 통형관(화분형), 완, 잔류와 꼭지형 손잡이가 달린 완 · 분 · 발 · 두좌(豆座) 및 석기와 골제 도구류 등이 포함된다. 보고서에는 이들 유물이 출토된 명확한 지점이 제시되지 않아 중구내 석관묘의 구체적인 편년은 알 수 없다. 다만 중구내 석관

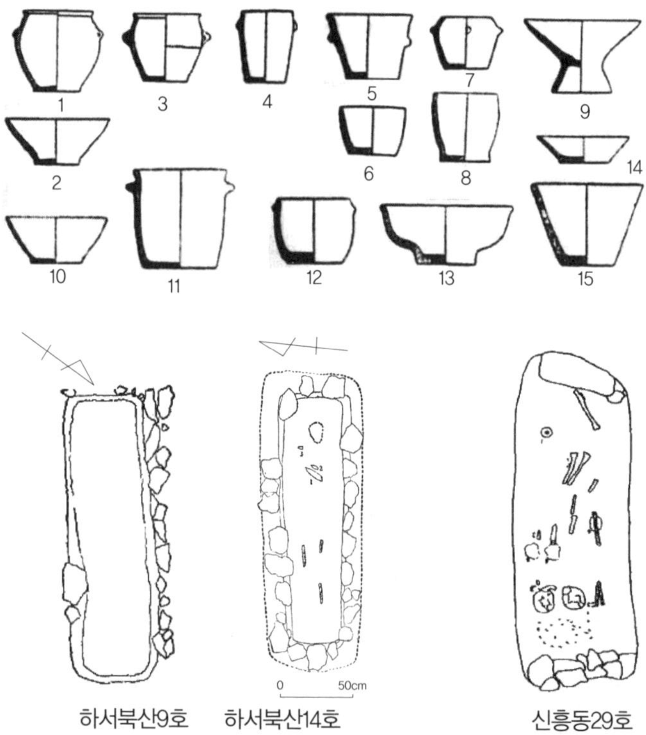

1~9. 하서북산 : 1 · 2. M19 3. M11 4. M17 5 · 6. M4 7 · 8. M2 9. M15, 10~15. 신흥동 : 10 · 11.M28 12~15.M16

〈그림 4-97〉 신흥동과 하서북산유적 석관묘 및 출토유물

묘의 구조와 형식이 왕청 금성유적의 산 정상부 7기무덤과 유사하여 동시기성을 부여할 수 있다.

혼춘 신흥동유적에서는 모두 31기의 석관묘가 발굴되었다. 주로 ⅢBc형이 많지만, 소수의 ⅢBa형과 ⅢBb형도 존재한다. 그리고 하서 북산유적에서 발굴된 21기의 무덤은 대부분 토광묘이지만 9호는 ⅢBc형, 14호는 ⅢBb형석관묘에 속한다. 두 유적의 석관묘에서는 모두 손잡이 없는 토기와 달린 것들이 공반되는 현상을 보인다. 이러한 현상은 제2기 후반단계 에서 보편적 양상인 관계로 모두 동시기성을 부여할 수 있다.

이상의 내용을 종합하면 두만강유역의 석관묘는 다음과 같은 2기 3단의 단계별 변화상을 찾을 수 있다.

제1기는 홍성문화의 석관묘이다. 연길 소영자, 신용, 금곡B구 등에서 ⅢBa형과 I형석관묘가 확인되었다. 연대 범위는 비교적 긴 편으로 대략 기원전 16~13세기 사이로 볼 수 있다. 설명이 필요한 부분은 금곡B구에서 ⅢBa형에 속하는 7기 무덤들은 편년 가능한 유물이 출토되지 못한 점이다. 그러나- 비록 석관묘의 정확한 번호는 알 수 없지만, 그중 3기의 무덤들은 상부의 봉석분이 하나로 연결된 형태인데, 이처럼 ⅢBa형 가운데 상부 봉석분이 연결된 형태는 신용유적에서도 확인되며, 제2기부터는 유사한 구조가 확인되지 않는다. 따라서 이러한 형태의 것은 초기단계 즉 제1기의 특징으로 볼 수 있다.

제2기는 유정동문화의 석관묘이다. 다시 2단계로 구분되는데, 전단계에는 유정동, 영화남산, 금곡A구 6호와 11호, 금성 79년

1호, 80년2호 · 7호 · 8호 · 22호 · 27~33호, 석현 중구유적 등을 들 수 있다. 여기에서는 ⅢBa형, ⅢBb형 석관묘와 소량의 I형과 ⅢA형 석관묘가 확인되었다. 연대범위는 기원전 12~9세기까지이다. 제2기 후반단계는 금성 79년3호, 80년1호 · 3호 · 4호 · 15호 석관묘, 신흥동, 하서북산유적 등이 포함된다. ⅢBa형 · ⅢBb형 · ⅢBc형석관묘 등이 확인되며, 연대범위는 기원전 8~4세기까지이다. 후기단계에는 혼광(土石混壙)의 ⅢBc형 석관묘 즉 토광벽을 그대로 묘실로 사용하지만, 일부 구간에만 석재를 둘러놓는 형태의 것이 새롭게 출현한다. 이러한 구조의 것은 석관묘의 퇴화과정을 보여 주는 사례가 될 수 있다. 유사한 현상이 요동과 길림, 서북한지역에서도 확인되며, 이러한 단계를 거쳐 점차 목관묘나 목곽묘 등을 포함하는 토광묘제로 변화되는 전환기적 보편성을 확보할 수 있다.

5. 중국 동북지역 청동기시대 묘제의 권역별 전개양상[362)]

앞장에서 살펴본 것처럼, 중국 동북지역 청동기시대 묘제의 전개양상은 요동반도권과 요등북부권, 서류송화강유역권, 두만강유역권 등 크게 4개의 권역으로 나누어 살필 수 있다. 아래에서는 각 권역별 묘제의 발전과 상호관계에 대하여 단계별로 나

362) 본장의 내용은 필자의 2019년도 글(「요동과 길림, 서북한지역 청동기시대 묘제의 전개양상 검토」, 『백산학보』115) 을 수정 및 재구성하여 수록한 것이다.

누어 검토하겠다.

1) 요동반도권 청동기시대 묘제의 변천

요동반도권은 대략 기원전 20세기 무렵부터는 초기 청동기사회에 진입한 것으로 평가받는다. 가장 이른 시기의 청동기문화로 대련지역의 쌍타자1기문화가 거론된다. 대체적으로 그 상한 연대는 기원전 20세기 무렵으로 편년되는데, 대취자유적에서 발굴된 청동과 1점이 주요 근거로 제시되고 있다.[363] 반면 해당 시기의 청동유물이 극히 소량인 점에서 청동기문화가 본격화된 것은 그 다음 시기의 일로 보는 견해도 참고할 수 있다.[364]

이외에 동북아시아에서 신석기시대 토기의 기종 구성은 鉢이 중심이며, 호(壺)나 관(罐)류는 보조적 역할을 하였다는 점에서 요동반도에서는 소주산 상층기에 호류가 사용되지만 이는 과도기적 양상으로서 쌍타자1기문화의 주거지에서 출토되는 대형 단경호의 시작을 청동기시대의 개시로 볼 수 있다는 관점도 있다.[365] 이를 참고할 경우 토기에서 무문화가 본격화되는 쌍타자1

363) 趙賓福, 2010,「關於雙砣子一, 二期文化的三點認識」,『考古與文物』6, 4쪽 : 易航舟, 2013,『雙砣子1期文化硏究』, 遼寧師範大學 碩士學位論文, 30~32쪽 : 王春鳴, 2013,『雙砣子2期文化硏究』, 遼寧師範大學 碩士學位論文, 27~29쪽 : 高雪嬌, 2013,『雙砣子3期文化硏究』, 遼寧師範大學 碩士學位論文, 30~31쪽.

364) 朱永剛, 1998, 앞의 글, 張翠敏, 2012,「小珠山3期文化與雙砣子1期文化再認識」,『北方文物』4, 25~26쪽 ; 劉立麗, 2013,「對大連地區青銅時代起始時間的探討」,『華夏考古』1, 77~79쪽.

365) 안재호, 2015,「중국 쌍타자3기 토기의 기초적 편년 - 형식학적속성분석법으로써-」,『한국상고사학보』90, 30쪽.

기문화 부터를 이지역 청동기시대의 시작점으로 보아도 무방할 것으로 여겨진다.

이러한 요동반도권에서 유행된 묘제는 적석총과 고인돌, 석관묘가 대표적이며, 소량의 토광묘와 옹관묘 등이 확인된다. 각 묘제의 출현과 변화상은 다음과 같이 6단계로 나누어 비교할 수 있다.

제1단계는 기원전 20~19세기 무렵에 해당된다. 요동반도권 남단의 발해연안지역에서 다양한 구조의 적석총이 확인되며, 대부분 쌍타자1기문화에 귀속된다.[366] 묘실 내에서는 소량의 인골이 발견되었는데, 화장과 다인합장 등의 흔적이 확인되었다. 부장품의 특징을 보면 당지의 토착 요소와 함께 이웃한 산동지역 용산문화 후기단계의 전형토기, 예를 들면 배(杯), 두(豆), 규족(鬹足), 기개(器蓋), 환족정(環足鼎) 등이 공반된다. 이처럼 부장 토기의 양상에 미루어 당시 산동지역과의 문화교류가 비교적 활발하게 전개되었음을 알 수 있지만, 해당 묘제의 특징이 당지의 고유한 문화전통을 고수한다는 점에서 주민의 집단이주나 교체는 고려되기 어렵다.

제2단계는 기원전 18~15세기 무렵으로 벽류하 하류역에서 소량의 토광묘와 옹관묘가 비교적 이른 시기부터 확인된다. 부장

366) 그런데 이지역 적석총문화의 시작연대는 당지의 신석기시대 후기문화인 소주산 상층단계까지 올라갈 가능성이 농후하다는 지적이 있다(高芳・華陽・霍東峰, 2009a, 앞의 글, 1 : 華陽・霍東峰・付珺, 2009b, 앞의 글, 高芳・華陽・霍東峰, 2009, 앞의 글). 다만 아쉬운 점은 편년에 활용될 수 있는 자료가 상당히 제한적인 관계로 보다 구체적인 연대 값을 제시하기 어려운 점이다. 따라서 본고의 연구범위에 포함되는 이지역 청동기시대 초기문화인 쌍타자문화단계의 적석총을 중심으로 주요 특징을 간추려 보겠다.

품으로는 철릉문과 무문의 장경호, 이중구연토기로 대표되는 쌍타자2기문화의 요소가 강세를 보이며, 여기에 산동 악석문화의 요소가 부가적으로 간취된다. 아직까지 이 시기에 해당되는 적석총유적의 자료는 보고된 바 없지만, 벽류하의 중류역에서 탁자형 고인돌과 I형 석관묘가 확인된다. 부장양상을 보면 벽류하 하류의 토광묘 및 옹관묘 등과 동일 구성을 보이는 점에서 모두 쌍타자2기문화의 묘제로 귀속시킬 수 있다.

3단계는 기원전 14~11세기 무렵으로 적석총과 고인돌, 토광묘가 확인된다. 이 시기의 가장 큰 특징은 산동지역의 문화요소가 상당히 제한되면서 당지의 토착요소가 강세를 보이는 점이다. 아울러 각 묘제에 반영된 문화내용의 차이에 따라 다시 A와 B구로 나누어 살펴볼 수 있다. 먼저 A구는 대양하 이서지역으로 요동반도의 서남부에 해당된다. 이 지역은 해당 시기 쌍타자3기문화의 범위에 포함되는데[367] 묘제 양상에 따라 다시 적석총 분포구인 Aa구와 고인돌 분포구인 Ab구로 구분된다.

Aa구는 요동반도 남단의 대련시가 중심이 되며, Ab구는 벽류하유역을 중심으로 하는 보란점과 개주시 일대가 포함된다. 이 시기 Aa구에서 조사된 적석총은 우가촌 타두, 금주 왕보산과 토룡자유적 등이 대표적이며 구조와 형식특징 및 화장과 간골장,

367) 일반적으로 그간 쌍타자2~3기문화의 분포범위는 벽류하 이서지역으로 국한되어 이해되어 왔다. 하지만 2010년 이후 벽류하 이동의 장하현일대에서도 관련 문화유적이 지속적으로 보고되고 있기에 그 분포범위를 대양하 이서지역까지 확대해서 볼 필요가 있다. 대표적으로 장하 평정산유적을 들 수 있다(遼寧省文物考古硏究所, 2011, 앞의 글,『北方文物』1).

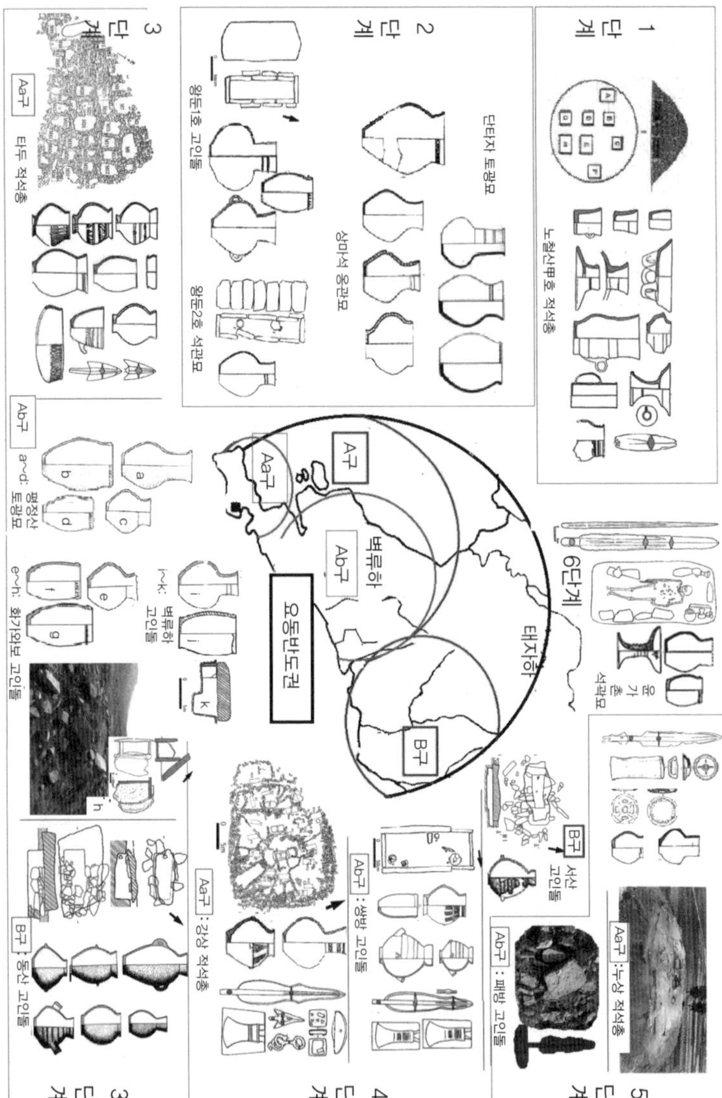

〈그림 4-98〉 요동반도권 청동기시대 묘제의 단계성

다인합장 등의 장속 특징 역시 대체로 제1단계의 것들과 계승관계가 인정된다. 다만 무덤의 입지와 군집상의 변화를 보이는데 저평한 구릉 정상부에 1기 혹은 소규모로 군집되는 특징을 보인다. 부장품은 모두 쌍타자3기단계의 전형적인 특징을 보인다.

Ab구에서는 제2단계와의 연속성을 보이는 탁자형 고인돌(개주 화가와보유적)[368]과 함께 묘실이 토광형태인 개석I식 고인돌(보란점 벽류하유적)[369]이 새롭게 출현한다. 이시기의 탁자형 고인돌은 두꺼운 판석 4개를 받침돌로 세우는 전형적인 형태로 변화된다. 또한 토광 형태의 묘실을 두는 개석I식 역시 덮개돌 아래 묘실 측면으로 4개의 판석을 세워 만든 석상형 부관을 두었다는 점에서 양자의 묘실구조는 닮아 있다.

Ab구내 장하 평정산유적에서는 토광묘 2기가 발굴되었다. 이 유적은 지금까지 벽류하 이동지역에서 발견된 쌍타자3기문화의 가장 빠른 단계유적으로 평가받는데, 제2단계의 토광묘유적인 단타자유적과 문화적 연속성이 인정된다.[370] 이러한 평정산 토광묘의 출토유물은 이 시기 Ab구 탁자형 고인돌의 전형유적인 개주 화가와보 출토품 거의 일치된다. 따라서 Ab구의 탁자형 고인돌과 토광묘는 쌍타자2기문화에서 연속된 쌍타자3기문화의 서로 다른 2종류의 묘제로 인정된다.

아울러 이 시기 Ab구의 개석I식 고인돌에서도 쌍타자3기문화의 전형유물이 출토되었다. 보란점의 벽류하유적은 탁자형

368) 許玉林, 1993, 앞의 글.

369) 旅順博物館, 1984,「遼寧大連新金縣碧瀏河大石蓋墓」,『考古』8.

370) 遼寧省文物考古研究所, 2011, 앞의 글, 37쪽.

과 개석I식 고인돌이 공존하는데, 그중 개석I식에서 이중구연토기와 철릉문 장경호의 퇴화형식이 출토되었다. 이중구연토기와 장경호의 조합은 화가와보 고인돌과 평정산 토광묘에서도 공통적으로 확보된 유물조합이기 때문에 벽류하유적의 개석I식 역시 쌍타자2기와의 연속성 속에서 출현한 쌍타자3기문화의 한 묘제에 포함시킬 수 있다. 즉 이 지역 개석I식은 쌍타자2기의 토광묘가 탁자형 고인돌과 복합되는 형태로 출현하였음을 알 수 있다.

B구는 대양하 이동지역으로서 천산산맥 남록에 해당된다. 이 지역은 마성자문화의 분포권에 근접하는데 발굴된 묘제는 봉성 동산과 서산유적[371]의 개석I식과 II식 고인돌이 있다. 이중 동산유적 개석I식의 구조는 Ab구 벽류하유적의 개석I식과 조금 차이가 있다. B구 동산유적에서 발굴된 개석I식의 묘실은 순수 토광형이지만 덮개돌 하부, 즉 토광 상부의 둘레로 깨진돌을 둘러놓아 덮개돌의 하중을 분산시키는 효과를 보인다. 이와 함께 토광 바닥에 편평한 판석재를 부분적으로 깔아 놓았고, 그 위로 두개골 혹은 부장품을 배치하기도 한다. 이처럼 토광 바닥의 일부 구간에만 판석재를 놓고 인골이나 부장품을 배치하는 특징은 마성자문화의 동굴묘 내부에서도 자주 확인되는 현상이다.[372]

아울러 이시기 B구에서 처음 확인되는 개석II식은 개석I식과 마찬가지로 적석묘역이 형성되었고 토광 4벽에 모두 괴석재를

371) 崔玉寬, 1997,「風城東山, 西山大石蓋墓1992年發掘簡報」,『遼海文物學刊』2.
372) 遼寧省文物考古研究所, 1994, 앞의 책, 285쪽 참조.

쌓거나 일부 구간에 토광벽을 그대로 활용한 특징을 보인다. 이러한 구조 역시 마성자문화의 석광형(II형) 동굴묘와 흡사하며, 출토유물 역시 동일하다.[373] 따라서 B구의 개석I식과 II식 고인돌의 문화내용은 모두 마성자문화에 포함시킬 수 있지만, 그 출현배경은 Ab구에서 유행된 고인돌문화와의 접변과정-덮개돌의 규격 및 기능적 차용-으로 이해할 수 있다.

요컨대, 매장주체부의 기본구조와 출토유물은 마성자문화의 동굴묘 형식을 그대로 유지하지만, 그 상부에 놓인 커다란 덮개돌은 인접지역 고인돌의 영향을 받은 것으로 여겨진다.[374] 따라서 두 지역의 초창기 개석형 고인돌은 각각 자체적인의 문화적 출발점을 가지지만 상호 밀접한 영향관계 속에서 병행 발전하였음을 알 수 있다.

제4단계는 기원전 10~8세기 무렵이며, 고인돌과 적석총만 확인된다.[375] 이 시기에는 전단계와 비교하여 뚜렷한 변화상이 간취된다. 먼저 Aa구의 적석총은 유적 수가 현격하게 줄어들며, 저평한 토구릉 상에 단독으로 1기만 위치한 특징을 보인다.[376] 총내 무덤 간에는 주-차의 관계가 명확하며 부장품의 차별화도 뚜렷하다. 다만 묘실의 구조와 장속 특징(화장, 간골장, 단인과 다인합장 공존) 등은 전단계의 전통을 유지한다. Ab구에서는 탁자

373) 遼寧省文物考古研究所, 1994, 위의 책, 218~225쪽 참조.

374) 오대양, 2014a, 앞의 글, 102쪽.

375) 후술하겠지만, 이외에 옹관묘와 토광묘제가 다음 단계에서도 지속적으로 유지되는 정황에서 볼 때, 4단계 역시 관련 묘제가 존재하였을 가능성이 농후하다. 후속조사를 기대해 본다.

376) 대련 강상유적이 대표적이다(中國社會科學院考古研究所編著, 1996, 앞의 책).

형과 개석I식 고인돌이 연속된다. 다만 탁자형의 규모와 구조적인 면에서 역시 일련의 변화를 보인다. 묘실 주변의 적석시설이 축소되면서 받침돌의 규모가 대형화되고, 축조 전 대지위에 평평한 토대를 구축하거나 양쪽 장벽석(받침돌)을 안기울임하여 균형감을 높였다. 이처럼 대형화된 고인돌 중에는 덮개돌의 길이가 5~6m, 높이가 2m 이상인 것들도 존재한다. 아직 그 축조 배경의 사회적 동기와 작용원리에 대해서는 만족할 만한 해석이 제시되진 못하였지만, 이 지역 정치체의 성장과정과 연동하여 생각할 수 있다.[377)]

다음으로 B구에서는 여전히 개석I · II식이 연속되는데 역시 구조에서 일련의 변화가 발생된다. 무엇보다 개석II식 묘실의 4벽을 모두 석재를 쌓아 조성함으로서 매장 주체부의 기반을 강화한 점, 그리고 덮개돌 아래, 묘실 상부 둘레에 다량의 적석시설을 부가하여 묘역을 설정하는 점 등이 눈에 띤다.[378)] 이 시기 고인돌의 묘실 단면 한켠으로는 부관이 조성되기도 하는데, 이

377) 보란점 소둔 및 해성 석목성유적 등으로 대표되는 이지역 대형 고인돌의 축조연대를 알 수 있는 편년자료는 보고된 바가 없다. 다만 북한의 대동강유역에서는 적어도 기원전 8세기 무렵부터는 조성된 것으로 파악되기에(오대양, 2014a, 앞의 글, 89쪽 및 91~92쪽 참조), 유사한 규모와 외형, 건축기법을 보이는 요동반도권 역시 그와 유사한 조성연대를 예상할 수 있다. 다만 덮개돌의 길이가 8m 이상이며 석재의 가공기술이 월등히 진보된 개주 석붕산류의 초대형 고인돌은 요동과 서북한 등지에서도 극히 드문 사례이기 때문에 좀 더 신중한 접근이 요구된다. 관련 내용은 후속 논고에서 보다 상세하게 다루어질 것임을 양해 드린다.

378) 대표적으로 봉산 동산유적 9호와 서산 1호 고인돌의 사례를 들 수 있다(崔玉寬, 1997, 앞의 글).

러한 특징은 동시기 Ab구의 쌍방 6호 고인돌[379]에서도 찾아져 부장풍습의 유사성을 확인할 수 있다. 아울러 비파형동검과 함께 미송리형토기계열의 유물조합이 공반되는 점 역시 이단계 고인돌유적의 한가지 특징으로 제시할 수 있다.

흔히 고고학에서 통용되는 문화권이라는 시각에서 접근하였을 때 이 시기 요동반도권은 고인돌과 석관묘, 적석총 등 석묘전통을 중심으로 비파형동검계의 청동기요소와 미송리형토계 요소를 공유하는 유사한 계통의 석묘문화권으로 파악할 수 있다. 하지만 각각의 공간역과 시간상에서 표출되는 물질문화의 전개상이 다소간 차이를 보이는 점에서, 기존에는 묘제를 기준으로 적석총문화나 고인돌문화권으로 인식, 혹은 거점별 대표유적의 이름을 따 강상문화나 쌍방문화 등으로 분류되기도 하였다. 이 글에서는 이시기 제4단계 요동지역의 물질문화를 유적 · 유물간의 공반관계와 시 · 공간적 특수성을 고려하여 서북한지역과 함께 묶어 미송리형토기문화권이라는 광역적인 생활 · 민속 · 신앙공동체로 설정하고자 한다.

그 의미는 미송리형토기라는 시 · 공간역이 확실한 표지유물을 바탕으로 각 지역별로 특징적인 생활 및 부장유물의 공반상, 고인돌과 석관묘, 적석총 등을 중심묘제로 하는 석묘전통과 여기에 몇 가지 특수한 매장풍습이 공통적으로 확인되는 시대적

379) 쌍방 6호 고인돌은 토광내부에 긴 판석재 1장씩을 양쪽의 장벽석에 세운 후 바로 이어서 소형 판석재를 이어 세웠다. 그곳에 접하여 비파형동검과 미송리형토기가 출토된 점에서 이는 부장을 목적으로 한 부관의 가능성을 엿보게 한다(許明綱 · 許玉林, 1980, 앞의 글; 許明綱 · 許玉林, 1983, 앞의 글)

보편성 등으로 요약된다.[380] 이에 따라 요동반도권의 남단(Aa구)은 적석묘제가 중심이 되어 비파형동검과 무문계 미송리형토기류,[381] 장경호류[382]가 공반되는 강상유형에, 벽류하유역(Ab구)은 탁자형 고인돌을 중심묘제로 하며 비파형동검과 전형적인 현문계 미송리형토기 및 이중구연토기[383]가 조합되는 쌍방유형, 대양하유역(B구)은 개석형 고인돌이 중심묘제로서 전형적인 현문계 미송리형토기와 횡이관[384] 등이 부장되는 동산유형으로 각각 세분할 수 있다. 유사한 양상을 보이는 서북한지역 및 서류송화강유역과의 비교는 아래에서 보다 구체적으로 논의하겠다.

제5단계는 기원전 7~4세기 무렵이다. 이시기 요동반도권의 물질문화는 점차적으로 유사성이 강화된다. 적석총은 전단계와 동일한 매장특징을 보이지만, 고인돌의 경우 이 시기에 해당되는 발굴사례가 드물어 자세한 분석은 어렵다. 다만 개주시 패방촌 일대에서 조사된 탁자형 고인돌 중에는 매장 주체부 주변으로

380) 오대양, 2015a,「요동지역 청동기시대 문화의 양상과 전개-소위 쌍방 · 미송리문화를 중심으로」,『동양학』61, 9쪽.

381) 본고에서는 형태적으로 미송리형토기에 유사하나 현문이 시문되지 않은 무문계열 역시 미송리형토기의 한 종류로 인식한다. 자세한 내용은 아래에서 다시 한 번 다루도록 하겠다.

382) 구연이 살짝 외반한 무문계 장경호류는 대련지역 청동기시대의 특징적인 토기로 볼 수 있다. 발굴보고서『雙砣子與崗上』(中國社會科學院考古硏究所編著, 1996, 앞의 책)을 참조할 수 있다.

383) 주로 벽류하 하류지역에서 청동기시대 전반에 걸쳐 유행한 기종으로, 이지역의 특징적 토기로 볼 수 있다. 동시기 마성자문화권에서도 확인되지만, 이는 요동반도권과의 교류 속에서 이해될 수 있다.

384) 전형적인 요북계 요소로 마성자문화에서 주로 발달되었다. 발굴보고서『馬城子』(中國社會科學院考古硏究所編著, 1996, 앞의 책)를 참조할 수 있다.

여전히 다량의 적석시설이 부가된 사례가 다수 확인된다.[385] 출토유물 중에는 세형화된 비파형동검과 함께 장경호계열의 토기류[386]가 확보되어 동시기 적석총유적과의 문화적 친연성이 확보된다. 이시기 Aa구와 Ab구는 각각 강상과 쌍방유형의 후기 요소로서 누상유형(묘제: 적석총)과 패방유형(묘제: 탁자형 고인돌)으로 설정할 수 있다. B구에서는 이시기의 구체적인 무덤자료가 보고된 바 없어 잠정적으로 Ab구의 쌍방후기(패방)유형에 포함시키도록 하겠다.[387]

마지막 제6단계는 기원전 3세기 무렵으로 고인돌이나 적석총 등 석묘유적의 발견례가 많지 않다.[388] 반면 토광묘계열의 묘제가

385) 蓋州 牌房村과 團山, 车家溝村 일대에서 조사된 고인돌유적이 대표적이다(馮永謙 主編, 1996, 『營口市文物志』, 遼寧民族出版社, 96~98쪽, 372쪽; 華玉冰, 2011, 앞의 책, 35~37쪽).

386) 華玉冰, 2011, 위의 책, 36쪽.

387) B구에서는 기원전 9~8세기 무렵으로 편년되는 봉성 서산유적 다음단계의 고인돌유적이 조사된 바 없다. 다만 유적 주변부인 대양하 중하류역에서 탁자형으로 추정되는 소수의 고인돌이 지속적으로 보고되고 있다(華玉冰, 2011, 위의 책, 108쪽 표5-1 67~69번 내용 참조). 동산(기원전 10~9세기)과 서산유적에서 수십 여기의 개석형 고인돌이 조사되었음에도 탁자형은 단 1기도 발견되지 않은 정황에서 볼 때, 이지역 탁자형 고인돌은 서산유적 다음단계인 패방유형단계에 조성되었을 가능성이 크다. 특히 華玉冰의 책 108쪽, 표5-1의 68번 小南溝 무덤의 설명(각주 ⑥)에 의하면 상부의 적석시설 안에서 석관형태의 매장주체부의 잔존부가 확인되었다는 점에서 패방유형단계 탁자형 고인돌과 유사한 구조임을 알 수 있다.

388) 이시기에 해당되는 석묘유적으로는 長海縣 徐家溝石墓, 旅順 尹家村 1~3호 등이 있다. 모두 파괴되었거나 정식 발굴보고서가 출간되지 못한 상황이기에 구체적인 내용은 알 수 없다. 다만 약보고된 내용에 의하면, 서가구유적의 석묘에서 세형동검, 銅斧, 銅鑿, 劍柄과 중원식동검 등(許明綱, 1993, 「大連市近年來發現青銅短劍及相關的新資料」, 『遼海文物學刊』1期, 8~11쪽)이 출토되었고, 발굴보고서가 발표된 윤가촌의 3기무덤 (M1-M3) 에서는 윤가촌 12호

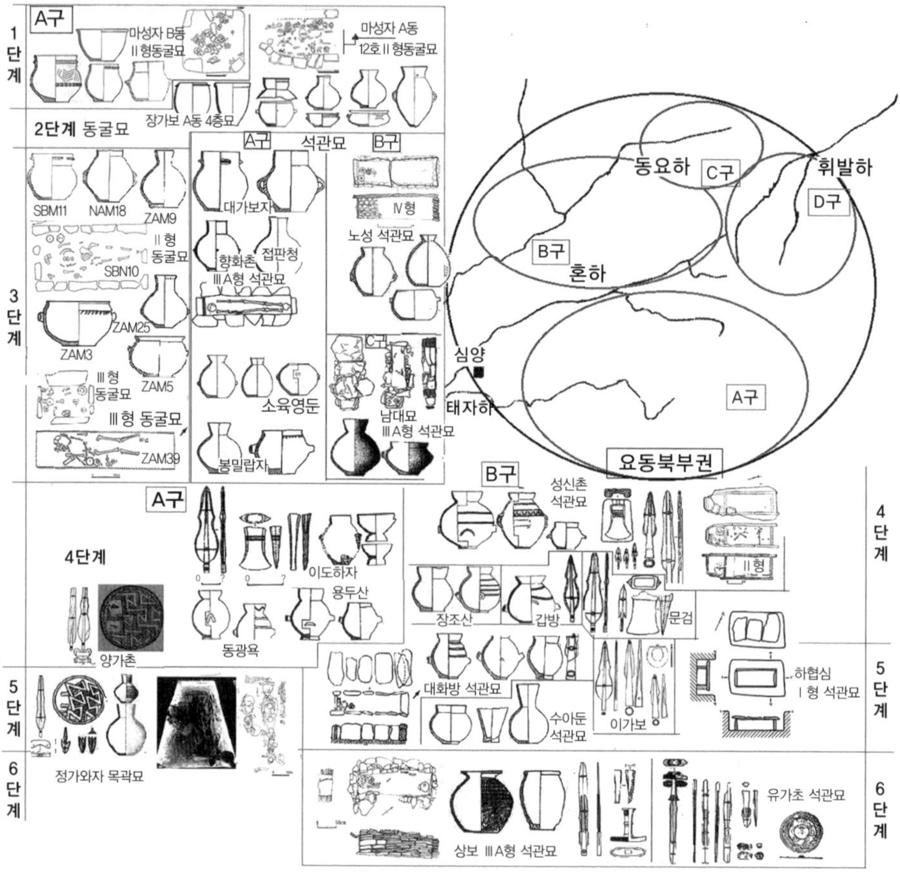

〈그림 4-99〉 요동북부권 청동기시대 묘제의 단계성(동굴묘와 석관묘)

해당 지역 물질문화의 주도권을 점유하는 변화상을 보인다. 이시기 주요 부장유물로는 세형동검, 관과 호류의 토착계 토기, 전국

토광묘와 유사한 부장구성인 세형동검, 陶罐, 陶壺와 전국 연 · 한계유물이 공반되었다고 한다(中國社會科學院考古硏究所, 1996, 앞의 책, 137쪽). 이러한 유물구성에 따라 모두 본서의 제6단계 유적에 포함 시킬 수 있다.

연·한식 유물 등이 공존하는 양상을 제시할 수 있다. 토광묘제를 중심으로 퇴화된 석묘전통이 혼합되는 소위 윤가촌유형[389]이 부각된다. 전단계와 마찬가지로 개별 구역을 설정할 만큼의 자료가 확보되지 못하였기에 세부적인 변화상의 고찰은 어렵다.

2) 요동북부권 청동기시대 묘제의 변천

요동북부권은 길림성 서남부지역과의 접경지대에 해당된다. 동굴묘와 석관묘, 고인돌 등의 석묘전통이 주요 묘제로 채택되며, 이외에 목곽묘와 목관묘 및 소량의 토광묘제가 확인된다. 이 지역 역시 각 묘제별 분포상과 부장품 조합에 따라 다시 A구(태자하유역), B구(혼하~동요하중류), C구(동요하상류), D구(휘발하상류) 등 4개의 분포구와 6단계의 변화상을 제시할 수 있다.

제1단계는 기원전 18세기 무렵으로 A구에서 I형과 II형 동굴묘가 출현한다.[390] 소수이긴 하지만 묘광 4각으로 석재를 배치한 형태[391]가 있어, 이 지역 석묘전통의 발생기적 특징으로 이해하고자 한다. 마성자문화 초기단계로 볼 수 있다.

---

389) 中國社會科學院考古硏究所, 1996, 앞의 책, 135~137쪽.

390) 동굴묘 형식은 모두 4가지로 구분한다. I형은 묘광 바닥에 판석재를 깔아 놓은 저석형, II형은 묘실 4면에 석재를 둘러놓은 석광형, III형은 얇은 판석을 세워 만든 석관형, IV형은 시신과 부장품 상부로 다량의 적석을 한 적석형 등이다. 자세한 내용은 오대양·백종오의 글(2015,「마성자문화 동굴묘의 형식과 전개양상」,『동아시아고대학』40, 104~16쪽)을 참고하길 바란다.

391) 대표적으로 마성자 B동 4호·6호묘가 있다(遼寧省文物考古硏究所, 1994, 앞의 책, 94~97쪽).

제2단계는 기원전 17~15세기 무렵에 해당된다. 역시 A구에서 I~III형 동굴묘가 확인되는데, 이 중 I형과 II형의 구조에 변화가 간취된다. 즉 I형의 경우 묘실 바닥 일부 구간 혹은 전면에 판석재를 깔아 놓았고, 일부 중에는 판석재 아래로 얇은 모래를 펴놓아 시신과 부장품 배치에 안정감을 더하였다.[392] II형의 경우 석재를 장방형으로 둘러놓아 명확한 구조의 석광형태를 가지게 되며, 간혹 묘실 상부로 얇은 판석을 덮은 형태의 개석을 두기도 한다.[393] 그리고 이시기에 처음 출현하는 III형 동굴묘는 여러 개의 얇은 판석을 이어 세워 묘실을 조성한 점에서 이미 전형적인 석관묘제의 특징을 완벽하게 갖추게 된다.[394] 마성자문화의 중기단계 특징에 해당된다.

제3단계는 기원전 14~11세기 무렵이다. A구에서 I~IV형 동굴묘[395]와 IIIA형 및 IV형 석관묘[396]가 확인되며, B구에서 I형과 IIIA형, IV형 석관묘,[397] C구에서 IIIA형 석관묘[398]가 확인된다. 이

392) 장가보 A동 38호묘를 사례로 들 수 있다(위의 책, 153~158쪽).

393) 마성자 A동 12호묘를 대표로 한다(위의 책, 42~50쪽).

394) 장가보 A동 46호, 30호, 33호묘 등이 있다(위의 책, 152~162쪽).

395) 이시기 I형 동굴묘는 장가보A동16호묘, II형은 마성자C동1호, 장가보A동42호, III형은 장가보A동39호, IV형은 소홍석랍 및 남둔무덤 등이 대표적이다.

396) III형 석관묘는 本溪 丁家峪유적(梁志龍, 2003, 「遼寧本溪多年發現的石棺墓及其遺物」, 『北方文物』1), IV형은 本溪 程家村(魏海波, 1991, 「本溪連山關和下馬塘發現的兩座石棺墓」, 『遼海文物學刊』2)유적이 대표적이다.

397)I형과 IV형 석관묘는 新賓 老城유적(李繼群 · 王維臣 · 趙維和, 1993, 「新賓老城石棺墓發掘報告」, 『遼海文物學刊』2), III형은 西豐 小育營屯 1,2호(鐵嶺市博物館, 2004, 「西豊釣魚鄕小育英屯石棺墓清理簡報」, 『博物館研究』2)가 대표적이다.

398) 遼源 南大墓 석관묘가 대표적이다(唐洪源, 2000, 「遼源龍首山再次考古調查與清理」, 『博物館研究』2).

중 II형과 III형 동굴묘는 각각 IIIA형 및 I형 석관묘의 구조와 흡사하며 부장품 조합 역시 동일하다. 따라서 이지역 석관묘의 출현은 A구의 동굴묘전통과 연관성 속에서 이해할 수 있겠으며, 마성자문화의 후기단계에 속한다.

제4단계는 기원전 10~8세기 무렵이다. A구에서 동굴묘 전통이 차츰 소멸되지만, 석관묘제가 보다 활성화되며 나머지 구역에서는 석관묘와 고인돌 등이 각 형식별로 분포상을 달리하면서 공존한다. 아울러 각 묘제에서 반출되는 유물들은 각종의 미송리형토기, 횡이관, 비파형동검·동모, 동부 등이 개별적인 조합을 보인다. 이시기 요동북부권 각 묘제별 분포상은 A구에서 개석II식과 III식 고인돌[399] 및 IIIA·IV형 석관묘[400]가 확인되는데 모두 석재를 쌓기 방식으로 조성한 석축형태이다. B구에선 아직까지 이시기의 고인돌이 보고된 바 없고, I·II형 등의 판석조형 석관묘가 다수이며, IIIA형과 IV형 등 석축형태는 소량만 확인된다.[401] 이외에 C구에선 개석II식,[402] D구에선 개석II식과 III식

---

399) 本溪 新城子유적(遼寧省考古文物研究所等, 2010,「遼寧本溪縣新城子青銅時代墓地」,『考古』9).

400) IIIA형은 本溪 通江峪과 龍頭山유적(梁志龍, 2003,「遼寧本溪多年發現的石棺墓及其遺物」,『北方文物』1), IV형은 遼陽 二道河子유적 1호를 대표로 한다(遼陽市文物管理所, 1977,「遼陽二道河子石棺墓」,『考古』5).

401) I형은 西豊 誠新村(遼寧省西豊縣文物管理所, 1995,「遼寧西豊縣新發現的幾座石棺墓」,『考古』2), II형은 淸原 門臉(淸原縣文物局, 1982,「遼寧淸原縣近年發現一批石棺墓」,『考古』2.), IIIA형은 撫順 甲帮1호(撫順博物館考古隊, 1983,「撫順地區早晚兩類靑銅文化遺存」,『文物』9), IV형은 撫順 大伙房 4호(佟達, 張正岩, 1989,「遼寧撫順大伙房水庫石棺墓」,『考古』2)가 대표적이다.

402) 遼源黎明유적(吉林省文物考古研究所, 1993a, 앞의 글,『考古』6).

고인돌[403)]이 다수 확인된다.

이시기 요동북부권의 고인돌은 주로 개석형만 확인되는 공통점을 보이지만, 세부적인 면에서 차이가 있다. 먼저 C구와 D구의 고인돌에는 적석시설이 부가되지 않지만, A구의 것은 적석시설과 묘역이 명확하다. 주목되는 현상은 이시기 요북 A구 신성자유적의 개석형 고인돌은 요동반도권 B구 3단계의 동산유적과 구조 및 부장양상이 매우 유사한 점이다. 두 유적은 인접한 거리에 위치한 점에서도 상호 문화적 연관성을 찾을 수 있다.

C구(려명유적)와 D구(랑동산유적)에서 보편적인 적석시설이 없는 개석II식과 III식 고인돌은 구조와 부장양상을 보건데 당지의 토착요소가 매우 강한 편이다. A구의 것(신성자유적)과 비교해 볼 때, 묘실의 너비와 깊이가 상대적으로 깊은 점, 덮개돌이 간혹 2~3장으로 구성된 점 등에서 C구 제3단계 IIIA형 석관묘(요원 남대묘)와 강한 연속성을 보인다. 이들은 부장품 관계에서도 연속성이 확보되기에 C구와 D구의 개석형 고인돌 역시 마성자문화 후기 단계 IIIA형 석관묘에서 문화적·형태적 기반을 찾을 수 있다. 다만 요동반도권 B구의 동산유적과 요북 A구 신성자유적에서 보편화된 석축형 묘실 상부에 커다란 덮개돌을 덮는 방식이 차용됨으로써 개석형의 지역별(요북 C·D구) 형식으로 분화된 가능성이 있다.

한편 요동북부권 4단계 물질문화의 주요 특징은 요동반도권과

403) 東豊 狼洞山유적(唐洪源, 1999, 「吉林省東豊縣狼洞山石棺墓調査與清理」, 『北方文物』1).

유사성이 강화되는 것인데, 이 시기 요동북부권은 고인돌을 중심묘제로 하는 신성자유형과 석관묘를 표지로 한 이도하자유형으로 세분하는 것이 이 지역 석묘문화의 전개와 계통성 문제를 검토하는 데 수월할 듯하다. 아울러 신성자유형 전기에는 A구에서 개석형 고인돌만 소량 확인되다가 후기부터는 B구를 중심으로 개석형과 탁자형이 공존하는 개원 건재촌유형[404](신성자후기유형)으로 전환됨을 강조하고자 한다. 요컨대, 이시기의 고인돌문화는 요동반도권 Ab구의 쌍방유형(탁자형: 판석조형)과 B구의 동산유형(개석형: 석축형), 그리고 요북 A구는 적석묘역이 부가된 석축계열 개석II·III식 고인돌이 중심이 되는 신성자유형(석축형)로, C·D구는 적석시설이 없는 석축계열의 개석II·III식이 중심이 되는 신성자유형의 려명식묘제(C구)와 랑동산식묘제(D구)로 설정하고자 한다. 그리고 이 시기 석관묘유적은 모두 마성자문화 후기단계에서 연속되는 특징을 보이기에 마성자문화 - 이도하자유형으로의 직접적인 계승관계를 전제로 하여, 모두 이도하자유형으로 설정하겠다.

제5단계는 기원전 7~4세기 무렵이다. A구에선 적석시설이 다량 부가된 탁자형 고인돌[405]이, B구는 적석형의 개석III식과 탁자형[406] 및 I형 석관묘,[407] C구는 여전히 적석묘역이 없는 개석II·

404) 許志國, 2000,「遼寧開源建材村石棺墓群」,『博物館硏究』3.

405)撫順 河峽沈유적(熊增瓏, 2008,「撫順河夾心墓地發掘簡報」,『遼寧省博物館館刊』3).

406) 개석III식과 탁자형이 공존하는 開原 建材村유적이 대표적이다.

407) 鐵嶺 樹芽屯유적(遼寧鐵嶺地區文物組, 1981,「遼北地區原始文化遺址調查」,『考古』2).

Ⅲ식,[408] D구는 적석묘역이 있거나 없는 탁자형과 개석Ⅳ식, 적석묘역이 없는 개석Ⅱ식[409] 등이 혼재한다. 이 시기 주목되는 점으로 B구 개석Ⅲ식(건재촌)의 구조와 부장양상이 A구 4단계 신성자유적의 것과 매우 유사한 점이다. 따라서 이지역 개석Ⅲ식 역시 요동반도권 B구의 동산유형에서 요북 A구의 신성자유형으로 그리고 다시 요북 B구의 건재촌(신성자후기)유형으로의 남-북방면 확산과정을 상정할 수 있다.

또한 요북 A구에서는 해당 지역에서 처음으로 탁자형 고인돌(하협심)이 확인되는데 받침돌 주변으로 다량의 적석이 부가되었다. 따라서 제5단계 후반부터 확인되는 A구의 탁자형 고인돌은 동산-신성자-건재촌으로 연결되는 개석형 고인돌문화의 계보보다는 요동반도권 탁자형 고인돌문화의 계보로서 쌍방유형의 후기요소인 패방유형[410]이 확산된 결과로 볼 수 있다. 그러한 양상은 동시기 B구의 건재촌유적에서 동산-신성자계열의 개석형 고인돌과 혼합되며, 5단계 후반에서 6단계 사이에는 A구의 무순 산용유적[411]에서 조금 변형된 형태로써 두 형식이 공존하게 된 것으로 파악된다.

산용유적에서는 2기의 탁자형(1・2호)과 2기의 개석Ⅱ식(4・5호) 고인돌이 발굴되었다. 모두 다량의 적석시설 및 묘역이 부가

408) 遼源 高古村(吉林省文物考古硏究所等, 1993b,「吉林省遼源市高古村石棺墓發掘簡報」,『考古』6).

409) 東豊 趙秋溝, 社家溝, 駝腰村유적 등(金旭東, 1991,「1987年吉林東部南部蓋石墓調査與淸理」,『遼海文物學刊』1).

410) 패방고인돌 역시 다량의 적석이 부가된 특징을 보여 하협심유적과 동일하다.

411) 武家昌, 1997,「撫順山龍石棚與積石墓」,『遼海文物學刊』1.

되어 있어 요북 A구의 하협심 및 B구의 건재촌유적과 상관되었음이 분명하다. 또한 산용유적의 탁자형인 1호 고인돌에서는 홍색계열의 토기(罐) 1점이, 2호에서는 석제 방추차와 홍색계열의 토기편 및 목탄과 불에 탄 인골 등이 검출되었다. 그와 유사한 형태의 석재 방추차 및 토기류가 동일한 구조와 특징을 보이는 풍가보자 8호, 하협심 2호, 관문 등 탁자형 고인돌에서 확보되었다.

이중 관문 고인돌에서 출토된 호형토기는 심양 정가와자 6512호 목곽묘 출토품과 동류로서 이는 기원전 6~5세기 전후에 유행한 양식이 된다.[412] 또한 하협심 2호에서 출토된 관형토기는 철령 수아둔 석관묘[413] 출토품과 유사하여 동시기 유물로 판단된다. 수아둔 석관묘는 대략 기원전 5~4세기 전후의 무덤으로 평가받는다.[414] 따라서 산용유적에서 탁자형 고인돌이 조성되는 시기는 대략 기원전 6~4세기 전후로 볼 수 있다.

그리고 개석II식인 산용 5호에서는 호형토기의 구연과 저부편 및 석제장식 및 방추차가 출토되었다. 그와 유사한 양식의 부장품 구성이 동일한 개석II식인 풍가보자 5호와 7호 고인돌에서도 확보되었다. 이들 모두 묘실 주변으로 다량의 적석시설이 부가된 특징을 보인다. 보고서에서는 풍가보자 5호와 7호[415]의 연대를 기원전 3~2세기 초반으로 보고 있는데, 산용유적의 개석II식은 부장유물의 형식 및 탁자형과의 관계에 미루어 기원전 3세기

412) 遼寧省文物考古研究所 等, 2007, 앞의 글, 22쪽.
413) 遼寧鐵嶺地區文物組, 1981,「遼北地區原始文化遺址調查」,『考古』2.
414) 華玉冰, 2011, 앞의 책, 132~133쪽.
415) 李新全, 2009, 앞의 글, 5쪽.

무렵의 편년안을 적용할 수 있을 듯하다.[416] 이외에도 산용유적에서는 발굴된 4기 외에도 다수의 파괴된 고인돌이 확인되었기에 동시기성을 보이는 두 형식의 고인돌이 존재할 가능성도 크다. 따라서 5단계 후반과 6단계 사이에 해당되는 기원전 4~3세기 무렵의 요북 A구의 고인돌문화는 쌍방유형과 신성자유형의 후기요소가 완전히 복합된 것으로 파악된다.

한편 이 시기 가장 큰 특징은 요북 A구의 서계인 요중지역에서 요서지역의 문화요소가 확인되는 점이다. 대표적으로 심양 정가와자유적을 들 수 있다. 하지만 출토유물 상에서는 해당 지역 석묘유적과 유사하게 세형화된 비파형동검과 흑색의 마연장경호 및 무문의 회갈색계열 토기류(장경호 및 관류 포함)가 개별적으로 공반되는 보편성을 보인다. 여기에 요서지역의 특징적 부장유물인 다뉴경과 점토대토기류가 새롭게 유입됨과 동시에 미송리형토기요소가 점진적인 쇠퇴기에 들어선다. 이러한 양상은 요남의 쌍방 및 강상유형의 후기 요소로서 패방유적(탁자형 고인돌)과 누상유적(적석총)에서도 확인되는데, 아직까지 다뉴경과 점토대토기류 등의 조합상은 보고된 바 없다. 이시기 요동반도권에서는 장해 상마석유적의 토광묘에서 세형화된 비파형동검이 확인되지만, 이러한 요소가 전단계의 그것과 연속성 상에 있는 것인지 아니면 요서지역의 토광묘제에 영향을 받은 것인지는 단언하기 힘들다.

한편 제5단계 요북 A구는 새로운 물질문화의 출현과 전환기적

416) 武家昌, 1997, 앞의 글, 18쪽.

성격이라는 점에서 정가와자유형으로 설정되기도 한다. 그러나 앞서 살핀 바와 같이, 요중의 심양과 요양 등지를 제외하면 대체적으로 신성자유형(개석형 고인돌)과 이도하자유형(석관묘)의 후기요소가 잔존하며, B구와 접경지역인 무순 등지에서는 요동반도권의 영향을 받은 하협심유적(탁자형 고인돌) 및 양자(탁자형 · 개석형)가 공존하는 산용류의 고인돌유적이 다수 확인된다. 이외에 요북 B구의 물질문화와 묘제는 요남 A구와 연동되어 그와 유사한 양상을 보이는데, 여전히 주요 묘제는 고인돌과 석관묘라는 전통적인 석묘문화가 건재하며, 신성자유형의 후기요소로서 탁자형과 공존하는 건재촌 및 산용유형이 순차적으로 확립된다. 나머지 요북의 C구와 D구는 접경한 서류송화강유역권의 서단산유형과의 교류상이 보다 강화되며, 토착성격이 강한 보산문화단계로 진입한다. 따라서 이시기 요북 A구를 정가와자유형이라는 단일한 문화체로 인식하기 보다는 토착의 석묘문화를 바탕으로 요서계 문화요소가 혼입된 다지역 문화복합의 성격으로 이해하는 것이 합리적일 듯하다.

제6단계는 기원전 3~2세기 무렵으로 이지역 청동기시대 석묘문화 역시 쇠퇴기에 들어선다. 이와 함께 토광(목관)묘제가 소폭 증가세를 보이는데, 토광 자체를 고인돌의 매장주체부로 활용하는 개석 IV식[417]의 증가 역시 그와 연관된 것으로 파악된다. 부장품 구성을 보면 세형동검과 점토대토기 등 당지의 토착요소와

417) 대표적으로 A구의 신빈 용두산과 환인 광복촌유적, D구의 보산 동산유적, 유하 야저구, 통구유적 등있다. 특히 D구에서는 이시기를 기점으로 개석IV식이 뚜렷한 증가세를 보이며, 탁자형과 공존하는 양상을 보인다.

함께 연·한식 중원계 요소가 복합되는 양상을 보인다. 그러한 전환기적 특징에 대하여 혹자는 상보촌유형[418]으로 규정하거나 혹은 이도하자유형의 말기 요소로써 유가초유형[419] 등이 제안된 바 있다. 하지만 그러한 요소의 영향범위는 대략 요북의 A구와 B구의 일부 구간에만 한정되며, 나머지 지역은 여전히 보산문화가 유지된다. 아울러 접경지역인 길림지역 일대 물질문화와도 활발한 교류상이 간취되는 점에서, 이시기를 기점으로 요동 남북지역의 물질문화가 일대 전환기에 들어섬을 알 수 있다.

3) 서류송화강유역권 청동기시대 묘제의 변천

서류송화강유역권에서는 석관묘를 위주로 소량의 고인돌이 확인되며 크게 4단계로 나누어 변화상을 살필 수 있다.

1단계는 기원전 11~10세기 무렵으로 영길 성성초유적의 B·C 구역에서 I형 석관묘와 함께 소량의 IV형 석관묘가 확인된다.[420] 석관묘의 구조와 부장양상은 요동북부권 3단계 마성자문화 후기단계의 것과 대략적인 일치상을 보인다. 이지역 석관묘의 출현연대를 알 수 있는 자료가 부족한 상황이기 때문에 잠정적으로 마성자문화 후기의 하한연대를 적용하여 그 상한연대로 설정

418) 이청규, 2000,「요령 본계현 상보촌 출토 동검과 토기에 대하여」,『고고역사학지』16 ; 이후석, 2017a,「상보촌유형의 변천과 성격」,『고고학』16.

419) 오강원, 2006, 앞의 책, 488쪽.

420) 吉林市文物管理委員會等, 1978,「永吉星星哨水庫石棺墓及遺址調查」,『考古』3 ; 吉林市博物館, 1983,「吉林永吉星星哨石棺墓第三次發掘」,『考古學集刊』3.

할 수 있다. 아울러 해당 지역 석관묘문화 역시 마성자문화의 영향을 받아 출현한 것으로 이해할 수 있다.[421)]

제2단계는 기원전 9세기 ~ 8세기 무렵으로 I형, IIIA형, IV형 석관묘[422)]와 함께 탁자형 및 적석시설이 부가되지 않은 개석III식 고인돌[423)]이 확인된다. 그 중 개석III식의 구조와 부장품은 동시기 요북 C · D구의 것과 유사하여 상호 연관성이 인정된다. 이 시기 해당 지역의 주요 묘제는 석관묘이며, 주요 유물 구성은 서단산 A형호와 횡이관 및 비파형동검과 동모 등이 대표적이다. 이를 서단산문화 전기의 전형적인 특징으로 볼 수 있다. 이 중 서단산 A형호의 특징을 보면 발형(鉢形)의 구연부 및 동체부의 손잡이 부착 방식과 형태 등에서 미송리형토기에 상당히 근접해 있다. 비록 현문이라는 전형특징이 부가되지 않았지만, 이러한 형태의 것이 요북 4단계 신성자유형의 묘제에서도 전형적인 형태의 현문토기와 자주 공반되는 양상에 미루어 볼 때, 무문의 서단산 A형호 역시 미송리형토기의 한 범주에 포함시킬 수 있다.

선행 논고를 통해 미송리형토기를 구성하는 여러 성분 가운

421) 鄭大寧, 2002,『中國東北地域青銅時代石棺墓遺存的考古學硏究』, 中國社會科學院硏究生院 博士學位論文, 89~92쪽 ; 楊榮昌, 2007,「遼東地區青銅時代石棺墓葬及相關問題硏究」,『北方文物』1, 17쪽 ; 오강원, 2008, 앞의 책, 321~323쪽 ; 이종수, 2008, 앞의 글, 28, 239~241쪽 ; 하문식, 2016, 앞의 책, 주류성, 412~413쪽.

422) 星星哨유적의 A구역과 D구역, 西團山유적의 5호 7호 14호묘, 小團山유적의 2호무덤 등이 해당된다.

423) 吉林 騷達溝유적 18호와 山頂大棺 고인돌 등이 해당된다(吉林省博物館等, 1985,「吉林市騷達溝山頂大棺整理報告」,『考古』1 ; 段一平, 李蓮, 徐光輝,「吉林市騷達溝石棺墓整理報告」,『考古』10.

데, 현문과 입술형 손잡이는 요남계의 쌍타자3기문화에서, 발구형 구연과 횡교형 손잡이는 요북계인 마성자문화의 요소가 강한 것으로 파악하였다.[424] 산성자 C동 3층의 2호무덤에서 출토된 고식의 미송리형토기는 이러한 요소가 복합된 형태로 추론되며, 동산유적에서 형태적 변이를 거쳐 주변지역으로 확산된 것으로 이해된다. 그러한 과정 중 당지의 토착요소와 복합되어 요남과 서북한 지역은 현문과 입술형 혹은 꼭지형 손잡이가 강세를 보이며, 요동북부권은 그러한 요소에 횡교형 손잡이와 무문적 요

〈그림 4-100〉 미송리형토기의 지역별 특징 비교

424) 오대양, 2015a, 앞의 글, 142~145쪽.

소가 조합되고, 길림지역은 무문과 횡교형 손잡이 등의 요소가 부각된 것으로 파악된다.

이후 요동 전지역에서 미송리형토기문화 요소가 쇠퇴하는 과정에는 흑색의 마연된 장경호가 전환기적 지표로 작용되는데, 이러한 특징이 길림과 서북한지역에도 영향을 미쳐 미송리형토기의 구연부가 세장화되는 묵방리형토기와 서단산 B형호의 형태로 연결된다. 서단산 B형호는 A형호에 비해 경부가 세장화되고 동체가 축약되는 변화를 보인다. 기본적으로 서북한지역의 미송리형토기에서 묵방형토기로의 변화상과 같은 맥락을 보임에 주목할 필요가 있다. 이처럼 부장토기에 반영된 주변지역 제문화요소의 복합상은 해당 지역의 생활 · 민속 · 신앙적 요소가 점차 동질화되는 과정을 추론케 한다.

제3단계는 기원전 7~4세기 무렵이다. 전단계와 마찬가지로 I형, ⅢA형, Ⅳ형 석관묘[425]가 연속되며, 고인돌은 적석묘역이 부가되지 않은 개석I식과 II식[426]만 확인된다. 이 시기 석관묘에서는 서단산 B형호가 A형호를 완벽하게 대체하는데, 이는 서북한지역의 묵방리형토기와 형태 및 제작 방식면에서 상당히 닮아있다. 대략 기원전 6세기를 기점으로 요동의 남북지역에서 미송리형토기가 점진적인 쇠퇴상을 보이는 것과 달리 길림과 서북

425) 서단산과 소단산 및 소서산(吉林省文物工作隊, 1984,「吉林磐石吉昌小西山石棺墓」,『考古』1), 동량강유적(吉林市博物館, 1983,「吉林口前藍旗小團山 `紅旗東梁崗石棺墓清理簡報」,『文物』9) 등이 대표적이다.

426) 九臺 關馬山과 石拉山(吉林省文物考古研究所,「吉林九台市石砬山 `關馬山西團山文化墓地」,『考古』4), 上屯西山유적(張永平, 於嵐, 1993,「磐石縣梨樹上屯西山發現一座青銅時代墓葬」,『博物館研究』2)이 대표적이다.

〈그림 4-101〉 서단산 A · B형호 변화 및 유사토기류 비교

한지역에서는 그러한 영향이 일부 투영되긴 하지만 약간의 형태적 변이를 보이는 방식으로 기층문화(미송리형토기문화)가 유지된다.

제4단계는 기원전 3세기 무렵으로 서단산유형의 소멸기이다. 전단계와 마찬가지로 I형, IIIA형, IV형 석관묘 및 적석묘역이 부가되지 않은 개석 II~IV식 고인돌이 확인되며 여기에 II형 석관묘와 함께 퇴화된 형태의 석관묘제(토석혼광묘)가 새롭게 출현한다.[427] 특히 토광 자체를 묘실로 활용하는 개석 IV식 고인돌의 수량이 증가하는데 이러한 양상은 동시기 주변지역과 동일한 맥

427) 이시기의 대표적인 석관묘는 猴石山(吉林省文物考古研究所, 「吉林市猴石山遺址第二次發掘」, 『考古學報』3), 土城子(康家興, 1955, 「吉林江北土城子附近古文化遺址及石棺墓」, 『考古通訊』創刊號), 泡子沿前山유적(吉林市博物館, 「吉林市泡子沿前山遺址和墓葬」, 『考古』6) 등에서 확인되며, 고인돌은 西荒山屯유적(吉林省文物工作隊等, 1982, 「吉林樺甸西荒山屯青銅短劍墓」, 『東北考古與信息』1)이 대표적이다.

락에서 이해된다.

한편 이시기 고인돌의 부장양상을 보면 해당 지역 석관묘문화와 적당한 차별성이 고수된다. 예를 들면 관마산과 석립산의 개석 II식, 상둔 서산과 서황산둔의 개석 IV식에서 출토된 꼭지형 손잡이 달린 잔과 완형(碗形) 토기는 두만강유역의 유정동문화 후기단계의 것과 닮아 있다. 아울러 상둔 서산과 관마산 고인돌에서 출토된 일련의 토기조합은 요동북부권 C · D구의 보산문화 단계의 것과, 서황산둔 1호에서 출토된 촉각식동검은 요북 A구의 신빈 왕청문 출토품과 유사하다.

최근 金旭東에 의해 이러한 형태의 유물조합과 묘제 특징에 대하여 황어권주산M1유형유존(黃魚圈珠山M1類型遺存)으로 설정된 바 있는데, 대략적으로 그 연대범위는 기원전 3~2세기 사이로 편년하고 있다.[428] 요컨대 이시기 해당 지역의 개석II식과 IV식 고인돌은 당지의 고유한 문화풍속이 아닐 수 있는데, 그러한 양상이 전단계의 동일 형식 고인돌에도 적용될 수 있을지에 대해서는 확언하기 힘들다. 그 이유는 이 지역의 고인돌에서 출토된 유물이 매우 한정적이라는 데 있다. 다만 이지역 역시 요동북부권과 마찬가지로 고인돌과 석관묘가 서로 다른 계통의 묘제로 작용되었음을 확인할 수 있다.

---

428) 金旭東 · 趙俊傑 · 呂斌, 2011, 「黃魚圈珠山M1類型遺存再辨析」, 『邊疆考古研究』10, 267~276쪽.

4) 두만강유역권 청동기시대 묘제의 변천

두만강유역권에서는 석관묘만 확인되는데 문화내용의 차이에 따라 크게 3단계로 구분할 수 있다.

제1단계는 기원전 16~13세기 무렵이다. ⅢBa형과 Ⅰ형 석관묘가 확인되며, 화변구연문토기와 가권족발, 잔류, 흑요석기 등이 공반되는 홍성문화단계의 묘제이다. 이시기 ⅢBa형 석관묘는 여러 개의 무덤이 일렬로 연접한 특징을 보인다. 대부분 묘실의 3벽은 석재를 쌓아 만들고 나머지 1벽은 경사면의 자연토벽을 그대로 사용하는데 간혹 4벽 모두 석재를 쌓기도 한다. 마무리는 묘실 내부에 석재를 채워 봉석(封石) 형태로 마감하는 게 보편적이다. 이러한 구조의 석묘전통은 요남의 쌍타자3기 및 요북의 마성자문화 후기단계 동굴묘(Ⅳ형: 적석형)와도 유사하지만, 문화내용 상에서의 차이가 현격하기 때문에 상호 영향 관계로 보기는 어렵다.

제2단계는 기원전 12~9세기 무렵으로, Ⅰ형, ⅢA형, ⅢBa형, ⅢBb형 석관묘 등이 확인된다. 출토유물은 토기와 함께 소량의 흑요석기가 공반되는 유정동문화 전기의 특징을 보인다. 토기류에는 무문의 마연된 홍색토기(홍의도)가 특징적이며, 손잡이가 없는 통형관과 분, 완류 등이 주종을 이룬다. 이시기 새롭게 출현한 ⅢBb형 석관묘는 여러 개의 무덤이 연접하며, 묘실은 굴착한 자연토벽을 그대로 사용하거나 일부 구간에만 석재를 쌓은 점, 내부에 석재를 채워 마감(봉석(封石))하여 지표상으로 하나의

封石堆가 형성되는 특징을 보인다. 이러한 구조는 전단계에 유행한 ⅢBa형의 것과 거의 유사하여 두 형식의 석관묘는 상호 발전관계에 있는 것으로 볼 수 있다.

제3단계는 기원전 8~3세기 무렵이며, 유정동문화 후기단계이다. 석관묘는 ⅢBa형, ⅢBb형, ⅢBc형이 확인되며, 출토유물에는 각종 손잡이가 발달된 관, 분, 완류가 대표적이다. 이시기 새롭게 출현하는 토석혼광 형태의 ⅢBc형은 석관묘의 퇴화과정을 보여 주는 사례가 된다. 유사한 현상이 요동과 길림, 서북한지역에서도 확인되며, 이러한 단계를 거쳐 점차 목관묘나 목곽묘 등을 포함하는 토광묘제로 변화되는 전환기적 보편성을 확보 할 수 있겠다. 한편, 서류송화강유역권의 서란 주산유적에서 발굴된 파괴된 석재무덤 중에는 두만강유역의 ⅢBa형과 유사한 구조의 것이 확인되어 주목된다. 출토유물은 소형의 명기류가 특징적인데, 대부분 꼭지형 손잡이를 대칭으로 부착한 점과 형태적 측면에서 유정동문화 후기의 것과 상당히 유사하다. 이시기 두만강유역과 서류송화강유역권의 문화적교류가 활발해 진 사례로 볼 수 있다.

이상의 내용을 종합하면 〈표 4-18〉과 같이 정리할 수 있다.

〈표 4-18〉 중국 동북지역 청동기시대 묘제의 지역구분과 획기

<table>
<tr><th>획기</th><th>연대</th><th>요동
반도권</th><th>요동
북부권</th><th>서류송화강
유역권</th><th>두만강
유역권</th></tr>
<tr><td>1</td><td>기원전
20~19세기</td><td>1단계
적석총</td><td>–</td><td>–</td><td>–</td></tr>
<tr><td>2</td><td>기원전
18~17세기</td><td rowspan="2">–
2단계
고인돌,
토광묘, 옹관묘</td><td>1단계
동굴묘</td><td>–</td><td>–</td></tr>
<tr><td>3</td><td>기원전
16~15세기</td><td>2단계
동굴묘</td><td>–</td><td rowspan="2">1단계
석관묘</td></tr>
<tr><td>4</td><td>기원전
14~11세기</td><td>3단계
적석총, 고인돌,
토광묘</td><td>3단계
동굴묘, 석관묘</td><td>–
1단계
석관묘</td></tr>
<tr><td>5</td><td>기원전
10~8세기</td><td>4단계
적석총, 고인돌</td><td>4단계
석관묘, 고인돌</td><td>2단계
석관묘, 고인돌</td><td>2단계
석관묘</td></tr>
<tr><td>6</td><td>기원전
7~6세기</td><td>5단계
적석총, 고인돌</td><td>5단계
석관묘, 고인돌,
토광묘</td><td>3단계
석관묘, 고인돌</td><td rowspan="2">3단계
석관묘, 토광묘</td></tr>
<tr><td>7</td><td>기원전
5~3세기</td><td rowspan="2">6단계
적석총, 고인돌,
토광묘</td><td rowspan="2">6단계
석관묘, 고인돌
토광묘</td><td rowspan="2">4단계
석관묘, 고인돌,
토광묘</td></tr>
<tr><td>8</td><td>기원전 2세기</td><td>–</td></tr>
</table>

제 5 장

북한과 중국 동북지역 청동기시대 묘제의 시 · 공간

앞에서 북한과 중국 동북지역 청동기시대 묘제의 분포와 형식 특징, 문화성격과 획기 및 단계별 변화상 등에 관한 내용을 상세하게 검토하였다. 이에 기초하여 각 권역별 묘제와 그에 상응하는 문화유형의 기초적인 편년안을 제시하면 〈표 5-1〉과 같다.

〈표 5–1〉 북 · 중 청동기시대 묘제의 지역구분과 획기

<table>
<tr><th>획기</th><th>연대</th><th>요동
반도권</th><th>요동
북부권</th><th>송화강
유역권</th><th>두만강
유역권</th><th>대동강
유역권</th><th>압록강
유역권</th><th>동북한
지역권</th></tr>
<tr><td>1</td><td>기원전
21~19세기</td><td>①</td><td>–</td><td>–</td><td>–</td><td>–</td><td>–</td><td>–</td></tr>
<tr><td>2</td><td>기원전
18~17세기</td><td rowspan="2">–
②</td><td>①</td><td>–</td><td>–</td><td>–</td><td>–</td><td>–</td></tr>
<tr><td>3</td><td>기원전
16~15세기</td><td>②</td><td>–</td><td>①</td><td>–</td><td>–</td><td>–</td></tr>
<tr><td>4</td><td>기원전
14~11세기</td><td>③</td><td>③</td><td>–
①</td><td>①</td><td>①</td><td>①?</td><td>①</td></tr>
</table>

<table>
<tr><th>획기</th><th>연대</th><th>요동
반도권</th><th>요동
북부권</th><th>송화강
유역권</th><th>두만강
유역권</th><th>대동강
유역권</th><th>압록강
유역권</th><th>동북한
지역권</th></tr>
<tr><td rowspan="2">5</td><td rowspan="2">기원전
10~8세기</td><td rowspan="2">④</td><td rowspan="2">④</td><td rowspan="2">②</td><td>②</td><td rowspan="2">②</td><td rowspan="2">②</td><td rowspan="2">②?</td></tr>
<tr><td rowspan="5">③</td></tr>
<tr><td rowspan="2">6</td><td rowspan="2">기원전
7~6세기</td><td rowspan="3">⑤</td><td rowspan="3">⑤</td><td rowspan="3">③</td><td rowspan="2">③</td><td rowspan="2">③</td><td rowspan="4">③</td></tr>
<tr></tr>
<tr><td rowspan="2">7</td><td rowspan="2">기원전
5~3세기</td><td rowspan="2">④</td><td rowspan="2">–</td></tr>
<tr><td rowspan="3">⑥</td><td rowspan="3">⑥</td><td rowspan="3">④</td></tr>
<tr><td rowspan="2">8</td><td rowspan="2">기원전
2세기</td><td rowspan="2">–</td><td rowspan="2">–</td><td rowspan="2">–</td><td rowspan="2">–</td></tr>
<tr></tr>
</table>

1) 요동반도권

① 1단계 : 기원전 21~19세기, 쌍타자1기문화(주요 묘제: 적석총)

② 2단계 : 기원전 18~15세기, 쌍타자2기문화(토광묘 · 옹관묘 · 고인돌)

③ 3단계 : 기원전 14~11세기, 쌍타자3기문화(적석총 · 고인돌)

④ 4단계 : 기원전 10~8세기, 강상(적석총) · 쌍방(탁자형 고인돌) · 동산유형(개석형 고인돌)

⑤ 5단계 : 기원전 7~4세기, 강상후기(적석총) · 쌍방후기유형(고인돌) · 상마석상층유형(토광묘)

⑥ 6단계 : 기원전 3~2세기, 윤가촌유형(토광묘, 석곽묘)

2) 요동북부권

① 1단계 : 기원전 18세기 무렵, 마성자문화 1기(동굴묘)

② 2단계 : 기원전 17~15세기, 마성자문화 2기(동굴묘)
③ 3단계 : 기원전 14~11세기, 마성자문화 3~4기(동굴묘, 석관묘)
④ 4단계 : 기원전 10~8세기, 신성자(개석형 고인돌) · 이도하자유형(석관묘)
⑤ 5단계 : 기원전 7~4세기, 신성자후기(고인돌) · 이도하자후기유형(석관묘), 정가와자유형(목 · 토광묘)
⑥ 6단계 : 기원전 3~2세기, 산용(고인돌) · 상보촌(석관묘) · 보산유형(고인돌)

3) 서류송화강유역권

① 1단계 : 기원전 11~10세기 무렵, 서단산유형 1기(석관묘)
② 2단계 : 기원전 9~8세기, 서단산유형 2기(석관묘, 고인돌)
③ 3단계 : 기원전 7~4세기, 서단산유형 3기(석관묘, 고인돌)
④ 4단계 : 기원전 3세기, 서단산유형 4기(석관묘, 고인돌)

4) 두만강유역권

① 1단계 : 기원전 16~13세기, 홍성문화(이하 모두 석관묘)
② 2단계 : 기원전 12~9세기, 유정동문화 전기
③ 3단계 : 기원전 8~3세기, 유정동문화 후기

5) 대동강유역권

① 1단계 : 기원전 14~11세기, 팽이형토기문화 1기(탁자형 고인돌, 석관묘)

② 2단계 : 기원전 10~8세기, 팽이형토기문화 2기/미송리유형(탁자형 고인돌, 석관묘)

③ 3단계 : 기원전 7~6세기, 팽이형토기문화 3기/미송리후기(고인돌, 석관묘, 석곽묘)유형

④ 4단계 : 기원전 5~3세기, 팽이형토기문화 4기(고인돌, 석관묘, 석곽묘)

6) 압록강유역권

① 1단계 : 기원전 10세기 무렵, 신암리유형 II기, 공귀리유형 1기(석관묘)

② 2단계 : 기원전 9~8세기, 신암리유형III기/미송리 · 공귀리유형 2기(동굴묘, 석관묘)

③ 3단계 : 기원전 7~6세기, 미송리후기유형(동굴묘, 석관묘)

7) 동북한지역권

① 1단계 : 기원전 11세기 무렵, 금야-토성리유형 1기(고인돌, 석관묘)

② 2단계 : 기원전 10~8세기, 금야-토성리유형 2기(고인돌, 석관묘)

③ 3 · 4단계 : 기원전 7~3세기, 금야-토성리유형 3기(고인돌, 석관묘)

1. 북 · 중 접경지역 청동기시대 석묘문화의 전개양상 검토[1)]

북한과 중국 동북지역 청동기시대 묘제는 다양한 양상의 시 · 공적 특징과 함께 일련의 상이성과 상사성을 동시에 함유하고 있다. 아울러 각 묘제별로 자체적인 문화기원과 발전궤적을 보이는가 하면, 주변지역과의 지속적인 상호작용 속에서 문화접변과 변용이 반복적으로 이루어진다.

그런데 한 가지 주목되는 사실은 해당 시 · 공간역의 다양한 묘제들 중 유독 특정 형태의 석묘문화가 상대적으로 강세를 보이는 권역이 존재하는 점이다. 따라서 이러한 석묘문화의 출현과 변화상을 하나의 시간적 틀(궤적)에서 점검(재배치)해 보면 그들(축조인)간에 작용되었을 여러 측면에서의 교류상과 영향관계를 파악하는데 도움이 된다. 그러한 내용을 보다 구체적으로 검토하기 위하여, 북 · 중 접경지역(이하 천 · 백산지로 표

1) 본장의 내용은 필자의 2019년도 글(「북한과 중국 동북지역 청동기시대 석묘문화의 전개와 의미」,『전남문화재』18)을 일부 수정 및 재구성하여 수록한 것이다.

〈표 5-2〉 천 · 백산지일대 청동기대 석묘문화의 시 · 공성

획기	연대	요동반도권			요동북부권				서류 송화강 유역권	두만강 유역권	대동강 유역권	압록강 유역권	동북한 지역권
		A구		B구	A구	B구	C구	D구					
		Aa	Ab										
1	기원전 21~19	적석총		–	–				–	–	–	–	–
2	기원전 18~17	–			I · II형 동굴묘	–							
3	기원전 16~15	탁자형 고인돌, I 형석관묘		–	I · II · III형 동굴묘	–				I형 · III Ba형 석관묘			
4	기원전 14~11	적석총	개석 I · 탁자형 고인돌, I 형 석관묘	개석 I · II 고인돌	I · II · III · IV형 동굴묘, III A · IV 석관묘	– I · IV형 석관묘	– III A형 석관묘	–	– I · IV형 석관묘	I · III A · III Ba형 석관묘	탁자형 고인돌, I형석관묘	–	– 탁자형 고인돌
5	기원전 10~8	적석총	개석 I · 탁자형 고인돌	개석 I · II 고인돌	개석 II · III 고인돌, III A · IV석관묘	I · II · III A · IV형 석관묘	개석 II 고인돌	개석 II · III 고인돌	I · III A · IV형 석관묘, 개석 III · 탁자형고인돌	III Ba · b형 · 석관묘	탁자형 고인돌, I · II형 석관묘, I 형석곽묘	I형 · II형 석관묘	?
6	기원전 7~6	적석총	탁자형 고인돌	–	탁자형 고인돌, 판석계 석관묘	개석 III · 탁자형 고인돌, I형 석관묘	개석 II · III 고인돌	개석 I · II · 탁자형 고인돌	I · III A · IV형 석관묘, 개석 I · II 고인돌	III Ba~ III Bc형 석관묘	개석 II · 탁자형고인돌, I · II · III A형 석관묘, I형석곽묘	I형 석관묘	개석 II · III · 탁자형 고인돌
7	기원전 5~3	적석총	파괴된 고인돌		개석 II · 탁자형 고인돌, III A형 석관묘	개석 III · 탁자형 고인돌, 판석계 석관묘	개석 III 고인돌	개석 I 고인돌	I · II · III A · IV형석관묘, 개석 I · II 고인돌	–	개석 I · II · III · 탁자형 고인돌 IV형석 관묘, II 형석 곽묘	–	
8	기원전 2세기	–			개석 I 고인돌	–	개석 II 고인돌	–	–	–		–	–

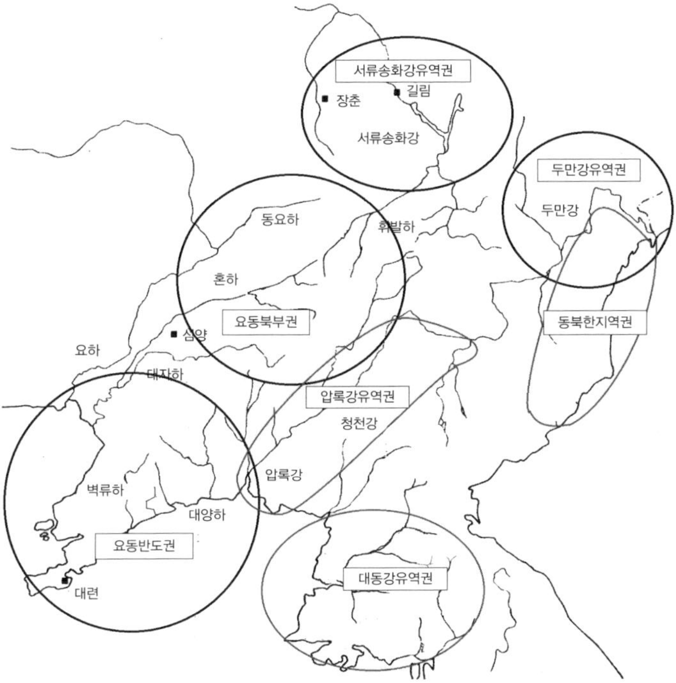

〈그림 5-1〉 천 · 백산지 청동기시대 묘제의 권역별 분포도

기)[2] 청동기시대 석묘문화의 시 · 공성을 전체 8기로 나누어 정

2) 해당 공간역은 현재 북한과 중국 동북지역의 접경지로서 요동반도를 남(서)-북(동)방향으로 관통하는 천산산지에서 압록강을 따라 다시 백두산지로 연결되는 산간 평야지대를 포괄하는 공간개념이다. 본서에서는 이를 천 · 백산지로 줄여 부르고자 한다. 중국에서는 해당 공간역을 장백산맥 혹은 장백산지로 부르는데, 이 때 천산산(맥)지는 장백산맥의 서쪽 지맥에 포함된다. 사실 이러한 명칭은 비단 현재의 중국뿐만 아니라 우리의 역사 속에서도 종종 확인되는 지명이다. 따라서 해당 지역을 장백산지로 명칭하는 데에 큰 무리가 없어 보인다. 그러나 최근 언론을 통해 장백산(맥)으로의 표기는 현 중국 중심의 지리관이 강하게 반영된 것으로서 그 부당함과 수정요구가 지속되는 상황에서, 불필요한 오해를 없애고, 아울러 그러한 문제제기가 일견 타당하도고도 여겨져,

리하였다. 다만 서술의 편의상 1기에서 4기까지를 이지역 청동기시대의 전반부로, 5기부터 8기까지는 후반부로 나누어 검토하겠다. 그러한 기준점으로는 비파형동검문화의 출현을 하나의 전환기적 지표로 제시할 수 도 있다.

1) 천 · 백산지 청동기시대 전기 석묘문화의 특징과 성격

〈표 5-2〉에서 보듯이 해당 시 · 공간역에서 가장 이른 시기의 석묘문화는 요동반도권에서 확인된다. 요동반도 남단의 발해 연안지역(Aa구)에서 백여 기 이상의 적석총유적이 조사되었는데 대부분 쌍타자1기단계의 묘제이며, 연대범위는 대략 기원전 20~19세기 무렵이다.[3)] 이 시기를 천 · 백산지에서 석묘문화가 출현하는 제1기로 설정하겠다.

제1기의 적석총은 모두 해안가 주변의 산지상에 열을 지어 분포한 특징을 보인다. 많게는 백여 기, 적게는 십여 기씩 모여 있

다소 장황하고 생소한 개념의 '천 · 백산지'라는 용어를 만들어 쓰고자 한다. 참고로 장백산맥을 지칭하는 우리식 표현인 백두산 혹은 백두산맥의 지리적 범위에는 본서에서 주요하게 다루는 요동반도권(천산산지주변)을 포함하지 않는 관계로 사용하기에 적합하지 않았다. 따라서 이하에서 표기될 천 · 백산지는 요동반도에서 압록강 상류지역까지, 현재의 북 · 중 접경지역를 포괄하는 천산-백두산지의 줄임말임을 밝혀둔다.

3) 대련 장군산과 노철산, 사평산 적석총 등이 대표적이다. 다만 그 상한연대는 보다 올라갈 가능성이 아주 크다. 최근 위 유적 주변에서 신석기시대 후기문화인 소주산상층단계의 적석총유적이 다수 소개된 바 있는데(張翠敏, 2012, 앞의 글, 高芳 · 華陽 외, 2009, 앞의 글), 아쉽게도 정식 발굴보고서가 발표되지 못한 상황이기에 구체적인 정보를 얻을 수 없다.

는데, 하나의 적석무지로 연결된 것과 단독의 적석 봉분을 가진 것으로 분별된다. 가장 중요한 특징은 매장주체부의 공간성, 즉 묘실의 위치이다. 현재까지 발견된 대부분은 땅을 파지 않고 지표 위에 묘실을 두었다.

기본적으로 땅을 편평하게 고른 후, 그 위에 직접 석재를 둘러 묘광을 구축하였고, 바닥과 내벽에는 자갈과 진흙을 섞어 발라 틈새를 보강한 후 시신과 부장품을 안치 한다. 화장과 간골장, 다인 합장 방식으로 매장되며, 부장품은 산동 용산문화계열의 외래계토기와 토착계유물의 공반이 특징적이다. 묘실 상부에는 커다란 판석재 하나를 덮거나 2~3개를 이어 덮기도 하는데, 그 위로 다시 머리 크기 이상의 강돌을 대량으로 적석하여 마무리 하였다. 그러한 절차가 여러 차례 반복되면서 최종적으로는 하나의 적석무지를 형성하게 되고, 그 내부엔 다수의 묘실이 존재한 적석총의 구조를 가지게 된다. 이처럼 독특한 매장방식은 이 지역에서 석묘문화가 쇠락하는 기원전 3세기까지 줄곧 유지되었다.

제2기의 석묘문화는 주로 요동북부권 A구의 태자하 상류지역에서 확인된다. 모두 마성자문화 1기 단계의 동굴묘로, 별다른 묘광이 없이, 평평하게 고른 바닥에 판석 1~2개를 깔아 놓고 그 위에 시신과 부장품을 둔 I형(저석형)과 자연석 여러 개를 둘러 놓아 석광형태를 가지는 II형(석광형) 동굴묘가 조성된다. 구체적인 연대를 특정하긴 힘들지만 대략 기원전 18세기 무렵부터는 관련 묘제가 출현한 것으로 파악된다. 출현기 동굴묘의 가장 큰 특징은 동굴 내부의 경사가 완만한 곳을 택하여 바닥을 평평하게 고른 후 별도의 묘광시설을 두지 않은 채 시신(화장 · 다인합장)과 부장품을 안치 하는 방식이다. 아마도 I형의 경우 여의치 않은 바닥상태를 고려하여 판석을 깔아 놓은 것으로 추정되며, II형은 동굴 내 묘실 숫자가 증가하면서, 인접 묘실과의 경계를 두기 위한 목적에서 시작된 것이 점차적으로 명확한 형태의 석광 구조를 가지게 된 것으로 여겨진다.

한편 이 시기 요동반도권에서는 제1기의 석묘문화(적석총)가 지속되지 않으며,[4)] 쌍타자2기문화의 토광묘와 옹관묘 등이 소량 확인된다. 쌍타자2기문화의 가장 큰 특징은 산동 악석문화의 영향을 받은 외래계 토기가 강세를 보이는 점인데, 그 중에서도 토기 구연과 동체부에 철릉문을 1~2줄 돌려(子母口)를 형성한 것이 가장 전형적이다. 그러한 요소는 이 시기 동굴묘의 부장토기에서도 관찰되어 당시 두 지역집단간의 문화교류가 시작된 것으로 여겨진다. 다만 마성자문화의 동굴묘 출토품은 악석문화의 전형토기와 많은 차이가 있다. 전형특징으로 볼 수 있는 토기 구연부의 자모구는 토기 덮개와 잘 교합될 수 있도록 마련된 기능적 장치이다. 따라서 그러한 특징(자모구)의 토기와 함께 내면으로 역시 자모구가 형성된 토기 덮개가 조합되는 것이 보편적이다.

하지만 동굴묘에서는 그러한 조합상이 확인되지 않는데, 구연

4) 향후의 조사성과에 기대를 가져 볼 수 도 있겠지만, 현재까지의 자료 중에는 명확하게 쌍타자2기단계로 편년할 수 있는 적석총유적이 확인된 바 없다.

부의 자모구가 기능적 속성 보다는 장식적 요소가 더 부각된다. 이처럼 구연부의 자모구가 장식적 속성으로 변이되는 현상은 벽류하 하류지역의 쌍타자2기문화(단타자 · 상마석유적)부터 시작된다. 장경호의 구연부에 2줄의 가는 침선을 그어 놓거나 1줄의 얇은 점토띠를 둘러 자모구와 유사한 형태의 돌출된(철릉문) 장식 효과를 구현하였다. 이와 같은 변이현상이 당시 마성자문화인들과의 교류를 통해 동굴묘의 부장토기에 까지 영향을 준 것으로 판단된다. 따라서 이시기 동굴묘문화인들과 산동지역의 직접적인 교류상보다는 요동반도권의 쌍타자2기문화인들을 매개로 한 간접적인 영향관계가 예측된다.

제3기의 석묘문화는 요동반도권과 요동북부권에서 모두 확인된다. 먼저 요동반도권은 벽류하유역(Ab구)에서 탁자형 고인돌[5]과 I형(多판석형) 석관묘가 출현하는데, 출토유물은 쌍타자2기단계의 토광묘나 옹관묘 출토품과 유사하지만 조금 늦은 시간성을 보인다.[6] 따라서 요동반도권에서 제3기의 석묘문화는 쌍타자2기문화의 후기단계에 귀속될 수 있다. 연대범위는 기원전 16~15세기 무렵으로 잠정 편년한다. 요동북부권의 A구(태자하)에서는 I · II형 동굴묘가 지속되며, III형(석관형)이 새롭게 출현

5) 본서에서 탁자형 고인돌은 기존의 분류와 조금 다르게 적용한다. 가장 주요한 특징은 묘실을 판석을 세워 만든 것이며 묘실의 위치(지하 혹은 지상)는 상관없이, 여러 개의 판석을 세운 것을 발생기적 형태, 대판석 3~4개로서 받침돌로 삼은 것은 전형의 것으로 이해한다.

6) 普蘭店 王屯유적이 대표적이다. 왕둔 1호묘는 덮개돌과 묘실 구조상 고인돌의 범주에 포함되며, 왕둔2호는 전형적인 형태의 판석조형 석관묘이다.

한다.[7] 모두 마성자문화 2기단계의 묘제로서 중심연대는 기원전 16세기 무렵이다. 이중 Ⅲ형 동굴묘는 여러 개의 판석을 이어 세워 묘실을 조성하였다는 점에서 요동반도권(Ab구) 왕둔유적의 I형 석관묘 및 탁자형 고인돌과 묘실 구조가 동일하다. 아울러 부장품의 형태와 조합 역시 닮아 있어 동시기성과 문화적 교류상을 인정할 수 있다. 주목되는 것은 Ⅲ형 동굴묘와 I형 석관묘 및 탁자형 고인돌 등이 전단계에는 확인되지 않던 새로운 형태라는 점이다.

왕둔유적의 I형 석관묘와 탁자형 고인돌은 쌍타자2기문화단계의 묘제이며, Ⅲ형 동굴묘는 마성자문화 2기단계의 묘제로서 시간적으로 병행된다. 이들은 묘실의 재료(葬具: 판석재)와 조성방법 및 구조, 출토유물 등이 상당히 닮아 있는 점에서, 당시 인접한 두 지역 문화인들간의 활발한 교류상을 증명해 준다. 이는 곧 제2기부터 시작되었던 두 지역간 문화교류가 한층 진전됨과 동시에 혼인과 같은 방식으로의 문화·혈연적 결합이 이루어졌을 가능성을 시사한다.

주지하다 시피 묘제는 전통성과 보수성이 강하기 때문에 한번 고착화되면 쉽게 변하지 않는 특징을 보인다. 특히 무덤을 쓰는 과정 중에는 혈연을 매개로 연결된 가족단위의 의례행위가 반드시 수반되는데, 여기에는 당시 사람들에게 작용되었을 전통적인 사후인식관, 이를 테면 신앙적 관념체계가 일정부분 관여될 수

7) 이시기 I형 동굴묘는 장가보 A동 38호묘., Ⅱ형은 마성자 A동 12호묘. Ⅲ형은 장가보 A동 46호, 30호, 33호묘 등이 대표적이다.

밖에 없다. 따라서 서로 다른 계통의 두 지역 선사문화인들이 유사한 방식의 묘제와 매장풍습을 사용하였다는 사실은 그들의 삶과 생존활동에 지대한 영향력을 행사하였을 신앙체계 역시 상당부분 공유되었을 가능성이 내포된다.

여기에 일상의 생활이나 식습관과 관계되었을 토기류, 그 중에서도 부장토기의 유사성이 더해진다면, 이들간에는 체질적 혹은 혈연적 관계망이 구축되었을 가능성도 충분히 예상할 수 있다. 그간 서로 다른 계통의 문화와 묘제를 고수하였던 두 지역 주민들간에 신앙과 관습 및 체질·혈연적 복합이 이루어 질 수 있는 가능성은 혼인과 같은 인적 교류상이 유력해 보인다. 그러한 교류상이 적극적으로 전개·실현 될 수 있었던 배경에는 전단계부터 이어져온 석묘문화라는 유사한 방식의 매장풍습을 공유하였던 친밀감이 크게 작용된 것으로 본다.

제4기에 이르면 서류송화강유역권과 서북한지역 등으로 석묘문화가 확대된다. 연대범위는 대략 기원전 14~11세기 사이다. 이시기 각 권역별 석묘문화의 구체적인 양상은 앞서 충분히 검토되었기에 자세한 설명은 생략하도록 하겠다. 다만 요동반도권 Aa구에서 전단계에 잠시 주춤하였던 적석총문화가 다시금 활성화되는 점을 주목할 수 있다. 기본적인 특징은 제1기의 적석총과 큰 차이가 없지만 입지와 규모, 출토유물 등에서 일련의 변화상을 보인다.

이 시기 적석총의 가장 큰 특징은 화장의 풍습이 상당히 보편화되는 것인데, 그러한 양상은 제3기부터 활발하게 진행되었

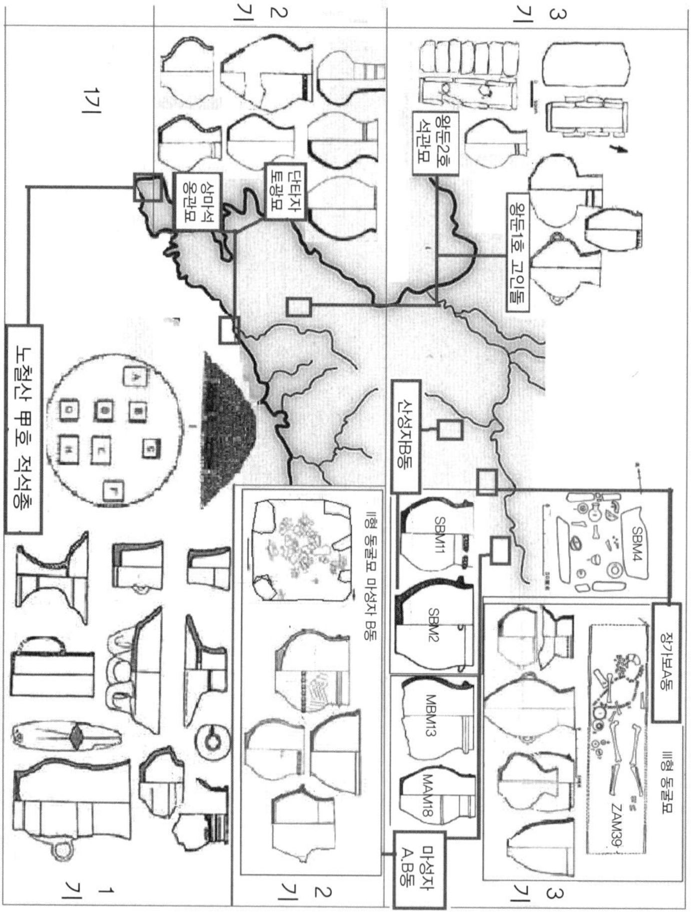

〈그림 5-2〉 천·백산지 제1~3기 석묘문화의 지역성

던 요동북부권 A구와의 문화교류, 그 중에서도 마성자문화 제2기 동굴묘의 매장풍습에서 일정 부분 영향을 받은 듯하다. 아울러 동시기(제4기) 벽류하유역(요동반도권 Ab구)에서 정착된 적석묘역식 탁자형 고인돌의 매장풍습에도 일정부분 영향을 준 것으로 판단된다. 예를 들면 발견 례가 상당히 제한적인 고인돌 내부 출토 인골에서 화장의 흔적이 관찰되는 점, 고인돌의 묘실 주변으로 다량의 적석이 부가되어 있어 외형상 적석총과 닮아 있는 점, 두 묘제의 출토유물이 유사성을 보이는 점 등이 그러하다.

대표적으로 이 시기 적석총의 전형유적인 대련시 왕보산의 7호 묘실에서는 2점의 직구장경호 편이 확인되었다. 그 중 1점의 경부에는 2줄의 선문이 돌아가며, 나머지 1점의 경부에는 1줄의 철릉문이 명확하게 남아 있다. 이러한 특징의 장경호류는 쌍타자2기의 전형유물로서 산동 악석문화의 영향을 받아 형성된 구연부 자모구가 장식적 요소로 변용된 사례이며, 쌍타자3기문화에서도 일부 확인된다. 쌍타자2기 후반부로 추정되는 보란점 왕둔유적 1호 고인돌(탁자형)에서도 동일한 특징의 장경호와 이중구연에 단사선문이 새겨진 화분형토기(화변구연통형관)가 공반되었다. 그와 거의 유사한 속성을 보이는 토기 조합이 제4기 탁자형 고인돌의 대표격인 개주 화가와보유적에서도 확인된다.

화가와보유적에는 묘실 외부로 다량의 적석이 부가된 특징과 내부에서 불에 탄 인골이 검출되었다. 이처럼 이중구연 단사선문토기와 직구장경호가 조합되는 양상은 쌍타자2~3기 단계 묘제의 대표적인 부장특징으로 볼 수 있으며, 쌍타자3기 단계에는 특히 화장의 습속이 강화된다. 따라서 벽류하유역(요동반도권 Ab구)에서 제4기부터 조성되는 적석묘역식 탁자형 고인돌은 이 지역 적석총문화와의 상호작용 속에서 출현한 것으로 이해된다. 비록 두 종류의 석묘가 주요 분포권에 차이를 두지만, 쌍타자3기라는 동일한 문화에 바탕을 두며, 다른 한편으로는 인접한 태자하 상류지역 동굴묘문화인들과의 지속적인 교류를 통해 새로운 형태로의 석묘문화(고인돌)가 출현한 것으로 여겨진다.

제4기 석묘문화의 주요한 특징 중 하나로 서북한 지역의 대동강유역권에서도 적석묘역식 탁자형 고인돌과 I형 석관묘가 조성되는 점을 들 수 있다[8]. 해당 석묘들은 모두 요동반도권 Ab구의 그것과 구조적으로 닮아 있다. 나아가 대동강유역의 적석묘역식 탁자형 고인돌의 주요 특징은 하나의 적석시설 내 여러 개의 묘실이 열을 지어 배치된 점인데 이러한 특징은 동시기 요동반도권 Aa구의 적석총유적과도 닮아 있다. 요동반도권의 적석총과 탁자형 고인돌의 매장방식이 복합된 구조로 이해할 수 있다.

요컨대 요동반도권의 탁자형 고인돌과 I형 석관묘는 쌍타자2기와 마성자문화인들의 다양한 상호작용 속에서 출현하며 적석묘역식 탁자형 고인돌은 동시기 적석총문화에 영향을 받은 것으로 이해된다. 아울러 대동강유역권에서는 비록 적석총유적이 확인되진 않지만, 하나의 묘역 내에 여러 개의 묘실이 배열된 적석묘역식 탁자형 고인돌의 형태로 정착된다. 고인돌의 기본 특징

8) 고인돌은 황주군 침촌리유적, 석관묘는 침촌리 극성동, 증산 용덕리유적이 대표적이다.

역시 요동반도권의 그것과 동일함에 따라 대동강유역의 석묘문화는 요동반도권의 영향 속에서 출현한 것으로 볼 수 있다. 대동강유역 초기 고인돌유적이 모두 황해연안지역에 분포한 점, 이 지역 무문토기시대의 개시가 요동반도와의 관계 속에서 이해되고 있는 점 등에서도 인접한 두 지역 문화인들의 교류상은 충분히 인정될 수 있을 것이다.

다음으로 요동반도권 B구(대양하유역)에서는 개석I · II식 고인돌[9]이 확인된다. 묘실의 구조와 부장양상 등을 종합해 볼 때, 요동북부권 A구의 I · II형 동굴묘와 문화적 친연성이 강하다. 다만 묘실 상부의 대형 덮개돌은 인접한 벽류하유역의 고인돌문화에서 영향 받은 것으로 판단된다. 따라서 요동반도권에서 확인되는 다양한 종류의 고인돌문화는 쌍타자2기와 마성자문화인들의 인적교류 및 상호작용을 통해 형성 · 발전된 것으로 볼 수 있다. 기원전 14세기 무렵 고인돌문화가 주변지역으로 확산되는 과정 중 대동강유역에서는 적석총문화와 결합된 형태로 적석묘역식 탁자형 고인돌이, 기원전 12세기 무렵 대양하유역에서는 개석형 고인돌이 파생된 것으로 이해된다.

마지막으로 이시기 요동북부권은 A구에서 I형부터 IV형(적석형)까지 모든 형식의 동굴묘가 확인되며,[10] 이와 함께 IIIA형(괴

9) 봉성 동산유적을 대표로 한다. 본고에서 개석형 고인돌은 4가지로 구분한다. 첫 번째는 덮개돌 밑으로 토광형태의 묘실만 존재하는 것(토광형)으로 토광의 세부구조와 부장양상에 따라 초기식(개석I식)과 후기식(개석IV식)으로 구분된다. 두 번째는 괴석재를 쌓아서 조성한 개석II식, 세 번째는 석재 쌓기와 판석 세움을 혼용한 개석III식에 분류한다.

10) 이 시기 I형 동굴묘는 장가보A동16호묘, II형은 마성자C동1호, 장가보A동42

석형)과 IV형(혼축형) 석관묘가 새롭게 출현한다[11]. B구(혼하유역)에서는 I형과 IIIA형, IV형 석관묘가 조성되며[12], C구는 IIIA형 석관묘만 조성된다.[13] 그리고 서류송화강유역에서는 I형과 IV형 석관묘가 확인된다.[14] 이 중 II형 동굴묘와 IIIA형 석관묘의 구조가 거의 동일하며, III형 동굴묘와 I형 석관묘의 구조가 완전히 일치된다. 또한 IV형 석관묘는 I형과 IIIA형 석관묘의 복합형식으로 볼 수 있는데, 이상에서 언급된 석묘들의 문화내용은 대체적으로 유사한 양상을 보인다. 따라서 이들은 모두 마성자문화(3~4기)에 포함되거나 그와 상관된 동일계통의 석묘문화임을 알 수 있다.

2) 천 · 백산지 청동기시대 후기 석묘문화의 특징과 성격

후기단계의 석묘문화는 전단계와 비교하여 상당한 변화상이 간취된다. 먼저 고인돌의 분포 정황이 남에서 북쪽으로, 석관묘는 서에서 동쪽으로의 확장성을 보이며, 동굴묘는 점차 소멸되는 양상을 보인다. 전기 후반에 연속되는 제5기 석묘문화의 주요 유물 구성은 비파형동검과 미송리형토기계열의 부장토기 조

호, III형은 장가보A동39호, IV형은 소홍석랍 및 남둔무덤 등이 대표적이다.

11) III형 석관묘는 本溪 丁家峪유적, IV형은 本溪 程家村유적이 대표적이다.

12) I형과 IV형 석관묘는 新賓 老城유적, IIIA형은 西豐 小育營屯 1, 2호가 대표적이다.

13) 遼源 南大墓 석관묘가 대표적이다.

14) 영길 성성초유적이 대표적이다.

합인데, 천 · 백산지권의 거의 모든 지역에서 그러한 보편성이 고르게 확인된다. 연대범위는 기원전 10~8세기 무렵이다.

이 시기 적석총의 발견 례는 상당히 제한적이다. 현재까지 대련 강상유적 단 1사례만 보고되었을 뿐인데, 규모가 대형화되고 총내 중심묘실의 권위가 강조되는 형태로 변화된다. 부장품은 당지에서 연속되는 토착계 토기류와 비파형동검류의 청동기 조합이 특징적이다.

고인돌의 변화상은 지역별로 조금 씩 차이가 있다. 요동반도권 Ab구와 대동강유역권에서는 규모가 대형화되면서 적석묘역이 없는 탁자형 고인돌이 출현하며, 주로 조망이 좋은 구릉의 정상부에 단독으로 입지한 특징을 보인다. 개석형은 주로 요동반도권 B구와 요동북부권의 A구 · C구(동요하상류) · D구(휘발하상류) 등에 소규모로 군집한다. 이들은 매장주체부의 조성방식과 재료, 부장품 구성면에서 마성자문화와의 친연성이 강하다. 마성자문화의 발원지인 태자하 상류지역(요북A구)과 접경지역인 요동반도권 B구(봉성 동산유적)에서 발생되어 다시 요동북부권 A구의 태자하 중류지역(본계 신성자유적)으로 확장되며, 이후 요동북부권 C · D구[15]와 서류송화강유역[16]에서 산발적인 분포상을 보인다. 이시기 고인돌의 출토유물은 지역과 형식별로 다소간의 차이를 보이긴 하지만 주로 미송리형토기문화계 부장품 구성이 강세를 보인다.

---

15) C구는 遼源黎明유적, D구는 東豊 狼洞山유적이 대표적이다.

16) 吉林 騷達溝유적 18호와 山頂大棺 고인돌 등이 해당된다.

석관묘는 요동북부권의 A · B구, 서류송화강유역권, 대동강유역권, 압록강유역권 등에서 보편적 묘제로 채택된다. 비단 무덤숫자의 증가뿐 아니라 형식면에서도 다양화되며, 두만강유역을 제외한 모든 분포권에서 비파형동검과 미송리형토기계 부장품의 개별조합이라는 보편성이 확보된다.

이시기 석묘문화의 가장 두르러진 특징은 서북한지역에서 찾을 수 있다. 먼저 대동강유역에서는 탁자형 고인돌의 숫자가 대폭 상승함에도 불구하고 개석형은 단 1기도 확인되지 않는다. 또한 요동반도권과 유사하게 고인돌의 규모가 대형화되면서 적석묘역이 없는 초대형의 탁자형이 출현하는데, 일부 중에는 제단적 성격이 부여된 것으로 판단되는 적석구조물이 조합관계를 보이기도 한다.[17] 대동강유역에서는 적어도 기원전 8~7세기 무렵에는 이러한 초대형 고인돌과 적석제단이 조합된 것으로 파악되어, 정확한 편년이 불가능한 요동반도권의 상대편년-초대형 고인돌의 축조시기-에 활용될 수 있다.

석관묘는 특이하게도 탁자형 고인돌과 묘실 조성 방식이 유사한 II형(단판석형) 석관묘의 조성이 우세하며,[18] 두 묘제의 구조가 복합된 형태를 보이는 I형 석곽묘가 새롭게 출현한다. 대표적으로 황남 장곡리유적의 I형 석곽묘는 석관 외측으로 강돌과 진흙을 다져 쌓아 석곽을 조성하였고, 그 상부에는 여러 장의 두꺼운 판석을 덮었다. 이러한 특징은 5기 초반부에 축조된 평양 상

17) 연탄군 오덕리 송신동 1~3지점 고인돌군이 대표적이다.

18) 북창군 대평리유적의 석관묘가 대표적이다.

원군 로동리 탁자형 고인돌 1호의 구조와 매우 유사한데, 주변지역에서 유사한 사례가 발견된 적이 없어 당지에서 자생한 고인돌과 석관묘의 복합 혹은 파생형식으로 여겨진다.

이상과 같이 제4기 후반부터 5기까지는 천 · 백산지일대 석묘문화가 상당히 유사해지는 현상을 알 수 있다. 묘제는 주로 고인돌과 석관묘가 강세를 보이며, 부장품 구성에는 미송리형토기(무문과 현문),[19] 횡이관, 이중구연(단사선문)토기, 비파형동검과 동모, 선형동부, 석촉, 석검 등이 개별적인 조합을 보인다. 따라서 기원전 10~8세기 무렵 천 · 백산지의 석묘문화는 상호간에 친연성이 강화되는 하나의 석묘문화권을 구축하게된 것으로 파악된다.

제6기는 5기와의 연속성 속에서 일련의 변화가 발생된다. 제5기의 부장품 주요 구성이 비파형동검과 미송리형토기계열의 조합이었다면, 6기부터는 검신이 다소 세형화된 동검류와 흑색마연장경호류가 주요 부장품으로 대체되며, 다뉴경과의 조합이 새롭게 확인된다. 다만 각 지역별 석묘문화의 전통은 그대로 유지되는데, 고인돌문화의 확장과 함께 전단계에 구축된 석묘문화권의 체계가 보다 공고해 진다. 연대 범위는 기원전 7~6세기 무렵이다.

먼저 요동반도권에서는 적석총(Aa구: 누상유적)과 탁자형 고인돌(Ab구: 패방유적)이 연속되지만, 석관묘는 더 이상 확인되

19) 본고에서는 현문과 각종 손잡이가 부가된 전형적인 형태의 미송리형토기와 공반되는 무문의 발구호 역시 미송리형토기의 한 종류에 포함시키고 있다.

지 않는다. 아울러 무덤내 부장품의 발견사례가 많지 않은데, 주로 세형화된 비파형동검의 파손품과 장경호류가 조합을 보이든가 개별적으로 확인된다. 각각 강상유형과 쌍방유형의 후반부로서 누상유형(Aa구)과 패방유형(Ab구)[20]으로 분별된다.

요동북부권은 여전히 석관묘문화가 강세를 보이지만, 탁자형과 개석형 고인돌이 주요 분포권을 달리하며 공존하는 양상을 보인다. A구에서는 탁자형 고인돌이,[21] B구는 탁자형과 개석 Ⅲ식[22]이, C구에는 개석 Ⅱ식과 Ⅲ식[23]이, D구에서는 탁자형과 개석 Ⅱ · Ⅳ식[24]이 확인된다. 이중 B구의 개석Ⅲ식(개원 건재촌)은 고인돌의 축조 방식과 부장품 구성에서 제5기의 개석Ⅱ · Ⅲ식(본계 신성자)과 거의 유사하다. 따라서 제4기 후반부에 요동반도권 B구(동산유형)에서 출현한 개석형 고인돌이 제5기에 요동북부권 A구(신성자유형)로, 다시 제6기에는 요동북부권 B구(건재촌유형)로 분포범위를 넓혀 가는 것으로 파악된다. 이 시기 요동북부권의 석묘문화는 이도하자 후기유형(석관묘: 수아둔)을 중심으로 신성자 후기유형(개석형 고인돌: 건재촌)과 쌍방유형의 후기요소가 개입된 양상(탁자형: 하협심)을 보이며 주요 유

20) 蓋州 牌房村과 團山, 牟家溝村 일대에서 조사된 고인돌유적이 대표적이다. 해당 유적에서는 파괴된 탁자형 고인돌이 긴급 발굴되었는데, 묘실 주변으로 다량의 적석이 산재해 있으며, 내부에서는 검신이 세형화된 비파형동검과 장경호가 공반되었다. 또한 불에 탄 인골도 검출되어 화장묘임을 알 수 있다.

21) 撫順 河峽沈유적이 대표적이다.

22) 개석Ⅲ식과 탁자형이 공존하는 開原 建材村유적이 대표적이다.

23) 遼源 高古村유적이 대표적이다.

24) 東豊 趙秋溝, 社家溝, 駝腰村유적 등이 대표적이다.

물 구성은 세형화된 비파형동검과 동모, 장경호, 고복관 등이 개별적 조합을 보인다.

서류송화강유역에서는 I형, III형, IV형 석관묘[25]와 개석II식과 IV식 고인돌[26]이 확인된다. 다만 고인돌의 조성례는 소량이며 요동북부권과 마찬가지로 석관묘가 주요 묘제로 유지된다. 석관묘 출토유물은 서단산 B형호와 세형화된 비파형동검과 동모, 동부 등이 대표적인데, 이중 서단산 B형호는 대동강유역 미송리유형 후기단계의 표지유물인 묵방리형토기와 유사한 변화상을 보인다. 동체부가 축약되고, 경부가 세장화되며, 기색이 흑색을 띠는 것이 많아진다. 이러한 변화는 당시 요동지역에서 부장토기로 유행되기 시작한 흑색마연 장경호의 영향을 받은 듯 보인다. 또한 비파형동모와 동부의 형식 역시 서류송화강과 대동강유역이 유사한 양상을 보인다.

대동강유역에서는 여전히 탁자형 고인돌과 II형 석관묘, I형 석곽묘 등 매장주체부를 판석을 활용하여 조성하는 판석계 석묘문화가 우세하지만 개석형[27]과 IIIA형 석관묘[28] 등 석축계열도 점차 확인되기 시작한다. 부장품은 미송리형토기의 후기형인 묵방리형토기와 비파형동검, 동모, 동령, 동포 등이 개별적인 조합을 보인다. 팽이형토기문화 3기로서 묵방리유형이 병행되는 단계이다.

---

25) 서단산과 소단산 및 소서산, 동량강유적 등이 대표적이다.

26) 九臺 關馬山과 石拉山과 上屯西山유적이 대표적이다.

27) 평안남도 개천군 묵방리유적이 대표적이다.

28) 평안남도 덕천군 승리산 동굴유적을 사례로 들 수 있다.

이 시기 대동강유역에서는 주변지역에서 거의 조사된 사례가 없는 고인돌 축조 당시의 대규모 취락유적이 다수 발굴되었다. 물론 조사지역의 상황에 따른 변수를 고려할 때, 향후의 발견 가능성을 완전히 배제할 수는 없겠지만, 유독 대동강 하류지역에 초대형의 탁자형 고인돌이 집중된 점과 연과지어 고려해 볼 수는 있겠다. 이를 테면, 대동강유역 청동기시대를 대표하는 팽이형토기문화 취락유적내 각 단계별 유구분포수와 출토유물 종류 및 청동제품의 빈도수 비교를 통해 당시 사회의 규모와 단계별 변화상을 어느 정도 가늠할 수 있다.

팽이형토기문화 2 · 3기 사이(기원전 8~7세기)에 각각 유적의 분포수와 청동기류의 발견 례가 비약적인 증가세를 보이는데,[29] 이는 당시 사회에 모종의 변동 기재가 작동되었고, 그로인해 사회 규모나 발전상이 한 단계 진전되었음을 표현해 준다. 아울러 대동강유역은 동시기 주변지역과 비교하여 월등히 많은 유적 빈도수와 다양한 종류의 석묘문화가 공존함에도 불구하고 유독 탁자형과 I · II형 석관묘, I형 석곽묘 등 판석계열의 석묘가 우세한 점을 단순히 우연으로 보기 어렵다. 앞서 석재를 쌓아 매장주체부를 구성하는 방식의 III형 석관묘와 개석형 고인돌은 주로 마성자문화와 친연성이 강하며, 판석을 세워 만드는 방식의 것은 쌍타자2기문화에 기반하지만 이 역시 마성자문화와의 상호작용을 통해 출현한 것으로 이해하였다.

이와 함께 요동북부권에서 동굴묘전통이 점차 쇠락해 가던 기

29) 사회과학원 고고학연구소, 2009a, 앞의 책, 34~35쪽.

원전 10세기 무렵에는 마성자문화가 요동 남북 각지와 서류송화강유역, 압록강유역 등에서 광역적인 영향력을 보이게 되는데, 대부분 석관묘문화로 전환되어 그 명맥을 유지해 나간다. 반면 서북한지역에서는 마성자문화의 상징성을 가지는 동굴묘유적이 기원전 7세기까지 지속된다. 평안북도 의주군의 미송리 동굴유적 상층무덤군은 가장 마지막단계의 동굴묘유적으로 파악된다.

기원전 8세기 무렵, 요북과 서류송화강유역에는 그 후계문화인 신성자 · 이도하자유형과 서단산유형이 연속된 반면, 요동반도권의 Aa구(대련지역)에서는 쌍타자3기에 연속되는 강상유형이, Ab구(벽류하유역)에서는 쌍타자3기와 마성자후기문화의 복합형태로서 쌍방유형이 병립하였다. 그리고 서북한지역에는 요동지역과의 상호작용을 통해 구축된 미송리유형이 정착한다. 다만 대동강유역에서는 기원전 7세기 무렵 묵방리유형으로 전환되기 전까지 마성자-신성자계열의 석묘전통(석축계)이 파급되지 못한 정황에서 볼 때 대동강유역에서 미송리유형이 안착되는 과정은 요동반도권과의 교류가 보다 크게 작용되었을 것이다.

비록 쌍방유형의 주력 묘제인 탁자형 고인돌이 전단계에 마성자문화와의 상호작용 속에서 시작되었지만, 석관묘제가 약세를 보이는 점에서 마성자문화의 요소가 상당히 제한적이다. 여러 가지 정황상 기원전 9~8세기 무렵 서북한지역은 요동반도권과 긴밀한 상호 작용망이 구축된 것으로 파악되며,[30] 그 중에서

30) 오강원, 2014, 앞의 글, 15~20쪽.

도 대동강유역권과 요동반도권 Ab구의 관계망이 가장 긴밀했을 것으로 여겨진다. 대동강유역권에서 기원전 7세기 무렵까지 유독 판석형계 석묘문화가 강세를 보이는 이유는 바로 이와 관련된 듯하다. 그렇다면 이 시기를 기점으로 대동강유역에서 이처럼 다양한 변화가 발생되는 원인에 대해 고민할 필요가 있다.

기원전 7세기 무렵은 요동북부권 A구의 본계와 심양일대에서 요서계인 십이대영자문화 요소가 확인되는 시점이다. 이 지역은 청동기시대 전반에 걸쳐 줄곧 토광묘제가 강세를 보이지만 기원전 6~3세기 무렵에는 요서지역의 영향을 받은 목관(곽)묘제가 상위 등급의 묘제로 자리 잡는다. 그와 동시에 요동 전지역에서는 전형적인 형태의 미송리형토기가 점차 쇠락하는 양상을 보인다. 이와 동시에 흑색마연장경호가 새로운 부장토기로 유행되는데 그러한 요소는 기원전 8~7세기 무렵의 조양 원대자유적에서 가장 이른 시간성을 보이며, 기원전 6~5세기 무렵 정가와자유적에서 그 전형성이 완성된다.

그러한 현상은 서북한의 미송리유형과 서류송화강유역에도 영향을 미쳐 각각 미송리형토기-묵방리형토기, 서단산A형호-서단산B형호로의 전환되는 계기가 된다. 요동반도권 역시 비파형동검과 미송리형토기의 조합이 세장화된 비파형동검과 장경호류로 전환되는 보편성을 보인다. 이처럼 제6기에는 전단계에 구축된 석묘문화권의 체계가 보다 긴밀해지고 지역적 개성이 강조됨과 동시에, 요서지역 십이대영자문화계 목관(곽)묘제가 유입됨에 따라 다지역 문화복합의 정도 역시 한층 강화된다. 이시기

서북한지역에 본격적으로 진출하는 마성자계열의 석묘전통은 그러한 시대적 배경 속에서 이해하고자 한다.

요컨대 이시기 서북한지역의 석묘문화는 매우 다양화 · 복합화되는 양상을 보이는데, 특히 대동강유역권은 요동 남 · 북과 길림지역의 다양한 문화요소가 혼재된 양상으로 묵방리유형이라는 새로운 문화복합의 시대로 진입한다. 묵방리형단계에는 각종 형식의 고인돌과 석관묘, 그리고 두 묘제의 복합형인 I형 석곽묘 등 매우 다양한 종류의 석묘문화가 서북한지역에서 공존하며, 전단계에 비해 비약적으로 증가한 취락유적의 숫자, 비파형동검문화의 본격적인 개시 등 다양한 변화상이 간취된다. 이를 바탕으로 대동강유역은 동시기 그 어떤 지역보다 왕성한 인적 · 물적 교류의 거점도시로 성장할 수 있었고, 이는 곧 당시 주변지역에서는 찾을 수 없는 대규모의 취락군 형성과 초대형 고인돌이 집중적으로 축조되는 원동력이 되었을 것이다.[31)]

제7기에는 대부분의 지역에서 석묘문화가 점차 쇠락하는 양상을 보인다. 부장품 구성은 세형동검 혹은 과도형식의 비파형동검과 다뉴경, 점토대토기, 흑색마연장경호 등이 특징적이며, 중

---

31) 현재 다수의 연구자들은 한반도 남부지역에 고인돌이 가장 많다고 하여, 고인돌문화의 기원과 중심지가 한반도 남부지역이라고 단정하지는 않는다. 그와 마찬가지로 당시 서북한지역에 가장 다양한 종류의 석묘문화와 함께 여러 지역의 문화요소가 공존한다고 해서 당대 석묘문화의 중심지를 서북한지역으로 볼 필요는 없을 것이다. 서북한지역 그 중에서도 대동강유역은 해로와 육로를 통해 주변지역과의 교류가 수월한 지리적 이점을 가지고 있다. 지리적 요건상, 당시 문화교류의 거점지역으로서의 지위는 충분히 인정할 수 있겠지만, 지역내 문화발전 수준의 지표로 거론되는 청동유물이 상대적으로 빈약한 점에서 당시 석묘문화의 중심지는 요동지역이 보다 적합하다.

원의 전국계 토기류가 일부 공반된다. 연대범위는 기원전 5~3세기 무렵이다.

요동반도권에서는 보존상태가 양호한 석묘유적의 발견 례가 극히 제한적이다. 다만 파괴된 상태로나마 대형급의 적석총(와룡천유적)과 고인돌이 소량 확인된다. 이시기 요동반도권에서 명확한 조성연대를 알 수 있는 초대형의 탁자형 고인돌은 확인할 수 없지만, 지리적 위치와 입지, 규모, 건축기법과 석재의 다듬어진 정도 등에 미루어 개주 석붕산 고인돌이 그 후보로 유력하다. 고인돌 분포권 중심부에 단독으로 배치되면서 압도적인 규모와 정교한 석공 기술이 아울러 베풀어진 개주 석붕산류의 초대형급은 동북아시아의 고인돌분포권내 유일한 사례가 된다. 고인돌의 축초기술과 석재 가공술이 정점에 이른 시기의 것으로 추정되는 이유이다.

요동북부권에서는 다소 축약된 양태를 보이지만 석묘문화의 다양성이 건재하다. 요동북부권 A구와 B구에서는 여러 형식의 석관묘와 탁자형 및 개석형 고인돌이 공존하는데 이중 고인돌은 형식을 불문하고 모두 매장주체부 주변으로 다량의 적석묘역이 부가된 산용유형이 특징적이다. 반면 요동북부권 C구와 D구의 개석형 고인돌은 A구와는 상반되게 모두 적석묘역이 확인되지 않는 차이를 보인다. 서류송화강유역권 역시 적석묘역이 없는 개석형 고인돌과 I~IV형 석관묘가 공존하지만, 고인돌의 숫자가 소량인 점에서 주요 묘제는 역시 석관묘임을 알 수 있다.

대동강유역권은 여전히 탁자형과 개석 II~IV식 고인돌, IV형 석관묘 등이 공존하며, 석곽내부에 목관이 부여된 II형 석곽묘[32)]가 새롭게 출현한다. II형 석곽묘는 다뉴경과 세형화된 과도형식 비파형동검 및 흑색마연토기의 조합이라는 측면에서 무덤의 구조는 물론 부장품 구성에서도 요서의 십이대영자문화 후기단계 및 요중 정가와자유형(기원전 6~4세기)과 닮아 있다. 아울러 개석형 고인돌의 경우 적석묘역이 있는 것과 없는 것이 공존하는 유일한 지역에 해당되어 전단계와 마찬가지로 문화의 복합도와 다양성이 건재하다.

이처럼 전단계까지 요동지역에 머물렀던 요서지역의 문화요소가 제7기부터는 서북한지역까지 확장되는 양상을 보이는데, 이는 요중지역을 중심으로 확인되는 연계 유물군의 확산과 관련있어 보인다. 다만 7기 후반까지 대동강유역에서는 중원계유물이 극히 제한적인 만큼, 당시 연문화와의 교류나 그 영향력이 크게 작용되지는 못한 것으로 파악된다.

제8기는 천 · 백산지에서 청동기시대의 석묘문화가 거의 소멸되는 기원전 2세기 무렵이다. 요동북부권의 A구와 C구 및 대동강유역권은 고인돌과 석관묘문화가 일부나마 잔존하지만, 나머지 지역은 요서나 중원지역 묘제의 영향이 점차 강화된다. 아울러 후반부에 이르면 요동북부권의 A구와 C구에서는 고구려의 초기 혹은 기반문화로 인정되는 기단이 없는 석광적석묘가 새롭게 출현하는데, 외형적 특징만 놓고 보면 소멸기 고인돌의 주요 특징인 덮개돌이 축약되고 적석묘역이 다량 부가된 개석형 고인

32) 평양 신성동석관묘가 대표적이다.

돌과 닮아 있다. 하지만 매장주체부가 지하가 아닌 지상에 배치된 점에서 요동반도권 Aa구 적석총의 매장방식과 문화적 맥락이 연결된다.

이처럼 기원전 2세기 무렵 환인과 신빈지역을 중심으로 새롭게 전개되는 적석계열의 석묘전통은 현재의 북·중 접경지대에서 고인돌을 중심으로 만개하였던 청동기시대 석묘문화의 종식을 고하는 동시에 초기 철기시대로의 전환기 신흥 세력의 출현을 알린다. 이는 곧 해당 공간역에서 가장 이른 시기에 출현하였던 석묘전통 즉, 적석총문화로의 회귀를 의미하기에 보다 많은 시사점을 던져 준다. 당시 끊임없이 압박해 오던 중원세력과의 충돌 속에서 기존 재지세력의 이탈을 막고 토착문화의 정통계승자로서 부여계와 차별화 하는 전략의 일환으로서 그 상징적 의미가 강한 적석총이 새로운 시대 석묘문화의 표상으로 채택되었을가능성이 있다.

고구려와 백제의 최전성기 왕릉의 구조가 초대형 적석묘라는 공통점을 보이면서, 그것이 번갈아 가며 경쟁적으로 규모를 키워 나간 것은 당대의 패자만이 토착묘제의 가장 큰 돌부리릉(석총)에 묻힐 수 있다는 패권의식 및 국가적 위상을 대내외적으로 홍보하기 위한 수단이 되지는 않았을 까. 이는 곧 요동반도와 대동강유역권에서 경쟁적으로 초대형의 탁자형 고인돌이 축조되던 당시의 상황과도 닮아 있다.

그러한 맥락에서 고조선 건국의 주도세력을 요서지역의 선진 청동기문화인으로 볼지 혹은 요동~서북한지역의 석묘문화인으로 해석할지의 논쟁은 앞으로도 지속될 것이다. 다만 현재 우리 학계에서는 고인돌과 석관묘문화를 중심에서 이끌었던 사람들이 고조선왕국의 구성원이 되었다는 사실에는 크게 반대하지는 않는 듯한데, 그보다 중요한 사실은 최후의 순간까지 그들이 자신의 정체성을 고수하였다는 점이다. 고구려나 백제 모두 고조선에 대한 뚜렷한 계승의식은 보이지 않고 있다. 다만 그들이 공통되게 기원으로 삼는 부여의 제한된 문헌기록에서 고조선 혹은 단군에 대한 계승의식이 단편적으로 보일 뿐이다. 하지만 그러한 기록역시 후대의 인식으로서 신화적 요소가 강한 것으로 해석하는 입장도 적지 않다.

그렇다면, 적어도 기원전 4~3세기 무렵에는 고조선왕국의 영역범위로 인정될 수 있는 요동지역에서 토착세력의 수장묘로 거론 될 수 있는 후보군을 추려보자. 대략 고인돌과 석관묘, 적석총, 목곽묘 등이 제시될 수 있다. 그 중에서도 외래(요서)계인 목곽묘와 수장급 묘제로 보기에 다소 협소한 규모의 석관묘를 제외하면, 토착계인 초대형 고인돌과 적석총이 남는다. 부여 계승인식이 강하였던 고구려에서 왕릉급 묘제로 적석총을 채택한 이유가 무엇일까. 당대의 경쟁자인 부여 대신 그 선대의 중심묘제를 계승하는 것이 건국의 명분과 정통성을 확보하는 데 유리하지는 않았을까.

고구려 건국의 기반이 되었던 요동반도권 토착세력의 지지를 이끌어 내기 위해서라도 그들(토착계)의 전통묘제인 적석총이 가시효과가 더 커 보인다. 고구려계 적석총의 가장 돌출된 특징은 매장주체부가 지상에 위치한 점이다. 그것은 요동반도권에서 적석총이 처음 출현할 당시부터 청동기시대 전반에 걸쳐 줄곧 고수된 당지의 독특한 매장풍습이다. 아울러 고구려계 적석총의 내부 구조는 최말기 고인돌의 그것과 상당히 닮아 있으며, 존속 기간이 달랐던 두 왕국의 최상급 묘제가 동일 묘지내에 큰 위화감 없이 공존하기도 한다. 심지어 장군총의 배총 구조가 전성기 탁자형 고인돌과 닮아 있는 현상은 관련 연구자들에게 많은 영감을 준 것도 사실이다.

이상의 논지를 정리하면, 문헌에서는 잘 드러나지 않던 초기 고구려의 고조선 계승의식이 당지 토착묘제와 관련하여 그것이 조영되었을 당시의 역사적 맥락에서 점검되었을 때, 그 가능성에 대한 충분한 여지를 남긴다. 그 연장선상에서 '고조선 건국의 주도세력' 혹은 '고조선문화의 중심지'라는 논제에 접근 할 수 있을 듯하다. 참고할 만한 문헌자료가 극히 한정된 상황이기에 결국 주어진 조건을 최대한 활용한 추론적 접근만 가능하다. 그간 가장 영향력 있던 학설들을 시대별로 정리한 후, 당시의 사회 · 정치적 필요에 따라 개입된 여러 조건과 불필요한 요소들을 하나씩 제거해 나가다 보면, 마지막에는 스스로 가장 합리적이라 여겨지는 단 1가지의 입장을 선택할 수 있게 된다.

본서에서 그것은 청동기시대 특정 시 · 공간역을 중심으로 형성되었던 독특한 석묘문화권-고인돌문화 중심-의 전개[33]를 고조선문화의 형성과정으로 이해하여 주요 특징을 고찰하고 고조선

33) 하문식, 2016, 『고조선 사람들이 잠든 무덤』, 주류성.

건국과정에 작용되었을 시대적 상황과 그 의미하는 바를 추론하는 것이다. 그러한 작업이 의미하는 바로서 단군과 함께 그 시대를 살아간 고조선 사람들의 역사성과 신화 속에 표현된 그들 나름의 생활상을 복원하기 위한 작은 노력에 두고자 한다.

2. 천 · 백산지 청동기시대 석묘문화권의 설정과 그 의미

앞서 천 · 백산지 청동기시대 석묘문화의 특징과 단계별 변화상을 검토하여 특정 시공간역을 중심으로 전개된 다지역 문화복합 형태 석묘문화권의 구축과 발전상을 논하였다. 여기에서는 그러한 석묘문화권이 형성되는 과정을 다시 한 번 점검함으로서 그것이 의미하는 바에 대해 논의하고자 한다. 이를 위해 천 · 백산지에서 청동기시대 석묘문화권이 형성되는 과정을 크게 4단계로 요약하여 점검해 보겠다.

제1단계는 이 지역 청동기시대 석묘문화의 출현기로서 앞선 획기의 제1 · 2기(기원전 20~17세기)에 상당한다. 초창기의 석묘문화는 적석총과 동굴묘에 국한된다. 기원전 18세기 무렵 요동반도권은 쌍타자2기문화가 시작되며, 이 때 적석총문화가 잠시 소강상태를 보이지만, 옹관묘와 토광묘제가 일부 확인된다. 이 시기 태자하 상류의 요동북부권 A구는 마성자문화 초기로서, 동굴묘문화권에 해당된다. 초창기 동굴묘에서는 주변문화의 요소가 극히 제한적으로만 확인되는데, 1단계 후반에 들어서면 유독 쌍타자2기문화의 요소가 두드러지는 점에서 당시 두 지역간의 교류상이 시작되었음을 알 수 있다.

제2단계는 앞서 획기된 3기와 4기를 포함한다. 주요 묘제는 적석총과 동굴묘, 고인돌, 석관묘 등이다. 기원전 16세기 무렵 벽류하유역의 요동반도권 Ab구에서 고인돌과 석관묘문화가 개시된다. 두 묘제의 매장주체부는 석관형(탁자형 고인돌 및 I형 석관묘)으로서 여러 개의 얇은 판석을 이어 세워 만드는 공통점을 보이며, 부장품 구성 역시 동일하여 모두 쌍타자2기 후반의 묘제에 포함된다. 이 시기 요동북부권 A구에서는 I · II · III형 동굴묘가 조성되는데, 이 중 III형 동굴묘의 묘실 구조가 벽류하유역의 탁자형 고인돌 및 I형 석관묘와 동일하며, 부장품 구성 역시 닮아 있다. 따라서 이처럼 인접한 지역에서 확인되는 서로 다른 계통의 문화인들이 구조가 유사한 석묘전통과 부장유물을 공유하였다면 당시 두 집단간에 혼인과 같은 혈연적 결합을 예상할 수 있다.

기원전 15~14세기 무렵, 요동반도권 A구는 쌍타자3기문화에 진입하면서, 쌍타자2기에 잠시 소강 상태를 보였던 적석총전통이 재등장(Aa구)한다. 하지만 전단계에 비해 유적의 분포 수가 현격히 줄어들며, 입지와 부장품 구성에서도 다소간의 변화가 발생된다. Ab구에서는 적석총의 영향을 받아 묘실 주변으로 다량의 적석이 부가된 탁자형 고인돌이 출현하며, I형 석관묘와 함께 대동강하류지역으로 확산되는 양상을 보인다. 이 시기 요동북부권 A구의 태자하 중류에서는 마성자문화의 석묘전통이 점차 동굴 밖으로 이탈되면서 ⅢA형 석관묘가 출현한다. 아울러 태자하 상류와 인접한 요동반도권 B구에서는 마성자문화에 기본 바탕을 두면서 탁자형 덮개돌의 기능과 규격을 차용한 개석Ⅰ·Ⅱ식 고인돌이 파생된다.

주목되는 점은, 이 시기 요동 남부와 북부지역의 문화내용이 점차적으로 친연성을 가지게 되는 점이다. 이는 곧 서로 다른 계통의 두 지역 문화인들이 지속적인 교류와 상호작용을 통해, 그 접경지대에서 새로운 형태의 석묘문화를 파생·정착시키는 주요한 동인이 되었을 것이다. 아울러 그러한 친연성과 영향력이 점차 확대되면서 유사한 성격의 석묘문화, 즉 고인돌과 석관묘가 주변지역으로 확산되는 결과로 표출된다.

대표적으로 이 시기 서북한지역에 정착한 탁자형 고인돌과 Ⅰ형 석관묘 등은 요동반도의 것과 구조 및 부장품 구성이 닮아 있다. 또한 대규모로 조성된 하나의 적석시설 내에 여러 개의 고인돌(혹은 묘실)이 배치된 집단묘역형 고인돌은 동시기 요동반도권의 적석총과 탁자형 고인돌의 매장 방식이 복합된 형태이다. 현재까지 이와 유사한 형태와 매장 방식을 보이는 고인돌유적은 오직 대동강유역에서만 확인되고 있다. 비록 대동강유역에서는 전통적인 방식의 적석총 축조 사례가 확인되지는 않지만, 고인돌문화와 복합된 형태로 수용되었음을 알 수 있다. 요컨대, 이 시기 요동반도권 Aa구는 적석총문화권에, 요동반도권 Ab구와 B구는 고인돌문화권, 서북한의 대동강유역권은 석관묘와 고인돌, 적석총의 복합문화권, 요동북부권은 동굴묘에서 석관묘문화로의 전환기에 들어섬을 알 수 있다.

제3단계는 5기와 6기를 포함하는 기원전 10~6세기 무렵이다. 두만강유역권을 제외한 나머지 권역에서 고인돌을 매개로 한 유사성 성격의 석묘문화권이 구축된다. 묘제는 고인돌과 석관묘, 적석총 등이 중심이 되며, 부장품 구성은 미송리형토기(현문과 무문포함), 횡이관, 이중구연토기, 비파형동검과 동모, 선형동부, 석촉과 석검 등이 개별적인 조합을 보인다. 대표적으로 요동반도권의 강상유형과 쌍방유형, 요동북부권의 신성자유형과 이도하자유형, 서류송화강유역의 서단산유형, 서북한지역의 미송리유형과 표대유형 등으로 세분할 수 있다.[34)]

〈표 5–3〉 천 · 백산지 제3단계 석묘문화권의 지역별 특징

<table>
<tr><td rowspan="2">지역</td><td colspan="5">요동지역</td><td rowspan="2">서류
송화강
유역권</td><td colspan="2">서북한지역</td></tr>
<tr><td colspan="3">요동반도권</td><td colspan="2">요동북부권</td><td>압록강유역권</td><td>대동강유역권</td></tr>
<tr><td rowspan="2">유형</td><td rowspan="2">강상유형
(반도남단)</td><td colspan="2">쌍방유형</td><td rowspan="2">신성자
유형</td><td rowspan="2">이도하자
유형</td><td rowspan="2">서단산유형</td><td rowspan="2">미송리유형</td><td rowspan="2">표대유형</td></tr>
<tr><td>벽류하</td><td>대양하</td></tr>
<tr><td>주요묘제</td><td>적석총</td><td colspan="2">고인돌
탁자형 개석(주)
탁자(부)</td><td>고인돌
개석(주)
탁자(부)</td><td>석관묘</td><td>석관묘(주)
고인돌(부)</td><td>석관묘(주)
동굴묘(부)</td><td>고인돌(주)
탁(전기)개(후기)
석관묘(부)
석곽묘(부:후기)</td></tr>
<tr><td>토기조합</td><td>미송리형
(무문) ·
그물문호,
횡이관</td><td>미송리형
(무문) ·
그물문호</td><td>미송리형
(현문),
횡이관</td><td>미송리형
(무문 · 현문),
횡이관</td><td>미송리형
(무문 · 현문),
횡이관, 발류</td><td>미송리형
(무문),
발류,횡이관</td><td>미송리형
(현문) · 수이호,
발류, 이중구연 ·
횡이관</td><td>미송리형(무문 · 현문),
횡이관,
이중구연관,
팽이형토기</td></tr>
<tr><td>청동기</td><td>비파동검,
동부,동촉,
장식품</td><td>비파형
동검,
동부</td><td>–</td><td>–</td><td>비파형동검
동부, 동모,
동촉</td><td>비파형동검
동부, 동모,
동촉</td><td>동부</td><td>비파형동검 · 동모, 동부,
동촉, 동포, 장식품</td></tr>
<tr><td>석기</td><td>장식품,
석부 · 촉</td><td>석부</td><td>석부</td><td>석부</td><td>석검 · 촉 · 부</td><td>석부 · 촉</td><td>석부 · 촉</td><td>석검 · 모 · 촉</td></tr>
</table>

34) 여기서 유형의 분류는 중심묘제의 성격을 가장 중요한 지표로 삼았다. 따라서 기존에 비슷한 이름으로 불려지던 각 문화 · 유형들의 성격과 조금의 차이가 있음을 밝혀둔다.

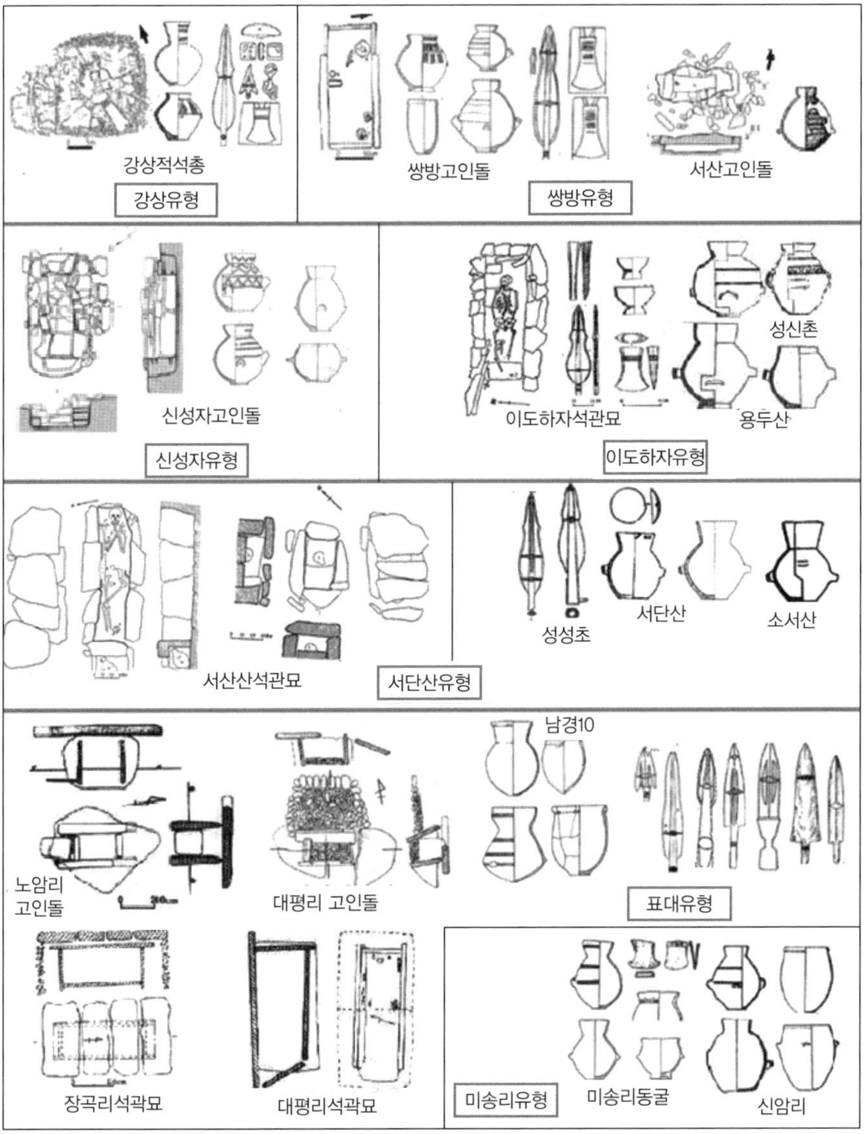

〈그림 5–3〉 천 · 백산지 석묘의 부장품

먼저 요동반도권은 강상유형과 쌍방유형으로 구분된다. 강상유형은 반도 남단(Aa구)의 쌍타자3기문화에서 연속되어 문화적 계승관계가 인정되며, 주요 묘제는 적석총이다. 쌍방유형은 벽류하(Ab구)와 대양하유역(B구)을 중심으로 쌍타자3기와 마성자문화 후기요소가 복합된 양상을 보인다. 주요 묘제는 고인돌로서 벽류하유역(Ab구)에서는 탁자형이, 대양하유역(B구)에서는 개석형 고인돌이 연속된다. 따라서 이시기 대양하유역은 쌍방유형과 분리하여 동산유형에 연속되는 서산유형으로 세분할 수도 있으나, 서산유적 주변에서 조성시기를 알 수 없지만 파괴된 탁자형 고인돌이 소량 조사된 사례가 있어 쌍방유형(탁자형)의 확산 가능성도 배제할 수 없다.[35)]

강상과 쌍방유형의 부장품 구성은 유적별로 약간의 차이가 있다. 그러나 비파형동검과 동부, 미송리형토기(무문・현문), 이중구연호, 관형토기 등의 개별 조합이라는 공통점을 보인다. 이러한 특징은 요북의 신성자・이도하자유형 및 서류송화강의 서단산유형에서도 유사하게 확인된다. 신성자와 이도하자 및 서단산유형은 모두 마성자문화에 바탕을 두어 연속된다.

신성자유형은 주로 개석형 고인돌이 중심이 되지만, 후반부로 가면서 탁자형(하협심유적)과 공존(건재촌・산용유적)하기도

35) 제3단계 후반부터는 탁자형 고인돌이 요동북부권까지 확산되어 탁자형과 개석형이 공존하는 양상에서 볼 때 당시 대양하유역 역시 쌍방유형의 영향권에 들어갔을 가능성이 높다고 본다. 아울러 대양하유역에서는 아직까지 서산유적(개석형:기원전 9~8세기)보다 늦은 단계의 개석형 고인돌이 조사된 바 없어 잠적적으로 쌍방유형에 통합시켜 논의를 지속하고자 한다.

한다. 이도하자유형은 대체적으로 신성자유형과 분포범위가 겹치지만 중심 묘제가 석관묘이며, 거의 대부분 고인돌과 공존하지 않는다.

서단산유형은 비록 분포권에서 차이를 보이긴 하지만, 대체적으로 신성자 및 이도하자유형과 유사한 양상을 보인다. 묘제는 석관묘가 중심이며, 일부 탁자형이나 개석형 고인돌과 공존한다. 다만 두 묘제가 동일유적에 공존하는 사례는 매우 드문데, 대규모로 조성된 석관묘군의 주변부 혹은 일정한 간격을 유지한 상태로 고인돌이 1~2기씩 간헐적 배치를 보인다. 부장품은 신성자 및 이도하자유형과 유사하지만, 무문계의 미송리형토기로 분류될 수 있는 서단산형호와 횡이관류의 조합이 특징적이다.

또한 신성자유형(고인돌)에서는 아직까지 비파형동검문화의 청동기조합이 확인되지는 않았다. 이도하자유형(석관묘)에서는 주로 미송리형토기(무문 · 현문)와 횡이관, 비파형동검과 동모 등이 개별적 조합을 보인다. 동시기 남부권의 강상(적석총) 및 쌍방유형(고인돌)과의 차이는 미송리형토기와 공반되는 토기조합이 관형토기류인 점 및 비파형동모가 확인되는 점이다.

그간 이시기 서북한지역 물질문화의 표지성은 미송리유형으로 대표되어 왔다. 당지의 토착계 무문토기인 팽이형토기 제2~3단계와 병행되는 것으로 이해되지만, 그 실제적인 분포 정형 및 출토유구와의 관계를 고려한다면 조금 더 세분될 필요가 있다. 따라서 이시기 서북한지역의 물질문화는 중심묘제를 기준으로 압록강유역의 미송리유형과 대동강유역의 표대유형으로 나누어 검토하겠다.

먼저 압록강유역권의 미송리유형[36]은 동굴묘전통이 가장 늦게까지 확인되는 지역이며, 주요 묘제는 석관묘로 볼 수 있다. 부장품은 선형동부, 현문계 미송리형토기와 이중구연관, 수이호(공귀리식토기), 발류가 개별 조합을 보인다. 그리고 대동강유역의 표대유형은 다양한 형식의 석묘전통이 공존한다. 주요 묘제는 탁자형 고인돌과 I · II형 석관묘이지만, 기원전 7세기 무렵부터는 개석형과 IIIA형, IV형 석관묘, I형 석곽묘 등이 추가되는 묵방리유형으로 전환된다.

부장품 구성은 팽이형토기를 기본으로 현문과 무문계 미송리형토기, 이중구연관, 비파형동검, 동모, 동촉, 선형동부, 석검, 석촉 등이 개별적 조합을 보이는데, 대체적으로 강상 · 쌍방 · 신성자 · 이도하자 · 서단산유형 등의 제 요소가 복합된 양상이다. 따라서 대동강유역에서 표대유형이 정착되는 과정은 비단 어느 한 지역으로부터의 일방적인 문화전파나 영향관계이기 보다는 동시기 주변지역 제 문화요소가 복잡하게 얽혀 있던 다양한 양태의 상호작용망 구축 이라는 평가가 적합해 보인다.

한편, 이시기 대동강유역의 고인돌 중에는 대형화 · 규격화된 적석묘역이 부가되는 사례가 형식을 불문하고 확인된다.[37] 대부분 개별묘역을 가지는 것이 많은데, 전단계에 유행한 적석묘역 내 여러 개의 고인돌이 연접한 사례는 소수에 불과하다. 즉 제2

36) 미송리동굴유적과 신암리 및 공귀리, 토성리유적의 석관묘를 대표로 한다.

37) 대표적으로 대평리와 문암리유적의 탁자형 고인돌과 묵방리유적의 개석형 고인돌을 들 수 있다.

단계에 요동반도권의 적석총과 고인돌의 매장방식이 복합된 형태(집단묘역형 고인돌)로 대동강유역에 정착되었다면, 제3단계에는 그러한 요소가 약화되고 고인돌의 본 특성인 개인묘로서의 성격이 강조된다. 이를 테면, 집단묘로서 피장자들의 소속과 유대감을 강조하기 위해 부가되었던 적석묘역(적석총 매장방식)이, 특정 인물의 생전 권위와 집단내 영향력을 표현하는 수단으로 전환(대형화 · 규격화)된 것이다.

그러한 방식으로의 전환은 요동반도권의 적석총에서도 확인된다. 예를 들면 전단계의 적석총(타두 · 토룡자 등)이 불규칙한 형태와 규모의 적석묘역내에 다수의 묘실이 무작위로 배치되었다면, 이 시기의 적석총(강상 · 누상)은 비록 집단묘로서의 성격을 부여하는 적석묘역이 그대로 유지되지만, 묘역의 형태가 대형화 · 규격화되며, 총내 유력자의 묘실이 중심에 위치하거나, 규모나 구조면에서 다른 부속묘들과 차별화되는 현상을 보인다. 그러한 적석총의 축조 사례는 시기별로 단 1~2건에 불과한 점에서 적석총에 묻힐 수 있는 유력자의 자격 요건이 점차 강화되는 것으로 판단된다.

이와 마찬가지로 대형화 · 규격화된 적석묘역을 가지는 고인돌 역시, 덮개돌과 묘실의 규모나 입지면에서 그렇지 못한 것들과 차별화되는 양상을 보인다. 또한 다수의 고인돌이 군집할 경우 상대적으로 입지가 좋은 곳에 보다 크고 규격화된 형태의 것이 배치되는 보편성을 보인다. 요컨대, 제3단계 역시 서북한지역에서는 전통적인 방식의 적석총 축조는 확인되지 않으나, 여전히 고인돌문화와 복합된 형태로써, 유력자 개인묘의 성격을 강조하는 방식으로 변용됨을 알 수 있다. 그러나 이 역시, 적석묘역을 활용하여 피장자의 생전 권위를 표현하였다는 점에서, 자신들의 문화적 정체성만은 고수한 것으로 판단된다.

이처럼 제3단계에 이르면 각 지역별로 자신들의 정체성이나 개성을 강하게 표출하고 있지만, 점차 고인돌을 매개로 한 유사한 성격의 석묘문화권을 구축하게 된다. 그 중에서도 요동반도권과 대동강유역권은 고인돌문화가 강세를 보이며, 요동북부권과 압록강유역권, 서류송화강유역권은 석관묘문화가 우세한 위치를 점한다. 유독 요동반도권의 대련지역(Aa구)에서만 기타 다른 묘제의 혼입 없이 줄곧 적석총문화의 순수성이 보존되는 특수성을 보인다. 아마도 이러한 현상은 줄곧 당대의 물질문화를 선도해온 당사자들로서의 자부심이 크게 작용된 듯하며, 아울러 요동지역 석묘문화의 출발점으로서 자신들의 정통성과 그 상징성을 고수하려는 노력의 결과로 여겨진다.

하지만 문화 내용면에서는 비파형동검계열과 미송리형토기요소가 중심축을 이루는 점에서 주변지역 석묘문화와 강한 유대감을 형성하고 있다. 게다가 대동강유역은 고인돌과 적석총문화가 복합된 양상 및 여러 형식의 석관묘와 석곽묘가 공존함은 물론, 동시기 요동 남·북과 길림지역 일대 문화상이 다양하게 섞여 있는 점에서 당시 문화교류의 거점지역으로서 손색이 없다. 그러한 양상은 다음 단계에 이르러 한층 강화되는 면모를 보인다.

마지막으로 제4단계는 앞선 획기의 7·8기를 포함하는 기원전

5~2세기 무렵이다. 전단계에 형성된 다지역 문화복합형태의 석묘문화권이 보다 공고해지며, 그 영향권의 확장성을 보인다. 아울러 3단계 후반부 요서지역에서 파급된 목관(곽)묘 문화가 요중지역을 거점으로 점차 지역색을 발현한다. 그와 동시에 미송리형토기문화 요소가 희미해지는 한편, 점토대토기와 흑색마연토기, 세형화된 비파형동검과 조문경 등이 새로운 부장품목으로 자리 잡는다.

그리고 4단계 후반부터는 토광묘제와 혼합되는 형태로 이 지역 청동기시대 석묘문화가 쇠퇴기에 접어든다. 부장품 구성은 세형동검과 다뉴세문경, 촉각식 동병철검, 철제도구류 및 점토대토기와 화분형토기 등이 다양하게 복합된다. 이와 함께 두만강유역을 비롯한 여러 계통의 외래문화가 적극적으로 수용되며, 동경류의 부장사례가 증가세를 보인다.

제4단계의 가장 특징적인 면은 3단계 후반부터 시작된 미송리형토기문화의 소멸기 현상을 들 수 있다. 대략 기원전 7~6세기를 기점으로 요동 남북지역에서는 미송리형토기의 전형특징인 횡교상 손잡이와 현문계 장식 요소가 거의 사라지며, 대동강유역과 서류송화강유역에서는 미송리형토기의 후기요소인 묵방리형토기와 서단산 B형호로 대체된다. 주요특징은 토기의 경부가 세장화되고, 동체부가 축소되는 경향 및 문양대가 간소화 되거나, 삼각집선문계로 단일화되는 것이다. 이와 함께 표면이 흑색계열을 보이는 것이 많아진다. 이러한 현상은 요서지역 목관(곽)묘제의 영향을 받은 것으로 여겨진다. 기원전 7~6세기 무렵부터 확인되는 요중지역의 목관(곽)묘나 토광묘에서 요서 십이대영자문화계열의 장경흑도와 다뉴경 및 비파형동검류가 공반되는 점에서, 당시 요서지역의 영향력이 요중지역에 까지 미쳤음을 알 수 있다. 심양 정가와자와 본계 양가촌유적의 사례를 대표적으로 살필 수 있겠는데, 이 중 정가와자유적은 토광묘와 목관묘, 목곽묘 등이 공존하는 전형적인 요서계 묘제를 차용하고 있다.

하지만 양가촌유적은 크게 매납유적(혹은 석관묘: 1호)와 석관묘(혹은 대석개묘: 2호) 등으로 파악되는 듯하다. 보고서를 세심하게 살펴보면, 매납유적의 가능성이 제기된 1호유구[38]는 두 개의 판석 사이에 목관이 있었을 가능성이 엿보인다. 또한 석관묘나 대석개묘로 추정되어 온 2호 무덤 역시 커다란 토광 상부로 1장의 개석판만 잔존한 점에서 이 역시 목관묘제였을 가능성이 있다. 이러한 추론은 토광을 그대로 묘실로 활용하는 늦은 시기의 개석 Ⅳ식 고인돌에도 적용될 수 있는 부분이다. 따라서 양가촌의 2호무덤은 본고의 개석 Ⅳ식에 해당될 가능성도 충분히 남겨둘 수 있다.

그러나 1호 유구에서는 전형적인 형태의 비파형동검과 다뉴경이 공반되는데 이러한 부장품 구성은 당시까지 요동~서북한~길림지역을 통틀어 석관묘유적에서 확인된 바가 없다. 따라서 양가촌 1호 유구를 매납유적으로 파악할 순 있겠지만, 당지의 토착묘제인 석관묘로 보기는 힘들다. 게다가 상부의 개석판과 하

38) 오강원, 2006, 앞의 책, 147쪽.

부의 바닥판이 동일한 규격인 점에서, 두 개의 판재 사이에 작은 목관이 있었고, 목관의 부식에 따라 상부의 판재가 무너져 내렸을 가능성을 생각할 수 있다. 요컨대, 정가와자와 양가촌 모두 요서지역에서 파급된 외래집단의 묘지로 볼 수 있다.

그런데 요중지역에 파급된 요서의 외래문화는 당지의 토착문화와 큰 충돌 없이 공존한 것으로 여겨진다. 그러한 이유는 이 시기 요서계열의 토광묘나 목관(곽)묘가 분포한 지역은 태자하 하류의 심양과 본계일대에 국한되며, 나머지 지역에서는 각종 형식의 고인돌과 석관묘가 여전히 건재하기 때문이다. 특히 요동북부권에서는 미송리형토기에서 현문계 요소가 사라지는 것과 토기 경부가 세장화되는 현상을 제외하면, 토착요소가 거의 그대로 존속된다. 그러한 양상은 요동반도권도 동일하게 전개된다.

서북한과 서류송화강유역권은 미송리형토기의 전형요소를 상당부분 유지한 채, 경부만 세장화되는 형태로 토착문화가 보다 성숙된다. 또한 요서계의 목관(곽)묘제가 진출한 지역은 본래부터 고인돌이나 석관묘 등이 잘 확인되지 않던 공간역이기에 외래문화의 공격적 확산으로 보기도 힘들다. 마치 토착문화의 배려를 받아 그 외연지대에 안착함으로서 상호공존을 꾀하는 듯하지만, 적당한 거리를 유지함으로서 어느 정도의 긴장감과 경계심은 유지하는 듯하다.

요하 동쪽지역에서 유래를 찾아볼 수 없을 정도의 풍부하고 다양한 청동기류가 부장된 심양 정가와자 6512호 목곽묘의 경우, 부장품목과 수량에 비해 무덤의 규모나 형태가 다소 소략한 경향이 있다. 유력자의 무덤을 소략하게 조영하는 매장풍습은 당지 석관묘문화에서도 찾을 수 있지만, 고인돌문화인의 경우 보다 대형화·규격화된 방식으로 다른 유력자의 무덤과 차별화한 사례를 얼마든지 찾을 수 있다. 고인돌문화의 출발점을 요동반도권으로 인정할 수 있다면 그 주변지역에 조성되었던 고인돌은 적어도 해당 지역의 토착민들에게 있어서 상당히 이질적이며 위화감을 조성하였을 것이다.

만약, 외래문화의 파급이 공격적으로 이루어졌다면 굳이 토착세력의 중심지를 피해 정복자의 무덤(목곽묘)을 쓸 이유가 있었을까. 본보기로서 가능한 가시효과가 큰 방식을 택하는 것이 보다 효과적이지는 않았을까. 유독 대동강유역에 적석묘역이 규격화되거나 혹은 규모가 초대형인 것이 다수 축조된 점, 그럼에도 불구하고 요동반도의 것에 비해 정교함과 가공 정도가 현격히 떨어지는 이유를 고려해야 한다. 그러한 맥락에서 요중지역에 파급된 요서계 문화는 외래문화의 강제 수용으로 보기에 파급력이 약하다. 혹여 요동지역을 매개로 형성되었던 당대 석묘문화권에 요서계의 적극적 동참을 의미하는 것은 아닐까. 이를테면, 요서-요동-길림 중서부-서북한으로 연결되는 광역적인 문화복합권의 구축을 생각해 볼 수 있다.

십이대영자문화의 중심분포권인 요서의 대·소릉하유역에서는 정가와자식 목곽묘를 거의 찾아 볼 수 없다. 대신 목관 외부나 상부로 석재를 채워 넣은 석곽(목관)묘 혹은 적석목곽묘의 형태가 보편적이다. 또한 동시기성을 보이는 조양 원대자나 객좌 남동구, 홍성 주가촌, 건창 동대장자유적의 경우 정가와자유적에 버금할 규격화된 대형 무덤이 다수 존재한다. 따라서 이시기 요중지역에 진출한 요서계 집단은 십이대영자문화의 핵심 세력으로 보기도 어렵다.

최근 심양에서 발굴된 신락상층문화단계 신민 북애유적의 비파형동검(이후석 2019:69)은 그러한 추론에 무게를 더해 준다. 신락상층문화의 연대범위는 대략 기원전 12~10세기 사이로 편년된다.[39] 그렇다면 해당 동검은 적어도 기원전 10세기 무렵에는 제작되었음을 알 수 있는데, 거의 유사한 형태의 것이 철령 대산취자와 쌍방 6호에서도 출토되었다. 기존에 비파형동검의 초기형식으로서 요동기원설의 근거가 되어 왔던 쌍방 출토품은 최근 재가공품일 가능성에 무게를 두면서 후기형식이라는 해석이 설득력을 얻고 있던 터이다. 그러나 적어도 기원전 10세기 무렵으로 편년 가능한 요중지역 초기 동검의 출토사례를 통해 요북의 대산취자나 요동반도권 쌍방류의 동검이 발생기적 특징을 간직한 초기동검일 수 있다는 초장기 견해에 설득력이 보강되었다.

아울러 그동안 비파형동검과 공반된 이유로 봉성 동산유적이나 산성자 C동 출토 미송리형토기 보다 늦은 시간성이 부여되었던 쌍방 6호 출토 미송리형토기 역시 그 시간성에 대한 재고가 필요하다. 동산유적의 경우 마성자문화 후기의 전형토기와 함께

39) 霍東峰 외, 2008, 앞의 글, 322쪽.

공반되었기에 기원전 10세기 무렵으로의 편년이 어색하지 않다. 또한 산성자 C동 역시 출토무덤의 층위가 다소 교란되긴 하였지만 적어도 마성자문화 후기단계의 무덤임은 분명하다. 그런데 쌍방 6호 출토품은 산성자 C동의 것에 비해 동체부 최대경이 보다 하부에 위치하며, 파수부가 위로 들려 있는 형태를 보인다.

그러한 속성은 현재 미송리형토기의 형태 변화에 따라 편년안을 마련하는 한중일 대부분의 연구자들이 공통적으로 발생기적 특징으로 지목하고 있다. 그럼에도 불구하고 유독 쌍방 6호 출토품은 비파형동검과 공반되었다는 이유만으로 산성자 C동에 비해 늦은 시간성이 부여되곤 하였다. 따라서 고식의 미송리형토기와 공반된 쌍방 6호의 비파형동검은 형태적으로 유사한 요중지역 초기동검과 동시기성을 부여하여 적어도 기원전 10세기라는 상대편년이 가능하다.

그렇다면 초창기 비파형동검이라는 까다로운 공정의 청동무기를 독점적으로 제작할 수 있었던–원천기술 보유자들로서 그러한 첨단기술의 확산을 엄격히 통제하였던 사람들을 요서지역민으로 한정할 필요가 없어 보인다. 물론 당시 가장 발전되고 세련된 청동기 제작술을 보유한 사람들은 요서지역민이 분명하다. 하지만 그들 역시 노로아호산을 경계로 접경한 하가점상층문화인들에 비해 상대적으로 빈약한 청동기문화를 보여 준다. 요서지역민들이 하가점상층문화인들의 영향 혹은 그 자극을 받아 독특한 양식의 비파형동검문화를 개시하였다는 그간의 주된 논지는 어느 정도 설득력이 있다. 그러나 초창기 요서지역민들의 청동기 제작이 유독 동검과 동경 및 일부의 장식품에 국한되었다는 점에서, 동경을 제외하면 거의 비슷한 수준의 제작능력을 갖춘 기원전 10~9세기 무렵의 요동지역민과 비교하여 월등히 앞서 있지는 않는 듯하다.

요서지역민에게 자극을 주었던 하가점상층문화인들의 청동기 제작기술은 요동지역민에게도 충분히 위협적이었을 것이다. 요하를 따라 길게 펼쳐진 요하평원의 서북루트를 통한다면 굳이 요서지역을 거지치 않고서라도 그 서쪽지역의 상황을 알 수 있다. 하가점상층문화와 신락상층문화인들의 생활용 토기가 초원계 삼족기이면서, 상호 유사성을 보이는 점, 그러한 요소가 서단산유형에서도 확인되는 점 등 역시 참고할 수 있다.

만약 동경류의 부장이 수장급이나 혹은 최상위급 무덤에만 국한되었다면 그러한 위세품이 부장된 무덤의 규모나 규격 역시 그렇지 못한 무덤과 차별화되어야 좀 더 설득력을 가진다. 그러한 사례는 동시기 주변지역에서 자주 확인된다. 반대로 고인돌처럼 주변 무덤에 비해 대형화 · 규격화된 무덤에서 수장급 무덤의 표상인 부장품목의 등급화현상을 찾을 수 없다는 지적이 있다. 하지만 고인돌의 특성상, 더 나아가 가시효과를 극대화한 초대형 고인돌의 경우, 대부분 매장주체부가 지상에 노출되었다는 보편성을 공유한다.

수천 년간 사람들의 관심과 경외를 받아온 그러한 고인돌에서 국보급 수준의 부장품들이 그대로 남아 있을 가능성이 얼마나 되겠는가. 한반도 전역에 대략 4만 기 가량 분포한다고 하는 고인돌에서 불과 몇 개체분의 인골만 확인된 점 역시 참고할 수 있다. 그러한 맥락에서 이해할 때 고인돌의 부장품이 빈약하여 당대 수장급 무덤으로서의 지위를 부여할 수 없다는 설명은 설득력이 약하다.

또한 청동기 부장품의 구성에 따라 피장자의 생전 지위나 성격을 추론하기도 한다. 예를 들면 비파형동검과 선형동부는 무기류로서 군사적 권위를, 동경류는 의기류로써 종교·의례적 권위를 상징하는 표징물이라는 인식이다. 그러한 의미에서 본다면, 무기류만 부장된 무덤은 피장자를 군사적 지위계통의 실력자로, 동경류와 공반된 무덤은 제사나 의례를 관장하였던 종교적 권위가 보다 강조된 인물로 파악할 수도 있다. 그렇다면 요동지역에서 동경류가 공반된 무덤이 잘 확인되지 않는 이유에 대하여 해당 집단의 성격이나 문화적 관습 혹은 신앙적 측면에서 이해할 수도 있는 문제이다.

제4단계 후반에 이르면 서북한지역에서도 다뉴경 부장묘가 확인된다. 심지어 요서식의 석곽묘나 적석목관묘(서북한지역의 II형 석곽묘)가 축조되며, 내부에서 세형화된 비파형동검이나 세형동검이 다뉴세문경 및 장경흑도 등과 조합되는 양상을 보인다. 이는 곧 요서의 정예집단이 서북한지역에 도달한 증거가 될 수 있을 것인데, 동시기 요서의 동대장자유적에 비해 유물구성이 빈약한 점, 유사한 유물 구성이 고인돌에서도 확인되는 점, 고인돌의 중심 분포권에서 조금 벗어난 곳에 입지한 점, 규모가 상대적으로 협소한 점 등에서 역시 당대의 문화적 주도권을 부여하기는 힘들다.

비록 전단계에 비해 쇠락하긴 하였지만 기원전 2세기 까지는 여전히 고인돌문화가 유지된다. 그러한 고인돌에서 당대의 위세품인 세형동검이 출토되거나 요동북부권에서는 동병철검이 부장되는 점 등을 주목해야 한다. 아마도 요서지역에 진출한 중원세력으로 인해 기존의 기득권층(정예집단)은 친연성이 강한 요동지역으로 거점을 옮길 수밖에 없었을 것이다. 그러나 요동지역은 당시 연맹의 중심세력이 거점한 이유로 그 변경이면서도 교통적 요지인 서북한지역으로 거처를 옮긴 것이 아닐까 한다. 아울러 전단계 요중지역에 정착한 요서계(정가와자, 양가촌) 세력들은 점차 요동지역민들과 섞이게 되면서, 고인돌과 복합된 형태(양가2호묘: 추정 개석Ⅳ식)나 상보촌류의 석축식 석관묘제로 변용되거나, 일부는 전통의 토광묘제를 유지한 것으로 본다.

기원전 2세기 후반, 천 · 백산지에서 고인돌을 중심으로 만개하였던 청동기시대의 석묘문화권이 해체되지만 연이어 초기 고구려단계의 적석묘제가 이 지역 새로운 석묘문화의 전통을 이어받는다. 그리고 정확히 5백년 뒤 고구려 최전성기 적석묘의 구조가 고조선의 그것과 매우 닮아 있는 사실은 관련 연구자들에게 많은 시사점을 던져 준다.

아래에서는 그러한 내용을 좀 더 구체적으로 살펴 볼 것이다. 천 · 백산지일대 석묘문화권의 형성과 그 전개의 의미를 고조선의 석묘문화권 구축과정으로 이해하고, 고조선의 건국과정에 작용되었을 시대적 정황과 맥락을 추적할 것이다. 전체적인 논지를 정리함은 물론 향후의 연구방향성을 제시하는 작은 결말이 될 것이다.

제6장

고조선의 석묘문화권 설정과 그 의미

선사시대 동북아시아의 석묘전통이라는 보편성 속에서 당지 토착문화의 개성이 강조되는 방향으로 각 지역별 석묘문화의 체계가 수립되었다. 나아가 문화적 친연성이 강한 지역집단끼리의 상호작용을 통해 신앙과 혈통관계가 강조되는 묘제의 공유나 복합으로 발전되었을 수 있다. 이는 결과적으로 유사한 정체성을 공유하는 집단간의 연합체계를 한층 공고히 하는 한편, 비연합집단과의 경쟁의식 또한 강화되는 방향으로 전개되었을 것이다.

그러한 전개 속에는 비록 유사한 관습과 풍속을 공유하였을지라도, 자신들의 근원과 정체성을 강조하는 방향으로의 또다른 주도권 경쟁이 예상되며, 당시 사회가 점차 복합화되어 감에 따라 그러한 경쟁 역시 보다 가속되었을 것이다. 그러한 주도권 경쟁이 최종적으로 완료되어 국가단계에 이르게 되었을 때, 우리 역사 속에서 그 공식적인 첫 명칭을 (고)조선으로 하였음은 주지의 사실이다. 그 시점에 관해서는 여전히 논란이 있지만, 요동과 서북한지역에서 초대형의 고인돌과 대규모 취락군이 조성되고 비파형동검문화가 정점을 이루는 기원전 8~7세기 무렵과 요서-요동-서북한지역에서 공통적으로 세형화된 비파형동검과 다뉴경이 공반되는 석곽(목관)묘문화의 구축기로서 기원전 4세기 무렵이 유력 후보군으로 거론될 수 있다.

이외에 민족주의계 역사학자들의 대고조선론을 소개할 수 있겠는데, 이 역시 크게 두 가지 관점으로 요약된다. 첫째는 고대사 관련 전공자들로서 국내문헌인 삼국유사 등의 기록을 좀 더 적극적으로 해석하는 관점이다. 여기에 최근 증가하고 있는 요서지역의 고고학자료와 민속학, 인류학, 신화학적 방법론을 활용하여 고조선의 개국연대를 기원전 20세기 이전의 일로, 그 공간역은 요서~내몽고 동남부에 이르는 권역을 설정한다. 두 번째는 비역사학 전공자들로 주로 정치 · 사회 · 문화사를 전공한 연구자 혹은 종교계 인사들이 포함된다. 주로 환단고기류의 자료를 활용하여, 고조선 이전에 환웅천황의 신시고국이나 환인의 배달제국 등의 실존을 주장한다. 고조선의 개국연대는 역시 기원전 20세기 이전의 일로 파악하며, 그 이전 시기의 역사는 범지구촌을 아우르는 초고대문명으로서 인류문명의 발상지이자 기원이 되는 '환문화'의 우수성과 가치를 내세우기도 한다.

본인은 아직 공부가 부족하여 이상 민족주의계열 연구자들의 주된 논점이나 연구 경향을 제대로 이해하지 못한다. 심지어 현재 많은 연구자들이 이들의 관점을 허무맹랑한 이야기로 치부하여 논쟁조차 꺼려한다. 하지만 우리가 스스로 주류라고 이야기하는 대부분의 연구자들 역시 적어도 고조선의 건국과정에 대한 부분에 있어서는 어차피 추론의 반복으로 얻어진 일종의 가설에 준한다. 자신이 처한 상황에서 자신만의 방법론으로 상고사와 상고문화를 탐구하고 나름의 결론을 내는 것은 비단 역사학자들 뿐만 아니라 사회학자나 민속학자 혹은 신화학이나 종교학을 전공한 이들 역시 충분히 가능한 일이다. 아울러 소설가들의 상상력 속에서 보다 생동감 있게 재현될 우리의 잃어버린 역사는 다만 아쉬운 대로 위로가 되기도 한다.

중요한 것은 소설은 소설로서 종교는 종교적으로 서로의 입장과 관점을 존중해 줄 때, 그러한 가치와 의의는 상생의 길로 한 걸음 진전될 수 있을 것이다. 역사학자들이 오랜 노력으로 얻어낸 성과물을 일고의 가치도 없는 식민사관이나 사대주의적이라 비평하는 것은 역사학자들이 그들을 사이비로 치부하여 논쟁조차 꺼려하는 상황과 다를 바 없다. 주변의 많은 동료 연구자들이 소설이나 영화, 혹은 사극형태의 결과물을 통해 영감을 얻게 되고, 심지어 보다 다양한 접근이 가능해지는 사례를 종종 본다.

어차피 주어진 상황과 조건 속에서 나름의 방법론을 가지고서 내린 결론 들일 진데, 그 시절을 온전히 살아보지 못한 우리들이 무엇을 기준으로 타인의 관점과 해석을 함부로 저속하다 비평할 수 있을 건인가. 서로 비판만 할 것이 아니라, 때론 경쟁하고 치열한 논쟁을 펼치되, 서로간의 견해 차이는 가능한 존중해주면서, 함께 상생하며 연구할 수 있는 분위기가 마련되길 기대해 본다.

아래에서는 그간 필자의 연구영역과 역량에 한계되어 얻어진

성과를 바탕으로 고조선 건국과정의 시대적 맥락과 그 의미를 시론적으로 나마 검토해 보겠다.

1. 고조선 건국과정의 시대적 맥락과 이해[1)]

근대사학의 성립이후 근 100여 년 동안 고조선에 관한 연구는 상당한 진척을 이루었다. 아울러 최근의 우리학계는 고조선의 문화와 그 출발점에 대한 관심이 그 어느 때보다 높아 보인다. 그럼에도 불구하고 현 시점, 우리가 이해하고 있는 고조선과 그 사람들에 대한 역사성은 충분히 설명해 내기가 쉽지 않다.

일반적으로 고조선을 설명하는 고고학 자료로서 비파형동검과 미송리형토기 그리고 고인돌 등이 활용된다. 그 중에서도 고인돌은 그 축조과정 중에 대규모의 노동력과 사회경제비용이 소요되는 점에서 고조선의 지배계층 혹은 왕릉급 묘제로 설명되어져 왔다. 아울러 그러한 집단이 소비한 물질문화의 흔적으로서 고인돌 안에서 출토된 미송리형토기나 비파형동검 등이 제시되곤 한다.

최근 이러한 인식에 대하여 청동기시대 요동과 서북한지역에 존재한 지역집단의 정체성이나 사회적 발전수준을 제대로 고려하지 않은 채 문헌기록을 통해서 추정된 고조선의 영역에 고고

1) 본 내용은 필자의 2019년도 글(「요동~서북한지역 고인돌 축조집단의 성격과 그 주변」, 『호남문화재연구 27』)을 수정 · 보완하여 수록한 것이다.

학자료를 대응시킨 것에 불과하다는 지적이 있다. 그와 함께 고인돌 축조 집단의 사회적 성격은 청동기시대 복합화가 덜 진전된 족장사회로서 아직 군장사회로까지는 진입하지 못하였으며, 고조선이라는 정치체를 주도하는 집단으로서 한계가 있음을 강조하고 있다. 그 중에서도 고인돌 축조과정에 동원된 대규모의 노동력은 당대 사회조직과 권력에 의해 강제적인 동원으로 보기는 어렵고 공동체의 자발적 협업을 통한 것으로 해석하는 점이 주목된다.[2)]

현재 국내 많은 연구자들이 이러한 관점을 수용하는 듯하다.[3)] 고인돌을 중심으로 고조선사회를 이해해 왔던 그간의 인식에서 탈피하여 고조선의 물질문화 혹은 초기 고조선의 중심지로서 비파형동검문화를 중심으로 한 요서지역의 십이대영자문화를 지목한다. 이 문화는 기원전 8세기 초엽에 조성된 것으로 이해되는 조양 십이대영자유적의 석곽목관묘와 그 안에서 출토된 비파형동검과 다뉴경 및 각종의 청동장식품 조합을 표지로 한다. 그와 유사한 계통의 것이 기원전 6세기 무렵에는 요하평원지역의 심양 정가와자유적 목곽묘에서도 확인되는데, 비파형동검과 다

---

2) 이청규, 2016, 「청동기 보급의 주체와 지석묘 축조 집단」, 『백산학보』106, 5~7쪽.

3) 이와 관련된 연구성과는 일일이 거론할 수 없을 정도로 많다. 여기에서는 그간 가장 많이 인용되어 왔거나 최근의 연구로 한정하여 소개함을 양해 드린다.
오강원, 2006, 앞의 책 ; 박준형, 2014, 『고조선사의 전개』, 서경문화사; 이청규, 2015, 『다뉴경과 고조선』, 단국대학교출판부; 이후석, 2015, 『요령식 세형동검문화와 고조선의 변천』, 숭실대학교 박사학위논문.

뉴경을 포함한 각종 청동의기류의 조합이 십이대영자의 그것과 상당히 닮아 있다.

이후 기원전 4세기 무렵부터는 서북한의 평양 신성동 석곽묘에서도 비파형동검과 다뉴경의 조합상이 확인된다. 비록 청동제 장신구나 의기류가 공반되지는 않았지만 기원전 1천년기 후엽 요서계의 대표적인 물질문화가 서북한지역까지 파급되었음을 알려주는 중요한 자료가 된다. 반면 이 시기부터 한반도 서남부지역에서는 세형동검과 다뉴경 및 각종 의기류가 공반되는 적석목곽묘계열의 묘제가 증가하기 시작한다.

문헌상에 보이는 진국(辰國)이나 한(韓) 관련 정치체와 관련된 것으로 파악하여, 고조선 및 그의 비파형동검문화와 연속성이 제기되기도 한다.[4] 요컨대, 초기 고조선의 중심지로서 요서의 조양지역을 주목하였고, 그것이 점차 요서-요동-한반도의 순서로 시공간을 달리하며 전개되는 문화적 연속성에 착안하여, 문헌상에 기록된 고조선의 중심지 변화와 그와 상관된 한반도 남부의 진국 및 삼한사회에 대응시킨 것으로 볼 수 있다.

이러한 인식에 기초하여 당시의 시대상을 점검해 보면, 당대(기원전 8세기) 가장 발달된 청동기술을 보유한 요서계 정치체는 비파형동검과 다뉴경으로 대표되는 첨단 과학기술을 적절하게 통제 및 선도함으로서 주변 정치체들로부터 주도권을 확보할 수 있었고, 요동~서북한지역의 토착세력과 비파형동검문화를 매개로 한 적절한 유대관계-연맹체구성-를 형성한 것으로 이해

4) 이청규, 2016, 앞의 글, 5~10쪽.

할 수도 있다. 그러한 배경 하에 기원전 6~4세기 무렵 요서계의 핵심세력이 요동으로 중심지를 이동하게 되면서 점차 요동-서북한지역의 토착계 고인돌 축조집단과 단일한 정치체를 구성하게 되었고, 이들이 타자의 시선에서는 하나의 종족계통으로 인지되기 시작하면서 예맥족 혹은 고조선으로 불려 왔을 수도 있다.

필자 역시 그간 그러한 기초 속에서 고조선의 물질문화를 이해하려는 다양한 노력을 시도해 왔다. 고고학과 역사학 분야에서 고조선을 전공하신 여러 동료, 선배님들과 자주 토론할 기회를 가졌고, 공동연구와 소규모 스터디모임 등을 통해 적지 않은 성과를 내기도 하였다. 하지만 그러한 노력에도 불구하고 여전히 풀리지 않는 의문들이 남는 것은 본인의 게으름과 이해력 부족에 따른 것임을 분명히 인정한다. 여기에서는 바로 그러한 의문점들을 하나씩 점검해 나감으로써 후속연구에 대한 방향성을 제시하고자 한다.

주안점은 과연 요동~서북한지역 고인돌 축조집단의 성격을 단순히 족장사회 수준에 머물러 있던 고조선의 주변세력으로 보는 것이 타당한지에 대한 논의에 두었다. 글의 말미에서 시론적으로나마 부족한 소견을 제시하여 독자들의 평가와 조언을 구하고자 한다. 이러한 작업은 단순히 기존 논의에 대한 반론을 제시하기 보다는 그간의 논의-고인돌 축조집단의 성격- 과정 중에서 충분히 제기될 수 있었던 문제이나 그렇지 못하였던 의문들을 다시 한 번 상기시킴으로서 본서의 주요 논지를 검증하는 과정으로 이해해 주길 바란다.

중국계 문헌에서 최초로 (고)조선의 국명 혹은 정치체가 거론되는 『관자(管子)』, 경중갑편(輕重甲篇)과 규도편(揆度篇)의 기록을 수용할 수 있다면 고조선의 건국과정은 적어도 기원전 8~7세기 무렵의 정세와 연관되어 있음이다.[5)]

1- 桓公이 管子에게 물어 답하기를, '海內玉幣로서 일곱 개가 있다는 사실을 들었는데, 그에 관하여 들을 수 있겠습니까?' 管子가 답하기를, '陰山의 礝瑉이 그 하나요, 燕의 紫山白金이 그 하나요, 發朝鮮의 文皮가 그 하나입니다.'(『管子』 券23 揆道 第78)[6)]

1-, 管子가 답하였다. (…) 發朝鮮이 朝貢을 오지 않으면, 文皮와 毤服을 貨幣로 만듭니다. (…) 한 장의 표범 가죽은 金보다 귀합니다. 이를 貨幣로 만든 다음에야 8천리 밖의 發朝鮮이 朝貢을 할 것입니다.'(『管子』 券23 輕重甲 第80)[7)]

위 기록은 춘추시대 제 환공(齊 桓公: 기원전 685~643년)이 당대 패자로서의 지위를 확고히 하고자 관중(管仲)과 함께 나눈 대화를 요약한 것이다. 그런데 여기서 확인되는 발조선(發朝鮮)이라는 명칭은 조선(朝鮮)을 특별히 발족(發族)과 관련하여 설

---

5) 박준형, 2012, 「고조선의 성립과 발전에 대한 연구」, 연세대학교 박사학위논문, 66~74쪽.

6) 『管子』 揆度篇, "桓公問管子曰 吾聞海內玉幣有七筴 可得而聞乎 管子對曰(…) 發朝鮮之文皮 一筴也".

7) 『管子』 輕重甲篇, "管子對曰(…)發朝鮮不朝 請文皮毤服而以爲幣乎(…)一豹之皮 容金而金也 然後八千里之發朝鮮可得而朝也".

명한 것으로서 발(發)은 곧 맥(貊)과 통한다는 견해가 있다.[8] 그것이 사실인지 혹은 단순한 오해였던지 간에 조선과 연칭된 발은 고조선과 밀접한 연관성이 있던 것으로 충분히 인정할 수 있다.[9] 따라서 발조선으로 표기한 것은 곧 발족 혹은 맥족의 조선이라는 해석도 설득력 있다.[10] 그렇다면 적어도 기원전 7세기경에 해당되는 춘추시대에는 조선이란 국호를 가진 나라 혹은 정치체가 이미 성립되었다는 사실도 인정할 수 있게 된다.[11]

하지만『관자(管子)』의 실제 저술연대는 전국시대로 봐야하기에 위의 발조선 관련 내용이 실제로 춘추시대를 배경으로 하지 않는다는 의견도 무시할 수 없다. 그럼에도 불구하고 관중(管仲) 당시에 실제 존재하였던 역사적 사실들이 일련의 전승과정을 통해 전국시대의 시대적 상황에 맞춰 재편집되었을 수 있다는 설명에 보다 귀 기울여 진다.[12] 당시의 조선은 적어도 중국이 반드시 교역 대상국에 포함시키고자 할 만큼 성장한 정치체로서 인정받은 듯하다. 만약 그러한 사실에 수긍하지 못한다 할지라도, 기원전 7세기 무렵 요서와 요동, 서북한지역의 정치체들은 이미 비파형동검문화를 매개로 한 일종의 군사적 교류관계가 형성되

8) 박경철, 2005,「고조선 · 부여의 주민 구성과 종족」,『북방사논총』6, 129쪽 : 오현수, 2014,「고조선의 형성과 변천과정 연구」, 한국학중앙연구원 박사학위논문, 50쪽.
9) 오강원, 1998,「고조선의 浿水와 沛水」,『강원사학』13 · 14, 80쪽.
10) 박경철, 2008,「중국 고문헌 자료에 비쳐진 한국고대사상」,『선사와 고대』29, 18~19쪽.
11) 서영수, 1988,「고조선의 위치와 강역」,『한국사시민강좌』2, 21쪽.
12) 송호정, 2016,「고조선사 연구 방법론의 새로운 모색」,『고조선사의 제문제』, 한국고대사 · 고고학연구소 제8회 학술회의 자료집, 4쪽.

었을 가능성이 있다.

당시 중원지역의 패권을 장악해 나가던 제 환공이, 동북지역의 신흥 강자[13]로 급부상하였음은 물론 자신들과 전혀 다른 천하관-상징체계나 신앙관-을 표방하였을 세력이 등장한 사실 자체를 몰랐을 리 만무하다. 비록 타자의 시선에서는 모두 같은 부류로 인식되었을 동북계 이민족으로서 발(혹은 맥)과 조선은 어쩌면 우리가 분명히 인지하고는 있으나 현재 충분히 설명해내지 못하고 있는 그 예맥연합체로서의 정체성과 동질의 것 일수도 있다.

발조선이나 예・맥 모두 타자에 의해 부여된 명칭임을 상기할 때, 그들이 처음 인지하였을 대상-생소한 정치체에 대하여 극히 최소한의 정보만가지고서 부여되었을 피호칭에 구태여 얽매일 필요가 없어 보인다. 분명한 사실은 그들이 인지하였든 그렇지 못하였던지 간에 기원전 7세기 무렵에는 이미 요서-요동-서북한 지역에 동일한 상징체계를 바탕으로 생성된 독특한 형태의 동검문화가 실존하였고, 그것이 무기류라는 점에서 일종의 군사적 연맹체계를 떠올릴 수 있다.

요컨대, 중원의 패권을 장학하고자 야심한 제 환공에게 있어 그의 제위 기간내 동북지역의 새로운 강자로 부상한 비파형동검문화인들은 가급적 포섭하고 싶은 교역 대상국이 되었을 것이

---

13) 기원전 7세기 무렵까지는 내몽고 동남부지역의 하가점 상층문화인들이 당시 동북지역에서 가장 선진적이고 화려한 청동기문화를 보유한 사실을 인정할 수 있다. 그렇게 보았을 때 제환공이 인식하였을 비파형동검문화인들의 성장은 동북지역에 등장한 신흥세력으로서 경계하였을 가능성도 충분히 생각해 볼 수 있다.

다. 당시(춘추시기)의 중원인들이 그들을 어떻게 호칭하였는지 확언할 수 없지만, 적어도 전국 말~ 전한기에 이르러서는 조선이나 예맥 등으로 부르게 되었고, 그러한 인지와 인식들이 복합적으로 반영되어 『관자』나 『위략』, 『전국책』[14), 『산해경』[15), 『사기』[16) 등에서 재편집된 이래 현재 우리에게까지 전해지고 있음이다.

3세기 후반(西晉: 265~316년)의 저작물으로 알려진 『위략(魏略)』에는 다음과 같은 이야기가 전한다.

> 『魏略』에 이르기를 "옛 箕子의 후예인 朝鮮侯는 周가 쇠약해지자 燕이 스스로 높여 왕이 되어 동쪽을 침략하여 땅을 빼앗으려는 것을 보고, 朝鮮侯 역시 스스로 왕이라 칭하고 군사를 일으켜 도리어 燕을 공격하여 周 王室을 받들고자 하였다. 朝鮮의 大夫 禮가 간언하자 곧 그만두었다. 朝鮮侯가 禮를 시켜 서쪽의 燕을 설득하니 燕이 그만두고 공격하지 않았다. 이후 朝鮮侯의 자손이 점점 교만하고 포학해지자, 燕은 곧 장군 秦開를 보내 朝鮮의 서쪽을 공격해 2000여 리의 땅을 빼앗고, 滿番汗에 이르러 경계를 삼았다. 朝鮮은 마침내 쇠약해졌다"라고 전한다(『三國志』권30, 「魏書」30 烏桓鮮卑東夷傳).[17)

14) 戰國策 卷29 燕策1 "蘇秦將爲從 北說燕文侯曰 燕東有朝鮮遼東 北有林胡樓煩 西有雲中九原 南有嘑沱易水 地方二千餘里 帶甲數十萬 車七百乘 騎六千匹 粟支十年".

15) 山海經 第11 海內西經 第七 "東胡在大澤東 夷人在東胡東 貊國在漢水東北", 山海經 第12 海內北經 "朝鮮在列陽東 海北山南 列陽屬燕朝鮮今樂浪縣", 山海經 第18 海內經 "東海之內 北海之隅 有國 名曰朝鮮".

16) 史記 115 朝鮮列傳 55 "兵五萬人 左將軍荀彘出遼東 討右渠. (中略) 左將軍破浿水上軍 乃前 至城下 圍其西北".

17) 三國志』 卷30, 「魏書」30 烏丸鮮卑東夷傳 "魏略曰. 昔箕子之後朝鮮侯, 見周衰,

위에 보이는 조선후(朝鮮侯)와 왕칭(王稱) 관련 기사는 대체로 기원전 4세기 후반 경의 사실로 인정받고 있다.[18] 위의 기사를 신용할 수 있다면 당시 고조선의 군사력은 연(燕)과의 전쟁을 불사할 정도로 막강하였고, 당시 급변하는 국제정세에 맞춰 전통적인 방식의 군주호칭 대신 중국식 왕호를 사용하게 된 것으로 추론할 수 있다. 아울러 대부 예(大夫 禮)의 존재로 보아 중원과 유사한 방식의 관료체계를 정비하게 됨으로서, 본격적인 고대왕권국가로서의 체계를 구축하게 되었을 것이다. 그렇다면 당시 고조선사회의 성격을 어떻게 이해할 수 있을까.

현재 우리학계에서는 요동과 서북한지역에서 고인돌을 축조한 집단이 비록 고조선 건국과정의 주도세력은 되지 못하였을지라도 적어도 고조선사회를 구성하였던 일부분이 되었던 것만큼은 인정하는 듯하다. 그렇게 볼 때, 추정 인구수가 수백에 달하는 대규모 취락유적이 다수 발굴-평양지역-되었고, 많게는 수천의 사람이 협심해야 축조 가능한 초대형 고인돌이 다수 분포한 사회의 발전단계를 단순 족장사회로 보는 것이 합리적인지 의심스럽다.

요동과 서북한지역에서 초대형의 탁자형 고인돌이 출현하는 시점은 기원전 8~7세기 무렵으로 볼 수 있다. 이시기는『위략』의

燕自尊爲王, 欲東略地, 朝鮮侯亦自稱爲王, 欲興兵逆擊燕以尊周室. 其大夫禮諫之, 乃止. 使禮西說燕, 燕止之. 不攻. 後子孫稍驕虐, 燕乃遣將秦開攻其西方, 取地二千餘里, 至滿番汗爲界, 朝鮮遂弱".

18) 오강원, 2012, 「『삼국지』 배송지 주와 『위략』 고조선 관련 기사」, 『정신문화연구』35, 146쪽.

기사를 참고할 경우, 고조선이 본격적으로 왕권국가에 진입하기 이전의 상황이며, 『관자』에 따르자면 이제 막 중국과 교역을 시작하게 된 연맹체 성격의 정치체였을 수 있다.

초대형 고인돌의 축조에는 한 부락의 구성원뿐만 아니라 주변 마을 사람들까지 동원되었을 것이며, 연내 가장 노동집약적이며 막대한 비용이 소모되는 집단내 초대형 프로젝트였음을 상기할 때, 그러한 행사를 주관하고 제원을 마련하기 위한 제도적 장치 이를테면 사회적 합의와 시스템 구축이 필요하다. 그것이 바로 정치기구이며, 당시 사회에 이미 구성원의 이익을 대변하거나 정책 결정권자의 의사를 효율적으로 전달하기 위한 시스템, 즉 초보적이나마 관료제 성격을 띠는 정치·행정조직이 존재했다는 반증이 된다.

실물로 확인되진 않았더라도 중국식 한자체계를 받아들이기 전까지 사용되었을 고조선만의 기록방식이 존재하였다는 사실은 너무나 상식적이다. 그렇지 않고서야 엄연히 관료제가 존재하였던 왕권국가의 막중한 행정을 어떻게 감당해 낼 수 있었겠는가. 물론 그것은 기원전 4세기 이후의 상황이긴 하지만 그 직전의 사회 역시 그 가능성의 논의는 충분하다.

기원전 8~7세기 서북한의 대동강유역에서 다수의 집단 거주가 가능한 대규모 취락유적이 동산과 하천을 경계로 거점식 배치를 보이는 현상을 주목할 수 있다.[19] 비록 동시기 요동지역에서는 아직까지 그와 유사한 규모의 취락군이 조사된 바 없으나

19) 사회과학원고고학연구소 2009b, 앞의 책, 34~35쪽.

적어도 수백의 인력이 수개월간 동원되어야 축조 가능한 대형급 고인돌이 여러 곳에 군락을 이루는 점에서 대동강유역과 유사한 규모의 취락군이 존재하였을 가능성은 충분하다.

초대형 고인돌 1기를 축조하기 위해서는 상당한 인력과 시간이 필요함은 어렵지 않게 생각할 수 있다. 만약 그러한 사람들이 모두 타지에서 동원되었고, 고인돌이 완성되면 다시 복귀한다고 가정하여도-그렇기에 요동지역 고인돌군 주변에서 대규모 취락 유적이 잘 조사되지 않는다고 반론한다면-, 그러한 고인돌이 완성되기까지 수개월간 사람들이 모여 지낼 생활공간이 필요할 것이다. 어떠한 가정하에서도 그 정도 규모의 사람들이 장기간 거주하기 위해서는 상당한 규모의 취락이 형성되었을 것이라는 사실을 부정할 수는 없다.

사람들이 모여 사는 곳에는 필연적으로 시장이 형성된다. 모여드는 사람이 많을수록 거래 품목이 다양화되고 시장 규모 역시 확대될 것인데, 기원전 7세기 무렵 대동강유역에서 관찰되는 다지역 문화복합의 현상은 당시 서북 해안지역에 형성되었을 국제무역도시의 수준을 가늠하게 해준다.

시장은 거래가 성사되는 곳이고, 거래(장사)의 기본은 이윤창출이다. 단순 물물교환일지라도 손해를 최소화하기 위해서는 자신이 거래한 품목의 시세 정도는 제대로 파악하고 있어야 한다. 능숙한 장사꾼이 되기 위해서는 그러한 시세파악이나 품목별 수요의 정확한 예측이 필수적이다. 기억력이 상당히 좋았을 특별한 소수를 제외한다면 아마도 대부분의 장사꾼들은 거래의 성립과정을 기록으로 남겼을 것이다. 꼼꼼한 기록(회계)은 이윤창출과 직결되는 장사(무역)의 기본이다. 아쉽게도 현재 그 흔적을 찾을 수는 없다. 그렇다고 해서 현대인과 동일한 뇌용량과 지능을 가졌던 기원전 7세기 무렵의 한반도 서북해안지역 호모 사피엔스(장사꾼)들만이 유독 그러한 기본도 갖추지 못하였다는 단정이 얼마나 설득력을 가지겠는가.

당시 고조선 사람들이 주변 국가를 대상으로 교역(무역-적어도 장사) 하였다는 증거는 앞서 살핀『관자』의 기록을 통해서도 확인할 수 있다. 그것이 실제 관중 생존 시기에 저술된 것이 아니라 할지라도 중국 사람들의 기억 속에는 적어도 제 환공 통치기간부터는 고조선과의 모피무역이 성립되었다는 사실이 잘 전승되었던 듯하다. 개인적 거래에서도 그러할 진데, 국가와 도시 혹은 국가간의 거래가 성사된 외교적 사건을 문자화된 기록으로 남겨두지 않았을 가능성이 얼마나 되겠는가.

이외에도 당시로선 최첨단의 건축기술이 적용되었을 고인돌 축조 과정을 어느 한 기능인이 그 다음 세대의 기능인에게 단순 구술로서만 전승하였을 가능성은 얼마나 될 것인가. 그렇게 많은 고인돌 장인들의 양성 과정이 단순히 몇 번의 시범과 구술만으로 체득될 수 있는 성격의 문제인가. 단지 현존 실물-문자체계-이 발견되지 않았다는 이유 하나가 이 모든 정황적 단서들을 무시해야 할 만큼 설득력을 갖추지는 못하는 듯하다. 아울러 이청규가 지적한 바와 같이 청동기의 제작과 보급과정에 적용시킬 수 있는 효율적 관리체계에 비견될 순 없을지라도 최상급의 고

인돌 건축 장인들만을 따로 관리하는 시스템의 존재성도 충분히 예상할 수 있다.[20)]

기원전 7세기 무렵의 고조선이 국가 수준의 단계에 도달했는지 아니면 연맹체 수준에 머물렀든지 간에 분명한 사실은 그들 사회 내부에서 자체적으로 통용되었을 기록방식이 존재하였다는 점만은 부정될 수 없을 듯하다. 아울러 해안가 인근의 대형 취락을 중심으로 소규모 시장경제-도시[21)]가 활성화되었고, 그러한 여건이 최대치화된 거점 도시에서는 경쟁적으로 초대형의 탁자형 고인돌(지배층의 무덤이자 제단)을 축조한 것으로 본다.

한참 뒤의 사례이긴 하지만, 고구려와 백제의 최전성기 왕릉의 구조가 초대형 적석총이라는 공통점을 보이면서, 그것이 번갈아 가며 경쟁적으로 규모를 키워 나간 것은 당대의 패자만이 가장 큰 석총(토착묘제)에 묻힐 수 있다는 동일한 석묘문화권 안에서의 패권의식의 작용이나 국가적 위상을 대내외적으로 홍보하기 위한 수단이 되었을 것으로 본다. 그러한 상황이 기원전 7세

20) 이청규, 2016, 앞의 글, 20~25쪽.

21) 여기서 도시의 출현과 그 의미는 우리가 중 · 고등 과정 역사 시간을 통해 배워왔던 고대 도시와 도시국가의 형성과정이라는 세계사적 보편성 속에서도 충분히 이해할 수 있다. 농경에 유리한 큰 강유역과 온화한 기후 지역에 관개농업이 발달하여, 농경지가 확대되고, 생산물이 증가하면서 교역이 증대함으로써 도시가 형성되고, 그러한 바탕 하에 청동제 무기를 사용한 정복전쟁을 통해 세력이 확대되어 가면서 점차 도시국가가 등장하고 계급이 발생, 제사와 정치를 담당하는 지배자가 등장함에 따라 신전과 왕궁을 건립하고 성곽을 축조하였으며, 다양한 청동도구를 활용한 생산품의 증대, 여기에 문자를 사용하면서 도시국가가 발전하게 되었다는 중학교 2학년 역사 교재의 설명을 떠올려 보자. 그것이 기원전 7세기 무렵 요하와 대동강유역의 상황과 대비되었을 때, 고조선의 건국과정과 그 성격이라는 문제에도 충분히 의미 있는 단서를 제공해 준다.

기 무렵 요동반도권과 대동강유역권에서 경쟁적으로 축조되어지던 초대형 탁자형 고인돌의 모습과도 참 많이 닮아 있다. 아울러 그러한 고인돌의 조성 례가 대동강유역에 가장 집중되었더라도, 보다 정교하고 규범화되어 있는 것들은 요동반도권에서만 확인되며, 그러한 사례가 소수인 점 역시 많은 시사점을 던져 준다.

여기서 중요한 쟁점은 과연 고인돌을 고조선 당시의 건축물(묘제)로 인정할 수 있는가의 문제이다. 그것이 수용될 수 있다면 신화 속에서 단군이 숨어 산신이 되었다는 아사달산은 결국 고인돌문화의 발원지로서 요동반도의 천산산맥 서쪽자락이 유력할 것이다. 그간 우리 학계가 추적해 온바 고인돌의 분포범위와 고조선의 시공 범위가 겹쳐지는 부분이 있다. 그것이 바로 기원전 7~4세기 무렵의 요동반도권과 대동강유역권을 관통하는 거대한 산줄기 천・백산지이다.

현재 대부분의 고인돌 연구자들- 최근 북한학계를 제외한-은 고인돌문화의 출발점을 이러한 천・백산지의 시작점인 천산산맥의 서북지맥(요동반도 중서부권)에서 찾고 있다. 이곳은 요하하구의 해안가에 접한 하천변의 산간 평야지대에 해당되어 상당히 비옥한 토양과 함께 해상자원과 산지성 수확물을 모두 갖추고 있는 천혜의 요충지이다. 그러한 지역권내에서 고인돌의 중심 형식은 탁자형이고, 탁자형이 가장 많이 조성된 곳 역시 서북한지역으로서 천・백산지의 끝자락에 해당된다. 이곳 역시 대동강 하구의 해안가에 접한 하천변 산간 평야지대로서 요동반도권과 비슷한 기후조건 및 생활환경을 제공해 준다.

그렇다면 적어도 기원전 7세기 무렵에 초대형의 탁자형 고인돌을 축조한 요동과 서북한지역의 사람들은 고조선의 국가형성에 관여되었음을 알 수 있다. 그렇다고 하여 이러한 사실이 곧바로 '고인돌은 고조선 지배층의 중심묘제'라는 사실로 연결되지는 않는다.

우리는 흔히 초대형의 탁자형 고인돌은 토착세력내 지배계층의 묘제나 제단, 집단내 공공적인 성격의 기념물로 파악하고 있다. 그렇다면 탁자형 고인돌은 고조선을 구성하였을 여러 개의 집단 중 요동(반도)계 세력을 상징(정체성)하는 표징이 될 수 있다. 그러한 탁자형이 대동강유역에 유독 집중된 점은 당시 요동과 대동강지역민 간의 문화 · 정치 · 신앙적 측면의 친연성이 상당히 강하게 구축되었음을 의미한다. 당시 대동강유역의 문화성격을 토착요소인 팽이형토기문화를 기반으로 외래계인 탁자형 고인돌과 미송리형토기, 비파형동검계 요소가 공존하는 것으로 요약할 수 있다면,[22] 당시 요동반도권과 대동강유역권에 존재한 정치체들의 동맹 혹은 연맹체 구성 역시 인정될 수 있을 것이다.

이처럼 탁자형 고인돌이 분포한 모든 지역을 고조선의 영역범위로 인정할 순 없을 지라도, 탁자형 고인돌을 중심묘제로 채택한 요동과 대동강유역의 석묘문화인들은 고조선 건국의 중요한 구성원이 되었음이 분명하다. 따라서 이들을 고조선 연맹체의 주요 구성원으로서 요동-서북한지역의 탁자형 고인돌문화인으로 규정할 수 있다.

---

22) 오대양, 2015a, 앞의 글, 145~148쪽.

본서에서는 기원전 10~9세기 무렵부터 천・백산지를 중심으로 구축되기 시작하는 석묘문화권의 형성과정을 고조선이 연맹체적 성격의 도시국가로 진입하는 초창기의 흔적으로 이해하고자 한다. 그러한 석묘문화권의 중심에는 줄곧 탁자형 고인돌이 상위의 묘제로 자리하였기에 초창기 이지역 연맹체의 주도세력은 요동반도권의 탁자형 고인돌문화인(쌍방유형)으로 볼 수 있다. 요동반도와 서북한지역의 연맹 구축이 점차적인 효과를 발휘함에 따라 기원전 9~8세기 무렵 요북의 이도하자유형민(석관묘문화)과 신성자유형민(개석형 고인돌문화)들 역시 현문계 미송리형토기를 무덤내에 부장하는 점에서, 연맹체제에 가담한 것으로 이해된다.

그러한 추론은 바로 이시기부터 유사한 구조의 석묘문화가 해당 지역군 내에서 공유됨은 물론 현문계 미송리형토기를 무덤내에 부장하기 시작하는 보편성이 확인되기 때문이다. 특정한 양식의 부장토기가 주변지역으로 파급되는 과정은 해당 토기가 주로 부장되었던 묘제의 확산과 연동하여 고려될 수 있다. 혹은 부장토기에 투영되었을 문화적 의미로서 당시의 신앙이나 관습체계와 관련지어 해석할 수도 있다. 이중 신앙적 요소(사회적관계)는 반드시 혈연성을 담보하지는 않지만, 묘제와 결합된 부장토기라는 특수성에 주목할 경우 그 의미하는 바는 혈연적 관계에 보다 초점된다. 사자의 매장 과정에 수반되는 다양한 의례행위는 혈연을 매개로한 친족관계를 중심으로 절차가 진행되곤 한다. 그래서 묘제에 반영된 부장풍습의 공유는 그 친족관계가 성립되었다는 중요한 단서가 되기도 한다. 다만 신앙적 관습체계가 개입될 여지 또한 간과할 수 없을 것인데, 그러한 보편성이 유독 특정 토기[23]를 중심으로 강하게 결속되었다면 그 안에 내재된 다양한 양태의 사회·문화적 함의는 혈연적 관계망의 구축을 의미할 수도 있다.

한가지 재미있는 사실은 현문계 미송리형토기를 부장하는 관습은 고인돌문화가 주변지역으로 확산되는 과정과 연동되어 발현되는 점이다. 본고에서는 쌍방 6호와 동산유적 출토품을 각 형식별 고인돌에 부장된 가장 이른 시기의 것으로 파악한다. 쌍방 6호 탁자형 고인돌은 대략 기원전 10세기 무렵으로 편년하며, 동산유적의 개석형 고인돌 출토품은 그와 동시기이거나 조금 빠른 것으로 본다.[24]

아울러 현문계 미송리형토기 중에서 가장 빠른 시간성을 보이는 것은 쌍타자3기문화의 타두유적(적석총)출토품이다. 타두적석총의 연대범위가 기원전 14~11세기라는 긴 시간성을 보이지만, 비슷한 사례가 동시기 다른 적석총에서는 보이지 않는 점에

23) 토기류는 특정 문화인들의 식음문화를 대변해 준다. 식음문화는 해당 집단의 생활조건과 긴밀한 관계를 맺으며, 체질적 특성이 결정되는 주요한 동인이 되기도 한다. 그래서 보통 고고학에서는 특정한 양식의 토기를 공유하는 집단을 동일문화인으로 구분하는 사례가 많은데, 여기에는 체질적·문화적 요소가 복합적으로 고려될 수 있다.

24) 이글에서 사용하는 고인돌의 형식분류는 기존의 인식과 조금 다르게 적용하고 있다. 먼저 탁자형 고인돌은 매장주체부를 판석을 세워 만든 것으로 규정한다. 개석형 고인돌은 덮개돌 밑으로 토광형태의 묘실만 존재하는 것(토광형)과 괴석재를 쌓아서 조성한 형태(석축형)의 것만을 포함시킨다. 자제한 내용은 제3장, 1절의 내용을 참고 하길 바란다.

서, 타두유적의 현문계 토기는 하한연대를 기준으로 기원전 11세기로 잠정할 수 있다. 다만 그와 거의 동일한 기형과 유사한 장식패턴을 갖춘 그물문계(망문호) 토기들이 타두유적 초기단계 무덤 및 그와 동시기성을 보이는 대취자상층유적에서도 다량 확보된 관계로 현문계 미송리형토기는 분명 쌍타자3기문화의 요소가 강하게 반영된 듯하다. 현문계의 미송리형토기가 출토된 쌍방 6호에 인접하여 축조된 쌍방 2호 고인돌에서도 쌍타자3기의 요소가 강하게 잔존한 그물문토기가 출토된 점에서도 양자의 관계와 친연성을 충분히 확인할 수 있다.

요북의 산성자 C동굴 2층무덤군에서도 전형적인 형태의 현문계 토기가 출토되었다. 형태적 요소만 보았을 때 동체부 최대경이 하단에 위치한 동산이나 쌍방 6호 출토품보다 조금 늦은 시간성을 보이지만 공반유물 관계상 기원전 10세기 무렵의 것으로 편년되고 있다.[25] 하지만 현문적 요소를 배제하고 오직 단면 표주박형(발구형)과 동최대경이 하단에 위치한 형태적 속성만 놓고 본다면, 장가보 A동의 3층무덤에서 출토된 무문류의 것이 기원전 12~11세기 사이로 편년되어 미송리형토기류 중에서 가장 이른 연대를 보인다. 이외에 고대산 문화의 후기 유적인 공주둔 후산유적(기원전 12~11세기)에서도 발구형(단면 표주박형) 구연에 고리형 손잡이 요소가 부가된 무문계 토기류가 부장된 사례가 있어 이처럼 발구형(단면 표주박형)과 고리형 손잡이의 요소는 요북지역의 특징이 반영된 것으로 여겨진다.

25) 遼寧省文物考古研究所 · 本溪市博物館, 1994, 앞의 책, 276~278쪽.

따라서 요남계로 볼 수 있는 현문적 요소와 요북계로 볼 수 있는 고리형 손잡이와 단면 표주박형이라는 외형적 특징이 복합된 상태로 그 중간 지대인 요동반도에서 전형적 특징을 완성하여 각각 탁자형 고인돌(쌍방 6호)과 개석형 고인돌(동산유적)에 부장됨을 알 수 있다. 이 중 한 갈래는 서북한의 대동강유역으로 확산되어 표대유형(쌍방계: 탁자형 고인돌과 적석총복합)을 태동시키며, 한 갈래는 요북지역으로 파급되어 신성자유형(동산계:개석형 고인돌과 동굴묘복합)이 정착되는 계기가 된다. 이와 함께 요북 각지에서는 이도하자유형(석관묘와 동굴묘복합)이 마성자문화를 계승하는 형태로 신성자유형(개석형 고인돌)과 병립하는데, 부장품의 주요 구성은 무문계와 현문계 미송리형토기 및 횡이관류의 조합이라는 지역적 개성을 발현한다.

이와 동시에 그 동쪽에 접경한 길림 중서부지역의 서단산유형(석관묘 위주)에서는 요북지역의 요소인 무문과 고리형 손잡이(횡 · 수 공존)가 유독 강조된 형태인 서단산형호로 차츰 변이되어 간다.[26] 서단산유형이 마성자문화의 확산을 계기로 출현하였다는 사실은 이미 다수의 연구자들이 인정하는 바이다.[27] 그러한 맥락에서 역시 당지에서 마성자문화의 석관묘전통을 직접 계승하는 이도하자유형 역시 무문계와 고리형 손잡이(횡교상)가 부장토기의 중심이 되었을 것이며, 여기에 현문계가 복합되기 시작한 것은 분포범위가 거의 중복되는 신성자유형의 정착과정

26) 朱永剛, 1991,「西團山文化墓葬分期研究」,『北方文物』3, 6~8쪽.

27) 오강원, 2008, 앞의 책, 321~323쪽 ; 이종수, 2008, 앞의 글 ; 하문식, 2016, 앞의 책 412~413쪽.

즉 고인돌문화의 파급에 따른 여파로 여겨진다.

이상에서 미송리형토기의 현문계 요소가 고인돌문화와 함께 주변지역으로 확산되는 과정을 살펴보았다. 이와 마찬가지로 요동 각지에서 현문계 요소가 점차 소멸되는 과정에는 역시 고인돌문화가 점진적인 후퇴상을 보이는 점에 주목된다. 반면 비교적 늦은 시기(기원전 5세기)까지 현문계 요소가 잔존하는 대동강유역에서는 오히려 고인돌문화가 한층 발전된 모습을 보이는 점 역시 이상의 논지를 뒷받침해 준다.

요동지역에서 미송리형토기의 현문계 속성이 점차 희미해지는 기원전 7~6세기 무렵의 주요 정세로서 요서지역의 목곽묘제가 요하평원(요중)지역으로 파급되는 현상을 주목할 수 있다.[28] 그와 동시에 서북한지역은 묵방리유형으로, 서류송화강유역은 서단산 후기유형으로 전환되는데 당지의 토착묘제는 그대로 유지되지만 요서계 흑도장경호의 영향을 받아 전형토기의 경부가 세장해지는 변화상을 보인다. 이 시기를 기점으로 서북한지역에도 개석형 고인돌이 확인되기 시작하며, 길림 중서부지역에서도 고인돌문화가 본격화된다. 그러한 개석형 고인돌문화의 확산은 아마도 요북지역(신성자유형)을 매개로 진행되었을 것이다.[29]

서북한지역에서 개석형 고인돌이 주로 분포한 지역군은 청천

28) 요양 양가촌과 심양 정가와자유적을 예로 든다.

29) 서북한지역 개석형 고인돌은 묵방리유형의 시작과 동시에 확인된다. 그 이전 시기까지는 판석을 세워 묘실을 구축하는 탁자형 고인돌이 주류를 이루었다는 점에서, 본서에서는 이 시기를 기점으로 서북한지역 물질문화의 성격이 다지역 문화복합의 형태로 전환된 것으로 파악한다.

강 이남의 대동강변 서쪽지역으로 볼 수 있다. 그러한 현상은 마치 요남계로 분류되는 대동강유역 탁자형 고인돌의 중심 분포권을 피해서 자리 잡은 듯한 인상을 준다. 비록 고인돌이라는 공통된 상징체계-덮개돌의 기능과 규격-을 공유하곤 있지만 이들이 한 유적에서 공존하기까지는 상당한 준비기간이 필요하였다. 요동반도권에서는 아직까지 두 형식이 한 유적에서 공존하는 사례가 조사된 바 없으며, 요북지역은 빨라도 기원전 7세기를 넘긴 시점인 혼하유역의 건재촌(신성자후기)유형부터 확인된다. 서북한지역 역시 그와 유사한 시간성을 보이는 점에서 이때를 기점으로 요북지역(건재촌유형)과 본격적인 관계망이 형성된 것으로 파악된다.

이상의 내용을 정리하면 기원전 10세기 무렵 요동반도와 대동강유역간에 구축된 초기 단계의 연합체계를 바탕으로 기원전 9~8세기 사이 요동북부권 역시 적극적인 동참의지를 밝혀온다. 다만 이때의 관계망 구축은 요동반도를 매개로 한 요동반도-요동북부권, 요동반도-대동강유역권이라는 이원적 체계로 예상된다. 이후 기원전 7세기부터는 고인돌문화를 중심으로 요동반도-요동북부-길림중서부-서북한지역권이 보다 광역적인 형태의 관계망을 구축하게 된 것으로 파악된다. 동시에 서북한의 대동강하구를 경계로 그 남쪽지역으로는 더 이상 미송리형토기가 남하하지 못하는 현상 역시 당시의 세력구도와 밀접한 연관성이 있어 보인다.

당시 길림 중서부의 서단산유형에서 현문계 요소가 전혀 확인되지 않는 점에서 볼 때, 요북지역은 고인돌과는 별개로 이미 길림 중서부지역과 상당한 유대감이 형성되었던 듯하다. 그러한 사실은 이전 단계부터 이도하자유형과 서단산유형이 강한 유사성을 보이는 점-비파형동검 · 동모 · 횡이관 · 무문계 미송리형토기 등에서 증명된다. 따라서 마성자문화를 매개로 하였던 이도하자-서단산유형(석관묘문화)인들끼리의 문화적 유대관계는 이미 구축되어진 상황으로 보인다. 그렇게 볼 경우 길림 중서부지역의 고인돌문화는 요북지역을 매개로 하여 제한적인 수용을 적용할 수 있으며, 서단산유형 후기 석관묘유적의 부장품이 인접한 곳에 배치된 고인돌과 차이를 보이는 점 역시 설명이 가능하다.

그 다음 단계인 기원전 6~5세기 무렵에 접어들면 요서계 세력 역시 이러한 석묘문화권에 동참한 것으로 본다. 아울러 기원전 4~3세기 무렵부터는 요서계의 석곽묘제가 서북한지역에서도 확인되며, 세형화된 비파형동검과 다뉴경 혹은 장경흑도의 조합이라는 요서계 부장품 구성이 그러한 새로운 시대로의 진입에 상징처럼 작용된다. 그렇다면 당시 요서계 세력이 요동~서북한계와 연맹관계를 구축하게 되는 배경을 추론해 보자.

기원전 8~7세기까지만 해도 요서와 요동계는 단순히 비파형동검문화를 공유하는 공통점 외에 별다른 문화적 유대관계를 찾을 수 없었다. 요서지역 역시 석곽(목관)묘라는 또다른 계통의 석묘문화를 공유하고 있었지만, 그러한 석묘전통의 유사성은 내몽고 동남부의 하가점상층문화(석관묘와 석곽묘)인이나 두만강유역의 유정동문화인(석관묘)들도 마찬가지였다.

본서에서는 단순히 석묘문화를 공유하였다고 해서 모두 유사한 문화계통으로 보는 시각과 거리를 두고자 한다. 중요한 것은 기원전 7~6세기를 기점으로 요서의 십이대영자문화가 요중지역으로 진출함은 물론 두 지역의 청동기문화인들이 드디어 강한 유대감을 형성하게 된다는 점이다. 그러한 배경에는 아마도 당시 급작스레 쇠락하기 시작하는 하가점상층문화의 내부사정과 연관된 것으로 파악된다. 이들의 쇠락이 제 환공의 산융정벌로 인한 여파였는지[30] 혹은 기후환경 변화로 인해 당지 토착계 농경민들의 세력이 약화되면서 새롭게 유입된 유목민족들에게 터전을 내어 주게 된 이유 때문인지,[31] 혹은 그러한 요소가 복합적으로 작용된 것인지는 확언할 수 없다.

분명한 것은 그러한 정세 변화 속에서, 당대의 가장 강력한 경쟁자가 존재감을 잃게 되었고, 그와 동시에 십이대영자문화인들이 서쪽지역으로 분포권을 확장해 나간 정황이 포착되는 점이다.[32] 하지만 그들은 노로아호산 이서지역에 새롭게 출현한 유목집단[33]의 출현과 함께 급격한 세력 확장에 주의하지 않을 수 없었을 것이다. 그나마 비파형동검문화를 매개로 그간 어느 정도

30) 박준형, 2014, 앞의 책, 115~130쪽.

31) 이후석, 2019, 「하북~요서지역 북방계통 청동단검문화의 전개와 성격」, 『동북아역사논총』63, 231~284쪽.

32) 오대양, 2019a, 「비파형동검 등장 이전 청동기문화의 변동- 遼西地域 魏營子文化를 中心으로」, 『영남고고학보』83, 140~150쪽.

33) 기원전 6~5세기 무렵 오한기와 적봉일대에 출현한 정구자유형 혹은 철영자유형 등의 성격을 유목문화에 기반한 동호 관련 족속으로 이해하는 연구(이후석, 2017b, 「고고자료를 통해 본 만번한」, 『동북아역사논총』57)를 참고할 수 있다.

의 유대관계를 구축할 수 있었던 요동지역민들과 협조하는 것이 새로운 세력의 동진을 견제하고 자신들의 기득권과 생활권을 유지하는 좋은 방법이 되지는 않았을까, 조심스럽게 추론해 본다.

사실 드러난 현상만을 직접 비교해 보았을 때 당시 요서지역민이 요동-서북한지역민에 비해 발전된 문화 수준이나 정치력 혹은 잘 정비된 도시체계를 갖추었다는 정황증거가 부족하다. 다만 다뉴경 등의 보다 다양한 청동제품이 부장되는 현상을 제시 할 순 있지만, 결국 그러한 차이점은 당시 사람들의 신앙체계나 사회성격의 다름으로 이해할 수도 있는 문제이다. 따라서 단순히 요서와 요중지역에 한정하여 최상위급 묘제로 인정되는 다뉴경 부장묘를 근거로 당시 연맹체-고조선의 주도권을 논하는 것은 한계가 있어 보인다.

그러한 시대적 분위기에서 기원전 6~4세기 무렵 요서계인 석곽(목관)묘인들이 천 · 백산지를 중심으로 구축되었던 석묘문화권에 동참하게 된 것으로 볼 여지도 충분하다. 요컨대, 요서의 십이대영자문화인[석곽(목관)묘], 요남의 강상유형인(적석총), 요동반도의 쌍방문화인(탁자형 고인돌), 요북의 이도하자유형인(석관묘)와 신성자유형인(개석형 고인돌), 서북한의 미송리유형인(석관묘, 동굴묘)와 표대유형인(고인돌, 석관묘, 석곽묘), 길림중서부의 서단산유형인(석관묘와 고인돌)들로 구성된 광역적인 성격의 석묘문화권을 구축하게 됨으로서 보다 강한 결속력을 다지게 된 것으로 이해된다.

이때를 기점(기원전 4세기)으로 다지역 문화복합의 성격을 보였던 고조선 연맹체는 고조선왕국기에 진입한 것으로 이해된다. 내적으로는 세형화된 비파형동검과 T자형 청동검병, 선형동부, 비파형동모, 동과, 동촉 등 한층 다양해진 무기체계가 왕권을 중심으로 군사권력이 집중되는 원동력이 되었을 것이고, 외적으로는 중원세력과의 빈번한 교역이나 경쟁 속에서 보다 잘 정비된 관료체계의 필요성이 대두되었을 것이다.

고조선 건국의 주도세력을 요서지역의 선진 청동기문화인으로 볼지 혹은 요동~서북한지역의 고인돌문화인으로 해석할지의 논쟁은 앞으로도 지속될 것이다. 다만 어떠한 입장을 따르던지 간에 요동-서북한지역의 석묘문화인들은 고조선왕국이 성립되는데 주요한 역할을 하였음이 분명하다. 그 중에서도 고인돌문화인들이 주도적인 역할을 하였음은 재론의 여지가 없어 보인다.

그렇다면 앞서 제기한 '고인돌을 과연 고조선 당시의 건축물(묘제)로 인정할 수 있는가'라는 의문에 대하여 충분히 긍정적인 답변을 얻을 수 있다. 아울러 고구려인들이 적석총문화를 계승하여 한층 발전시킬 수 있었던 원동력은 곧 고조선의 계승의식이 반영된 결과임을 인정 할 수 있다면, 그들 입장에서는 외래계였을 목곽묘제 대신 토착계의 석묘전통을 복원시킴으로서 선대의 정통성과 계승성을 확보하였고, 고인돌 대신 적석총을 중심묘제로 채택함으로서 '지지층의 기반을 다지는 한편 새로운 시대가 도래하였음을 알리는 상징적(명분) 수단(선전)으로 삼았을 것'이라는 추론도 가능하다.

여기에 고구려 초기단계 적석총의 구조와 매장풍습이 소멸기 고인돌의 그것과 상당히 닮아 있다는 점을 상기할 때, 과연 그들이 인지하였고, 계승하고자 하였던 고조선문화의 정수가 무엇이고 나아가 그 정통성(신앙체계 등)의 계보를 어디에서 구하였는지 어렵지 않게 유추할 수 있다.

주지하다시피, 고조선문화의 형성과정 혹은 고조선의 연맹체 구성이나 건국과정에는 여러 집단이 관여되었을 것이다. 다양한 문헌에서 반복적으로 거론되는 예, 맥, 발 혹은 예맥이나 한, 동이 등이 그러한 후보군이 될 수 있다. 하지만 아직까지 해당 종족들의 실존 여부조차 불투명하며, 그들의 실제 활동지역이나 문화내용 역시 거의 드러난 바 없다. 더구나 최근에는 고고학문화를 문헌 속 특정 종족과 대응시켜 보고자 하는 시도가 국내외에서 많은 비판을 받기도 한다.

고고학 자료를 역사기록과 비교하는 작업은 고고학의 다양한 방법론 중에 하나일 뿐, 궁극적인 목적이 될 수는 없을 것이다.[34] 문헌에 기록된 민족집단의 명칭은 매우 다양한 맥락에서 등장하며, 그러한 세력들이 특정시기와 지역에 실존하였는지 또한 불분명하기에 이들을 고고학 자료와 비교하는 작업은 보다 신중한 접근이 요구된다.

문헌 속에 제시된 다양한 종족 명칭은 아마도 그들이 활동하였을 혹은 그 후대의 시대적·정치적 상황에 따라 각자의 필요에 의해 서로 묶이기도 서로 구별되기도 하였을 것이다. 타자의 시선에서 그들은 예나 맥, 혹은 예맥, 조선, 동이 등으로 불려 왔

34) 강인욱, 2016, 앞의 글, 36쪽.

을 수도 있지만, 자신들이 내세우는 정체성이나 집단(종족)명은 반드시 그(타자의 시선)와 같지는 않았을 것이다. 그래서 어느 한가지의 고고학적 문화·유형을 예나 맥과 같이 문헌 속의 특정 종족과 일대일로 대응시키는데 깊이 천착할 것이 아니라 당시 주변지역의 문화상과 구분되는 몇 가지의 대표적인 문화유형을 선별하고, 그들로 하여금 특정시기와 지역에서 활동한-문화인-유형인으로 잠정하는 것이 나아 보인다는 지적도 충분히 설득력 있게 다가온다.[35)]

다만 기원전 10~7세기 무렵 천·백산지를 중심으로 구축되었던 석묘문화인들의 생활·변화상과 기원전 6~4세기 무렵 요서와 길림 동남부지역까지 확장되어 보다 광역적인 행보를 보인 문화복합형태의 석묘문화인들은 마치 문헌 속에 표현된 고조선 사람들의 활동상과 많이 닮아 있음에 주의할 필요가 있다. 타자의 시선에서 기록된 고대 중국계 문헌 속의 내용들을 최대한 엄격하게 적용하여 추론해 보아도, 대략 기원전 7~4세 무렵에는 지금의 요서와 요동 혹은 서북한지역에 고조선이라 불리 운 정치체가 성립되었고 기원전 4~3세기 무렵에는 중국식 왕호와 함께 관료체계를 정비한 왕권국가로 진입하게 된다.

본서에서 주목하는 청동기시대 요동~서북한지역 석묘문화권의 형성과 확장과정도 그와 비슷한 맥락으로 전개된다. 이들은 대략 기원전 10~8세기를 기점으로 상호간에 유사한 석묘문화권

35) 오강원, 2013,「요령지역의 청동기초기철기시대 복합사회의 형성과 사회 변동」,『선사와 고대』38.

을 형성(요동~서북한)해가더니, 기원전 7세기 무렵에는 고인돌 문화를 중심으로 비파형동검계 청동기조합과 미송리형계 토기 문화가 통합적인 성격의 발전상(요동~길림 중남부~서북한)을 보이다가, 기원전 6~4세기를 기점으로 요서계의 합류(묘제 · 청동기 · 토기조합)와 함께 한층 진전된 복합사회로 전환되는 점이 그러하다.

그렇게 보았을 때 이지역 석묘문화권의 구축과 확장과정은 마치 고조선의 연맹체구성이나 왕권국가 진입과 맥락을 함께 하는 듯 인상을 준다. 그렇기에 더욱 더 제한적인 문헌기록에만 의지할 것이 아니라 보다 풍부하고 실증 가능한 고고학자료에 주목할 필요가 있다.

그간 고조선사와 그 문화내용에 관련된 연구성과 목록과 주요 내용만 간추려 소개해도 단행본 수준의 연구서 여러 편으로 엮어 내기 충분하다. 현 수준에서 드러난 고고학적 현상들과 적용 가능한 이론을 몇 가지 활용하기만 하여도 고조선 건국의 주도세력과 그 중심지 문제에 대한 접근이 충분히 가능하리라 여겨진다.

2. 고조선 건국의 주도세력과 중심지 문제[36)]

고조선 건국의 중심세력을 논의하는 데 있어 당대 청동기문화

36) 본 내용은 필자의 2019년도 글(「수원천변 고인돌 축조집단의 성격과 그 주변」, 『수원학연구』15) 중 제4장. '수원천변 고인돌 사회의 성격과 고조선'에 언급된 내용 중 일부를 요약 · 발췌한 것이다.

의 선진성과 발전 수준이 자주 거론된다. 기원전 일천년기 무렵의 청동기문화는 확실히 요서지역이 요동과 서북한지역에 비해 선진적임을 부정할 수 없다. 그런데 중요한 점은 지금까지 청동기가 발굴된 대부분의 유적이 무덤이라는데 있다. 무덤에 부장된 청동기류의 종류와 양적 비교를 통해 청동기문화의 수준을 가늠한 것이다.

분명한 사실로서 요동과 서북한지역의 고인돌에서는 청동기가 매우 빈약하게 출토된다는 점이다. 이러한 현상에 대하여 고인돌이 외부에 노출된 관계로 파괴가 쉽고, 부장품이 잘 남아 있지 않는 다는 사실을 상기시키고자 한다. 그와 함께 고인돌의 특성을 떠올려 보자.

고인돌은 이것이 무덤임을 명확하게 드러내는 것이 조성 목적이다. 그래서 외부인들에게 보다 잘 인식될 수 있도록, 가능하면 크고 웅장하게 조성하려는 특성을 가진다. 보다 크고, 웅장하게 만든 것은 보다 부귀하거나 상위계층의 무덤임을 누구나 알 수 있다. 상위계층의 무덤에는 보다 많고 진귀한 보물이 부장된다는 것을 당시 사람들도 잘 인지하고 있었을 것이다. 그렇기에 무덤의 조성 당시는 물론 그 후로도 지속적인 도굴의 위험에 처하게 된다. 그러한 사실은 고인돌 축조인들 역시 충분히 인지하였을 것이다.

그러한 인지 속에서 과연 당시 사람들이 고인돌 안에 진귀한 보물을 다량 부장할 가능성이 얼마나 되겠는가? 특히 비파형동검은 당시 누구나 쉽게 접할 수 없는 최첨단 무기에 속한다. 그러한 최첨단 무기를 누구나 쉽게 인지할 수 있는 곳에 자리할 뿐 아니라 도굴의 위험도 큰 고인돌에 아무렇지 않게 부장할 수 있었을까?

이와 함께 고려되어야 할 것이, 요동과 한반도의 고인돌에서 적게나마 출토되는 비파형동검류는 대부분 파손품이 많다. 비파형동검을 파손하여 부장하는 이유는 죽음을 상징적으로 표현하는 제의적 해석도 가능하겠지만, 도굴 등으로 인해 불손한 의도를 가진 자들이 비파형동검을 입수하는 것을 방지하는 한편 그러한 과정, 예를 들면 단순히 비파형동검을 얻기 위해 고인돌을 훼손하는 것을 방지하는 목적도 있지 않았을까. 고인돌은 그 축조 과정상 당시 최상위층의 묘제라는 사실과 그것이 자리한 공간역이 대중들에게 공개될 수밖에 없다. 만약 그 안에 보편적으로 비파형동검이 부장되었다면, 그러한 위세품을 손쉽게 얻기 위하여 고인돌을 훼손하는 사례가 증가하였을 것이다. 고인돌에 비파형동검을 부장하되 재활용될 수 없도록 훼손하는 현상은 그러한 맥락에서 이해할 수 있다.

예외적으로, 기원전 10세 무렵에 조성된 것으로 판단되는 쌍방 6호 고인돌에서는 완형의 비파형동검과 선형 동부의 거푸집이 출토되었다. 비록 비파형동검이 아닌 선형동부의 거푸집이긴 하지만 이는 곧 쌍방유형의 사람들 역시 자체적으로 청동무기를 제작할 기술력과 자원이 있었다는 것을 의미한다. 이처럼 비파형동검문화의 초창기에는 고인돌 내부에 자체 제작한 완형의 비파형동검을 부장하기도 하였으나, 추후 도굴의 위험을 인지하게 되면서 차츰 그러한 행위를 그만 둔 것이 아닐까 한다. 아울러 다량의 청동기가 부장된 사례가 있었을지라도 고인돌이라는 특성상 그것이 현재까지 잘 보존되기란 쉽지 않은 일이다.

여러 가지 면에서 고민해 보았을 때, 특히 고인돌이 가지는 상징적 의미와 그 조성 목적을 상기할 경우, 그 내부에 다량의 청동기가 부장되는 것은 어울리지 않는다. 그러한 사실을 단순히 청동제작술의 낙후로 인식하거나 조성집단의 사회적 발전 수준을 저평가 하는 지표로 삼아서는 안 될 것이다.

반면 석관묘과 토광묘(목관묘) 등은 기본적으로 외부에 노출되지 않기 때문에, 조성 당시 일정 기간 동안만 관리가 잘 이루어졌다면 비교적 긴 시간 동안 무덤의 원형과 그 안에 부장된 청동기류가 그대로 보존될 수 있다. 따라서 고인돌에 비해 큰 부담 없이 부장품목도 다양화 될 수 있었을 것이다.

그렇다고 해서 요동지역에 비해 요서지역의 청동기문화가 발전되었다는 사실이 부정될 수는 없다. 요서와 요동 두 지역에 모두 존재하는 유사한 성격의 묘제, 예를 들면 석관묘나 석곽묘, 목관묘 등에서 확인되는 청동기의 부장품목을 보면 요서지역이 훨씬 다양하고 세련되었음을 쉽게 인지할 수 있다. 다만 무덤의 조성목적과 사회적 활용도는 고려하지 않고 청동기의 부장성만을 가지고서 보다 상위 등급의 묘제로 파악하는 인식은 재고되어야 한다.

비파형동검문화기 요하를 경계로 구분되는 두 지역의 청동기 제작집단은 크게 4가지계통으로 분별될 수 있다. 첫째는 요서의 십이대영자문화인이며 주요 묘제는 석곽(목관)묘이다. 둘째는 요동반도 남단의 강상유형인이며 주요 묘제는 적석총이다. 셋째는 요동반도권의 쌍방유형인이며, 주요 묘제는 고인돌이다. 넷째는 요동 북부권의 이도하자유형인이며 주요 묘제는 석관묘이다. 모두 관련 유적에서 청동기 거푸집이 출토된바 있기에 자체적인 청동기제작술을 가진 것으로 볼 수 있다. 아울러 그 인접지역인 길림지역에는 서단산유형인이 석관묘를 주요 묘제로 하였고, 서북한지역에서는 표대유형인들이 고인돌과 석관묘를 주요 묘제로 사용하였다. 이러한 주변집단의 비파형동검문화는 요서혹은 요동지역민들을 매개로 공유되었을 것으로 본다.

묘제가 가지는 상징적인 의미를 고려할 때, 이상의 각 지역민들은 모두 고유한 신앙체계와 관습, 매장풍습 등을 가진 독립집단으로 볼 수 있다. 하지만 비파형동검이라는 독특한 형태의 무기체계를 공유하는 점에서 상호 의존적인 군사적 성격의 관계를 생각해 볼 수 있다. 이들은 자신들의 정체성을 표현하는 수단으로서 고유한 묘제와 매장방식을 고수한 것으로 이해된다. 그와 동시에 각 묘제들은 시간성을 달리하면서 공유되는 지역적 보편성을 보이기도 한다.

예를 들면 비파형동검문화의 전반부에는 석관묘가 가장 넓은 분포상을 보이지만, 후반부에 이르면 요서지역에 기반한 석곽(목관)묘와 토광묘제가 보다 광역적인 분포상을 가진다. 반면 고인돌은 전시기와 형식을 아울러 요하를 경계로 분포의 한계선이 명확하다. 탁자형 고인돌은 문화 초창기 요동반도권에서 서북한지역으로 동쪽방향의 확장성을 보이며, 비파형동검문화기에는 다시 요북과 길림지역으로 순차적인 확산 과정을 보인다. 개석형 고인돌 역시 비파형동검문화기 동쪽방향으로의 순차적인 확산과정을 보인다는 점에서 공통적이다.

즉 비파형동검문화의 초창기 요하를 경계로 요서의 석곽(목관)묘계와 요동의 고인돌계가 대척점을 이룬 것으로 파악된다. 비록 동일한 무기체계를 공유하고 있었지만, 집단의 정체성과 각자 자신들의 생활영역은 엄격히 구분된다. 고인돌에 제의와 제단적 요소가 포함된 것은 주지의 사실이다. 요서계의 목관묘에 부장된 다뉴경 역시 제의나 신앙적 요소에 관계되었음이 잘 알려져 있다. 두 집단은 서로 다른 방식의 신앙체계로서 제의를 주관하였고 그것이 묘제에 그대로 투영되어 있음이다.

한편 비파형동검문화의 초창기 석관묘가 가지는 광역성은 쉽게 구하여 다듬어 사용할 수 있는 재료(석판재)의 특성이 반영된 것으로 이해된다. 그러나 후반부에 접어들어 석곽내부에 목관을 두는 독특한 구조의 묘제(석곽목관묘 혹은 목곽묘)가 요동~서북한지역에서도 조성되는 현상은 보다 특별한 의미를 가질 수 있다. 요동과 서북한지역에서는 상당히 이질적이던 요서계의 묘제가 공유되었다는 사실은 집단의 신앙체계나 정체성이 공유되었음은 물론 문화영역의 확장 등을 충분히 예상할 수 있기 때문이다. 따라서 이때를 기점으로 요서와 요동지역민의 결속이 한층 강화된 것으로 볼 수 있다.

그와 동일한 맥락에서 시종일관 요하 이서지역으로 분포범위를 넘지 않은 고인돌은 지역적 개성이 명확한 묘제로 이해된다. 단순히 적당한 크기의 덮개돌을 주변지역에서 쉽게 구할 수 없었다는 설명만으로 넘길 수 없는 부분이다. 요동지역에서 고인돌이 축조되던 시기 요서지역의 청동기문화 관련 유적을 답사해 보면 덮개돌로 사용되어질 만한 암석군이 다수 확인된다. 심지어 비교적 경사가 완만한 산구릉 곳곳으로 덮개돌 크기의 가공되지 않은 석재들이 자주 눈에 띄기도 한다. 비슷한 현상을 적석총 분포권인 요동반도 남단에서도 찾을 수 있다. 일부의 적석총 중에는 개별 묘실 상부에 고인돌에 버금하는 대형 덮개돌이 올려져 있기도 하다. 단순히 적당한 재료의 부재만으로 고인돌 조성의 한계를 설명하기가 어려운 이유이다.

오한기 성자산유적 암석군

건창 동대장자유적 뒷산 암석군

〈그림 6-1〉 대련 왕보산유적 적석총 및 묘실개석

석관묘나 석곽묘, 목관묘제의 조성에 드는 노력은 고인돌에 비해 크지가 않다. 특히 초대형의 고인돌은 누구나 원한다고 쉽게 만들 수 있는 성격의 건축물이 아니다. 단언컨대 이들 중 가장 상위 등급의 묘제는 초대형의 탁자형 고인돌이 될 수밖에 없다. 그것을 조영할 지역사회의 규모와 경제비용이 반드시 고려되어야 하며 노동력을 제공할 당사자들의 합의(일정)를 이끌어낼 창구가 필요하다.

소규모의 한 지역집단이 천여 명에 가까운 건장한 노동력을 모두 충당할 수는 없었을 것이다. 적어도 몇 개 이상의 집단에서 차출될 것인데 그러한 집단들간에 노동력이 제공되는 일정과 비용문제를 결정하고 합의점에 이르는 과정은 결코 쉬운 문제가 아니다. 각 지역민들의 의견을 적절히 조율할 수 있는 관리기구나 이를 강제할 수 있는 통합적인 성격의 정치기구가 존재하였다는 반증이 된다. 따라서 단순히 부장된 청동기류의 빈약성만을 가지고서 고인돌 사회를 군장사회에 도달하지 못한 단순 족장사회로 파악하거나 석(목)곽묘에 비해 하위등급의 묘제로 규정하는 것은 수긍하기 어렵다.

그러한 맥락에서 이해 할 때 당시-기원전 천년기 중후반-의 요서지역은 초대형의 고인돌을 축조할 만큼 세력화, 조직화되지 못하였다는 논리가 보다 설득력 있게 다가온다. 반면 요동반도권은 적석총이라는 유구한 석묘전통이 2천년가까이 유지되었을 뿐만 아니라 이지역 석묘전통의 시원문화라는 상징성 또한 작용되었을 것이기에 고인돌 축조의 명분과 기대효과가 크지 않다.

그러한 적석총문화인들에 대한 존중이나 배려도 충분히 예상될 수 있다.

요동과 서북한지역에 비파형동검과 다뉴경이 부장되는 석(목)곽묘가 조성되는 시점을 기원전 6~4세기 무렵으로 볼 수 있다. 이시기 해당 지역에는 고인돌문화가 건재하였으며, 심지어 서북한지역에서는 한층 다양화되고 발전된 양상을 보이기도 한다.[37] 관련 묘제들의 지역적 분포상을 비교해 보면, 당시의 석(목)곽묘는 해당 지역 석묘문화의 한부분으로 작용될 뿐이다. 토착묘제에 비해 월등히 압도적인 규모나 입지를 가지지도 못하며, 그에 부속되는 문화현상 역시 간출하다. 오히려 상당히 제한적인 수용을 보인다는 측면에서 고인돌문화를 압도한 정복자의 묘제이거나 혹은 전국연과 전쟁을 불사할 정도로 성장한 고조선 왕의 무덤으로 보기도 힘들다.

'당시 가장 선진적이고 발전된 청동기문화를 보유한 사람들이 고조선 건국의 중심 세력이다'라는 명제를 수용한다고 하더라도 역시 고조선 건국의 주도세력은 고인돌문화인이 될 수 있다. 당시의 석(목)곽묘는 이미 고인돌문화를 중심으로 구축되었던 광역적인 석묘문화권에 동참한 것으로 볼 수도 있기 때문이다. 그러한 맥락에서 요서의 석곽묘인과 요동~서북한의 고인돌문화인

37) 이시기에 축조된 고인돌과 석관묘유적의 단계성에 대해서는 앞서 충분히 검토되었기에 중언하지 않겠다. 분명한 것은 기원전 6~3세기 무렵 요동 남북지역과 서북한지역에서는 각종 다양한 형태의 고인돌이 여전히 건재하였고, 그 내부에서 당대의 표지성을 가지는 청동유물(위세품) 들이 충분히 출토되고 있다는 점이다. 그간 이시기 고인돌의 명확한 조성사례가 부족하다고 평가하였던 점은 사소한 오해에 불과함을 지적하고 자 한다.

이 연맹체적 성격의 정치집단을 구성한 것으로 볼 수 있겠고, 이를 고조선연맹체가 완성되는 과정으로 이해할 수 있다.

바로 이들이 보유한 청동기문화가 소위 고조선의 청동기문화일 것이며, 당시의 국제정세와 지역집단의 규모 및 문화현상을 종합적으로 고려하였을 때 가장 상위등급의 묘제는 초대형의 탁자형 고인돌이 될 수도 있다. 비록 그러한 고인돌에는 최상위 등급의 청동기가 부장되지는 않았지만, 반드시 그렇게 전재되어야 할 필연성은 존재하지 않는다.

상식적 이해와 전략적 측면에서 고려해 볼 때 초대형의 탁자형 고인돌을 축조하기 위한 일련의 과정들을 연맹체의 구성원들과 공유하는 것만으로도 체계적으로 잘 정비된 세력의 위세를 과시하기에 충분하다. 부장품목의 다양화와 고급화는 얼마든지 선택적으로 가변될 수 있는 문제이며, 조사 당시의 공교로운 우연의 일치일 수도 있다.

집안시의 광개토대왕릉과 장군총 등의 조사에서 만족할 만큼의 부장품이 확보되지 못하였다고 하여, 그것이 고구려의 왕릉급 무덤임을 부정하는 연구자는 거의 없다. 집안시 일대 수천여 기의 적석총이 모두 고구려왕의 무덤이 아니듯이 요동과 한반도에서 조사된 4만 기 가량의 고인돌이 모두 고조선의 왕릉급 무덤이 될 수는 없는 것이다. 동일한 묘제와 매장풍습을 차용하였으면서도, 유독 독보적인 규모와 입지를 가지는 소수의 몇 기만이 그 대상으로 거론될 수 있다.

근본적으로 고인돌에 청동기 위세품이 잘 부장되지 않는 특수성에 유의 할 때, 고인돌문화권에서 확인되는 차상위 등급의 묘제에서 확보된 청동기 부장품은 고인돌문화의 최상위 계층도 생전에 공유하였을 가능성이 충분하다. 그렇게 보았을 때 요북의 석관묘문화인(이도하자유형)과 분포범위가 중복되는 개석형 고인돌문화인(신성자유형) 역시 생전에 비파형동검과 동모, 선형동부, 동촉 등을 무기류로 활용하였을 가능성이 다분하다. 비록 고인돌의 형식과 분포구를 달리하긴 하지만 요동반도권의 쌍방6호 고인돌에서 출토된 비파형동검과 선형동부의 용범이 이도하자유적이나 성신촌유적의 그것과 흡사한 것은 그러한 추론에 무게를 더해 준다.

적어도 고조선의 시공간과 교집합되는 석묘문화권에서 사용된 청동제품들은 그들의 청동기문화의 수준을 가늠해줄 단서가 될 것이며, 간접적이나마 고인돌문화인들이 생전에 사용하였을 청동기의 종류 및 그에 준하는 문화발전 수준을 예상할 수 있게 해준다. 요동반도 남단의 기원전 7~4세기 무렵 적석총유적 및 동시기에 병행된 요동북부권의 석관묘유적 출토품을 사례로 들 수 있다. 여기서 고조선의 청동기 제작 수준은 고인돌문화인이 사용하였을 청동무기의 종류와 수준을 보여는 지표가 될 수 있다.

만약 고인돌을 고조선 사람들이 남긴 건축물(묘제)로 인정할 수 있다면, 당시 요동~서북한지역 최상위 집단의 묘제나 기념물로 이해되는 초대형의 탁자형 고인돌 역시 생전에 그러한 고조선 사회에서 제작된 최상품의 청동기를 사용할 자격이 충분하기 때문이다. 비단 그들이 사후 안식하게될 거대한 석묘전통의 특성상 부장품으로서 그것을 껴묻지 못하였을 뿐이다. 이와 함께 당시의 요중지역(양가촌과 정가와자 등)을 고조선의 영역범위에 포함시킬 수 있다면 동일한 문화내용과 수준을 보이는 요서의 조양과 건평, 금서 등지의 석곽묘유적 역시 그 대상이 될 수 있다. 이미 고인돌문화권에 동화된 기원전 4~3세기 무렵의 요동~서북한지역 세형동검문화[38] 역시 고려 대상이다. 이처럼 여러 가지 측면에서 재점검 해보아도 고인돌에 청동기 부장이 빈약하다는 이유 하나가 그들의 청동기제작술이나 그 문화수준을 저평가할 근거가 되지 못함을 재확인할 수 있다.

기원전 7~3세기 무렵 요서와 요중, 요동~서북한지역을 아울러 가장 선진적인 청동기문화를 보유한 곳은 요서지역임이 분명하다. 그 중에서도 건평지역 일대 석곽묘유적 중에는 심양의 정가와자유적 바로 직전단계의 것들이(대한랍구와 포수영자유적 등[39]) 다수 존재한다. 최근 홍성 주가촌유적의 발굴을 통해 조양 인근지역에서도 정가와자유적에 버금하는 수준의 청동기부장묘가 존재할 가능성이 높아졌다.[40] 단순히 청동기 부장묘의 등급화 정도로서 고조선의 중심지를 논하게 된다면 기원전 7~4세기 무렵의 건평-조양지역과 기원전 4~3세기 무렵의 건창 동대장자유적[41] 등이 그 대상지로서 가장 적합하게 된다.

---

38) 여기에는 다뉴경과 소위 요동식 동과 등이 포함된다.

39) 李殿福, 1991,「建平孤山子, 榆樹林子青銅時代墓葬」,『遼海文物學刊』2.

40) 成璟瑭, 2017,「중국 동북지역 청동기 고고학의 최신 연구 성과」,『2017년 한국상고사학회 학술대회 논문집』, 1~6쪽.

41) 遼寧省文物考古研究所 외, 2014,「遼寧建昌縣東大杖子墓地M40 · M47的發掘」「遼寧建昌東大杖子墓地2001·2002年發掘簡」,『考古』12 ; 遼寧省文物考古研究所

그러한 논리는 결국 고조선문화는 위만조선 성립(기원전 2세기 초)이전까지 시종일관 요서지역에 국한되어 전개되었다는 이야기로 비약될 우려가 있다. 유사한 맥락에서 만약 다뉴경 부장묘만을 고조선의 최상위층 묘제로 인정하여 기원전 6세기 무렵 심양의 정가와자 6512호 목곽묘를 지목한다면, 그 다음단계인 기원전 4~3세기대 해당 지역에서 다뉴경 부장묘가 확인되지 않는 현상과 이를 대체할 만한 보다 발전된 형태의 청동기부장묘가 없는 현상도 아울러 설명되어야 한다. 그것이 불가능 하다면 세형동검기의 다뉴경 부장묘는 더 이상 고조선의 왕릉급 묘제로 작용하지 못하였거나 그러한 논리가 처음부터 오해였을 가능성이 있다.

그렇다면 정가와자 6512호 묘 역시 적어도 요동과 서북한지역에서는 고조선 최상위 계층의 묘제로 수용된 적이 없게 된다. 그것을 부정할 경우 결국 기원전 6세기 무렵 고조선의 세력권은 단지 요서와 요중지역에 머물러 있었다는 논리로 비약될 수 있다. 그 이유는 이시기 요동과 서북한지역에서는 고인돌과 석관묘문화가 건재하며 초대형의 탁자형 고인돌이 집중적으로 축조되는 시기이기 때문이다.

동시기성을 보이는 서로 인접한 지역집단의 최상위급 묘제의 우위를 가려내기 위해서는 그 안에 부장된 위세품의 종류와 수량을 비교하는 방식이 가장 안정적임을 인정한다. 하지만 그러한 비교에 앞서 반드시 고려되어야 할 사항이 있다. 그것은 비교

외, 2015,「遼寧建昌東大杖子墓地2003年發掘簡報」,『邊疆考古研究』18.

가 이루어질 대상집단의 사회성격과 각 묘제에 반영되었을 해당 집단의 사후인식, 즉 신앙체계의 문제이다.

앞서 논증한 바와 같이 고인돌에는 다량의 위세품을 부장할 이유가 없다. 그것은 고인돌이 가지는 외형적 특수성과 함께 해당집단의 사후 · 신앙관과 관계된 것이다. 그러한 점은 고려되지 못하고 단순히 부장품목의 비교만을 가지고서 해당 집단의 사회적 성격을 단정 지어서는 안 될 것이다. 따라서 본서에서는 요서계의 다뉴경 부장묘를 고조선의 최상위급 묘제로 보는 관점을 잠시 보류하고자 하며, 십이대영자문화의 상위계층이 요중지역(고인돌 문화권 외연지대)에 진출하게 됨으로써 당시의 석묘문화권에 동참하게 된 사례로 보고자 한다. 타자의 시선에서는 그들을 한데 묶어 고조선으로 인지하였을 가능성도 충분히 예상된다.

덧붙여, 만약 기원전 6~5세기대 정가와자유적을 당시 고조선 연맹의 최고 수장층 무덤으로 본다면, 기원전 4~3세기 서북한과 한반도 서남부에서 확인되는 다뉴경 부장묘 역시 동일한 맥락에서 이해되어야 한다. 주지하다시피 이시기는 요서와 요동지역에서 세형동검문화가 전개되는 시점으로 그와 관련된 다뉴경 부장묘는 아직까지 확인된 바 없다. 그렇다고 해서, 초대형 탁자형 고인돌을 제외할 경우, 이를 승계할 만한 왕릉급의 묘제가 확인되지도 않았다.

그렇다면 당시 고조선의 세력권은 한반도로 국한되어야 좀 더 자연스러워 보이며, 보다 다양하고 화려한 청동기류가 부장되는 한반도 서남부지역이 중심지로서 적합하다. 아직 조사례의 부족을 원인으로 꼽는다면, 그와 동일한 맥락에서 향후 요동지역의 고인돌에서 다뉴경 부장묘에 버금할 혹은 그 이상의 최상급 부장묘가 조사될 가능성도 함께 고려되어 한다. 가장 이상적인 기대치는 초대형 고인돌 내부에 명확한 구조의 목관이 잔존하면서 세형동검과 다뉴경 및 각종 청동의기류가 조합된 사례가 될 것이다. 이처럼 가능성을 논하자면 연구자의 기대치를 한정하기 어렵다.

기원전 6세기 무렵 요하 이동지역에서 요서계의 진출 흔적은 심양 지역에 한정되어 있다. 그것은 당시 고조선의 영역권으로 추정되는 요서, 요동, 서북한지역 중 고인돌 중심분포권에서 한참 벗어나 있다. 만약 당시 요서계 집단과 고인돌 문화인간에 모종의 정치적 관계가 성립되었다면 그들의 요동진출은 정복적 개념의 진출로 이해하기 보다는 고인돌 문화인들의 배려로서, 고인돌을 중심으로 구축되었던 당시의 석묘문화권안에 동참한 것으로 보는 것이 합리적이다. 아마도 요양의 양가촌유적이나 심양 정가와자유적은 당시 요서계 최고 실력자의 무덤이라기보다는 그 대리인 정도 수준에 국한될 것으로 여겨진다. 그렇게 이해할 때 그 다음시기 최고의 부장품목을 보이는 건창 동대장자유적의 성격을 이해하기가 쉬워진다.

기원전 7~4세기 무렵 고조선의 시공범위 안에서 들어난 고고학적 문화현상을 종합적으로 비교해 보면 당시의 문화 흐름을 주도하던 세력은 요동과 서북한-길림지역에 작용된 복합적인 형태의 석묘문화, 그 중에서도 요동반도권의 고인돌문화인이 유력하다. 정가와자유적을 거점으로 요서의 보다 발전된 청동기문화를 수용하되 이를 적절히 통제함으로서 지역적 균형을 맞춰간 것으로 판단된다. 기원전 4~3세기 무렵 요서의 동대장자유적[석곽(목관)묘계], 요남의 와룡천유적(적석총계), 요동북부의 상보촌유적(석관묘계), 길림중남부의 서황산둔유적(고인돌계), 서북한지역의 신성동유적(석곽묘계) 등 세형동검계 유적들이 적절히 균형을 맞춰가며 병립한 점에서 그러하다.

이시기 요동반도권에서 명확한 조성연대를 알 수 있는 초대형의 탁자형 고인돌은 확인할 수 없지만, 지리적 위치와 입지, 규모, 건축기법과 석재의 다듬어진 정도 등에 미루어 개주 석붕산과 장하 대황지 고인돌이 그 후보로 유력하다. 입지와 건축기술면에서 유사한 형태를 보이는 보란점 석붕구, 해성 석목성, 와방점 대자, 금주 소관둔, 대석교 석붕욕 등의 탁자형 고인돌 역시 덮개돌 규모가 5~7m 사이의 초대형급이지만 석재의 다듬어진 정도와 묘실의 정교한 교합면에서 앞서 제시한 석붕산과 대황지 고인돌에 한참 부족하다.

특히 이들은 초대형 고인돌 주변으로 2~3기씩 짝을 이룬 중대형 고인돌이 존재한 점에서도 차이가 있다. 덮개돌이 이미 파괴된 관계로 개주 석붕산에 비해 덜 유명하긴 하지만 장하 대황지 고인돌 역시 잔존한 덮개돌의 규모가 7m 이상으로 본래의 규모는 석붕산 보다 컷을 것으로 추정되고 있다. 석재의 다듬어진 정도 역시 석붕산에 버금되는 수준이다.

무엇 보다 이처럼 정교하게 다듬어진 덮개돌 8m 이상의 초대형 고인돌이 개주와 장하 등 요동반도권 고인돌의 중심 분포권 최 중심부에 각 1기씩만 단독으로 배치된 점이 주목된다. 대황지 고인돌의 묘실 바닥에서는 불에 탄 인골이 검출된 점에서 해당 고인돌이 무덤으로 사용되었다는 증거가 충분하다. 앞서 서북한의 대동강유역에서는 덮개돌 규모 7m 이상의 탁자형 고인돌이 적어도 기원전 7세기 무렵부터 축조되기 시작한 것으로 파악하였다. 서북한의 초대형 고인돌 역시 수기씩 짝을 이루어 배치된 공통점을 보인다. 정황상 요동반도권에서 유사한 규모와 입지, 중대형 고인돌과 배치관계, 다듬어진 정도를 보이는 보란점 석붕구 등의 고인돌들 역시 유사한 조성연대를 가질 것으로 추정된다.

하지만 고인돌 분포권 중심부에 단독으로 배치되면서 압도적인 규모와 정교한 석공 기술이 아울러 베풀어진 개주 석붕산류의 초대형 고인돌은 고조선의 시공범위 내에서 유일한 사례가 된다. 만약 이러한 초대형의 탁자형 고인돌이 고조선의 왕릉급 무덤으로 사용되어 졌다면, 가장 유력한 후보로서 손색이 없다. 대동강유역에서 유사한 규모와 입지를 보이는 것이 존재하지만 석붕산류와 같이 정교한 석공 기술이 적용된 사례는 없다.

가장 근접한 것으로 황해북도 은율 관산리 1호의 덮개돌이 8m 이상이지만 주변으로 중대형 고인돌이 군집을 이루는 점과 다듬어진 정도에서 석붕산류에 비견될 수 없다. 철제 도구류가 본격화되지 않았던 상황에서 석붕산급의 석재 가공술을 구현해낸다는 것은 단지 장인의 섬세함과 정성만으로 이해하기 어려운 문제이다. 양질의 청동기가 다량으로 부장된 무덤 이상으로 대중들에게 파급되어질 위세적 가시 효과는 크다.

게다가 실험 고고학에 의하면 석붕산급의 초대형 고인돌 1기를 건설하기 위해서는 건장한 노동력 1천여 명 이상이 필요하다고 한다. 채석 과정을 거쳐 비탈진 경사면을 따라 구릉 정상부까지 옮겨와 다시 정교한 석공 기술이 베풀어지기까지의 공정은 물론, 받침돌을 세우고 그 위로 다시 무게 40톤 이상의 덮개돌을 올려놓기까지 전체적인 작업 공정은 수개월이 걸릴 수도 있다.[42] 여기에 근 1천여 명 가량의 인력에게 수개월간 제공될 경제비용까지 고려한다면 단순히 선사시대 어느 부족 집단의 이벤트성 행사 정도로 치부하기엔 지나치게 큰 대규모 토목공사이다.

고인돌 축조에 투입될 건장한 성년 남성들을 제외하고도 이들의 숙식 등에 관여될 보조 인력들까지 추산한다면 보다 많은 인력이 필요할 것이다. 아마도 상대적으로 근력이 부족하였을 노인층이나 여성, 아이들이 그러한 부대행사에 투입되었을 것이다. 또한 이처럼 대규모의 토목공사에 수개월간 노동력이 차출된다면 해당 집단의 사회유지를 위한 제반 시스템자체가 마비될 수도 있다. 그렇기에 기본적으로 사회 유지를 위한 인력은 남겨두고 여분의 노동력이 차출되는 형식이 되었을 것이다. 이처럼

42) 은율 관산리 1호 고인돌의 덮개돌 무게는 대략 40톤 이상일 것으로 추정되고 있다 (하문식, 1999, 앞의 책, 291쪽).

아주 기본적인 부분만 고려할 때에도 초대형 고인돌 1기를 축조하고자 하는 집단의 최소 구성원 수는 기본 인력 1천여 명의 최소 3배수는 고려되어야 한다.

적어도 3천 명 이상의 구성원을 보유하였으며 이들을 효율적으로 통제할 수 있는 시스템을 갖춘 집단의 사회성격을 단순 부족장사회로 이해하기 어렵다. 그것이 아주 불가능하지는 않겠지만, 도대체 무엇을 목적으로 사회 구성원 전부가 될 수도 있는 3천 이상의 인력을 조직화하고-만약 단순 부족장사회라 단정한다면-통솔하여 당시로서는 집단의 존폐 위기까지 초래할 수 있는 대규모의 토목공사를 단행하겠는가?

조금만 더 상식적으로 접근해 보면, 사회 유지에 그다지 큰 손실을 보지 않는 선에서 적당한 노동력을 장기간 제공할 수 있는 다수의 지역집단이 서로간의 합의에 의해 공사 기간과 인력 차출을 논의(정치기구)하였을 것이고, 거기에 충당되는 경제적 비용은 공동으로 마련된 제원을 사용(세금)하거나 공사의 총 책임자가 부담하는 방식이 되었을 것이다.

어떠한 방식이든 그것은 고대 국가에 버금하는 수준의 사회-적어도 요동~서북한지역에서는-에서나 가능한 일이다. 그리고 그러한 대규모 공사가 사회 구성원들간에 큰 반발 없이 단행될 수 있는 명분과 정치력, 그것이 적어도 무덤이라면 국가수준의 최고 통수권자의 무덤 즉 왕릉급임이 자명하다. 여러 가지 정황상 개주 석붕산 고인돌을 고조선 시기의 건축물로 인정할 수 있다면, 그것이 조성된 시점은 고조선이 고대 왕권국가에 진입한 기원전 4~3세기대의 사건임을 미뤄 짐작할 수 있겠다. 또한 그러한 시대로 전환되었음을 알리는 일종의 대국민 홍보 행사로 선전되었을 가능성도 있다.

결국 석붕산류의 초대형 고인돌은 고조선의 왕릉급 묘제일 수 있다는 결론에 도달하였다. 그렇다면 여러 가지 정황상 고조선 건국의 주도세력은 요동~서북한지역에 기반하여 세력을 결집한 고인돌문화인일 수 있다는 논리도 다시금 뒷받침 된다. 그와 동일한 맥락에서 왕권국가에 진입한 기원전 4~3세기대 고조선의 중심지는 왕릉급 묘제가 위치한 요동반도권, 그중에서도 천산산맥의 서남쪽, 발해에 근접한 곳이 될 수 있을 것이다.

고조선과 관련된 고대의 문헌 기록 중 현재의 요서지역을 지칭하는 자료는 상당히 제한적이다. 통설에 따르면 아사달 혹은 왕검성의 유력한 후보지는 요수의 동쪽, 즉 현재의 요하나 난하의 동쪽 혹은 평양이 될 것인데, 고인돌을 통해 접근해 보았을 때 현재의 요동반도권이 보다 설득력 있게 다가온다. 그렇게 이해하였을 때 『전국책』과 『산해경』에서 설명하는 고조선의 지리적 위치[43], 『관자』에 표현된 제나라와 교역을 한 모피의 산지로서 고조선의 위치를 조금 더 합리적으로 설명해 낼 수 있을 듯하다. 그것은 모두 요동반도를 공통적으로 가리키고 있음이다.

43) 『戰國策』에는 조선의 위치에 대하여 '燕나라의 동쪽에 "朝鮮遼東"이 있다'거나 『山海經』의 "朝鮮은 列陽의 동쪽에 있는데 바다의 북쪽 산의 남쪽에 있다'라는 기록을 참고 할 수 있다.

3. 소결

전술하였듯 아마도 기원전 7세기 무렵까지 요서와 요동지역의 정치체는 강한 결속력이 구축되지 못한 것으로 파악된다. 당시 식음문화를 대변해주는 토기구성의 차이점과 신앙관을 간접적으로 드러내 주는 주요 묘제의 다름이 그것을 잘 보여 준다. 다만 비파형동검문화의 공유라는 측면에서 일종의 군사적 성격의 관계망이 형성되었음은 고려해 볼 수 있다.

그렇다면 당시 서로의 공간역을 엄격히 지켜나가던 두 지역집단이 비파형동검문화라는 독특한 형태의 청동무기를 공유할 수 있었던 배경이 궁금하다. 모든 것이 정황론적 추론에 불과하겠지만, 향후의 연구 방향성을 제시한다는 측면에서 부족하나마 몇가지 의견을 제시하고자 한다.[44)]

비파형동검문화의 형성 이전, 요하 양안지역에 포괄적으로 영향력을 행사하던 초기 청동기문화로서 고대산문화를 지목할 수 있다. 고대산문화인들은 요하 평원지역을 주요 무대로 활동하면서 소위 북방계 청동도구류를 자체적으로 제작 하여 사용해 왔다. 기원전 12세기 무렵 요중지역의 고대산문화인들은 신락상층

44) 관련 내용은 필자의 2017년 글(「고대산문화의 묘제와 장속특징에 대한 검토-하가점하층문화와의 비교를 중심으로」, 『동양학』66)과 2019년 발표된 2편의 논고(「비파형동검 등장 이전 청동기문화의 변동-요서지역 위영자문화를 중심으로」, 『영남고고학』83 ; 「기원전 14~11세기 요서지역 토착문화와 중원문화의 상관성 검토- 묘제 양상의 비교를 중심으로」, 『동북아역사논총』63)에서 다루어진 내용 중 일부를 요약 · 발췌하여 보완한 것이다.

문화로 빠르게 전환되는데, 현재까지 발굴을 통해 정식으로 확보된 비파형동검 중 가장 빠른 연대를 보이는 것(신민 북애유적)이 바로 이 문화단계에서 제작된 것이다.

해당 동검은 신락상층문화의 하한연대를 적용하여 기원전 10세기대로 편년되고 있으나 더 올라갈 가능성도 있다. 아마도 고대산문화단계에 습득한 청동무기류의 제작기술을 활용하여 독특한 형태의 비파형동검문화가 개시되는 데 일조한 것으로 보인다. 그런데 그와 거의 동일한 제품이 요북의 철령 대산취자와 요남의 쌍방 6호 고인돌에서도 출토되었다.

쌍방 6호에서 공반된 미송리형토기의 가장 이른 형식 중 하나가 고대산문화 후기의 공주둔유적에서도 확보된 바 있다. 비록 쌍방유적 출토품과는 다르게 무문계로 분류되지만 단면 표주박형에 고리형 손잡이가 달린 점에서 장가보 A동 3층 무덤(기원전 12~11세기)에서 출토된 무문계 미송리형토기와 무척 닮아 있다. 따라서 단면 표주박형을 표지로 하는 특징적인 형태의 미송리형토기가 형성되는 배경에는 고대산문화의 영향도 일정 부분 개입되었음을 알 수 있다. 이와 함께 고대산문화의 토광묘 발치에 공통적으로 부장되는 적색마연호 상부에 발이 덮어진 형태의 토기조합상은 발구형(단면 표주박형)토기로도 불려지는 미송리형토기의 원형(발생기적 형태)를 보여주는 듯하다.

부연하자면 단면 표주박형태를 보이는 독특한 기형의 발구형토기는 처음 호형토기 상부에 발을 덮어 놓는 형태로 시작되었다가 점차 하나의 기물로 제작하는 관습이 생겨났다는 추론도

가능하다. 미송리형토기가 주로 부장전용의 명기로서 확인되는 사례로 보건데, 묘실에 부장만을 위한 용도로 특별 제작된 것일 수 있다. 그러한 관습이 요동반도권의 현문계토기와 접촉하면서 단면 표주박형에 현문, 각종 형태의 손잡이가 장식적으로 부가되는 전형특징이 완성된 것으로 여겨진다. 그렇다면 결국 요동반도권의 쌍방 6호 역시 비파형동검과 미송리형토기의 조합이라는 측면에서 고대산문화의 영향이 상당부분 관여된 것으로 볼 수 있다.

한편 요서의 십이대영자문화에 선행한 당지의 토착문화는 위영자문화이다. 대략 기원전 13~10세기 무렵까지 존속되며, 그간의 오해와는 달리 이 문화에서는 청동기를 자체 제작해 사용한 흔적이 관찰되지 않는다. 위영자문화의 형성배경에는 주변지역의 요소가 복합적으로 작용된 것으로 파악되는데, 그 중에서도 그 동쪽에 접경하였던 고대산문화의 영향이 상당 부분 작용되었다. 무엇보다 자체적으로 청동도구를 제작할 기술과 자원이 없었던 위영자문화에 뒤이어 전개된 십이대영자인들이 어떠한 배경 하에서 비파형동검을 제작할 수 있었는지가 불명확하다. 다만 이 역시 고대산문화인들과 관계된 것으로 이해할 때 당시 요하평원지역에서 제작되기 시작한 비파형동검문화를 어렵지 않게 수용할 수 있었을 것으로 본다.

즉 고대산문화를 매개로 하여 요중지역의 신락상층문화와 요남의 쌍방유형, 요서의 십이대영자문화인들이 비파형동검문화를 공유할 수 있게 된 듯하다. 특히 요동북부권의 경우 마성자문화의 후반기(기원전 12세기 무렵) 고대산문화의 요소(수이호와 발류)가 강하게 표출되며, 단면 표주박형의 무문계 미송리형토기 요소가 이도하자유형과 신성자유형에서도 지속되는 점에서, 요중지역에서 신락상층문화가 쇠락하는 기원전 10세기 이후에도 그 잔재가 오랫동안 유지되었던 듯하다.

요동북부권과 마찬가지로 무문계 미송리형토기가 강세를 보이는 서류송화강유역에서는 유독 생활유적에서만 삼족기가 대량 발견되고 있다. 바로 이러한 점이 요동남부 및 서북한지역과의 가장 큰 차별 점으로 볼 수 있는데, 고대산문화에서 신락상층문화기까지 요하평원지역의 초기 청동기문화인들은 주로 생활유적에서만 삼족기류가 확인된다는 공통점을 보인다. 요컨대 고대산-신락상층문화의 주요 토기 구성은 마성자-(이도하자)-서단산유형으로 연결되는 요북계 부장토기는 물론 생활토기상까지 매우 닮아 있음을 알 수 있다.

이상 기원전 12~10세기 무렵 고대산-마성자-쌍타자문화(요남)의 관계망 속에서 형성된 지역집단은 향후 미송리형토기(현문)와 비파형동검을 제작하는 쌍방유형인으로, 고대산-신락상층-마성자문화(요북)의 관계망이 주로 작용된 사람들은 미송리형토기(무문)과 비파형동검을 제작하는 이도하자유형과 서단산유형으로, 고대산-위영자문화(요서) 연결되는 사람들은 점토대토기와 흑색마연토기, 비파형동검 등을 제작하는 십이대영자문화인으로 전환됨을 알 수 있다. 따라서 각자가 보유한 토착계 토기문화를 바탕으로 비파형동검문화라는 공통점을 찾을 수 있는데 이는 바로 고대산문화와 강한 상호작용망이 표출되는 점에서 의미하는 바가 크다.

아마도 요하 평원지역을 무대로 활동하였던 고대산문화인들의 잔재로서 기원전 10세기 무렵 요중지역에서 비파형동검문화가 시작(기술혁신)되었고, 그것을 접한 소비자들의 효용성이 극대화되면서 소유하지 못한 자들과의 간극이 벌어지게 된 것이 아닐까, 조심스럽게 추론해 본다. 소유에 대한 자격요건은 아마도 원천기술 보유자로서 고대산문화인(정보, 기술력)과 관계되었을 것이다. 이에 따라 소유자들끼리의 구심력 역시 더욱 강화(독점욕)되었을 것인데, 그 자격 조건을 엄격히 통제함으로서 그 가치 또한 저절로 극상될 수 있었다.

비파형동검문화의 출현 직후, 빠르게 재편되었던 각 지역별 정치체(석묘문화인)의 형세와 문화적 연관성은 그러한 맥락에서 이해될 수 있을 듯하다. 하지만 이후의 각 지역별 정치체들 간에는 점차 자신들의 근원과 정체성을 강조하는 방향으로의 주도권 경쟁이 치열해 졌을 것이며, 각자의 필요에 따라 정치적 동맹관계를 구축하였을 것으로 본다.

대략 기원전 9~7세기를 중심으로 확인되는 요동-길림 중서부-서북한 등지 다지역 문화복합체의 출현은 문헌기록을 통해 유추 가능한 예맥연합체의 등장과 유사한 동선을 보인다. 그것이 발전되어 기원전 6~4세기 무렵에는 요서지역의 정치체가 합류하게 되면서 고조선연맹체가 수립된 것으로 본다. 이시기 요서계가 연맹에 합류하게 되는 배경에 대해서는 앞서 상술한 바와 같다.

당시에 구축된 고조선연맹체의 성격을 자세히 알 수는 없지만 아마도 고대 그리스식의 도시국가와 유사하지 않았을까 잠정해 본다. 또한 이들의 공식적인 첫 명칭인 (고)조선은 타자에 의해 붙여졌을 가능성이 크다. 그렇기에 과연 어느 시기 어느 지역의 정치체 까지를 고조선으로 인식하였는지도 불분명하다. 하지만 그것이 적어도 기원전 7세기 이후의 사건이라는 점에서, 대상자들의 활동지역을 대략적으로나마 특정할 수만 있다면 그와 연속선상에 있을 직전의 물질문화 역시 고조선문화에 포함시켜 이해할 수는 있다.

문헌에 남겨진 타자의 시선에서는 요동지역민을 가리켜 고조선으로 불러온 듯하다. 그것과는 별도로 고조선 사람들 스스로 불러 왔을 명칭이 있을 것인데, 그것을 버리고 타자에 의해 부여된 명칭을 국호로 사용한 배경도 궁금하다. 그러한 고조선의 시·공성과 성격에 대한 문제는 별도의 논고에서 다시 한 번 다루고자 한다.

본서에서 많이 다루지 못한 문헌기록과 요서지역 문화내용을 좀 더 폭넓게 다룬 후속 연구서를 준비 중에 있다.

제7장

결론

지금까지 북한지역 청동기시대 묘제의 주요 특징을 검토하여 중국 동북지역과 비교함으로서, 이 지역 청동기시대 석묘문화의 출현과 발전과정을 단계별로 정리할 수 있었다. 아울러 그러한 석묘문화의 전개를 고조선문화의 형성과정으로 간주하여 시론적 결말을 제시하였다.

주요 논점을 요약하면, 문헌에서는 잘 드러나지 않던 초기 고구려의 고조선 계승의식이 당지 토착묘제와 관련하여 그것이 조영되었을 당시의 역사적 맥락에서 점검되었을 때, 그 가능성에 대한 충분한 여지를 남긴다. 그 연장선에서 '고조선 건국의 주도세력' 혹은 '고조선문화의 중심지'라는 논제에 접근할 수 있었다. 참고할 만한 문헌자료가 극히 드물기에 결국 주어진 조건을 최대한 활용한 추론적 접근만 가능하였다. 따라서 그간 가장 영향력 있던 학설들을 시대별로 정리한 후, 당시의 사회 · 정치적 필요에 따라 개입된 여러 조건과 불필요한 요소들을 하나씩 제거해 나감으로써 결국, 스스로 가장 합리적이라 여겨지는 단 1가지의 입장을 선택할 수 있었다.

본서에서 그것은 청동기시대 특정 시 · 공간역을 중심으로 형성되었던 독특한 석묘문화권-고인돌문화 중심-의 전개를 고조선문화의 형성 과정으로 이해하여 주요 특징을 고찰하고 고조선 건국과정에 작용되었을 시대적 상황과 그 의미하는 바를 추론하는 것이다. 아래에서는 본서가 결말에 이르는 과정의 주요 논점들을 다시 한 번 정리함으로써 독자들의 이해를 돕고자 한다.

1장과 2장에서는 북한지역 청동기시대 묘제의 종류와 개념 및 연구사적 검토에 집중하였다. 본서에서 주요하게 다루는 북한지역의 청동기시대 묘제로는 고인돌과 석관묘, 석곽묘 등이 있다. 이중 고인돌은 지표상으로 한 장의 거대한 덮개돌이 노출되는 것이 주요 특징이며, 다른 종류의 묘제와 구분되는 가장 큰 기준점이다. 본서의 분석 대상인 북한과 중국 동북지역에서는 탁자형과 개석형 고인돌이 주류를 이룬다. 다만 본서에서의 고인돌 형식과 개념은 기존과 조금 달라 재차 설명이 필요하다.

본서의 탁자형 고인돌은 판석 여러 개(4~10개 사이)를 세워 묘실을 조성하고 그 위에 한 장의 커다란 덮개돌을 둔 것이다. 대부분 묘실이 지상에 위치하지만 일부는 지하에 조성되기도 한다. 예를 들면 기존에 북한지역 초기 개석형(침촌형) 고인돌의 대표적 사례로 제시되었던 침촌리 고인돌의 경우 묘실의 주 재료가 판석재인 점에서 모두 탁자형으로 재설정하여 분석하였다.

개석형 고인돌은 하부구조의 차이, 즉 묘실 조성 방법에 따라 다시 4식으로 분류할 수 있다. 먼저, 덮개돌 밑으로 토광형태의 묘실만 존재하는 것(토광형)으로 토광의 세부구조와 부장양상에 따라 초기식(개석 I 식)과 후기식(개석 IV식) 등으로 구분된다. 그리고 괴석재(덩이돌)를 쌓아서 조성한 것(괴석형)은 개석 II식에 분류하며, 석재 쌓기와 판석 세움을 혼용(혼축형)한은 개석 III식에 분류한다. 이상 개석형의 4가지 형식은 각각 개석 I 식: 토광형 초기식, II식: 괴석형, III식: 혼축형, IV식: 토광형 후기식으로 부르고자 한다.

이처럼 고인돌의 형식을 묘실의 조성방식과 재료에 따라 재설정한 이유는 북한과 중국 동북지역의 고인돌은 판석을 세운 형식(탁자형)과 나머지 형식간의 지역별 분포양상 및 출토유물상에서 명확한 차이가 발견되기 때문이다. 유사한 현상이 아래에서 다룰 석관묘에서도 발견되는 점을 단순한 우연으로 보기 힘들다. 참고로 본서의 바탕이 되는 필자의 박사학위 논문은 바로 이러한 접근을 계기로 시작할 수 있었다.

석관묘는 대부분 지표상에 아무런 표식을 두지 않는다. 고인돌과의 가장 큰 차별 점은 묘실 개석의 규모와 용도이다. 석관묘의 개석은 여러 장의 판석을 덮어 놓는 것이 가장 보편적이며, 여기에는 지상에 노출될 목적으로서 묘표적 기능이 부여되지 않는다. 묘실은 주로 땅속에 토광을 마련한 후 내부에 얇은 석판을 세우거나 석재를 쌓아서 조성한다.

그리고 석곽묘는 석관묘와 구조적으로 유사하지만 명확하게 구분할 수 있다. 북한지역 석곽묘의 구조는 외부에 석재를 쌓아서 명확한 형태의 곽을 둔 후 그 내부에 다시 석관이나 목관을 둔 형태이다. 묘실 상부에는 여러 장의 판석을 덮고, 그 상부로 다시 흙이나 석재를 쌓아 마감하기도 한다. 일부 중에는 묘광내 개석 상부로 다량의 석재를 매우 두텁게 쌓아 적석부를 형성하기도 한다. 북한지역에서는 기원전 4세기 이후의 유물이 부장되는 것이 특징적이다.

다음 3장에서는 북한지역 청동기시대 묘제의 특징과 성격을 검토하였다.

첫 번째는 고인돌이다. 북한지역 고인돌의 형식을 탁자형과 개석Ⅱ~Ⅳ식으로 구분한 후 각 형식별 출현연대와 함께 그 확산 과정을 살펴보았다. 고인돌 출토유물을 통해 볼 때 탁자형은 요동반도의 쌍타자문화에 기반하여 출현하였으며, 개석형은 요북의 마성자문화와 접촉하여 파생된 것으로 파악된다. 이처럼 북한지역 고인돌의 발전상은 요동지역(제4장 3절)과 연계하여 살펴보았을 때 조금 더 다양한 접근이 가능해 진다.

대동강하구의 서해안지역에서는 적어도 기원전 13세기 무렵부터 탁자형이 축조되는데, 고인돌의 구조는 물론 출토유물상에 있어 동시기 요동반도의 것과 거의 비슷하기 때문에 양자는 동일한 계통의 사람들이 축조한 것으로 볼 수 있다. 또한 개석형은 태자하유역의 마성자문화 사람들이 주변지역으로 확산되는 과정 중 요동반도의 고인돌문화와 접촉하여 출현한 것으로 이해하였다. 가장 빠른 연대를 보이는 것이 봉성 동산유적에서 확인되었는데 커다란 덮개돌 밑으로 토광형의 묘실을 두었고, 그 내부에서는 마성자문화 후기단계의 전형토기가 출토되었다.

따라서 동산유적의 개석 I 식은 기원전 12~11세기 전후로 편년 할 수 있다. 또한 동산유적의 개석 II식에서는 고식의 미송리형토기 출토되었다. 본계 대편지유적에서는 개석 II식과 III식에서 미송리형토기가 출토되었고, 개석 III식이 발굴된 개원 건재촌에서는 후기형식의 미송리형토기가 수습되었다. 북한의 대동강유역에서는 기원전 7세기 무렵부터 개석 II식과 III식이 축조되기 시작하며, 묘실에서 미송리형토기의 후기형식인 묵방리형토기가 출토된다.

한편 마성자문화 후기단계인 기원전 12세기 전후, 동굴무덤의 전통을 고수하던 사람들이 점차 동굴 바깥으로 탈피(무덤의 입지)되는 현상이 벌어진다. 이와 동시에 태자하유역을 중심으로 한 요북지역에서는 새로운 무덤양식인 석관묘전통이 시작되는데 초기형태의 석관묘들이 동굴무덤 내부에서도 확인되며 양자의 출토유물이 동일한 점에서 초기의 석관묘유적은 마성자문화에 속할 수 있다. 이처럼 태자하유역의 마성자문화(동굴묘전통)가 점차 동굴 바깥으로 벗어나는 과정(석관묘문화 시작) 중 인접한 대양하유역에서 쌍타자3기의 고인돌문화와 접촉하게 된다. 그 결과 동산유적에서는 고인돌의 주요특징인 덮개돌-의 규격과 기능적 차용-을 가지면서 묘실구조와 부장품은 동굴무덤의 전통을 유지하는 개석형이 축조된다. 이후 본계 대편지유적과 개원 건재촌유적을 걸쳐 주변지역으로 확산되는 과정중 기원전 7세기 무렵 대동강유역으로까지 확산된 것으로 본다.

두 번째는 석관묘와 석곽묘이다. 먼저 북한지역 석관묘의 형식별 분포를 보면 대동강유역권에서는 대부분 판석형인 Ⅰ형(다판형)과 Ⅱ형(단판형)만 확인된다. 괴석형(Ⅲ)과 혼축형(Ⅳ)은 동북한지역권에서 조사되는데 늦은 시기에 소량 축조될 뿐이다. 아울러 북한지역 석관묘의 출현과 확산과정 역시 동시기 유행된 고인돌 및 요동지역(제4장 4절)과 연계하여 살펴보아야 이해하기 쉽다. 먼저 대동강유역권에서는 기원전 13세기 전후(1단계) 얇은 판석 여러 개를 세워 만든 탁자형 고인돌이 축조되는데 주변에서는 구조와 출토유물이 유사한 Ⅰ형 석관묘가 확인된다. 동일한 현상이 요동 남부지역에서는 적어도 기원전 16세기부터 관찰되며, 두 지역 석재무덤의 출토유물 또한 계통성이 확보되어 해안지역을 따라 서북한지역으로 확산되는 과정을 추론할 수 있다.

제2 · 3단계(기원전 9~6세기)의 주요 특징은 팽이형토기문화의 대규모 취락유적 내에 탁자형 고인돌과 Ⅰ · Ⅱ형 석관묘가 공존하는 것이다. 주로 정현한 형태의 묘역시설을 가지는 탁자형 고인돌 주변으로 여러 기의 석관묘가 분포한 특징을 보인다. 또한 석관묘 및 고인돌의 수량이 점차 증가하며, 두 묘제의 조성방식 또한 유사해지면서 이들에게 영향을 받은 새로운 종류의 묘제, 석관형(Ⅰ형) 석곽묘가 등장한다. 마지막 제4단계(기원전 5~3세기)에는 석곽 내부에 석관 대신 목관이 조성된 Ⅱ형 석곽묘가 출현하는데 대부분 기원전 4세기 이후의 유물이 출토되는 보편성을 보인다.

4장은 중국 동북지역 청동기시대 묘제와의 비교에 집중하였다. 본서에서 논의된 중국 동북지역의 청동기시대문화는 크게 요동반도권, 요동북부권, 서류송화강유역권(길림중서부), 두만강유역권(길림남부) 등 4개의 문화권역으로 나누어 살폈다. 해당권역에서 확인되는 청동기시대 묘제로는 적석총, 동굴묘, 고인돌, 석관묘 등 석묘전통이 우세한데, 드물긴 하지만 목관묘(토광묘제 포함)계열의 묘제도 꾸준히 보고되고 있다.

요동반도권에서는 주로 적석총과 고인돌이 유행되며, 소량의 석관묘와 토광묘가 확인된다. 그리고 요동북부권에서는 동굴묘와 석관묘가 주요 묘제로 활용되며, 고인돌은 그 다음 순서의 비중을, 그리고 목관묘와 토광묘 등이 늦은 시기에 소량 확인된다. 서류송화강유역권은 서단산유형의 석관묘를 중심으로 소량의 고인돌이 확인된다. 마지막으로 두만강유역권에는 석관묘와 토광묘만 확인된다. 이 지역의 청동기시대 묘제는 동북한지역의 그것과 동일한 계통으로 볼 수 있으며, 문화 내용 역시 유사 속성을 공유한다.

1절에서는 적석총을 검토하였다. 적석총은 요동반도 남단(대련지역) 청동기시대를 대표하는 묘제로써, 조성연대에 따라 크게 3개의 조합으로 나눌 수 있다. 첫 번째 조합은 사평산, 장군산, 노철산 적석총 등이다. 이 무덤들의 상한연대는 기원전 25세기 이전이지만, 중심연대는 쌍타자1기문화에 속하는 기원전 21~19세기 무렵이다. 두 번째는 쌍타자 3기문화(기원전 15~11세기)의 범위에 속하는 타두, 왕보산, 토룡자 적석총이며, 세 번째 조합은 강상, 누상, 와룡천 적석총 등 모두 비파형동검기(기원전 8~4세기)의 특징적 유물들이 출토된 유적들이다. 주목되는 현상은 아직까지 쌍타자 2기문화(기원전 18~16세기)에 귀속시킬 수 있는 표준유적이 확인되지 않는 점이다. 향후의 조사성과를 기대해 본다.

초기의 적석총은 모두 해안가에 인접해 있으며, 해발고도가 높은 산줄기 상에 열을 지어 분포한 특징을 보인다. 하지만 후기 단계의 유적들은 점차 낮고 평탄한 구릉지로 자리를 이동하여 10기미만(토룡자, 왕보산) 혹은 단독(타두, 강상, 누상, 와룡천 등)으로 위치하는 등 변화를 보인다.

적석총의 평면 형태는 원형과 장방형, 방형, 부정형 등 다양하다. 무덤(塚)의 외각에는 묘역의 범위를 표시하는 명확한 형태의 구획시설(石臺)이 존재한다. 이러한 구획석은 묘곽 내부 혹은 묘역 상부에 채워진 돌과는 다르게 비교적 잘 다듬어진 석재를 사용하여 1층 높이로 쌓았는데, 이 구획시설의 형태에 따라 전체 묘역의 평면구조가 결정된다. 매장 주체부는 주로 자연석 혹은 가공된 석재를 쌓아서 만드는 데 땅을 파지 않고 지표 위에 조성하는 특징을 보인다. 묘실 상부에는 큰 판석을 덮거나, 돌을 채워 봉분(石丘)를 만들었다. 그리고 바닥은 맨바닥이거나 혹은 깨진 돌을 깔아 놓았다. 이러한 구조적 특징은 전시기에 걸쳐 동일하게 적용된다. 이외에 묘실 내부에서는 대부분 인골이 검출되며, 화장과 간골장, 다인장 등이 복합적으로 확인된다.

2절은 마성자문화의 동굴묘를 다루었다. 마성자문화는 태자하상류를 중심으로 전개된 요동북부권의 초기 청동기문화이다.

연대범위는 기원전 18~11세기 사이로 전체 4단계에 걸친 변화상을 보인다. 이 문화의 가장 큰 특징은 주거유적이 거의 발견되지 않는 다는 점과 동굴 내에서 발견되는 매우 다양한 구조의 무덤들이다. 무덤은 대부분 별다른 구조물 없이 동굴 내부 바닥을 조금 고르는 정도의 묘광을 마련하거나 몇 개의 작은 석판을 깔고 그 위에 시신과 부장품을 놓는 형태이다. 혹은 묘실 주변으로 막돌을 둘러놓아 석광을 만든 경우도 다수 발견되며, 일부는 얇은 석판을 세워 석관을 두거나 적석을 하였다. 장법을 보면 앙신직지장, 굴지장, 부신장 등이 유행하였으며 대부분 무덤 내에서 직접 화장을 하거나 간골 화장이 실시된다.

동굴묘의 기본 형태는 무시설식의 토광형이 많지만, 저석형(Ⅰ형), 석광형(Ⅱ형), 석관형(Ⅲ형), 적석형(Ⅳ형) 등 석묘전통도 다수 확인된다. 마성자문화의 중기 전반부터는 점차 동굴내 석묘전통(석관묘)이 증가세를 보이다가 중기 후반부터는 전형적인 형태의 석관묘가 동굴 내·외부에서 모두 축조되기 시작하면서 태자하 전지역에서 석관묘문화가 개시된다. 그러한 과정 중에는 주변지역의 문화와 접촉하여 새로운 형태의 묘제인 개석형 고인돌이 출현하기도 한다.

3절은 고인돌을 정리하였다. 중국 동북지역 고인돌의 분포는 요동반도권과 요동북부권, 서류송화강유역 등 크게 3개의 권역으로 나누어 살필 수 있다. 먼저 요동반도권(벽류하유역)에서는 대부분 탁자형이 확인되며, 소수의 개석형이 분포한다. 이지역 탁자형 고인돌의 상한연대는 쌍타자2기문화 단계인 기원전

18~16세기 사이로 볼 수 있다. 개석형은 기원전 12세기 무렵 태자하유역의 마성자문화(동굴묘전통)가 주변지역으로 확산되는 과정 중 요동반도권의 고인돌문화와 접촉하여 출현한 것으로 이해하였다. 요동반도권에서 개석형 고인돌은 기원전 8세기 이후에는 더 이상 확인되지 않으며, 기원전 4~3세기까지 탁자형 고인돌문화가 지속된다. 따라서 요동반도권의 주력 묘제는 탁자형 고인돌로 볼 수 있다.

요동북부권은 분포지역과 조성 연대에 따라 지역별 형식이 다르게 나타난다. 탁자형은 휘발하유역을 중심으로 요북 각지에 분포하지만, 태자하유역은 제외되는 양상이다. 묘실 밖으로 다량의 적석시설이 특징적이다. 이와 달리 개석형은 태자하중류와 동요하상류지역에 다수 분포하고, 편년이 늦을수록 묘실 주변에 다량의 적석이 부가된 사례가 많다. 이들은 덮개돌의 규모가 축소되는 경향성을 보여주며, 인근에 고구려 초기 단계의 적석묘가 공존하기도 한다. 요동북부권 고인돌의 주요형식은 개석형으로 볼 수 있지만, 태자하와 혼하유역에서는 묘실주변 적석부가 발달된 반면, 동요하상류와 휘발하유역에서는 적석묘역이 거의 확인되지 않는 다소간의 차이를 보인다.

서류송화강유역에서는 소량의 고인돌만 확인되었다. 탁자형은 적고, 개석형이 다수이다. 그 중에서도 토광자체를 묘실로 활용하는 개석 Ⅳ식과 적석시설이 없는 개석 Ⅱ식의 발견 례가 가장 많다. 이지역의 고인돌은 대략 기원전 8~7세기 무렵부터 조영되기 시작하며 기원전 4~3세기 무렵에 가장 활성화된다. 주목되는 점은 당시 이지역 물질문화의 주도적 역할을 한 서단산유형(석관묘문화)과 일정한 차별성이 고수되는 점이다. 주력 묘제는 물론 부장양상에서도 많은 부분 차이를 보이기 때문에, 양자의 관계를 추론하기가 쉽지 않다.

4절에서는 석관묘유적을 요동권역과 서류송화강유역권, 두만강유역권 등으로 구분하여 정리하였다. 먼저 요동권역의 석관묘는 대부분 북부권의 요양과 본계, 무순, 법고, 철령, 서풍 등지에 집중되었다. 반면 요동반도권에서는 특정한 범위내의 밀집분포권을 형성하지는 않으며, 일부의 유적에서 소규모로 군집한 형태를 보인다. 따라서 해당 권역의 석관묘문화는 요동북부권을 중심으로 전개되었음을 알 수 있으며 요동반도권은 중심분포권에서 벗어나 있는 일종의 외연지대로 볼 수 있다.

형식별 분포를 보면 요동반도권에서는 모두 여러 장의 판석을 세워 만든 Ⅰ형식이 소량 확인되며, 동일유적내에 유사한 구조의 고인돌과 공존한 특징을 보인다. Ⅲ형과 Ⅳ형 등은 단 1기도 발견되지 않으며, 이들은 주로 요동북부권의 태자하유역에 집중되어 있다. 또한 혼하와 동요하상류역에서는 주로 Ⅰ형과 Ⅱ형, Ⅳ형 등 판석형계열의 석관묘가 중심이 되며, Ⅲ형식의 괴석형 석관묘는 소수만 확인되는 등 각 지역별로 유행된 형식의 차이가 뚜렷하다. 이러한 양상은 동시기에 유행된 고인돌의 형식별 분포양상에서도 공통적으로 확인되기에 묘실 조성방식의 차이는 무덤을 축조한 사람들의 계통적 차이를 반영할 가능성이 크다.

한편 현재까지의 자료 중 요동권역에서 가장 빠른 연대를 보이는 것이 요동반도권에서 고인돌과 공존하는 양상(왕둔유적)을 보인다. 출토유물 성격상 양자는 동일한 계통의 사람들이 남긴 묘제로 볼 수 있다. 그동안 두 묘제의 상관성과 그 기원문제에 대해서는 다양한 견해가 제기되어온 편이다. 주로 석관묘에서 고인돌로의 변천과정이 논의되고 있지만 아직까지 그 선후관계를 명확하게 설명해줄 확실한 자료는 확보되지 못하였다. 유적의 분포와 지속연대 등의 측면에서 고려 할 때, 당시 벽류하유역을 중심으로 하는 요동반도권의 주요 묘제는 고인돌(탁자형)로 볼 수 있다. 요동반도권의 석관묘는 지속된 연대에 비해 발견된 숫자가 상대적으로 빈약하고, 상부구조가 이미 파괴되었을 경우 고인돌과의 구분이 모호한 점 등 몇 가지를 고려하면, 고인돌에 부속되거나 혹은 그 하부구조였을 가능성도 충분히 고려할 수 있다.

따라서 본서에서는 보다 명확한 자료가 확보되기 전까지, 요동반도권의 Ⅰ형 석관묘는 고인돌에 부속되는 하위유형의 묘제로 존재하였다가, 마성자문화와의 교류나 접변을 통해 태자하 상류역까지 파급된 것으로 이해하고자 한다. 이후 마성자문화의 주력 묘제 중 하나로 차용되었을 것이다. 요동북부권에서 Ⅰ형 석관묘가 분포한 지역 인근에는 유사한 구조의 고인돌이 다수 분포한 점 역시 이러한 추정을 가능하게 해준다. 이외에 요동북부권에서 확인되는 나머지 3가지 형식의 석관묘는 기본적으로 마성자문화에 기반하여 출현하였음을 논증하였다. 하지만 제

II형식과 IV형식 석관묘의 구조 및 그 문화내용은 제 I 형식과의 연관성이 충분히 인정된다. 따라서 요동지역 석관묘문화의 출현과 발전은 마성자문화를 바탕으로 요동반도권의 문화요소가 상호 복합되는 양상으로 전개되었음을 알 수 있다.

서류송화강유역권은 중국 동북지역에서도 석관묘가 가장 집중된 지역이다. 일반적으로 소하천 주변의 해발 200~400m 사이 산줄기의 사면부나 구릉지 주변에 군집을 이룬 특징을 보인다. 석관묘는 모든 형식이 고르게 확인되지만, I 형과 IV형이 가장 많은 비중을 보인다. 모두 서단산유형에 귀속되며, 요동북부권 이도하자유형의 석관묘와 구조 및 문화내용면에서 상당히 닮아 있다. 역시 마성자문화에서 파생되어 이도하자유형과 병행된 지역문화로 볼 수 있다.

마지막 두만강유역권에서는 대부분 석관묘만 확인되는데 문화내용의 차이에 따라 크게 3단계로 구분할 수 있다. 제1단계는 기원전 16~13세기 무렵이다. IIIBa형과 I 형 석관묘가 확인되며, 홍성문화 중후기단계의 유물군이 확인된다. 이러한 석관묘의 구조는 요동반도권 쌍타자3기 적석총 및 요동북부권 마성자문화 후기단계 IV형(적석형) 석관묘와 유사하지만, 문화내용면에서의 차이가 현격하기 때문에 상호 영향관계로 보기는 어렵다.

제2단계는 기원전 12~9세기 무렵으로, I형, IIIA형, IIIBa형, IIIBb형 석관묘 등이 확인된다. 유정동문화 전기의 유물이 부장된다. 이시기 새롭게 출현한 IIIBb형 석관묘는 여러 개의 무덤이 연접하며, 묘실은 굴착한 자연토벽을 그대로 사용하거나 일부 구간에만 석재를 쌓은 점, 내부에 석재를 채워 마감(봉석(封石))하여 지표상으로 하나의 봉석퇴(封石堆)가 형성되는 특징을 보인다. 이러한 구조는 전단계에 유행한 ⅢBa형의 것과 거의 유사하여 두 형식의 석관묘는 상호 발전관계에 있는 것으로 볼 수 있다.

제3단계는 기원전 8~3세기 무렵이며, 유정동문화 후기단계이다. 석관묘는 ⅢBa형, ⅢBb형, ⅢBc형이 확인되며, 출토유물에는 각종 손잡이가 발달된 관, 분, 완류가 대표적이다. 이시기 새롭게 출현하는 토석혼광 형태의 ⅢBc형은 석관묘의 퇴화과정을 보여 주는 사례가 된다. 유사한 현상이 요동과 길림, 서북한지역에서도 확인되며, 이러한 단계를 거쳐 점차 목관묘나 목곽묘 등을 포함하는 토광묘제로 변화되는 전환기적 보편성을 확보할 수 있다.

한편, 서류송화강유역권의 서란 주산유적에서 발굴된 파괴된 석재무덤 중에는 두만강유역의 ⅢBa형과 유사한 구조의 것이 확인되어 주목된다. 출토유물은 소형의 명기류가 특징적인데, 대부분 꼭지형 손잡이를 대칭으로 부착한 점과 형태적 측면에서 유정동문화 후기의 것과 상당히 유사하다. 이 시기 두만강유역과 서류송화강유역권의 문화적교류가 활발해진 사례로 볼 수 있다.

5절은 중국 동북지역 청동기시대 묘제의 권역별 전개 양상에 대하여 검토하였다. 독자들의 이해를 돕기 위하여 북한지역 역시 대동강유역권과 압록강유역권으로 나누어 함께 비교하겠다.

첫째, 요동반도권의 묘제는 크게 6단계에 걸친 변화상을 보인다. ① 단계는 기원전 20~19세기 무렵이며, 쌍타자1기문화로서 주요 묘제는 적석총이다. 요동지역 전체에서 청동기시대 석묘문화의 시작으로 볼 수 있다. ② 단계는 기원전 18~15세기 무렵 쌍타자2기문화 로서 토광묘·옹관묘·고인돌 등이 확인된다. ③ 단계는 기원전 14~11세기로서 쌍타자3기에 속하며, 주요 묘제는 적석총과 고인돌이다. ④ 단계는 기원전 10~8세기 무렵이다. 반도 남단의 대련지역(Aa구)을 중심으로 강상유형(적석총)이, 벽류하유역(Ab구)의 쌍방유형(탁자형 고인돌), 대양하유역(B구)의 동산유형(개석형 고인돌)으로 세분되며, 모두 미송리형토기문화권에 포함된다. ⑤ 단계는 기원전 7~4세기로서 Aa구에서 누상(강상후기:적석총)유형이. Ab구와 B구는 패방(쌍방후기:탁자형 고인돌)유형과 상마석상층유형(토광묘)이 연속된다. ⑥ 단계는 기원전 3~2세기 무렵 윤가촌유형에 속하며 소량의 토광묘와 석곽묘가 확인된다.

둘째, 요동북부권 역시 6단계에 걸친 변화상을 보인다. ① 단계는 기원전 18세기 무렵, 마성자문화 1기로서 동굴묘전통이 시작되며, ② 단계(기원전 17~15세기)의 마성자문화 2기까지 출현기적 특징이 유지된다. ③ 단계(기원전 14~11세기)는 마성자문화 3~4기로서 동굴묘문화의 확산과 함께 석관묘문화가 시작되며, ④ 단계(기원전 10~8세기)에 이르면 동굴묘전통이 차츰 소멸되고 석관묘(이도하자유형)와 개석형 고인돌문화(신성자유형)가 보편화된다. 이시기 요동북부권의 물질문화 역시 요동반도권과 마찬가지로 미송리형토기문화권에 귀속될 수 있다. ⑤

단계는 기원전 7~4세기 무렵이며 신성자유형의 후기요소로서 건재촌유형이 성립되어 탁자형과 개석형 고인돌이 복합되는 양상을 보인다. 석관묘문화 역시 여전히 지속되어 이도하자후기유형으로 전환된다. 이와 함께 요중지역에는 요서계 문화요소인 목관(곽)묘제가 유입되어 정가와자유형이 성립된다. ⑥ 단계(기원전 3~2세기)에 이르면 역시 석묘문화가 쇠퇴기에 접어들지만 탁자형과 개석형 고인돌의 복합문화인 산용유형과 보산유형 및 후기 석관묘문화의 상보촌유형 등이 소구역별로 유지된다.

셋째, 서류송화강유역권은 4단계의 변화상을 보인다. ① 단계는 기원전 11~10세기 무렵으로, 서단산유형의 출현기로 설정한다. 소량의 석관묘만 확인되는 단계이다. ② 단계는 기원전 9~8세기 무렵이며 서단산유형 전기이다. 전반부에는 역시 석관묘만 확인되지만 후반부에 들면서 탁자형과 개석형 등 소량의 고인돌이 조성되기 시작한다. 이러한 다양한 계통의 석묘내부에서 무문계 미송리형토기와 비파형동검·동모, 선형동부 등이 공반되는 점에서, 본고는 서단산유형 역시 미송리형토기문화권에 포함시켜 고찰하였다. ③ 단계는 기원전 7~4세기 무렵의 서단산유형 중기이며 역시 다수의 석관묘와 소수의 고인돌이 입지를 달리하며 공존한다. ④ 단계는 기원전 3세기 무렵 서단산유형 후기로서 석묘문화가 쇠퇴하고 토광묘제로의 전환이 눈에 띈다.

넷째, 두만강유역권은 홍성문화 중후기(기원전 16~13세기), 유정동문화 전기(기원전 12~9세기), 유정동문화 후기(기원전 8~3세기) 등 3단계의 변화상이 간취되며 묘제는 모두 석관묘이다.

다섯째, 대동강유역권은 4단계로 나누어 변화상을 살폈다. ① 단계(기원전 13~10세기), 팽이형토기문화 1기(탁자형 고인돌, 석관묘), ② 단계(기원전 9~8세기), 팽이형토기문화 2기/미송리유형(탁자형 고인돌, 석관묘), ③ 단계(기원전 7~6세기), 팽이형토기문화 3기/미송리후기(고인돌, 석관묘, 석곽묘)유형, ④ 단계(기원전 5~3세기), 팽이형토기문화 4기(고인돌, 석관묘, 석곽묘)로 요약할 수 있다.

여섯째, 압록강유역권은 3단계의 변화상을 보인다. ① 단계는 기원전 10세기 무렵, 신암리유형 Ⅱ기, 공귀리유형 1기(석관묘), ② 단계 : 기원전 9~8세기, 신암리유형Ⅲ기/미송리 · 공귀리유형 2기(동굴묘, 석관묘), ③ 단계 : 기원전 7~6세기, 미송리후기유형(동굴묘, 석관묘) 등으로 정리할 수 있다.

5장은 북한과 중국 동북지역 청동기시대 묘제의 시 · 공간을 다루었다. 논고에서는 청동기시대 현재의 북한과 중국 동북지역에서 전개된 독특한 형태의 석묘문화와 문화권 구축과정의 의미를 검토하는 데 주력하였다. 공간적 배경은 북한과 중국 동북지역의 접경지로서 요동반도를 남서–북동방향으로 관통하는 천산산지에서 압록강을 따라 다시 백두산지로 연결되는 산간 평야지대를 포괄한다. 본서에서는 이를 줄여 '천 · 백산지'라는 지역적 개념을 새로이 만들어 사용하였다. 주요 내용을 요약하면 다음과 같다.

천 · 백산지 청동기시대의 석묘문화에는 적석총과 동굴묘, 고인돌, 석관묘, 석곽묘 등이 포함된다. 관련 문화의 시 · 공성을 전체 8기로 나누어 정리하였고, 이를 다시 4단계로 나누어 해당 공간역에서 청동기시대 석묘문화권이 형성되는 과정을 검토하였다.

가장 이른 시기(1단계)의 석묘문화는 요동반도권 남단에서 확인된다. 쌍타자1기문화로서 주요 묘제는 적석총이다. 천·백산지 전역에서 청동기시대 석묘문화의 시작으로 볼 수 있다. 이후 요동지역에서 비파형동검문화가 시작되기 직전인 2단계(기원전 11세기)까지 요동반도권의 적석총과 고인돌문화, 요동북부권의 동굴묘와 석관묘문화 등이 활발한 교류와 상호작용을 통해 점차 친연성을 띠기 시작한다.

3단계 전반부(기원전 10~9세기)까지는 고인돌과 석관묘, 적석총 등이 주요 분포권을 달리하며 지역적 개성을 한층 강화해 나간다. 요동반도권 남단의 강상유형(적석총), 요동반도 벽류하유역의 쌍방유형(탁자형 고인돌), 천산산맥 남동부인 대양하유역의 동산유형(개석형 고인돌), 요동북부권의 신성자유형(개석형 고인돌)과 이도하자유형(석관묘), 서류송화강유역의 서단산유형(석관묘), 서북한지역의 미송리유형(석관묘)과 표대유형(고인돌, 석관묘) 등이 대표적이며, 모두 석묘문화를 중심으로 비파형동검계 청동기문화를 공유하는 미송리형토기문화권에 포함된다. 이후 기원전 8세기에 이르면 고인돌을 중심으로 요동, 길림, 서북한지역 등에서 다지역 문화복합 성격의 석묘문화권이 구축된다.

3단계 후반부(기원전 7~6세기)에는 전반부에 형성된 다지역

문화복합형태의 석묘문화권이 보다 공고해지며, 그 영향권의 확장성을 보인다. 이시기 요동북부권 A구(태자하유역)의 서계인 요중지역은 요서계 문화요소가 유입되어 정가와자유형이 성립된다. 그런데 요중지역에 파급된 요서의 외래문화는 당지의 토착문화와 큰 충돌 없이 공존한 것으로 여겨진다. 요동~서북한지역을 매개으로 형성되었던 당대 석묘문화권에 요서계가 적극적으로 동참함으로서 요서-요동-길림 중서부~서북한으로 연결되는 광역적 문화복합권이 구축된 것으로 본다.

4단계(기원전 5~2세기)에는 대부분의 지역에서 석묘문화가 점차 쇠락하는 양상을 보이며 요서계 문화요소가 서북한지역까지 확장된다. 다만 부장품 구성과 유적의 입지 등 여러 가지 면에서 당대의 문화적 주도권을 부여하기 힘들다. 4단계 후반부에는 요동 남북의 접경지에서 고구려 초기의 적석묘제가 확인되는데, 외형적 특징 상 소멸기의 고인돌과 많이 닮아 있다. 하지만 매장주체부가 지하가 아닌 지상에 배치된 점에서 요동반도권 대련지역 적석총의 매장방식과 문화적 맥락이 연결된다.

마지막으로 기원전 2세기 무렵 환인과 신빈지역을 중심으로 새롭게 전개되는 적석계열의 석묘전통은 현재의 북 · 중 접경지대에서 고인돌을 중심으로 만개하였던 청동기시대 석묘문화의 종식을 고하는 동시에 초기 철기시대로의 전환기 신흥 세력의 출현을 알린다. 이는 곧 해당 공간역에서 가장 이른 시기에 출현하였던 석묘문화 즉, 적석총문화로의 회귀를 의미하기에 보다 많은 시사점을 던져 준다. 당시 끊임없이 압박해 오던 중원세력과의 충돌 속에서 기존 재지세력의 이탈을 막고 토착문화의 정통 계승자로서 부여계와 차별화 하는 전략의 일환으로서 그 상징적 의미가 강한 적석총이 새로운 시대 석묘문화의 표상으로 채택되었을 가능성이 있다.

6장은 앞장에서 다룬 내용을 종합적으로 참고하여, 고조선의 석묘문화권 설정과 그 의미에 대하여 시론적인 검토를 하였다. 주요내용을 요약하면 아래와 같다.

첫째, 그간의 연구에 의하면 고인돌의 분포범위와 고조선의 시공범위가 겹쳐지는 부분이 있다. 그것은 바로 기원전 7~4세기 무렵의 요동반도와 대동강유역권이다. 그렇다면 적어도 기원전 7세기 무렵, 두 지역에서 초대형의 탁자형 고인돌을 축조한 사람들은 고조선의 성립에 관계되었음이 분명하다. 일반적으로 초대형의 탁자형 고인돌은 토착세력내 지배계층의 묘제나 제단 등으로 이해되고 있다. 그러한 고인돌이 요동과 대동강유역에 집중된 사실은 당시 두 지역 간의 문화 · 정치 · 신앙적 측면에서 강한 유대감이 형성되었음을 말해준다. 따라서 고인돌이 분포한 모든 지역을 고조선의 영역범위로 인정할 순 없을 지라도, 탁자형 고인돌을 중심묘제로 채택한 요동과 대동강유역의 정치체는 고조선 건국의 중요한 구성원이 되었음이 분명하며 이들의 정체성은 요동-서북한지역의 탁자형 고인돌문화인으로 규정할 수 있다.

둘째, 본서에서는 기원전 8~7세기 무렵 고인돌문화를 중심으로 요동반도-요동북부-길림중서부-서북한지역권이 보다 광역적인 형태의 관계망-연합체계를 구축한 것으로 파악한다. 이때부터 유사한 성격의 석묘문화를 공유함은 물론 비파형동검과 미송리형토기를 부장하는 관습이 해당 지역군내에서 보편화되는 점에 근거한다. 기원전 6~5세기에는 요서계 석곽(목곽)묘인 역시 이러한 석묘문화권에 동참한 것으로 본다. 즉, 요서의 십이대영자문화인[석곽(목관)묘], 요남의 강상유형인(적석총), 요동반도의 쌍방문화인(탁자형 고인돌), 요북의 이도하자유형인(석관묘)와 신성자유형인(개석형 고인돌), 서북한의 미송리유형인(석관묘, 동굴묘)와 표대유형인(고인돌, 석관묘, 석곽묘), 길림중서부의 서단산유형인(석관묘와 고인돌)들로 구성된 광역적인 성격의 석묘문화권이 구축된다.

셋째, 기원전 4세기 무렵 그러한 다지역 문화복합의 성격을 보였던 고조선 연맹체는 고조선왕국기에 진입한 것으로 이해된다. 당시의 중심지는 왕릉급 묘제(석붕산고인돌)가 위치한 요동반도권, 그중에서도 천산산맥의 서남쪽, 발해만에 근접한 곳이 될 수 있을 것이다. 그렇게 이해하였을 때 『전국책』과 『산해경』에서 설명하는 고조선의 지리적 위치, 『관자』에 표현된 제나라와 교역을 한 모피의 산지로서 고조선의 위치를 조금 더 합리적으로 설명해 낼 수 있을 듯하다. 그것은 모두 요동반도를 공통적으로 가리키고 있음이다.

결론적으로 대략 기원전 10~8세기 무렵 요동과 서북한지역을 중심으로 구축되었던 석묘문화인들의 생활 · 변화상과 기원전 7~4세기 무렵 요서와 길림 중서부지역까지 확장되어 보다 광역적인 행보를 보인 다문화 복합형태의 석묘문화인들은 마치 문헌 속에 표현된 고조선 사람들의 활동상과 많이 닮아 있음에 주목하였다. 타자의 시선에서 기록된 고대 중국계 문헌의 내용들을 최대한 엄격히 적용하여 추론해 보아도, 대략 기원전 7~4세무렵에는 지금의 요서와 요동 혹은 서북한지역 중에 고조선이라 불리운 정치체가 성립되었고 기원전 4~3세기 무렵에는 중국식 왕호와 함께 관료체계를 정비한 왕권국가로 진입하게 됨을 알 수 있다.

본서에서 주요하게 다뤘던 청동기시대 천・백산지 석묘문화권의 구축과 확장과정도 그와 비슷한 맥락으로 전개된다. 이들은 대략 기원전 10~8세기를 기점으로 상호간에 유사한 석묘문화권을 형성(요동~서북한)해가더니, 기원전 7세기 무렵에는 고인돌문화를 중심으로 비파형동검계 청동기조합과 미송리형계 토기문화가 통합적인 성격의 발전상(요동~길림 중서부~서북한)을 보이다가, 기원전 6~4세기를 기점으로 요서계의 합류(묘제・청동기・토기조합)와 함께 한층 진전된 복합문화단계로 전환되는 점이 그러하다.

그렇게 보았을 때 청동기시대 천・백산지 석묘문화권의 구축과 확장과정은 마치 고조선의 연맹체구성이나 왕권국가 진입과 맥락을 함께하는 듯한 인상을 준다. 그렇기에 더욱 더 제한적인 문헌기록에만 의지할 것이 아니라 보다 풍부하고 실증 가능한 고고학자료에 주목할 필요가 있어 보인다.

참고문헌

1. 사료

『管子』, 『史記』, 『山海經』, 『三國志』, 『戰國策』

2. 단행본 및 보고서

〈한국〉

김원룡, 1974, 『한국의 고분』, 세종대왕기념사업회.
김원룡, 1986, 『한국고고학개설』, 일지사.
미야자토 오사무, 2010, 『한반도 청동기의 기원과 전개』, 사회평론.
박준형, 2014, 『고조선사의 전개』, 서경.
배진성, 2007, 『무문토기문화의 성립과 계층사회』, 서경문화사.
손준호, 2006, 『청동기시대 마제석기 연구』, 서경.
오강원, 2006, 『비파형동검문화와 요령지역의 청동기문화』, 청계.
오강원, 2008, 『서단산문화와 길림 지역의 청동기문화』, 학연.
이영문, 2002, 『한국 지석묘 사회 연구』, 학연문화사.
이형구, 1995, 『단군과 단군조선』, 살림터.
이청규, 2015, 『다뉴경과 고조선』, 단국대학교출판부.
임병태, 1996, 『한국 청동기문화의 연구』, 학연문화사.
지건길, 2014, 『한반도의 고인돌사회와 고분문화』사회평론.
하문식, 1999, 『고조선지역의 고인돌 연구』, 백산.
하문식, 2016, 『고조선 사람들이 잠든 무덤』, 주류성.
한창균, 2017, 『하담 도유호 : 한국 고고학 첫 세대』, 혜안.
세종대학교박물관, 2011, 『연천 통현리 1호 고인돌 발굴조사 보고서』.

〈북한〉

과학원 역사연구소, 1956, 『조선통사』(상), 과학원출판사.
김용간, 1984, 『남경유적에 관한 연구』, 과학 · 백과사전출판사.

도유호, 1960,『조선 원시 고고학』, 과학원출판사.

리지린, 1963,『고조선연구』, 과학원출판사.

리순진, 1973,『고조선 문제 연구』, 사회과학출판사.

박진욱 · 황기덕 · 강인숙, 1987,『비파형단검문화에 관한 연구』, 과학백과사전출판사.

사회과학원 고고학연구소, 1977『조선고고학개요』, 과학백과사전출판사.

사회과학원 고고학연구소, 2009a,『북부조선지역의 고인돌무덤1 · 2-조선고고학총서15 · 16(고대편6 · 7)』, 진인진.

사회과학원 고고학연구소, 2009b,『평양시고대주거지-조선고고학전서11』, 진인진.

사회과학원 고고학연구소, 2009c,『황해남북도 고대주거지- 조선고고학전서 13(고대편4)』, 진인진.

사회과학원 고고학연구소, 2009d『북부조선지역의 고대무덤 - 조선고고학전서17(고대편8)』, 진인진.

사회과학원 고고학연구소, 2009e,『중국 동북지방의 고대 무덤1-조선고고학전서 21』, 진인진.

서국태, 2016,『고대조선의 고인돌무덤』, 사회과학출판사.

석광준, 2002,『조선의 고인돌무덤 연구』, 중심(원저 : 1998,『조선의 고인돌무덤연구』, 사회과학출판사).

석광준, 2003,『각지고인돌무덤조사 발굴 보고』, 백산자료원(원저:2002, 사회과학출판사).

석광준 · 김재용, 2002,『구룡강유적발굴보고 - 강안리, 고연리, 구룡강유적발굴보고』.

조선 민주주의 인민 공화국 과학원 력사 연구소, 1958,『삼국시기의 사회경제구성에 관한 토론집』, 과학원 출판사.

최택선 · 리란우, 1976,『고조선 문제 연구 론문집』, 사회과학출판.

〈중국〉

郭大順 · 張星德, 2005,『東北文化與幽燕文明』, 江蘇教育.

大蓮市文物考古研究所, 2000,『大嘴子--靑銅時代遺址1987年發掘報告』, 大蓮出版社.

馮永謙 主編, 1996,『營口市文物志』, 遼寧民族出版社.

遼寧省文物考古研究所, 1994,『馬城子 -太子河上游洞穴遺存-』, 文物出版社.

遼寧省文物考古研究所 編, 1994,『遼東半島石棚』, 遼寧科學技術出版社.

中國社會科學院考古研究所編著, 1996,『雙砣子與崗上--遼東史前文化的發見和硏究』, 科學出版社.

中國社會科學院考古研究所編著, 1983,『中國考古學中碳十四年代數據集』, 文物出版社.

趙賓福, 2009,『中國東北地區夏至戰國時期的考古學文化硏究』, 科學出版社.

華玉氷, 2011,『中國東北地區石棚硏究』, 科學出版社.

〈일본〉

東亞考古學會, 1929,『貔子窩』, 東方考古學叢刊.

三上次男, 1961,『滿鮮原始墳墓の硏究』, 吉川弘文館.

三宅俊成, 1944,『滿洲考古學槪說』.

梅原末治, 1944,『關東州史前文化所見』, 東亞考古學論考.

浜田耕作, 1929,『旅順石塚發見土器の種類に就いて;白色土器と陶質土器の存在』, 人類學雜誌, 44券6號.

鳥居龍藏, 1910,『南滿洲調査報告』.

藤田亮策, 1934,『朝鮮古代文化』.

藤田亮策, 1936,『大邱大鳳町支石墓調査』.

朝鮮總督府, 1916,『大正四年度朝鮮古蹟調査報告』.

朝鮮總督府, 1942,『朝鮮寶物古蹟調査資料』.

澄田正一, 岡村秀典, 2002,『文家屯遼東先史遺蹟發掘調査報告書』, 京都大學人文科學研究所考古學研究室.

八木奘三郎, 1924,『滿洲舊蹟志』上卷.

3. 논문 및 발굴 보고

1) 학위 논문(석박사)

〈한국〉

강병학, 2002, 「한반도 무문굽다리토기 연구 - 형식분류를 통한 편년 및 성격추론」, 한양대학교 석사학위논문.

김재윤, 2003, 「한반도 각목돌대문토기의 편년과 계보」, 부산대학교 석사학위논문.

박준형, 2012, 「고조선의 성립과 발전에 대한 연구」, 연세대학교 박사학위논문

오대양, 2007, 『한강본류유역의 고인돌연구』, 단국대학교 석사학위논문.

吳大洋, 2013, 『朝鮮半島北部地區青銅時代石構墓葬研究 - 兼論與中國東北鄰境地 區之比較』, 吉林大學博士學位論文.

오현수, 2014, 「고조선의 형성과 변천과정 연구」, 한국학중앙연구원 박사학위논문.

이후석, 2016, 『요령식 세형동검문화와 고조선의 변천』, 숭실대학교 박사학위논문.

鄭大寧, 2002, 『中國東北地域青銅時代石棺墓遺存的考古學研究』, 中國社會科學院研究生院 博士學位論文.

최경숙, 2009, 「두만강유역 청동기시대 문화 연구」, 충남대학교 석사학위논문.

최민정, 2004, 『임진강유역의 고인돌연구』, 세종대학교 석사학위논문.

〈중국〉

高雪嬌, 2013, 『雙砣子3期文化研究』, 遼寧師範大學 碩士學位論文.

唐淼, 2009, 「長白山地及其延伸地帶青銅時代墓葬研究」, 吉林大博士論文.

성경당, 2009, 『한반도 청동무기 연구 - 중국 동북지역과의 비교』, 전남대학교박사학위논문.

呂軍, 2006,『中國東北系青銅短劍研究』, 吉林大學博士學位論文.
易航舟, 2013,『雙砣子1期文化研究』, 遼寧師範大學 碩士學位論文.
劉瑛, 2007,『試論遼東半島石棚遺存』, 中央民族大學 碩士學位論文.
王春鳴, 2013,『雙砣子2期文化研究』, 遼寧師範大學 碩士學位論文.
趙賓福, 2005,「中國東北地域夏至戰國時期的考古學文化研究」, 吉林大學博士學位論文.

2) 일반 논문

〈한국〉

강병학, 2005,「한반도 선사시대 굽다리토기 연구」,『고문화』66.
강인욱, 2003,「遼寧地方 太子河上流 지역 신발견 彩文土器에 대하여」,『고고학』2-2.
강인욱, 2007a,「두만강 유역 청동기시대 문화의 변천 과정에 대하여 ; 동북한 토기의 편년 및 주변 지역과의 비교를 중심으로」,『한국고고학보』62.
강인욱, 2007b,「청동기시대 연해주 두만강 유역과 한국의 문화교류」,『환동해지역 선사시대 사회집단의 형성과 문화교류』, 제35회 한국상고사학회 학술발표회 자료집.
강인욱, 2015,「리지린의 고조선 연구 와 조중고고발굴대 -顧詰剛(고힐강)의 자료를 중심으로-」,『선사와 고대』45.
권오영, 1991,「고조선사연구의 동향과 그 내용」,『북한의 고대사연구』, 일조각.
김미경, 2006,「미송리형토기의 변천과 성격에 대하여」,『한국고고학보』60.
김승옥, 2006,「묘역식(용담식) 고인돌의 전개양상에 대한 고찰」,『영남고고학』39.
김정배, 1979,「한국 청동기문화의 기원에 관한 소고」,『고문화』17.

김재윤, 2004, 「한반도 각목돌대문토기의 편년과 계보」, 『한국상고사학보』 46.

김재윤 외, 2006, 「동북한 신석기만기에서 청동기시대로의 전환기 양상」, 『석헌 정징원교수 정년퇴임기념논총』, 부산고고학연구회·논총간행위원회영남고고학회.

노태돈, 2000, 「북한 학계의 고조선사 연구 동향」, 『단군과 고조선사』, 사계절.

박경철, 2005, 「고조선 · 부여의 주민 구성과 종족」, 『북방사논총』6.

박경철, 2008, 「중국 고문헌 자료에 비쳐진 한국고대사상」, 『선사와 고대』 29.

박순발, 2003, 「미사리유형 형성고」, 『호서고고학』9.

박순발, 2004, 「요녕 점토대토기문화의 한반도 정착 과정」, 『금강고고』, 창간호.

배진성, 2003, 「무문토기의 성립과 계통」, 『영남고고학』32, 25~30쪽

배진성, 2015, 「미송리형토기문화의 동태와 분포권」, 『동북아역사논총』 47호.

백종오 · 오대양, 2013, 「요남지역 청동기시대유적의 발굴현황과 연구성과」, 『고조선단군학』29.

백종오 · 오대양, 2014, 「요동지역 고인돌의 연구성과 검토」, 『동아시아고대학』34.

백종오 · 오대양, 2015, 「마성자문화 동굴묘의 형식과 전개양상」, 『동아시아고대학』40.

복기대, 2005, 「마성자문화에 관한 몇 가지 문제」, 『선사와 고대』22.

서재진, 1993, 「主體思想과 民族主義의 關係」, 『통일연구원 세미나시리즈』.

서영수, 1988, 「고조선의 위치와 강역」, 『한국사시민강좌』2.

서영수, 2003, 「고조선과 우리민족의 정체성」, 『백산학보』65.

成璟瑭, 2017, 「중국 동북지역 청동기 고고학의 최신 연구 성과」, 『2017년 한국상고사학회 학술대회 논문집』.

손진태, 1934, 「조선 dolmen 考」, 『개벽』1

손진태, 1948, 「조선 Dolmen에 관한 조사연구」, 『조선민족문화의 연구』, 을유문화사.

송호정, 2015, 「리지린의 古朝鮮史 硏究와 그 影響」, 『文化史學』 44.

송호정, 2016, 「고조선사 연구 방법론의 새로운 모색」, 『고조선사의 제문제』, 한국고대사 · 고고학연구소 제8회 학술회의 자료집.

안재호, 2000, 「한국 농경사회의 성립」, 『한국고고학보』43

안재호, 2015, 「중국 쌍타자3기 토기의 기초적 편년 – 형식학적속성분석법으로써-」, 『한국상고사학보』90.

오강원, 1998, 「고조선의 浿水와 沛水」, 『강원사학』13 · 14.

오강원, 2012, 「청동기문명주변집단의 묘제와 군장사회 - 요동과 길림지역의 고인돌과 사회」, 『호서고고학보』26.

오강원, 2012, 「『삼국지』 배송지 주와 『위략』 고조선 관련 기사」, 『정신문화연구』35.

오강원, 2013, 「요녕 지역의 청동기·초기 철기시대 복합사회의 형성과 사회 변동」, 『선사와 고대』 38.

오대양, 2014, 「북한지역 고인돌유적의 특징과 성격」, 『선사와 고대』40.

오대양, 2015a, 「북한지역 석관묘유적의 특징과 성격」, 『한국사학보』61.

오대양, 2015b, 「요동지역 청동기시대 문화의 양상과 전개 – 소위 쌍방 · 미송리문화를 중심으로」, 『동양학』61.

오대양, 2016, 「대련지역 초기적석총유적의 현황과 특징」, 『백산학보』105.

오대양, 2017a, 「요동지역 석관묘문화의 특징과 전개양상 검토」, 『한국사학보』66.

오대양, 2017b, 「고대산문화의 묘제와 장속특징에 대한 검토-하가점하층문화와의 비교를 중심으로」, 『동양학』66

오대양, 2019a, 「비파형동검 등장 이전 청동기문화의 변동- 遼西地域 魏營子文化를 中心으로」, 『영남고고학보』83.

오대양, 2019b, 「기원전 14~11세기 요서지역 토착문화와 중원문화의 상관성 검토- 묘제 양상의 비교를 중심으로」, 『동북아역사논총』63.

오대양, 2019c, 「요동과 길림, 서북한지역 청동기시대 묘제의 전개양상 검

土」, 『백산학보』115.

오대양, 2019d, 「두만강유역 청동기시대 석관묘유적의 특징과 성격」, 『한국사학보』74.

오대양, 2019e, 「수원천변 고인돌 축조집단의 성격과 그 주변」, 『수원학연구』.

오대양·조원진, 2017, 「2000년대 북한학계의 단군·고조선연구 현황 검토」, 『선사와고대』54.

윤호필, 2009, 「청동기시대 묘역식고인돌에 대한 연구」, 『慶南硏究』창간호.

이기성, 2016, 「북한학계 선사고고학의 최근 연구 동향」, 『통일고고학을 위한 연구 현황과 과제진단』, 2016년도 한국고고학회 학술회의 자료집.

이상길, 2006, 「구획묘와 그사회」, 『금강;송국리형문화의 형성과 발전』호남·호서고고학회 합동 학술대회토론문.

이융조·하문식, 1989, 「한국 고인돌의 다른 유형에 관한 연구- 제단고인돌형식을 중심으로」, 『동방학지』63.

이종선, 1976, 「한국석 관묘의 연구」, 『한국고고학보』1.

이종수, 2008, 「서단산문화 석관묘의 특징과 기원에 대하여」, 『선사와 고대』28.

이청규, 2000, 「요령 본계현 상보촌 출토 동검과 토기에 대하여」, 『고고역사학지』16.

이청규, 2009, 「요하유역 북방계 청동기의 출현」, 『요하유역의 초기 청동기문화』, 동북아역사재단.

이청규, 2016, 「청동기 보급의 주체와 지석묘 축조 집단」, 『백산학보』106.

이후석, 2017a, 「상보촌유형의 변천과 성격」, 『고고학』16.

이후석, 2017b, 「고고자료를 통해 본 만번한」, 『동북아역사논총』57.

이후석, 2019, 「하북~요서지역 북방계통 청동단검문화의 전개와 성격」, 『동북아역사논총』63.

임병태, 1964, 「한국고인돌의 형식 및 연대고찰」, 『사총』9.

정인성, 2018, 「고고학으로 본 위만조선 왕검성과 낙랑」, 『고고학으로 본

고조선』, 제41 전국고고학대회 발표문.
지건길, 1982, 「동북아시아 고인돌의 형식학적 고찰」, 『한국고고학보』12.
지건길, 1986, 「석관묘」, 『한국사론』13.
조법종, 1999, 「古朝鮮關聯硏究의 現況과 課題 : 단군인식을 중심으로」, 『단군학연구』1.
조법종, 2015, 「북한의 大同江文化論과 고조선인식 검토」, 『선사와고대』43.
조법종, 2016, 「리지린의 『고조선연구』와 북경대 顧詰剛교수와의 관계」, 『新羅文化』48.
朱永剛, 2009, 「區位, 序列, 編年, 系統 ;동북지역 청동기시대문화 구초체계 논강」, 『동북아 청동기문화 전개와 한반도』제19회 호서고고학회 학술대회 발표요지.
최종모 · 김권중 · 홍주희, 2006, 「각형토기문화유형의 연구」, 『야외고고학』1.
천선행 · 장순자, 2012, 「마성자문화 동굴묘 출토 토기변천과 전개」, 『영남고고학』63.
하문식, 2005, 「고조선의 무덤 연구」, 『동북아역사논총』6.
하문식, 2013, 「요동반도권의 돌무지무덤연구」, 『선사와 고대』38.
하문식, 2014, 「고조선시기의 동굴무덤연구」, 『백산학보』98.
한수영, 2004, 「청동촉 소고」, 『호남문화재연구원 연구논문집』4.
한송이, 2010, 「남해안지역 묘역식고인돌에 대한 일고찰」, 『慶南硏究』3.
한영희, 1983, 「角形土器考」, 『한국고고학보』14 · 15.

〈북한〉
강인숙, 1987, 「단군신화」, 『고대건국 신화와 전설(1995, 『(북한학계의) 단군신화 연구)』, 백산자료원.
김동일, 2007, 「평양일대 돌관무덤의 류형과 변천에 대하여」, 『조선고고연구』1.
김석형, 1963, 「고조선에 관한 몇 가지 문제들에 대하여」, 『고조선에 관한 토론 논문집』, 과학원출판사.
김석형 · 정찬영, 1960, 「우리나라 노예 소유자 사회의 특성과 봉건 사회의 성립」, 『력사과학』2(부록).
김영근, 2012, 「평양일대 고조선돌곽무덤의 류형과 변천에 대하여」, 『조선고고연구』 1.
김영근, 2016, 「고대돌관무덤의 류형과 변천」, 『조선고고연구』 4.
김용간 · 황기덕, 1967, 「기원전 천년기전반기의 고조선문화」, 『고고민속』2.
김정일, 1989, 「조선민족제일주의정신을 높이 발양시키자」, 『친애하는 지도자 김정일동지의 문헌집』.
김종혁, 2000, 「표대유적에서 새로 발굴된 청동비파형창 끝에 대한 고찰」, 『조선고고연구』4.
김종혁 · 전영수, 2003, 「표대유적 팽이그릇주거지들의 편년」, 『조선고고연구』2, 사회과학출판사.
노혁진, 1986, 「적석부가고인돌의 형식과 분포」, 『한림대 논문집』4.
도유호, 1959, 「조선 거석문화 연구」, 『문화유산』2.
도유호, 1960, 「고조선에 관한 약간의 고찰」, 『문화유산』 4.
도유호, 1962a, 「진번성과 옥저성의 위치」, 『문화유산』4.
도유호, 1962b, 「왕검성의 위치」, 『문화유산』5.
도유호, 1962c, 「예맥조선에 관하여」, 『문화유산』6.
리상호, 1963, 「단군고」, 『고조선에 관한 토론 논문집』, 과학원출판사.
로성철, 1993, 「미송리형단지의 변천과 그 년대에 대하여」, 『조선고고연구』4.
로철수, 2000, 「고조선 나무곽무덤의 금속기 갖춤새의 변천」, 『조선고고연구』4.
박진욱, 1992, 「고조선의 성립에 대하여」, 『조선고대 및 중세초기사연구』, 교육도서출판사.
사회과학원 력사연구소, 1979, 「고조선사」, 『조선전사』 2, 과학백과사전출판사.
사회과학원 력사연구소, 1991, 「고조선사」, 『조선전사』2(고대편), 과학백과사전종합출판사.
서국태, 1996, 「팽이그릇문화의 편년에 대하여」, 『조선고고연구』2.
서국태, 2005, 「평양지방 고인돌무덤의 분포상 특성」, 『고조선 · 고구려 · 발해 발표 논문집』, 고구려연구재단.
성철, 2004, 「우리나라 나무곽무덤의 발상지에 대하여」, 『조선고고연구』1.
심철, 2016, 「평양을 중심으로 한 중서부조선일대는 우리나라 고대돌관무덤의 발상지」, 『조선고고연구』4.
이창언, 1996, 「평양일대의 돌관무덤과 그 변천에 대하여」, 『조선고고연구』2.
정백운, 1957, 「조선 고대무덤의 연구」(1), 『문화유산』2, 과학원 고고학 및 민속학연구소.
조선문화보존사 편집실, 2002, 「(사설)김일성민족제일주의 정신으로 조국의 력사와 문화를 빛내여 나가자」, 『민족문화유산』1.
조선민주주의인민공화국 사회과학원, 1993, 「반만년의 유구한 력사와 민족의 단일성에 대한 확증 : 단군릉발굴보고」, 『조선고고연구』4.
한홍수, 1935, 「조선의 거석문화연구」, 『진단학보』3, 진단학회.
황기덕, 1965, 「무덤을 통하여 본 우리나라 청동기시대의 사회관계」, 『고고민속』4.
황기덕, 1966, 「서북지방 팽이그릇유적의 연대에 대하여」, 『고고민속』66-4.
황기덕, 1989, 「비파형동검문화의 미송리유형 1- 미송리유형의 유적유물과 그 연대」, 『조선고고연구』3.
황철산, 1963a, 「고조선의 종족에 대하여」, 『고고민속』1.
황철산, 1963b, 「고조선의 위치와 종족에 대하여」, 『고조선에 관한 토론논문집』, 과학원출판사.

〈중국〉

高芳 · 華陽 · 霍東峰, 2009a, 「老鐵山 · 將軍山積石墓淺析」, 『內蒙古文物考古』1.
高芳 · 華陽 · 霍東峰, 2009b, 「文家屯積石墓淺析」, 『博物館研究』3.

段天璟, 2008, 「馬城子諸洞穴墓葬遺存的分期與相關問題」, 『邊疆考古研究』7輯
董學增, 1983, 「試論吉林地區西團山文化」, 『考古學報』4.
欒豊實, 2006, 「論遼西與遼東南部史前時期的積石塚」, 『紅山文化研究-2004年紅山文化國際學術研討會論文集』.
武家昌, 1994, 「石棚初探」, 『北方文物』4.
武家昌, 1997, 「撫順山龍石棚與積石墓」, 『遼海文物學刊』1.
宋玉彬, 2002, 「圖們江流域青銅時代的幾個問題」, 『北方文物』4.
梁志龍, 2003, 「遼寧本溪多年發見的石棺墓及其遺物」, 『北方文物』1.
楊榮昌, 2007, 「遼東地區青銅時代石棺墓葬及相關問題研究」, 『北方文物』1.
嚴文明, 1989, 「略論中國栽培稻的起源和傳播」, 『北京大學學報(哲學社會科學版)』2.
劉立麗, 2013, 「對大連地區青銅時代起始時間的探討」, 『華夏考古』1.
劉俊勇 · 戴延德, 1988, 「遼寧新金縣王屯석관묘」, 『北方文物』3.
吳青雲, 1995, 「大嘴子遺址炭化稻米的考察與研究」, 『文部省科學研究費による國際學術研究報告論文集』.
吳世恩, 2004, 「關於雙房文化的兩箇問題」, 『北方文物』2.
王嗣洲, 1996, 「試論遼東半島石棚與大石蓋墓的關係」, 『考古』2.
王嗣州, 1998, 「論中國東北地域大石蓋墓」, 『考古』2.
王嗣洲, 2006, 「遼東半島積石塚研究」, 『旅順博物館創刊號』, 旅順博物館.
王巍, 2004, 「雙房遺存研究」, 『慶祝張忠培先生七十歲論文集』, 科學出版社.
王洪峰, 1993a, 「石棚墓葬研究」, 『青果集』 第1輯, 知識出版社.
王洪峰, 1993b, 「吉林南部石棚及相關問題」, 『遼海文物學刊』2.
熊增瓏, 2008, 「撫順河夾心墓地發掘簡報」, 『遼寧省博物館館刊』3.
李恭篤·高美璿, 1987, 「太子河上流洞穴墓葬探究」, 『中國考古學第六次年會論文集』.
李新全, 2009, 「遼東地區積石墓的演變」, 『東北史地』1.
李殿福, 1991, 「建平孤山子, 榆樹林子青銅時代墓葬」, 『遼海文物學刊』2.
林沄, 1998, 「論團結文化」, 『林沄學術文集』, 中國大百科全書出版社.

張翠敏, 2009, 「于家村砣頭積石墓址再認識」, 『東北史地』1.

張翠敏, 2012, 「小珠山3期文化與雙砣子1期文化再認識」, 『北方文物』4.

張翠敏, 2013, 「雙房類型疊唇罐及相關問題初探」, 『東方考古』10, 科學出版社.

陳光, 1989, 「羊頭窪類型硏究」, 『考古學文化論集』(二), 文物出版社.

朱永剛, 1982, 「東北青銅文化的發展階段與文化區系」, 『考古學報』2.

朱永剛, 1991, 「西團山文化墓葬分期研究」, 『北方文物』3.

朱永剛, 1998, 「東北青銅文化的發展階段與文化區系」, 『考古學報』2.

朱永剛, 2008, 「遼東地區雙房式陶壺研究」, 『華夏考古』2.

陣大爲, 1991, 「試論遼寧"石棚"的性質及其變化」, 『遼寧文物學刊』1.

趙賓福, 2007, 「馬城子文化新論 - 遼東北部地區夏商時期遺存的整合研究」, 『邊疆考古研究』6, 科學出版社.

趙賓福, 2010, 「關於雙砣子一, 二期文化的三點認識」, 『考古與文物』6.

肖景全・李榮發, 2005, 「新賓旺淸門鎭龍頭山大石蓋墓」, 遼寧省第5屆考古學會論文.

崔德文, 1996, 「遼寧省營口地區石棚研究」, 『中國考古集成』, 東北卷, 青銅時代(二).

許玉林, 1985, 「遼東半島石棚之研究」, 『北方文物』3.

許玉林, 1996, 「對遼東半島石棚有關問題的探討」, 『環渤海考古國際學術討論會論文集』, 北京知識出版社.

許玉林・許明綱, 1981, 「遼東半島石棚綜述」, 『遼寧大學學刊』1.

華陽・霍東峰・付珺, 2009, 「四平山積石墓再認識」, 『赤峰學院學報』2.

華玉冰, 2009, 「馬城子文化墓葬分期及相關問題」, 『新果集』.

華玉冰・楊榮昌, 1998, 「紅山文化墓葬剖析」, 『青果集-吉林大學考古學系十周年記念文集』吉林大學考古系編, 知識出版社.

〈일본〉

甲元眞之, 1973, 「朝鮮支石墓的編年」, 『朝鮮學報』66.

宮本一夫, 2012, 「遼東半島四平山積石墓研究」, 『考古學研究』9(下), 文物出版社.

有光教一, 1941, 「黃海道凤山郡楚卧面に於けろ磨制石剑及石鏃副葬の箱式石棺」, 『考古学雜誌』31－9.

有光教一, 1969, 「朝鮮支石墓譜系的考察」, 『古代學』1 6 卷2-4號合刊.

藤田亮策, 1942, 「朝鮮的石器時代」, 『東洋史講座』18, 雄山閣.

莊田愼矢, 2005, 「호서지역 출토 비피형동검과 미생시대 개시연대」, 『호서고고학보』12.

田村晃一著・白雲翔譯, 1995, 「東北亞地域的支石墓」, 『博物館硏究』4.

鄭漢德, 1966, 「朝鮮西北地方 巨石文化におけるコマ形土器と その文化について」, 『考古學雜誌』52-2, 日本考古學會.

鳥居龍藏, 1946, 「中國石棚之硏究」, 『燕京學報』31.

〈영미〉

W.R. Carles, 1883, Life in Korea, London ; Gowland. W, 1985, Notes on the Dolmens and other Antiquites of Korea, The Journal of the Anthropological Institute of Great Britain and Ireland ; Emile Bourdaret, 1904, En Corèe, Paris.

3) 발굴보고

〈북한〉

강영철, 2017, 「온천군 금당리오덕형고인돌무덤」, 『조선고고연구』2.

과학원 고고학 및 민속학연구소, 1961, 「지탑리 원시유적 발굴보고」, 『유적발굴보고』8, 과학원출판사.

고고학 및 민속학연구소, 1959, 「태성리고분군」, 『유적 발굴 보고』5, 과학원출판사.

고광렬, 1995, 「강동군 순창리 돌관무덤에서 나온 유골의 성별관계와 년령구성에 대하여」, 『조선고고연구』3.

고영남, 2011, 「로동리고인돌무덤 발굴보고」, 『조선고고연구』3.
김기웅, 1963, 「평안남도 개천군 묵방고인돌 발굴중간보고」, 『고고학자료집』3.
김광명, 2003, 「토성리고인돌무덤」, 『조선고고연구』3.
김광철, 2007, 「남산리 고인돌무덤 발굴보고」, 『조선고고연구』3.
김광철, 2006, 「(발굴보고) 증산군일대의 무덤 발굴보고」, 『조선고고연구』4.
김동일, 1988, 「사리원시 광성동고인돌발굴에 대하여」, 『조선고고연구』4.
김동일, 1995, 「증산군 룡덕리고인돌떼에 대하여」, 『조선고고연구』4.
김성국, 2008, 「오신리유적의 팽이그릇시기주거지」, 『조선고고연구』1.
김영근, 2017, 「정동리일대의 고인돌무덤을 통하여 본 침촌형 고인돌무덤으로부터 오덕형고인돌무덤에로의 변천과정」, 『조선고고연구』 2.
김용간, 1963, 「미송리동굴유적발굴보고」, 『고고학자료집』3, 과학출판사.
김재용, 2012, 「신성동돌곽무덤에 대하여」, 『조선고고연구』1.
남일룡, 2005, 「평양일대에서 새로 발굴된 고인돌무덤과 그 의의」, 『(남북학자들이 함께 쓴) 단군과 고조선 연구』, 지식산업사.
로철수, 2007, 「성매리고인돌무덤 발굴보고」, 『조선고고연구』2.
로철수, 2004, 「신계군 지석리고인돌무덤 발굴보고」, 『조선고고연구』2.
로철수, 2011, 「강남리고인돌무덤 발굴보고」, 『조선고고연구』1.
석광준, 1962, 「황해북도 연산군 공포리무덤떼 발굴 간략보고」, 『문화유산』1.
석광준, 1973, 「북창유적의 돌상자무덤과 고인돌에 대하여」, 『고고민속논문집』5.
석광준, 1974, 「오덕리고인돌 발굴보고」, 『고고학자료집』4, 사회과학출판사.
석광준, 1995, 「평양일대에서 새로 발굴된 고인돌과 돌관무덤에 대하여」, 『조선고고연구』 1.
석광준, 1996, 「평양일대 고인돌무덤의 변천에 대하여」, 『조선고고연구』3.
석광준, 2003, 「평양일대 대형고인돌무덤의 성격에 대하여」, 『단군학연구』8.
석광준 외, 2013, 「고조선유적발굴보고」, 『조선사회과학학술집 316 고고학편 :고조선유적발굴보고고고학연구론문집31』, 사회과학출판사.

석광준 · 리선일, 2002, 「구빈리고인돌무덤에 대하여」, 『조선고고연구』 4.
석광준 · 차달만, 1997, 「구룡강유적에 대하여」, 『조선고고연구』4.
성철, 2005, 「구서리일대 고인돌무덤 발굴보고」, 『조선고고연구』4.
성철.김남일, 2009, 「황해남도 은천군 정동리일대 고인돌무덤 발굴보고」, 『조선고고연구』3.
심철 · 윤송학, 2017, 「만경대구역일대의 고인돌무덤 발굴보고」, 『조선고고연구』3.
이기련, 1978, 「덕천 승리산유적 발굴간보」, 『유적발굴보고』.
이병선, 1961, 「중강군 토성리 원시, 고대유적발굴 중간보고」, 『문화유산』5.
이순진, 1965, 「신암리유적발굴 중간보고」, 『고고민속』3.
이순진, 1995, 「평양일대에서 확인된 황대성에 대하여」, 『조선고고연구』1.
장철만, 1996, 「장리고인돌무덤에 대하여」, 『조선고고연구』4.
장철만, 2004, 「상원군 중리고인돌무덤떼 발굴보고」, 『조선고고연구』3.
장철만, 2005, 「장리 왁새봉고인돌무덤떼 발굴보고」, 『조선고고연구』1.
정찬영, 1974, 「북창군 대평리유적 발굴보고」, 『고고학자료집』4, 사회과학출판사.
차달만, 2000, 「강남군 신홍리고인돌무덤에 대하여」, 『조선고고연구』4.
최응선, 2010, 「어룡리고인돌 발굴보고」, 『조선고고연구』4.
황기덕, 1963a, 「황해남도 룡연군 석교리 원시유적 발굴보고」, 『고고학자료집』3.
황기덕, 1963b, 「황해북도 황주군 심촌리 긴동 고인돌」, 『고고학자료집』3, 과학원출판사.
황기덕 · 리원근, 1966, 「황주군 침촌리 청동기시대유적발굴보고」, 『고고민속』3, 과학원출판사.
2004, 「(발굴소식)순안구역 신성동에서 새로 발굴된 고조선시기의 돌곽무덤」, 『조선고고연구』1.
2004, 「(자료)룡산리돌관무덤」, 『조선고고연구』4.

〈중국〉

康家興, 1955, 「吉林江北土城子附近古文化遺址及石棺墓」, 『考古通訊』創刊號

國家文物局編, 2001, 「1999中國重要考古發現」, 『吉林通化萬發撥子遺址』, 文物出版社.

吉林省圖琿鐵路考古發掘隊, 1993, 「吉林琿春市迎花南山遺址・墓葬發掘」, 『考古』8.

吉林省文物考古研究所, 1991, 「吉林九台市石砬山・關馬山西團山文化墓地」, 『考古』4.

吉林省文物考古研究所, 1993a, 「吉林省遼源市高古村石棺墓發掘簡報」, 『考古』6.

吉林省文物考古研究所, 1993b, 「吉林市猴石山遺址第二次發掘」, 『考古學報』3.

吉林省文物考古研究所等, 1988, 「1985年吉林東豐縣考古調査」, 『考古』7.

吉林省文物考古研究所等, 2001, 『和龍興城新石器及青銅時代遺址發掘報告』, 文物出版社.

吉林省文物工作隊等, 1982, 「吉林樺甸西荒山屯青銅短劍墓」, 『東北考古與信息』1.

吉林省文物工作隊, 1984, 「吉林磐石吉昌小西山石棺墓」, 『考古』1.

吉林市文物管理委員會等, 1978, 「永吉星星哨水庫石棺墓及遺址調査」, 『考古』3.

吉林市博物館, 1983, 「吉林永吉星星哨石棺墓第三次發掘」, 『考古學集刊』3.

吉林市博物館, 1983, 「吉林口前藍旗小團山 `紅旗東梁崗石棺墓清理簡報」, 『文物』9.

吉林市博物館, 1985, 「吉林市泡子沿前山遺址和墓葬」, 『考古』6.

吉林省博物館 等, 1985, 「吉林市騷達溝山頂大棺整理報告」, 『考古』10.

金旭東, 1991, 「1987年吉林東部南部蓋石墓調査與清理」, 『遼海文物學刊』1.

金旭東, 1992, 「東遼河流域的若幹種古文化遺存」, 『考古』4.

金旭東・趙俊傑・呂斌, 2011,「黃魚圈珠山M1類型遺存再辨析」,『邊疆考古研究』10
段一平・李蓮・徐光輝, 1985,「吉林市騷達溝石棺墓整理報告」,『考古』10.
唐洪源, 1999,「吉林省东丰县狼洞山石棺墓调查与清理」,『北方文物』1.
唐洪源, 2000,「遼源龍首山再次考古調査與淸理」,『博物館研究』2.
佟達・張正岩, 1989,「遼寧撫順大伙房水庫石棺墓」,『考古」2.
武家昌, 1994,「石棚初探」,『北方文物』4.
武家昌, 1994,「本溪望海樓靑銅時代遺址」,『中國考古學年鑒』.
武家昌, 1994,「本溪小孤家子靑銅時代積石墓石棺墓墓地」,『中國考古學年鑒』.
武家昌, 1997,「撫順山龍石棚與積石墓」,『遼海文物學刊』1.
武家昌・蕭景全, 2002,「新賓縣龍灣洞穴靑銅時代積石墓」,『中國考古學年鑑』, 文物出版社.
武保中, 1989,「吉林公主嶺猴石古墓」,『北方文物』4.
旅順博物館 等, 1982,「遼寧長海縣上馬石靑銅時代墓葬」,『考古』6.
撫順博物館考古隊, 1983,「撫順地區早晚兩類靑銅文化遺存」,『文物」9
撫順市博物館·新濱滿族自治縣文物管理所, 2002,「遼寧新濱嫚族自治縣東升洞穴古文化遺存發掘整理報告」,『北方文物』1.
裴躍軍, 1986,「西豊和隆的兩座石棺墓」,『遼海文物學刊』1.
付文才, 2000,「普蘭店市核桃溝石蓋石棺墓整理簡報」,『大連文物』12.
符松子, 1956,「遼寧省新發見兩座石棚」,『考古通訊 』2.
徐知良, 1958,「中國的巨石文化與石棺墓介紹」,『人文學雜誌』2.
沈陽市文物工作組, 1964,「沈陽地區出土的靑銅短劍資料」,『考古』1.
旅順博物館 等, 1982,「遼寧長海縣上馬石靑銅時代墓葬」,『考古』6.
旅順博物館, 1983,「大蓮于家村砣頭積石墓地」,『文物』9.
旅順博物館, 1984,「遼寧大連新金縣碧流河大石蓋墓」,『考古』8.
旅大市文物管理組, 1983,「旅順老鐵山積石墓」,『考古』2.
楊榮昌, 2007,「遼東地區靑銅時代石棺墓葬及相關問題研究」,『北方文物』1.
梁志龍, 1992,「遼寧本溪劉家哨發現靑銅短劍墓」,『考古』2.

梁志龍, 2003, 「遼寧本溪多年發現的石棺墓及其遺物」, 『北方文物」1.

梁振晶, 1996, 「遼陽杏花村青銅時代石棺墓」, 『遼海文物學刊」1.

梁志龍, 2003, 「遼寧本溪多年發現的石棺墓及其遺物」, 『北方文物』1.

梁志龍·魏海波, 2005, 「遼寧本溪縣朴堡發現青銅短劍墓」, 『考古』10.

王奇, 2001, 「遼寧鐵嶺市清河區九登山發現兩座石棺墓」, 『博物館研究」2.

王冰·万慶, 1996, 「遼寧大蓮市王寶山積石墓試掘簡報」, 『考古』3.

吳青雲, 2008, 「遼寧大蓮市土龍子青銅時代積石塚群發掘」, 『考古』9.

遼寧省考古文物研究所等, 2010, 「遼寧本溪縣新城子青銅時代墓地」, 『考古』9.

遼寧省文物考古研究所, 2011, 「大連庄河平頂山青銅時代遺址發掘簡報」, 『北方文物』1

遼寧省文物考古所·吉林大學考古學系·大連市文物管理委員會, 1996, 「遼寧大連市大嘴子青銅時代遺址的發掘」, 『考古』2.

遼寧省文物考古研究所·撫順市博物館, 2007, 「趙家墳石棚發掘刊報」, 『北方文物』2.

遼寧省文物考古研究所 等, 2011, 「遼寧西豐縣東溝遺址及墓葬發掘簡報』, 『考古』5.

遼寧省文物考古研究所·撫順市博物館, 2008, 「撫順河夾心墓地發掘簡報」, 『遼寧省博物館學刊』3.

遼寧省文物考古研究所 외, 2014, 「遼寧建昌縣東大杖子墓地M40·M47的發掘」·「遼寧建昌東大杖子墓地2001·2002年發掘簡」, 『考古』12.

遼寧省文物考古研究所 외, 2015, 「遼寧建昌東大杖子墓地2003年發掘簡報」, 『邊疆考古研究』18.

遼陽市文物管理所, 1983, 「遼陽市接官廳石棺墓群」, 『考古」1.

遼陽市文物管理所, 1977, 「遼陽二道河子石棺墓」, 『考古」5.

遼寧省文物考古研究所·鐵嶺市博物館, 2001, 「遼寧西豐縣東溝遺址及墓葬發掘簡報」, 『考古』5.

遼寧省博物館等, 1985, 「遼寧本溪廟後山洞穴墓地發掘簡報」, 『考古』6.

遼寧省西豐縣文物管理所, 1995, 「遼寧西豐縣新發現的幾座石棺墓」, 『考古』2.

遼寧鐵嶺地區文物組, 1981, 「遼北地區原始文化遺址調査」, 『考古』2.

魏海波・梁志龍, 1998, 「遼寧本溪縣上堡青銅短劍墓」, 『文物』6.

魏海波, 1987, 「遼寧本溪發現青銅短劍墓」, 『考古』2.

魏海波, 1991, 「本溪連山關和下馬塘發現的兩座石棺墓」, 『遼海文物學刊』2.

熊增瓏, 2006, 「撫順河夾心石棚與石板墓地」, 『中國考古學年鑒』, 文物出版社.

熊增瓏, 2008, 「撫順河夾心墓地發掘簡報」, 『遼寧省博物館館刊』3.

劉法祥, 1960, 「吉林省永吉縣旺起屯新石器時代石棺墓發掘簡報」, 『考古』7.

劉俊勇・戴延德, 1988, 「遼寧新金王屯石棺墓」, 『北方文物』3.

李繼群・王維臣・趙維和, 1993, 「新賓老城石棺墓發掘報告」, 『遼海文物學刊」2.

資料, 2000, 「普蘭店市核桃溝石蓋石棺墓清理簡報」, 『大連文物』.

張永平・於嵐, 1993, 「磐石縣梨樹上屯西山發現一座青銅時代墓葬」, 『博物館研究』2.

張潑, 1984, 「新賓縣永陵公社色家發現石棺墓」, 『遼寧文物」6.

張靜・田子義・李道勝, 1993, 「朝陽小波赤青銅短劍墓」, 『遼海文物學刊』2.

鄭大寧, 2002, 『中國東北地域青銅時代石棺墓遺存的考古學研究』, 中國社會科學院研究生院 博士學位論文.

中日考古合作研究測量組, 1997, 「遼寧省風城縣東山大石蓋墓墓地考古勘測」, 『東北亞考古學研究-中日合作研究報告書』, 文物出版社.

曾昭藏・齊俊, 1981, 「桓仁大甸子發現青銅短劍墓」, 『遼寧文物』2.

陳明達, 1593, 「海城縣的巨石建築」, 『文物參考資料』10.

鐵嶺市博物館, 2004, 「西豊釣魚鄉小育英屯石棺墓清理簡報」, 『博物館研究』2.

清原縣文物局, 1982, 「遼寧清原縣近年發現一批石棺墓」, 『考古」2.

肖景全・李榮發, 2005, 「新賓旺淸門鎭龍頭山大石蓋墓」, 遼寧省第5屆考古學會論文.

崔玉寛, 1987, 「鳳城縣南山頭古墓調査」, 『遼海文物學刊』1.

崔玉寛, 1997, 「風城東山, 西山大石蓋1992年墓發掘簡報」, 『遼海文物學刊』2.
馮永謙, 1996,『法庫縣文物志』, 遼寧民族出版社.
許明綱, 1990,「大連古代石築墓葬研究」,『博物館研究』2.
許明綱, 1993,「大連市近年來發現青銅短劍及相關的新資料」,『遼海文物學刊』1.
許明綱, 1995,「大連地區石棚研究」,『博物館研究』1.
許明綱·許玉林, 1980,「新金雙房石棚和石盖石棺墓」,『遼寧文物』1.
許明綱·許玉林, 1983,「遼寧新金雙房石盖石棺墓」,『考古』4.
許明綱·許玉林, 1983,「新金雙房石棚和石蓋石棺墓」,『文物資料叢刊』第7輯, 文物出版社.
許明綱·許玉林, 1984,「遼寧新金雙房石蓋石棺墓」,『考古』4.
許玉林, 1993,「遼寧盖縣伙家窩堡石棚發掘簡報」,『考古』9.
許玉林, 1995,「遼寧省岫岩縣太老墳石棚發掘簡報」,『北方文化』3.
許玉林·崔玉寬, 1990,「風城縣大石蓋墓發掘簡報」『遼海文物學刊』2.
許玉林·許明綱, 1981,「遼東半島石棚綜術」,『遼寧大學學報』1
許玉林·許明綱, 1983,「新金雙房石棚和石盖石棺墓」,『文物資料叢刊』7.
許玉寬, 1987,「風城縣南山斗古墓調查」,『遼海文物學刊』1.
許志國, 1993,「法庫石砬子遺址及石棺墓調査」,『遼海文物學刊」1.
許志國, 2000,「遼寧開源建材村石棺墓群」,『博物館研究』3.
華玉冰·王瑽·陳國慶, 1996,「遼寧大蓮市土龍積石墓地1號積石墓」,『考古』3.
洪峰, 1987,「東豐縣南部故遺跡調查」,『考古』7.
霍東峰, 2009,「老鐵山, 將軍山積石墓淺析」,『內蒙古文物考古』1.

〈일본〉
澄田正一·秋山進午·岡村秀典, 1997,「1941年四平山積石墓的調査」,『考古學文化論集』4, 文物出版社.
鳥居龍藏, 1917,「平安南道黃海道古跡調查報告」,『大正五年度古跡調査報告』, 朝鮮總督府.